U0366119

市政基础设施工程施工与质量验收文件系列手册

城市桥梁工程
施工与质量验收手册

依据《城市桥梁工程施工与质量验收规范》（CJJ 2—2008）编写

王立信　主编

中国建筑工业出版社

图书在版编目（CIP）数据

城市桥梁工程施工与质量验收手册/王立信主编．—北京：中国建筑工业出版社，2010

（市政基础设施工程施工与质量验收文件系列手册）

ISBN 978-7-112-12002-4

Ⅰ．城…　Ⅱ．王…　Ⅲ．①城市桥-桥梁工程-工程施工-技术手册 ②城市桥-桥梁工程-工程验收-技术手册　Ⅳ．U448.15-62

中国版本图书馆 CIP 数据核字（2010）第 062521 号

本书为市政基础设施城市桥梁工程施工与质量验收文件，根据《城市桥梁工程施工与质量验收规范》（CJJ 2—2008）编写而成，包括规范中的单位（子单位）工程、分部（子分部）工程、分项工程（验收批）的表式与实施说明。分项工程（验收批）的表式设计，按规范的检验标准与工艺执行条目分别编制，并附有“检验批验收应提供的核查资料”和“规范规定的施工过程控制要点”。规范条目内容齐全，查阅简捷方便，对城镇道路工程施工与质量验收而言，是较为完善的工程质量验收手册。附赠光盘一张，城市桥梁工程施工所有验收表格、技术文件等均以WORD表格形式收录在光盘中，以方便读者使用。

本书供城市桥梁工程的技术人员阅读参考。

*　　*　　*

责任编辑：封　毅
责任设计：张　虹
责任校对：兰曼利　赵　颖

市政基础设施工程施工与质量验收文件系列手册
城市桥梁工程施工与质量验收手册
王立信　主编

*

中国建筑工业出版社出版、发行（北京西郊百万庄）
各地新华书店、建筑书店经销
北京红光制版公司制版
北京蓝海印刷有限公司印刷

*

开本：787×1092 毫米　1/16　印张：32¼　字数：805 千字
2010 年 8 月第一版　2010 年 8 月第一次印刷
定价：**78.00** 元（含光盘）
ISBN 978-7-112-12002-4
（19263）

本书编委会

主　　编　王立信

编写人员　王立信　李军霞　郭晓冰　郭　彦　李　晔

任振洪　刘伟石　许　兵　闫彬彬　唐风国

郝淑敏　王常丽　赵和平　马　成　李申亭

王春娟　徐金峰　邢文阁　付长宏　王　薇

张菊花　王　倩　王丽云

“市政基础设施工程施工与质量验收文件系列手册”丛书说明

编　制　原　则

市政基础设施工程施工与质量验收文件系列手册的编制，系根据建设部在《关于印发〈二〇〇二～二〇〇三年度工程建设城建、建工行业标准制订、修订计划〉的通知》（建标［2003］104号）和《关于印发〈二〇〇四年工程建设国家标准制订、修订计划〉的通知》（建标［2004］67号）文件坚持的“验评分离、强化验收、完善手段、过程控制”为其指导原则。

市政基础设施工程施工与质量验收文件系列手册按工程类别、内容分部量大小、阶段、时间及其他相关因素，在保证施工与质量验收文件内容齐全、完整的前提下，按专业规范的内容要求，本着规范、简捷、方便的宗旨进行编制，力争对贯彻、执行现行规范起到完善标准贯彻与执行的作用和目的。

编　制　依　据

系列手册的编制依据主要为新发布实施的市政基础设施的道路、桥梁、给水排水管道、给水排水构筑物规范及相关专业规范与标准。主要有：

《城镇道路工程施工与质量验收规范》（CJJ 1—2008）；

《城市桥梁工程施工与质量验收规范》（CJJ 2—2008）；

《给水排水管道工程施工及验收规范》（GB 50268—2008）；

《给水排水构筑物工程施工及验收规范》（GB 50141—2008）；

上述规范条文中规定应用的相关专业规范与标准。

部颁市政基础设施工程施工技术文件管理规定。

编制内容与组成

《城镇道路工程施工与质量验收规范》（CJJ 1—2008）、《城市桥梁工程施工与质量验收规范》（CJJ 2—2008）、《给水排水管道工程施工及验收规范》（GB 50268—2008）、《给水排水构筑物工程施工及验收规范》（GB 50141—2008）分别按工程质量验收文件和工程安全与施工文件编写。

1. 工程质量验收文件

工程质量验收文件包括：各专业规范中的单位（子单位）工程、分部（子分部）工程、分项（检验批）工程的表式与实施说明，检验批验收表式设计遵照“验评分离、强化验收、完善手段、过程控制”16 字方针，按规范的工艺执行与标准检验条目分别按主控项目、一般项目编制检验批验收表式，同时提出“检验批验收应提供的核查资料”，并附有施工过程控制要点。体现了“验收有表式、规范条目内容齐全、明确了应提供核查资料及核查要点”，对工程质量验收而言是较为完善的工程质量验收文件。

2. 工程安全与施工文件

（1）安全管理技术文件主要包括：安全生产中政府的安全监督文件、市政施工企业安全管理和市政施工企业现场安全管理。

（2）工程技术管理技术文件主要包括：市政基础设施工程管理技术文件，诸如：工程开工报审、施工组织设计、技术交底、施工日志等。

（3）工程施工文件主要包括：单位（子单位）工程质量控制资料核查和单位（子单位）工程安全和功能检验资料核查及主要抽查，主要包括：各专业规范中在工程实施和验收中需要为保证质量而进行的原材料、构配件、施工试验、隐蔽验收、施工记录、质量事故记录等的相关试（检）验资料与记录。竣工图。工程施工文件除了按规范要求应检子项齐全之外，同时提供了应用标准的相关性能参数与资料。

3. 施工与质量验收文件的定名

（1）工程质量验收文件

第一册：市政基础设施工程施工与质量验收文件系列手册　城镇道路工程施工与质量验收手册；

第二册：市政基础设施工程施工与质量验收文件系列手册　城市桥梁工程施工与质量验收手册；

第三册：市政基础设施工程施工与质量验收文件系列手册　给水排水管道工程施工与质量验收手册；

第四册：市政基础设施工程施工与质量验收文件系列手册　给水排水构筑物工程施工与质量验收手册。

（2）工程安全与施工文件

第五册：市政基础设施工程施工与质量验收文件系列手册　工程安全与施工技术文件手册。

结　语

工程施工文件与质量验收文件是建设工程合格性的重要技术依据之一，做好工程施工文件与质量验收文件的建立、提出、传递、检查、汇集与整理，应从施工准备到单位工程交工止，贯穿于施工的全过程中。系列手册的文件资料，可作为确保工程质量提供数据分析的依据，同时为竣工工程的扩建、改建、维修提供数据分析和应用依据。

建议工程参加单位、各企业领导和参与工程技术文件编制和管理人员，应提高对工程施工文件与质量验收文件重要性的认识，施工文件与质量验收文件应和标准、规范的贯彻结合，同步进行。做好施工文件与质量验收文件的编制和管理工作，对于提高施工质量，努力完成各项工程建设任务，起到不可或缺的重要作用。

目　录

2.9.2.5 索塔分部（子分部）工程

【现浇混凝土索塔（模板与支架、钢筋、混凝土、预应力混凝土）】

【现浇混凝土索塔模板与支架】

【现浇混凝土索塔钢筋】

【现浇混凝土索塔混凝土】

【现浇混凝土索塔预应力混凝土】

【现浇混凝土索塔预应力混凝土施工】

【现浇混凝土索塔施工质量检验】

【索塔钢构件安装】

2.9.2.6 锚锭分部（子分部）工程

【锚碇锚固系统制作】

【锚碇锚固系统制作（预应力锚固系统、刚架锚固系统）质量检验】

【锚碇锚固系统安装】

【锚碇锚固系统安装（预应力锚固系统、刚架锚固系统）质量检验】

【斜拉桥的主梁与拉索子分部工程】

【斜拉桥 0# 段混凝土浇筑】

【斜拉桥 0# 段混凝土浇筑模板与支架】

【斜拉桥 0# 段混凝土浇筑钢筋】

【斜拉桥 0# 段混凝土浇筑混凝土】

【斜拉桥 0# 段混凝土浇筑预应力混凝土】

【斜拉桥 0# 段混凝土浇筑预应力混凝土施工】

【斜拉桥悬臂浇筑混凝土主梁】

【斜拉桥悬臂浇筑混凝土主梁模板与支架】

【斜拉桥悬臂浇筑混凝土主梁钢筋】

【斜拉桥悬臂浇筑混凝土主梁混凝土】

【斜拉桥悬臂浇筑混凝土主梁预应力混凝土】

【梯道（砌体；混凝土—模板与支架、钢筋、混凝土；钢结构）】

【梯道砌体】

【梯道石砌体】

【混凝土砌块砌体】

【梯道混凝土—模板与支架、钢筋、混凝土】

【梯道混凝土—模板与支架】

【梯道混凝土—钢筋】

【梯道混凝土—混凝土施工】

【梯道钢结构】

【梯道质量检验】

【钢梯道制作安装允许偏差质量检验】

【桥头搭板（模板、钢筋、混凝土）】

【桥头搭板模板】

【桥头搭板钢筋】

【桥头搭板混凝土】

(光盘中为城市桥梁工程质量验收文件,按本书目录中所列表名表号制作)

1 工程质量验收概述

工程质量验收是指施工单位依据合同约定，以经过审查批准的施工图设计文件为依据，按照相关法规、标准、规范、规程进行实施，通过施工过程和成品的质量控制，“全部或局部”完成后，经自行质量检查评定的基础上，又通过项目监理机构预验收合格，报请建设单位组织相关单位进行正式验收。参与建设活动的有关单位根据相关标准或规范共同对检验批、分项、分部、单位工程质量按规定程序进行验收，最终以书面形式对工程质量达到合格与否作出确认。

工程质量控制与验收是工程实施中的核心。必须严肃认真地认识到，工程质量验收不论是施工过程的中间验收还是在工程完成后的竣工验收，都是工程质量区段间或工程完成后质量的最后一道把关，都是十分重要的环节。

1.1 工程验收的实施

工程质量验收工作由建设、监理、施工单位分别按标准明确的职责对工程质量实施验收。

施工单位：工程质量验收是施工单位按照国家规定的质量标准，根据其标准要求自行制定或应用国家或地区已发行的施工工艺标准及其为实现其目标而制定的技术管理等的制度和措施，在工程实施中通过管理、测试、检验，根据自检、互检的结果认定工程质量满足施工图设计和规范要求的质量标准，确认工程质量达到标准合格规定的要求。

施工单位将已经验收合格的分部（子分部）工程，以及在分部（子分部）工程验收合格的经审查无误的施工文件编制完整的基础上，按单位（子单位）工程质量竣工验收表式所列的分部（子分部）工程、质量控制资料核查、安全和主要使用功能核查及抽查结果、观感质量验收结果，经整理将其验收结果分别填写在“验收记录”项下。完成以上的准备工作后，报请项目监理机构进行初验。

监理单位：施工过程中监理单位应按标准要求，主持检验批、分项、分部（子分部）工程的验收。在以上验收项础上，在接到施工单位请求项目监理机构或建设单位（在不委托监理的情况下）对其单位工程进行验收的申请后，监理单位应对竣工工程进行初步验收。按照验收结果，经项目监理机构填写“验收结论”后，由施工单位向建设单位提交工程竣工报告和完整的工程施工文件，请求建设单位邀请相关单位对单位工程进行竣工工程质量验收。

建设单位：在接到监理、施工单位请求对单位工程进行竣工工程质量验收后，经对所报资料进行核查同意后，组织勘察、设计、施工、监理和施工图审查机构等各方参加并在质量监督部门监督下进行工程质量竣工验收。

经各方验收同意质量等级达到合格后，由建设单位填写“综合验收结论”并对工程质量是否符合施工图设计和规范要求及总体质量水平作出评价。最后确认建成工程的质量等级。

工程质量控制需要工程质量监督、工程监理和施工单位协同完成。确保工程质量达到设计和规范要求，必须加强对项目监理机构的监督与管理，以保证工程质量验收工作的正确执行。

1.2 工程质量验收的依据和内容

1. 验收依据

（1）施工图设计；

（2）专业规范：《城市桥梁工程施工与质量验收规范》（CJJ 2—2008）；

（3）相关标准或规范：

1）《城镇道路工程施工与质量验收规范》（CJJ 1—2008）；

2）相关的材料标准（主要包括：水泥、钢材、砂、石、沥青等）；

3）《混凝土结构工程施工质量验收规范》（GB 50204—2002）；

4）其他有关的专业规范与标准。

2. 验收内容

（1）单位（子单位）工程质量竣工验收记录；

（2）分部（子分部）工程质量验收记录；

（3）分项工程质量验收记录；

（4）检验批质量验收记录。

1.3 验收用表编制原则

（1）编制依据：《城市桥梁工程施工与质量验收规范》（CJJ 2—2008）。

（2）凡 CJJ 2—2008 表 23.0.1 中确认为分项工程的均单独编制检验批验收表式。明确被确认为分项工程的均参加分部（子分部）工程检验评定。

对 CJJ 2—2008 规范表 23.0.1 中确认为分项工程，当该分项的验收可能包括若干分项时，则按实际应编制分项（检验批）分别单独编制检验批验收表式。如扩大基础中的混凝土工程，则包括：模板、钢筋、混凝土。

模板分项还应分别按：模板制作、模板安装、模板拆除进行验收。

钢筋分项还应分别按：钢筋原材料、钢筋加工、钢筋连接和钢筋安装进行验收。

混凝土分项还应分别按：混凝土原材料、混凝土配合比和混凝土施工进行验收。

（3）CJJ 2—2008 表 23.0.1 中没有确认为分项工程，但规范某条文中规定有主控项目、一般项目的，均单独编制检验批验收表式。检验批验收表式的名称按规范“检验标准”节中的条文名称称谓，并参加分部（子分部）工程检验评定。

（4）CJJ 2—2008 表 23.0.1 中确认为分项工程，对在 CJJ 2—2008 规范“检验标准的主控项目、一般项目”中没有质量标准内容的，按该章的一般规定、施工工艺、管理等条目的质量标准作为编制检验批验收表式的内容，按“一般项目”列于检验批验收表式中。

(5) CJJ 2—2008 规范条文中规定：“应符合××规范外，尚应符合下列规定”的条文，按以下原则进行编制。

1) “应符合××规范”的部分全部按××规范的质量标准编制，应用原规范条目编制检验批验收表式。

2) “尚应符合下列规定”部分单独按 CJJ 2—2008 规范条目的质量标准编制检验批验收表式。

3) 如果 CJJ 2—2008 规范中的标准规定与“应符合××规范”的内容相重复时，将“应符合××规范”的部分删除，按 CJJ 2—2008 规范的质量标准单独制表。

(6) 为了全面执行“验评分离、强化验收、完善手段、过程控制”的指导原则，本书编制的检验批验收表式由 4 个部分组成。其中规范规定的施工过程控制要点不应作为验收条目，仅为验收时评价工程质量参考。

①________检验批验收表式；

②【检查验收时执行的规范条目】；

③【检验批验收应提供的核查资料】；

④规范规定的施工过程控制要点，按规范一般规定、施工工艺和管理等条目摘录（供验收时评价工程质量参考）。

1.4 验收的程序和组织

(1) 检验批及分项工程应由监理工程师（建设单位项目技术负责人）组织施工单位项目专业质量（技术）负责人等进行验收。

(2) 分部工程应由总监理工程师（建设单位项目负责人）组织施工单位项目负责人和技术、质量负责人等进行验收；分部工程验收时勘察、设计单位工程项目负责人和施工单位技术、质量部门负责人应参加相关分部工程验收。

(3) 单位工程完工后，施工单位应自行组织有关人员进行检查评定，项目监理机构初验合格后，施工单位向建设单位提交工程验收报告。

建设单位收到工程验收报告后，应由建设单位（项目）负责人组织施工（含分包单位）、设计、监理等单位（项目）负责人进行单位（子单位）工程验收。

注：单位工程竣工验收记录的形成是：各分部工程完工后，施工单位先行自检合格，项目监理机构的总监理工程师验收合格签认后，建设单位组织有关单位验收，确认满足设计和施工规范要求并签认后单位（子单位）工程竣工验收记录表方为正式完成。

单位工程有分包单位施工时，分包单位应按标准规定的程序和承包工程执行的规范或标准对其分包工程进行检查评定，总包单位应派人参加。分包工程完成后，应将工程有关资料交总包单位整理合并后备查。

(4) 当参加验收各方对工程质量验收意见不一致时，可请当地建设行政主管部门或工程质量监督机构协调处理。

(5) 单位工程质量验收合格后，建设单位应在规定时间内将工程竣工验收报告和有关文件，报建设行政管理部门备案。

如果工程在施工过程中，不论是操作过程执行工艺标准还是管理过程执行法律、法规、规范、规程、计划和措施，当其内容实施存在不当或漏洞，施工结果不能满足要求，工程建设的目的就没有达到。这就需要启动鉴定和处理程序。

工程质量控制必须坚持的一条原则是：当工程质量不符合要求时，如果按照需要启动的鉴定和处理程序执行后，仍不能满足工程质量要求时，是绝对不能进行竣工验收和交付使用的。这是工程质量实施过程的程序控制原则。

1.5 验收实施的指导核心

1. 深刻认识工程质量控制与验收的重要性及其核心点

工程质量验收不论是施工过程中的检验批、分项、分部（子分部）验收还是单位工程质量的竣工验收，都是施工全过程中极其重要的组成部分。验评分离、强化验收、完善手段、过程控制是执行标准和相关专业规范中全过程的质量控制思想，贯穿于验收规范的始终，都明确地体现了工程质量控制、验收的核心点。

2. 工程质量控制与验收的重要性

（1）必须严肃认真地认识到，工程质量验收不论是在过程的中间验收还是在工程完成后的竣工验收，都是工程质量区段间或工程完成后质量的最后一道把关，都是十分重要的环节。

（2）工程质量验收是检验工程管理成果的一道重要程序。通过对工程实施过程记录资料的核查与复审，可以对工程质量的真实性予以确认，是对工程质量一次全面的综合评价。任何一点疏忽都会给工程造成局部或总体的隐患。必须认真地实现“强化验收”这个核心点。

3. 必须认真贯彻执行规范对工程质量控制与验收的指导核心

“验评分离、强化验收、完善手段、过程控制”的16字方针体现了工程施工全过程的质量控制与验收的核心思想。

验评分离　就是把验评标准中的质量检验和质量评定的内容分开，将现行施工及验收规范中的施工工艺和质量验收内容分开。

强化验收　是将工程质量验收规范作为强制性标准，是建设工程必须完成的最低标准，是必须达到的施工质量标准，是验收必须遵守的规定。

完善手段　就是完善材料、设备的检测，改进施工阶段的施工试验。施工试验与检测可包括：基本试验、施工试验、竣工工程有关安全和使用功能的检验检测三个部分，明确竣工工程验收时应核查和抽查的项目。竣工抽样试验是确保施工检测的程序、方法、数据的规范性、统一性和有效性，为保证工程的结构安全和使用功能的完善提供数据。

过程控制　就是竣工工程质量验收是在施工全过程控制的基础上完成的。工程实施控制关键在于过程，过程控制好了，一般情况下其结果都是好的。全过程控制体现了以下三个方面：

一是体现了施工过程中建立过程检测的各项制度，诸如基本试验制度、施工试验制度；

二是体现了施工过程中设置了相关的控制要求，诸如进场材料验收、重要部位的质量控制等；同时强化中间的验收环节，诸如隐蔽工程验收、专项验收等；和施工过程中合格质量控制，强调施工工艺的操作依据必须按照行业标准运作，提出综合质量综合水平考核；

三是体现了施工过程中检验批、分项、分部（子分部）、单位（子单位）工程都是过程控制。

1.6 验收规范的贯彻执行原则

市政基础设施工程的验收必须强调依据施工图设计，严格按照标准或规范规定的质量标准执行。绝不能采取迁就、弥补甚至妥协的办法处理。

国标和行业标准的执行应通过提高认识、改善管理、制定制度、素质培训，以确保工程质量达到标准要求。

1. 提高认识、改善管理

法学家龚祥瑞先生指出："宪法具有最高性，即使最高权力机关也必须遵守，在宪法之上再也没有无所不能、无所不在的'上帝'或'正确领导'。"宪法是国家大法。俗语说"没有规矩不能成方圆"，宪法就是"规矩"，大家必须遵守。

深刻认识标准规范是法，法是必须严格执行的。国家发布实施的标准和规范虽不是宪法，但是行业中的法律法规，是行业必须严格认真执行的。行业中只有严格执法，行业才能顺利发展。

标准或规范在执行中由于某种原因造成缺失或问题，除了认真改正外，还要按照规定接受批评或处罚。

2. 严格标准与规范的执行

标准规范是法，法是必须严格执行的。标准、规范的执行必须严格和严肃。

(1) 标准、规范是国家对行业制定的法，法就应必须严格执行，没有任何回旋余地。不得用其他迁就、妥协或弥补的办法解决。妥协或弥补会使人认为规范是可以不执行或者不严格执行的。

不用其他办法解决标准规范执行中出现的问题，可以提高执行标准规范重要性的认识。使执行者感到标准规范只有严格执行，没有别的路子可走。

不用其他办法解决标准规范执行中出现的问题，可以创造一种氛围，让执行者认识到标准和规范的严肃性，标准、规范是行业的法律法规，不执行好不行。

工程质量的验收及过程控制检验必须按规范规定的方法去检查、去验证，一切以规范规定为法则，使执行者感到标准规范是不可动摇的。

(2) 问题总是反复出现的，同时还会出现一些新问题，问题出现了就去解决，需要强调的是应按标准和规范提出的方法与要求去解决。标准规范中没有提出检查方法的，应按标准和规范的总要求设法解决，从而树立标准规范的绝对权威。

(3) 必须把用妥协或弥补处理问题的方法改变为“强化标准执行”，就像宪法一样让执行者感到不可动摇。试想如果将工程中出现的问题，通过过程控制，强化验收，严格按照设计和规范要求施工，还需要通过其他方法如迁就或弥补进行处理吗?

当前有一种很奇怪的现象，是规范执行中存在问题不去严格按规范和标准要求执行，而是采取其他方法进行弥补，如果在规范和标准的执行中都采取这种妥协或弥补的方法解决问题，那事情就不好办了。

如果把弥补和妥协改为强调“强化标准执行”，凡是在工程中出现的质量问题，都用强化标准执行来解决，都把存在问题作为标准执行中的薄弱环节从而强化监控，通过监控，这些问题是可以解决的。

(4) 建立标准、规范定期培训制度。为了更好地执行规范标准，必须进行培训，对企业管理人员应建立标准、规范培训档案，企业的技术管理人员是流动的，凡没有通过培训的首先应进行培训然后才能参与工程质量的验收与管理。对于没有通过培训或因流动而延误培训的管理人员均应由施工单位进行补充培训，否则不应参与工程质量验收与管理。这项工作应由当地建设行政主管部门委托的监督机构负责监督执行。

培训制度由企业负责执行，应建档建制进行定期培训。标准培训必须在当地建设行政主管部门委托的监督单位的监督下进行，并予考核，对考核不合格的不应参与工程质量的验收与管理。在市场经济条件下没有政府监督下的培训，往往制度会流于形式。

所有参与工程质量验收与管理的人员都必须在每年度内进行一次培训，使其对执行标准经常保持一种清醒头脑。

(5) 执法必须讲究方法。执法本身是一种服务，只有树立这个观点才能做好执法工作。通过执法应不断总结经验，执法中发现“法”本身或执法实施中存在不足或问题，应及时反馈，以便及时得到修正或改进，从而改进管理，达到认真执法的目的。

1.7 工程质量验收的几点建议

1. 各地必须制定按相关专业验收规范为内容的完整的、规范化的工程质量验收表式

保证完好的进行工程质量验收、保证工程质量验收工作的正常运作，必须为其准备一套内容相对完整、齐全的验收资料。并且由地方的建设行政主管部门正式下达文件要求严格执行，谁不执行或者不认真执行，一经查出应根据规定予以处理。

工程质量验收，各地均应按《建筑工程施工质量验收统一标准》GB 50300—2001 及相关专业规范规定的质量标准、确认的检查项目和内容编制工程质量验收表式。

(1) 规范性表式的编制与印刷

1) 规范性表式的编制原则：该表式应严格按标准规定的验收项目、内容进行编制，不能随意进行合并或分解。各地编制的工程质量验收表式应是按标准规定的名称，且应按“规范化”的原则进行。

严格按标准规定的验收项目、内容以规范原文进行编制，不应以对规范条文学习理解的语句编制，规范性表式应便于资料的核查与整理。

2）工程质量验收表式应包括：

①单位（子单位）工程质量验收记录；

②分部（子分部）工程质量验收记录；

③分项工程质量验收记录；

④检验批质量验收记录；

⑤单位（子单位）工程观感质量检查记录。

注：单位（子单位）工程质量验收记录；分部（子分部）工程质量验收记录；分项工程质量验收记录；单位（子单位）工程观感质量检查记录原则上应按专业规范规定的表式进行，不应再作修订。应增加分部（子分部）工程观感质量检查记录表。

3）检验批验收表式应列有的基本内容

检验批验收是最基础的工程质量验收。其基本要求为：

①各地均应备有一份完整的适用的检验批质量验收用表，供验收时使用。表中的验收内容及规范执行条目必须齐全。主控项目、一般项目以及相关的允许偏差项目检查，原则上凡能在现场验收时记录的，均应在现场验收时记录。必须在室内进行核查的内容也可以在室内进行。

②有明确的检查内容。其内容应列有：标准规定的验收执行条目，执行条目中如需要参见其他标准条目或强制性条文时原则上应附有其全文。

③有标准规定的检查数量和检验方法。

④验收时应提交有完整的可供核查的技术文件的资料名称及其核查要点。

经验证明，检验批质量验收是最基础的工程质量验收子项，如果没有一份可供在现场直接应用且便于查找的质量验收用表，这种验收往往效果不好，也很难达到标准规定的深度。

4）检验批质量验收记录表式的印制建议

一般情况下工程质量验收表式的印制可按以下三种方法进行：

①检验批验收项目的验收内容数量不多时，可将检验批验收内容直接排在表内，将其全部内容紧缩在一页上，这样便于操作，也可以节约印刷费用；

②大多数的检验批质量验收表式，可将其验收表式和资料内容编写在一张（两页）上，应包括的资料内容有：验收条目、检查数量、检验方法、应核查资料的名称及核查要点；

③个别检验批验收项目很多，检验批验收表式就需2～3页，加上资料内容就需数页，这种表建议将其每一检验批用胶订印成一册（数页）。这种表数量不多，胶订用起来比较方便。

（2）主持验收的单位和人员应具有“质量第一”的责任心，认真按标准和规范进行验收，确保工程质量符合标准和规范要求。

2. 施工单位编制的施工组织设计必须单独编列工程验收划分

《城镇道路工程施工与质量验收规范》（CJJ 1—2008）第18.0.1条对道路工程分部（子分部）工程及相应的分项工程作了原则的规定与划分。同时要求“每一项工程开工前，施工单位均宜按该条要求，与监理工程师对其作具体划分，并形成文件，作为工程验收的依据。”

在编制施工组织设计时，强调必须单独编列单位（子单位）工程、分部（子分部）工程、分项工程和检验批验收的划分结果，并列出详细目录。为了便于核查应以表格形式列编。

提供一份按单位工程，区分不同品种、规格的材料用量表，作为按检验批划分计算送检原材料时的代表数量参考，供项目监理机构按上述原则及进场材料验收记录，进行核算权衡确认。

3. 工程质量监督应重点抓好项目监理机构的工程质量验收及其他监控工作

（1）标准规定检验批、分项工程、分部（子分部）工程、单位（子单位）工程的质量验收，分别由专业监理工程师和总监理工程师主持，说明了监理工作对工程质量验收的重要性，说明了项目监理机构在工程质量验收上起着举足轻重的作用。要求项目监理机构做好工程质量验收工作。

（2）工程质量监督机构应加强对监理工作的指导和管理，使监理工作真正起到项目监理机构应起到的作用。这样做对保证工程质量可起到关键性的作用。从当前监理工作的实施状况看，提高监理工作的工程质量控制与验收水平迫在眉睫，在当前监督、监理并存的情况下，质量监督机构代表政府应首先抓好监理工作。项目监理单位的驻地人员比监督机构的人员要多得多，相当数量的监理单位具有一批业务水平相对较高的监理人员，抓好了绝对是一件好事，同时也可促使监理单位对工程质量验收更加重视。

工程监理制度现在已执行多年，有一定的监理工作基础和条件，只要认真抓好，监理工作一定会对保证建设工程质量起到重要作用。

2 城市桥梁工程质量验收文件

2.1 单位（子单位）工程质量竣工验收记录

1. 资料表式

单位（子单位）工程质量竣工验收记录　　　　表 2.1.1

<table>
<tr><td colspan="2">工程名称</td><td colspan="4"></td><td colspan="2">工程规模</td><td></td></tr>
<tr><td colspan="2">施工单位</td><td></td><td>技术负责人</td><td colspan="2"></td><td colspan="2">开工日期</td><td></td></tr>
<tr><td colspan="2">项目经理</td><td></td><td>项目技术负责人</td><td colspan="2"></td><td colspan="2">竣工日期</td><td></td></tr>
<tr><td>序号</td><td colspan="2">项　目</td><td colspan="3">验收记录</td><td colspan="3">验收结论</td></tr>
<tr><td>1</td><td colspan="2">分部工程</td><td colspan="3">共　　分部，经查　　分部
符合标准及设计要求　　分部</td><td colspan="3"></td></tr>
<tr><td>2</td><td colspan="2">质量控制资料核查</td><td colspan="3">共　项，经审查符合要求　项，
经核定符合规范要求　　项</td><td colspan="3"></td></tr>
<tr><td>3</td><td colspan="2">安全和主要使用功能核查及抽查结果</td><td colspan="3">共核查　　项，符合要求　　项，
共抽查　　项，符合要求　　项，
经返工处理符合要求　　项</td><td colspan="3"></td></tr>
<tr><td>4</td><td colspan="2">观感质量验收</td><td colspan="3">共抽查　　项，符合要求　　项，
不符合要求　　项</td><td colspan="3"></td></tr>
<tr><td>5</td><td colspan="2">综合验收结论</td><td colspan="6"></td></tr>
<tr><td rowspan="2">参加验收单位</td><td colspan="2">建设单位</td><td colspan="2">监理单位</td><td colspan="2">施工单位</td><td colspan="2">设计单位</td></tr>
<tr><td colspan="2">（公章）
单位（项目）负责人
年　月　日</td><td colspan="2">（公章）
总监理工程师
年　月　日</td><td colspan="2">（公章）
单位负责人
年　月　日</td><td colspan="2">（公章）
单位（项目）负责人
年　月　日</td></tr>
</table>

2. 应用指导

原则规定与划分要求如下：

（1）开工前，施工单位应会同建设单位、监理单位将工程划分为单位、分部、分项工程和检验批，作为施工质量检查、验收的基础，并应符合下列规定：

①建设单位招标文件确定的每一个独立合同应为一个单位工程。当合同文件包含的工程内容较多，或工程规模较大，或由若干独立设计组成时，宜按工程部位或工程量、每一独立设计将单位工程分成若干子单位工程。

②单位（子单位）工程应按工程的结构部位或特点、功能、工程量划分分部工程。分部工程的规模较大或工程复杂时宜按材料种类、工艺特点、施工工法等，将分部工程划为若干子分部工程。

（2）工程施工质量应按下列要求进行验收：

①工程施工质量应符合（CJJ 2—2008）规范和相关专业验收规范的规定；

②工程施工应符合工程勘察、设计文件的要求；

③参加工程施工质量验收的各方人员应具备规定的资格；

④工程质量的验收均应在施工单位自行检查评定的基础上进行；

⑤隐蔽工程在隐蔽前，应由施工单位通知监理工程师和相关单位进行隐蔽验收，确认合格后，形成隐蔽验收文件；

⑥监理应按规定对涉及结构安全的试块、试件、有关材料和现场检测项目，进行平行检测和见证取样检测并确认合格；

⑦检验批的质量应按主控项目和一般项目进行验收；

⑧对涉及结构安全和使用功能的分部工程应进行抽样检测；

⑨承担见证取样检测及有关结构安全检测的单位应具有相应资质；

⑩工程的外观质量应由验收人员通过现场检查共同确认。

（3）隐蔽工程应由专业监理工程师负责验收。检验批及分项工程应由专业监理工程师组织施工单位项目专业质量（技术）负责人等进行验收。关键分项工程及重要部位应由建设单位项目负责人组织总监理工程师、专业监理工程师、施工单位项目负责人和技术质量负责人、设计单位专业设计人员等进行验收。分部工程应由总监理工程师组织施工单位项目负责人和技术质量负责人、专业监理工程师等进行验收。

（4）单位工程质量验收合格应符合下列规定：

①单位工程所含分部工程的质量均应验收合格；

②质量控制资料应完整；

③单位工程所含分部工程中有关安全和功能的控制资料应完整；

④影响桥梁安全使用和周围环境的参数指标应符合规定；

⑤外观质量验收应符合要求。

（5）单位工程验收程序应符合下列规定：

①施工单位应在自检合格基础上将竣工资料与自检结果，报监理工程师申请验收。

②总监理工程师应约请相关人员审核竣工资料进行预检，并据结果写出评估报告，报建设单位组织验收。

③建设单位项目负责人应根据监理工程师的评估报告组织建设单位项目技术质量负责人、有关专业设计人员、总监理工程师和专业监理工程师、施工单位项目负责人参加工程验收。

（6）工程竣工验收应由建设单位组织验收组进行。验收组应由建设、勘察、设计、施工、监理与设施管理等单位的有关负责人组成，亦可邀请有关方面专家参加。工程竣工验收应在构成桥梁的各分项工程、分部工程、单位工程质量验收均合格后进行。当设计规定进行桥梁功能、荷载试验时，必须在荷载试验完成后进行。桥梁工程竣工资料须于竣工验收前完成。

（7）工程竣工验收内容应符合下列规定：

主控项目

①桥下净空不得小于设计要求。

检查数量：全数检查。　　检查方法：用水准仪测量或用钢尺量。

②单位工程所含分部工程有关安全和功能的检测资料应完整。

检查数量：全数检查。　　检查方法：检查工程组卷资料，按规定进行工程实体抽查或对相关资料抽查。

一般项目

③桥梁实体检测允许偏差应符合表 2.1.1-1 的规定。

桥梁实体检测允许偏差的检验频率和检验方法　　**表 2.1.1-1**

<table>
<tr><th rowspan="2" colspan="2">项　目</th><th rowspan="2">允许偏差
(mm)</th><th colspan="2">检验频率</th><th rowspan="2">检验方法</th></tr>
<tr><th>范围</th><th>点数</th></tr>
<tr><td colspan="2">桥梁轴线位移</td><td>10</td><td rowspan="6">每座或每跨、每孔</td><td>3</td><td>用经纬仪或全站仪检测</td></tr>
<tr><td rowspan="2">桥宽</td><td>车行道</td><td rowspan="2">±10</td><td rowspan="2">3</td><td rowspan="2">用钢尺量每孔 3 处</td></tr>
<tr><td>人行道</td></tr>
<tr><td colspan="2">长度</td><td>+200，100</td><td>2</td><td>用测距仪</td></tr>
<tr><td colspan="2">引道中线与桥梁中线偏差</td><td>±20</td><td>2</td><td>用经纬仪或全站仪检测</td></tr>
<tr><td colspan="2">桥头高程衔接</td><td>±3</td><td>2</td><td>用水准仪测量</td></tr>
</table>

注：1　项目 3 长度为桥梁总体检测长度；受桥梁形式、环境温度、伸缩缝位置等因素的影响，实际检测中通常检测两条伸缩缝之间的长度，或多条伸缩缝之间的累加长度；

2　连续梁、结合梁两条伸缩缝之间长度允许偏差为±15mm。

④桥梁实体外形检查应符合下列要求：

A. 墩台混凝土表面应平整，色泽均匀，无明显错台、蜂窝麻面，外形轮廓清晰。

B. 砌筑墩台表面应平整，砌缝应无明显缺陷，勾缝应密实坚固、无脱落，线角应顺直。

C. 桥台与挡墙、护坡或锥坡衔接应平顺，应无明显错台；沉降缝、泄水孔设置正确。

D. 索塔表面应平整，色泽均匀，无明显错台和蜂窝麻面，轮廓清晰，线形直顺。

E. 混凝土梁体（框架桥体）表面应平整、色泽均匀、轮廓清晰、无明显缺陷；全桥整体线形应平顺、梁缝基本均匀。

F. 钢梁安装线形应平顺，防护涂装色泽应均匀、无漏涂、无划伤、无起皮，涂膜无裂纹。

G. 拱桥表面平整，无明显错台；无蜂窝麻面、露筋或砌缝脱落现象，色泽均匀；拱圈（拱肋）及拱上结构轮廓线圆顺、无折弯。

H. 索股钢丝应顺直、无扭转、无鼓丝、无交叉，锚环与锚垫板应密贴并居中，锚环及外丝应完好、无变形，防护层应无损伤，斜拉索色泽应均匀、无污染。

I. 桥梁附属结构应稳固，线形应直顺，应无明显错台、无缺棱掉角。

检查数量：全数检查（桥梁实体外形检查 A～I 共 9 项全部进行检查）。

检查方法：观察。

（8）工程竣工验收时可抽检各单位工程的质量情况。

（9）工程竣工验收合格后，建设单位应按规定将工程竣工验收报告和有关文件，报政府建设行政主管部门备案。

2.2 分部（子分部）工程质量验收记录

1. 资料表式

分部（子分部）工程质量验收记录　　　表 2.2.1

<table>
<tr><td colspan="2">工程名称</td><td colspan="5"></td></tr>
<tr><td colspan="2">施工单位</td><td colspan="5"></td></tr>
<tr><td colspan="2">分包单位</td><td colspan="2"></td><td colspan="2">分包技术负责人</td><td></td></tr>
<tr><td colspan="2">项目经理</td><td colspan="2"></td><td colspan="2">项目技术负责人</td><td></td></tr>
<tr><td>序号</td><td colspan="2">分项工程名称</td><td>检验批数</td><td colspan="2">施工单位检查评定</td><td>验 收 意 见</td></tr>
<tr><td>1</td><td colspan="2"></td><td></td><td colspan="2"></td><td rowspan="7"></td></tr>
<tr><td>2</td><td colspan="2"></td><td></td><td colspan="2"></td></tr>
<tr><td>3</td><td colspan="2"></td><td></td><td colspan="2"></td></tr>
<tr><td>4</td><td colspan="2"></td><td></td><td colspan="2"></td></tr>
<tr><td>5</td><td colspan="2"></td><td></td><td colspan="2"></td></tr>
<tr><td>6</td><td colspan="2"></td><td></td><td colspan="2"></td></tr>
<tr><td></td><td colspan="2"></td><td></td><td colspan="2"></td></tr>
<tr><td colspan="4">质量控制资料</td><td colspan="2"></td><td></td></tr>
<tr><td colspan="4">安全和功能检验（检测）报告</td><td colspan="2"></td><td></td></tr>
<tr><td colspan="4">观感质量验收</td><td colspan="2"></td><td></td></tr>
<tr><td>验收结论</td><td colspan="6"></td></tr>
<tr><td rowspan="5">验收单位</td><td>分包单位</td><td colspan="5">项目经理　　年 月 日</td></tr>
<tr><td>施工单位</td><td colspan="5">项目经理　　年 月 日</td></tr>
<tr><td>勘察单位</td><td colspan="5">项目负责人　　年 月 日</td></tr>
<tr><td>设计单位</td><td colspan="5">项目负责人　　年 月 日</td></tr>
<tr><td>监理（建设）单位</td><td colspan="5">总监理工程师
（建设单位项目专业负责人）　　年 月 日</td></tr>
</table>

2. 应用指导

原则规定与划分：

1）分部工程（子分部工程）中，应按主要工种、材料、施工工艺等划分分项工程。分项工程可由一个或若干检验批组成。

桥梁工程中，分部（子分部）工程及相应的分项工程应按地域不同、特点不同其数量、内容会有所不同，因此，在工程开工前，施工单位均宜按上述要求，与监理工程师作具体划定，并形成文件，作为工程检查验收的依据。

2）分部工程质量验收合格应符合下列规定：

①分部工程所含分项工程的质量均应验收合格；

②质量控制资料应完整；

③涉及结构安全和使用功能的质量应按规定验收合格；

④外观质量验收应符合要求。

3）城市桥梁各分部（子分部）工程相应的分项工程宜按表 2.2.1-1（即 CJJ 2—2008 规范第 23 章表 23.0.1）的规定执行。（CJJ 2—2008）规范未规定时，施工单位应在开工前会同建设单位、监理单位共同研究确定。

4）工程施工质量应按下列要求进行验收：

①工程施工质量应符合 CJJ 2—2008 规范和相关专业验收规范的规定；

②工程施工应符合工程勘察、设计文件的要求；

③参加工程施工质量验收的各方人员应具备规定的资格；

④工程质量的验收均应在施工单位自行检查评定的基础上进行；

⑤隐蔽工程在隐蔽前，应由施工单位通知监理工程师和相关单位进行隐蔽验收，确认合格后，形成隐蔽验收文件；

⑥监理应按规定对涉及结构安全的试块、试件、有关材料和现场检测项目，进行平行检测和见证取样检测并确认合格；

⑦检验批的质量应按主控项目和一般项目进行验收；

⑧对涉及结构安全和使用功能的分部工程应进行抽样检测；

⑨承担见证取样检测及有关结构安全检测的单位应具有相应资质；

⑩工程的外观质量应由验收人员通过现场检查共同确认。

5）施工中应按下列规定进行施工质量控制，并进行过程检验、验收：

①工程采用的主要材料、半成品、成品、构配件、器具和设备应按相关专业质量标准进行验收和按规定进行复验，并经监理工程师检查认可。凡涉及结构安全和使用功能的，监理工程师应按规定进行平行检测和见证取样检测并确认合格。

②各分项工程应按（CJJ 2—2008）规范进行质量控制，各分项工程完成后应进行自检、交接检验，并形成文件，经监理工程师检查签认后，方可进行下一个分项工程施工。

6）隐蔽工程应由专业监理工程师负责验收。检验批及分项工程应由专业监理工程师组织施工单位项目专业质量（技术）负责人等进行验收。关键分项工程及重要部位应由建设单位项目负责人组织总监理工程师、专业监理工程师、施工单位项目负责人和技术质量负责人、设计单位专业设计人员等进行验收。分部工程应由总监理工程师组织施工单位项目负责人和技术质量负责人、专业监理工程师等进行验收。

7）对涉及结构安全和使用功能的分部工程应进行抽样检测。

城市桥梁分部（子分部）工程与相应的分项工程、检验批对照表　　表 2.2.1-1

序号	分部工程	子分部工程	分项工程	检验批
1	地基与基础	扩大基础	基坑开挖、地基、土方回填、现浇混凝土（模板与支架、钢筋、混凝土）、砌体	每个基坑
		沉入桩	预制桩（模板、钢筋、混凝土、预应力混凝土）、钢管桩、沉桩	每根桩
		灌注桩	机械成孔、人工挖孔、钢筋笼制作与安装、混凝土灌注	每根桩
		沉　井	沉井制作（模板与支架、钢筋、混凝土、钢壳）、浮运、下沉就位、清基与填充	每节、座
		地下连续墙	成槽、钢筋骨架、水下混凝土	每个施工段
		承台	模板与支架、钢筋、混凝土	每个承台
2	墩台	砌体墩台	石砌体、砌块砌体	每个砌筑段、浇筑段、施工段或每个墩台、每个安装段（件）
		现浇混凝土墩台	模板与支架、钢筋、混凝土、预应力混凝土	
		预制混凝土柱	预制柱（模板、钢筋、混凝土、预应力混凝土）、安装	
		台背填土	填土	
3		盖梁	模板与支架、钢筋、混凝土、预应力混凝土	每个盖梁
4		支座	垫石混凝土、支座安装、挡块混凝土	每个支座
5		索塔	现浇混凝土索塔（模板与支架、钢筋、混凝土、预应力混凝土）、钢构件安装	每个浇筑段、每根钢构件
6		锚锭	锚固体系制作、锚固体系安装、锚碇混凝土（模板与支架、钢筋、混凝土）、锚索张拉与压浆	每个制作件、安装件、基础
7	桥跨承重结构	支架上浇筑混凝土梁（板）	模板与支架、钢筋、混凝土、预应力钢筋	每孔、联、施工段
		装配式钢筋混凝土梁（板）	预制梁（板）（模板与支架、钢筋、混凝土、预应力混凝土）	每片梁
		悬臂浇筑预应力混凝土梁	0＃段（模板与支架、钢筋、混凝土、预应力混凝土）、悬浇段（挂篮、模板、钢筋、混凝土、预应力混凝土）	每个浇筑段
		悬臂拼装预应力混凝土梁	0＃段（模板与支架、钢筋、混凝土、预应力混凝土）、梁段预制（模板与支架、钢筋、混凝土）、拼装梁段、施加预应力	每个拼装段
		顶推施工混凝土梁	台座系统、导梁、梁段预制（模板与支架、钢筋、混凝土、预应力混凝土）、顶推梁段、施加预应力	每节段
		钢梁	现场安装	每个制作段、孔、联
		结合梁	钢梁安装、预应力钢筋混凝土梁预制（模板与支架、钢筋、混凝土、预应力混凝土）、预制梁安装、混凝土结构浇筑（模板与支架、钢筋、混凝土、预应力混凝土）	每段、孔
		拱部与拱上结构	砌筑拱圈、现浇混凝土拱圈、劲性骨架混凝土拱圈、装配式混凝土拱部结构、钢管混凝土拱（拱肋安装、混凝土压注）、吊杆、系杆拱、转体施工、拱上结构	每个砌筑段、安装段、浇筑段、施工段
		斜拉桥的主梁与拉索	0＃段混凝土浇筑、悬臂浇筑混凝土主梁、支架上浇筑混凝土主梁、悬臂拼装混凝土主梁、悬拼钢箱梁、支架上安装钢箱梁、结合梁、拉索安装	每个浇筑段、制作段、安装段、施工段
		悬索桥的加劲梁与缆索	索鞍安装、主缆架设、主缆防护、索夹和吊索安装、加劲梁段拼装	每个制作段、安装段、施工段
8		顶进箱涵	工作坑、滑板、箱涵预制（模板与支架、钢筋、混凝土）、箱涵顶进	每坑、每制作节、顶进节
9		桥面系	排水设施、防水层、桥面铺装层（沥青混合料铺装、混凝土铺装—模板、钢筋、混凝土）、伸缩装置、地栿和缘石与挂板、防护设施、人行道	每个施工段、每孔
10		附属结构	隔声与防眩装置、梯道（砌体；混凝土-模板与支架、钢筋、混凝土；钢结构）、桥头搭板（模板、钢筋、混凝土）、防冲刷结构、照明、挡土墙▲	每砌筑段、浇筑段、安装段、每座构筑物
11		装饰与装修	水泥砂浆抹面、饰面板、饰面砖和涂装	每跨、侧、饰面
12		引道▲		

注：表中“▲”项应符合国家现行标准《城镇道路工程施工与质量验收规范》CJJ 1 的有关规定。

2.3 单位（子单位）工程观感检查记录

1. 资料表式

单位（子单位）工程观感检查记录 表 2.3.1

<table>
<tr><td colspan="2">工程名称</td><td colspan="4"></td></tr>
<tr><td colspan="2">施工单位</td><td colspan="4"></td></tr>
<tr><td rowspan="2">序号</td><td rowspan="2">项　　目</td><td rowspan="2">抽查质量状况</td><td colspan="3">质量评价</td></tr>
<tr><td>好</td><td>一般</td><td>差</td></tr>
<tr><td>1</td><td>墩（柱）、塔</td><td></td><td></td><td></td><td></td></tr>
<tr><td>2</td><td>盖梁</td><td></td><td></td><td></td><td></td></tr>
<tr><td>3</td><td>桥台</td><td></td><td></td><td></td><td></td></tr>
<tr><td>4</td><td>混凝土梁</td><td></td><td></td><td></td><td></td></tr>
<tr><td>5</td><td>系梁</td><td></td><td></td><td></td><td></td></tr>
<tr><td>6</td><td>拱部</td><td></td><td></td><td></td><td></td></tr>
<tr><td>7</td><td>拉索、吊索</td><td></td><td></td><td></td><td></td></tr>
<tr><td>8</td><td>桥面</td><td></td><td></td><td></td><td></td></tr>
<tr><td>9</td><td>人行道</td><td></td><td></td><td></td><td></td></tr>
<tr><td>10</td><td>防撞设施</td><td></td><td></td><td></td><td></td></tr>
<tr><td>11</td><td>排水设施</td><td></td><td></td><td></td><td></td></tr>
<tr><td>12</td><td>伸缩缝</td><td></td><td></td><td></td><td></td></tr>
<tr><td>13</td><td>栏杆、扶手</td><td></td><td></td><td></td><td></td></tr>
<tr><td>14</td><td>桥台护坡</td><td></td><td></td><td></td><td></td></tr>
<tr><td>15</td><td>涂装、饰面</td><td></td><td></td><td></td><td></td></tr>
<tr><td>16</td><td>钢结构焊缝</td><td></td><td></td><td></td><td></td></tr>
<tr><td>17</td><td>灯柱、照明</td><td></td><td></td><td></td><td></td></tr>
<tr><td>18</td><td>隔声装置</td><td></td><td></td><td></td><td></td></tr>
<tr><td>19</td><td>防眩装置</td><td></td><td></td><td></td><td></td></tr>
<tr><td></td><td></td><td></td><td></td><td></td><td></td></tr>
<tr><td colspan="2">观感质量综合评价</td><td colspan="4"></td></tr>
<tr><td>检查结论</td><td colspan="5"></td></tr>
<tr><td colspan="3">施工单位项目经理
年　月　日</td><td colspan="3">总监理工程师
（建设单位项目负责人）
年　月　日</td></tr>
</table>

注：1. 质量评价为差的项目，应进行返修。 2. 观感检查不论是分部工程还是单位工程均应符合规范要求。

2. 应用指导

（1）原则规定

1）外观质量验收应符合要求。

2）工程的外观质量应由验收人员通过现场检查共同确认。

（2）观感检查质量标准分别按应检项目 CJJ 2—2008 规范中规定的条文执行。

2.4 单位（子单位）工程质量控制资料核查记录

1. 资料表式

单位（子单位）工程质量控制资料核查记录　　表 2.4.1

工程名称				
施工单位				
序号	资料名称	份数	核查意见	核查人
1	图纸会审、设计变更、洽商记录			
2	工程定位测量、交桩、放线、复核记录			
3	施工组织设计、施工方案及审批记录			
4	原材料出厂合格证书及进场检（试）验报告			
5	成品、半成品出厂合格证及试验报告			
6	施工试验报告及见证检测报告			
7	隐蔽工程验收记录			
8	施工记录			
9	工程质量事故及事故调查处理资料			
10	分项、分部工程质量验收记录			
11	新材料、新工艺施工记录			
检查结论： 施工单位项目经理 年　月　日		总监理工程师 （建设单位项目负责人） 年　月　日		

2. 应用指导

原则规定：

1）质量控制资料应完整。单位工程所含分部工程中有关安全和功能的控制资料应完整。

2）影响桥梁安全使用和周围环境的参数指标应符合规定。涉及结构安全和使用功能的质量应按规定验收合格。

3）对涉及结构安全和使用功能的分部工程应进行抽样检测。

4）承担见证取样检测及有关结构安全检测的试验单位应具有相应资质。

2.5 单位（子单位）工程安全和功能检验资料核查及主要功能抽查记录

1. 资料表式

单位（子单位）工程安全和功能检验资料核查及主要功能抽查记录　　表 2.5.1

<table>
<tr><td>工程名称</td><td colspan="4"></td></tr>
<tr><td>施工单位</td><td colspan="4"></td></tr>
<tr><td>序号</td><td>安全和功能检查项目</td><td>份数</td><td>核查、抽查意见</td><td>核查、抽查人</td></tr>
<tr><td>1</td><td>地基土承载力试验记录</td><td></td><td></td><td></td></tr>
<tr><td>2</td><td>基桩无损检测记录</td><td></td><td></td><td></td></tr>
<tr><td>3</td><td>钻芯取样检测记录</td><td></td><td></td><td></td></tr>
<tr><td>4</td><td>同条件养护试件试验记录</td><td></td><td></td><td></td></tr>
<tr><td>5</td><td>斜拉索张拉力振动频率试验记录</td><td></td><td></td><td></td></tr>
<tr><td>6</td><td>索力调整检测记录</td><td></td><td></td><td></td></tr>
<tr><td>7</td><td>桥梁的动、静载试验记录</td><td></td><td></td><td></td></tr>
<tr><td>8</td><td>桥梁工程竣工测量资料</td><td></td><td></td><td></td></tr>
<tr><td></td><td></td><td></td><td></td><td></td></tr>
<tr><td></td><td></td><td></td><td></td><td></td></tr>
<tr><td></td><td></td><td></td><td></td><td></td></tr>
<tr><td></td><td></td><td></td><td></td><td></td></tr>
<tr><td></td><td></td><td></td><td></td><td></td></tr>
<tr><td colspan="5">结论：

施工单位项目经理　　　　　　　　　　总监理工程师
　　　　　　　　　　　　　　　　　　（建设单位项目负责人）
年　月　日　　　　　　　　　　　　　年　月　日</td></tr>
</table>

2. 应用指导

原则规定：

1）单位工程所含分部工程中有关安全和功能的控制资料应完整。

2）影响桥梁安全使用和周围环境的参数指标应符合规定。涉及结构安全和使用功能的质量应按规定验收合格。

3）对涉及结构安全和使用功能的分部工程应进行抽样检测。

4）承担见证取样检测及有关结构安全检测的试验单位应具有相应资质。

2.6 分项工程质量验收记录

1. 资料表式

分项工程质量验收记录　　表 2.6.1

<table>
<tr><td colspan="2">工程名称</td><td colspan="4"></td></tr>
<tr><td colspan="2">施工单位</td><td colspan="4"></td></tr>
<tr><td colspan="2">分包单位</td><td></td><td>检验批数</td><td colspan="2"></td></tr>
<tr><td colspan="2">项目经理</td><td></td><td>项目技术负责人</td><td colspan="2"></td></tr>
<tr><td colspan="2">分包单位负责人</td><td></td><td>分包项目经理</td><td colspan="2"></td></tr>
<tr><td>序号</td><td>检验批部位、区段</td><td colspan="2">施工单位检查评定结果</td><td colspan="2">监理（建设）单位验收结论</td></tr>
<tr><td>1</td><td></td><td colspan="2"></td><td colspan="2"></td></tr>
<tr><td>2</td><td></td><td colspan="2"></td><td colspan="2"></td></tr>
<tr><td>3</td><td></td><td colspan="2"></td><td colspan="2"></td></tr>
<tr><td>4</td><td></td><td colspan="2"></td><td colspan="2"></td></tr>
<tr><td>5</td><td></td><td colspan="2"></td><td colspan="2"></td></tr>
<tr><td>6</td><td></td><td colspan="2"></td><td colspan="2"></td></tr>
<tr><td>7</td><td></td><td colspan="2"></td><td colspan="2"></td></tr>
<tr><td>8</td><td></td><td colspan="2"></td><td colspan="2"></td></tr>
<tr><td>9</td><td></td><td colspan="2"></td><td colspan="2"></td></tr>
<tr><td>10</td><td></td><td colspan="2"></td><td colspan="2"></td></tr>
<tr><td>11</td><td></td><td colspan="2"></td><td colspan="2"></td></tr>
<tr><td>12</td><td></td><td colspan="2"></td><td colspan="2"></td></tr>
<tr><td>13</td><td></td><td colspan="2"></td><td colspan="2"></td></tr>
<tr><td>14</td><td></td><td colspan="2"></td><td colspan="2"></td></tr>
<tr><td>15</td><td></td><td colspan="2"></td><td colspan="2"></td></tr>
<tr><td>16</td><td></td><td colspan="2"></td><td colspan="2"></td></tr>
<tr><td>17</td><td></td><td colspan="2"></td><td colspan="2"></td></tr>
<tr><td></td><td></td><td colspan="2"></td><td colspan="2"></td></tr>
<tr><td>检查结论</td><td colspan="2">项目专业
技术负责人：
年　月　日</td><td>验收结论</td><td colspan="2">监理工程师
（建设单位项目专业技术负责人）
年　月　日</td></tr>
</table>

2. 应用指导

原则规定与划分要求如下：

(1) 分项工程质量验收合格应符合下列规定：

①分项工程所含检验批均应符合合格质量的规定；

②分项工程所含检验批的质量验收记录应完整。

(2) 隐蔽工程在隐蔽前，应由施工单位通知监理工程师和相关单位进行隐蔽验收，确认合格后，形成隐蔽验收文件。

(3) 隐蔽工程应由专业监理工程师负责验收。检验批及分项工程应由专业监理工程师组织施工单位项目专业质量（技术）负责人等进行验收。关键分项工程及重要部位应由建设单位项目负责人组织总监理工程师、专业监理工程师、施工单位项目负责人和技术质量负责人、设计单位专业设计人员等进行验收。分部工程应由总监理工程师组织施工单位项目负责人和技术质量负责人、专业监理工程师等进行验收。

(4) 施工中应按下列规定进行施工质量控制，并进行过程检验、验收：

①工程采用的主要材料、半成品、成品、构配件、器具和设备应按相关专业质量标准进行验收和按规定进行复验，并经监理工程师检查认可。凡涉及结构安全和使用功能的，监理工程师应按规定进行平行检测、见证取样检测并确认合格。

②各分项工程应按（CJJ 2—2008）规范进行质量控制，各分项工程完成后应进行自检、交接检验，并形成文件，经监理工程师检查签认后，方可进行下一个分项工程施工。

(5) 工程施工质量应按下列要求进行验收：

①工程施工质量应符合 CJJ 2—2008 规范和相关专业验收规范的规定；

②工程施工应符合工程勘察、设计文件的要求；

③参加工程施工质量验收的各方人员应具备规定的资格；

④工程质量的验收均应在施工单位自行检查评定的基础上进行；

⑤隐蔽工程在隐蔽前，应由施工单位通知监理工程师和相关单位进行隐蔽验收，确认合格后，形成隐蔽验收文件；

⑥监理应按规定对涉及结构安全的试块、试件、有关材料和现场检测项目，进行平行检测、见证取样检测并确认合格；

⑦检验批的质量应按主控项目和一般项目进行验收；

⑧对涉及结构安全和使用功能的分部工程应进行抽样检测；

⑨承担见证取样检测及有关结构安全检测的单位应具有相应资质；

⑩工程的外观质量应由验收人员通过现场检查共同确认。

2.7 检验批质量验收记录

1. 资料表式

检验批质量验收记录　　　　表 2.7.1

工程名称				
施工单位				
分项工程名称			施工班组长	
验收部位			专业工长	
施工执行标准名称及编号			项目经理	
检控项目	质量验收规范规定		施工单位检查评定记录	监理（建设）单位验收记录
主控项目				
	项　目	允许偏差（mm）	量测值（mm）	
一般项目				
	项　目	允许偏差（mm）	量测值（mm）	
施工单位检查评定结果	项目专业质量检查员： 年　月　日			
监理（建设）单位验收结论	专业监理工程师： （建设单位项目专业技术负责人）： 年　月　日			

2. 应用指导

（1）原则规定与划分

1）检验批应根据施工、质量控制和专业验收需要划定。

2）检验批合格质量应符合下列规定：

①主控项目的质量应经抽样检验合格。

②一般项目的质量应经抽样检验合格；当采用计数检验时，除有专门要求外，一般项目的合格点率应达到80%及以上，且不合格点的最大偏差值不得大于规定允许偏差值的1.5倍。

③具有完整的施工操作依据和质量检查记录。

3）检验批的质量应按主控项目和一般项目进行验收。

4）隐蔽工程在隐蔽前，应由施工单位通知监理工程师和相关单位进行隐蔽验收，确认合格后，形成隐蔽验收文件。

5）隐蔽工程应由专业监理工程师负责验收。检验批及分项工程应由专业监理工程师组织施工单位项目专业质量（技术）负责人等进行验收。关键分项工程及重要部位应由建设单位项目负责人组织总监理工程师、专业监理工程师、施工单位项目负责人和技术质量负责人、设计单位专业设计人员等进行验收。分部工程应由总监理工程师组织施工单位项目负责人和技术质量负责人、专业监理工程师等进行验收。

6）施工中应按下列规定进行施工质量控制，并进行过程检验、验收：

①工程采用的主要材料、半成品、成品、构配件、器具和设备应按相关专业质量标准进行验收和按规定进行复验，并经监理工程师检查认可。凡涉及结构安全和使用功能的，监理工程师应按规定进行平行检测、见证取样检测并确认合格。

②各分项工程应按（CJJ 2—2008）规范进行质量控制，各分项工程完成后应进行自检、交接检验，并形成文件，经监理工程师检查签认后，方可进行下一个分项工程施工。

7）工程施工质量应按下列要求进行验收：

①工程施工质量应符合CJJ 2—2008规范和相关专业验收规范的规定；

②工程施工应符合工程勘察、设计文件的要求；

③参加工程施工质量验收的各方人员应具备规定的资格；

④工程质量的验收均应在施工单位自行检查评定的基础上进行；

⑤隐蔽工程在隐蔽前，应由施工单位通知监理工程师和相关单位进行隐蔽验收，确认合格后，形成隐蔽验收文件；

⑥监理应按规定对涉及结构安全的试块、试件、有关材料和现场检测项目，进行平行检测、见证取样检测，并确认合格；

⑦检验批的质量应按主控项目和一般项目进行验收；

⑧对涉及结构安全和使用功能的分部工程应进行抽样检测；

⑨承担见证取样检测及有关结构安全检测的单位应具有相应资质；

⑩工程的外观质量应由验收人员通过现场检查共同确认。

（2）检验批验收的基本要求

检验批是城市桥梁工程的最小验收单元，是验收的基础。验收检验批工程质量时，应备有一份完整的该检验批验收的资料，资料内容应包括：严格按规范条目制定的检验批验收记录表、规范验收的条目以及应提供的核查资料供其核查，同时以此对工程实体进行验收，全面地按照规范的要求逐一进行核验。要想做好检验批的工程质量验收，备好这份资料是必须的，如果没有备好这份为验收准备的基础资料，检验批的验收工作是很难做到满足标准和规范要求的。

开工前应将工程划分为单位（子单位）、分部（子分部）、分项工程和检验批，作为施工控制的基础。

2.8 桥梁工程的实施与管理

2.8.1 (CJJ 2—2008)规范实施范围与原则

(1)本规范适用于一般地质条件下城市桥梁的新建、改建、扩建工程和大、中修维护工程的施工与质量验收。

(2)原材料、半成品或成品的质量应符合国家现行有关标准的规定。

(3)城市桥梁工程的施工及验收,除应执行本规范外,尚应符合国家现行有关标准的规定。

2.8.2 (CJJ 2—2008)规范实施的基本规定

(1)施工单位应具备相应的桥梁工程施工资质。总承包施工单位,必须选择合格的分包单位。分包单位应接受总承包单位的管理。

(2)施工单位应建立健全质量保证体系和施工安全管理制度。

(3)施工前,施工单位应组织有关施工技术管理人员深入现场调查,了解掌握现场情况,做好充分的施工准备工作。

(4)施工组织设计应按其审批程序报批,经主管领导批准后方可实施;施工中需修改或补充时,应履行原审批程序。

(5)施工单位应按合同规定的或经过审批的设计文件进行施工。发生设计变更及工程洽商应按国家现行有关规定程序办理设计变更与工程洽商手续,并形成文件。严禁按未经批准的设计变更进行施工。

(6)工程施工应加强各项管理工作,符合合理部署、周密计划、精心组织、文明施工、安全生产、节约资源的原则。

(7)施工中应加强施工测量与试验工作,按规定作业,内业资料完整,经常复核,确保准确。

(8)施工中必须建立技术与安全交底制度。作业前主管施工技术人员必须向作业人员进行安全与技术交底,并形成文件。

(9)施工中应按合同文件规定的国家现行标准和设计文件的要求进行施工过程与成品质量控制,确保工程质量。

(10)工程质量验收应在施工单位自检基础上,按照检验批、分项工程、分部工程(子分部工程)、单位工程顺序进行。单位工程完成且经监理工程师预验收合格后,应由建设单位按相关规定组织工程验收。各项单位工程验收合格后,建设单位应按相关规定及时组织竣工验收。

(11)验收后的桥梁工程,应结构坚固、表面平整、色泽均匀、棱角分明、线条顺直、轮廓清晰,满足城市景观要求。

(12)桥梁工程范围内的排水设施、挡土墙、引道等工程施工及验收应符合国家现行标准《城镇道路工程施工与质量验收规范》(CJJ 1—2008)的有关规定。

2.8.3　桥梁工程实施的施工准备与工程测量

1. 桥梁工程实施施工准备

（1）开工前，建设单位应召集施工、监理、设计、建设单位有关人员，由设计人员进行施工设计交底，并形成文件。

（2）开工前，建设单位应向施工单位提供施工现场及其毗邻区域内各种地下管线等建（构）筑物的现况翔实资料和气象、水文观测资料，并应向施工单位的有关技术管理人员和监理工程师进行详细的交底；应研究确定施工区域内管线等建（构）筑物的拆移或保护、加固方案，并应形成文件后实施。

（3）开工前，建设单位应组织设计、勘测单位向施工单位移交现场测量控制桩、水准点，并形成文件。施工单位应结合实际情况，制定施工测量方案，建立测量控制网。

（4）开工前，施工单位应组织有关施工技术人员学习工程招投标文件、施工合同、设计文件和相关技术标准，掌握工程情况。

（5）施工单位应根据建设单位提供的资料，组织有关施工技术管理人员对施工现场进行全面、详尽、深入的调查，掌握现场地形、地貌环境条件；掌握水、电、劳动力、设备等资源供应情况。并应核实施工影响范围内的管线、建（构）筑物、河湖、绿化、杆线、文物古迹等情况。

（6）开工前，施工单位应组织有关施工技术人员对施工图进行认真审查，发现问题应及时与设计人联系进行变更，并形成文件。

（7）开工前，施工单位应根据合同、设计文件和现场环境条件编制施工组织设计。施工组织设计应包括施工部署、计划安排、施工方法、保证质量和安全的技术措施，以及必要的专项施工方案与施工设计等。当跨冬、雨期和高温期施工时，施工组织设计中应包含冬、雨期施工方案和高温期施工安全技术措施。

（8）施工单位应根据施工文件的要求，依据国家现行标准的有关规定，做好原材料的检验、水泥混凝土的试配与有关量具、器具的检定工作。

（9）开工前，应将工程划分为单位（子单位）、分部（子分部）、分项工程和检验批，作为施工控制的基础。

（10）开工前，应对全体施工人员进行安全教育，组织学习安全管理规定，并结合工程特点对现场作业人员进行安全技术培训，对特殊工种应进行资格培训。

（11）应根据当地政府的有关规定结合工程特点、施工部署及计划安排，支搭施工围挡、搭建现场临时生产和生活设施，并应制定文明施工管理措施，搞好环境保护工作。

2. 桥梁工程实施的工程测量

（1）一般规定

1）施工测量开始前应完成下列工作：

①学习设计文件和相应的技术标准，掌握设计要求。

②办理桩点交接手续。桩点应包括：各种基准点、基准线的数据及依据、精度等级。施工单位应进行现场踏勘、复核。

③根据桥梁的形式、跨径及设计要求的施工精度和施工方案，编制工程测量方案，确定在利用原设计网基础上加密或重新布设控制网。补充施工需要的水准点、桥涵轴线、墩台控制桩。

④对测量仪器、设备、工具等进行符合性检查，确认符合要求。严禁使用未经计量检定或超过检定有效期的仪器、设备、工具。

2）开工前应对基准点、基准线和高程进行内业、外业复核。复核过程中发现不符或与相邻工程矛盾时，应向建设单位提出，进行查询，并取得准确结果。

3）施工单位应在合同规定的时间期限内，向建设单位提供施工测量复测报告，经监理工程师批准后方可根据工程测量方案建立施工测量控制网，进行工程测量。

4）供施工测量用的控制桩，应注意保护，经常校测，保持准确。雨后、春融期或受到碰撞、遭遇损害，应及时校测。

5）开工前应结合设计文件、施工组织设计，提前做好工程施工过程中各个阶段工程测量的各项内业计算准备工作，并依内业准备进行施工测量。

6）应建立测量复核制度。从事工程测量的作业人员，应经专业培训、考核合格，持证上岗。

7）应做好桥梁工程平面控制网与相接道路工程控制网的衔接工作。

8）测量记录应按规定填写并按编号顺序保存。测量记录应字迹清楚、规整，严禁擦改，并不得转抄。

（2）平面、水准控制测量及质量要求

1）平面控制网可采用三角测量和GPS测量。桥梁平面控制测量等级应符合表2.8.3-1的规定。

桥梁平面控制测量等级 **表2.8.3-1**

多跨桥梁总长（m）	单跨桥长（m）	控制测量等级
$L \geqslant 3000$	$L \geqslant 500$	二等
$2000 \leqslant L < 3000$	$300 \leqslant L < 500$	三等
$1000 \leqslant L < 2000$	$150 \leqslant L < 300$	四等
$500 \leqslant L < 1000$	$L < 150$	一级
$L < 500$		二级

2）采用平面控制网三角测量，三角网的基线不得少于2条，根据条件，可设于河流的一岸或两岸。基线一端应与桥轴线连接，并宜垂直。当桥轴线较长时，宜在两岸均设基线，其长度不宜小于桥轴线长度的0.7倍。三角网所有角度宜布设在30°～120°，当条件不能满足时，可放宽，但不得小于25°。

3）三角测量、水平角方向观测法和测距的技术要求以及测距精度应符合表2.8.3-2～表2.8.3-5的规定。

三角测量技术要求 **表2.8.3-2**

等级	平均边长（km）	测角中误差（″）	起始边边长相对中误差	最弱边边长相对中误差	测回数			三角形最大闭合差（″）
					DJ_1	DJ_2	DJ_6	
二等	3.0	±1.0	≤1/250000	≤1/120000	12	—	—	±3.5
三等	2.0	±1.8	≤1/150000	≤1/70000	6	9	—	±7.0
四等	1.0	±2.5	≤1/100000	≤1/40000	4	6	—	±9.0
一级	0.5	±5.0	≤1/40000	≤1/20000	—	3	4	±15.0
二级	0.3	±10.0	≤1/20000	≤1/10000	—	1	3	±30.0

水平角方向观测法技术要求 　　　　　　　　**表 2.8.3-3**

<table>
<tr><th>等级</th><th>仪器型号</th><th>光学测微器两次重合读数之差(″)</th><th>半测回归零差(″)</th><th>一测回中 2 倍照准差较差(″)</th><th>同一方向值各测回较差(″)</th></tr>
<tr><td rowspan="2">四等及以上</td><td>DJ_1</td><td>1</td><td>6</td><td>9</td><td>6</td></tr>
<tr><td>DJ_2</td><td>3</td><td>8</td><td>13</td><td>9</td></tr>
<tr><td rowspan="2">一等及以下</td><td>DJ_2</td><td>—</td><td>12</td><td>18</td><td>12</td></tr>
<tr><td>DJ_6</td><td>—</td><td>18</td><td>—</td><td>24</td></tr>
</table>

注：当观测方向的垂直角超过±3°的范围时，该方向一测回中 2 倍照准差较差，可按同一观察时段内相邻测回同方向进行比较。

测距技术要求 　　　　　　　　**表 2.8.3-4**

<table>
<tr><th rowspan="2">平面控制网等级</th><th rowspan="2">测距仪精度等级</th><th colspan="2">观测次数</th><th rowspan="2">总测回数</th><th rowspan="2">一测回读数较差(mm)</th><th rowspan="2">单程各测回较差(mm)</th><th rowspan="2">往返较差</th></tr>
<tr><th>往</th><th>返</th></tr>
<tr><td rowspan="2">二、三等</td><td>Ⅰ</td><td rowspan="8">1</td><td rowspan="4">1</td><td>6</td><td>≤5</td><td>≤7</td><td rowspan="4">≤2 ($a+b\cdot D$)</td></tr>
<tr><td>Ⅱ</td><td>8</td><td>≤8</td><td>≤15</td></tr>
<tr><td rowspan="2">四等</td><td>Ⅰ</td><td>4～6</td><td>≤5</td><td>≤7</td></tr>
<tr><td>Ⅱ</td><td>4～8</td><td>≤10</td><td>≤15</td></tr>
<tr><td rowspan="2">一级</td><td>Ⅱ</td><td rowspan="4">—</td><td>2</td><td>≤10</td><td>≤15</td><td>—</td></tr>
<tr><td>Ⅲ</td><td>4</td><td>≤20</td><td>≤30</td><td>—</td></tr>
<tr><td rowspan="2">二级</td><td>Ⅱ</td><td>1～2</td><td>≤10</td><td>≤15</td><td>—</td></tr>
<tr><td>Ⅲ</td><td>2</td><td>≤20</td><td>≤30</td><td>—</td></tr>
</table>

注：1. 测回是指照准目标 1 次，读数 2～4 次的过程；

2. 根据具体情况，测边可采取不同时间段观测代替往返观测；

3. 表中 a—标称精度中的固定误差（mm）；b—标称精度中的比例误差系数（mm/km）；D—测距长度（km）。

测　距　精　度 　　　　　　　　**表 2.8.3-5**

<table>
<tr><th>测距仪精度等级</th><th colspan="2">每公里测距中误差 m_D（mm）</th></tr>
<tr><td>Ⅰ级</td><td>$m_D\leqslant5$</td><td rowspan="3">$m_D=\pm(a+b\cdot D)$</td></tr>
<tr><td>Ⅱ级</td><td>$5<m_D\leqslant10$</td></tr>
<tr><td>Ⅲ级</td><td>$10<m_D\leqslant20$</td></tr>
</table>

4)　三角测量精度计算应符合下列规定：

①三角网测角中误差应按下式计算：

$$m_\beta=\sqrt{\frac{WW}{3N}} \qquad (2.8.3\text{-}1)$$

式中　m_β——测角中误差（″）；

W——三角形闭合差（″）；

N——三角形的个数。

②测边单位权中误差应按下式计算：

$$\mu=\sqrt{\frac{Pdd}{2n}} \qquad (2.8.3\text{-}2)$$

式中　μ——测边单位权中误差；

d——各边往、返距离的较差（mm），应不超过按仪器标称精度的极限值（2 倍）；

n——测边的边数；

P——各边距离测量的先验权，其值为 $1/\delta_D^2$，δ_D 为测距的先验中误差，可按测距仪的标称精度计算。

③任一边的实际测距中误差应按下式计算：

$$m_{Di}=\mu\sqrt{\frac{1}{P_i}} \tag{2.8.3-3}$$

式中　m_{Di}——第 i 边的实际测距中误差（mm）；

P_i——第 i 边距离测量的先验权。

④当网中的边长相差不大时，可按下式计算平均测距中误差：

$$m_{Di}=\sqrt{\frac{dd}{2n}} \tag{2.8.3-4}$$

式中　m_{Di}——平均测距中误差（mm）。

5）桥位轴线测量的精度要求应符合表 2.8.3-6 的规定。

桥位轴线测量精度　　**表 2.8.3-6**

测　量　等　级	桥轴线相对中误差
二等	1/130000
三等	1/70000
四等	1/40000
一级	1/20000
二级	1/10000

注：对特殊的桥梁结构，应根据结构特点确定桥轴线控制测量的等级与精度。

6）采用 GPS 测量控制网时，网的设置精度和作业方法应符合国家现行标准《公路勘测规范》JTG C10 的规定。

7）高程控制测量应符合下列规定：

①水准测量等级应根据桥梁的规模确定。长 3000m 以上的桥梁宜为二等，长 1000～3000m 的桥梁宜为三等，长 1000m 以下的桥梁宜为四等。水准测量的主要技术要求应符合表 2.8.3-7 的规定。

水准测量的主要技术要求　　**表 2.8.3-7**

等级	每公里高差中数中误差（mm）		水准仪的型号	水准尺	观测次数		往返较差、附合或环线闭合差（mm）
	偶然中误差 $M_\triangle$	全中误差 M_W			与已知点联测	附合或环线	
二等	±1	±2	DS_1	铟瓦	往返各一次	往返各一次	$\pm4\sqrt{L}$
三等	±3	±6	DS_1	铟瓦	往返各一次	往一次	$\pm12\sqrt{L}$
			DS_3	双面		往返各一次	
四等	±5	±10	DS_3	双面	往返各一次	往一次	$\pm20\sqrt{L}$
五等	±8	±16	DS_3	单面	往返各一次	往一次	$\pm30\sqrt{L}$

注：L 为往返测段、附合或环线的水准中线长度（km）。

②水准测量精度计算应符合下列规定：

A. 高差偶然中误差（M_{Δ}）应按下式计算：

$$M_{\Delta}=\sqrt{\left(\frac{1}{4n}\right)\left(\frac{\Delta\Delta}{L}\right)} \tag{2.8.3-5}$$

式中 M_{Δ}——高差偶然中误差（mm）；

Δ——水准路线测段往返高差不符值（mm）；

L——水准测段长度（km）；

n——往返测的水准路线测段数。

B. 高差全中误差（M_W）应按下式计算：

$$M_W=\sqrt{\left(\frac{1}{N}\right)\left(\frac{WW}{L}\right)} \tag{2.8.3-6}$$

式中 M_W——高差全中误差（mm）；

W——闭合差（mm）；

L——计算各闭合差时相应的路线长度（km）；

N——附合路线或闭合路线环的个数。

当二、三等水准测量与国家水准点附合时，应进行正常水准面不平行修正。

③特大、大、中桥施工时设立的临时水准点，高程偏差（Δh）不得超过按下式计算的值：

$$\Delta h=\pm 20\sqrt{l}\ \text{(mm)} \tag{2.8.3-7}$$

式中 l——水准点间距离（km）。

对单跨跨径大于或等于40m的T形刚构、连续梁、斜拉桥等的高程偏差（Δh_1）不得超过按式下计算的值：

$$\Delta h_1=\pm 10\sqrt{l}\ \text{(mm)} \tag{2.8.3-8}$$

在山丘区，当平均每公里单程测站多于25站时，高程偏差（Δh_2）不得超过按下式计算的值：

$$\Delta h_2=\pm 4\sqrt{n}\ \text{(mm)} \tag{2.8.3-9}$$

式中 n——水准点间单程测站数。

高程偏差在允许值以内时，取平均值为测段间高差，超过允许偏差时应重测。

④当水准路线跨越江河时，应采用跨河水准测量方法校测。跨河水准测量方法应按照国家现行标准《公路勘测规范》JTGC10执行。

（3）测量作业

1）测量作业必须由两人以上进行，且应进行相互检查校对并作出测量和检查核对记录。经复核、确认无误后方可生效。

2）桥涵放样测量应符合下列规定

①采用直接丈量法进行墩台施工定位时，应对尺长、温度、拉力、垂度和倾斜度进行修正计算。

②大、中桥的水中墩、台和基础的位置，宜采用校验过的电磁波测距仪测量。桥墩中心线在桥轴线方向上的位置误差不得大于±15mm。

③曲线上的桥梁施工测量，应按照设计文件及公路曲线测定方法处理。

3）桥梁施工过程中的测量应符合下列规定

①桥梁控制网应根据需要及时复测。

②施工过程中，应测定并经常检查桥梁结构浇砌和安装部分的位置和标高，并作出测量记录和结论，如超过允许偏差时，应分析原因，并予以补救和改正。

③桥轴线长度超过 1000m 的特大桥梁和结构复杂的桥梁施工过程，应进行主要墩、台的沉降变形监测。

注：工程测量通常泛指施工测量和竣工测量。

施工测量：工程开工前及施工中，根据设计图在现场恢复道路中线、定出构造物位置等测量放样的作业。

竣工测量：工程竣工后，为编制竣工文件，对实际完成的各项工程进行的一次全面测量的作业。

2.9 检验批质量验收表式与实施

2.9.1 检验批质量验收通用表式

通用表式是指《城市桥梁工程施工与质量验收规范》(CJJ 2—2008) 条文中规定:“×××施工涉及的模板、支架与拱架,钢筋,混凝土,预应力混凝土,砌体质量检验应符合 (CJJ 2—2008) 规范第 5.4、6.5、 7.13、 8.5、 9.6 节的规定”。通用表式是为验收时执行上述规定而编制的供模板、支架和拱架,钢筋,混凝土,预应力混凝土,砌体质量检验重复使用时的检验批验收表式。

通用表式包括:模板、支架和拱架,钢筋,混凝土,预应力混凝土,砌体中的“检验标准用表”。通用表式的检查验收子项和编号为:

(1) 模板、支架和拱架的检查验收子项和编号

模板、支架和拱架制作;模板、支架和拱架安装;模板、支架和拱架拆除。编号为:表 CJJ 2-通-1-1～表 CJJ 2-通-1-3。

(2) 钢筋的检查验收子项和编号

钢筋原材料;钢筋加工;钢筋连接;钢筋骨架和钢筋网的组成与安装。编号为:表 CJJ 2-通-2-1～表 CJJ 2-通-2-4。

(3) 混凝土的检查验收子项和编号

混凝土原材料;混凝土配合比;混凝土施工。编号为:表 CJJ 2-通-3-1～表 CJJ 2-通-3-3 (包括表 CJJ 2-通-3-3A～表 CJJ 2-通-3-3D)。

(4) 预应力混凝土的检查验收子项和编号

预应力混凝土材料及器材;预应力钢筋制作;预应力施工;预应力混凝土施工。编号为:表 CJJ 2-通-4-1～表 CJJ 2-通-4-3 (包括表 CJJ 2-通-4-3A、表 CJJ 2-通-4-3B);表 CJJ 2-通-4-4～表 CJJ 2-通-4-6。

(5) 砌体的检查验收子项和编号

石材砌体;混凝土砌块砌体。编号为:表 CJJ 2-通-5-1～表 CJJ 2-通-5-2。

【模板、支架和拱架】

模板、支架和拱架的质量验收包括：模板、支架和拱架制作；模板、支架和拱架安装；安装和模板、支架和拱架拆除。

【模板、支架和拱架制作】

【模板、支架和拱架制作检验批质量验收记录】

____________模板、支架和拱架制作检验批质量验收记录　表 CJJ 2-通-1-1

工程名称			
施工单位			
分项工程名称		施工班组长	
验收部位		专业工长	
施工执行标准名称及编号		项目经理	

检控项目	质量验收规范规定					施工单位检查评定记录										监理（建设）单位验收记录
主控项目	第 5.4.1 条　模板、支架和拱架制作及安装应符合施工设计图（施工方案）的规定，且稳固牢靠，接缝严密，立柱基础有足够的支撑面和排水、防冻融措施。															
一般项目	项　目（第 5.4.2 条之表 5.4.2）				允许偏差（mm）	量测值（mm）										
	模板制作允许偏差	木模板	模板的长度和宽度		±5											
			不刨光模板相邻两板表面高低差		3											
			刨光模板和相邻两板表面高低差		1											
			平板模板表面最大的局部不平（刨光模板）		3											
			平板模板表面最大的局部不平（不刨光模板）		5											
			榫槽嵌接紧密度		2											
		钢模板	模板的长度和宽度		0 −1											
			肋高		±5											
			面板端偏斜		0.5											
			连接配件（螺栓、卡子等）的孔眼位置	孔中心与板面的间距	±0.3											
				板端孔中心与板端的间距	0 −0.5											
				沿板长宽方向的孔	±0.6											
			板面局部不平		1.0											
			板面和板侧挠度		±1.0											
施工单位检查评定结果	项目专业质量检查员：　　　　年　　月　　日															
监理（建设）单位验收结论	专业监理工程师： （建设单位项目专业技术负责人）：　　　　年　　月　　日															

注：1. 本表适用于现浇和预制的混凝土、钢筋混凝土、预应力混凝土和砌体所用的模板、拱架和支架的制作；

2. 模板制作过程控制要点见【检查验收时执行的规范条目】附文。

【检查验收时执行的规范条目】

主控项目

《城市桥梁工程施工与质量验收规范》（CJJ 2—2008）第 5.4.1 条规定：

5.4.1 模板、支架和拱架制作及安装应符合施工设计图（施工方案）的规定，且稳固牢靠，接缝严密，立柱基础有足够的支撑面和排水、防冻融措施。

检查数量：全数检查。 检验方法：观察和用钢尺量。

一般项目

5.4.2 模板制作允许偏差应符合规范表 5.4.2，即表 CJJ 2-通-1-1 的规定。模板制作允许偏差的检验频率和检验方法见表 5.4.2。

模板制作允许偏差的检验频率和检验方法 **表 5.4.2**

<table>
<tr><th colspan="3" rowspan="2">项　目</th><th rowspan="2">允许偏差（mm）</th><th colspan="2">检验频率</th><th rowspan="2">检验方法</th></tr>
<tr><th>范围</th><th>点数</th></tr>
<tr><td rowspan="6">木模板</td><td colspan="2">模板的长度和宽度</td><td>±5</td><td rowspan="14">每个构筑物或每个构件</td><td rowspan="5">4</td><td>用钢尺量</td></tr>
<tr><td colspan="2">不刨光模板相邻两板表面高低差</td><td>3</td><td rowspan="2">用钢尺量和塞尺量</td></tr>
<tr><td colspan="2">刨光模板和相邻两板表面高低差</td><td>1</td></tr>
<tr><td colspan="2">平板模板表面最大的局部不平（刨光模板）</td><td>3</td><td rowspan="2">用 2m 直尺和塞尺量</td></tr>
<tr><td colspan="2">平板模板表面最大的局部不平（不刨光模板）</td><td>5</td></tr>
<tr><td colspan="2">榫槽嵌接紧密度</td><td>2</td><td>2</td><td rowspan="3">用钢尺量</td></tr>
<tr><td rowspan="8">钢模板</td><td colspan="2">模板的长度和宽度</td><td>0
−1</td><td>4</td></tr>
<tr><td colspan="2">肋高</td><td>±5</td><td>2</td></tr>
<tr><td colspan="2">面板端偏斜</td><td>0.5</td><td>2</td><td>用水平尺量</td></tr>
<tr><td rowspan="3">连接配件（螺栓、卡子等）的孔眼位置</td><td>孔中心与板面的间距</td><td>±0.3</td><td rowspan="4">4</td><td rowspan="3">用钢尺量</td></tr>
<tr><td>板端孔中心与板端的间距</td><td>0
−0.5</td></tr>
<tr><td>沿板长宽方向的孔</td><td>±0.6</td></tr>
<tr><td colspan="2">板面局部不平</td><td>1.0</td><td>用 2m 直尺和塞尺量</td></tr>
<tr><td colspan="2">板面和板侧挠度</td><td>±1.0</td><td>1</td><td>用水准仪和拉线量</td></tr>
</table>

附：规范规定的施工过程控制要点

5.1.2 钢、木模板、拱架和支架的设计应符合国家现行标准《钢结构设计规范》（GB 50017）、《木结构设计规范》（GB 50005）、《组合钢模板技术规范》（GB 50214）和《公路桥涵钢结构及木结构设计规范》（JTJ 025）的有关规定。

5.2.1 模板与混凝土接触面应平整、接缝严密。

5.2.2 组合钢模板的制作、安装应符合现行国家标准《组合钢模板技术规范》（GB 50214）的规定。

5.2.3 采用其他材料作模板时，应符合下列规定：

1 钢框胶合板模板的组配面板宜采用错缝布置。

2 高分子合成材料面板、硬塑料或玻璃钢模板，应与边肋及加强肋连接牢固。

【模板、支架和拱架安装】

【________模板、支架和拱架安装检验批质量验收记录】

________模板、支架和拱架安装检验批质量验收记录　表 CJJ 2-通-1-2

<table>
<tr><td colspan="3">工程名称</td><td colspan="12"></td></tr>
<tr><td colspan="3">施工单位</td><td colspan="12"></td></tr>
<tr><td colspan="3">分项工程名称</td><td colspan="2"></td><td colspan="2">施工班组长</td><td colspan="8"></td></tr>
<tr><td colspan="3">验收部位</td><td colspan="2"></td><td colspan="2">专业工长</td><td colspan="8"></td></tr>
<tr><td colspan="3">施工执行标准名称及编号</td><td colspan="2"></td><td colspan="2">项目经理</td><td colspan="8"></td></tr>
<tr><td>检控项目</td><td colspan="3">质量验收规范规定</td><td colspan="10">施工单位检查评定记录</td><td>监理（建设）单位验收记录</td></tr>
<tr><td>主控项目</td><td colspan="3">第 5.4.1 条　模板、支架和拱架制作及安装应符合施工设计图（施工方案）的规定，且稳固牢靠，接缝严密，立柱基础有足够的支撑面和排水、防冻融措施。</td><td colspan="10"></td><td></td></tr>
<tr><td rowspan="21">一般项目</td><td colspan="2">项　目（第 5.4.3 条之表 5.4.3）</td><td>允许偏差（mm）</td><td colspan="10">量测值（mm）</td><td rowspan="21"></td></tr>
<tr><td rowspan="3">相邻两板表面高低差</td><td>清水模板</td><td>2</td><td></td><td></td><td></td><td></td><td></td><td></td><td></td><td></td><td></td><td></td></tr>
<tr><td>混水模板</td><td>4</td><td></td><td></td><td></td><td></td><td></td><td></td><td></td><td></td><td></td><td></td></tr>
<tr><td>钢模板</td><td>2</td><td></td><td></td><td></td><td></td><td></td><td></td><td></td><td></td><td></td><td></td></tr>
<tr><td rowspan="3">表面平整度</td><td>清水模板</td><td>3</td><td></td><td></td><td></td><td></td><td></td><td></td><td></td><td></td><td></td><td></td></tr>
<tr><td>混水模板</td><td>5</td><td></td><td></td><td></td><td></td><td></td><td></td><td></td><td></td><td></td><td></td></tr>
<tr><td>钢模板</td><td>3</td><td></td><td></td><td></td><td></td><td></td><td></td><td></td><td></td><td></td><td></td></tr>
<tr><td rowspan="3">垂直度</td><td>墙、柱</td><td>$H/1000$，且不大于 6</td><td></td><td></td><td></td><td></td><td></td><td></td><td></td><td></td><td></td><td></td></tr>
<tr><td>墩、台</td><td>$H/500$，且不大于 20</td><td></td><td></td><td></td><td></td><td></td><td></td><td></td><td></td><td></td><td></td></tr>
<tr><td>塔柱</td><td>$H/3000$，且不大于 30</td><td></td><td></td><td></td><td></td><td></td><td></td><td></td><td></td><td></td><td></td></tr>
<tr><td rowspan="3">模内尺寸</td><td>基础</td><td>±10</td><td></td><td></td><td></td><td></td><td></td><td></td><td></td><td></td><td></td><td></td></tr>
<tr><td>墩、台</td><td>+5
−8</td><td></td><td></td><td></td><td></td><td></td><td></td><td></td><td></td><td></td><td></td></tr>
<tr><td>梁、板、墙、柱、桩、拱</td><td>+3
−6</td><td></td><td></td><td></td><td></td><td></td><td></td><td></td><td></td><td></td><td></td></tr>
<tr><td rowspan="5">轴线偏位</td><td>基础</td><td>15</td><td></td><td></td><td></td><td></td><td></td><td></td><td></td><td></td><td></td><td></td></tr>
<tr><td>墩、台、墙</td><td>10</td><td></td><td></td><td></td><td></td><td></td><td></td><td></td><td></td><td></td><td></td></tr>
<tr><td>梁、柱、拱、塔柱</td><td>8</td><td></td><td></td><td></td><td></td><td></td><td></td><td></td><td></td><td></td><td></td></tr>
<tr><td>悬浇各梁段</td><td>8</td><td></td><td></td><td></td><td></td><td></td><td></td><td></td><td></td><td></td><td></td></tr>
<tr><td>横隔梁</td><td>5</td><td></td><td></td><td></td><td></td><td></td><td></td><td></td><td></td><td></td><td></td></tr>
<tr><td colspan="2">支承面高程</td><td>+2
−5</td><td></td><td></td><td></td><td></td><td></td><td></td><td></td><td></td><td></td><td></td></tr>
<tr><td colspan="2">悬浇各梁段底面高程</td><td>+10
0</td><td></td><td></td><td></td><td></td><td></td><td></td><td></td><td></td><td></td><td></td></tr>
<tr><td colspan="3">施工单位检查评定结果</td><td colspan="12">项目专业质量检查员：　　　　年　月　日</td></tr>
<tr><td colspan="3">监理（建设）单位验收结论</td><td colspan="12">专业监理工程师：
（建设单位项目专业技术负责人）：　　　　年　月　日</td></tr>
</table>

________模板、支架和拱架安装检验批质量验收记录　　　　续表

工程名称						
施工单位						
分项工程名称				施工班组长		
验收部位				专业工长		
施工执行标准名称及编号				项目经理		
检控项目	质量验收规范规定				施工单位检查评定记录	监理（建设）单位验收记录
一般项目	项　目（表 5.4.3）			允许偏差（mm）	量测值（mm）	
	预埋件	支座板、锚垫板、连接板等	位置	5		
			平面高差	2		
		螺栓、锚筋等	位置	3		
			外露长度	±5		
	预留孔洞	预应力筋孔道位置（梁端）		5		
		其他	位置	8		
			孔径	+10 0		
	梁底模拱度			+5 −2		
	对角线差	板		7		
		墙板		5		
		桩		3		
	侧向弯曲	板、拱肋、桁架		$L/1500$		
		柱、桩		$L/1000$，且不大于 10		
		梁		$L/2000$，且不大于 10		
	支架、拱架	纵轴线的平面偏位		$L/2000$，且不大于 30		
	拱架高程			+20 −10		
	第 5.4.4 条　预埋件、预留孔安装规定					
施工单位检查评定结果	项目专业质量检查员：　　　　年　月　日					
监理（建设）单位验收结论	专业监理工程师： （建设单位项目专业技术负责人）：　　　　年　月　日					

注：1　H 为构筑物高度（mm），L 为计算长度（mm）；

2　支承面高程系指模板底模上表面支撑混凝土面的高程；

3　本表适用于现浇和预制的混凝土、钢筋混凝土、预应力混凝土和砌体所用的模板、拱架和支架的安装；

4　模板安装过程控制要点见【检查验收时执行的规范条目】附文。

【检查验收时执行的规范条目】

主控项目

《城市桥梁工程施工与质量验收规范》(CJJ 2—2008) 第5.4.1条规定：

5.4.1 模板、支架和拱架制作及安装应符合施工设计图（施工方案）的规定，且稳固牢靠，接缝严密，立柱基础有足够的支撑面和排水、防冻融措施。

检查数量：全数检查。　　检验方法：观察和用钢尺量。

一般项目

5.4.3 模板、支架和拱架安装允许偏差应符合规范中表5.4.3，也即表CJJ 2-通-1-2的规定。模板安装允许偏差的检验频率和检验方法见表5.4.3。

5.4.4 固定在模板上的预埋件、预留孔内模不得遗漏，且应安装牢固。

检查数量：全数检查。　　检验方法：观察。

模板、支架和拱架安装允许偏差的检验频率和检验方法　　**表5.4.3**

项目			允许偏差 (mm)	检验频率		检验方法
				范围	点数	
相邻两板表面高低差	清水模板		2	每个构筑物或每个构件	4	用钢板尺和塞尺量
	混水模板		4			
	钢模板		2			
表面平整度	清水模板		3		4	用2m直尺和塞尺量
	混水模板		5			
	钢模板		3			
垂直度	墙、柱		$H/1000$，且不大于6		2	用经纬仪或垂线和钢尺量
	墩、台		$H/500$，且不大于20			
	塔柱		$H/3000$，且不大于30			
模内尺寸	基础		±10	每个构筑物或每个构件	3	用钢尺量，长、宽、高各1点
	墩、台		+5 −8			
	梁、板、墙、柱、桩、拱		+3 −6			
轴线偏位	基础		15		2	用经纬仪测量，纵、横向各1点
	墩、台、墙		10			
	梁、柱、拱、塔柱		8			
	悬浇各梁段		8			
	横隔梁		5			
支承面高程			+2 −5	每个承面	1	用水准仪测量
悬浇各梁段底面高程			+10 0	每个梁段	1	用水准仪测量
预埋件	支座板、锚垫板、连接板等	位置	5	每个预埋件	1	用钢尺量
		平面高差	2		1	用水准仪测量
	螺栓、锚筋等	位置	3		1	用钢尺量
		外露长度	±5		1	

模板、支架和拱架安装允许偏差的检验频率和检验方法 续表

项目			允许偏差（mm）	检验频率		检验方法
				范围	点数	
预留孔洞	预应力筋孔道位置（梁端）		5	每个预留孔洞	1	用钢尺量
	其他	位置	8		1	用钢板尺
		孔径	+10 0		1	
梁底模拱度			+5 −2	每根梁、每个构件、每个安装段	1	沿侧模全长拉线，用钢尺量
对角线差	板		7		1	用钢尺量
	墙板		5			
	桩		3			
侧向弯曲	板、拱肋、桁架		$L/1500$		1	沿底模全长拉线，用钢尺量
	柱、桩		$L/1000$，且不大于10			
	梁		$L/2000$，且不大于10			
支架、拱架	纵轴线的平面偏位		$L/2000$，且不大于30		3	用经纬仪测量
拱架高程			+20 −10			用水准仪测量

注：1 H为构筑物高度（mm），L为计算长度（mm）；

2 支承面高程系指模板底模上表面支撑混凝土面的高程。

附：规范规定的施工过程控制要点

5.2.4 支架立柱必须落在有足够承载力的地基上，立柱底端必须放置垫板或混凝土垫块。支架地基严禁被水浸泡，冬期施工必须采取防止冻胀的措施。

5.2.5 支架通行孔的两边应加护桩，夜间应设警示灯。施工中易受漂流物冲撞的河中支架应设牢固的防护设施。

5.2.6 安装拱架前，应对立柱支承面标高进行检查和调整，确认合格后方可安装。在风力较大的地区，应设置风缆。

5.2.7 安设支架、拱架过程中，应随安装随架设临时支撑。采用多层支架时，支架的横垫板应水平，立柱应铅直，上下层立柱应在同一中心线上。

5.2.8 支架或拱架不得与施工脚手架、便桥相连。

5.2.9 安装模板应符合下列规定：

1 支架、拱架安装完毕，经检验合格后方可安装模板。

2 安装模板应与钢筋工序配合进行，妨碍绑扎钢筋的模板，应待钢筋工序结束后再安装。

3 安装墩、台模板时，其底部应与基础预埋件连接牢固，上部应采用拉杆固定。

4 模板在安装过程中，必须设置防倾覆设施。

5.2.10 当采用充气胶囊作空心构件芯模时，模板安装应符合下列规定：

1 胶囊在使用前应经检查确认无漏气。

2 从浇筑混凝土到胶囊放气止，应保持气压稳定。

3 使用胶囊内模时，应采用定位箍筋与模板连接固定，防止上浮和偏移。

4 胶囊放气时间应经试验确定，以混凝土强度达到能保持构件不变形为度。

5.2.11 采用滑模应符合现行国家标准《滑动模板工程技术规范》（GB 50113）的规定。

5.2.12 浇筑混凝土和砌筑前，应对模板、支架和拱架进行检查和验收，合格后方可施工。

【模板、支架和拱架拆除】

【模板、支架和拱架拆除检验批质量验收记录】

______________模板、支架和拱架拆除检验批质量验收记录　表 CJJ 2-通-1-3

<table>
<tr><td>工程名称</td><td colspan="4"></td></tr>
<tr><td>施工单位</td><td colspan="4"></td></tr>
<tr><td>分项工程名称</td><td colspan="2"></td><td>施工班组长</td><td></td></tr>
<tr><td>验收部位</td><td colspan="2"></td><td>专业工长</td><td></td></tr>
<tr><td>施工执行标准名称及编号</td><td colspan="2"></td><td>项目经理</td><td></td></tr>
<tr><td>检控项目</td><td colspan="2">质量验收规范规定</td><td>施工单位检查评定记录</td><td>监理（建设）单位验收记录</td></tr>
<tr><td rowspan="5">一般项目</td><td colspan="2">第 5.3 节　模板、支架和拱架的拆除
第 5.3.1 条　模板、支架和拱架拆除应符合下列规定：
1　非承重侧模应在混凝土强度能保证结构棱角不损坏时方可拆除，混凝土强度宜为 2.5MPa 及以上。
2　芯模和预留孔道内模应在混凝土抗压强度能保证结构表面不发生塌陷和裂缝时，方可拔出。
3　钢筋混凝土结构的承重模板、支架和拱架的拆除，应符合设计要求。当设计无规定时，应符合表 5.3.1 规定。</td><td></td><td rowspan="5"></td></tr>
<tr><td colspan="2">第 5.3.2 条　浆砌石、混凝土砌块拱桥拱架的卸落应符合下列规定：
1　浆砌石、混凝土砌块拱桥应在砂浆强度达到设计要求强度后卸落拱架，设计未规定时，砂浆强度应达到设计标准值的 80%以上。
2　跨径小于 10m 的拱桥宜在拱上结构全部完成后卸落拱架；中等跨径实腹式拱桥宜在护拱完成后卸落拱架；大跨径空腹式拱桥宜在腹拱横墙完成（未砌腹拱圈）后卸落拱架。
3　在裸拱状态卸落拱架时，应对主拱进行强度及稳定性验算，并采取必要的稳定措施。</td><td></td></tr>
<tr><td colspan="2">第 5.3.3 条　模板、支架和拱架拆除应按设计要求的程序和措施进行，遵循“先支后拆、后支先拆”的原则。支架和拱架，应按几个循环卸落，卸落量宜由小渐大。每一循环中，在横向应同时卸落，在纵向应对称均衡卸落。</td><td></td></tr>
<tr><td colspan="2">第 5.3.4 条　预应力混凝土结构的侧模应在预应力张拉前拆除；底模应在结构建立预应力后拆除。</td><td></td></tr>
<tr><td colspan="2">第 5.3.5 条　拆除模板、支架和拱架时不得猛烈敲打、强拉和抛扔。模板、支架和拱架拆除后，应维护整理，分类妥善存放。</td><td></td></tr>
<tr><td>施工单位检查评定结果</td><td colspan="4">项目专业质量检查员：　　　　年　月　日</td></tr>
<tr><td>监理（建设）单位验收结论</td><td colspan="4">专业监理工程师：
（建设单位项目专业技术负责人）：　　年　月　日</td></tr>
</table>

注：模板、支架和拱架的拆除验收标准选自第 5.3 节。

现浇结构拆除底模时的混凝土强度　表 5.3.1

结构类型	结构跨度（m）	按设计混凝土强度标准值的百分率（%）
板	≤2	50
	2～8	75
	>8	100
梁、拱	≤8	75
	>8	100
悬臂构件	≤2	75
	>2	100

注：构件混凝土强度必须通过同条件养护的试件强度确定。

【钢　筋】

钢筋的质量验收包括：钢筋原材料；钢筋加工；钢筋连接；钢筋骨架和钢筋网的组成与安装。

【钢筋原材料】

【＿＿＿＿＿＿钢筋原材料检验批质量验收记录】

＿＿＿＿＿＿钢筋原材料检验批质量验收记录　　　　表 CJJ 2-通-2-1

<table>
<tr><td colspan="2">工程名称</td><td colspan="4"></td></tr>
<tr><td colspan="2">施工单位</td><td colspan="4"></td></tr>
<tr><td colspan="2">分项工程名称</td><td></td><td>施工班组长</td><td colspan="2"></td></tr>
<tr><td colspan="2">验收部位</td><td></td><td>专业工长</td><td colspan="2"></td></tr>
<tr><td colspan="2">施工执行标准名称及编号</td><td></td><td>项目经理</td><td colspan="2"></td></tr>
<tr><td>检控项目</td><td colspan="2">质量验收规范规定</td><td colspan="2">施工单位检查评定记录</td><td>监理（建设）单位验收记录</td></tr>
<tr><td>主控项目</td><td colspan="2">第 6.5.1 条　材料应符合下列规定：
1　钢筋、焊条的品种、牌号、规格和技术性能必须符合国家现行标准规定和设计要求。
检查数量：全数检查。检验方法：检查产品合格证、出厂检验报告。
2　钢筋进场时，必须按批抽取试件做力学性能和工艺性能试验，其质量必须符合国家现行标准的规定。
检查数量：以同牌号、同炉号、同规格、同交货状态的钢筋，每 60t 为一批，不足 60t 也按一批计，每批抽检 1 次。
检验方法：检查试件检验报告。
3　当钢筋出现脆断、焊接性能不良或力学性能显著不正常等现象时，应对该批钢筋进行化学成分检验或其他专项检验。
检查数量：该批钢筋全数检查。检验方法：检查专项检验报告。
第 6.1.2 条　钢筋应按不同钢种、等级、牌号、规格及生产厂家分批验收，确认合格后方可使用。</td><td colspan="2"></td><td></td></tr>
<tr><td>一般项目</td><td colspan="2">第 6.5.6 条　钢筋表面不得有裂纹、结疤、折叠、锈蚀和油污，钢筋焊接接头表面不得有夹渣、焊瘤。
检查数量：全数检查。　检验方法：观察。</td><td colspan="2"></td><td></td></tr>
<tr><td colspan="2">施工单位检查评定结果</td><td colspan="4">项目专业质量检查员：　　　　年　　月　　日</td></tr>
<tr><td colspan="2">监理（建设）单位验收结论</td><td colspan="4">专业监理工程师：
（建设单位项目专业技术负责人）：　　　　年　　月　　日</td></tr>
</table>

【检验批验收应提供的核查资料】

＿＿＿＿＿＿钢筋原材料检验批验收应提供的核查资料　　表 CJJ 2-通-2-1a

序号	核查资料名称	核查要点
1	钢筋出厂合格证或质量证明书、钢筋出厂检验报告	检查钢筋品种、数量、生产厂家、日期、性能参数
2	钢筋试件试验报告（见证取样）	检查试验单位资质，品种、代表数量、试验编号及日期、性能参数等，应符合设计和规范要求
3	钢筋进场验收记录	检查其品种、数量、日期、性能，应与合格证或质量证明对应

注：表列凡有性能要求的均应符合设计和规范要求。

附：规范规定的施工过程控制要点

6.1.2　钢筋应按不同钢种、等级、牌号、规格及生产厂家分批验收，确认合格后方可使用。

6.1.4　钢筋的级别、种类和直径应按设计要求采用。当需要代换时，应由原设计单位作变更设计。

【钢筋加工】

【钢筋加工检验批质量验收记录】

________钢筋加工检验批质量验收记录　　　　表 CJJ 2-通-2-2

<table>
<tr><td colspan="2">工程名称</td><td colspan="5"></td></tr>
<tr><td colspan="2">施工单位</td><td colspan="5"></td></tr>
<tr><td colspan="2">分项工程名称</td><td colspan="2"></td><td>施工班组长</td><td colspan="2"></td></tr>
<tr><td colspan="2">验收部位</td><td colspan="2"></td><td>专业工长</td><td colspan="2"></td></tr>
<tr><td colspan="2">施工执行标准名称及编号</td><td colspan="2"></td><td>项目经理</td><td colspan="2"></td></tr>
<tr><td>检控项目</td><td colspan="3">质量验收规范规定</td><td colspan="2">施工单位检查评定记录</td><td>监理（建设）单位验收记录</td></tr>
<tr><td>主控项目</td><td colspan="3">第 6.5.2 条　钢筋弯制和末端弯钩均应符合设计要求和《城市桥梁工程施工与质量验收规范》（CJJ 2—2008）第 6.2.3、6.2.4 条的规定。
检查数量：每工作日同一类型钢筋抽查不少于 3 件。
检验方法：用钢尺量。
6.1.5　预制构件的吊环必须采用未经冷拉的 HPB235 热轧光圆钢筋制作，不得以其他钢筋替代。</td><td colspan="2"></td><td></td></tr>
<tr><td rowspan="9">一般项目</td><td colspan="3">第 6.5.6 条　钢筋表面不得有裂纹、结疤、折叠、锈蚀和油污，钢筋焊接接头表面不得有夹渣、焊瘤。
检查数量：全数检查。　检验方法：观察。</td><td colspan="2"></td><td rowspan="9"></td></tr>
<tr><td colspan="2">项目（第 6.5.7 条之表 6.5.7 钢筋加工允许偏差）</td><td>允许偏差（mm）</td><td colspan="2">量测值（mm）</td></tr>
<tr><td colspan="2">受力钢筋顺长度方向全长的净尺寸</td><td>±10</td><td colspan="2"></td></tr>
<tr><td colspan="2">弯起钢筋的弯折</td><td>±20</td><td colspan="2"></td></tr>
<tr><td colspan="2">箍筋内净尺寸</td><td>±5</td><td colspan="2"></td></tr>
<tr><td colspan="2">项目（第 6.5.8 条之表 6.5.8 钢筋网允许偏差）</td><td>允许偏差（mm）</td><td colspan="2">量测值（mm）</td></tr>
<tr><td colspan="2">网的长、宽</td><td>±10</td><td colspan="2"></td></tr>
<tr><td colspan="2">网眼尺寸</td><td>±10</td><td colspan="2"></td></tr>
<tr><td colspan="2">网眼对角线差</td><td>15</td><td colspan="2"></td></tr>
<tr><td colspan="2">施工单位检查评定结果</td><td colspan="5">项目专业质量检查员：　　　　年　月　日</td></tr>
<tr><td colspan="2">监理（建设）单位验收结论</td><td colspan="5">专业监理工程师：
（建设单位项目专业技术负责人）：　　　　年　月　日</td></tr>
</table>

注：规范规定的施工过程控制要点见【检查验收时执行的规范条目】。

【检查验收时执行的规范条目】

主控项目

6.5.2　钢筋弯制和末端弯钩均应符合设计要求和《城市桥梁工程施工与质量验收规范》（CJJ 2—2008）第 6.2.3、6.2.4 条的规定。

第 6.2.3、6.2.4 条：

6.2.3 受力钢筋弯制和末端弯钩均应符合设计要求，设计未规定时，其尺寸应符合表 6.2.3 的规定。

受力钢筋弯制和末端弯钩形状 **表 6.2.3**

弯曲部位	弯曲角度	形状图	钢筋牌号	弯曲直径 D	平直部分长度	备 注
末端弯钩	180°		HPB235	$\geqslant 2.5d$	$\geqslant 3d$	d 为钢筋直径
	135°		HRB335	$\phi 8 \sim \phi 25$ $\geqslant 4d$	$\geqslant 5d$	
			HRB400	$\phi 28 \sim \phi 40$ $\geqslant 5d$		
	90°		HRB335	$\phi 8 \sim \phi 25$ $\geqslant 4d$	$\geqslant 10d$	
			HRB400	$\phi 28 \sim \phi 40$ $\geqslant 5d$		
中间弯制	90°以下		各类	$\geqslant 20d$		

注：采用环氧树脂涂层钢筋时，除应满足表内规定外，当钢筋直径 $d \leqslant 20$mm 时，弯钩内直径 D 不得小于 $4d$；当 $d > 20$mm 时，弯钩内直径 D 不得小于 $6d$；直线段长度不得小于 $5d$。

6.2.4 箍筋末端弯钩的形式应符合设计要求，设计无规定时，可按表 6.2.4 所示形式加工。

箍筋末端弯钩 **表 6.2.4**

结构类别	弯曲角度	图 示
一般结构	90°/180°	
	90°/90°	
抗震结构	135°/135°	

箍筋弯钩的弯曲直径应大于被箍主钢筋的直径，且 HPB235 钢筋不得小于箍筋直径的 2.5 倍，HRB335 不得小于箍筋直径的 4 倍；弯钩平直部分的长度，一般结构不宜小于箍筋直径的 5 倍，有抗震要求的结构不得小于箍筋直径的 10 倍。

6.1.5 预制构件的吊环必须采用未经冷拉的 HPB235 热轧光圆钢筋制作，不得以其他钢筋替代。

一般项目

6.5.6 钢筋表面不得有裂纹、结疤、折叠、锈蚀和油污，钢筋焊接接头表面不得有夹渣、焊瘤。

检查数量：全数检查。 检验方法：观察。

6.5.7 钢筋加工允许偏差应符合表6.5.7的规定。

钢筋加工允许偏差 **表6.5.7**

检查项目	允许偏差(mm)	检验频率		检验方法
		范围	点数	
受力钢筋顺长度方向全长的净尺寸	±10	按每工作日同一类型钢筋、同一加工设备抽查3件	3	用钢尺量
弯起钢筋的弯折	±20			
箍筋内净尺寸	±5			

6.5.8 钢筋网允许偏差应符合表6.5.8的规定。

钢筋网允许偏差 **表6.5.8**

检查项目	允许偏差(mm)	检验频率		检验方法
		范围	点数	
网的长、宽	±10	每片钢筋网	3	用钢尺量两端和中间各1处
网眼尺寸	±10			用钢尺量任意3个网眼
网眼对角线差	15			用钢尺量任意3个网眼

【检验批验收应提供的核查资料】

钢筋加工检验批验收应提供的核查资料 **表CJJ 2-通-2-2a**

序号	核查资料名称	核查要点
1	钢筋出厂合格证或质量证明书、出厂检验报告	检查钢筋品种、数量、生产厂家、日期、性能参数
2	钢筋试件试验报告（见证取样）	检查试验单位资质，品种、代表数量、试验编号及日期、性能参数等，应符合设计和规范要求

注：1. 表列凡有性能要求的均应符合设计和规范要求。

2. 当钢筋有代换时，应有设计变更文件。

附：规范规定的施工过程控制要点

6.1.6 在浇筑混凝土之前应对钢筋进行隐蔽工程验收，确认符合设计要求。

6.2.1 钢筋弯制前应先调直。钢筋宜优先选用机械方法调直。当采用冷拉法进行调直时，HPB235钢筋冷拉率不得大于2%；HRB335、HRB400钢筋冷拉率不得大于1%。

6.2.2 钢筋下料前，应核对钢筋品种、规格、等级及加工数量，并应根据设计要求和钢筋长度配料。下料后应按种类和使用部位分别挂牌标明。

6.2.5 钢筋宜在常温状态下弯制，不宜加热。钢筋宜从中部开始逐步向两端弯制，弯钩应一次弯成。

6.2.6 钢筋加工过程中，应采取防止油渍、泥浆等物污染和防止受损伤的措施。

【钢筋连接】

【__________钢筋连接检验批质量验收记录】

__________钢筋连接检验批质量验收记录　　表 CJJ 2-通-2-3

<table>
<tr><td colspan="2">工程名称</td><td colspan="4"></td></tr>
<tr><td colspan="2">施工单位</td><td colspan="4"></td></tr>
<tr><td colspan="2">分项工程名称</td><td colspan="2"></td><td>施工班组长</td><td></td></tr>
<tr><td colspan="2">验收部位</td><td colspan="2"></td><td>专业工长</td><td></td></tr>
<tr><td colspan="2">施工执行标准名称及编号</td><td colspan="2"></td><td>项目经理</td><td></td></tr>
<tr><td>检控项目</td><td colspan="2">质量验收规范规定</td><td colspan="2">施工单位检查评定记录</td><td>监理（建设）单位验收记录</td></tr>
<tr><td>主控项目</td><td colspan="2">第 6.5.3 条　受力钢筋连接应符合下列规定：
1　钢筋的连接形式要求
2　钢筋接头位置、数量、搭接长度规定
3　钢筋焊接接头质量要求
4　HRB335 和 HRB400 带肋钢筋机械连接接头质量要求</td><td colspan="2"></td><td></td></tr>
<tr><td colspan="2">施工单位检查评定结果</td><td colspan="4">项目专业质量检查员：　　　　年　　月　　日</td></tr>
<tr><td colspan="2">监理（建设）单位验收结论</td><td colspan="4">专业监理工程师：
（建设单位项目专业技术负责人）：　　年　　月　　日</td></tr>
</table>

注：规范规定的施工过程控制要点见附文。

【检查验收时执行的规范条目】

主控项目

6.5.3　受力钢筋连接应符合下列规定：

1　钢筋的连接形式必须符合设计要求；

检查数量：全数检查。　　检验方法：观察。

2　钢筋接头位置、同一截面的接头数量、搭接长度应符合设计要求和 CJJ 2—2008 规范第 6.3.2 条和第 6.3.5 条的规定。

检查数量：全数检查。　　检验方法：观察、用钢尺量。

3　钢筋焊接接头质量应符合国家现行标准《钢筋焊接及验收规程》JGJ 18 的规定和设计要求。

检查数量：外观质量全数检查；力学性能检验按 CJJ 2—2008 规范第 6.3.4、6.3.5 条规定抽样做拉伸试验和冷弯试验（见施工过程控制要点）。

检验方法：观察、用钢尺量、检查接头性能检验报告。

4 HRB335 和 HRB400 带肋钢筋机械连接接头质量应符合国家现行标准《钢筋机械连接通用技术规程》JGJ 107、《带肋钢筋套筒挤压连接技术规程》JGJ 108 的规定和设计要求。

检查数量：外观质量全数检查；力学性能检验按 CJJ 2—2008 规范第 6.3.8 条规定抽样做拉伸试验。

检验方法：外观用卡尺或专用量具检查、检查合格证和出厂检验报告、检查进场验收记录和性能复验报告。

【检验批验收应提供的核查资料】

钢筋连接检验批验收应提供的核查资料　　表 CJJ 2-通-2-3a

序号	核查资料名称	核查要点
1	钢筋进场验收记录	检查批量、品种、规格、数量、日期，与试验报告对应
2	钢筋试件试验报告（见证取样）	检查其品种、规格、代表数量、日期、性能、试验编号等
3	钢筋接头性能试验报告（焊接及机械连接）	核查不同品种、规格连接接头的性能及试件数量的符合性

注：1. 合理缺项除外；

2. 表列凡有性能要求的均应符合设计和规范要求。

附：规范规定的施工过程控制要点

6.3.1 热轧钢筋接头应符合设计要求。当设计无规定时，应符合下列规定：

1 钢筋接头宜采用焊接接头或机械连接接头。

2 焊接接头应优先选择闪光对焊。焊接接头应符合国家现行标准《钢筋焊接及验收规程》JGJ 18 的有关规定。

3 机械连接接头适用于 HRB335 和 HRB400 带肋钢筋的连接。机械连接接头应符合国家现行标准《钢筋机械连接通用技术规程》JGJ 107 的有关规定。

4 当普通混凝土中钢筋直径等于或小于 22mm 时，在无焊接条件时，可采用绑扎连接，但受拉构件中的主钢筋不得采用绑扎连接。

5 钢筋骨架和钢筋网片的交叉点焊接宜采用电阻点焊。

6 钢筋与钢板的 T 形连接，宜采用埋弧压力焊或电弧焊。

6.3.2 钢筋接头设置应符合下列规定：

1 在同一根钢筋上宜少设接头。

2 钢筋接头应设在受力较小区段，不宜位于构件的最大弯矩处。

3 在任一焊接或绑扎接头长度区段内，同一根钢筋不得有两个接头，在该区段内的受力钢筋，其接头的截面面积占总截面面积的百分率应符合表 6.3.2 规定。

接头长度区段内受力钢筋接头面积的最大百分率　　表 6.3.2

接头类型	接头面积最大百分率（%）	
	受拉区	受压区
主钢筋绑扎接头	25	50
主钢筋焊接接头	50	不限制

注：1 焊接接头长度区段内是指 35d（d 为钢筋直径）长度范围内，但不得小于 500mm，绑扎接头长度区段是指 1.3 倍搭接长度；

2 装配式构件连接处的受力钢筋焊接接头可不受此限制；

3 环氧树脂涂层钢筋绑扎长度，对受拉钢筋应至少为涂层钢筋锚固长度的 1.5 倍且不小于 375mm；对受压钢筋为无涂层钢筋锚固长度的 1.0 倍且不小于 250mm。

4 接头末端至钢筋弯起点的距离不得小于钢筋直径的 10 倍。

5 施工中钢筋受力分不清受拉、压的，按受拉办理。

6 钢筋接头部位横向净距不得小于钢筋直径，且不得小于 25mm。

6.3.3 从事钢筋焊接的焊工必须经考试合格后持证上岗。钢筋焊接前，必须根据施工条件进行试焊。

6.3.4 钢筋闪光对焊应符合下列规定：

1 每批钢筋焊接前，应先选定焊接工艺和参数，进行试焊，在试焊质量合格后，方可正式焊接。

2 闪光对焊接头的外观质量应符合下列要求：

1）接头周缘应有适当的镦粗部分，并呈均匀的毛刺外形。

2）钢筋表面不得有明显的烧伤或裂纹。

3）接头边弯折的角度不得大于3°。

4）接头轴线的偏移不得大于0.1d，并不得大于2mm。

3 在同条件下经外观检查合格的焊接接头，以300个作为一批（不足300个，也应按一批计），从中切取6个试件，3个做拉伸试验，3个做冷弯试验。

4 拉伸试验应符合下列要求：

1）当3个试件的抗拉强度均不小于该级别钢筋的规定值，至少有2个试件断于焊缝以外，且呈塑性断裂时，应判定该批接头拉伸试验合格；

2）当有2个试件抗拉强度小于规定值，或3个试件均在焊缝或热影响区发生脆性断裂❶时，则一次判定该批接头为不合格；

❶当接头试件虽在焊缝或热影响区呈脆性断裂，但其抗拉强度大于或等于钢筋规定抗拉强度的1.1倍时，可按在焊缝或热影响区之外呈延性断裂同等对待。

3）当有1个试件抗拉强度小于规定值，或2个试件在焊缝或热影响区发生脆性断裂，其抗拉强度小于钢筋规定值的1.1倍时，应进行复验。复验时，应再切取6个试件，复验结果，当仍有1个试件的抗拉强度小于规定值，或3个试件在焊缝或热影响区呈脆性断裂，其抗拉强度小于钢筋规定值的1.1倍时，应判定该批接头为不合格。

5 冷弯试验芯棒直径和弯曲角度应符合表6.3.4的规定。

冷弯试验指标 **表6.3.4**

钢筋牌号	芯棒直径	弯曲角（°）
HRB335	4d	90
HRB400	5d	90

注：1 d为钢筋直径；

2 直径大于25mm的钢筋接头，芯棒直径应增加1d。

冷弯试验时应将接头内侧的金属毛刺和镦粗凸起部分消除至与钢筋的外表齐平。焊接点应位于弯曲中心，绕芯棒弯曲90°。3个试件经冷弯后，在弯曲背面（含焊缝和热影响区）未发生破裂❶，应评定该批接头冷弯试验合格；当3个试件均发生破裂，则一次判定该批接头为不合格。当有1个试件发生破裂，应再切取6个试件，复验结果，仍有1个试件发生破裂时，应判定该批接头为不合格。

❶当试件外侧横向裂纹宽度达到0.5mm时，应认定已经破裂。

6 焊接时的环境温度不宜低于0℃。冬期闪光对焊宜在室内进行，且室外存放的钢筋应提前运入车间，焊后的钢筋应等待完全冷却后才能运往室外。在困难条件下，对以承受静力荷载为主的钢筋，闪光对焊的环境温度可降低，但最低不得低于−10℃。

6.3.5 热轧光圆钢筋和热轧带肋钢筋的接头采用搭接或帮条电弧焊时，应符合下列规定：

1 接头应采用双面焊缝，在脚手架上进行双面焊困难时方可采用单面焊。

2 当采用搭接焊时，两连接钢筋轴线应一致。双面焊缝的长度不得小于5d，单面焊缝的长度不得小于10d（d为钢筋直径）。

3 当采用帮条焊时，帮条直径、级别应与被焊钢筋一致，帮条长度：双面焊缝不得小于5d，单面焊缝不得小于10d（d为主筋直径）。帮条与被焊钢筋的轴线应在同一平面上，两主筋端面的间隙应为2～4mm。

4 搭接焊和帮条焊接头的焊缝高度应等于或大于0.3d，并不得小于4mm；焊缝宽度应等于或大于0.7d（d为主筋直径），并不得小于8mm。

5 钢筋与钢板进行搭接焊时应采用双面焊接，搭接长度应大于钢筋直径的4倍（HPB235钢筋）或5倍（HRB335、HRB400钢筋）。焊缝高度应等于或大于0.35d，且不得小于4mm；焊缝宽度应等于或大于0.5d，并不得小于6mm（d为钢筋直径）。

6 采用搭接焊、帮条焊的接头，应逐个进行外观检查。焊缝表面应平顺、无裂纹、夹渣和较大的焊瘤等缺陷。

7 在同条件下完成并经外观检查合格的焊接接头，以300个作为一批（不足300个，也按一批计），从中切取3个试件，做拉伸试验。拉伸试验应符合CJJ 2—2008规范第6.3.4条第4款规定。

6.3.6 焊接材料应符合国家现行标准《钢筋焊接及验收规程》JGJ 18的有关规定。

6.3.7 钢筋采用绑扎接头时，应符合下列规定：

1 受拉区域内，HPB235钢筋绑扎接头的末端应做成弯钩，HRB335、HRB400钢筋可不做弯钩。

2 直径不大于12mm的受压HPB235钢筋的末端，以及轴心受压构件中任意直径的受力钢筋的末端，可不做弯钩，但搭接长度不得小于钢筋直径的35倍。

3 钢筋搭接处，应在中心和两端至少3处用绑丝绑牢，钢筋不得滑移。

4 受拉钢筋绑扎接头的搭接长度，应符合表6.3.7的规定；受压钢筋绑扎接头的搭接长度，应取受拉钢筋绑扎接头长度的0.7倍。

5 施工中钢筋受力分不清受拉或受压时，应符合受拉钢筋的规定。

受拉钢筋绑扎接头的搭接长度 **表6.3.7**

钢筋牌号	混凝土强度等级		
	C20	C25	>C25
HPB235	$35d$	$30d$	$25d$
HRB335	$45d$	$40d$	$35d$
HRB400	—	$50d$	$45d$

注：1 当带肋钢筋直径 $d>25$mm 时，其受拉钢筋的搭接长度应按表中数值增加 $5d$ 采用；

2 当带肋钢筋直径 $d<25$mm 时，其受拉钢筋的搭接长度应按表中值减少 $5d$ 采用；

3 当混凝土在凝固过程中受力钢筋易受扰动时，其搭接长度应适当增加；

4 在任何情况下，纵向受拉钢筋的搭接长度不得小于300mm；受压钢筋的搭接长度不得小于200mm；

5 轻骨料混凝土的钢筋绑扎接头搭接长度应按普通混凝土搭接长度增加 $5d$；

6 当混凝土强度等级低于C20时，HPB235、HRB335钢筋的搭接长度应按表中C20的数值相应增加 $10d$；

7 对有抗震要求的受力钢筋的搭接长度，当抗震烈度为七度（及以上）时应增加 $5d$；

8 两根直径不同的钢筋的搭接长度，以较细钢筋的直径计算。

6.3.8 钢筋采用机械连接接头时，应符合下列规定：

1 从事钢筋机械连接的操作人员应经专业技术培训，考核合格后，方可上岗。

2 钢筋采用机械连接接头时，其应用范围、技术要求、质量检验及采用设备、施工安全、技术培训等应符合国家现行标准《钢筋机械连接通用技术规程》JGJ 107、《带肋钢筋套筒挤压连接技术规程》JGJ 108的有关规定。

3 当混凝土结构中钢筋接头部位温度低于−10℃时，应进行专门的试验。

4 型式检验应由国家、省部级主管部门认定有资质的检验机构进行，并应按国家现行标准《钢筋机械连接通用技术规程》JGJ 107规定的格式出具试验报告和评定结论。

5 带肋钢筋套筒挤压接头的套筒两端外径和壁厚相同时，被连接钢筋直径相差不得大于5mm。套筒在运输和储存中不得腐蚀和沾污。

6 同一结构内机械连接接头不得使用两个生产厂家提供的产品。

7 在同条件下经外观检查合格的机械连接接头，应以每300个为一批（不足300个也按一批计），从中抽取3个试件做单向拉伸试验，并作出评定。如有1个试件抗拉强度不符合要求，应再取6个试件复验，如再有1个试件不合格，则该批接头应判为不合格。

【钢筋骨架和钢筋网的组成与安装】

【钢筋骨架和钢筋网的组成与安装检验批质量验收记录】

钢筋骨架和钢筋网的组成与安装检验批质量验收记录　表 CJJ 2-通-2-4

<table>
<tr><td colspan="4">工程名称</td><td colspan="12"></td></tr>
<tr><td colspan="4">施工单位</td><td colspan="12"></td></tr>
<tr><td colspan="4">分项工程名称</td><td colspan="4"></td><td colspan="3">施工班组长</td><td colspan="5"></td></tr>
<tr><td colspan="4">验收部位</td><td colspan="4"></td><td colspan="3">专业工长</td><td colspan="5"></td></tr>
<tr><td colspan="4">施工执行标准名称及编号</td><td colspan="4"></td><td colspan="3">项目经理</td><td colspan="5"></td></tr>
<tr><td>检控项目</td><td colspan="4">质量验收规范规定</td><td colspan="10">施工单位检查评定记录</td><td>监理（建设）单位验收记录</td></tr>
<tr><td>主控项目</td><td colspan="4">第 6.5.4 条　钢筋安装时，其品种、规格、数量、形状，必须符合设计要求</td><td colspan="10"></td><td></td></tr>
<tr><td rowspan="14">一般项目</td><td colspan="4">第 6.5.5 条　预埋件的规格、数量、位置等必须符合设计要求。</td><td colspan="10"></td><td></td></tr>
<tr><td colspan="4">第 6.5.6 条　钢筋表面不得有裂纹、结疤、折叠、锈蚀和油污，钢筋焊接接头表面不得有夹渣、焊瘤。</td><td colspan="10"></td><td></td></tr>
<tr><td colspan="3">项目（第 6.5.9 条钢筋成形和安装）</td><td>允许偏差（mm）</td><td colspan="10">量测值（mm）</td><td rowspan="12"></td></tr>
<tr><td rowspan="4">受力钢筋间距</td><td colspan="2">两排以上排距</td><td>±5</td><td></td><td></td><td></td><td></td><td></td><td></td><td></td><td></td><td></td><td></td></tr>
<tr><td rowspan="2">同排</td><td>梁板、拱肋</td><td>±10</td><td></td><td></td><td></td><td></td><td></td><td></td><td></td><td></td><td></td><td></td></tr>
<tr><td>基础、墩台、柱</td><td>±20</td><td></td><td></td><td></td><td></td><td></td><td></td><td></td><td></td><td></td><td></td></tr>
<tr><td colspan="2">灌注桩</td><td>±20</td><td></td><td></td><td></td><td></td><td></td><td></td><td></td><td></td><td></td><td></td></tr>
<tr><td colspan="3">箍筋、横向水平筋、螺旋筋间距</td><td>±10</td><td></td><td></td><td></td><td></td><td></td><td></td><td></td><td></td><td></td><td></td></tr>
<tr><td rowspan="2">钢筋骨架尺寸</td><td colspan="2">长</td><td>±10</td><td></td><td></td><td></td><td></td><td></td><td></td><td></td><td></td><td></td><td></td></tr>
<tr><td colspan="2">宽、高或直径</td><td>±5</td><td></td><td></td><td></td><td></td><td></td><td></td><td></td><td></td><td></td><td></td></tr>
<tr><td colspan="3">弯起钢筋位置</td><td>±20</td><td></td><td></td><td></td><td></td><td></td><td></td><td></td><td></td><td></td><td></td></tr>
<tr><td rowspan="3">钢筋保护层厚度</td><td colspan="2">墩台、基础</td><td>±10</td><td></td><td></td><td></td><td></td><td></td><td></td><td></td><td></td><td></td><td></td></tr>
<tr><td colspan="2">梁、柱、桩</td><td>±5</td><td></td><td></td><td></td><td></td><td></td><td></td><td></td><td></td><td></td><td></td></tr>
<tr><td colspan="2">板、墙</td><td>±3</td><td></td><td></td><td></td><td></td><td></td><td></td><td></td><td></td><td></td><td></td></tr>
<tr><td colspan="3">施工单位检查评定结果</td><td colspan="13">项目专业质量检查员：　　　　年　　月　　日</td></tr>
<tr><td colspan="3">监理（建设）单位验收结论</td><td colspan="13">专业监理工程师：
（建设单位项目专业技术负责人）：　　　　年　　月　　日</td></tr>
</table>

注：规范规定的施工过程控制要点见附文。

【检查验收时执行的规范条目】

主控项目

6.5.4　钢筋安装时，其品种、规格、数量、形状，必须符合设计要求。

检查数量：全数检查。　　检验方法：观察、用钢尺量。

一般项目

6.5.5　预埋件的规格、数量、位置等必须符合设计要求。

检查数量：全数检查。　　检验方法：观察、用钢尺量。

6.5.6　钢筋表面不得有裂纹、结疤、折叠、锈蚀和油污，钢筋焊接接头表面不得有夹渣、焊瘤。

检查数量：全数检查。　　检验方法：观察。

6.5.9 钢筋成形和安装允许偏差应符合表 6.5.9 的规定。

钢筋成形和安装允许偏差　　　　**表 6.5.9**

<table>
<tr><th colspan="3" rowspan="2">检查项目</th><th rowspan="2">允许偏差（mm）</th><th colspan="2">检验频率</th><th rowspan="2">检验方法</th></tr>
<tr><th>范围</th><th>点数</th></tr>
<tr><td rowspan="4">受力钢筋间距</td><td colspan="2">两排以上排距</td><td>±5</td><td rowspan="11">每个构筑物或每个构件</td><td rowspan="4">3</td><td rowspan="4">用钢尺量，两端和中间各一个断面，每个断面连续量取钢筋间（排）距，取其平均值计1点</td></tr>
<tr><td rowspan="2">同排</td><td>梁板、拱肋</td><td>±10</td></tr>
<tr><td>基础、墩台、柱</td><td>±20</td></tr>
<tr><td colspan="2">灌注桩</td><td>±20</td></tr>
<tr><td colspan="3">箍筋、横向水平筋、螺旋筋间距</td><td>±10</td><td>5</td><td>连续量取5个间距，其平均值计1点</td></tr>
<tr><td rowspan="2">钢筋骨架尺寸</td><td colspan="2">长</td><td>±10</td><td>3</td><td rowspan="2">用钢尺量，两端和中间各1处</td></tr>
<tr><td colspan="2">宽、高或直径</td><td>±5</td><td>3</td></tr>
<tr><td colspan="3">弯起钢筋位置</td><td>±20</td><td>30%</td><td>用钢尺量</td></tr>
<tr><td rowspan="3">钢筋保护层厚度</td><td colspan="2">墩台、基础</td><td>±10</td><td rowspan="3">10</td><td rowspan="3">沿模板周边检查，用钢尺量</td></tr>
<tr><td colspan="2">梁、柱、桩</td><td>±5</td></tr>
<tr><td colspan="2">板、墙</td><td>±3</td></tr>
</table>

【检验批验收应提供的核查资料】

钢筋骨架和钢筋网的组成与安装检验批验收应提供核查资料　表 CJJ 2-通-2-4a

序号	核查资料名称	核查要点
1	钢筋出厂合格证明	检查其品种、规格、数量、日期，与试验报告对应
2	钢筋试件试验报告单（见证取样）	检查其品种、规格、代表数量、日期、性能、质量、试验编号等
3	钢筋接头试件（焊接或机械连接）试验报告（见证取样）	核查不同品种、规格、钢筋连接试验性能及试件数量符合性

注：1. 合理缺项除外；

2. 表列凡有性能要求的均应符合设计和规范要求。

附：规范规定的施工过程控制要点

6.4.1 施工现场可根据结构情况和现场运输起重条件，先分部预制成钢筋骨架或钢筋网片，入模就位后再焊接或绑扎成整体骨架。为确保分部钢筋骨架具有足够的刚度和稳定性，可在钢筋的部分交叉点处施焊或用辅助钢筋加固。

6.4.2 钢筋骨架制作和组装应符合下列规定：

1 钢筋骨架的焊接应在坚固的工作台上进行。

2 组装时应按设计图纸放大样，放样时应考虑骨架预拱度。简支梁钢筋骨架预拱度宜符合表 6.4.2 的规定。

简支梁钢筋骨架预拱度　　　　**表 6.4.2**

跨度（m）	工作台上预拱度（cm）	骨架拼装时预拱度（cm）	构件预拱度（cm）
7.5	3	1	0
10～12.5	3～5	2～3	1
15	4～5	3	2
20	5～7	4～5	3

注：跨度大于 20m 时应按设计规定预留拱度。

3 组装时应采取控制焊接局部变形措施。

4 骨架接长焊接时，不同直径钢筋的中心线应在同一平面上。

6.4.3 钢筋网片采用电阻点焊应符合下列规定：

1 当焊接网片的受力钢筋为HPB235钢筋时，如焊接网片只有一个方向受力，受力主筋与两端的两根横向钢筋的全部交叉点必须焊接；如焊接网片为两个方向受力，则四周边缘的两根钢筋的全部交叉点必须焊接，其余的交叉点可间隔焊接或绑、焊相间。

2 当焊接网片的受力钢筋为冷拔低碳钢丝，而另一方向的钢筋间距小于100mm时，除受力主筋与两端的两根横向钢筋的全部交叉点必须焊接外，中间部分的焊点距离可增大至250mm。

6.4.4 现场绑扎钢筋应符合下列规定：

1 钢筋的交叉点应采用绑丝绑牢，必要时可辅以点焊。

2 钢筋网的外围两行钢筋交叉点应全部扎牢，中间部分交叉点可间隔交错扎牢。但双向受力的钢筋网，钢筋交叉点必须全部扎牢。

3 梁和柱的箍筋，除设计有特殊要求外，应与受力钢筋垂直设置；箍筋弯钩叠合处，应位于梁和柱角的受力钢筋处，并错开设置（同一截面上有两个以上箍筋的大截面梁和柱除外）；螺旋形箍筋的起点和终点均应绑扎在纵向钢筋上，有抗扭要求的螺旋箍筋，钢筋应伸人核心混凝土中。

4 矩形柱角部竖向钢筋的弯钩平面与模板面的夹角应为45°；多边形柱角部竖向钢筋弯钩平面应朝向断面中心；圆形柱所有竖向钢筋弯钩平面应朝向圆心。小型截面柱当采用插入式振捣器时，弯钩平面与模板面的夹角不得小于15°。

5 绑扎接头搭接长度范围内的箍筋间距：当钢筋受拉时应小于$5d$，且不得大于100mm；当钢筋受压时应小于$10d$，且不得大于200mm。

6 钢筋骨架的多层钢筋之间，应用短钢筋支垫，确保位置准确。

6.4.5 钢筋的混凝土保护层厚度，必须符合设计要求。设计无规定时应符合下列规定：

1 普通钢筋和预应力直线形钢筋的最小混凝土保护层厚度不得小于钢筋公称直径，后张法构件预应力直线形钢筋不得小于其管道直径的1/2，且应符合表6.4.5的规定。

2 当受拉区主筋的混凝土保护层厚度大于50mm时，应在保护层内设置直径不小于6mm、间距不大于100mm的钢筋网。

3 钢筋机械连接件的最小保护层厚度不得小于20mm。

4 应在钢筋与模板之间设置垫块，确保钢筋的混凝土保护层厚度，垫块应与钢筋绑扎牢固、错开布置。

普通钢筋和预应力直线形钢筋最小混凝土保护层厚度（mm） **表6.4.5**

构件类别		环境条件		
		Ⅰ	Ⅱ	Ⅲ、Ⅳ
基础、桩基承台	基坑底面有垫层或侧面有模板（受力主筋）	40	50	60
	基坑底面无垫层或侧面无模板（受力主筋）	60	75	85
墩台身、挡土结构、涵洞、梁、板、拱圈、拱上建筑（受力主筋）		30	40	45
缘石、中央分隔带、护栏等行车道构件（受力主筋）		30	40	45
人行道构件、栏杆（受力主筋）		20	25	30
箍　筋				
收缩、温度、分布、防裂等表层钢筋		15	20	25

注：1 环境条件Ⅰ—湿暖或寒冷地区的大气环境，与无侵蚀性的水或土接触的环境；Ⅱ—严寒地区的大气环境、使用除冰盐环境、滨海环境；Ⅲ—海水环境；Ⅳ—受侵蚀性物质影响的环境；

2 对于环氧树脂涂层钢筋，可按环境类别Ⅰ取用。

【混　凝　土】

混凝土的质量验收包括：混凝土原材料；混凝土配合比；混凝土施工。

【混凝土原材料】

【混凝土原材料检验批质量验收记录】

混凝土原材料检验批质量验收记录　　表 CJJ 2-通-3-1

工程名称				
施工单位				
分项工程名称		施工班组长		
验收部位		专业工长		
施工执行标准名称及编号		项目经理		
检控项目	质量验收规范规定	施工单位检查评定记录		监理（建设）单位验收记录
主控项目	第 7.13.1 条　水泥进场检验及抽样复验规定			
主控项目	第 7.13.2 条　混凝土外加剂检验与抽样检验规定			
一般项目	第 7.13.7 条　掺合料检验与抽样检验			
一般项目	第 7.13.8 条　细骨料的抽样检验			
一般项目	第 7.13.9 条　粗骨料的抽样检验			
一般项目	第 7.13.10 条　采用非饮用水源时的水质检测			
施工单位检查评定结果	项目专业质量检查员：　　　年　月　日			
监理（建设）单位验收结论	专业监理工程师： （建设单位项目专业技术负责人）：　　　年　月　日			

注：1. 本表适用于普通混凝土、抗冻混凝土、抗渗混凝土、大体积混凝土、泵送混凝土、冬期施工混凝土、高温期混凝土施工的原材料质量检验；

2. 规范规定的施工过程控制要点见【检查验收时执行的规范条目】。

【检查验收时执行的规范条目】

主控项目

7.13.1　水泥进场除全数检验合格证和出厂检验报告外，应对其强度、细度、安定性和凝固时间抽样复验。

检验数量：同生产厂家、同批号、同品种、同强度等级、同出厂日期且连续进场的水泥，散装水泥每 500t 为一批，袋装水泥每 200t 为一批，当不足上述数量时，也按一批计，每批抽样不少于 1 次。

检验方法：检查试验报告。

7.13.2 混凝土外加剂除全数检验合格证和出厂检验报告外，应对其减水率、凝结时间差、抗压强度比抽样检验。

检验数量：同生产厂家、同批号、同品种、同出厂日期且连续进场的外加剂，每 50t 为一批，不足 50t 时，也按一批计，每批至少抽检 1 次。　　检验方法：检查试验报告。

一般项目

7.13.7 混凝土掺用的矿物掺合料除全数检验合格证和出厂检验报告外，应对其细度、含水率、抗压强度比等项目抽样检验。

检验数量：同品种、同等级且连续进场的矿物掺合料，每 200t 为一批，当不足 200t 时，也按一批计，每批至少抽检 1 次。　　检验方法：检查试验报告。

7.13.8 对细骨料，应抽样检验其颗粒级配、细度模数、含泥量及规定要求的检验项，并应符合《普通混凝土用砂、石质量及检验方法标准》JGJ 52 的规定。

检验数量：同产地、同品种、同规格且连续进场的细骨料，每 400m^3 或 600t 为一批，不足 400m^3 或 600t 也按一批计，每批至少抽检 1 次。　　检验方法：检查试验报告。

7.13.9 对粗骨料，应抽样检验其颗粒级配、压碎值指标、针片状颗粒含量及规定要求的检验项，并应符合《普通混凝土用砂、石质量及检验方法标准》JGJ 52 的规定。

检验数量：同产地、同品种、同规格且连续进场的粗骨料，机械生产的每 400m^3 或 600t 为一批，不足 400m^3 或 600t 也按一批计；人工生产的每 200m^3 或 300t 为一批，不足 200m^3 或 300t 也按一批计，每批至少抽检 1 次。　　检验方法：检查试验报告。

7.13.10 当拌制混凝土用水采用非饮用水源时，应进行水质检测，并应符合国家现行标准《混凝土用水标准》JGJ 63 的规定。

检验数量：同水源检查不少于 1 次。　　检验方法：检查水质分析报告。

【检验批验收应提供的核查资料】

混凝土原材料检验批验收应提供的核查资料　　表 CJJ 2-通-3-1a

序号	核查资料名称	核查要点
1	水泥、砂子、石子、外加剂、掺合料及其他材料出厂合格证	材料品种、数量、生产厂家、日期，与试验报告对应
2	水泥、外加剂、掺合料等材料出厂检验报告	品种、数量、日期、材料性能、质量，与合格证或质量证书对应
3	水泥、砂子、石子、外加剂、掺合料及其他材料进场验收记录	进场材料品种、代表数量、日期、质量，应与合格证或质量证书对应
4	水泥、砂子、石子、外加剂、掺合料及其他材料试验报告（见证取样）	核查相关试验报告必试项目、强度性能是否齐全和符合标准要求
5	氯化物、碱的总含量计算书（设计有要求时）	按设计要求核查其氯化物、碱的总含量
6	水质分析报告（见证取样，非饮用水时提供）	核查水质，应符合混凝土生产用水标准

注：1. 合理缺项除外；
　　2. 表列凡有性能要求的均应符合设计和规范要求。

附：规范规定的施工过程控制要点

7.2 配制混凝土用的材料

7.2.1 水泥应符合下列规定：

1 选用水泥不得对混凝土结构强度、耐久性和使用条件产生不利影响。

2　选用水泥应以能使所配制的混凝土强度达到要求、收缩小、和易性好和节约水泥为原则。

3　水泥的强度等级应根据所配制混凝土的强度等级选定。水泥与混凝土强度等级之比，C30及以下的混凝土，宜为1.1～1.2；C35及以上混凝土宜为0.9～1.5。

4　水泥的技术条件应符合现行国家标准《通用硅酸盐水泥》GB 175的规定，并应有出厂检验报告和产品合格证。

5　进场水泥，应按现行国家标准《混凝土结构工程施工质量验收规范》GB 50204的规定进行强度、细度、安定性和凝结时间的试验。

6　当在使用中对水泥质量有怀疑或出厂日期逾3个月（快硬硅酸盐水泥逾1个月）时，应进行复验，并按复验结果使用。

7.2.2　矿物掺合料应符合下列规定：

1　配制混凝土所用的矿物掺合料宜为粉煤灰、火山灰、粒化高炉矿渣等材料。

2　矿物掺合料的技术条件应符合现行国家标准《用于水泥和混凝土中的粉煤灰》GB/T 1596、《用于水泥中的火山灰质混合材料》GB/T 2847等的规定，并应有出厂检验报告和产品合格证。对矿物掺合料的质量有怀疑时，应对其质量进行复验。

3　掺合料中不得含放射性或对混凝土性能有害的物质。

7.2.3　细骨料应符合下列规定：

1　混凝土的细骨料，应采用质地坚硬、级配良好、颗粒洁净、粒径小于5mm的天然河砂、山砂，或采用硬质岩石加工的机制砂。

2　混凝土用砂一般应以细度模数2.5～3.5的中、粗砂为宜。

3　砂的分类、级配及各项技术指标应符合国家现行标准《普通混凝土用砂、石质量及检验方法标准》JGJ 52的有关规定。

7.2.4　粗骨料应符合下列规定：

1　粗骨料最大粒径应按混凝土结构情况及施工方法选取，最大粒径不得超过结构最小边尺寸的1/4和钢筋最小净距的3/4；在两层或多层密布钢筋结构中，不得超过钢筋最小净距的1/2，同时最大粒径不得超过100mm。

2　施工前应对所用的粗骨料进行碱活性检验。

3　粗骨料的颗粒级配范围、各项技术指标以及碱活性检验应符合国家现行标准《普通混凝土用砂、石质量及检验方法标准》JGJ 52的有关规定。

7.2.5　拌合用水应符合国家现行标准《混凝土用水标准》JGJ 63的规定。

7.2.6　外加剂应符合现行国家标准《混凝土外加剂》GB 8076的规定。

【混凝土配合比】

【混凝土配合比质量验收记录】

混凝土配合比质量验收记录　　表 CJJ 2-通-3-2

<table>
<tr><td colspan="2">工程名称</td><td colspan="4"></td></tr>
<tr><td colspan="2">施工单位</td><td colspan="4"></td></tr>
<tr><td colspan="2">分项工程名称</td><td colspan="2"></td><td>施工班组长</td><td></td></tr>
<tr><td colspan="2">验收部位</td><td colspan="2"></td><td>专业工长</td><td></td></tr>
<tr><td colspan="2">施工执行标准名称及编号</td><td colspan="2"></td><td>项目经理</td><td></td></tr>
<tr><td>检控项目</td><td colspan="2">质量验收规范规定</td><td colspan="2">施工单位检查评定记录</td><td>监理（建设）单位验收记录</td></tr>
<tr><td rowspan="2">主控项目</td><td colspan="2">第 7.13.3 条　混凝土配合比设计应符合 CJJ 2—2008 规范第 7.3 节规定。</td><td colspan="2"></td><td rowspan="2"></td></tr>
<tr><td colspan="2">第 7.13.4 条　当使用具有潜在碱活性骨料时，混凝土中的总碱含量应符合 CJJ 2—2008 规范第 7.1.2 条的规定和设计要求。</td><td colspan="2"></td></tr>
<tr><td colspan="2">施工单位检查评定结果</td><td colspan="4">项目专业质量检查员：　　年　月　日</td></tr>
<tr><td colspan="2">监理（建设）单位验收结论</td><td colspan="4">专业监理工程师：
（建设单位项目专业技术负责人）：　　年　月　日</td></tr>
</table>

注：规范规定的施工过程控制要点见【检查验收时执行的规范条目】。

【检查验收时执行的规范条目】

主控项目

7.13.3　混凝土配合比设计应符合 CJJ 2—2008 规范第 7.3 节规定。

检验数量：同强度等级、同性能混凝土的配合比设计应各检查 1 次。

检验方法：检查配合比设计选定单、试配试验报告和经审批后的配合比报告单。

7.13.4　当使用具有潜在碱活性骨料时，混凝土中的总碱含量应符合 CJJ 2—2008 规范第 7.1.2 条的规定和设计要求。

检验数量：每一混凝土配合比进行 1 次总碱含量计算。

检验方法：检查核算单。

第 7.1.2 条：

7.1.2　混凝土宜使用非碱活性骨料，当使用碱活性骨料时，混凝土的总碱含量不宜大于 3kg/m³；对大桥、特大桥梁总碱含量不宜大于 1.8kg/m³；对处于环境类别属三类以上受严重侵蚀环境的桥梁，不得使用碱活性骨料。混凝土结构的环境类别应按表 7.1.2 确定。

混凝土结构的环境类别 表 7.1.2

环境类别		条件
一		室内正常环境
二	a	室内潮湿环境；非严寒和非寒冷地区的露天环境、与无侵蚀性的水或土直接接触的环境
	b	严寒和寒冷地区的露天环境、与无侵蚀性的水或土直接接触的环境
三		使用除冰盐的环境；严寒和寒冷地区冬季水位变动的环境；滨海室外环境
四		海水环境
五		受人为或自然的侵蚀性物质影响的环境

注：严寒和寒冷地区的划分应符合现行国家标准《民用建筑热工设计规范》GB 50176 的规定。

【检验批验收应提供的核查资料】

____________**混凝土配合比验收应提供的核查资料** 表 CJJ 2-通-3-2a

序号	核查资料名称	核查要点
1	总碱含量计算资料	核查计算书的发出时间、施工单位提出相关要求的符合性
2	混凝土试配试验报告（必要时）	核查配比计量、坍落度、责任制、拌和物外观
3	混凝土配合比试验报告通知单	核查配合比试验报告单，必须满足设计要求

注：1. 合理缺项除外。

2. 表列凡有性能要求的均应符合设计和规范要求。

附：规范规定的施工配合比设计控制要点

第 7.3 节 混凝土配合比

7.3.1 混凝土配合比应以质量比计，并应通过设计和试配选定。试配时应使用施工实际采用的材料，配制的混凝土拌合物应满足和易性、凝结时间等施工技术条件，制成的混凝土应符合强度、耐久性等要求。

7.3.2 混凝土配合比设计应符合国家现行标准《普通混凝土配合比设计规程》JGJ/T 55 的规定。

7.3.3 混凝土的最大水胶比和最小水泥用量应符合表 7.3.3 的规定。

混凝土的最大水胶比和最小水泥用量 表 7.3.3

混凝土结构所处环境	无筋混凝土		钢筋混凝土	
	最大水胶比	最小水泥用量（kg/m³）	最大水胶比	最小水泥用量（kg/m³）
温暖地区或寒冷地区，无侵蚀物质影响，与土直接接触	0.60	250	0.55	280
严寒地区或使用除冰盐的桥梁	0.55	280	0.50	300
受侵蚀性物质影响	0.45	300	0.40	325

注：1 本表中的水胶比，系指水与水泥（包括矿物掺合料）用量的比值。

2 本表中的最小水泥用量包括矿物掺合料。当掺用外加剂且能有效地改善混凝土的和易性时，水泥用量可减少 25kg/m³。

3 严寒地区系指最冷月份平均气温低于－10℃且日平均温度在低于 5℃的天数大于 145d 的地区。

7.3.4 混凝土的最大水泥用量（包括矿物掺合料）不宜超过 500kg/m³；配制大体积混凝土时水泥用量不宜超过 350kg/m³。

7.3.5 配制混凝土时，应根据结构情况和施工条件确定混凝土拌合物的坍落度，可按表 7.3.5 选用。

混凝土浇筑时的坍落度　　表 7.3.5

结　构　类　别	坍落度（mm）（振动器振动）
小型预制块及便于浇筑振捣的结构	0～20
桥梁基础、墩台等无筋或少筋的结构	10～30
普通配筋率的钢筋混凝土结构	30～50
配筋较密、断面较小的钢筋混凝土结构	50～70
配筋较密、断面高而窄的钢筋混凝土结构	70～90

7.3.6 当工程需要获得较大的坍落度时，可在不改变混凝土的水胶比、不影响混凝土的质量情况下，适当掺外加剂。

7.3.7 矿物掺合料可作为水泥替代材料或混凝土拌合物的填充材料掺于水泥混凝土中，其掺量应根据对混凝土各龄期强度和耐久性要求、混凝土的工作性及施工条件等因素通过试验确定。

7.3.8 在混凝土中掺外加剂时，应符合现行国家标准《混凝土外加剂应用技术规范》GB 50119 的规定，并应符合下列规定：

1 外加剂的品种及掺量应根据混凝土的性能要求、施工方法、气候条件、混凝土的原材料等因素，经试配确定。

2 在钢筋混凝土中不得掺用氯化钙、氯化钠等氯盐。无筋混凝土的氯化钙或氯化钠掺量，以干质量计，不得超过水泥用量的 3%。

3 混凝土中氯化物的总含量应符合现行国家标准《混凝土质量控制标准》GB 50164 的规定。位于温暖或寒冷地区，无侵蚀性物质影响及与土直接接触的钢筋混凝土构件，混凝土中的氯离子含量不宜超过水泥用量的 0.30%；位于严寒的大气环境、使用除冰盐环境、滨海环境，氯离子含量不宜超过水泥用量的 0.15%；海水环境和受侵蚀性物质影响的环境，氯离子含量不宜超过水泥用量的 0.10%。

4 掺入加气剂的混凝土的含气量宜为 3.5%～5.5%。

5 使用两种（含）以上外加剂时，应彼此相容。

7.3.9 当配制高强度混凝土时，配合比尚应符合下列规定：

1 当无可靠的强度统计数据及标准差时，混凝土的施工配制强度（平均值），C50～C60 不应低于强度等级的 1.15 倍，C70～C80 不应低于强度等级值 1.12 倍。

2 水胶比宜控制在 0.24～0.38 的范围内。

3 纯水泥用量不宜超过 550kg/m³；水泥与掺合料的总量不宜超过 600kg/m³。粉煤灰掺量不宜超过胶结料总量的 30%；沸石粉不宜超过 10%；硅粉不宜超过 8%。

4 砂率宜控制在 28%～34%的范围内。

5 高效减水剂的掺量宜为胶结料的 0.5%～1.8%。

【混凝土施工】

混凝土施工的质量验收包括：混凝土施工；泵送、大体积混凝土施工；抗渗、抗冻混凝土施工；混凝土冬期、高温期施工。

【混凝土施工】

【混凝土施工检验批质量验收记录】

____________混凝土施工检验批质量验收记录　　表 CJJ 2-通-3-3A

<table>
<tr><td colspan="2">工程名称</td><td colspan="4"></td></tr>
<tr><td colspan="2">施工单位</td><td colspan="4"></td></tr>
<tr><td colspan="2">分项工程名称</td><td></td><td>施工班组长</td><td colspan="2"></td></tr>
<tr><td colspan="2">验收部位</td><td></td><td>专业工长</td><td colspan="2"></td></tr>
<tr><td colspan="2">施工执行标准名称及编号</td><td></td><td>项目经理</td><td colspan="2"></td></tr>
<tr><td>检控项目</td><td colspan="3">质量验收规范规定</td><td>施工单位检查评定记录</td><td>监理（建设）单位验收记录</td></tr>
<tr><td rowspan="2">主控项目</td><td colspan="3">第 7.13.4 条　当使用具有潜在碱活性骨料时，混凝土中的总碱含量应符合 CJJ 2—2008 规范第 7.1.2 条的规定和设计要求。</td><td></td><td rowspan="2"></td></tr>
<tr><td colspan="3">第 7.13.5 条　混凝土强度等级应按现行国家标准《混凝土强度检验评定标准》GBJ 107 的规定检验评定，其结果必须符合设计要求。用于检查混凝土强度的试件，应在混凝土浇筑地点随机抽取。取样与试件留置规定</td><td></td></tr>
<tr><td rowspan="11">一般项目</td><td colspan="3">第 7.13.7 条　混凝土掺用矿物掺合料的抽样检验</td><td></td><td rowspan="11"></td></tr>
<tr><td colspan="3">第 7.13.8 条　细骨料的抽样检验规定</td><td></td></tr>
<tr><td colspan="3">第 7.13.9 条　粗骨料的抽样检验规定</td><td></td></tr>
<tr><td colspan="3">第 7.13.10 条　采用非饮用水源时的水质检测规定</td><td></td></tr>
<tr><td colspan="3">第 7.13.11 条　混凝土拌合物的坍落度要求</td><td></td></tr>
<tr><td colspan="3">第 7.13.12 条　混凝土原材料每盘称量允许偏差</td><td></td></tr>
<tr><td rowspan="2">材料名称（表 7.13.12）</td><td colspan="2">允许偏差</td><td rowspan="2">量测值（mm）</td></tr>
<tr><td>工地</td><td>工厂或搅拌站</td></tr>
<tr><td>水泥和干燥状态的掺合料</td><td>±2%</td><td>±1%</td><td></td></tr>
<tr><td>粗、细骨料</td><td>±3%</td><td>±2%</td><td></td></tr>
<tr><td>水、外加剂</td><td>±2%</td><td>±1%</td><td></td></tr>
<tr><td colspan="2">施工单位检查评定结果</td><td colspan="4">项目专业质量检查员：　　　　年　月　日</td></tr>
<tr><td colspan="2">监理（建设）单位验收结论</td><td colspan="4">专业监理工程师：
（建设单位项目专业技术负责人）：　　　　年　月　日</td></tr>
</table>

注：1. 各种衡器应定期检定，每次使用前应进行零点校核，保证计量准确；

2. 当遇雨天或含水率有显著变化时，应增加含水率检测次数，并及时调整水和骨料的用量；

3. 规范规定的施工过程控制要点见【检查验收时执行的规范条目】。

【检查验收时执行的规范条目】

主控项目

7.13.4 当使用具有潜在碱活性骨料时，混凝土中的总碱含量应符合 CJJ 2—2008 规范第 7.1.2 条的规定和设计要求。

检验数量：每一混凝土配合比进行 1 次总碱含量计算。　　检验方法：检查核算单。

第 7.1.2 条：

7.1.2 混凝土宜使用非碱活性骨料，当使用碱活性骨料时，混凝土的总碱含量不宜大于 $3kg/m^3$；对大桥、特大桥梁总碱含量不宜大于 $1.8kg/m^3$；对处于环境类别属三类以上受严重侵蚀环境的桥梁，不得使用碱活性骨料。混凝土结构的环境类别应按表 7.1.2 确定。

混凝土结构的环境类别　　**表 7.1.2**

环境类别		条　件
一		室内正常环境
二	a	室内潮湿环境；非严寒和非寒冷地区的露天环境、与无侵蚀性的水或土直接接触的环境
	b	严寒和寒冷地区的露天环境、与无侵蚀性的水或土直接接触的环境
三		使用除冰盐的环境；严寒和寒冷地区冬季水位变动的环境；滨海室外环境
四		海水环境
五		受人为或自然的侵蚀性物质影响的环境

注：严寒和寒冷地区的划分应符合现行国家标准《民用建筑热工设计规范》GB 50176 的规定。

7.13.5 混凝土强度等级应按现行国家标准《混凝土强度检验评定标准》GBJ 107 的规定检验评定，其结果必须符合设计要求用于检查混凝土强度的试件，应在混凝土浇筑地点随机抽取。取样与试件留置应符合下列规定：

1 每拌制 100 盘且不超过 $100m^3$ 的同配比的混凝土，取样不得少于 1 次；

2 每工作班拌制的同一配合比的混凝土不足 100 盘时，取样不得少于 1 次；

3 每次取样应至少留置 1 组标准养护试件，同条件养护试件的留置组数应根据实际需要确定。

检验数量：全数检查。　　检验方法：检查试验报告。

一般项目

7.13.7 混凝土掺用的矿物掺合料除全数检验合格证和出厂检验报告外，应对其细度、含水率、抗压强度比等项目抽样检验。

检验数量：同品种、同等级且连续进场的矿物掺合料，每 200t 为一批，当不足 200t 时，也按一批计，每批至少抽检 1 次。　　检验方法：检查试验报告。

7.13.8 对细骨料，应抽样检验其颗粒级配、细度模数、含泥量及规定要求的检验项，并应符合《普通混凝土用砂、石质量及检验方法标准》JGJ 52 的规定。

检验数量：同产地、同品种、同规格且连续进场的细骨料，每 $400m^3$ 或 600t 为一批，不足 $400m^3$ 或 600t 也按一批计，每批至少抽检 1 次。　　检验方法：检查试验报告。

7.13.9 对粗骨料，应抽样检验其颗粒级配、压碎值指标、针片状颗粒含量及规定要求的检验项，并应符合《普通混凝土用砂、石质量及检验方法标准》JGJ 52 的规定。

检验数量：同产地、同品种、同规格且连续进场的粗骨料，机械生产的每 $400m^3$ 或 600t 为一批，不足 $400m^3$ 或 600t 也按一批计；人工生产的每 $200m^3$ 或 300t 为一批，不足 $200m^3$ 或 300t 也按一批计，每批至少抽检 1 次。　　检验方法：检查试验报告。

7.13.10 当拌制混凝土用水采用非饮用水源时，应进行水质检测，并应符合国家现行标准《混凝土用水标准》JGJ 63 的规定。

检验数量：同水源检查不少于 1 次。　　检验方法：检查水质分析报告。

7.13.11 混凝土拌合物的坍落度应符合设计配合比要求。

检验数量：每工作班不少于1次。　　检验方法：用坍落度仪检测。

7.13.12 混凝土原材料每盘称量允许偏差应符合表7.13.12的规定。

检验数量：每工作班抽查不少1次。　　检验方法：复称。

混凝土原材料每盘称量允许偏差　　表7.13.12

材料名称	允许偏差	
	工地	工厂或搅拌站
水泥和干燥状态的掺合料	±2%	±1%
粗、细骨料	±3%	±2%
水、外加剂	±2%	±1%

注：1　各种衡器应定期检定，每次使用前应进行零点校核，保证计量准确；

2　当遇雨天或含水率有显著变化时，应增加含水率检测次数，并及时调整水和骨料的用量。

【检验批验收应提供的核查资料】

混凝土施工检验批验收应提供的核查资料　　表CJJ 2-通-3-3A1

序号	核查资料名称	核查要点
1	水泥、外加剂、粗细骨料、掺合料、水等试验、分析报告	核查试验、分析报告的真实、正确性
2	混凝土施工记录（浇筑地点制作的试块情况、留置数量、分层浇筑厚度、搅拌延续时间、施工缝处理、养护记录、坍落度检测记录）	施工记录内容的完整性（资料名称项下括号内的内容）
3	混凝土试件强度试验报告（见证取样）	检查试验单位资质、试件代表数量、日期、性能，与设计、标准要求符合性

注：表列凡有性能要求的均应符合设计和规范要求。

附：规范规定的施工过程控制要点

7.4　混凝土拌制和运输

7.4.1　混凝土应使用机械集中拌制。

7.4.2　拌制混凝土宜采用自动计量装置，并应定期检定，保持计量准确。

7.4.3　混凝土原材料应分类放置，不得混淆和污染。

7.4.4　拌制混凝土所用各种材料应按质量投料。

7.4.5　使用机械拌制时，自全部材料装入搅拌机开始搅拌起，至开始卸料时止，延续搅拌的最短时间应符合表7.4.5的规定。

混凝土延续搅拌的最短时间　　表7.4.5

搅拌机类型	搅拌机容量（L）	混凝土坍落度（mm）		
		<30	30～70	>70
		混凝土最短搅拌时间（min）		
强制式	≤400	1.5	1.0	1.0
	≤1500	2.5	1.5	1.5

注：1　当掺入外加剂时，外加剂应调成适当浓度的溶液再掺入，搅拌时间宜延长；

2　采用分次投料搅拌工艺时，搅拌时间应按工艺要求办理；

3　当采用其他形式的搅拌设备时，搅拌的最短时间应按设备说明书的规定办理，或经试验确定。

7.4.6　混凝土拌合物应均匀、颜色一致，不得有离析和泌水现象。混凝土拌合物均匀性的检测方法应符合现行国家标准《混凝土搅拌机》GB/T 9142的规定。

7.4.7　混凝土拌合物的坍落度，应在搅拌地点和浇筑地点分别随机取样检测，每一工作班或每一单元结构物不应少于两次。评定时应以浇筑地点的测值为准。如混凝土拌合物从搅拌机出料起至浇筑入模的时间不超过15min时，其坍落度可仅在搅拌地点取样检测。

7.4.8 拌制高强度混凝土必须使用强制式搅拌机。减水剂宜采用后掺法。加入减水剂后，混凝土拌合物在搅拌机中继续搅拌的时间，当用粉剂时不得少于60s，当用溶液时不得少于30s。

7.4.9 混凝土在运输过程中应采取防止发生离析、漏浆、严重泌水及坍落度损失等现象的措施。用混凝土搅拌运输车运输混凝土时，途中应以每分钟2～4转的慢速进行搅动。当运至现场的混凝土出现离析、严重泌水等现象，应进行第二次搅拌。经二次搅拌仍不符合要求，则不得使用。

7.4.10 混凝土从加水搅拌至入模的延续时间不宜大于表7.4.10的规定。

混凝土从加水搅拌至入模的延续时间 **表7.4.10**

搅拌机出料时的混凝土温度（℃）	无搅拌设施运输（min）	有搅拌设施运输（min）
20～30	30	60
10～19	45	75
5～9	60	90

注：掺用外加剂或采用快硬水泥时，运输允许持续时间应根据试验确定。

7.5 混凝土浇筑

7.5.1 浇筑混凝土前，应对支架、模板、钢筋和预埋件进行检查，确认符合设计和施工设计要求。模板内的杂物、积水、钢筋上的污垢应清理干净。模板内面应涂刷隔离剂，并不得污染钢筋等。

7.5.2 自高处向模板内倾卸混凝土时，其自由倾落高度不得超过2m；当倾落高度超过2m时，应通过串筒、溜槽或振动溜管等设施下落；倾落高度超过10m时应设置减速装置。

7.5.3 混凝土应按一定厚度、顺序和方向水平分层浇筑，上层混凝土应在下层混凝土初凝前浇筑、捣实，上下层同时浇筑时，上层与下层前后浇筑距离应保持1.5m以上。混凝土分层浇筑厚度不宜超过表7.5.3的规定。

混凝土分层浇筑厚度 **表7.5.3**

捣实方法	配筋情况	浇筑层厚度（mm）
用插入式振动器	—	300
用附着式振动器	—	300
用表面振动器	无筋或配筋稀疏时	250
	配筋较密时	150

注：表列规定可根据结构和振动器型号等情况适当调整。

7.5.4 浇筑混凝土时，应采用振动器振捣。振捣时不得碰撞模板、钢筋和预埋部件。振捣持续时间宜为20～30s，以混凝土不再沉落、不出现气泡、表面呈现浮浆为度。

7.5.5 混凝土的浇筑应连续进行，如因故间断时，其间断时间应小于前层混凝土的初凝时间。混凝土运输、浇筑及间歇的全部时间不得超过表7.5.5的规定。

混凝土运输、浇筑及间歇的全部允许时间（min） **表7.5.5**

混凝土强度等级	气温不高于25℃	气温高于25℃
≤C30	210	180
＞C30	180	150

注：C50以上混凝土和混凝土中掺有促凝剂或缓凝剂时，其允许间歇时间应根据试验结果确定。

7.5.6 当浇筑混凝土过程中，间断时间超过CJJ 2—2008规范第7.5.5条规定时，应设置施工缝，并应符合下列规定：

1 施工缝宜留置在结构受剪力和弯矩较小、便于施工的部位，且应在混凝土浇筑之前确定。施工缝不得呈斜面。

2 先浇混凝土表面的水泥砂浆和松弱层应及时凿除。凿除时的混凝土强度，水冲法应达到0.5MPa；人工凿毛应达到2.5MPa；机械凿毛应达到10MPa。

3 经凿毛处理的混凝土面，应清除干净，在浇筑后续混凝土前，应铺10～20mm同配比的水泥砂浆。

4　重要部位及有抗震要求的混凝土结构或钢筋稀疏的混凝土结构，应在施工缝处补插锚固钢筋或石榫；有抗渗要求的施工缝宜做成凹形、凸形或设止水带。

5　施工缝处理后，应待下层混凝土强度达到 2.5MPa 后，方可浇筑后续混凝土。

7.6　混凝土养护

7.6.1　施工现场应根据施工对象、环境、水泥品种、外加剂以及对混凝土性能的要求，制定具体的养护方案，并应严格执行方案规定的养护制度。

7.6.2　常温下混凝土浇筑完成后，应及时覆盖并洒水养护。

7.6.3　当气温低于 5℃时，应采取保温措施，并不得对混凝土洒水养护。

7.6.4　混凝土洒水养护的时间，采用硅酸盐水泥、普通硅酸盐水泥或矿渣硅酸盐水泥的混凝土，不得少于 7d；掺用缓凝型外加剂或有抗渗等要求以及高强度混凝土，不得少于 14d。使用真空吸水的混凝土，可在保证强度条件下适当缩短养护时间。

7.6.5　采用涂刷薄膜养护剂养护时，养护剂应通过试验确定，并应制定操作工艺。

7.6.6　采用塑料膜覆盖养护时，应在混凝土浇筑完成后及时覆盖严密，保证膜内有足够的凝结水。

【泵送、大体积混凝土施工质量验收记录】

____________泵送、大体积混凝土施工质量验收记录　　表 CJJ 2-通-3-3B

<table>
<tr><td>工程名称</td><td colspan="4"></td></tr>
<tr><td>施工单位</td><td colspan="4"></td></tr>
<tr><td>分项工程名称</td><td colspan="2"></td><td>施工班组长</td><td></td></tr>
<tr><td>验收部位</td><td colspan="2"></td><td>专业工长</td><td></td></tr>
<tr><td>施工执行标准名称及编号</td><td colspan="2"></td><td>项目经理</td><td></td></tr>
<tr><td>检控项目</td><td>质量验收规范规定</td><td colspan="2">施工单位检查评定记录</td><td>监理（建设）单位验收记录</td></tr>
<tr><td rowspan="2">一般项目</td><td>第 7.7.2 条　泵送混凝土施工应符合下列规定：
1　混凝土的供应必须保证输送混凝土的泵能连续工作。
2　输送管线宜直，转弯宜缓，接头应严密。
3　泵送前应先用与混凝土成分相同的水泥浆润滑输送管内壁。
4　泵送混凝土因故间歇时间超过 45min 时，应采用压力水或其他方法冲洗管内残留的混凝土。
5　泵送过程中，受料斗内应具有足够的混凝土，以防止吸入空气产生阻塞。
混凝土拌制和运输、混凝土浇筑、混凝土养护的施工过程控制按表 CJJ 2-通-3-3A 执行。
地方在制表时，可将 7.4　混凝土拌制和运输、7.5　混凝土浇筑、7.6　混凝土养护植入表内，一并执行。</td><td colspan="2"></td><td rowspan="2"></td></tr>
<tr><td>第 7.10 条　大体积混凝土
第 7.10.1 条　大体积混凝土施工时，应根据结构、环境状况采取减少水化热的措施。
第 7.10.2 条　大体积混凝土应均匀分层、分段浇筑，并应符合下列规定：
1　分层混凝土厚度宜为 1.5～2.0m。
2　分段数目不宜过多。当横截面面积在 200m² 以内时不宜大于 2 段，在 300m² 以内时不宜大于 3 段。每段面积不得小于 50m²。
3　上、下层的竖缝应错开。
第 7.10.3 条　大体积混凝土应在环境温度较低时浇筑，浇筑温度（振捣后 50～100mm 深处的温度）不宜高于 28℃。
第 7.10.4 条　大体积混凝土应采取循环水冷却、蓄热保温等控制体内外温差的措施，并及时测定浇筑后混凝土表面和内部的温度，其温差应符合设计要求，当设计无规定时不宜大于 25℃。
第 7.10.5 条　大体积混凝土湿润养护时间应符合表 7.10.5 规定。</td><td colspan="2"></td></tr>
<tr><td>施工单位检查评定结果</td><td colspan="4">项目专业质量检查员：　　　　　　　　年　　月　　日</td></tr>
<tr><td>监理（建设）单位验收结论</td><td colspan="4">专业监理工程师：
（建设单位项目专业技术负责人）：　　　　年　　月　　日</td></tr>
</table>

大体积混凝土湿润养护时间　　　　**表 7.10.5**

水泥品种	养护时间（d）
硅酸盐水泥、普通硅酸盐水泥	14
火山灰质硅酸盐水泥、矿渣硅酸盐水泥、低热微膨胀水泥、矿渣硅酸大坝水泥	21
在现场掺粉煤灰的水泥	

注：高温期施工湿润养护时间均不得少于 28d。

【抗渗、抗冻混凝土施工质量验收记录】

＿＿＿＿＿＿抗渗、抗冻混凝土施工质量验收记录　　表 CJJ 2-通-3-3C

工程名称				
施工单位				
分项工程名称		施工班组长		
验收部位		专业工长		
施工执行标准名称及编号		项目经理		
检控项目	质量验收规范规定	施工单位检查评定记录	监理（建设）单位验收记录	
一般项目	第 7.9 节　抗渗混凝土材料、水胶比、搅拌、养护、拆模			
	第 7.8 节　抗冻混凝土材料、水胶比、拌合物含气量、坚固性试验、氯离子含量、强度及抗冻性能			
施工单位检查评定结果	项目专业质量检查员：　　　年　　月　　日			
监理（建设）单位验收结论	专业监理工程师： （建设单位项目专业技术负责人）：　　　年　　月　　日			

注：抗渗或抗冻混凝土试件的检查数量：混凝土数量小于 250m³，应制作抗冻或抗渗试件 1 组（6 个），250m³～500m³，应制作 2 组。其他与表 CJJ 2-通-3-3A 要求相同。除上述要求外，抗渗混凝土应提供抗渗性能试验报告，抗冻混凝土应提供抗冻性能试验报告。

【检查验收时执行的规范条目】

一般项目

7.9　抗渗混凝土材料、水胶比、搅拌、养护、拆模

7.9.1　抗渗混凝土应按设计要求分别采用普通抗渗混凝土、外加剂抗渗混凝土和膨胀水泥抗渗混凝土。

7.9.2　抗渗混凝土应选用泌水小、水化热低的水泥。采用矿渣水泥时，应加入减小泌水性的外加剂。

7.9.3　抗渗混凝土的粗骨料应采用连续粒级，最大粒径不得大于 40mm，含泥量不得大于 1%；细骨料含泥量不得大于 3%。

7.9.4　抗渗混凝土宜采用防水剂、膨胀剂、引气剂、减水剂或引气减水剂等外加剂。掺用引气剂时含气量宜控制在 3%～5%。

7.9.5　抗渗混凝土宜掺用矿物掺合料。

7.9.6　配制抗渗混凝土时，其抗渗压力应比设计要求提高 0.2MPa。

7.9.7 抗渗混凝土中的水泥和矿物掺合料总量不宜小于 320kg/m³；砂率宜为 35%～45%；最大水胶比应符合表 7.9.7 的规定。

抗渗混凝土的最大水胶比 **表 7.9.7**

抗渗等级	≤C30	>C30
P6	0.6	0.55
P8～P12	0.55	0.50
P12 以上	0.50	0.45

注：1. 矿物掺合料取代量不宜大于 20%； 2. 表中水胶比为水与水泥（包括矿物掺合料）用量的比值。

7.9.8 抗渗混凝土搅拌时间不得小于 2min。

7.9.9 抗渗混凝土湿润养护时间不得小于 14d。

7.9.10 抗渗混凝土拆模时，结构表面温度与环境气温之差不得大于 15℃。地下结构部分的抗渗混凝土，拆模后应及时回填。

7.9.11 抗渗混凝土除应检验强度外，尚应检验其抗渗性能。

混凝土拌制和运输、混凝土浇筑、混凝土养护的施工过程控制按表 CJJ 2-通-3-3A 执行。

地方在制表时，可将 7.4 混凝土拌制和运输、7.5 混凝土浇筑、7.6 混凝土养护植入表内，一并执行。

第 7.8 节 抗冻混凝土材料、水胶比、拌合物含气量、坚固性试验、氯离子含量、强度及抗冻性能

7.8.1 抗冻混凝土应选用硅酸盐水泥或普通硅酸盐水泥，不宜使用火山灰质硅酸盐水泥。

7.8.2 抗冻混凝土宜选用连续级配的粗骨料，其含泥量不得大于 1%，泥块含量不得大于 0.5%；细骨料含泥量不得大于 3%，泥块含量不得大于 1%。

7.8.3 抗冻混凝土的水胶比不得大于 0.5。

7.8.4 位于水位变动区的抗冻混凝土，其抗冻等级不得低于表 7.8.4 的规定。

水位变动区混凝土抗冻等级 **表 7.8.4**

构筑物所在地区	海水环境		淡水环境	
	钢筋混凝土及预应力混凝土	无筋混凝土	钢筋混凝土及预应力混凝土	无筋混凝土
严重受冻地区（最冷月的月平均气温低于-8℃）	F350	F300	F250	F200
受冻地区（最冷月的月均气温在－4～－8℃之间）	F300	F250	F200	F150
微冻地区（最冷月的月平均气温在 0～－4℃之间）	F250	F200	F150	F100

注：1 试验过程中试件所接触的介质应与构筑物实际接触的介质相近；

2 墩、台身和防护堤等构筑物的混凝土应选用比同一地区高一级的抗冻等级；

3 面层应选用比水位变动区抗冻等级低 2～3 级的混凝土。

7.8.5 抗冻混凝土必须掺入适量引气剂，其拌合物的含气量应符合表 7.8.5 的规定。

抗冻混凝土拌合物含气量控制范围 **表 7.8.5**

骨料最大粒径（mm）	含气量（%）	骨料最大粒径（mm）	含气量（%）
10.0	5.0～8.0	40.0	3.0～6.0
20.0	4.0～7.0	63.0	3.0～5.0
31.5	3.5～6.5	—	—

7.8.6 处于冻融循环下的重要工程混凝土，宜进行骨料的坚固性试验．坚固性试验的失重率，细骨料应小于8%；粗骨料应小于5%。

7.8.7 处于干湿交替、冻融循环下的混凝土，粗、细骨料中的水溶性氯化物折合氯离子含量均不得超过骨料质量的0.02%。如使用环境的季节或日夜温差剧烈，应选用线胀系数较小的粗骨料，以提高混凝土的抗裂性。

7.8.8 抗冻混凝土除应检验强度外，尚应检验其抗冻性能。

混凝土拌制和运输、混凝土浇筑、混凝土养护的施工过程控制按表 CJJ 2-通-3-3A 执行。

地方在制表时，可将7.4 混凝土拌制和运输、7.5 混凝土浇筑、7.6 混凝土养护植入表内，一并执行。

【混凝土冬期、高温期施工质量验收记录】

________混凝土冬期、高温期施工质量验收记录　表 CJJ 2-通-3-3D

<table>
<tr><td colspan="2">工程名称</td><td colspan="4"></td></tr>
<tr><td colspan="2">施工单位</td><td colspan="4"></td></tr>
<tr><td colspan="2">分项工程名称</td><td colspan="2"></td><td>施工班组长</td><td></td></tr>
<tr><td colspan="2">验收部位</td><td colspan="2"></td><td>专业工长</td><td></td></tr>
<tr><td colspan="2">施工执行标准名称及编号</td><td colspan="2"></td><td>项目经理</td><td></td></tr>
<tr><td>检控项目</td><td colspan="2">质量验收规范规定</td><td colspan="2">施工单位检查评定记录</td><td>监理（建设）单位验收记录</td></tr>
<tr><td rowspan="2">一般项目</td><td colspan="2">第 7.11 节　冬期混凝土施工气温、材料、配制和拌合、浇筑、拆模、试件留置</td><td colspan="2"></td><td rowspan="2"></td></tr>
<tr><td colspan="2">第 7.12 节　高温期混凝土施工气温、材料、运输与浇筑、养护</td><td colspan="2"></td></tr>
<tr><td colspan="2">施工单位检查评定结果</td><td colspan="4">项目专业质量检查员：　　　　年　月　日</td></tr>
<tr><td colspan="2">监理（建设）单位验收结论</td><td colspan="4">专业监理工程师：
（建设单位项目专业技术负责人）：　　　　年　月　日</td></tr>
</table>

注：高温期施工湿润养护时间均不得少于 28d。

【检查验收时执行的规范条目】

一般项目

7.11　冬期混凝土施工气温、材料、配制和拌合、浇筑、拆模、试件留置。

7.11.1　当工地昼夜平均气温连续 5d 低于 5℃或最低气温低于-3℃时，应确定混凝土进入冬期施工。

7.11.2　冬期施工期间，当采用硅酸盐水泥或普通硅酸盐水泥配制混凝土，抗压强度未达到设计强度的 30％时；或采用矿渣硅酸盐水泥配制混凝土抗压强度未达到设计强度的 40％时；C15 及以下的混凝土抗压强度未达到 5MPa 时，混凝土不得受冻。浸水冻融条件下的混凝土开始受冻时，不得小于设计强度的 75％。

7.11.3　冬期混凝土的配制和拌合应符合下列规定：

1　宜选用较小的水胶比和较小的坍落度。

2　拌制混凝土应优先采用加热水的方法，水加热温度不宜高于 80℃。骨料加热温度不得高于 60℃。混凝土掺用片石时，片石可预热。

3　混凝土搅拌时间宜较常温施工延长 50％。

4　骨料不得混有冰雪、冻块及易被冻裂的矿物质。

5　拌制设备宜设在气温不低于 10℃的厂房或暖棚内。拌制混凝土前，应采用热水冲洗搅拌机鼓筒

6　当混凝土掺用防冻剂时，其试配强度应较设计强度提高一个等级。

7.11.5　冬期混凝土的浇筑应符合下列规定：

1　混凝土浇筑前，应清除模板及钢筋上的冰雪。当环境气温低于－10℃时，应将直径大于或等于 25mm 的钢筋和金属预埋件加热至 0℃以上。

2　当旧混凝土面和外露钢筋暴露在冷空气中时，应对距离新旧混凝土施工缝 1.5m 范围内的旧混凝土和长度在 1m 范围内的外露钢筋，进行防寒保温。

3　在非冻胀性地基或旧混凝土面上浇筑混凝土，加热养护时，地基或旧混凝土面的温度不得低于2℃。

4　当浇筑负温早强混凝土时，对于用冻结法开挖的地基，或在冻结线以上且气温低于－5℃的地基应做隔热层。

5　混凝土拌合物入模温度不宜低于10℃。

6　混凝土分层浇筑的厚度不得小于20cm。

7.11.7　冬期混凝土拆模应符合下列规定：

1　当混凝土达到《城市桥梁工程施工与质量验收规范》(CJJ 2—2008）规范第5.3.1条规定的拆模强度，同时符合《城市桥梁工程施工与质量验收规范》(CJJ 2—2008）规范第7.11.2条规定的抗冻强度后，方可拆除模板。

2　拆模时混凝土与环境的温差不得大于15℃。当温差在10～15℃时，拆除模板后的混凝土表面应采取临时覆盖措施。

3　采用外部热源加热养护的混凝土，当环境气温在0℃以下时，应待混凝土冷却至5℃以下后，方可拆除模板。

7.11.9　冬期施工的混凝土，除应按《城市桥梁工程施工与质量验收规范》(CJJ 2—2008）规范第7.13节规定制作标准试件外，尚应根据养护、拆模和承受荷载的需要，增加与结构同条件养护的试件不少于2组。

混凝土拌制和运输、混凝土浇筑、混凝土养护施工过程控制按表CJJ 2-通-3-3A执行。

地方在制表时，可将7.4混凝土拌制和运输、7.5混凝土浇筑、7.6混凝土养护植入表内，一并执行。

第7.12节　高温期混凝土施工气温、材料、运输与浇筑、养护

7.12.1　当昼夜平均气温高于30℃时，应确定混凝土进入高温期施工。高温期混凝土施工除应符合CJJ 2—2008规范第7.4～7.6节有关规定外，尚应符合本节规定。

7.12.2　高温期混凝土拌合时，应掺加减水剂或磨细粉煤灰。施工期间应对原材料和拌合设备采取防晒措施，并根据检测混凝土坍落度情况，在保证配合比不变的情况下，调整水的掺量。

7.12.3　高温期混凝土的运输与浇筑应符合下列规定：

1　尽量缩短运输时间，宜采用混凝土搅拌运输车。

2　混凝土的浇筑温度应控制在32℃以下，宜选在一天温度较低的时间内进行。

3　浇筑场地宜采取遮阳、降温措施。

7.12.4　混凝土浇筑完成后，表面宜立即覆盖塑料膜，终凝后覆盖土工布等材料，并应洒水保持湿润。

7.12.5　高温期施工混凝土，除应按CJJ 2—2008规范7.13节规定制作标准试件外，尚应增加与结构同条件养护的试件1组，检测其28d的强度。

混凝土拌制和运输、混凝土浇筑、混凝土养护的施工过程控制按表CJJ 2-通-3-3A执行。

地方在制表时，可将7.4混凝土拌制和运输、7.5混凝土浇筑、7.6混凝土养护植入表内，一并执行。

【预应力混凝土】

预应力混凝土的质量验收包括：预应力混凝土材料及器材；预应力钢筋制作；预应力施工；预应力混凝土施工。

【预应力混凝土材料及器材】

【预应力混凝土材料及器材检验批质量验收记录】

预应力混凝土材料及器材检验批质量验收记录 表 CJJ 2-通-4-1

<table>
<tr><td colspan="2">工程名称</td><td colspan="3"></td></tr>
<tr><td colspan="2">施工单位</td><td colspan="3"></td></tr>
<tr><td colspan="2">分项工程名称</td><td></td><td>施工班组长</td><td></td></tr>
<tr><td colspan="2">验收部位</td><td></td><td>专业工长</td><td></td></tr>
<tr><td colspan="2">施工执行标准名称及编号</td><td></td><td>项目经理</td><td></td></tr>
<tr><td>检控项目</td><td>质量验收规范规定</td><td colspan="2">施工单位检查评定记录</td><td>监理（建设）单位验收记录</td></tr>
<tr><td rowspan="3">主控项目</td><td>第 8.5.2 条 预应力筋进场检验规定</td><td colspan="2"></td><td></td></tr>
<tr><td>第 8.5.3 条 预应力筋用锚具、夹具和连接器进场检验规定</td><td colspan="2"></td><td></td></tr>
<tr><td>第 8.5.4 条 预应力筋的品种、规格、数量必须符合设计要求</td><td colspan="2"></td><td></td></tr>
<tr><td rowspan="3">一般项目</td><td>第 8.5.9 条 预应力筋的外观质量检查要求</td><td colspan="2"></td><td></td></tr>
<tr><td>第 8.5.10 条 锚具、夹具和连接器的外观质量检查要求</td><td colspan="2"></td><td></td></tr>
<tr><td>第 8.5.11 条 金属螺旋管使用前应进行的检验规定</td><td colspan="2"></td><td></td></tr>
<tr><td colspan="2">施工单位检查评定结果</td><td colspan="3">项目专业质量检查员： 年 月 日</td></tr>
<tr><td colspan="2">监理（建设）单位验收结论</td><td colspan="3">专业监理工程师：
（建设单位项目专业技术负责人）： 年 月 日</td></tr>
</table>

注：规范规定的施工过程控制要点见【检查验收时执行的规范条目】。

【检查验收时执行的规范条目】

主控项目

8.5.2 预应力筋进场检验应符合 CJJ 2—2008 规范第 8.1.2 条规定。

检查数量：按进场的批次抽样检验。　　检验方法：检查产品合格证、出厂检验报告和进场试验报告。

第 8.1.2 条　预应力筋进场时，应对其质量证明文件、包装、标志和规格进行检验，并应符合下列规定：

1　钢丝检验每批不得大于 60t；从每批钢丝中抽查 5%，且不少于 5 盘，进行形状、尺寸和表面检查，如检查不合格，则将该批钢丝全数检查；从检查合格的钢丝中抽取 5%，且不少于 3 盘，在每盘钢丝的两端取样进行抗拉强度、弯曲和伸长率试验，试验结果有一项不合格时，则不合格盘报废，并从同批未检验过的钢丝盘中取双倍数量的试样进行该不合格项的复验，如仍有一项不合格，则该批钢丝为不合格。

2　钢绞线检验每批不得大于 60t；从每批钢绞线中任取 3 盘，并从每盘所选用的钢绞线端部正常部位截取一根试样，进行表面质量、直径偏差检查和力学性能试验，如每批少于 3 盘，应全数检查，试验结果如有一项不合格时，则不合格盘报废，并再从该批未检验过的钢绞线中取双倍数量的试样进行该不合格项的复验，如仍有一项不合格，则该批钢绞线为不合格。

3　精轧螺纹钢筋检验每批不得大于 60t，对表面质量应逐根检查；检查合格后，在每批中任选 2 根钢筋截取试件进行拉伸试验，试验结果如有一项不合格，则取双倍数量试件重做试验，如仍有一项不合格，则该批钢筋为不合格。

8.5.3 预应力筋用锚具、夹具和连接器进场检验应符合 CJJ 2—2008 规范第 8.1.3 条规定。

检查数量：按进场的批次抽样检验。　　检验方法：检查产品合格证、出厂检验报告和进场试验报告。

第 8.1.3 条　预应力筋锚具、夹具和连接器应符合国家现行标准《预应力筋锚具、夹具和连接器》GB /T 14370 和《预应力锚具、夹具和连接器应用技术规程》JGJ 85 的规定。进场时，应对其质量证明文件、型号、规格等进行检验，并应符合下列规定：

1　锚具、夹片和连接器验收批的划分：在同种材料和同一生产工艺条件下，锚具和夹片应以不超过 1000 套为一个验收批；连接器应以不超过 500 套为一个验收批。

2　外观检查：应从每批中抽取 10%的锚具（夹片或连接器）且不少于 10 套，检查其外观和尺寸，如有一套表面有裂纹或超过产品标准及设计要求规定的允许偏差，则应另取双倍数量的锚具重做检查，如仍有一套不符合要求，则应全数检查，合格者方可投入使用。

3　硬度检查：应从每批中抽取 5%的锚具（夹片或连接器）且不少于 5 套，对其中有硬度要求的零件做硬度试验，对多孔夹片式锚具的夹片，每套至少抽取 5 片。每个零件测试 3 点，其硬度应在设计要求范围内，如有一个零件不合格，则应另取双倍数量的零件重新试验，如仍有一个零件不合格，则应逐个检查，合格后方可使用。

4　静载锚固性能试验：大桥、特大桥等重要工程、质量证明文件不齐全、不正确或质量有疑点的锚具，经上述检查合格后，应从同批锚具中抽取 6 套锚具（夹片或连接器）组成 3 个预应力锚具组装件，进行静载锚固性能试验，如有一个试件不符合要求，则应另取双倍数量的锚具（夹片或连接器）重做试验，如仍有一个试件不符合要求，则该批锚具（夹片或连接器）为不合格品。一般中、小桥使用的锚具（夹片或连接器），其静载锚固性能可由锚具生产厂提供试验报告。

8.5.4 预应力筋的品种、规格、数量必须符合设计要求。

检查数量：全数检查。　　检验方法：观察或用钢尺量、检查施工记录。

一般项目

8.5.9 预应力筋使用前应进行外观质量检查，不得有弯折，表面不得有裂纹、毛刺、机械损伤、氧化铁锈、油污等。

检查数量：全数检查。　　检验方法：观察。

8.5.10　预应力筋用锚具、夹具和连接器使用前应进行外观质量检查，表面不得有裂纹、机械损伤、锈蚀、油污等。

检查数量：全数检查。　　检验方法：观察。

8.5.11　预应力混凝土用金属螺旋管使用前应按国家现行标准《预应力混凝土用金属螺旋管》JG/T 3013的规定进行检验。

检查数量：按进场的批次抽样复验。　　检验方法：检查产品合格证、出厂检验报告和进场复验报告。

【检验批验收应提供的核查资料】

预应力材料及器材检验批验收应提供的核查资料

表 CJJ 2-通-4-1a

序号	核查资料名称	核查要点
1	预应力材料及器材等质量合格证或质量证明文件；	检查预应力材料及器材等的品种、规格、数量、生产厂家、日期、性能等，质量必须符合设计要求
2	预应力材料及器材等进场验收记录；	检查预应力材料及器材等的品种、数量，其品种、规格、数量、性能应符合设计和规范要求
3	预应力材料及器材等的试验报告	检查预应力材料及器材等的试验单位资质，材料与器材质量必须符合设计要求

注：1. 合理缺项除外；2. 表列凡有性能要求的均应符合设计和规范要求。

附：规范规定的施工过程控制要点

8.1.1　预应力混凝土结构中采用的钢丝、钢绞线、无粘结预应力筋等，应符合国家现行标准《预应力混凝土用钢丝》GB /T5223、《预应力混凝土用钢绞线》GB /T 5224、《无粘结预应力钢绞线》JG 161 等的规定。每批钢丝、钢铰线、钢筋应由同一牌号、同一规格、同一生产工艺的产品组成。

8.1.4　预应力管道应具有足够的刚度、能传递粘结力，且应符合下列要求：

1　胶管的承受压力不得小于 5kN，极限抗拉力不得小于 7.5kN，且应具有较好的弹性恢复性能。

2　钢管和高密度聚乙烯管的内壁应光滑，壁厚不得小于 2mm。

3　金属螺旋管道宜采用镀锌材料制作，制作金属螺旋管的钢带厚度不宜小于 0.3mm。金属螺旋管性能应符合国家现行标准《预应力混凝土用金属螺旋管》JG/T 3013 的规定。

8.1.5　预应力材料必须保持清洁，在存放和运输时应避免损伤、锈蚀和腐蚀。预应力筋和金属管道在室外存放时，时间不宜超过 6 个月。预应力锚具、夹具和连接器应在仓库内配套保管。

【预应力钢筋制作】

【预应力钢筋制作检验批质量验收记录】

________预应力钢筋制作检验批质量验收记录　　表 CJJ 2-通-4-2

<table>
<tr><td colspan="2">工程名称</td><td colspan="3"></td></tr>
<tr><td colspan="2">施工单位</td><td colspan="3"></td></tr>
<tr><td colspan="2">分项工程名称</td><td></td><td>施工班组长</td><td></td></tr>
<tr><td colspan="2">验收部位</td><td></td><td>专业工长</td><td></td></tr>
<tr><td colspan="2">施工执行标准名称及编号</td><td></td><td>项目经理</td><td></td></tr>
<tr><td>检控项目</td><td>质量验收规范规定</td><td colspan="2">施工单位检查评定记录</td><td>监理（建设）单位验收记录</td></tr>
<tr><td rowspan="2">主控项目</td><td>第 8.5.2 条　预应力筋进场检验规定</td><td colspan="2"></td><td></td></tr>
<tr><td>第 8.5.4 条　预应力筋的品种、规格、数量必须符合设计要求</td><td colspan="2"></td><td></td></tr>
<tr><td>一般项目</td><td>第 8.5.9 条　预应力筋的外观质量检查要求</td><td colspan="2"></td><td></td></tr>
<tr><td colspan="2">施工单位检查评定结果</td><td colspan="3">项目专业质量检查员：　　　　年　月　日</td></tr>
<tr><td colspan="2">监理（建设）单位验收结论</td><td colspan="3">专业监理工程师：
（建设单位项目专业技术负责人）：　年　月　日</td></tr>
</table>

注：规范规定的施工过程控制要点见【检查验收时执行的规范条目】。

【检查验收时执行的规范条目】

主控项目

8.5.2　预应力筋进场检验应符合 CJJ 2—2008 规范第 8.1.2 条规定。

检查数量：按进场的批次抽样检验。　　检验方法：检查产品合格证、出厂检验报告和进场试验报告。

第 8.1.2 条　预应力筋进场时，应对其质量证明文件、包装、标志和规格进行检验，并应符合下列规定：

1　钢丝检验每批不得大于 60t；从每批钢丝中抽查 5%，且不少于 5 盘，进行形状、尺寸和表面检查，如检查不合格，则将该批钢丝全数检查；从检查合格的钢丝中抽取 5%，且不少于 3 盘，在每盘钢丝的两端取样进行抗拉强度、弯曲和伸长率试验，试验结果有一项不合格时，则不合格盘报废，并从同批未检验过的钢丝盘中取双倍数量的试样进行该不合格项的复验，如仍有一项不合格，则该批钢丝为不合格。

2　钢绞线检验每批不得大于 60t；从每批钢绞线中任取 3 盘，并从每盘所选用的钢绞线端部正常部位截取一根试样，进行表面质量、直径偏差检查和力学性能试验，如每批少于 3 盘，应全数检查，试验结果如有一项不合格时，则不合格盘报废，并再从该批未检验过的钢绞线中取双倍数量的试样进行该不合格项的复验，如仍有一项不合格，则该批钢绞线为不合格。

3 精轧螺纹钢筋检验每批不得大于60t，对表面质量应逐根检查；检查合格后，在每批中任选2根钢筋截取试件进行拉伸试验，试验结果如有一项不合格，则取双倍数量试件重做试验，如仍有一项不合格，则该批钢筋为不合格。

8.5.4 预应力筋的品种、规格、数量必须符合设计要求。

检查数量：全数检查。　　检验方法：观察或用钢尺量、检查施工记录。

一般项目

8.5.9 预应力筋使用前应进行外观质量检查，不得有弯折，表面不得有裂纹、毛刺、机械损伤、氧化铁锈、油污等。

检查数量：全数检查。　　检验方法：观察。

【检验批验收应提供的核查资料】

＿＿＿＿预应力钢筋制作检验批验收应提供的核查资料 表 CJJ 2-通-4-2a

序号	核查资料名称	核查要点
1	预应力筋的镦头强度试验报告（见证取样）	核查不同品种、级别、规格、代表数量，该试验报告符合性
2	产品出厂合格证、试验报告（见证取样）	
3	施工记录（品种、级别、规格、数量、隔离剂及预应力筋沾污、电火花损伤预应力筋）	核查品种、规格、数量、性能、质量，应与合格证对应施工记录内容的完整性（资料名称项下括号内的内容）

注：1. 合理缺项除外；2. 表列凡有性能要求的均应符合设计和规范要求。

附：规范规定的施工过程控制要点

8.2.1 预应力筋下料应符合下列规定：

1 预应力筋的下料长度应根据构件孔道或台座的长度、锚夹具长度等经过计算确定。

2 预应力筋宜使用砂轮锯或切断机切断，不得采用电弧切割。钢绞线切断前，应在距切口5cm处用绑丝绑牢。

3 钢丝束的两端均采用墩头锚具时，同一束中各根钢丝下料长度的相对差值，当钢丝束长度小于或等于20m时，不宜大于1/3000；当钢丝束长度大于20m时，不宜大于1/5000，且不得大于5mm。长度不大于6m的先张预应力构件，当钢丝成束张拉时，同束钢丝下料长度的相对差值不得大于2mm。

8.2.2 高强钢丝采用镦头锚固时，宜采用液压冷镦。

8.2.3 预应力筋由多根钢丝或钢绞线组成时，在同束预应力筋内，应采用强度相等的预应力钢材。编束时，应逐根梳理顺直，不扭转，绑扎牢固，每隔1m一道，不得互相缠绞。编束后的钢丝和钢绞线应按编号分类存放。钢丝和钢铰线束移运时支点距离不得大于3m，端部悬出长度不得大于1.5m。

【预应力施工】

预应力施工的质量验收包括：先张法预应力施工、后张法预应力施工。

【先张法预应力施工检验批质量验收记录】

____________先张法预应力施工检验批质量验收记录　　表 CJJ 2-通-4-3A

工程名称					
施工单位					
分项工程名称			施工班组长		
验收部位			专业工长		
施工执行标准名称及编号			项目经理		
检控项目	质量验收规范规定			施工单位检查评定记录	监理（建设）单位验收记录
主控项目	第 8.5.4 条　预应力筋的品种、规格、数量必须符合设计要求				
	第 8.5.5 条　预应力筋张拉和放张时，混凝土强度必须符合设计规定；设计无规定时，不得低于设计强度的 75%				
	项目（第 8.5.6 条之表 8.5.6-1 钢丝、钢绞线先张法）		允许偏差（mm）	量测值（mm）	
	墩头钢丝同束长度相对差	束长＞20m	L/5000，且不大于 5		
		束长 6～20m	L/3000。且不大于 4		
		束长＜6m	2		
	张拉应力值		符合设计要求		
	张拉伸长率		±6%		
	断丝数		不超过总数的 1%		
	项目（表 8.5.6 条之表 8.5.6-2 钢筋先张法）		允许偏差（mm）	量测值（mm）	
	接头在同一平面内的轴线偏位		2，且不大于 1/10 直径		
	中心偏位		4%短边，且不大于 5		
	张拉应力值		符合设计要求		
	张拉伸长率		±6%		
	第 8.5.8 条　锚具的封闭保护规定				
一般项目	第 8.5.9 条　预应力筋的外观质量检查要求				
	第 8.5.12 条　锚固阶段张拉端预应力筋的内缩量规定				
施工单位检查评定结果	项目专业质量检查员：　　　　年　　月　　日				
监理（建设）单位验收结论	专业监理工程师： （建设单位项目专业技术负责人）：　　　　年　　月　　日				

注：1. 规范规定的施工过程控制要点见【检查验收时执行的规范条目】。

2. 先张法预应力施工是指先在台座上张拉预应力钢材，然后浇筑水泥混凝土以形成预应力混凝土构件的施工方法。

【检查验收时执行的规范条目】

主控项目

8.5.4 预应力筋的品种、规格、数量必须符合设计要求。

检查数量：全数检查。　检验方法：观察或用钢尺量、检查施工记录。

8.5.5 预应力筋张拉和放张时，混凝土强度必须符合设计规定；设计无规定时，不得低于设计强度的75%。

检查数量：全数检查。　检验方法：检查同条件养护试件试验报告。

8.5.6 预应力筋张拉允许偏差应分别符合表8.5.6-1和表8.5.6-2的规定。

钢丝、钢绞线先张法允许偏差　表8.5.6-1

项　目		允许偏差（mm）	检验频率	检验方法
墩头钢丝同束长度相对差	束长>20m	L/5000，且不大于5	每批抽查2束	用钢尺量
	束长6～20m	L/3000，且不大于4		
	束长<6m	2		
张拉应力值		符合设计要求	全数	查张拉记录
张拉伸长率		±6%		
断丝数		不超过总数的1%		

注：L为束长（mm）。

钢筋先张法允许偏差　表8.5.6-2

项　目	允许偏差（mm）	检验频率	检验方法
接头在同一平面内的轴线偏位	2，且不大于1/10直径	抽查30%	用钢尺量
中心偏位	4%短边，且不大于5		
张拉应力值	符合设计要求	全数	查张拉记录
张拉伸长率	±6%		

8.5.8 锚具的封闭保护应符合CJJ 2—2008规范第8.4.8条第8款的规定。

检查数量：全数检查。　检验方法：观察、用钢尺量、检查施工记录。

第8.4.8条第8款

8　埋设在结构内的锚具，压浆后应及时浇筑封锚混凝土。封锚混凝土的强度等级应符合设计要求，不宜低于结构混凝土强度等级的80%，且不得低于30MPa。

一般项目

8.5.9 预应力筋使用前应进行外观质量检查，不得有弯折，表面不得有裂纹、毛刺、机械损伤、氧化铁锈、油污等。

检查数量：全数检查。　检验方法：观察。

8.5.12 锚固阶段张拉端预应力筋的内缩量，应符合CJJ 2—2008规范第8.4.6条规定。

检查数量：每工作日抽查预应力筋总数的3%，且不少于3束。　检验方法：用钢尺量、检查施工记录。

第8.4.6条　预应力筋的锚固应在张拉控制应力处于稳定状态下进行，锚固阶段张拉端预应力筋的内缩量，不得大于设计规定。当设计无规定时，应符合表8.4.6的规定。

锚固阶段张拉端预应力筋的内缩量允许值（mm）　　**表 8.4.6**

锚　具　类　别	内缩量允许值
支承式锚具（镦头锚、带有螺丝端杆的锚具等）	1
锥塞式锚具	5
夹片式锚具	5
每块后加的锚具垫板	1

注：内缩量值系指预应力筋锚固过程中，由于锚具零件之间和锚具与预应力筋之间的相对移动和局部塑性变形造成的回缩量。

【检验批验收应提供的核查资料】

先张法预应力钢筋制作检验批验收应提供的核查资料　　表 CJJ 2-通-4-3A1

序号	核 查 资 料 名 称	核　查　要　点
1	标养、同条件养护混凝土试件试验报告（见证取样）	核查混凝土强度等级、代表数量、满足实用和设计的要求程度
2	预应力张拉及放张记录	核查张拉及放张记录的正确性、符合性
3	预应力筋应力检测记录	核查预应力筋应力检测记录与设计、标准的符合性
4	预应力筋应力检测报告（见证取样）	核查报告中不同品种、规格、级别、数量齐全和设计要求符合性

注：1. 合理缺项除外；2. 表列凡有性能要求的均应符合设计和规范要求。

附：规范规定的施工过程控制要点

8.4.1 预应力钢筋张拉应由工程技术负责人主持，张拉作业人员应经培训考核合格后方可上岗。

8.4.2　张拉设备的校准期限不得超过半年，且不得超过 200 次张拉作业。张拉设备应配套校准，配套使用。

8.4.3　预应力筋的张拉控制应力必须符合设计规定。

8.4.5　预应力张拉时，应先调整到初应力（σ_0），该初应力宜为张拉控制应力（σ_{con}）的 10%～15%，伸长值应从初应力时开始量测。

8.4.7　先张法预应力施工应符合下列规定：

1　张拉台座应具有足够的强度和刚度，其抗倾覆安全系数不得小于 1.5，抗滑移安全系数不得小于 1.3。张拉横梁应有足够的刚度，受力后的最大挠度不得大于 2mm。锚板受力中心应与预应力筋合力中心一致。

2　预应力筋连同隔离套管应在钢筋骨架完成后一并穿入就位。就位后，严禁使用电弧焊对梁体钢筋及模板进行切割或焊接。隔离套管内端应堵严。

3　预应力筋张拉应符合下列要求：

1）同时张拉多根预应力筋时，各根预应力筋的初始应力应一致。张拉过程中应使活动横梁与固定横梁保持平行。

2）张拉程序应符合设计要求，设计未规定时，其张拉程序应符合表 8.4.7-1 的规定。张拉钢筋时，为保证施工安全，应在超张拉放张至 0.9σ_{con}时安装模板、普通钢筋及预埋件等。

先张法预应力筋张拉程序　　表 8.4.7-1

预应力筋种类	张　　拉　　程　　序
钢筋	0→初应力→1.05σ_{con}→0.9σ_{con}→σ_{con}（锚固）
钢丝、钢绞线	0→预应力→1.05σ_{con}→（持荷 2min）→0→σ_{con}（锚固）
	对于夹片式等具有自锚性能的锚具： 普通松弛力筋　0→初应力→1.03σ_{con}（锚固） 低松弛力筋　0→初应力→σ_{con}（持荷 2min 锚固）

注：σ_{con}张拉时的控制应力值，包括预应力损失值。

3）张拉过程中，预应力筋的断丝、断筋数量不得超过表 8.4.7-2 的规定。

先张法预应力筋断丝、断筋控制值 **表 8.4.7-2**

预应力筋种类	项　目	控制值
钢丝、钢绞线	同一构件内断丝数不得超过钢丝总数的	1%
钢　筋	断　筋	不允许

4）放张预应力筋时混凝土强度必须符合设计要求。设计未规定时，不得低于设计强度的 75%。放张顺序应符合设计要求。设计未规定时，应分阶段、对称、交错地放张。放张前，应将限制位移的模板拆除。

【后张法预应力施工检验批质量验收记录】

______后张法预应力施工检验批质量验收记录　　表 CJJ 2-通-4-3B

工程名称					
施工单位					
分项工程名称			施工班组长		
验收部位			专业工长		
施工执行标准名称及编号			项目经理		
检控项目	质量验收规范规定			施工单位检查评定记录	监理（建设）单位验收记录
主控项目	第 8.5.4 条　预应力筋的品种、规格、数量必须符合设计要求				
	第 8.5.5 条　预应力筋张拉和放张时，混凝土强度必须符合设计规定；设计无规定时，不得低于设计强度的 75%				
	项目（第 8.5.6 条之表 8.5.6-3 钢筋后张法）		允许偏差（mm）	量测值（mm）	
	管道坐标	梁长方向	30		
		梁高方向	10		
	管道间距	同排	10		
		上下排	10		
	张拉应力值		符合设计要求		
	张拉伸长率		±6%		
	断丝滑丝数	钢束	每束一丝，且每断面不超过钢丝总数的 1%		
		钢筋	不允许		
	第 8.5.7 条　孔道压浆水泥浆强度规定，压浆时排气孔、排水孔应有水泥浓浆溢出				
	第 8.5.8 条　锚具的封闭保护规定				
一般项目	第 8.5.9 条　预应力筋的外观质量检查要求				
	第 8.5.11 条　预应力混凝土用金属螺旋管检验规定				
	第 8.5.12 条　锚固阶段张拉端预应力筋的内缩量规定				
施工单位检查评定结果	项目专业质量检查员：　　　　年　　月　　日				
监理（建设）单位验收结论	专业监理工程师： （建设单位项目专业技术负责人）：　　　　年　　月　　日				

注：1. 规范规定的施工过程控制要点见【检查验收时执行的规范条目】。

2. 后张法是指先浇筑水泥混凝土，待达到规定的强度后再张拉预应力筋以形成预应力混凝土构件的施工方法。

【检查验收时执行的规范条目】

主控项目

8.5.4 预应力筋的品种、规格、数量必须符合设计要求。

检查数量：全数检查。　　检验方法：观察或用钢尺量、检查施工记录。

8.5.5 预应力筋张拉和放张时，混凝土强度必须符合设计规定；设计无规定时，不得低于设计强度的 75%。

检查数量：全数检查。　　检验方法：检查同条件养护试件试验报告。

8.5.6 预应力筋张拉允许偏差应分别符合表 8.5.6-3 的规定。

钢筋后张法允许偏差　　表 8.5.6-3

项目		允许偏差（mm）	检验频率	检验方法
管道坐标	梁长方向	30	抽查 30%，每根查 10 个点	用钢尺量
	梁高方向	10		
管道间距	同排	10	抽查 30%，每根查 5 个点	用钢尺量
	上下排	10		
张拉应力值		符合设计要求	全数	查张拉记录
张拉伸长率		±6%		
断丝滑丝数	钢束	每束一丝，且每断面不超过钢丝总数的 1%		
	钢筋	不允许		

8.5.7 孔道压浆的水泥浆强度必须符合设计规定，压浆时排气孔、排水孔应有水泥浓浆溢出。

检查数量：全数检查。　　检验方法：观察、检查压浆记录和水泥浆试件强度试验报告。

8.5.8 锚具的封闭保护应符合 CJJ 2—2008 规范第 8.4.8 条第 8 款的规定。

检查数量：全数检查。　　检验方法：观察、用钢尺量、检查施工记录。

一般项目

8.5.9 预应力筋使用前应进行外观质量检查，不得有弯折，表面不得有裂纹、毛刺、机械损伤、氧化铁锈、油污等。

检查数量：全数检查。　　检验方法：观察。

8.5.11 预应力混凝土用金属螺旋管使用应按国家现行标准《预应力混凝土用金属螺旋管》JG/T 3013 的规定进行检验。

检查数量：按进场的批次抽样复验。　　检验方法：检查产品合格证、出厂检验报告和进场复验报告。

8.5.12 锚固阶段张拉端预应力筋的内缩量，应符合 CJJ 2—2008 规范第 8.4.6 条规定。

检查数量：每工作日抽查预应力筋总数的 3%，且不少于 3 束。　　检验方法：用钢尺量、检查施工记录。

【检验批验收应提供的核查资料】

后张法预应力钢筋制作检验批验收应提供的核查资料　　表 CJJ 2-通-4-3B1

序号	核查资料名称	核查要点
1	标养、同条件养护混凝土试件试验报告（见证取样）	核查试验单位资质、代表数量、强度值应满足设计的要求
2	预应力张拉及放张记录	核查张拉及放张记录的正确性、符合性
3	预应力筋应力检测记录	核查预应力筋应力检测记录与设计、标准的符合性
4	预应力筋应力检测报告（见证取样）	核查报告中不同品种、规格、数量检测齐全和与设计符合性

注：1. 合理缺项除外；2. 表列凡有性能要求的均应符合设计和规范要求。

附：规范规定的施工过程控制要点

8.4.8 后张法预应力施工应符合下列规定：

1 预应力管道安装应符合下列要求：

1）管道应采用定位钢筋牢固地固定于设计位置。

2）金属管道接头应采用套管连接，连接套管宜采用大一个直径型号的同类管道，且应与金属管道封裹严密。

3）管道应留压浆孔和溢浆孔；曲线孔道的波峰部位应留排气孔；在最低部位宜留排水孔。

4）管道安装就位后应立即通孔检查，发现堵塞应及时疏通。管道经检查合格后应及时将其端面封堵。

5）管道安装后，需在其附近进行焊接作业时，必须对管道采取保护措施。

2 预应力筋安装应符合下列要求：

1）先穿束后浇混凝土时，浇筑之前，必须检查管道，并确认完好；浇筑混凝土时应定时抽动、转动预应力筋。

2）先浇混凝土后穿束时，浇筑后应立即疏通管道，确保其畅通。

3）混凝土采用蒸汽养护时，养护期内不得装入预应力筋。

4）穿束后至孔道灌浆完成应控制在下列时间以内，否则应对预应力筋采取防锈措施：

——空气湿度大于70%或盐分过大时　　7d；

——空气湿度40%～70%时　　15d；

——空气湿度小于40%时　　20d。

5）在预应力筋附近进行电焊时，应对预应力钢筋采取保护措施。

3 预应力筋张拉应符合下列要求：

1）混凝土强度应符合设计要求；设计未规定时，不得低于设计强度的75%。且应将限制位移的模板拆除后，方可进行张拉。

2）预应力筋张拉端的设置，应符合设计要求；当设计未规定时，应符合下列规定：

——曲线预应力筋或长度大于或等于25m的直线预应力筋，宜在两端张拉；长度小于25m的直线预应力筋，可在一端张拉。

——当同一截面中有多束一端张拉的预应力筋时，张拉端宜均匀交错的设置在结构的两端。

3）张拉前应根据设计要求对孔道的摩阻损失进行实测，以便确定张拉控制应力，并确定预应力筋的理论伸长值。

4）预应力筋的张拉顺序应符合设计要求；当设计无规定时，可采取分批、分阶段对称张拉。宜先中间，后上、下或两侧。

5）预应力筋张拉程序应符合表8.4.8-1的规定。

后张法预应力筋张拉程序　　**表8.4.8-1**

预应力筋种类		张拉程序
钢绞线束	对夹片式等有自锚性能的锚具	普通松弛力筋　0→初应力→1.03σ_{con}（锚固） 低松弛力筋　0→初应力→σ_{con}（持荷2min锚固）
	其他锚具	0→初应力→1.05σ_{con}（持荷2min）→σ_{con}（锚固）
钢丝束	对夹片式等有自锚性能的锚具	普通松弛力筋　0→初应力→1.03σ_{con}（锚固） 低松弛力筋　0→初应力→σ_{con}（持荷2min锚固）
	其他锚具	0→初应力→1.05σ_{con}（持荷2min）→0→σ_{con}（锚固）
精轧螺纹钢筋	直线配筋时	0→初应力→σ_{con}（持荷2min锚固）
	曲线配筋时	0→σ_{con}（持荷2min）→0（上述程序可反复几次） →初应力→σ_{con}（持荷2min锚固）

注：1　σ_{con}为张拉时的控制力值，包括预应力损失值；

2　梁的竖向预应力筋可一次张拉到控制应力，持荷5min锚固。

6）张拉过程中预应力筋断丝、滑丝、断筋的数量不得超过表8.4.8-2的规定。

后张法预应力筋断丝、滑丝、断筋控制值　　表 8.4.8-2

预应力筋种类	项　　目	控制值
钢丝束、钢绞线束	每束钢丝断丝、滑丝	1根
	每束钢绞线断丝、滑丝	1丝
	每个断面断丝之和不超过该断面钢丝总数的	1%
钢筋	断　筋	不允许

注：1　钢绞线断丝系指单根钢绞线内钢丝的断丝；

2　超过表列控制数量时，原则上应更换，当不能更换时，在条件许可下，可采取补救措施，如提高其他钢丝束控制应力值，应满足设计上各阶段极限状态的要求。

4　张拉控制应力达到稳定后方可锚固，预应力筋锚固后的外露长度不宜小于 30mm，锚具应采用封端混凝土保护，当需较长时间外露时，应采取防锈蚀措施。锚固完毕经检验合格后，方可切割端头多余的预应力筋，严禁使用电弧焊切割。

5　预应力筋张拉后，应及时进行孔道压浆，对多跨连续有连接器的预应力筋孔道，应张拉完一段灌注一段。孔道压浆宜采用水泥浆，水泥浆的强度应符合设计要求；设计无规定时不得低于 30MPa。

6　压浆后应从检查孔抽查压浆的密实情况，如有不实，应及时处理。压浆作业，每一工作班应留取不少于 3 组砂浆试块，标准养护 28d，以其抗压强度作为水泥浆质量的评定依据。

7　压浆过程中及压浆后 48h 内，结构混凝土的温度不得低于 5℃，否则应采取保温措施。当白天气温高于 35℃时，压浆宜在夜间进行。

8　埋设在结构内的锚具，压浆后应及时浇筑封锚混凝土。封锚混凝土的强度等级应符合设计要求，不宜低于结构混凝土强度等级的 80%，且不得低于 30MPa。

9　孔道内的水泥浆强度达到设计规定后方可吊移预制构件；设计未规定时，不应低于砂浆设计强度的 75%。

【预应力混凝土施工】

预应力混凝土施工应根据工程需要采用不同施工方法，其混凝土施工的质量检验应按其采用的施工工艺完成下列质量验收。

预应力混凝土施工原材料检验批质量验收记录　　表 CJJ 2-通-4-4

本表按通用表式的表 CJJ 2-通-3-1 有关质量标准执行。

预应力混凝土施工配合比检验批质量验收记录　　表 CJJ 2-通-4-5

本表按通用表式的表 CJJ 2-通-3-2 有关质量标准执行。

预应力混凝土施工检验批质量验收记录　　表 CJJ 2-通-4-6

本表按通用表式的表 CJJ 2-通-3-3A 有关质量标准执行。

附：预应力混凝土施工的混凝土施工过程控制要点

8.3.1 拌制混凝土应优先采用硅酸盐水泥、普通硅酸盐水泥，不宜使用矿渣硅酸盐水泥，不得使用火山灰质硅酸盐水泥及粉煤灰硅酸盐水泥。粗骨料应采用碎石，其粒径宜为 5～25mm。

8.3.2 混凝土中的水泥用量不宜大于 $550kg/m^3$。

8.3.3 混凝土中严禁使用含氯化物的外加剂及引气剂或引气型减水剂。

8.3.4 从各种材料引入混凝土中的氯离子最大含量不宜超过水泥用量的 0.06%。超过以上规定时，宜采取掺加阻锈剂、增加保护层厚度、提高混凝土密实度等防锈措施。

8.3.5 浇筑混凝土时，对预应力筋锚固区及钢筋密集部位，应加强振捣。后张构件应避免振动器碰撞预应力筋的管道。

8.3.6 混凝土施工尚应符合（CJJ 2—2008）规范第 7 章的有关规定（主要包括：混凝土施工的一般规定、配制混凝土用的材料、混凝土配合比、混凝土拌制和运输、混凝土浇筑、混凝土养护等。见 CJJ 2—2008 第 7 章第 7.1 节～第 7.6 节）。

【砌　体】

砌体的质量验收包括：石材砌体；混凝土砌块砌体。

【石材砌体】

【石材砌体检验批质量验收记录】

__________石材砌体检验批质量验收记录　　　　表 CJJ 2-通-5-1

<table>
<tr><td colspan="2">工程名称</td><td colspan="5"></td></tr>
<tr><td colspan="2">施工单位</td><td colspan="5"></td></tr>
<tr><td colspan="2">分项工程名称</td><td colspan="2"></td><td>施工班组长</td><td colspan="2"></td></tr>
<tr><td colspan="2">验收部位</td><td colspan="2"></td><td>专业工长</td><td colspan="2"></td></tr>
<tr><td colspan="2">施工执行标准名称及编号</td><td colspan="2"></td><td>项目经理</td><td colspan="2"></td></tr>
<tr><td>检控项目</td><td colspan="3">质量验收规范规定</td><td colspan="2">施工单位检查评定记录</td><td>监理（建设）单位验收记录</td></tr>
<tr><td rowspan="5">主控项目</td><td colspan="3">第 9.6.1 条　石材技术性能应符合设计要求</td><td colspan="2"></td><td></td></tr>
<tr><td colspan="3">第 9.6.2 条　砌体砂浆用材料、砂浆强度等级规定</td><td colspan="2"></td><td></td></tr>
<tr><td colspan="3">第 9.6.3 条　砂浆饱满度应达到 80%以上</td><td colspan="2"></td><td></td></tr>
<tr><td colspan="3">第 9.6.4 条　砌体必须分层砌筑，灰缝均匀，缝宽符合要求，咬槎紧密，严禁通缝</td><td colspan="2"></td><td></td></tr>
<tr><td colspan="3">第 9.6.5 条　预埋件、泄水孔、滤层、防水设施、沉降缝等应符合设计规定</td><td colspan="2"></td><td></td></tr>
<tr><td rowspan="9">一般项目</td><td colspan="3">第 9.6.6 条　砌体砌缝宽度、位置规定</td><td colspan="2"></td><td rowspan="9"></td></tr>
<tr><td colspan="2">项　目（表 9.6.6）</td><td>允许值（mm）</td><td colspan="2">量测值（mm）</td></tr>
<tr><td rowspan="3">表面砌缝宽度</td><td>浆砌片石</td><td>≤40</td><td colspan="2"></td></tr>
<tr><td>浆砌块石</td><td>≤30</td><td colspan="2"></td></tr>
<tr><td>浆砌料石</td><td>15～20</td><td colspan="2"></td></tr>
<tr><td colspan="2">三块石料相接处的空隙</td><td>≤70</td><td colspan="2"></td></tr>
<tr><td colspan="2">两层间竖向错缝</td><td>≥80</td><td colspan="2"></td></tr>
<tr><td colspan="3">第 9.6.7 条　勾缝应坚固、无脱落，交接处应平顺，宽度、深度应均匀，灰缝颜色应一致，砌体表面应洁净</td><td colspan="2"></td></tr>
<tr><td colspan="2">施工单位检查评定结果</td><td colspan="5">项目专业质量检查员：　　　　　　年　月　日</td></tr>
<tr><td colspan="2">监理（建设）单位验收结论</td><td colspan="5">专业监理工程师：
（建设单位项目专业技术负责人）：　　　　年　月　日</td></tr>
</table>

注：规范规定的施工过程控制要点见【检查验收时执行的规范条目】。

【检查验收时执行的规范条目】

主控项目

9.6.1　石材的技术性能和混凝土砌块的强度等级应符合设计要求。

同产地石材至少抽取一组试件进行抗压强度试验（每组试件不少于6个）；在潮湿和浸水地区使用的石材，应各增加一组抗冻性能指标和软化系数试验的试件。

9.6.2 砌筑砂浆应符合下列规定：

1 砂、水泥、水和外加剂的质量检验应符合CJJ 2—2008规范第7.13节的有关规定。

2 砂浆的强度等级必须符合设计要求。

每个构筑物、同类型、同强度等级每100m³ 砌体为一批，不足100m³ 的按一批计，每批取样不得少于一次。砂浆强度试件应在砂浆搅拌机出料口随机抽取，同一盘砂浆制作1组试件。

检查数量：全数检查。　　检查方法：检查试验报告。

9.6.3 砂浆的饱满度应达到80%以上。

检查数量：每一砌筑段、每步脚手架高度抽查不少于5处。　　检验方法：观察。

一般项目

9.6.4 砌体必须分层砌筑，灰缝均匀，缝宽符合要求，咬槎紧密，严禁通缝。

检查数量：全数检查。　　检验方法：观察。

9.6.5 预埋件、泄水孔、滤层、防水设施、沉降缝等应符合设计规定。

检查数量：全数检查。　　检验方法：观察、用钢尺量。

9.6.6 砌体砌缝宽度、位置应符合表9.6.6的规定。

砌体砌缝宽度、位置　　**表9.6.6**

项目		允许值(mm)	检验频率		检验方法
			范围	点数	
表面砌缝宽度	浆砌片石	≤40	每个构筑物、每个砌筑面或两条伸缩缝之间为一检验批	10	用钢尺量
	浆砌块石	≤30			
	浆砌料石	15～20			
三块石料相接处的空隙		≤70			
两层间竖向错缝		≥80			

9.6.7 勾缝应坚固、无脱落，交接处应平顺，宽度、深度应均匀，灰缝颜色应一致，砌体表面应洁净。

检查数量：全数检查。　　检查方法：观察。

【检验批验收应提供的核查资料】

石材砌体检验批验收应提供的核查资料　　**表CJJ 2-通-5-1a**

序号	核查资料名称	核查要点
1	石、水泥、钢筋、砂、外加剂等的出厂合格证	检查材料品种、数量、生产厂家、日期，应与试验报告对应
2	石、水泥、钢筋、砂、外加剂等进场验收记录	检查材料品种、数量、生产厂家、日期，应与合格证对应
3	砂浆试配及通知单	检查试验单位资质，报告单位的正确性
4	砂浆试件试验报告（见证取样）	核查试验单位资质，代表数量、强度值，应符合设计和规范要求
5	施工记录（校核放线尺寸、砌筑工艺、组砌方法、临时施工洞口留置与补砌、脚手眼设置位置、灰缝检查、施工质量控制等级、水平灰缝及竖向灰缝宽度检查等）	施工记录内容的完整性（资料名称项下括号内的内容）
6	隐蔽工程验收记录	检查隐验记录核查施工记录资料名称项下括号内的相关内容
7	材料试验报告（见证取样）	检查品种、代表数量、日期、性能，与合格证或质量证书对应

注：1. 合理缺项除外；2. 表列凡有性能要求的均应符合设计和规范要求。

附：规范规定的施工过程控制要点

9.1 材料

9.1.1 砌体所用水泥、砂、外加剂、水应符合 CJJ 2—2008 规范第 7.2 节有关规定。砂浆用砂宜采用中砂或粗砂，当缺少中、粗砂时也可采用细砂，但应增加水泥用量。砂的最大粒径，当用于砌筑片石时，不宜超过 5mm；当用于砌筑块石、粗料石时，不宜超过 2.5mm。砂的含泥量：砂浆强度等级不小于 M5 时，不得大于 5%；当砂浆强度等级小于 M5 时不得大于 7%。

9.1.2 石料的技术性能应符合下列规定：

1 石料应符合设计规定的类别和强度，石质应均匀、耐风化、无裂纹。

2 石料抗压强度的测定，应符合《公路工程岩石试验规程》JTG E41 的规定。

3 在潮湿和浸水地区主体工程的石料软化系数，不得小于 0.8。对最冷月份平均气温低于−10℃的地区，除干旱地区的不受冰冻部位外，石料的抗冻性指标应符合冻融循环 25 次的要求。

9.2 砂浆

9.2.1 砂浆的强度应符合设计要求。设计无规定时，主体工程用砂浆强度不得低于 M10，一般工程用砂浆强度不得低于 M5。设计有明确冻融循环次数要求的砂浆，经冻融试验后，质量损失率不得大于 5%，强度损失率不得大于 25%。

9.2.2 砂浆强度等级应制作边长为 70.7mm 的立方体试件，以在标准养护条件下 28d 的抗压极限强度表示（6 块为 1 组）。砂浆强度等级可分为 M20、M15、M10、M7.5、M5。

9.2.3 砂浆的配合比宜经设计，并通过试配确定。水泥砂浆中的水泥用量不宜小于 200kg/m³；水泥混合砂浆中水泥与掺合料的总量应为 300～350kg/m³，在满足稠度和分层度的前提下，掺合料的用量宜尽量减少。

9.2.4 砌筑砂浆应具有良好的和易性，保证砌体胶结牢固。砂浆稠度应以标准圆锥体沉入度表示，石砌体宜为 5～7cm。对吸水率较大的砌筑料石，天气干热多风时，可适当加大稠度值。

9.2.5 砂浆应使用机械搅拌，搅拌时间不得少于 1.5min。砂浆应随拌随用，并应在拌合后 4h 内使用完毕。在运输和储存中发生离析、泌水时，使用前应重新拌合，已凝结的砂浆不得使用。

9.4 砌体勾缝及养护

9.4.1 砌筑时应及时把砌体表面的灰缝砂浆向内剔除 2cm，砌筑完成 1～2d 内应采用水泥砂浆勾缝。如设计规定不勾缝，则应随砌随将灰缝砂浆刮平。

9.4.2 勾缝前应封堵脚手架眼，剔凿瞎缝和窄缝，清除砌体表面粘结的砂浆、灰尘和杂物等，并将砌体表面洒水湿润。

9.4.3 砌体勾缝形式、砂浆强度等级应符合设计要求。设计无规定时，块石砌体宜采用凸缝或平缝；细料石及粗料石砌体应采用凹缝。勾缝砂浆强度等级不得低于 M10。

9.4.4 砌石勾缝宽度应保持均匀，片石勾缝宽宜为 3～4cm；块石勾缝宽宜为 2～3cm；料石、混凝土预制块缝宽宜为 1～1.5cm。

9.4.5 块石砌体勾缝应保持砌筑的自然缝，勾凸缝时，灰缝应整齐，拐弯圆滑流畅、宽度一致，不出毛刺，不得空鼓脱落。

9.4.6 料石砌体勾缝应横平竖直、深浅一致，十字缝衔接平顺，不得有瞎缝、丢缝和粘接不牢等现象，勾缝深度应较墙面凹进 5mm。

9.4.7 砌体在砌筑和勾缝砂浆初凝后，应立即覆盖洒水，湿润养护 7～14d，养护期间不得碰撞、振动或承重。

【混凝土砌块砌体】

【混凝土砌块砌体检验批质量验收记录】

_______________混凝土砌块砌体检验批质量验收记录　　表 CJJ 2-通-5-2

工程名称			
施工单位			
分项工程名称		施工班组长	
验收部位		专业工长	
施工执行标准名称及编号		项目经理	

检控项目	质量验收规范规定			施工单位检查评定记录	监理（建设）单位验收记录
主控项目	第 9.6.1 条　混凝土砌块的强度等级应符合设计要求				
	第 9.6.2 条　砌体砂浆用材料、砂浆强度等级规定				
	第 9.6.3 条　砂浆饱满度应达到 80%以上				
一般项目	第 9.6.4 条　砌体必须分层砌筑，灰缝均匀，缝宽符合要求，咬槎紧密，严禁通缝				
	第 9.6.5 条　预埋件、泄水孔、滤层、防水设施、沉降缝等应符合设计规定				
	第 9.6.6 条　砌体砌缝宽度、位置规定				
	项　目（表 9.6.6）		允许值（mm）	量测值（mm）	
	表面砌缝宽度	浆砌片石	≤40		
		浆砌块石	≤30		
		浆砌料石	15～20		
	三块石料相接处的空隙		≤70		
	两层间竖向错缝		≥80		
	第 9.6.7 条　勾缝应坚固、无脱落，交接处应平顺，宽度、深度应均匀，灰缝颜色应一致，砌体表面应洁净				

施工单位检查评定结果	项目专业质量检查员：　　　　年　　月　　日
监理（建设）单位验收结论	专业监理工程师： （建设单位项目专业技术负责人）：　　　　年　　月　　日

【检查验收时执行的规范条目】

主控项目

9.6.1 混凝土砌块的强度等级应符合设计要求。

混凝土砌块抗压强度试验，应符合 CJJ 2—2008 规范第 7.13.5 条的规定。

检查数量：全数检查。　　检验方法：检查试验报告。

第 7.13.5 条　混凝土强度等级应按现行国家标准《混凝土强度检验评定标准》GBJ 107 的规定检验评定，其结果必须符合设计要求用于检查混凝土强度的试件，应在混凝土浇筑地点随机抽取。取样与试件留置应符合下列规定：

1　每拌制 100 盘且不超过 $100m^3$ 的同配比的混凝土，取样不得少于 1 次；

2　每工作班拌制的同一配合比的混凝土不足 100 盘时，取样不得少于 1 次；

3　每次取样应至少留置 1 组标准养护试件，同条件养护试件的留置组数应根据实际需要确定。

检验数量：全数检查。　　检验方法：检查试验报告。

9.6.2 砌筑砂浆应符合下列规定：

1　砂、水泥、水和外加剂的质量检验应符合 CJJ 2—2008 规范第 7.13 节的有关规定。

2　砂浆的强度等级必须符合设计要求。

每个构筑物、同类型、同强度等级每 $100m^3$ 砌体为一批，不足 $100m^3$ 的按一批计，每批取样不得少于一次。砂浆强度试件应在砂浆搅拌机出料口随机抽取，同一盘砂浆制作 1 组试件。

检查数量：全数检查。　　检查方法：检查试验报告。

9.6.3 砂浆的饱满度应达到 80%以上。

检查数量：每一砌筑段、每步脚手架高度抽查不少于 5 处。　　检验方法：观察。

一般项目

9.6.4 砌体必须分层砌筑，灰缝均匀，缝宽符合要求，咬槎紧密，严禁通缝。

检查数量：全数检查。　　检验方法：观察。

9.6.5 预埋件、泄水孔、滤层、防水设施、沉降缝等应符合设计规定。

检查数量：全数检查。　　检验方法：观察、用钢尺量。

9.6.6 砌体砌缝宽度、位置应符合表 9.6.6 的规定。

砌体砌缝宽度、位置　　　　**表 9.6.6**

项目		允许值 (mm)	检验频率		检验方法
			范围	点数	
表面砌缝宽度	浆砌片石	≤40	每个构筑物、每个砌筑面或两条伸缩缝之间为一检验批	10	用钢尺量
	浆砌块石	≤30			
	浆砌料石	15～20			
三块石料相接处的空隙		≤70			
两层间竖向错缝		≥80			

9.6.7 勾缝应坚固、无脱落，交接处应平顺，宽度、深度应均匀，灰缝颜色应一致，砌体表面应洁净。

检查数量：全数检查。　　检查方法：观察。

【检验批验收应提供的核查资料】

混凝土砌块砌体检验批验收应提供的核查资料　　表 CJJ 2-通-5-2a

序号	核查资料名称	核查要点
1	混凝土砌块、水泥、钢筋、砂、外加剂等的出厂合格证	检查材料品种、数量、生产厂家、日期，应与试验报告对应
2	混凝土砌块、水泥、钢筋、砂、外加剂等进场验收记录	检查材料品种、数量、生产厂家、日期，应与合格证对应
3	砂浆试配及通知单	检查试验单位资质，报告单位的正确性
4	砂浆试件试验报告（见证取样）	核查试验单位资质，代表数量、强度值，应符合设计和规范要求
5	施工记录（校核放线尺寸、砌筑工艺、组砌方法、临时施工洞口留置与补砌、脚手眼设置位置、灰缝检查、施工质量控制等级、水平灰缝及竖向灰缝宽度检查等）	施工记录内容的完整性（资料名称项下括号内的内容）
6	隐蔽工程验收记录	检查隐验记录核查施工记录资料名称项下括号内的相关内容
7	材料试验报告（见证取样）	检查品种、代表数量、日期、性能，与合格证或质量证书对应

注：1. 合理缺项除外；2. 表列凡有性能要求的均应符合设计和规范要求。

附：规范规定的施工过程控制要点

9.1 材料

9.1.1 砌体所用水泥、砂、外加剂、水应符合 CJJ 2—2008 规范第 7.2 节有关规定。砂浆用砂宜采用中砂或粗砂，当缺少中、粗砂时也可采用细砂，但应增加水泥用量。砂的最大粒径，当用于砌筑片石时，不宜超过 5mm；当用于砌筑块石、粗料石时，不宜超过 2.5mm。砂的含泥量：砂浆强度等级不小于 M5 时，不得大于 5%；当砂浆强度等级小于 M5 时不得大于 7%。

9.1.3 混凝土砌块的预制应符合 CJJ 2—2008 规范第 7 章有关规定。

9.2 砂浆

9.2.1 砂浆的强度应符合设计要求。设计无规定时，主体工程用砂浆强度不得低于 M10，一般工程用砂浆强度不得低于 M5。设计有明确冻融循环次数要求的砂浆，经冻融试验后，质量损失率不得大于 5%，强度损失率不得大于 25%。

9.2.2 砂浆强度等级应制作边长为 70.7mm 的立方体试件，以在标准养护条件下 28d 的抗压极限强度表示（6 块为 1 组）。砂浆强度等级可分为 M20、M15、M10、M7.5、M5。

9.2.3 砂浆的配合比宜经设计，并通过试配确定。水泥砂浆中的水泥用量不宜小于 200kg/m³；水泥混合砂浆中水泥与掺合料的总量应为 300～350kg/m³，在满足稠度和分层度的前提下，掺合料的用量宜尽量减少。

9.2.4 砌筑砂浆应具有良好的和易性，保证砌体胶结牢固。砂浆稠度应以标准圆锥体沉入度表示，石砌体宜为 5～7cm。对吸水率较大的砌筑料石，天气干热多风时，可适当加大稠度值。

9.2.5 砂浆应使用机械搅拌，搅拌时间不得少于 1.5min。砂浆应随拌随用，并应在拌合后 4h 内使用完毕。在运输和储存中发生离析、泌水时，使用前应重新拌合，已凝结的砂浆不得使用。

9.4 砌体勾缝及养护

9.4.1 砌筑时应及时把砌体表面的灰缝砂浆向内剔除 2cm，砌筑完成 1～2d 内应采用水泥砂浆勾缝。如设计规定不勾缝，则应随砌随将灰缝砂浆刮平。

9.4.2 勾缝前应封堵脚手架眼，剔凿瞎缝和窄缝，清除砌体表面粘结的砂浆、灰尘和杂物等，并将砌体表面洒水湿润。

9.4.3 砌体勾缝形式、砂浆强度等级应符合设计要求。设计无规定时，块石砌体宜采用凸缝或平缝；细料石及粗料石砌体应采用凹缝。勾缝砂浆强度等级不得低于 M10。

9.4.7 砌体在砌筑和勾缝砂浆初凝后，应立即覆盖洒水，湿润养护 7～14d，养护期间不得碰撞、振动或承重。

2.9.2 不同分部（子分部）工程检验批质量验收表式

1.（CJJ 2—2008）规范不同分部（子分部）工程名目

（1）地基与基础分部工程。

扩大基础子分部；沉入桩子分部工程；混凝土灌注桩子分部工程；沉井子分部工程；地下连续墙子分部工程；承台子分部工程。

（2）墩台分部工程。

砌体墩台子分部工程；现浇混凝土墩台子分部工程；预制安装混凝土柱子分部工程；墩台台背填土子分部工程。

（3）现浇混凝土盖梁分部（子分部）工程。

（4）支座分部（子分部）工程。

（5）索塔分部（子分部）工程。

（6）锚锭分部（子分部）工程。

（7）桥跨承重结构分部工程：

支架上浇筑混凝土梁（板）子分部工程；装配式钢筋混凝土梁（板）子分部工程；悬臂浇筑预应力混凝土梁子分部工程；悬臂拼装预应力混凝土梁子分部工程；顶推施工混凝土梁子分部工程；钢梁子分部工程；结合梁子分部工程；拱部与拱上结构子分部；斜拉桥的主梁与拉索子分部工程；悬索桥的加劲梁与缆索子分部工程。

（8）顶进箱涵分部（子分部）工程。

（9）桥面系分部（子分部）工程。

（10）附属结构分部（子分部）工程。

（11）装饰与装修分部（子分部）工程。

（12）引道分部（子分部）工程。

2. 分项（检验批）工程质量验收表式

2.9.2.1 地基与基础分部工程

【扩大基础子分部】

扩大基础子分部的分项工程质量验收包括：基坑开挖；地基；回填土方；现浇混凝土基础（模板与支架、钢筋、混凝土）；现浇混凝土基础允许偏差；扩大基础砌体；砌体基础允许偏差。

【基坑开挖】

【基坑开挖检验批质量验收记录】

基坑开挖检验批质量验收记录　　表 CJJ 2-2-1-1

<table>
<tr><td colspan="2">工程名称</td><td colspan="13"></td></tr>
<tr><td colspan="2">施工单位</td><td colspan="13"></td></tr>
<tr><td colspan="2">分项工程名称</td><td colspan="3"></td><td colspan="4">施工班组长</td><td colspan="6"></td></tr>
<tr><td colspan="2">验收部位</td><td colspan="3"></td><td colspan="4">专业工长</td><td colspan="6"></td></tr>
<tr><td colspan="2">施工执行标准名称及编号</td><td colspan="3"></td><td colspan="4">项目经理</td><td colspan="6"></td></tr>
<tr><td>检控项目</td><td colspan="3">质量验收规范规定</td><td colspan="10">施工单位检查评定记录</td><td>监理（建设）单位验收记录</td></tr>
<tr><td rowspan="8">一般项目</td><td colspan="3">第 10.7.2 条 1 款　基坑开挖允许偏差</td><td colspan="10"></td><td rowspan="8"></td></tr>
<tr><td colspan="2">项　目（表 10.7.2-1）</td><td>允许偏差（mm）</td><td colspan="10">量测值（mm）</td></tr>
<tr><td rowspan="2">基底高程</td><td>土方</td><td>0
−20</td><td></td><td></td><td></td><td></td><td></td><td></td><td></td><td></td><td></td><td></td></tr>
<tr><td>石方</td><td>+50
−200</td><td></td><td></td><td></td><td></td><td></td><td></td><td></td><td></td><td></td><td></td></tr>
<tr><td colspan="2">轴线偏位</td><td>50</td><td></td><td></td><td></td><td></td><td></td><td></td><td></td><td></td><td></td><td></td></tr>
<tr><td colspan="2">基坑尺寸</td><td>不小于设计规定</td><td></td><td></td><td></td><td></td><td></td><td></td><td></td><td></td><td></td><td></td></tr>
<tr><td colspan="3">第 10.1.6 条　开挖基坑规定</td><td colspan="10"></td></tr>
<tr><td colspan="3"></td><td colspan="10"></td></tr>
<tr><td colspan="2">施工单位检查评定结果</td><td colspan="13">项目专业质量检查员：　　　　年　月　日</td></tr>
<tr><td colspan="2">监理（建设）单位验收结论</td><td colspan="13">专业监理工程师：
（建设单位项目专业技术负责人）：　　　　年　月　日</td></tr>
</table>

注：规范规定的施工过程控制要点见【检查验收时执行的规范条目】。

【检查验收时执行的规范条目】

10.7.2 扩大基础质量检验应符合下列规定：

1 基坑开挖允许偏差应符合表 10.7.2-1 的规定。

一般项目

基坑开挖允许偏差 **表 10.7.2-1**

<table>
<tr><th colspan="2" rowspan="2">序号项目</th><th rowspan="2">允许偏差
(mm)</th><th colspan="2">检验频率</th><th rowspan="2">检验方法</th></tr>
<tr><th>范围</th><th>点数</th></tr>
<tr><td rowspan="2">基底高程</td><td>土方</td><td>0
−20</td><td rowspan="4">每座
基坑</td><td>5</td><td rowspan="2">用水准仪测量四角和中心</td></tr>
<tr><td>石方</td><td>+50
−200</td><td>5</td></tr>
<tr><td colspan="2">轴线偏位</td><td>50</td><td>4</td><td>用经纬仪测量，纵横各 2 点</td></tr>
<tr><td colspan="2">基坑尺寸</td><td>不小于设计规定</td><td>4</td><td>用钢尺量每边各 1 点</td></tr>
</table>

10.1.6 开挖基坑应符合下列规定：

1 基坑宜安排在枯水或少雨季节开挖。

2 坑壁必须稳定。

3 基底应避免超挖，严禁受水浸泡和受冻。

4 当基坑及其周围有地下管线时，必须在开挖前探明现况。对施工损坏的管线，必须及时处理。

5 槽边堆土时，堆土坡脚距基坑顶边线的距离不得小于 1m，堆土高度不得大于 1.5m。

6 基坑挖至标高后应及时进行基础施工，不得长期暴露。

【检验批验收应提供的核查资料】

基坑开挖检验批质量验收应提供的核查资料 **表 CJJ 2-2-1-1a**

序号	核查资料名称	核查要点
1	施工记录（基坑（槽）、平面尺寸、平整度、水平标高、边坡坡度、边坡压实度、排水、降水、基土土性与工程地质报告的符合性、是否超挖等）	施工记录内容的完整性（资料名称项下括号内的内容）
2	基坑地基验槽记录（报告）	核查其内容齐全程度及验收结论的正确性
3	基坑地基钎探记录	核查钎位、钎深的符合性，钎探结论意见的正确性

注：1. 合理缺项除外；2. 表列凡有性能要求的均应符合设计和规范要求。

附：规范规定的施工过程控制要点

10.1.1 基础位于旱地上，且无地下水时，基坑顶面应设置防止地面水流入基坑的设施。基坑顶有动荷载时，坑顶边与动荷载间应留有不小于 1m 宽的护道。遇不良的工程地质与水文地质时，应对相应部位采取加固措施。

10.1.5 当基坑受场地限制不能按规定放坡或土质松软、含水量较大基坑坡度不易保持时，应对坑壁采取支护措施。

【地基检验检验批质量验收记录】

地基检验检验批质量验收记录　　　　表 CJJ 2-2-1-2

工程名称			
施工单位			
分项工程名称		施工班组长	
验收部位		专业工长	
施工执行标准名称及编号		项目经理	

检控项目	质量验收规范规定	施工单位检查评定记录	监理（建设）单位验收记录
主控项目	第 10.7.2 条 2 款　地基检验应符合下列要求： 1）地基承载力应按 CJJ 2—2008 规范第 10.1.7 条规定进行检验，确认符合设计要求。 检查数量：全数检查。 检验方法：检查地基承载力报告。 2）地基处理应符合专项处理方案要求，处理后的地基必须满足设计要求。 检查数量：全数检查。 检验方法：观察、检查施工记录。 **第 10.1.7 条　基坑内地基承载力必须满足设计要求。基坑开挖完成后，应会同设计、勘探单位实地验槽，确认地基承载力满足设计要求。**		

施工单位检查评定结果	项目专业质量检查员：　　　　年　月　日
监理（建设）单位验收结论	专业监理工程师： （建设单位项目专业技术负责人）：　　年　月　日

注：当地基承载力不满足设计要求或出现超挖、被水浸泡现象时，应按设计要求处理，并在施工前结合现场情况，编制专项地基处理方案。

【检验批验收应提供的核查资料】

地基检验批质量验收应提供的核查资料　　　　表 CJJ 2-2-1-2a

序号	核 查 资 料 名 称	核 查 要 点
1	施工记录（地基专项处理时提供）	施工记录内容的完整性、真实性及正确性
2	地基承载力测试报告	试验单位的资质、报告内容齐全程度、是否满足设计要求

注：表列凡有性能要求的均应符合设计和规范要求。

【回填土方】

【回填土方检验批质量验收记录】

回填土方检验批质量验收记录　　　　表 CJJ 2-2-1-3

<table>
<tr><td colspan="2">工程名称</td><td colspan="3"></td></tr>
<tr><td colspan="2">施工单位</td><td colspan="3"></td></tr>
<tr><td colspan="2">分项工程名称</td><td></td><td>施工班组长</td><td></td></tr>
<tr><td colspan="2">验收部位</td><td></td><td>专业工长</td><td></td></tr>
<tr><td colspan="2">施工执行标准名称及编号</td><td></td><td>项目经理</td><td></td></tr>
<tr><td>检控项目</td><td>质量验收规范规定</td><td colspan="2">施工单位检查评定记录</td><td>监理（建设）单位验收记录</td></tr>
<tr><td>主控项目</td><td>第 10.7.2 条 3 款 1）项　当年筑路和管线上填方的压实度标准
填土上当年筑路：
压实度符合国家现行标准《城镇道路工程施工与质量验收规范》CJJ 1 的有关规定
管线填土：
压实度符合现行相关管线施工标准的规定</td><td colspan="2"></td><td></td></tr>
<tr><td rowspan="3">一般项目</td><td>第 10.7.2 条 3 款 2）项　除当年筑路和管线上回填土方以外，填方压实度不应小于 87%（轻型击实）。检查频率与检验方法同表 10.7.2-2 第 1 项。</td><td colspan="2"></td><td rowspan="3"></td></tr>
<tr><td>第 10.7.2 条 3 款 3）项　填料应符合设计要求，不得含有影响填筑质量的杂物。基坑填筑应分层回填、分层夯实。</td><td colspan="2"></td></tr>
<tr><td>第 10.1.9 条　回填土方规定</td><td colspan="2"></td></tr>
<tr><td colspan="2">施工单位检查评定结果</td><td colspan="3">项目专业质量检查员：　　　　年　月　日</td></tr>
<tr><td colspan="2">监理（建设）单位验收结论</td><td colspan="3">专业监理工程师：
（建设单位项目专业技术负责人）：　　　年　月　日</td></tr>
</table>

【检查验收时执行的规范条目】

10.7.2 扩大基础质量检验应符合下列规定：

3 回填土方应符合下列要求：

主控项目

1）当年筑路和管线上填方的压实度标准应符合表 10.7.2-2 的要求。

当年筑路和管线上填方的压实度标准 **表 10.7.2-2**

项　目	压　实　度	检验频率		检验方法
		范围	点数	
填土上当年筑路	符合国家现行标准《城镇道路工程施工与质量验收规范》CJJ 1 的有关规定	每个基坑	每层 4 点	用环刀法或灌砂法
管线填土	符合现行相关管线施工标准的规定	每条管线	每层 1 点	

一般项目

2）除当年筑路和管线上回填土方以外，填方压实度不应小于 87%（轻型击实）。检查频率与检验方法同表 10.7.2-2 第 1 项。

3）填料应符合设计要求，不得含有影响填筑质量的杂物。基坑填筑应分层回填、分层夯实。

检查数量：全数检查。　　检验方法：观察、检查回填压实度报告和施工记录。

10.1.9 回填土方应符合下列规定：

1 填土应分层填筑并压实。

2 基坑在道路范围时，其回填技术要求应符合国家现行标准《城镇道路工程施工与质量验收规范》CJJ 1 的有关规定。

3 当回填涉及管线时，管线四周的填土压实度应符合相关管线的技术规定。

【检验批验收应提供的核查资料】

回填土方检验批质量验收应提供的核查资料 **表 CJJ 2-2-1-3a**

序号	核 查 资 料 名 称	核 查 要 点
1	施工记录（标高、土质量、铺设厚度、上下层搭接、加水量、压实遍数、压实系数、平整度等）	施工记录内容的完整性（资料名称项下括号内的内容）
2	干密度（或压实系数）试验报告（见证取样）	核查试（检）验报告单的取样数量、见证取样、干密度值
3	隐蔽工程验收记录（每验收批中的每层铺设并夯击完成，进行下一层铺设时）	隐验记录核查资料名称项下括号内的内容

注：1. 合理缺项除外。2. 表列凡有性能要求的均应符合设计和规范要求。

【现浇混凝土基础（模板与支架、钢筋、混凝土）】

扩大基础中的现浇混凝土基础质量检验应符合下列规定：

1. 应符合 CJJ 2—2008 规范第 10.7.1 条规定。

第 10.7.1 条　基础施工涉及的模板与支架、钢筋、混凝土、预应力混凝土、砌体质量检验应符合本规范第 5.4、6.5、7.13、8.5、9.6 节的规定。

基础施工，根据 5.4（模板、支架和拱架的制作及安装检验标准，模板、支架和拱架的拆除）、6.5（钢筋原材料、钢筋加工、钢筋连接、钢筋安装的检验标准）、7.13（混凝土原材料、混凝土配合比、混凝土施工的检验标准）节规定，分别编制成下列各节的检验批质量验收记录用表。

【现浇混凝土基础模板与支架】

现浇混凝土基础模板与支架制作检验批质量验收记录　　表 CJJ 2-2-1-4

本表按“通用表式”的表 CJJ 2-通-1-1 中有关质量标准执行。

现浇混凝土基础模板与支架安装检验批质量验收记录　　表 CJJ 2-2-1-5

本表按“通用表式”的表 CJJ 2-通-1-2 中有关质量标准执行。

现浇混凝土基础模板与支架拆除检验批质量验收记录　　表 CJJ 2-2-1-6

本表按“通用表式”的表 CJJ 2-通-1-3 中有关质量标准执行。

【现浇混凝土基础钢筋】

现浇混凝土基础钢筋原材料检验批质量验收记录　　表 CJJ 2-2-1-7

本表按“通用表式”的表 CJJ 2-通-2-1 中有关质量标准执行。

现浇混凝土基础钢筋加工检验批质量验收记录　　表 CJJ 2-2-1-8

本表按“通用表式”的表 CJJ 2-通-2-2 中有关质量标准执行。

现浇混凝土基础钢筋连接检验批质量验收记录　　表 CJJ 2-2-1-9

本表按“通用表式”的表 CJJ 2-通-2-3 中有关质量标准执行。

现浇混凝土基础钢筋安装检验批质量验收记录　　表 CJJ 2-2-1-10

本表按“通用表式”的表 CJJ 2-通-2-4 中有关质量标准执行。

【现浇混凝土基础混凝土】

现浇混凝土基础混凝土原材料检验批质量验收记录　　表 CJJ 2-2-1-11

本表按“通用表式”的表 CJJ 2-通-3-1 中有关质量标准执行。

现浇混凝土基础混凝土配合比检验批质量验收记录　　表 CJJ 2-2-1-12

本表按“通用表式”的表 CJJ 2-通-3-2 中有关质量标准执行。

现浇混凝土基础混凝土施工检验批质量验收记录　　表 CJJ 2-2-1-13

本表按“通用表式”的表 CJJ 2-通-3-3A 中有关质量标准执行。

2. 且应符合表 CJJ 2-2-1-14 的要求（系完成现浇混凝土基础中的各子项后进行的检查和验收）。

【现浇混凝土基础允许偏差】

【现浇混凝土基础允许偏差检验批质量验收记录】

现浇混凝土基础允许偏差检验批质量验收记录　　表 CJJ 2-2-1-14

工程名称			
施工单位			
分项工程名称		施工班组长	
验收部位		专业工长	
施工执行标准名称及编号		项目经理	

检控项目	质量验收规范规定			施工单位检查评定记录	监理（建设）单位验收记录
一般项目	第 10.7.2 条 4 中的 1）　现浇混凝土基础允许偏差				
	项　　目		允许偏差（mm）	量测值（mm）	
	断面尺寸	长、宽	±20		
	顶面高程		±10		
	基础厚度		+10 0		
	轴线偏位		15		
	第 10.7.2 条 4 中的 2）　基础表面不得有孔洞、露筋				

施工单位检查评定结果	项目专业质量检查员：　　　　年　月　日
监理（建设）单位验收结论	专业监理工程师： （建设单位项目专业技术负责人）：　　　　年　月　日

【检查验收时执行的规范条目】

10.7.2 扩大基础质量检验应符合下列规定：

4 现浇混凝土基础质量检验应符合 CJJ 2—2008 第 10.7.1 条规定，且应符合下列要求：

一般项目

1）现浇混凝土基础允许偏差应符合表 10.7.2-3 的要求。

现浇混凝土基础允许偏差　　表 10.7.2-3

序号项目		允许偏差（mm）	检验频率		检验方法
			范围	点数	
断面尺寸	长、宽	±20	每座基础	4	用钢尺量，长、宽各 2 点
顶面高程		±10		4	用水准仪测量
基础厚度		+10 0		4	用钢尺量，长、宽向各 2 点
轴线偏位		15		4	用经纬仪测量，纵、横各 2 点

2）基础表面不得有孔洞、露筋。

检查数量：全数检查。　　检验方法：观察。

【扩大基础砌体】

扩大基础中砌体基础的质量检验应符合下列规定：

1. 应符合 CJJ 2—2008 规范第 10.7.1 条规定。

10.7.1 基础施工涉及的模板与支架、钢筋、混凝土、预应力混凝土、砌体质量检验应符合本规范第 5.4、6.5、7.13、8.5、9.6 节的规定。

基础砌体的施工，根据 9.6（石材砌体、混凝土砌块砌体）节规定，分别编制成下列各节的检验批质量验收记录用表。

【石材基础砌体】

石材基础砌体检验批质量验收记录 表 CJJ 2-2-1-15

本表按“通用表式”的表 CJJ 2-通-5-2 中有关质量标准执行。

【混凝土砌块基础砌体】

混凝土砌块基础砌体检验批质量验收记录 表 CJJ 2-2-1-16

本表按“通用表式”的表 CJJ 2-通-5-1 中有关质量标准执行。

2. 砌体基础允许偏差应符合规范表 10.7.2-4 的要求，也可参见表 CJJ 2-2-1-17。

【砌体基础允许偏差】

【砌体基础允许偏差检验批质量验收记录】

砌体基础允许偏差检验批质量验收记录 表 CJJ 2-2-1-17

工程名称													
施工单位													
分项工程名称				施工班组长									
验收部位				专业工长									
施工执行标准名称及编号				项目经理									
检控项目	质量验收规范规定			施工单位检查评定记录									监理（建设）单位验收记录
一般项目	第 10.7.2 条 5 砌体基础的质量检验应符合 CJJ 2—2008 规范第 10.7.1 条规定，砌体基础允许偏差应符合表 10.7.2-4 的要求。												
	项　目（表 10.7.2-4）		允许偏差（mm）	量测值（mm）									
	顶面高程		±25										
	基础厚度	片石	±30 0										
		料石、砌块	+15 0										
	轴线偏位		15										
施工单位检查评定结果	项目专业质量检查员：　　年　月　日												
监理（建设）单位验收结论	专业监理工程师： （建设单位项目专业技术负责人）：　　年　月　日												

注：砌体基础允许偏差系完成砌体基础中的各子项后进行的检查和验收。

【检查验收时执行的规范条目】

10.7.2 扩大基础质量检验应符合下列规定：

5 ……砌体基础允许偏差应符合表10.7.2-4的要求。

一般项目

砌体基础允许偏差 **表 10.7.2-4**

序号项目		允许偏差(mm)	检验频率		检验方法
			范围	点数	
顶面高程		±25	每座基础	4	用水准仪测量
基础厚度	片石	±30 0		4	用钢尺量，长、宽各2点
	料石、砌块	+15 0			
轴线偏位		15		4	用经纬仪测量，纵、横各2点

【检验批验收应提供的核查资料】

砌体基础的质量检验检验批质量验收应提供的核查资料 **表 CJJ 2-2-1-17a**

序号	核查资料名称	核查要点
1	施工记录（校核放线尺寸、顶面高程、轴线尺寸、组砌方法、水平灰缝及竖向灰缝宽度检查等）	施工记录内容的完整性（资料名称项下括号内的内容）

注：表列凡有性能要求的均应符合设计和规范要求。

【沉入桩子分部工程】

沉入桩子分部工程的质量验收包括：预制桩（模板、钢筋、混凝土、预应力混凝土）；钢管桩；沉桩。

沉入桩质量检验应符合下列规定：

1. 应符合 CJJ 2—2008 规范第 10.7.1 条规定。

第 10.7.1 条　基础施工涉及的模板与支架、钢筋、混凝土、预应力混凝土、砌体质量检验应符合本规范第 5.4、6.5、7.13、8.5、9.6 节的规定。

预制桩质量检验施工，根据 5.4（模板、支架和拱架的制作及安装检验标准，模板、支架和拱架的拆除）、6.5（钢筋原材料、钢筋加工、钢筋连接、钢筋安装的检验标准）、7.13（混凝土原材料、混凝土配合比、混凝土施工的检验标准）、8.5（预应力材料及器材、预应力钢筋制作、预应力施工、预应力混凝土施工）节规定，分别编制成下列各节的检验批质量验收记录用表。

【预制桩（模板、钢筋、混凝土、预应力混凝土）】

【预制桩模板与支架】

预制桩模板与支架制作检验批质量验收记录　　表 CJJ 2-2-2-1

本表按“通用表式”的表 CJJ 2-通-1-1 中有关质量标准执行。

预制桩模板与支架安装检验批质量验收记录　　表 CJJ 2-2-2-2

本表按“通用表式”的表 CJJ 2-通-1-2 中有关质量标准执行。

预制桩模板与支架拆除检验批质量验收记录　　表 CJJ 2-2-2-3

本表按“通用表式”的表 CJJ 2-通-1-3 中有关质量标准执行。

【预制桩钢筋】

预制桩钢筋原材料检验批质量验收记录　　表 CJJ 2-2-2-4

本表按“通用表式”的表 CJJ 2-通-2-1 中有关质量标准执行。

预制桩钢筋加工检验批质量验收记录　　表 CJJ 2-2-2-5

本表按“通用表式”的表 CJJ 2-通-2-2 中有关质量标准执行。

预制桩钢筋连接检验批质量验收记录　　表 CJJ 2-2-2-6

本表按“通用表式”的表 CJJ 2-通-2-3 中有关质量标准执行。

预制桩钢筋安装检验批质量验收记录　　表 CJJ 2-2-2-7

本表按“通用表式”的表 CJJ 2-通-2-4 中有关质量标准执行。

【预制桩混凝土】

预制桩混凝土原材料检验批质量验收记录　　表 CJJ 2-2-2-8

本表按“通用表式”的表 CJJ 2-通-3-1 中有关质量标准执行。

预制桩混凝土配合比检验批质量验收记录　　表 CJJ 2-2-2-9

本表按“通用表式”的表 CJJ 2-通-3-2 中有关质量标准执行。

预制桩混凝土施工检验批质量验收记录

表 CJJ 2-2-2-10

本表按“通用表式”的表 CJJ 2-通-3-3A 中有关质量标准执行。

注：混凝土施工采用泵送、冬期施工、高温施工时应分别加填表 CJJ 2-通-3-3B、表 CJJ 2-通-3-3C、表 CJJ 2-通-3-3D 中有关质量标准执行。

【预应力混凝土桩】

预应力混凝土桩材料及器材检验批质量验收记录

表 CJJ 2-2-2-11

本表按“通用表式”的表 CJJ 2-通-4-1 中有关质量标准执行。

预应力混凝土桩钢筋制作检验批质量验收记录

表 CJJ 2-2-2-12

本表按“通用表式”的表 CJJ 2-通-4-2 中有关质量标准执行。

预应力混凝土桩先张法预应力施工检验批质量验收记录

表 CJJ 2-2-2-13A

本表按“通用表式”的表 CJJ 2-通-4-3A 中有关质量标准执行。

预应力混凝土桩后张法预应力施工检验批质量验收记录

表 CJJ 2-2-2-13B

本表按“通用表式”的表 CJJ 2-通-4-3A 中有关质量标准执行。

【预应力混凝土桩预应力混凝土施工】

预应力混凝土桩预应力混凝土原材料检验批质量验收记录

表 CJJ 2-2-2-14A

本表按“通用表式”的表 CJJ 2-通-4-4 中有关质量标准执行。

预应力混凝土桩预应力混凝土配合比检验批质量验收记录

表 CJJ 2-2-2-14B

本表按“通用表式”的表 CJJ 2-通-4-5 中有关质量标准执行。

预应力混凝土桩预应力混凝土施工检验批质量验收记录

表 CJJ 2-2-2-14C

本表按“通用表式”的表 CJJ 2-通-4-6 中有关质量标准执行。

2. 沉入桩质量检验且应符合（表 CJJ 2-2-2-15）的要求。

【沉入预制钢筋混凝土和预应力混凝土桩质量检验】

【沉入预制钢筋混凝土和预应力混凝土桩质量检验检验批质量验收记录】

沉入预制钢筋混凝土和预应力混凝土桩质量检验检验批质量验收记录

表 CJJ 2-2-2-15

工程名称			
施工单位			
分项工程名称		施工班组长	
验收部位		专业工长	
施工执行标准名称及编号		项目经理	

检控项目	质量验收规范规定			施工单位检查评定记录	监理（建设）单位验收记录
主控项目	第 10.7.3 条 1 款 1）项　桩表面不得出现孔洞、露筋和受力裂缝				
一般项目	第 10.7.3 条 1 款中的 2）项　钢筋混凝土和预应力混凝土桩的预制允许偏差应符合表 10.7.3-1 的规定				
	项　目（表 10.7.3-1）		允许偏差（mm）	量测值（mm）	
	实心桩	横截面边长	±5		
		长度	±50		
		桩尖对中轴线的倾斜	10		
		桩轴线的弯曲矢高	≤0.1%桩长，且不大于 20		
		桩顶平面对桩纵轴线的倾斜	≤1%桩径（边长），且不大于 3		
		接桩的接头平面与桩轴平面垂直度	0.5%		
	空心桩	内径	不小于设计		
		壁厚	0 -3		
		桩轴线的弯曲矢高	0.2%		
	第 10.7.3 条 1 款 3）项　桩身表面质量				

施工单位检查评定结果	项目专业质量检查员：　　　　年　月　日
监理（建设）单位验收结论	专业监理工程师： （建设单位项目专业技术负责人）：　　　　年　月　日

注：1. 规范规定的施工过程控制要点见【检查验收时执行的规范条目】附文。

2. 沉入预制钢筋混凝土和预应力混凝土桩质量检验系完成预制桩（模板、钢筋、混凝土、预应力混凝土）的各子项后进行的检查和验收。

【检查验收时执行的规范条目】

10.7.3 沉入桩质量检验应符合下列规定：

1 预制桩质量检验应符合 CJJ 2—2008 规范第 10.7.1 条规定，且应符合下列要求：

主控项目

1）桩表面不得出现孔洞、露筋和受力裂缝。

检查数量：全数检查。　　检验方法：观察。

一般项目

2）钢筋混凝土和预应力混凝土桩的预制允许偏差应符合表 10.7.3-1 的规定。

钢筋混凝土和预应力混凝土桩的预制允许偏差　　表 10.7.3-1

项目		允许偏差（mm）	检验频率		检验方法
			范围	点数	
实心桩	横截面边长	±5	每批抽查 10%	3	用钢尺量相邻两边
	长度	±50		2	用钢尺量
	桩尖对中轴线的倾斜	10		1	用钢尺量
	桩轴线的弯曲矢高	≤0.1%桩长，且不大于 20	全数	1	沿构件全长拉线，用钢尺量
	桩顶平面对桩纵轴线的倾斜	≤1%桩径（边长），且不大于 3	每批抽查 10%	1	用垂线和钢尺量
	接桩的接头平面与桩轴平面垂直度	0.5%	每批抽查 20%	4	用钢尺量
空心桩	内径	不小于设计	每批抽查 10%	2	用钢尺量
	壁厚	0 −3		2	用钢尺量
	桩轴线的弯曲矢高	0.2%	全数	1	沿管节全长拉线，用钢尺量

3）桩身表面无蜂窝、麻面和超过 0.15mm 的收缩裂缝。小于 0.15mm 的横向裂缝长度，方桩不得大于边长或短边长的 1/3，管桩或多边形桩不得大于直径或对角线的 1/3；小于 0.15mm 的纵向裂缝长度，方桩不得大于边长或短边长的 1.5 倍，管桩或多边形桩不得大于直径或对角线的 1.5 倍。

检查数量：全数检查。　　检验方法：观察、用读数放大镜量测。

【检验批验收应提供的核查资料】

沉入预制钢筋混凝土和预应力混凝土桩检验批质量验收应提供的核查资料　　表 CJJ 2-2-2-15a

序号	核查资料名称	核查要点
1	成品桩、焊条等质量合格证	成品桩、焊条数量、生产厂家、日期，与合格后试验报告对应
2	焊条试验报告（见证取样证明资料）	焊条代表数量、日期、性能，满足设计和规范要求
3	成品桩、焊条进场验收记录	成品桩、焊条进场数量、规格、日期，与合格证或质量证书对应
4	施工记录（砂石、水泥、配合比、钢材（现场预制）；成品桩的：外形、裂缝、尺寸、焊接桩、硫磺胶泥接桩、桩顶标高、停锤标准等）	施工记录内容的完整性（资料名称项下括号内的内容）
5	隐蔽工程验收记录（沉桩前）	隐验桩外形、裂缝、尺寸、焊接、硫磺胶泥接桩、桩顶标高等；
6	单桩承载力试验报告	试验单位的资质、报告内容齐全程度、是否满足设计要求

注：1. 合理缺项除外；2. 表列凡有性能要求的均应符合设计和规范要求。

附：规范规定的施工过程控制要点

10.2.7 混凝土桩制作应符合下列规定：

1 在现场预制时，场地应平整、坚实、不积水，并应便于混凝土的浇筑和桩的吊运。

2 钢筋混凝土桩的主筋，宜采用整根钢筋，如需接长宜采用闪光对焊。主筋与箍筋或螺旋筋应连接紧密，交叉处应采用点焊或钢丝绑扎牢固。

3 混凝土的坍落度宜为4～6cm。

4 混凝土应连续浇筑，不得留工作缝。

10.2.8 预制桩的起吊强度应符合设计要求；当设计无规定时，预制桩达设计强度的75%方可起吊，起吊应平稳，不得损坏桩身混凝土。预制桩强度达到设计强度的100%方可运输，运输时桩身应平置。

10.2.11 桩的运输、堆放应符合下列规定：

1 堆放场地应平整、坚实、排水通畅。

2 混凝土桩的支点应与吊点上下对准，堆放不宜超过4层。

3 钢桩的支点应布置合理，防止变形，堆放不得超过3层。应采取防止钢管桩滚动的措施。

【钢管桩制作质量检验】

【钢管桩制作质量检验检验批质量验收记录】

钢管桩制作质量检验检验批质量验收记录　　表 CJJ 2-2-2-16

工程名称			
施工单位			
分项工程名称		施工班组长	
验收部位		专业工长	
施工执行标准名称及编号		项目经理	

检控项目	质量验收规范规定		施工单位检查评定记录	监理（建设）单位验收记录
主控项目	第 10.7.3 条 2 款 1）项　钢材品种、规格及其技术性能应符合设计要求和相关标准规定			
	第 10.7.3 条 2 款 2）项　制作焊接质量应符合设计要求和相关标准规定			
一般项目	第 10.7.3 条 1 款 3）项　钢管桩制作允许偏差应符合表 10.7.3-2 的规定			
	项　目（表 10.7.3-2）	允许偏差（mm）	量测值（mm）	
	外径	±5		
	长度	+10 0		
	桩轴线的弯曲矢高	≤1%桩长，且不大于 20		
	端部平面度	2		
	端部平面与桩身中心线的倾斜	≤1%桩径，且不大于 3		
施工单位检查评定结果	项目专业质量检查员：　　　　年　　月　　日			
监理（建设）单位验收结论	专业监理工程师： （建设单位项目专业技术负责人）：　　　　年　　月　　日			

【检查验收时执行的规范条目】

10.7.3 沉入桩质量检验应符合下列规定：

2 钢管桩制作质量检验应符合下列要求：

主控项目

1）钢材品种、规格及其技术性能应符合设计要求和相关标准规定。

检查数量：全数检查。检验方法：检查钢材出厂合格证、检验报告和生产厂的复验报告。

2）制作焊接质量应符合设计要求和相关标准规定。

检查数量：全数检查。　　检验方法：检查生产厂的检验报告。

一般项目

3）钢管桩制作允许偏差应符合表 10.7.3-2 的规定。

钢管桩制作允许偏差　　**表 10.7.3-2**

项　　目	允许偏差（mm）	检验频率		检验方法
		范围	点数	
外径	±5	每批抽查10%	4	用钢尺量
长度	+10 0			
桩轴线的弯曲矢高	≤1%桩长，且不大于20	全数	1	沿桩身拉线，用钢尺量
端部平面度	2	每批抽查20%	2	用直尺和塞尺量
端部平面与桩身中心线的倾斜	≤1%桩径，且不大于3			用垂线和钢尺量

【检验批验收应提供的核查资料】

钢管桩制作质量检验检验批质量验收应提供的核查资料　　**表 CJJ 2-2-2-16a**

序号	核查资料名称	核查要点
1	钢管桩用钢材出厂合格证	检查钢管桩数量、生产厂家、日期、性能及质量等
2	钢管桩用钢材试验报告	检查试验单位资质，品种、代表数量、试验编号及日期、性能参数等，应符合设计和规范要求
3	钢管桩出厂质量合格证	检查钢管桩的生产厂家资质、日期、性能及质量等
4	钢管桩用钢材焊接质量报告	检查试验单位资质、代表数量、试验编号及日期、性能参数等，应符合设计和规范要求
5	焊缝探伤试验报告（成品钢管桩供货单位提供）	核查供货单位提供钢管桩焊缝探伤试验报告及其正确性
6	钢管桩进场验收记录	钢管桩进场数量、规格、日期，应与合格证对应

注：表列凡有性能要求的均应符合设计和规范要求。

附：规范规定的施工过程控制要点

10.2.9 钢桩宜在工厂制作，现场拼接应符合 CJJ 2—2008 规范第 14 章（指钢梁章节的制造、现场安装和检验标准）的有关规定。

10.2.10 钢桩防腐应符合设计要求，并应符合下列规定：

1 钢桩位于河床局部冲刷线以下 1.5m 至承台底面以上 5～10cm 部分，应进行防腐处理。

2 防腐前应进行喷砂除锈，达到出现金属光泽，表面无锈蚀点。

3 运输、起吊沉桩过程中，防腐层被破坏时应及时修补。

【沉桩质量检验】

【沉桩质量检验检验批质量验收记录】

沉桩质量检验检验批质量验收记录　　表 CJJ 2-2-2-17

<table>
<tr><td colspan="4">工程名称</td><td colspan="12"></td></tr>
<tr><td colspan="4">施工单位</td><td colspan="12"></td></tr>
<tr><td colspan="4">分项工程名称</td><td></td><td colspan="5">施工班组长</td><td colspan="6"></td></tr>
<tr><td colspan="4">验收部位</td><td></td><td colspan="5">专业工长</td><td colspan="6"></td></tr>
<tr><td colspan="4">施工执行标准名称及编号</td><td></td><td colspan="5">项目经理</td><td colspan="6"></td></tr>
<tr><td>检控项目</td><td colspan="4">质量验收规范规定</td><td colspan="10">施工单位检查评定记录</td><td>监理（建设）单位验收记录</td></tr>
<tr><td>主控项目</td><td colspan="4">第 10.7.3 条 3 款 1）项沉入桩的入土深度、最终贯入度或停打标准应符合设计要求</td><td colspan="10"></td><td></td></tr>
<tr><td rowspan="16">一般项目</td><td colspan="4">第 10.7.3 条 3 款 2）项　沉桩允许偏差</td><td colspan="10"></td><td rowspan="16"></td></tr>
<tr><td colspan="3">项　目（表 10.7.3-3）</td><td>允许偏差（mm）</td><td colspan="10">量测值（mm）</td></tr>
<tr><td rowspan="4">桩位</td><td rowspan="2">群桩</td><td>中间桩</td><td>≤$d/2$,且不大于 250</td><td></td><td></td><td></td><td></td><td></td><td></td><td></td><td></td><td></td><td></td></tr>
<tr><td>外缘桩</td><td>$d/4$</td><td></td><td></td><td></td><td></td><td></td><td></td><td></td><td></td><td></td><td></td></tr>
<tr><td rowspan="2">排架桩</td><td>顺桥方向</td><td>40</td><td></td><td></td><td></td><td></td><td></td><td></td><td></td><td></td><td></td><td></td></tr>
<tr><td>垂直桥轴方向</td><td>50</td><td></td><td></td><td></td><td></td><td></td><td></td><td></td><td></td><td></td><td></td></tr>
<tr><td colspan="3">桩尖高程</td><td>不高于设计要求</td><td></td><td></td><td></td><td></td><td></td><td></td><td></td><td></td><td></td><td></td></tr>
<tr><td colspan="3">斜桩倾斜度</td><td>$\pm 15\%\tan\theta$</td><td></td><td></td><td></td><td></td><td></td><td></td><td></td><td></td><td></td><td></td></tr>
<tr><td colspan="3">直桩垂直度</td><td>1%</td><td></td><td></td><td></td><td></td><td></td><td></td><td></td><td></td><td></td><td></td></tr>
<tr><td colspan="4">第 10.7.3 条 3 款 3）项接桩焊缝外观质量</td><td colspan="10"></td></tr>
<tr><td colspan="3">项　目（表 10.7.3-4）</td><td>允许偏差（mm）</td><td colspan="10">量测值（mm）</td></tr>
<tr><td colspan="3">咬边深度（焊缝）</td><td>0.5</td><td></td><td></td><td></td><td></td><td></td><td></td><td></td><td></td><td></td><td></td></tr>
<tr><td colspan="3">加强层高度（焊缝）</td><td rowspan="2">+3
0</td><td></td><td></td><td></td><td></td><td></td><td></td><td></td><td></td><td></td><td></td></tr>
<tr><td colspan="3">加强层宽度（焊缝）</td><td></td><td></td><td></td><td></td><td></td><td></td><td></td><td></td><td></td><td></td></tr>
<tr><td colspan="2" rowspan="2">钢管桩上下节错台</td><td>公称直径≥700mm</td><td>3</td><td></td><td></td><td></td><td></td><td></td><td></td><td></td><td></td><td></td><td></td></tr>
<tr><td>公称直径<700mm</td><td>2</td><td></td><td></td><td></td><td></td><td></td><td></td><td></td><td></td><td></td><td></td></tr>
<tr><td colspan="4">施工单位检查评定结果</td><td colspan="12">项目专业质量检查员：　　年　月　日</td></tr>
<tr><td colspan="4">监理（建设）单位验收结论</td><td colspan="12">专业监理工程师：
（建设单位项目专业技术负责人）：　　年　月　日</td></tr>
</table>

注：1. 施工过程控制要点见【检查验收时执行的规范条目】。

2. 钢筋混凝土预制桩、钢管桩沉桩可采用锤击沉桩、振动沉桩、射水沉桩、静力压桩等方法进行。锤击沉桩、振动沉桩、射水沉桩、静力压桩等方法的检验结果均应符合表 CJJ 2-2-2-17 的规定。

【检查验收时执行的规范条目】

10.7.3 沉入桩质量检验应符合下列规定：

3 沉桩质量检验应符合下列要求：

主控项目

1）沉入桩的入土深度、最终贯入度或停打标准应符合设计要求。

检查数量：全数检查。　　检验方法：观察、测量、检查沉桩记录。

一般项目

2）沉桩允许偏差应符合表 10.7.3-3 的规定。

沉桩允许偏差　　**表 10.7.3-3**

项目			允许偏差（mm）	检验频率 范围	检验频率 点数	检验方法
桩位	群桩	中间桩	≤$d/2$，且不大于 250	每排桩	20%	用经纬仪测量
		外缘桩	$d/4$			
	排架桩	顺桥方向	40			
		垂直桥轴方向	50			
桩尖高程			不高于设计要求	每根桩	全数	用水准仪测量
斜桩倾斜度			±15%$\tan\theta$			用垂线和钢尺量尚未沉入部分
直桩垂直度			1%			

注：1　d 为桩的直径或短边尺寸（mm）；　2　θ 为斜桩设计纵轴线与铅垂线间夹角（°）。

3）接桩焊缝外观质量应符合表 10.7.3-4 的规定。

接桩焊缝外观允许偏差　　**表 10.7.3-4**

项目		允许偏差（mm）	检验频率 范围	检验频率 点数	检验方法
咬边深度（焊缝）		0.5	每条焊道	1	用焊缝量规、钢尺量
加强层高度（焊缝）		+3 0			
加强层宽度（焊缝）					
钢管桩上下节错台	公称直径≥700mm	3			用钢板尺和塞尺量
	公称直径<700mm	2			

【检验批验收应提供的核查资料】

沉桩质量检验检验批质量验收应提供的核查资料　　**表 CJJ 2-2-2-17a**

序号	核查资料名称	核查要点
1	原材料质量合格证（水泥、钢材、焊条（剂）、砂石、外加剂）等	检查材料品种、规格、数量、生产厂家、日期，与试验报告对应
2	相关材料试验报告（见证取样）	检查材料品种、规格、代表数量、日期、性能，与合格证或质量证书对应
3	进场材料验收记录	检查进场材料品种、规格、数量、日期、质量，与合格证或质量证书对应
4	施工记录（贯入度、接桩、沉桩深度、桩位、垂直度、桩顶标高等）	施工记录内容的完整性（资料名称项下括号内的内容）
5	隐蔽工程验收记录（贯入度、接桩、沉桩深度、桩位、垂直度、桩顶标高等）	隐验记录核查资料名称项下括号内的内容
6	桩承载力试验报告	试验单位的资质、报告内容齐全程度、是否满足设计要求

注：1. 合理缺项除外；2. 表列凡有性能要求的均应符合设计和规范要求。

附：规范规定的施工过程控制要点

10.2.12 在黏土质地区沉入群桩，在每根桩下沉完毕后，应测量其桩顶标高，待全部沉桩完毕后再测量各桩顶标高，若有隆起现象应采取措施。

10.2.13 在软塑黏土质地区或松散的砂土质地区下沉群桩时，应对影响范围内的建（构）筑物采取相应的保护措施。

10.2.14 桩的连接接头强度不得低于桩截面的总强度。钢桩接桩处纵向弯曲矢高不得大于桩长的0.2%。

10.2.15 锤击沉桩应符合下列规定：

1 混凝土预制桩达到设计强度后方可沉桩。

2 沉型钢桩时，应采取防止桩横向失稳的措施。

3 当沉桩的桩顶标高低于落锤的最低标高时，应设送桩，其强度不得小于桩的设计强度。送桩应与桩锤、桩身在同一轴线上。

4 开始沉桩时应控制桩锤的冲击能，低锤慢打；当桩入土一定深度后，可按要求落距和正常锤击频率进行。

5 锤击沉桩的最后贯入度，柴油锤宜为1～2mm/击，蒸汽锤宜为2～3mm/击。

6 停锤应符合下列要求：

1）桩端位于黏性土或较松软土层时，应以标高控制，贯入度作为校核。如桩沉至设计标高，贯入度仍较大时，应继续锤击，其贯入度控制值应由设计确定。

2）桩端位于坚硬、硬塑的黏土及中密以上的粉土、砂、碎石类土、风化岩时，应以贯入度控制。当硬层土有冲刷时应以标高控制。

3）贯入度已达到要求，而桩尖未达到设计标高时，应在满足冲刷线下最小嵌固深度后，继续锤击3阵（每阵10锤），贯入度不得大于设计规定的数值。

7 在沉桩过程中发现以下情况应暂停施工，并应采取措施进行处理：

1）贯入度发生剧变；

2）桩身发生突然倾斜、位移或有严重回弹；

3）桩头或桩身破坏；

4）地面隆起；

5）桩身上浮。

10.2.16 振动沉桩应符合下列规定：

1 振动沉桩法应考虑振动对周围环境的影响，并应验算振动上拔力对桩结构的影响。

2 开始沉桩时应以自重下沉或射水下沉，待桩身稳定后再采用振动下沉。

3 每根桩的沉桩作业，应一次完成，中途不宜停顿过久。

4 在沉桩过程中如发生CJJ 2—2008规范第10.2.15条7款的情况或机械故障应即暂停，查明原因经采取措施后，方可继续施工。

10.2.17 射水沉桩应符合下列规定：

1 在砂类土、砾石土和卵石土层中采用射水沉桩，应以射水为主；在黏性土中采用射水沉桩，应以锤击为主。

2 当桩尖接近设计高程时，应停止射水进行锤击或振动下沉，桩尖进入未冲动的土层中的深度应根据沉桩试验确定，一般不得小于2m。

3 采用中心射水沉桩，应在桩垫和桩帽上，留有排水通道，降低高压水从桩尖返入桩内的压力。

4 射水沉桩应根据土层情况，选择高压泵压力和排水量。

10.2.18 采用预钻孔沉桩施工时，当钻孔直径大于桩径或对角线时，沉桩就位后，桩的周围应压注水泥浆；当钻孔直径小于桩径或对角线时，钻孔深度应为桩长的1/3～1/2，沉桩应按CJJ 2—2008规范第10.2.15条第6款规定停锤。

10.2.19 桩的复打应符合下列规定：

1 在“假极限”土中的桩、射水下沉的桩、有上浮的桩均应复打。

2 复打前“休息”天数应符合下列要求：

1）桩穿过砂类土，桩尖位于大块碎石类土、紧密的砂类土或坚硬的黏性土，不得少于1昼夜；

2）在粗中砂和不饱和的粉细砂里不得少于3昼夜；

3）在黏性土和饱和的粉细砂里不得少于6昼夜。

3 复打应达到最终贯入度小于或等于停打贯入度。

【混凝土灌注桩子分部工程】

混凝土灌注桩子分部工程的质量验收包括：混凝土灌注桩机械成孔；混凝土灌注桩人工挖孔；混凝土灌注桩钢筋笼制作与安装、混凝土灌注桩混凝土灌注。

【混凝土灌注桩机械成孔】

【混凝土灌注桩机械成孔检验批质量验收记录】

混凝土灌注桩机械成孔检验批质量验收记录　　表 CJJ 2-2-3-1

<table>
<tr><td colspan="2">工程名称</td><td colspan="4"></td></tr>
<tr><td colspan="2">施工单位</td><td colspan="4"></td></tr>
<tr><td colspan="2">分项工程名称</td><td></td><td>施工班组长</td><td colspan="2"></td></tr>
<tr><td colspan="2">验收部位</td><td></td><td>专业工长</td><td colspan="2"></td></tr>
<tr><td colspan="2">施工执行标准名称及编号</td><td></td><td>项目经理</td><td colspan="2"></td></tr>
<tr><td>检控项目</td><td colspan="2">质量验收规范规定</td><td colspan="2">施工单位检查评定记录</td><td>监理（建设）单位验收记录</td></tr>
<tr><td>主控项目</td><td colspan="2">第 10.7.4 条　混凝土灌注桩质量检验应符合下列规定：
1　成孔达到设计深度后，必须核实地质情况，确认符合设计要求。
检查数量：全数检查。
检验方法：观察、检查施工记录。
2　孔径、孔深应符合设计要求。
检查数量：全数检查。
检验方法：观察、检查施工记录。</td><td colspan="2"></td><td></td></tr>
<tr><td colspan="2">施工单位检查评定结果</td><td colspan="4">项目专业质量检查员：　　　　年　　月　　日</td></tr>
<tr><td colspan="2">监理（建设）单位验收结论</td><td colspan="4">专业监理工程师：
（建设单位项目专业技术负责人）：　　年　　月　　日</td></tr>
</table>

注：规范规定的施工过程控制要点见附文。

【检验批验收应提供的核查资料】

混凝土灌注桩机械成孔检验检验批质量验收记录　　表 CJJ 2-2-3-1a

序号	核查资料名称	核查要点
1	施工记录（施工准备、钻孔施工、清孔等）	核查施工记录的完整性

附：规范规定的施工过程控制要点

10.3.1 钻孔施工准备工作应符合下列规定：

1 钻孔场地应符合下列要求：

1）在旱地上，应清除杂物，平整场地；遇软土应进行处理。

2）在浅水中，宜用筑岛法施工。

3）在深水中，宜搭设平台。如水流平稳，钻机可设在船上，船必须锚固稳定。

2 制浆池、储浆池、沉淀池，宜设在桥的下游，也可设在船上或平台上。

3 钻孔前应埋设护筒。护筒可用钢或混凝土制作，应坚实、不漏水。当使用旋转钻时，护筒内径应比钻头直径大20cm；使用冲击钻机时，护筒内径应大40cm。

4 护筒顶面宜高出施工水位或地下水位2m，并宜高出施工地面0.3m。其高度尚应满足孔内泥浆面高度的要求。

5 护筒埋设应符合下列要求：

1）在岸滩上的埋设深度：黏性土、粉土不得小于1m；砂性土不得小于2m。当表面土层松软时，护筒应埋入密实土层中0.5m以下。

2）水中筑岛，护筒应埋入河床面以下1m左右。

3）在水中平台上沉入护筒，可根据施工最高水位、流速、冲刷及地质条件等因素确定沉入深度，必要时应沉人不透水层。

4）护筒埋设允许偏差：顶面中心偏位宜为5cm以内。护筒斜度宜为1%以内。

6 在砂类土、碎石土或黏土砂土夹层中钻孔应用泥浆护壁。

7 泥浆宜选用优质黏土、膨润土或符合环保要求的材料制备。

10.3.2 钻孔施工应符合下列规定：

1 钻孔时，孔内水位宜高出护筒底脚0.5m以上或地下水位以上1.5～2m。

2 钻孔时，起落钻头速度应均匀，不得过猛或骤然变速。孔内出土，不得堆积在钻孔周围。

3 钻孔应一次成孔，不得中途停顿。钻孔达到设计深度后，应对孔位、孔径、孔深和孔形等进行检查。

4 钻孔中出现异常情况，应进行处理，并应符合下列要求：

1）坍孔不严重时，可加大泥浆相对密度继续钻进，严重时必须回填重钻。

2）出现流沙现象时，应增大泥浆相对密度，提高孔内压力或用黏土、大泥块、泥砖投下。

3）钻孔偏斜、弯曲不严重时，可重新调整钻机在原位反复扫孔，钻孔正直后继续钻进。发生严重偏斜、弯曲、梅花孔、探头石时，应回填重钻。

4）出现缩孔时，可提高孔内泥浆量或加大泥浆相对密度采用上下反复扫孔的方法，恢复孔径。

5）冲击钻孔发生卡钻时，不宜强提。应采取措施，使钻头松动后再提起。

10.3.3 清孔应符合下列规定：

1 钻孔至设计标高后，应对孔径、孔深进行检查，确认合格后即进行清孔。

2 清孔时，必须保持孔内水头，防止坍孔。

3 清孔后应对泥浆试样进行性能指标试验。

4 清孔后的沉渣厚度应符合设计要求。设计未规定时，摩擦桩的沉渣厚度不应大于300mm；端承桩的沉渣厚度不应大于100mm。

【混凝土灌注桩人工挖孔】

【混凝土灌注桩人工挖孔检验批质量验收记录】

混凝土灌注桩人工挖孔检验批质量验收记录　　表 CJJ 2-2-3-2

工程名称			
施工单位			
分项工程名称		施工班组长	
验收部位		专业工长	
施工执行标准名称及编号		项目经理	
检控项目	质量验收规范规定	施工单位检查评定记录	监理（建设）单位验收记录
主控项目	第 10.7.4 条　混凝土灌注桩质量检验应符合下列规定： 1　成孔达到设计深度后，必须核实地质情况，确认符合设计要求。 检查数量：全数检查。 检验方法：观察、检查施工记录。 2　孔径、孔深应符合设计要求。 检查数量：全数检查。 检验方法：观察、检查施工记录。		
施工单位检查评定结果	项目专业质量检查员：　　年　月　日		
监理（建设）单位验收结论	专业监理工程师： （建设单位项目专业技术负责人）：　年　月　日		

注：规范规定的施工过程控制要点见附文。

【检验批验收应提供的核查资料】

混凝土灌注桩人工挖孔检验检验批质量验收记录　　表 CJJ 2-2-3-2a

序号	核查资料名称	核查要点
1	施工记录（施工准备、挖孔施工、清孔等）	核查施工记录的完整性

附：规范规定的施工过程控制要点

10.3.3　清孔应符合下列规定：

1　钻孔至设计标高后，应对孔径、孔深进行检查，确认合格后即进行清孔。

2　清孔时，必须保持孔内水头，防止坍孔。

3　清孔后应对泥浆试样进行性能指标试验。

4　清孔后的沉渣厚度应符合设计要求。设计未规定时，摩擦桩的沉渣厚度不应大于 300mm；端承桩的沉渣厚度不应大于 100mm。

10.3.7　在特殊条件下需人工挖孔时，应根据设计文件、水文地质条件、现场状况，编制专项施工方案。其护壁结构应经计算确定。施工中应采取防坠落、坍塌、缺氧和有毒、有害气体中毒的措施。

【混凝土灌注桩钢筋笼制作与安装】

10.7.4 混凝土灌注桩质量检验应符合下列规定：

5 钢筋笼制作和安装质量检验应符合（CJJ 2—2008）规范第10.7.1条规定，且钢筋笼底端高程偏差不得大于±50mm。

检查数量：全数检查。

检验方法：用水准仪测量。

混凝土灌注桩钢筋笼钢筋原材料检验批质量验收记录　表CJJ 2-2-3-3

本表按“通用表式”的表CJJ 2-通-2-1中有关质量标准执行。

混凝土灌注桩钢筋笼钢筋加工检验批质量验收记录　表CJJ 2-2-3-4

本表按“通用表式”的表CJJ 2-通-2-2中有关质量标准执行。

混凝土灌注桩钢筋笼钢筋连接检验批质量验收记录　表CJJ 2-2-3-5

本表按“通用表式”的表CJJ 2-通-2-3中有关质量标准执行。

混凝土灌注桩钢筋笼钢筋安装检验批质量验收记录　表CJJ 2-2-3-6

本表按“通用表式”的表CJJ 2-通-2-4中有关质量标准执行。

附：规范规定的施工过程控制要点

10.3.4 吊装钢筋笼应符合下列规定：

1 钢筋笼宜整体吊装入孔。需分段入孔时，上下两段应保持顺直。接头应符合本规范第6章的有关规定。

2 应在骨架外侧设置控制保护层厚度的垫块，其间距竖向宜为2m，径向圆周不得少于4处。钢筋笼入孔后，应牢固定位。

3 在骨架上应设置吊环。为防止骨架起吊变形，可采取临时加固措施，入孔时拆除。

4 钢筋笼吊放入孔应对中、慢放，防止碰撞孔壁。下放时应随时观察孔内水位变化，发现异常应立即停放，检查原因。

【混凝土灌注桩混凝土灌注】

混凝土灌注桩混凝土原材料检验批质量验收记录 表CJJ 2-2-3-7

本表按“通用表式”的表CJJ 2-通-3-1中有关质量标准执行。

混凝土灌注桩混凝土配合比检验批质量验收记录 表CJJ 2-2-3-8

本表按“通用表式”的表CJJ 2-通-3-2中有关质量标准执行。

混凝土灌注桩混凝土施工（灌注）检验批质量验收记录

表CJJ 2-2-3-9

本表按“通用表式”的表CJJ 2-通-3-3A中有关质量标准执行。

附：规范规定的施工过程控制要点

10.3.5 灌注水下混凝土应符合下列规定：

1 灌注水下混凝土之前，应再次检查孔内泥浆性能指标和孔底沉渣厚度，如超过规定，应进行第二次清孔，符合要求后方可灌注水下混凝土。

2 水下混凝土的原材料及配合比除应满足CJJ 2—2008规范第7.2、7.3节的要求以外，尚应符合下列规定：

1）水泥的初凝时间，不宜小于2.5h。

2）粗骨料优先选用卵石，如采用碎石宜增加混凝土配合比的含砂率。粗骨料的最大粒径不得大于导管内径的1/6～1/8和钢筋最小净距的1/4，同时不得大于40mm。

3）细骨料宜采用中砂。

4）混凝土配合比的含砂率宜采用0.4～0.5，水胶比宜采用0.5～0.6。经试验，可掺入部分粉煤灰（水泥与掺合料总量不宜小于350kg/m^3，水泥用量不得小于300kg/m^3）。

5）水下混凝土拌合物应具有足够的流动性和良好的和易性。

6）灌注时坍落度宜为180～220mm。

7）混凝土的配制强度应比设计强度提高10%～20%。

3 浇筑水下混凝土的导管应符合下列规定：

1）导管内壁应光滑圆顺，直径宜为20～30cm，节长宜为2m。

2）导管不得漏水，使用前应试拼、试压，试压的压力宜为孔底静水压力的1.5倍。

3）导管轴线偏差不宜超过孔深的0.5%，且不宜大于10cm。

4）导管采用法兰盘接头宜加锥形活套；采用螺旋丝扣型接头时必须有防止松脱装置。

4 水下混凝土施工应符合下列要求：

1）在灌注水下混凝土前，宜向孔底射水（或射风）翻动沉淀物3～5min。

2）混凝土应连续灌注，中途停顿时间不宜大于30min。

3）在灌注过程中，导管的埋置深度宜控制在2～6m。

4）灌注混凝土应采取防止钢筋骨架上浮的措施。

5）灌注的桩顶标高应比设计高出0.5～1m。

6）使用全护筒灌注水下混凝土时，护筒底端应埋于混凝土内不小于1.5m，随导管提升逐步上拔护筒。

【混凝土灌注桩质量检验】

【混凝土灌注桩质量检验检验批质量验收记录】

混凝土灌注桩质量检验检验批质量验收记录 表 CJJ 2-2-3-10

<table>
<tr><td colspan="3">工程名称</td><td colspan="12"></td></tr>
<tr><td colspan="3">施工单位</td><td colspan="12"></td></tr>
<tr><td colspan="3">分项工程名称</td><td colspan="2"></td><td colspan="5">施工班组长</td><td colspan="5"></td></tr>
<tr><td colspan="3">验收部位</td><td colspan="2"></td><td colspan="5">专业工长</td><td colspan="5"></td></tr>
<tr><td colspan="3">施工执行标准名称及编号</td><td colspan="2"></td><td colspan="5">项目经理</td><td colspan="5"></td></tr>
<tr><td>检控项目</td><td colspan="4">质量验收规范规定</td><td colspan="10">施工单位检查评定记录</td><td>监理（建设）单位验收记录</td></tr>
<tr><td rowspan="4">主控项目</td><td colspan="4">第 10.7.4 条　混凝土灌注桩质量检验应符合下列规定：
1　成孔达到设计深度后，必须核实地质情况，确认符合设计要求</td><td colspan="10"></td><td rowspan="4"></td></tr>
<tr><td colspan="4">2　孔径、孔深应符合设计要求</td><td colspan="10"></td></tr>
<tr><td colspan="4">3　混凝土抗压强度应符合设计要求</td><td colspan="10"></td></tr>
<tr><td colspan="4">4　桩身不得出现断桩、缩径</td><td colspan="10"></td></tr>
<tr><td rowspan="9">一般项目</td><td colspan="4">5　钢筋笼制作和安装质量检验应符合（CJJ 2—2008）规范第 10.7.1 条规定，且钢筋笼底端高程偏差不得大于±50mm。</td><td colspan="10"></td><td rowspan="9"></td></tr>
<tr><td colspan="4">6　混凝土灌注桩允许偏差应符合表 10.7.4 的规定。</td><td colspan="10"></td></tr>
<tr><td colspan="2">项　目（表 7.10.4）</td><td colspan="2">允许偏差（mm）</td><td colspan="10">量测值（mm）</td></tr>
<tr><td rowspan="2">桩位</td><td>群桩</td><td colspan="2">100</td><td></td><td></td><td></td><td></td><td></td><td></td><td></td><td></td><td></td><td></td></tr>
<tr><td>排架桩</td><td colspan="2">50</td><td></td><td></td><td></td><td></td><td></td><td></td><td></td><td></td><td></td><td></td></tr>
<tr><td rowspan="2">沉渣厚度</td><td>摩擦桩</td><td colspan="2">符合设计要求</td><td></td><td></td><td></td><td></td><td></td><td></td><td></td><td></td><td></td><td></td></tr>
<tr><td>支承桩</td><td colspan="2">不大于设计要求</td><td></td><td></td><td></td><td></td><td></td><td></td><td></td><td></td><td></td><td></td></tr>
<tr><td rowspan="2">垂直度</td><td>钻孔桩</td><td colspan="2">≤1%桩长，且不大于 500</td><td></td><td></td><td></td><td></td><td></td><td></td><td></td><td></td><td></td><td></td></tr>
<tr><td>挖孔桩</td><td colspan="2">≤0.5%桩长，且不大于 200</td><td></td><td></td><td></td><td></td><td></td><td></td><td></td><td></td><td></td><td></td></tr>
<tr><td colspan="3">施工单位检查评定结果</td><td colspan="13">项目专业质量检查员：　　　　年　　月　　日</td></tr>
<tr><td colspan="3">监理（建设）单位验收结论</td><td colspan="13">专业监理工程师：
（建设单位项目专业技术负责人）：　　　　年　　月　　日</td></tr>
</table>

注：1. 规范规定的施工过程控制要点见【检查验收时执行的规范条目】。　2. 本表适用于钻孔和挖孔灌注桩。
3. 混凝土灌注桩质量检验系完成混凝土灌注桩的混凝土灌注下页各子项后进行的检查和验收。

【检查验收时执行的规范条目】

10.7.4 混凝土灌注桩质量检验应符合下列规定：

主控项目

1 成孔达到设计深度后，必须核实地质情况，确认符合设计要求。

检查数量：全数检查。　　检验方法：观察、检查施工记录。

2 孔径、孔深应符合设计要求。

检查数量：全数检查。　　检验方法：观察、检查施工记录。

3 混凝土抗压强度应符合设计要求。

检查数量：每根桩在浇筑地点制作混凝土试件不得少于2组。检验方法：检查试验报告。

4 桩身不得出现断桩、缩径。

检查数量：全数检查。　　检验方法：检查桩基无损检测报告。

一般项目

5 钢筋笼制作和安装质量检验应符合（CJJ 2—2008）规范第10.7.1条规定，且钢筋笼底端高程偏差不得大于±50mm。

检查数量：全数检查。　　检验方法：用水准仪测量。

6 混凝土灌注桩允许偏差应符合表10.7.4的规定。

混凝土灌注桩允许偏差　　表 10.7.4

项目		允许偏差（mm）	检验频率		检验方法
			范围	点数	
桩位	群桩	100	每根桩	1	用全站仪检查
	排架桩	50		1	
沉渣厚度	摩擦桩	符合设计要求		1	沉淀盒或标准测锤，查灌注前记录
	支承桩	不大于设计要求		1	
垂直度	钻孔桩	≤1%桩长，且不大于500	每根桩	1	用测壁仪或钻杆垂线和钢尺量
	挖孔桩	≤0.5%桩长，且不大于200		1	用垂线和钢尺量

注：此表适用于钻扎和挖扎。

【检验批验收应提供的核查资料】

混凝土灌注桩质量检验检验批质量验收记录　　表 CJJ 2-2-3-10a

序号	核查资料名称	核查要点
1	水泥、钢材、焊条（剂）、砂石、外加剂质量合格证等	检查材料品种、规格、数量、生产厂家、日期，与试验报告对应
2	水泥、钢材、焊条（剂）、砂石、外加剂试验报告（见证取样）	检查试验单位资质、代表数量、日期、性能，与合格证对应
3	进场材料验收记录	检查进场材料品种、规格、数量、日期、质量，与合格证对应
4	施工记录（钢筋笼质量及安装深度、桩位、孔深、混凝土强度、垂直度、桩径、搅拌、泥浆比重、沉渣厚度、桩顶标高等）	施工记录内容的完整性（资料名称项下括号内的内容）
5	隐蔽工程验收记录（钢筋笼质量及安装深度、桩位、孔深、混凝土强度、垂直度、桩径、搅拌、泥浆比重、沉渣厚度、桩顶标高等）	隐验记录核查资料名称项下括号内的内容
6	承载力测试报告	试验单位的资质、报告内容齐全程度、是否满足设计要求

注：1. 合理缺项除外；2. 表列凡有性能要求的均应符合设计和规范要求。

附：规范规定的施工过程控制要点

10.3.5 灌注水下混凝土应符合下列规定：

1 灌注水下混凝土之前，应再次检查孔内泥浆性能指标和孔底沉渣厚度，如超过规定，应进行第二次清孔，符合要求后方可灌注水下混凝土。

2 水下混凝土的原材料及配合比除应满足CJJ 2—2008规范第7.2、7.3节的要求以外，尚应符合下列规定：

1）水泥的初凝时间，不宜小于2.5h。

2）粗骨料优先选用卵石，如采用碎石宜增加混凝土配合比的含砂率。粗骨料的最大粒径不得大于导管内径的1/6～1/8和钢筋最小净距的1/4，同时不得大于40mm。

3）细骨料宜采用中砂。

4）混凝土配合比的含砂率宜采用0.4～0.5，水胶比宜采用0.5～0.6。经试验，可掺入部分粉煤灰（水泥与掺合料总量不宜小于350kg/m^3，水泥用量不得小于300kg/m^3）。

5）水下混凝土拌合物应具有足够的流动性和良好的和易性。

6）灌注时坍落度宜为180～220mm。

7）混凝土的配制强度应比设计强度提高10%～20%。

3 浇筑水下混凝土的导管应符合下列规定：

1）导管内壁应光滑圆顺，直径宜为20～30cm，节长宜为2m。

2）导管不得漏水，使用前应试拼、试压，试压的压力宜为孔底静水压力的1.5倍。

3）导管轴线偏差不宜超过孔深的0.5%，且不宜大于10cm。

4）导管采用法兰盘接头宜加锥形活套；采用螺旋丝扣型接头时必须有防止松脱装置。

4 水下混凝土施工应符合下列要求：

1）在灌注水下混凝土前，宜向孔底射水（或射风）翻动沉淀物3～5min。

2）混凝土应连续灌注，中途停顿时间不宜大于30min。

3）在灌注过程中，导管的埋置深度宜控制在2～6m。

4）灌注混凝土应采取防止钢筋骨架上浮的措施。

5）灌注的桩顶标高应比设计高出0.5～1m。

6）使用全护筒灌注水下混凝土时，护筒底端应埋于混凝土内不小于1.5m，随导管提升逐步上拔护筒。

10.3.6 灌注水下混凝土过程中，发生断桩时，应会同设计、监理根据断桩情况研究处理措施。

【沉井子分部工程】

沉井子分部工程的质量验收包括：沉井制作（模板与支架、钢筋、混凝土、钢壳）、沉井浮运、沉井下沉就位、清基与封底填充。

1. 沉井制作质量检验应符合 CJJ 2—2008 规范的规定。

10.7.5 沉井基础质量检验应符合下列规定：

1 沉井制作质量检验应符合 CJJ 2—2008 规范第 10.7.1 条规定，且应符合下列要求：

第 10.7.1 条　基础施工涉及的模板与支架、钢筋、混凝土、预应力混凝土、砌体质量检验应符合本规范第 5.4、6.5、7.13、8.5、9.6 节的规定。

沉井制作施工，根据 5.4（模板、支架和拱架的制作及安装检验标准，模板、支架和拱架的拆除）、6.5（钢筋原材料、钢筋加工、钢筋连接、钢筋安装的检验标准）、7.13（混凝土原材料、混凝土配合比、混凝土施工的检验标准）节规定，分别编制成下列各节的检验批质量验收记录用表。

【沉井制作（模板与支架、钢筋、混凝土、钢壳）】

【沉井制作模板与支架】

沉井制作模板与支架制作检验批质量验收记录　表 CJJ 2-2-4-1

本表按“通用表式”的表 CJJ 2-通-1-1 中有关质量标准执行。

沉井制作模板与支架安装检验批质量验收记录　表 CJJ 2-2-4-2

本表按“通用表式”的表 CJJ 2-通-1-2 中有关质量标准执行。

沉井制作模板与支架拆除检验批质量验收记录　表 CJJ 2-2-4-3

本表按“通用表式”的表 CJJ 2-通-1-3 中有关质量标准执行。

【沉井制作钢筋】

沉井制作钢筋原材料检验批质量验收记录　表 CJJ 2-2-4-4

本表按“通用表式”的表 CJJ 2-通-2-1 中有关质量标准执行。

沉井制作钢筋加工检验批质量验收记录　表 CJJ 2-2-4-5

本表按“通用表式”的表 CJJ 2-通-2-2 中有关质量标准执行。

沉井制作钢筋连接检验批质量验收记录　表 CJJ 2-2-4-6

本表按“通用表式”的表 CJJ 2-通-2-3 中有关质量标准执行。

沉井制作钢筋安装检验批质量验收记录　表 CJJ 2-2-4-7

本表按“通用表式”的表 CJJ 2-通-2-4 中有关质量标准执行。

【沉井制作混凝土】

沉井制作混凝土原材料检验批质量验收记录　表 CJJ 2-2-4-8

本表按“通用表式”的表 CJJ 2-通-3-1 中有关质量标准执行。

沉井制作混凝土配合比检验批质量验收记录　表 CJJ 2-2-4-9

本表按“通用表式”的表 CJJ 2-通-3-2 中有关质量标准执行。

沉井制作混凝土施工检验批质量验收记录 表 CJJ 2-2-4-10

本表按"通用表式"的表 CJJ 2-通-3-3A 中有关质量标准执行。

2. 且应符合（表 CJJ 2-2-4-11）的规定。

【沉井制作（钢壳沉井或混凝土沉井）质量检验】

【沉井制作（钢壳沉井或混凝土沉井）质量检验检验批质量验收记录】

沉井制作（钢壳沉井或混凝土沉井）质量检验检验批质量验收记录

表 CJJ 2-2-4-11

工程名称			
施工单位			
分项工程名称		施工班组长	
验收部位		专业工长	
施工执行标准名称及编号		项目经理	

检控项目	质量验收规范规定	施工单位检查评定记录	监理（建设）单位验收记录
主控项目	第 10.7.5 条　沉井基础质量检验应符合下列规定： 1 款 1)项　钢壳沉井的钢材及其焊接质量应符合设计要求和相关标准规定 1 款 2)项　钢壳沉井气筒必须按受压容器的有关规定制造，并经水压（不得低于工作压力的 1.5 倍）试验合格后方可投入使用		
一般项目	第 10.7.5 条　沉井基础质量检验应符合下列规定： 1 款 3)项　混凝土沉井制作允许偏差应符合下表的规定		

项　目（表 10.7.5-1）		允许偏差（mm）	量测值（mm）									
沉井尺寸	长、宽	±0.5%边长，大于 24m 时±120										
	半径	±0.5%半径，大于 12m 时±60										
对角线长度差		1%理论值，且不大于 80										
井壁厚度	混凝土	+40 −30										
	钢壳和钢筋混凝土	±15										
平整度		8										

检控项目	质量验收规范规定	施工单位检查评定记录	监理（建设）单位验收记录
一般项目	1 款 4)项　混凝土沉井壁表面应无孔洞、露筋、蜂窝、麻面和宽度超过 0.15mm 的收缩裂缝。		

施工单位检查评定结果	项目专业质量检查员：　　　　年　　月　　日
监理（建设）单位验收结论	专业监理工程师： （建设单位项目专业技术负责人）：　　　　年　　月　　日

注：1. 规范规定的施工过程控制要点见【检查验收时执行的规范条目】。

2. 沉井制作（钢壳沉井或混凝土沉井）质量检验系完成沉井制作的各子项后进行的检查和验收。

【检查验收时执行的规范条目】

10.7.5 沉井基础质量检验应符合下列规定：

1 沉井制作质量检验应符合 CJJ 2—2008 规范第 10.7.1 条规定，且应符合下列要求：

主控项目

1）钢壳沉井的钢材及其焊接质量应符合设计要求和相关标准规定。

2）钢壳沉井气筒必须按受压容器的有关规定制造，并经水压（不得低于工作压力的 1.5 倍）试验合格后方可投入使用。

一般项目

3）混凝土沉井制作允许偏差应符合表 10.7.5-1 的规定。

4）混凝土沉井壁表面应无孔洞、露筋、蜂窝、麻面和宽度超过 0.15mm 的收缩裂缝。

检查数量：全数检查。　　检验方法：观察。

混凝土沉井制作允许偏差　　**表 10.7.5-1**

项目		允许偏差（mm）	检验频率		检验方法
			范围	点数	
沉井尺寸	长、宽	±0.5%边长，大于24m 时±120	每座	2	用钢尺量长、宽各 1 点
	半径	±0.5%半径，大于12m 时±60		2	用钢尺量，每侧 1 点
对角线长度差		1%理论值，且不大于 80		2	用钢尺量，圆井量两个直径
井壁厚度	混凝土	+40 −30		4	用钢尺量，每侧 1 点
	钢壳和钢筋混凝土	±15			
平整度		8		4	用 2m 直尺、塞尺量，每侧各 1 点

【检验批验收应提供的核查资料】

沉井制作（钢壳沉井或混凝土沉井）质量检验检验批质量验收应提供的核查资料

表 CJJ 2-2-4-11a

序号	核查资料名称	核查要点
1	钢材出厂合格证、质量证明书或出厂检验报告	检查钢材品种、数量、生产厂家、日期、性能参数
2	钢材试验报告（见证取样）	检查试验单位资质，品种、代表数量、试验编号及日期、性能参数等，应符合设计和规范要求
3	焊条及焊接试件试验报告（见证取样）	检查试验单位资质，品种、代表数量、试验编号及日期、性能参数等，应符合设计和规范要求
4	混凝土试件强度试验报告（见证取样）	检查试验单位资质，代表数量、强度等级、试验编号及日期、性能参数等，应符合设计和规范要求
5	沉井制作尺寸偏差技术处理方案	按提供尺寸技术方案，核查其正确性
6	浮式沉井水密、水压试验报告	检查严密性、试验压力、公称压力、持续时间、试验结果等
7	钢筋进场验收记录	检查进场材料的品种、数量、日期、性能

注：表列凡有性能要求的均应符合设计和规范要求。

附：规范规定的施工过程控制要点

10.4.2 在河、湖中的沉井施工前，应调查洪汛、凌汛、河床冲刷、通航及漂流物等情况，制定防汛及相应的安全措施。

10.4.3 就地制作沉井应符合下列规定：

1 在旱地制作沉井应将原地面平整、夯实；在浅水中或可能被淹没的旱地、浅滩应筑岛制作沉井；在地下水位很低的地区制作沉井，可先开挖基坑至地下水位以上适当高度（一般为1～1.5m），再制作沉井。

2 制作沉井处的地面承载力应符合设计要求。当不能满足承载力要求时，应采取加固措施。

3 筑岛制作沉井时，应符合下列要求：

1）筑岛标高应高于施工期间河水的最高水位0.5～0.7m，当有冰流时，应适当加高。

2）筑岛的平面尺寸，应满足沉井制作及抽垫等施工要求。无围堰筑岛时，应在沉井周围设置不少于2m的护道，临水面坡度宜为1：1.75～1：3。有围堰筑岛时，沉井外缘距围堰的距离应满足下列公式，且不得小于1.5m；当不能满足时，应考虑沉井重力对围堰产生的侧压力。 $b \geqslant H\tan(45° - \phi/2)$

式中 b——沉井外缘距围堰的距离（m）；

H——筑岛高度（m）；

ϕ——筑岛用土含水饱和时的摩擦角。

3）筑岛材料应以透水性好、易于压实和开挖的无大块颗粒的砂土或碎石土。

4）筑岛应考虑水流冲刷对岛体稳定性的影响，并采取加固措施。

5）在斜坡上或在靠近堤防两侧筑岛时，应采取防止滑移的措施。

4 刃脚部位采用土内模时，宜用黏性土填筑，土模表面应铺20～30mm的水泥砂浆，砂浆层表面应涂隔离剂。

5 沉井分节制作的高度，应根据下沉系数、下沉稳定性，经验算确定。底节沉井的最小高度，应能满足拆除支垫或挖除土体时的竖向挠曲强度要求。

6 混凝土强度达到25%时可拆除侧模，混凝土强度达75%时方可拆除刃脚模板。

7 底节沉井抽垫时，混凝土强度应满足设计文件规定的抽垫要求。抽垫程序应符合设计规定，抽垫后应立即用砂性土回填、捣实。抽垫时应防止沉井偏斜。

10.4.8 浮式沉井施工应符合下列规定：

1 沉井制作应符合下列要求：

1）沉井的底节应做水压试验，其他各节应经水密试验，合格后方可入水。

2）沉井的气筒应按受压容器的有关规定，经检验合格后方可使用。

3）沉井的临时性井底，除应做水密试验，确认合格外，尚应满足在水下拆除方便的要求。

2 沉井在浮运前，应对所经水域和沉井位置处河床进行探查，确认水域无障碍物，沉井位置的河床平整；应掌握水文、气象及航运等情况；应检查拖运、定位、导向、锚碇等设施状况，确认合格。

3 浮式沉井底节入水后的初定位置，宜设在墩位上游适当位置。

4 浮式沉井在悬浮状态下接高应符合下列要求：

1）沉井悬浮于水中应随时验算沉井的稳定性。

2）接高时，必须均匀对称地加载，沉井顶面宜高出水面1.5m以上。

3）应随时测量墩位处河床冲刷情况，必要时应采取防护措施。

4）带气筒的浮式沉井，气筒应加以保护。

5）带临时性井底的浮式沉井及双壁浮式沉井，应控制各灌水隔舱间的水头差不得超过设计要求。

5 浮式沉井着床定位应符合下列要求：

1）着床宜安排在枯水时期、低潮水位和流速平稳时进行。

2）着床前应对锚碇设备进行检查和调整，确保沉井着床位置准确。

3）着床前应探明墩位处河床情况，确认符合设计要求。

4）着床位置，应根据河床高差、冲淤情况、地层及沉井入土下沉深度等因素研究确定，宜向河床较高位置偏移适当尺寸。

5）沉井着床后，应尽快下沉，使沉井保持稳定。

【沉井浮运】

【沉井浮运检验批质量验收记录】

沉井浮运检验批质量验收记录　　表 CJJ 2-2-4-12

<table>
<tr><td colspan="2">工程名称</td><td colspan="3"></td></tr>
<tr><td colspan="2">施工单位</td><td colspan="3"></td></tr>
<tr><td colspan="2">分项工程名称</td><td></td><td>施工班组长</td><td></td></tr>
<tr><td colspan="2">验收部位</td><td></td><td>专业工长</td><td></td></tr>
<tr><td colspan="2">施工执行标准名称及编号</td><td></td><td>项目经理</td><td></td></tr>
<tr><td>检控项目</td><td>质量验收规范规定</td><td colspan="2">施工单位检查评定记录</td><td>监理（建设）单位验收记录</td></tr>
<tr><td>主控项目</td><td>第 10.7.5 条 2 款　沉井浮运应符合下列要求：
1）预制浮式沉井在下水、浮运前，应进行水密试验，合格后方可下水。
检查数量：全数检查。
检验方法：检查试验报告。
2）钢壳沉井底节应进行水压试验，其余各节应进行水密检查，合格后方可下水。
检查数量：全数检查。
检验方法：检查试验报告。
注：沉井在浮运前，应对所经水域和沉井位置处河床进行探查，确认水域无障碍物，沉井位置的河床平整；应掌握水文、气象及航运等情况；应检查拖运、定位、导向、锚碇等设施状况，确认合格。</td><td colspan="2"></td><td></td></tr>
<tr><td colspan="2">施工单位检查评定结果</td><td colspan="3">项目专业质量检查员：　　年　月　日</td></tr>
<tr><td colspan="2">监理（建设）单位验收结论</td><td colspan="3">专业监理工程师：
（建设单位项目专业技术负责人）：　　年　月　日</td></tr>
</table>

【检验批验收应提供的核查资料】

沉井浮运检验批质量检验检验批质量验收应提供的核查资料　表 CJJ 2-2-4-12a

序号	核查资料名称	核查要点
1	预制浮式沉井水密试验报告单（见证取样）	水密试验方法和结果应符合规范和设计要求
2	钢壳沉井底节水压试验报告（见证取样）	水压试验方法和结果应符合规范和设计要求

注：表列凡有性能要求的均应符合设计和规范要求。

【沉井下沉就位】

【沉井下沉就位检验批质量验收记录】

沉井下沉就位检验批质量验收记录　　表 CJJ 2-2-4-13

<table>
<tr><td colspan="2">工程名称</td><td colspan="6"></td></tr>
<tr><td colspan="2">施工单位</td><td colspan="6"></td></tr>
<tr><td colspan="2">分项工程名称</td><td colspan="2"></td><td colspan="2">施工班组长</td><td colspan="2"></td></tr>
<tr><td colspan="2">验收部位</td><td colspan="2"></td><td colspan="2">专业工长</td><td colspan="2"></td></tr>
<tr><td colspan="2">施工执行标准名称及编号</td><td colspan="2"></td><td colspan="2">项目经理</td><td colspan="2"></td></tr>
<tr><td>检控项目</td><td colspan="3">质量验收规范规定</td><td colspan="3">施工单位检查评定记录</td><td>监理（建设）单位验收记录</td></tr>
<tr><td>主控项目</td><td colspan="3">第 10.7.5 条　沉井基础质量检验应符合下列规定：
3　沉井下沉要求
1）就地浇筑沉井首节下沉应在井壁混凝土达到设计强度后进行，其上各节达到设计强度的 75%后方可下沉</td><td colspan="3"></td><td></td></tr>
<tr><td rowspan="11">一般项目</td><td colspan="6">2）就地制作沉井下沉就位允许偏差规定（表 10.7.5-2）</td><td rowspan="11"></td></tr>
<tr><td colspan="2">项　目</td><td>允许偏差（mm）</td><td colspan="3">量测值（mm）</td></tr>
<tr><td colspan="2">底面、顶面中心位置</td><td>$H/50$</td><td colspan="3"></td></tr>
<tr><td colspan="2">垂直度</td><td>$H/50$</td><td colspan="3"></td></tr>
<tr><td colspan="2">平面扭角</td><td>1°</td><td colspan="3"></td></tr>
<tr><td colspan="6">3）浮式沉井下沉就位允许偏差规定（表 10.7.5-3）</td></tr>
<tr><td colspan="2">项　目</td><td>允许偏差（mm）</td><td colspan="3">量测值（mm）</td></tr>
<tr><td colspan="2">底面、顶面中心位置</td><td>$H/50+250$</td><td colspan="3"></td></tr>
<tr><td colspan="2">垂直度</td><td>$H/50$</td><td colspan="3"></td></tr>
<tr><td colspan="2">平面扭角</td><td>2°</td><td colspan="3"></td></tr>
<tr><td colspan="6">4）下沉后内壁不得渗漏</td></tr>
<tr><td colspan="2">施工单位检查评定结果</td><td colspan="6">项目专业质量检查员：　　　　年　　月　　日</td></tr>
<tr><td colspan="2">监理（建设）单位验收结论</td><td colspan="6">专业监理工程师：
（建设单位项目专业技术负责人）：　　　　年　　月　　日</td></tr>
</table>

注：1. H 为沉井高度（mm）。　2. 规范规定的施工过程控制要点见【检查验收时执行的规范条目】。

地基与基础分部工程

【检查验收时执行的规范条目】

10.7.5 沉井基础质量检验应符合下列规定：

3 沉井下沉应符合下列要求：

主控项目

1）就地浇筑沉井首节下沉应在井壁混凝土达到设计强度后进行，其上各节达到设计强度的75%后方可下沉。

检查数量：全数检查。　　检验方法：每节沉井下沉前检查同条件养护试件试验报告。

一般项目

2）就地制作沉井下沉就位允许偏差应符合表10.7.5-2的规定。

就地制作沉井下沉就位允许偏差　　**表10.7.5-2**

项　　目	允许偏差（mm）	检验频率		检验方法
		范围	点数	
底面、顶面中心位置	$H/50$	每座	4	用经纬仪测量纵横向各2点
垂直度	$H/50$		4	用经纬仪测量
平面扭角	1°		2	经纬仪检验纵、横轴线交点

注：H为沉井高度（mm）。

3）浮式沉井下沉就位允许偏差应符合表10.7.5-3的规定。

浮式沉井下沉就位允许偏差　　**表10.7.5-3**

项　　目	允许偏差（mm）	检验频率		检验方法
		范围	点数	
底面、顶面中心位置	$H/50+250$	每座	4	用经纬仪测量纵横向各2点
垂直度	$H/50$		4	用经纬仪测量
平面扭角	2°		2	经纬仪检验纵、横轴线交点

注：H为沉井高度（mm）。

4）下沉后内壁不得渗漏。

检查数量：全数检查。　　检验方法：观察。

【检验批验收应提供的核查资料】

沉井下沉就位检验批质量检验检验批质量验收应提供的核查资料

表CJJ 2-2-4-13a

序号	核查资料名称	核查要点
1	检查同条件养护试件试验报告	试验单位资质、代表批量、试验编号及日期、性能参数等，应符合设计和规范要求

注：表列凡有性能要求的均应符合设计和规范要求。

附：规范规定的施工过程控制要点

10.4.1 沉井下沉前，应对其附近的堤防、建（构）筑物采取有效的防护措施，并应在下沉过程中加强观测。

10.4.4 沉井下沉应符合下列规定：

1 在渗水量小，土质稳定的地层中宜采用排水下沉。有涌水翻砂的地层，不宜采用排水下沉。

2　下沉困难时，可采用高压射水、降低井内水位、压重等措施下沉。

3　沉井应连续下沉，尽量减少中途停顿时间。

4　下沉时，应自中间向刃脚处均匀对称除土。支承位置处的土，应在最后同时挖除。应控制各井室间的土面高差，并防止内隔墙底部受到土层的顶托。

5　沉井下沉中，应随时调整倾斜和位移。

6　弃土不得靠近沉井，避免对沉井引起偏压。在水中下沉时，应检查河床因冲、淤引起的土面高差，必要时可采用外弃土调整。

7　在不稳定的土层或沙土中下沉时，应保持井内外水位一定的高差，防止翻沙。

8　纠正沉井倾斜和位移应先摸清情况、分析原因，然后采取相应措施，如有障碍物应先排除再纠偏。

10.4.5　沉井接高应符合下列规定：

1　沉井接高前应调平。接高时应停止除土作业。

2　接高时，井顶露出水面不得小于150cm，露出地面不得小于50cm。

3　接高时应均匀加载，可在刃脚下回填或支垫，防止沉井在接高加载时突然下沉或倾斜。

4　接高时应清理混凝土界面，并用水湿润。

5　接高后的各节沉井中轴线应一致。

10.4.6　沉井下沉至设计高程后应清理、平整基底，经检验符合设计要求后，应及时封底。

【清基与封底填充】

第 10.7.5 条　沉井基础质量检验应符合下列规定：

4　清基后基底地质条件检验应符合 CJJ 2—2008 规范第 10.7.2 条第 2 款的规定。

第 10.7.2 条第 2 款：地基检验应符合下列要求：

1）地基承载力应按 CJJ 2—2008 规范第 10.1.7 条规定进行检验，确认符合设计要求。

检查数量：全数检查。　　检验方法：检查地基承载力报告。

2）地基处理应符合专项处理方案要求，处理后的地基必须满足设计要求。

检查数量：全数检查。　　检验方法：观察、检查施工记录。

5　封底填充混凝土应符合 CJJ 2—2008 规范第 10.7.1 条规定，且应符合下列要求。

1. 应符合第 10.7.1 条的规定。

【封底填充模板与支架】

封底填充模板与支架制作检验批质量验收记录　　表 CJJ 2-2-4-14

本表按“通用表式”的表 CJJ 2-通-1-1 中有关质量标准执行。

封底填充模板与支架安装检验批质量验收记录　　表 CJJ 2-2-4-15

本表按“通用表式”的表 CJJ 2-通-1-2 中有关质量标准执行。

封底填充模板与支架拆除检验批质量验收记录　　表 CJJ 2-2-4-16

本表按“通用表式”的表 CJJ 2-通-1-3 中有关质量标准执行。

【封底填充钢筋】

封底填充钢筋原材料检验批质量验收记录　　表 CJJ 2-2-4-17

本表按“通用表式”的表 CJJ 2-通-2-1 中有关质量标准执行。

封底填充钢筋加工检验批质量验收记录　　表 CJJ 2-2-4-18

本表按“通用表式”的表 CJJ 2-通-2-2 中有关质量标准执行。

封底填充钢筋连接检验批质量验收记录　　表 CJJ 2-2-4-19

本表按“通用表式”的表 CJJ 2-通-2-3 中有关质量标准执行。

封底填充钢筋安装检验批质量验收记录　　表 CJJ 2-2-4-20

本表按“通用表式”的表 CJJ 2-通-2-4 中有关质量标准执行。

【封底填充混凝土】

封底填充混凝土原材料检验批质量验收记录　　表 CJJ 2-2-4-21

本表按“通用表式”的表 CJJ 2-通-3-1 中有关质量标准执行。

封底填充混凝土配合比检验批质量验收记录　　表 CJJ 2-2-4-22

本表按“通用表式”的表 CJJ 2-通-3-2 中有关质量标准执行。

封底填充混凝土施工检验批质量验收记录　　表 CJJ 2-2-4-23

本表按"通用表式"的表 CJJ 2-通-3-3A 中有关质量标准执行。

2. 且应符合（表 CJJ 2-2-4-24）的要求。

（清基后基底地质条件检验和封底填充混凝土作为主控项目在表 CJJ 2-2-4-24 中进行检查验收。）

【清基与封底填充混凝土】

【清基与封底填充混凝土检验批质量验收记录】

清基与封底填充混凝土检验批质量验收记录　　表 CJJ 2-2-4-24

工程名称			
施工单位			
分项工程名称		施工班组长	
验收部位		专业工长	
施工执行标准名称及编号		项目经理	

检控项目	质量验收规范规定	施工单位检查评定记录	监理（建设）单位验收记录
主控项目	第 10.7.5 条　沉井基础质量检验应符合下列规定： 4　清基后基底地质条件检验应符合 CJJ 2—2008 规范第 10.7.2 条第 2 款的规定 第 10.7.2 条第 2 款：地基检验应符合下列要求： 1）地基承载力应按 CJJ 2—2008 规范第 10.1.7 条规定进行检验，确认符合设计要求 2）地基处理应符合专项处理方案要求，处理后的地基必须满足设计要求		
一般项目	5　封底填充混凝土应符合 CJJ 2—2008 规范第 1 0.7.1 条规定，且应符合下列要求： 1）沉井在软土中沉至设计高程并清基后，待 8h 内累计下沉小于 10mm 时，方可封底； 2）沉井应在封底混凝土强度达到设计要求后方可进行抽水填充。 注：第 10.7.1 条是指混凝土施工时用的材料、配合比、混凝土试件及施工坍落度等，应符合设计和规范规定。见第 7.13 节检验标准第 7.13.1～7.13.12 条。		

施工单位检查评定结果	项目专业质量检查员：　　年　月　日
监理（建设）单位验收结论	专业监理工程师： （建设单位项目专业技术负责人）：　　年　月　日

注：规范规定的施工过程控制要点见【检查验收时执行的规范条目】。

【检查验收时执行的规范条目】

10.7.5 沉井基础质量检验应符合下列规定：

主控项目

4 清基后基底地质条件检验应符合 CJJ 2—2008 规范第 10.7.2 条第 2 款的规定。

第 10.7.2 条第 2 款：地基检验应符合下列要求：

1）地基承载力应按 CJJ 2—2008 规范第 10.1.7 条规定进行检验，确认符合设计要求。

检查数量：全数检查。　　检验方法：检查地基承载力报告。

2）地基处理应符合专项处理方案要求，处理后的地基必须满足设计要求。

检查数量：全数检查。　　检验方法：观察、检查施工记录。

5 封底填充混凝土应符合 CJJ 2—2008 规范第 10.7.1 条规定，且应符合下列要求：

一般项目

1）沉井在软土中沉至设计高程并清基后，待 8h 内累计下沉小于 10mm 时，方可封底；

检查数量：全数检查。　　检验方法：水准仪测量。

2）沉井应在封底混凝土强度达到设计要求后方可进行抽水填充。

检查数量：全数检查。　　检验方法：抽水前检查同条件养护试件强度试验报告。

【检验批验收应提供的核查资料】

清基与封底填充混凝土检验批质量验收应提供的核查资料　　表 CJJ 2-2-4-24a

序号	核查资料名称	核查要点
1	施工记录；	施工记录内容的完整性（资料名称项下括号内的内容）
2	地基承载力测试报告；	试验单位的资质、报告内容齐全程度、是否满足设计要求
3	同条件养护试件强度试验报告	试验单位资质、代表批量、试验编号及日期、性能参数等，应符合设计和规范要求

注：表列凡有性能要求的均应符合设计和规范要求。

附：规范规定的施工过程控制要点

10.1.7 基坑内地基承载力必须满足设计要求。基坑开挖完成后，应会同设计、勘探单位实地验槽，确认地基承载力满足设计要求。

10.4.7 水下封底施工应符合 CJJ 2—2008 规范第 10.3.5 条的有关规定，并应符合下列规定：

1 采用数根导管同时浇注时，导管数量和位置宜符合表 10.4.7 的规定。

导管作用范围　　表 10.4.7

导管内径（mm）	导管作用半径（m）	导管下口要求埋入深度（m）
250	1.1 左右	2.0 以上
300	1.3～2.2	
300～500	2.2～4.0	

2 导管底端埋入封底混凝土的深度不宜小于 0.8m。

3 混凝土顶面的流动坡度宜控制在 1∶5 以下。

4 在封底混凝土上抽水时，混凝土强度不得小于 10MPa，硬化时间不得小于 3d。

第 10.3.5 条：

10.3.5 灌注水下混凝土应符合下列规定：

1 灌注水下混凝土之前，应再次检查孔内泥浆性能指标和孔底沉渣厚度，如超过规定，应进行第二次清孔，符合要求后方可灌注水下混凝土。

2　水下混凝土的原材料及配合比除应满足本规范第7.2节、7.3节的要求以外，尚应符合下列规定：

1）水泥的初凝时间，不宜小于2.5h。

2）粗骨料优先选用卵石，如采用碎石宜增加混凝土配合比的含砂率。粗骨料的最大粒径不得大于导管内径的1/6～1/8和钢筋最小净距的1/4，同时不得大于40mm。

3）细骨料宜采用中砂。

4）混凝土配合比的含砂率宜采用0.4～0.5，水胶比宜采用0.5～0.6。经试验，可掺入部分粉煤灰（水泥与掺合料总量不宜小于350kg/m^3，水泥用量不得小于300kg/m^3）。

5）水下混凝土拌合物应具有足够的流动性和良好的和易性。

6）灌注时坍落度宜为180～220mm。

7）混凝土的配制强度应比设计强度提高10%～20%。

3　浇筑水下混凝土的导管应符合下列规定：

1）导管内壁应光滑圆顺，直径宜为20～30cm，节长宜为2m。

2）导管不得漏水，使用前应试拼、试压，试压的压力宜为孔底静水压力的1.5倍。

3）导管轴线偏差不宜超过孔深的0.5%，且不宜大于10cm。

4）导管采用法兰盘接头宜加锥形活套；采用螺旋丝扣型接头时必须有防止松脱装置。

4　水下混凝土施工应符合下列要求：

1）在灌注水下混凝土前，宜向孔底射水（或射风）翻动沉淀物3～5min。

2）混凝土应连续灌注，中途停顿时间不宜大于30min。

3）在灌注过程中，导管的埋置深度宜控制在2～6m。

4）灌注混凝土应采取防止钢筋骨架上浮的措施。

5）灌注的桩顶标高应比设计高出0.5～1m。

6）使用全护筒灌注水下混凝土时，护筒底端应埋于混凝土内不小于1.5m，随导管提升逐步上拔护筒。

【地下连续墙子分部工程】

地下连续墙子分部工程的质量验收包括：地下连续墙成槽；地下连续墙钢筋与骨架；地下连续墙水下混凝土；地下连续墙质量检验。

【地下连续墙成槽】

【地下连续墙成槽检验批质量验收记录】

地下连续墙成槽检验批质量验收记录　　表 CJJ 2-2-5-1

<table>
<tr><td colspan="2">工程名称</td><td colspan="13"></td></tr>
<tr><td colspan="2">施工单位</td><td colspan="13"></td></tr>
<tr><td colspan="2">分项工程名称</td><td colspan="2"></td><td colspan="5">施工班组长</td><td colspan="6"></td></tr>
<tr><td colspan="2">验收部位</td><td colspan="2"></td><td colspan="5">专业工长</td><td colspan="6"></td></tr>
<tr><td colspan="2">施工执行标准名称及编号</td><td colspan="2"></td><td colspan="5">项目经理</td><td colspan="6"></td></tr>
<tr><td>检控项目</td><td colspan="3">质量验收规范规定</td><td colspan="10">施工单位检查评定记录</td><td>监理（建设）单位验收记录</td></tr>
<tr><td>主控项目</td><td colspan="3">第 10.7.6 条　地下连续墙质量检验应符合下列规定：
1　成槽的深度应符合设计要求</td><td colspan="10"></td><td rowspan="8"></td></tr>
<tr><td rowspan="7">一般项目</td><td colspan="3">2 款 3)项　地下连续墙允许偏差应符合表 10.7.6 的规定。</td><td colspan="10"></td></tr>
<tr><td colspan="2">项　　目</td><td>允许偏差（mm）</td><td colspan="10">量测值（mm）</td></tr>
<tr><td colspan="2">轴线偏位</td><td>30</td><td></td><td></td><td></td><td></td><td></td><td></td><td></td><td></td><td></td><td></td></tr>
<tr><td colspan="2">外形尺寸</td><td>＋30
0</td><td></td><td></td><td></td><td></td><td></td><td></td><td></td><td></td><td></td><td></td></tr>
<tr><td colspan="2">垂直度</td><td>0.5%墙高</td><td></td><td></td><td></td><td></td><td></td><td></td><td></td><td></td><td></td><td></td></tr>
<tr><td colspan="2">顶面高程</td><td>±10</td><td></td><td></td><td></td><td></td><td></td><td></td><td></td><td></td><td></td><td></td></tr>
<tr><td colspan="2">沉渣厚度</td><td>符合设计要求</td><td></td><td></td><td></td><td></td><td></td><td></td><td></td><td></td><td></td><td></td></tr>
<tr><td colspan="2">施工单位检查评定结果</td><td colspan="13">项目专业质量检查员：　　　　年　月　日</td></tr>
<tr><td colspan="2">监理（建设）单位验收结论</td><td colspan="13">专业监理工程师：
（建设单位项目专业技术负责人）：　　　　年　月　日</td></tr>
</table>

注：规范规定的施工过程控制要点见【检查验收时执行的规范条目】。

【检查验收时执行的规范条目】

10.7.6 地下连续墙质量检验应符合下列规定：

主控项目

1 成槽的深度应符合设计要求。

检查数量：全数检查。　　检验方法：用重锤检查。

一般项目

2 款 3）项地下连续墙允许偏差应符合表 10.7.6 的规定。

地下连续墙允许偏差　　**表 10.7.6**

项　　目	允许偏差（mm）	检验频率		检验方法
		范围	点数	
轴线偏位	30	每单元段或每槽段	2	用经纬仪测量
外形尺寸	+30 0		1	用钢尺量一个断面
垂直度	0.5%墙高		2	用超声波测槽仪检验
顶面高程	±10		1	用水准仪测量
沉渣厚度	符合设计要求			用重锤或沉积物测定仪（沉淀盒）

【检验批验收应提供的核查资料】

地下连续墙成槽检验批质量验收应提供的核查资料　　**表 CJJ 2-2-5-1a**

序号	核 查 资 料 名 称	核　查　要　点
1	施工记录	施工记录内容的完整性（施工机械，槽宽、槽深、槽位、槽壁垂直度，清底）

注：表列凡有性能要求的均应符合设计和规范要求。

附：规范规定的施工过程控制要点

10.5.5 地下连续墙的成槽施工，应根据地质条件和施工条件选用挖槽机械，并采用间隔式开挖，一般地质条件应间隔一个单元槽段。挖槽时，抓斗中心平面应与导墙中心平面相吻合。

10.5.6 挖槽过程中应观察槽壁变形、垂直度、泥浆液面高度，并应控制抓斗上下运行速度。如发现较严重坍塌时，应及时将机械设备提出，分析原因，妥善处理。

10.5.7 槽段挖至设计高程后，应及时检查槽位、槽深、槽宽和垂直度，合格后方可进行清底。

10.5.8 清底应自底部抽吸并及时补浆，沉淀物淤积厚度不得大于 100mm。

【地下连续墙钢筋与骨架】

地下连续墙钢筋与骨架钢筋原材料检验批质量验收记录

表 CJJ 2-2-5-2

本表按“通用表式”的表 CJJ 2-通-2-1 中有关质量标准执行。

地下连续墙钢筋与骨架钢筋加工检验批质量验收记录

表 CJJ 2-2-5-3

本表按“通用表式”的表 CJJ 2-通-2-2 中有关质量标准执行。

地下连续墙钢筋与骨架钢筋连接检验批质量验收记录

表 CJJ 2-2-5-4

本表按“通用表式”的表 CJJ 2-通-2-3 中有关质量标准执行。

地下连续墙钢筋与骨架检验批质量验收记录

表 CJJ 2-2-5-5

本表按“通用表式”的表 CJJ 2-通-2-4 中有关质量标准执行。

附：规范规定的施工过程控制要点

10.3.4 吊装钢筋笼应符合下列规定：

1 钢筋笼宜整体吊装入孔。需分段入孔时，上下两段应保持顺直。接头应符合 CJJ 2—2008 规范第 6 章的有关规定。

2 应在骨架外侧设置控制保护层厚度的垫块，其间距竖向宜为 2m，径向圆周不得少于 4 处。钢筋笼入孔后，应牢固定位。

3 在骨架上应设置吊环。为防止骨架起吊变形，可采取临时加固措施，入孔时拆除。

4 钢筋笼吊放入孔应对中、慢放，防止碰撞孔壁。下放时应随时观察孔内水位变化，发现异常应立即停放，检查原因。

10.5.10 吊装钢筋骨架应符合（CJJ 2—2008）规范第 10.3.4 条的有关规定，且应符合下列规定：

1 吊放钢筋骨架时，必须将钢筋骨架中心对准单元节段的中心，准确放入槽内，不得使骨架发生摆动和变形。

2 全部钢筋骨架入槽后，应固定在导墙上，顶端高度应符合设计要求。

3 当钢筋骨架不能顺利的插入槽内时，应查明原因，排除障碍后，重新放入，不得强行压入槽内。

4 钢筋骨架分节沉入时，下节钢筋笼应临时固定在导墙上，上下节主筋应对正、焊接牢固，并经检查合格后方可继续下沉。

第 10.3.4 条：

【地下连续墙水下混凝土】

地下连续墙水下混凝土原材料检验批质量验收记录　表 CJJ 2-2-5-6

本表按"通用表式"的表 CJJ 2-通-3-1 中有关质量标准执行。

地下连续墙水下混凝土配合比检验批质量验收记录　表 CJJ 2-2-5-7

本表按"通用表式"的表 CJJ 2-通-3-2 中有关质量标准执行。

地下连续墙水下混凝土施工检验批质量验收记录　表 CJJ 2-2-5-8

本表按"通用表式"的表 CJJ 2-通-3-3A 中有关质量标准执行。

附：规范规定的施工过程控制要点

10.3.5 灌注水下混凝土应符合下列规定：

1 灌注水下混凝土之前，应再次检查孔内泥浆性能指标和孔底沉渣厚度，如超过规定，应进行第二次清孔，符合要求后方可灌注水下混凝土。

2 水下混凝土的原材料及配合比除应满足 CJJ 2—2008 规范第 7.2 节、7.3 节的要求以外，尚应符合下列规定：

1）水泥的初凝时间，不宜小于 2.5h。

2）粗骨料优先选用卵石，如采用碎石宜增加混凝土配合比的含砂率。粗骨料的最大粒径不得大于导管内径的 1/6～1/8和钢筋最小净距的 1/4，同时不得大于 40mm。

3）细骨料宜采用中砂。

4）混凝土配合比的含砂率宜采用 0.4～0.5，水胶比宜采用 0.5～0.6。经试验，可掺入部分粉煤灰（水泥与掺合料总量不宜小于 350kg/m^3，水泥用量不得小于 300kg/m^3）。

5）水下混凝土拌合物应具有足够的流动性和良好的和易性。

6）灌注时坍落度宜为 180～220mm。

7）混凝土的配制强度应比设计强度提高 10%～20%。

3 浇筑水下混凝土的导管应符合下列规定：

1）导管内壁应光滑圆顺，直径宜为 20～30cm，节长宜为 2m。

2）导管不得漏水，使用前应试拼、试压，试压的压力宜为孔底静水压力的 1.5 倍。

3）导管轴线偏差不宜超过孔深的 0.5%，且不宜大于 10cm。

4）导管采用法兰盘接头宜加锥形活套；采用螺旋丝扣型接头时必须有防止松脱装置。

4 水下混凝土施工应符合下列要求：

1）在灌注水下混凝土前，宜向孔底射水（或射风）翻动沉淀物 3～5min。

2）混凝土应连续灌注，中途停顿时间不宜大于 30min。

3）在灌注过程中，导管的埋置深度宜控制在 2～6m。

4）灌注混凝土应采取防止钢筋骨架上浮的措施。

5）灌注的桩顶标高应比设计高出 0.5～1m。

6）使用全护筒灌注水下混凝土时，护筒底端应埋于混凝土内不小于 1.5m，随导管提升逐步上拔护筒。

【地下连续墙质量检验】

【地下连续墙质量检验检验批质量验收记录】

地下连续墙质量检验检验批质量验收记录　　表 CJJ 2-2-5-9

<table>
<tr><td colspan="2">工程名称</td><td colspan="3"></td></tr>
<tr><td colspan="2">施工单位</td><td colspan="3"></td></tr>
<tr><td colspan="2">分项工程名称</td><td></td><td>施工班组长</td><td></td></tr>
<tr><td colspan="2">验收部位</td><td></td><td>专业工长</td><td></td></tr>
<tr><td colspan="2">施工执行标准名称及编号</td><td></td><td>项目经理</td><td></td></tr>
<tr><td>检控项目</td><td colspan="2">质量验收规范规定</td><td>施工单位检查评定记录</td><td>监理（建设）单位验收记录</td></tr>
<tr><td>主控项目</td><td colspan="2">第 10.7.6 条　地下连续墙质量检验应符合下列规定：
2　水下混凝土质量检验应符合 CJJ 2—2008 规范第 10.7.1 条规定，且应符合下列要求：
1）墙身不得有夹层、局部凹进。
2）接头处理应符合施工设计要求。
第 7.13.4 条　碱活性骨料和总碱含量规定和设计要求。
第 7.13.5 条　混凝土强度试件的取样与留置规定</td><td></td><td></td></tr>
<tr><td rowspan="9">一般项目</td><td colspan="2">第 10.7.6 条 2 款 3）项　地下连续墙允许偏差应符合表 10.7.6 的规定。</td><td></td><td rowspan="9"></td></tr>
<tr><td>项　目（表 10.7.6）</td><td>允许偏差（mm）</td><td>量测值（mm）</td></tr>
<tr><td>轴线偏位</td><td>30</td><td></td></tr>
<tr><td>外形尺寸</td><td>+30
0</td><td></td></tr>
<tr><td>垂直度</td><td>0.5%墙高</td><td></td></tr>
<tr><td>顶面高程</td><td>±10</td><td></td></tr>
<tr><td>沉渣厚度</td><td>符合设计要求</td><td></td></tr>
<tr><td colspan="2">第 7.13.11 条　混凝土拌合物的坍落度应符合设计配合比要求</td><td></td></tr>
<tr><td colspan="2">第 7.13.12 条　混凝土原材料每盘称量允许偏差规定</td><td></td></tr>
<tr><td colspan="2">施工单位检查评定结果</td><td colspan="3">项目专业质量检查员：　　　　年　月　日</td></tr>
<tr><td colspan="2">监理（建设）单位验收结论</td><td colspan="3">专业监理工程师：
（建设单位项目专业技术负责人）：　　　　年　月　日</td></tr>
</table>

注：1. 规范规定的施工过程控制要点见【检查验收时执行的规范条目】。

2. 地下连续墙质量检验系完成地下连续墙的各子项后进行的检查和验收。

【检查验收时执行的规范条目】

10.7.6　地下连续墙质量检验应符合下列规定：

主控项目

2　水下混凝土质量检验应符合 CJJ 2—2008 规范第 10.7.1 条规定，且应符合下列要求：

1）墙身不得有夹层、局部凹进。

检查数量：全数检查。　　检验方法：检查无损检测报告。

2）接头处理应符合施工设计要求。

检查数量：全数检查。　　检验方法：观察、检查施工记录。

7.13.4 当使用具有潜在碱活性骨料时，混凝土中的总碱含量应符合CJJ 2—2008规范第7.1.2条的规定和设计要求。

检验数量：每一混凝土配合比进行1次总碱含量计算。　　检验方法：检查核算单。

第7.1.2条　混凝土宜使用非碱活性骨料，当使用碱活性骨料时，混凝土的总碱含量不宜大于3kg/m³；对大桥、特大桥梁总碱含量不宜大于1.8kg/m³；对处于环境类别属三类以上受严重侵蚀环境的桥梁，不得使用碱活性骨料。混凝土结构的环境类别应按表7.1.2确定。

混凝土结构的环境类别　　**表7.1.2**

环境类别		条　件
一		室内正常环境
二	a	室内潮湿环境；非严寒和非寒冷地区的露天环境、与无侵蚀性的水或土直接接触的环境
	b	严寒和寒冷地区的露天环境、与无侵蚀性的水或土直接接触的环境
三		使用除冰盐的环境；严寒和寒冷地区冬季水位变动的环境；滨海室外环境
四		海水环境
五		受人为或自然的侵蚀性物质影响的环境

注：严寒和寒冷地区的划分应符合现行国家标准《民用建筑热工设计规范》GB 50176的规定。

7.13.5 混凝土强度等级应按现行国家标准《混凝土强度检验评定标准》GBJ 107的规定检验评定，其结果必须符合设计要求。用于检查混凝土强度的试件，应在混凝土浇筑地点随机抽取。取样与试件留置应符合下列规定：

1 每拌制100盘且不超过100m³的同配比的混凝土，取样不得少于1次；

2 每工作班拌制的同一配合比的混凝土不足100盘时，取样不得少于1次；

3 每次取样应至少留置1组标准养护试件，同条件养护试件的留置组数应根据实际需要确定。

检验数量：全数检查。　　检验方法：检查试验报告。

一般项目

10.7.6条2款3）地下连续墙允许偏差应符合表10.7.6的规定。

地下连续墙允许偏差　　**表10.7.6**

项　目	允许偏差（mm）	检验频率		检验方法
		范围	点数	
轴线偏位	30	每单元段或每槽段	2	用经纬仪测量
外形尺寸	+30 0		1	用钢尺量一个断面
垂直度	0.5%墙高		2	用超声波测槽仪检验
顶面高程	±10		1	用水准仪测量
沉渣厚度	符合设计要求			用重锤或沉积物测定仪（沉淀盒）

7.13.11 混凝土拌合物的坍落度应符合设计配合比要求。

检验数量：每工作班不少于1次。　　检验方法：用坍落度仪检测。

7.13.12 混凝土原材料每盘称量允许偏差应符合表7.13.12的规定。

检验数量：每工作班抽查不少1次。　　检验方法：复称。

混凝土原材料每盘称量允许偏差　　表 7.13.12

材料名称	允许偏差	
	工地	工厂或搅拌站
水泥和干燥状态的掺合料	±2%	±1%
粗、细骨料	±3%	±2%
水、外加剂	±2%	±1%

注：1 各种衡器应定期检定，每次使用前应进行零点校核，保证计量准确；
2 当遇雨天或含水率有显著变化时，应增加含水率检测次数，并及时调整水和骨料的用量。

【检验批验收应提供的核查资料】

地下连续墙水下混凝土检验批质量验收应提供的核查资料　　表 CJJ 2-2-5-9a

序号	核查资料名称	核查要点
1	水泥、钢筋、焊条（剂）、砂石、外加剂材料质量合格证	检查材料品种、规格、数量、生产厂家、日期，与试验报告对应
2	水泥、钢筋、焊条（剂）、砂石、外加剂材料试验报告（见证取样）	检查品种、规格、代表数量、日期、性能，与合格证或质量证书对应
3	进场材料验收记录	检查进场材料品种、数量、日期、质量，与合格证或质量证书对应
4	施工记录（钢筋笼尺寸、质量及安装深度、墙位、槽深、混凝土坍落度、混凝土强度、垂直度、搅拌、泥浆比重、沉渣厚度、桩顶标高等）	施工记录内容的完整性（资料名称项下括号内的内容）
5	隐蔽工程验收记录（钢筋笼尺寸、质量及安装深度、墙位、槽深、混凝土强度、垂直度、泥浆比重、沉渣厚度、桩顶标高等）	隐验记录核查资料名称项下括号内的内容

注：1. 合理缺项除外；2. 表列凡有性能要求的均应符合设计和规范要求。

附：规范规定的施工过程控制要点

10.5.1 在堤防、建（构）筑物附近施工前，必须了解堤防、建（构）筑物结构及其基础情况，如影响其安全时，应采取有效防护措施，并在施工中加强观测。

10.5.2 用泥浆护壁挖槽的地下连续墙应先构筑导墙。

10.5.3 导墙的材料、平面位置、形式、埋置深度、墙体厚度、顶面高程应符合设计要求。当设计无要求时，应符合下列规定：

1 导墙宜采用钢筋混凝土构筑，混凝土等级不宜低于 C20。

2 导墙的平面轴线应与地下连续墙平行，两导墙的内侧间距宜比地下连续墙体厚度大 40～60mm。

3 导墙断面形式应根据土质情况确定，可采用板形、[形或倒 L 形。

4 导墙底端埋入土体内深度宜大于 1m。基底土层应夯实。导墙顶端应高出地下水位，墙后填土应与墙顶齐平，导墙顶面应水平，内墙面应竖直。

5 导墙支撑间距宜为 1～1.5m。

10.5.4 混凝土导墙施工应符合下列规定：

1 导墙分段现浇时，段落划分应与地下连续墙划分的节段错开。

2 安装预制导墙段时，必须保证连接处质量，防止渗漏。

3 混凝土导墙在浇筑及养护期间，重型机械、车辆不得在附近作业、行驶。

10.5.9 接头施工应符合设计要求，并应符合下列规定：

1 锁口管应能承受灌注混凝土时的侧压力，且不得产生位移。

2 安放锁口管时应紧贴槽端，垂直、缓慢下放，不得碰撞槽壁和强行入槽。锁口管应沉入槽底 300～500mm。

3 锁口管灌注混凝土 2～3h 后进行第一次起拔，以后应每 30min 提升一次，每次提升 50～100mm，直至终凝后全部拔出。

4 后继段开挖后，应对前槽段竖向接头进行清刷，清除附着土渣、泥浆等物。

10.5.11 水下混凝土施工应符合 CJJ 2—2008 规范第 10.3.5 条的规定。

第 10.3.5 条：

10.3.5 灌注水下混凝土应符合下列规定：

1 灌注水下混凝土之前，应再次检查孔内泥浆性能指标和孔底沉渣厚度，如超过规定，应进行第二次清孔，符合要求后方可灌注水下混凝土。

2 水下混凝土的原材料及配合比除应满足 CJJ 2—2008 规范第 7.2、7.3 节的要求以外，尚应符合下列规定：

1）水泥的初凝时间，不宜小于 2.5h。

2）粗骨料优先选用卵石，如采用碎石宜增加混凝土配合比的含砂率。粗骨料的最大粒径不得大于导管内径的1/6～1/8和钢筋最小净距的 1/4，同时不得大于 40mm。

3）细骨料宜采用中砂。

4）混凝土配合比的含砂率宜采用 0.4～0.5，水胶比宜采用 0.5～0.6。经试验，可掺人部分粉煤灰（水泥与掺合料总量不宜小于 350kg/m^3，水泥用量不得小于 300kg/m^3）。

5）水下混凝土拌合物应具有足够的流动性和良好的和易性。

6）灌注时坍落度宜为 180～220mm。

7）混凝土的配制强度应比设计强度提高 10%～20%。

3 浇筑水下混凝土的导管应符合下列规定：

1）导管内壁应光滑圆顺，直径宜为 20～30cm，节长宜为 2m。

2）导管不得漏水，使用前应试拼、试压，试压的压力宜为孔底静水压力的 1.5 倍。

3）导管轴线偏差不宜超过孔深的 0.5%，且不宜大于 10cm。

4）导管采用法兰盘接头宜加锥形活套；采用螺旋丝扣型接头时必须有防止松脱装置。

4 水下混凝土施工应符合下列要求：

1）在灌注水下混凝土前，宜向孔底射水（或射风）翻动沉淀物 3～5min。

2）混凝土应连续灌注，中途停顿时间不宜大于 30min。

3）在灌注过程中，导管的埋置深度宜控制在 2～6m。

4）灌注混凝土应采取防止钢筋骨架上浮的措施。

5）灌注的桩顶标高应比设计高出 0.5～1m。

6）使用全护筒灌注水下混凝土时，护筒底端应埋于混凝土内不小于 1.5m，随导管提升逐步上拔护筒。

【现浇混凝土承台子分部工程】

现浇混凝土承台子分部工程的质量验收包括：承台模板与支架；承台钢筋；承台混凝土。

1. 现浇混凝土承台质量检验应符合 CJJ 2—2008 规范第 10.7.1 条规定。

第 10.7.1 条　基础施工涉及的模板与支架、钢筋、混凝土、预应力混凝土、砌体质量检验应符合本规范第 5.4、6.5、7.13、8.5、9.6 节的规定。

现浇混凝土承台施工，根据 5.4（模板、支架和拱架的制作及安装检验标准，模板、支架和拱架的拆除）、6.5（钢筋原材料、钢筋加工、钢筋连接、钢筋安装的检验标准）、7.13（混凝土原材料、混凝土配合比、混凝土施工的检验标准）节规定，分别编制成下列各节的检验批质量验收记录用表。

【现浇混凝土承台模板与支架】

现浇混凝土承台模板与支架制作检验批质量验收记录　表 CJJ 2-2-6-1

本表按“通用表式”的表 CJJ 2-通-1-1 中有关质量标准执行。

现浇混凝土承台模板与支架安装检验批质量验收记录　表 CJJ 2-2-6-2

本表按“通用表式”的表 CJJ 2-通-1-2 中有关质量标准执行。

现浇混凝土承台模板与支架拆除检验批质量验收记录　表 CJJ 2-2-6-3

本表按“通用表式”的表 CJJ 2-通-1-3 中有关质量标准执行。

【现浇混凝土承台钢筋】

现浇混凝土承台钢筋原材料检验批质量验收记录　表 CJJ 2-2-6-4

本表按“通用表式”的表 CJJ 2-通-2-1 中有关质量标准执行。

现浇混凝土承台钢筋加工检验批质量验收记录　表 CJJ 2-2-6-5

本表按“通用表式”的表 CJJ 2-通-2-2 中有关质量标准执行。

现浇混凝土承台钢筋连接检验批质量验收记录　表 CJJ 2-2-6-6

本表按“通用表式”的表 CJJ 2-通-2-3 中有关质量标准执行。

现浇混凝土承台钢筋安装检验批质量验收记录　表 CJJ 2-2-6-7

本表按“通用表式”的表 CJJ 2-通-2-4 中有关质量标准执行。

【现浇混凝土承台混凝土】

现浇混凝土承台混凝土原材料检验批质量验收记录　表 CJJ 2-2-6-8

本表按“通用表式”的表 CJJ 2-通-3-1 中有关质量标准执行。

现浇混凝土承台混凝土配合比检验批质量验收记录　表 CJJ 2-2-6-9

本表按“通用表式”的表 CJJ 2-通-3-2 中有关质量标准执行。

现浇混凝土承台混凝土施工检验批质量验收记录　表 CJJ 2-2-6-10

本表按“通用表式”的表 CJJ 2-通-3-3A 中有关质量标准执行。

2. 且应符合（表 CJJ 2-2-6-11）的规定。

【现浇混凝土承台混凝土质量检验】

【现浇混凝土承台混凝土质量检验检验批质量验收记录】

现浇混凝土承台混凝土质量检验检验批质量验收记录　　表 CJJ 2-2-6-11

<table>
<tr><td colspan="3">工程名称</td><td colspan="13"></td></tr>
<tr><td colspan="3">施工单位</td><td colspan="13"></td></tr>
<tr><td colspan="3">分项工程名称</td><td colspan="2"></td><td colspan="3">施工班组长</td><td colspan="8"></td></tr>
<tr><td colspan="3">验收部位</td><td colspan="2"></td><td colspan="3">专业工长</td><td colspan="8"></td></tr>
<tr><td colspan="3">施工执行标准名称及编号</td><td colspan="2"></td><td colspan="3">项目经理</td><td colspan="8"></td></tr>
<tr><td>检控项目</td><td colspan="4">质量验收规范规定</td><td colspan="10">施工单位检查评定记录</td><td>监理（建设）单位验收记录</td></tr>
<tr><td rowspan="7">一般项目</td><td colspan="4">第 10.7.7 条　现浇混凝土承台质量检验，应符合 CJJ 2—2008 规范第 10.7.1 条规定，且应符合下列规定：
2　承台表面应无孔洞、露筋、缺棱掉角、蜂窝、麻面和宽度超过 0.15mm 的收缩裂缝。</td><td colspan="10"></td><td rowspan="7"></td></tr>
<tr><td colspan="3">项　目（第 10.7.7 条 1 款之表 10.7.7）</td><td>允许偏差（mm）</td><td colspan="10">量测值（mm）</td></tr>
<tr><td>断面尺寸</td><td colspan="2">长、宽</td><td>±20</td><td></td><td></td><td></td><td></td><td></td><td></td><td></td><td></td><td></td><td></td></tr>
<tr><td colspan="3">承台厚度</td><td>0
+10</td><td></td><td></td><td></td><td></td><td></td><td></td><td></td><td></td><td></td><td></td></tr>
<tr><td colspan="3">顶面高程</td><td>±10</td><td></td><td></td><td></td><td></td><td></td><td></td><td></td><td></td><td></td><td></td></tr>
<tr><td colspan="3">轴线偏位</td><td>15</td><td></td><td></td><td></td><td></td><td></td><td></td><td></td><td></td><td></td><td></td></tr>
<tr><td colspan="3">预埋件位置</td><td>10</td><td></td><td></td><td></td><td></td><td></td><td></td><td></td><td></td><td></td><td></td></tr>
<tr><td colspan="3">施工单位检查评定结果</td><td colspan="13">项目专业质量检查员：　　　　年　月　日</td></tr>
<tr><td colspan="3">监理（建设）单位验收结论</td><td colspan="13">专业监理工程师：
（建设单位项目专业技术负责人）：　　　　年　月　日</td></tr>
</table>

注：1. 规范规定的施工过程控制要点见【检查验收时执行的规范条目】。
2. 现浇混凝土承台混凝土质量检验系完成现浇混凝土承台的各子项后进行的检查和验收。

【检查验收时执行的规范条目】

10.7.7 现浇混凝土承台质量检验，应符合 CJJ 2—2008 规范第 10.7.1 条规定，且应符合下列规定：

注：第 10.7.1 条系指现浇混凝土承台的模板、钢筋、混凝土质量要求。见表 CJJ 2-2-6-1～表 CJJ 2-2-6-10。

一般项目

1 混凝土承台允许偏差应符合表 10.7.7 的规定。

混凝土承台允许偏差 **表 10.7.7**

项目		允许偏差（mm）	检验频率		检验方法
			范围	点数	
断面尺寸	长、宽	±20	每座	4	用钢尺量，长、宽各 2 点
承台厚度		0 +10		4	用钢尺量
顶面高程		±10		4	用水准仪测量，测量四角
轴线偏位		15		4	用经纬仪测量，纵、横各 2 点
预埋件位置		10	每件	2	经纬仪放线，用钢尺量

2 承台表面应无孔洞、露筋、缺棱掉角、蜂窝、麻面和宽度超过 0.15mm 的收缩裂缝。

检查数量：全数检查。　　检验方法：观察、用读数放大镜观测。

【检验批验收应提供的核查资料】

现浇混凝土承台混凝土质量检验检验批质量验收应提供的核查资料

表 CJJ 2-2-6-11a

序号	核查资料名称	核查要点
1	施工记录（浇筑地点制作的试块情况、留置数量、施工缝处理、后浇带浇筑、养护记录、坍落度试验记录）	施工记录内容的完整性（资料名称项下括号内的内容）
2	混凝土试件试验报告（见证取样）	强度等级、代表数量、日期、性能，与设计、标准要求符合性

注：1. 合理缺项除外；2. 表列凡有性能要求的均应符合设计和规范要求。

附：规范规定的施工过程控制要点

10.6.1 承台施工前应检查基桩位置，确认符合设计要求，如偏差超过检验标准，应会同设计、监理工程师制定措施并实施后，方可施工。

10.6.2 在基坑无水情况下浇筑钢筋混凝土承台，如设计无要求，基底应浇筑 10cm 厚混凝土垫层。

10.6.3 在基坑有渗水情况下浇筑钢筋混凝土承台，应有排水措施，基坑不得积水。如设计无要求，基底可铺 10cm 厚碎石，并浇筑 5～10cm 厚混凝土垫层。

10.6.4 承台混凝土宜连续浇筑成型。分层浇筑时，接缝应按施工缝处理。

10.6.5 水中高桩承台采用套箱法施工时，套箱应架设在可靠的支承上，并具有足够的强度、刚度和稳定性。套箱顶面高程应高于施工期间的最高水位。套箱应拼装严密，不漏水。套箱底板与基桩之间缝隙应堵严。套箱下沉就位后，应及时浇筑水下混凝土封底。

2.9.2.2 墩台分部工程

【砌体墩台子分部工程】

砌体墩台子分部工程的质量验收包括：石材砌体砌筑墩台；砌块砌体砌筑墩台。

1. 墩台砌体质量检验应符合 CJJ 2—2008 规范第 11.5.1 条规定，砌筑墩台允许偏差应符合表 11.5.2 的规定。

【石砌体砌筑墩台】

石砌体砌筑墩台检验批质量验收记录 表 CJJ 2-3-1-1

本表按“通用表式”的表 CJJ 2-通-5-1 中有关质量标准执行。

【砌块砌体砌筑墩台】

砌块砌体砌筑墩台检验批质量验收记录 表 CJJ 2-3-1-2

本表按“通用表式”的表 CJJ 2-通-5-2 中有关质量标准执行。

2. 砌筑墩台允许偏差应符合（表 CJJ 2-3-1-3）的规定。

【砌筑墩台砌体允许偏差】

【砌筑墩台砌体允许偏差检验批质量验收记录】

砌筑墩台砌体允许偏差检验批质量验收记录 **表 CJJ 2-3-1-3**

工程名称																		
施工单位																		
分项工程名称					施工班组长													
验收部位					专业工长													
施工执行标准名称及编号					项目经理													
检控项目	质量验收规范规定				施工单位检查评定记录													监理（建设）单位验收记录
	项目		允许偏差（mm）		量测值（mm）													
			浆砌块石	浆砌料石、砌块														
一般项目	墩台尺寸	长	+20 −10	+10 0														
		厚	±10	+10 0														
	顶面高程		±15	±10														
	轴线偏位		15	10														
	墙面垂直度		≤0.5%H，且不大于 20	≤0.3%H，且不大于 15														
	墙面平整度		30	10														
	水平缝平直		—	10														
	墙面坡度		符合设计要求	符合设计要求														
施工单位检查评定结果	项目专业质量检查员： 年 月 日																	
监理（建设）单位验收结论	专业监理工程师： （建设单位项目专业技术负责人）： 年 月 日																	

注：规范规定的施工过程控制要点见【检查验收时执行的规范条目】。

【检查验收时执行的规范条目】

11.5.2 墩台砌体质量检验应符合 CJJ 2—2008 规范第 11.5.1 条规定，砌筑墩台允许偏差应符合表 11.5.2 的规定。

一般项目

砌筑墩台允许偏差　　表 11.5.2

项目		检验频率		允许偏差（mm）		检验方法
		浆砌块石	浆砌料石、砌块	范围	点数	
墩台尺寸	长	+20 0	+10 0	每个墩台身	3	用钢尺量 3 个断面
	厚	±10 0	+10 0		3	用钢尺量 3 个断面
顶面高程		±15	±10		4	用水准仪测量
轴线偏位		15	10		4	用经纬仪测量，纵、横各 2 点
墙面垂直度		≤0.5%H，且不大于 20	≤0.3%H，且不大于 15		4	用经纬仪测量或垂线和钢尺量
墙面平整度		30	10		4	用 2m 直尺、塞尺量
水平缝平直		—	10		4	用 10m 小线、钢尺量
墙面坡度		符合设计要求	符合设计要求		4	用坡度板量

注：H 为墩台高度（mm）。

附：规范规定的施工过程控制要点

11.3.1 墩台砌筑前，应清理基础，保持洁净，并测量放线，设置线杆。

11.3.2 墩台砌体应采用坐浆法分层砌筑。竖缝均应错开，不得贯通。

11.3.3 砌筑墩台镶面石应从曲线部分或角部开始。

11.3.4 桥墩分水体镶面石的抗压强度不得低于设计要求。

11.3.5 砌筑的石料和混凝土预制块应清洗干净，保持湿润。

【现浇混凝土墩台子分部工程】

现浇混凝土墩台子分部的质量验收包括：现浇混凝土墩台模板与支架；现浇混凝土墩台钢筋；现浇混凝土墩台混凝土；现浇混凝土墩台预应力混凝土。

1. 现浇混凝土墩台质量检验应符合 CJJ 2—2008 规范第 11.5.1 条规定。

第 11.5.1 条　墩台施工涉及的模板与支架、钢筋、混凝土、预应力混凝土、砌体质量检验应符合本规范第 5.4、6.5、7.13、8.5、9.6 节的规定。

现浇混凝土墩台施工，根据 5.4（模板、支架和拱架的制作及安装检验标准，模板、支架和拱架的拆除）、6.5（钢筋原材料、钢筋加工、钢筋连接、钢筋安装的检验标准）、7.13（混凝土原材料、混凝土配合比、混凝土施工的检验标准）节规定，分别编制成下列各节的检验批质量验收记录用表。

【现浇混凝土墩台模板与支架】

现浇混凝土墩台模板与支架制作检验批质量验收记录 表 CJJ 2-3-2-1

本表按“通用表式”的表 CJJ 2-通-1-1 中有关质量标准执行。

现浇混凝土墩台模板与支架安装检验批质量验收记录 表 CJJ 2-3-2-2

本表按“通用表式”的表 CJJ 2-通-1-2 中有关质量标准执行。

现浇混凝土墩台模板与支架拆除检验批质量验收记录 表 CJJ 2-3-2-3

本表按“通用表式”的表 CJJ 2-通-1-3 中有关质量标准执行。

【现浇混凝土墩台钢筋】

现浇混凝土墩台钢筋原材料检验批质量验收记录 表 CJJ 2-3-2-4

本表按“通用表式”的表 CJJ 2-通-2-1 中有关质量标准执行。

现浇混凝土墩台钢筋加工检验批质量验收记录 表 CJJ 2-3-2-5

本表按“通用表式”的表 CJJ 2-通-2-2 中有关质量标准执行。

现浇混凝土墩台钢筋连接检验批质量验收记录 表 CJJ 2-3-2-6

本表按“通用表式”的表 CJJ 2-通-2-3 中有关质量标准执行。

现浇混凝土墩台钢筋安装检验批质量验收记录 表 CJJ 2-3-2-7

本表按“通用表式”的表 CJJ 2-通-2-4 中有关质量标准执行。

【现浇混凝土墩台混凝土】

现浇混凝土墩台混凝土原材料检验批质量验收记录 表 CJJ 2-3-2-8

本表按“通用表式”的表 CJJ 2-通-3-1 中有关质量标准执行。

现浇混凝土墩台混凝土配合比检验批质量验收记录 表 CJJ 2-3-2-9

本表按“通用表式”的表 CJJ 2-通-3-2 中有关质量标准执行。

现浇混凝土墩台混凝土施工检验批质量验收记录 表 CJJ 2-3-2-10

本表按“通用表式”的表 CJJ 2-通-3-3A 中有关质量标准执行。

【现浇混凝土墩台预应力混凝土】

现浇混凝土墩台预应力材料及器材检验批质量验收记录

表 CJJ 2-3-2-11

本表按“通用表式”的表 CJJ 2-通-4-1 中有关质量标准执行。

现浇混凝土墩台预应力钢筋制作检验批质量验收记录

表 CJJ 2-3-2-12

本表按“通用表式”的表 CJJ 2-通-4-2 中有关质量标准执行。

现浇混凝土墩台预应力后张法预应力施工检验批质量验收记录

表 CJJ 2-3-2-13

本表按“通用表式”的表 CJJ 2-通-4-3B 中有关质量标准执行。

【现浇混凝土墩台预应力混凝土施工】

现浇混凝土墩台预应力混凝土原材料检验批质量验收记录

表 CJJ 2-3-2-14A

本表按“通用表式”的表 CJJ 2-通-4-4 中有关质量标准执行。

现浇混凝土墩台预应力混凝土配合比检验批质量验收记录

表 CJJ 2-3-2-14B

本表按“通用表式”的表 CJJ 2-通-4-5 中有关质量标准执行。

现浇混凝土墩台预应力混凝土施工检验批质量验收记录

表 CJJ 2-3-2-14C

本表按“通用表式”的表 CJJ 2-通-4-6 中有关质量标准执行。

2. 且应符合现浇混凝土墩台质量检验的规定（表 CJJ 2-3-2-15）。

注：现浇混凝土墩台质量检验系完成现浇混凝土墩台的各子项后进行的检查和验收。

【现浇混凝土墩台质量检验】

【现浇混凝土墩台质量检验检验批质量验收记录】

现浇混凝土墩台质量检验检验批质量验收记录　　表 CJJ 2-3-2-15

工程名称			
施工单位			
分项工程名称		施工班组长	
验收部位		专业工长	
施工执行标准名称及编号		项目经理	

检控项目	质量验收规范规定		施工单位检查评定记录	监理（建设）单位验收记录
主控项目	第 11.5.3 条　现浇混凝土墩台质量检验应符合下列规定： 1　钢管混凝土柱的钢管制作质量检验 2　混凝土与钢管应紧密结合，无空隙			

检控项目	项目		允许偏差（mm）	量测值（mm）	监理（建设）单位验收记录
一般项目	项目（第 11.5.3 条 3 款表 11.5.3-1）		允许偏差（mm）	量测值（mm）	
	墩台身尺寸	长	+15 0		
		厚	+10 −8		
	顶面高程		±10		
	轴线偏位		10		
	墙面垂直度		≤0.25%H， 且不大于 25		
	墙面平整度		8		
	节段间错台		5		
	预埋件位置		5		
	项目（第 11.5.3 条 4 款表 11.5.3-2，混凝土柱）		允许偏差（mm）	量测值（mm）	
	断面尺寸	长、宽（直径）	±5		
	顶面高程		±10		
	垂直度		≤0.2%H， 且不大于 15		
	轴线偏位		8		
	平整度		5		
	节段间错台		3		
	项目（第 11.5.3 条 5 款表 11.5.3-3，混凝土挡墙）		允许偏差（mm）	量测值（mm）	
	墙身尺寸	长	±5		
		厚	±5		
	顶面高程		±5		
	垂直度		≤0.15%H， 且不大于 10		
	轴线偏位		10		
	直顺度		10		
	平整度		8		
	第 11.5.3 条 6 款　混凝土表面应无孔洞、露筋、蜂窝、麻面				

施工单位检查评定结果	项目专业质量检查员：　　　　年　　月　　日
监理（建设）单位验收结论	专业监理工程师： （建设单位项目专业技术负责人）：　　　　年　　月　　日

注：1. H 为墩台高度（mm）。　2. 规范规定的施工过程控制要点见【检查验收时执行的规范条目】。

【检查验收时执行的规范条目】

11.5.3 现浇混凝土墩台质量检验应符合 CJJ 2—2008 规范第 11.5.1 条规定，且应符合下列规定：

注：第 11.5.1 条系指现浇混凝土墩台模板、钢筋、混凝土质量要求。见表 CJJ 2-3-2-1～表 CJJ 2-3-2-10。

主控项目

1 钢管混凝土柱的钢管制作质量检验应符合 CJJ 2—2008 规范第 10.7.3 条第 2 款的规定。

2 混凝土与钢管应紧密结合，无空隙。

检查数量：全数检查。　　检验方法：手锤敲击检查或检查超声波检测报告。

一般项目

3 现浇混凝土墩台允许偏差应符合表 11.5.3-1 的规定。

现浇混凝土墩台允许偏差　　　　**表 11.5.3-1**

项目		允许偏差（mm）	检验频率		检验方法
			范围	点数	
墩台身尺寸	长	+5 0	每个墩台或每个节段	2	用钢尺量
	厚	+10 −8		4	用钢尺量，每侧上、下各1点
顶面高程		±10		4	用水准仪测量
轴线偏位		10		4	用经纬仪测量，纵、横各2点
墙面垂直度		≤0.25%H，且不大于 25		2	用经纬仪测量垂线和钢尺量
墙面平整度		8		4	用 2m 直尺、塞尺量
节段间错台		5		4	用钢尺和塞尺量
预埋件位置		5	每件	4	经纬仪放线，用钢尺量

注：H 为墩台高度（mm）。

4 现浇混凝土柱允许偏差应符合表 11.5.3-2 的规定。

现浇混凝土柱允许偏差　　　　**表 11.5.3-2**

项目		允许偏差（mm）	检验频率		检验方法
			范围	点数	
断面尺寸	长、宽（直径）	±5	第根柱	2	用钢尺量，长、宽各 1 点，圆柱量 2 点
顶面高程		±10		1	用水准仪测量
垂直度		≤0.2%H，且不大于 15		2	用经纬仪测量或垂线和钢尺量
轴线偏位		8		2	用经纬仪测量
平整度		5		2	用 2m 直尺、塞尺量
节段间错台		3		4	用钢板尺和塞尺量

注：H 为柱高（mm）。

5 现浇混凝土挡墙允许偏差应符合表 11.5.3-3 的规定。

现浇混凝土挡墙允许偏差 **表 11.5.3-3**

项目		允许偏差(mm)	检验频率		检验方法
			范围	点数	
墙身尺寸	长	±5	每 10m 墙长度	3	用钢尺量
	厚	±5		3	用钢尺量
顶面高程		±5		3	用水准仪测量
垂直度		≤0.15%H,且不大于 10		3	用经纬仪测量或垂线和钢尺量
轴线偏位		10		1	用经纬仪测量
直顺度		10		1	用 10m 小线、钢尺量
平整度		8		3	用 2m 直尺、塞尺量

注:H 为挡墙高度(mm)。

6 混凝土表面应无孔洞、露筋、蜂窝、麻面。

检查数量:全数检查。 检验方法:观察。

【检验批验收应提供的核查资料】

现浇混凝土墩台质量检验检验批质量验收应提供的核查资料 表 CJJ 2-3-2-15a

序号	核查资料名称	核查要点
1	钢材出厂合格证及复试报告	检查钢筋品种、数量、生产厂家、日期、性能参数
2	混凝土试件试验报告	强度等级、代表数量、日期、性能,与设计、标准要求符合性
3	焊接试验报告	试验单位的资质、报告内容齐全程度、是否满足设计要求
4	超声波检测报告	试验单位的资质、报告内容齐全程度、是否满足设计要求

注:表列凡有性能要求的均应符合设计和规范要求。

附:规范规定的施工过程控制要点

11.1.1 重力式混凝土墩台施工应符合下列规定:

1 墩台混凝土浇筑前应对基础混凝土顶面做凿毛处理,清除锚筋污锈。

2 墩台混凝土宜水平分层浇筑,每次浇筑高度宜为 1.5~2m。

3 墩台混凝土分块浇筑时,接缝应与墩台截面尺寸较小的一边平行,邻层分块接缝应错开,接缝宜做成企口形。分块数量,墩台水平截面积在 200m^2 内不得超过 2 块;在 300m^2 以内不得超过 3 块。每块面积不得小于 50m^2。

11.1.2 柱式墩台施工应符合下列规定:

1 模板、支架除应满足强度、刚度外,稳定计算中应考虑风力影响。

2 墩台柱与承台基础接触面应凿毛处理,清除钢筋污锈。浇筑墩台柱混凝土时,应铺同配合比的水泥砂浆一层。墩台柱的混凝土宜一次连续浇筑完成。

3 柱身高度内有系梁连接时,系梁应与柱同步浇筑。V 形墩柱混凝土应对称浇筑。

4 采用预制混凝土管做柱身外模时,预制管安装应符合下列要求:

1) 基础面宜采用凹槽接头,凹槽深度不得小于 5cm。

2) 上下管节安装就位后,应采用四根竖方木对称设置在管柱四周并绑扎牢固;防止撞击错位。

3) 混凝土管柱外模应设斜撑,保证浇筑时的稳定。

4) 管接口应采用水泥砂浆密封。

11.1.3 钢管混凝土墩台柱应采用补偿收缩混凝土,一次连续浇筑完成。钢管的焊制与防腐应符合 CJJ 2—2008 规范第 14 章的有关规定。

【预制安装混凝土柱子分部工程】

预制安装混凝土柱子分部的质量验收包括：预制柱（模板、钢筋、混凝土、预应力混凝土）、预制柱安装。

11.5.4 预制安装混凝土柱质量检验应符合 CJJ 2—2008 规范第 11.5.1 条规定，且应符合下列规定：

1. 应符合 CJJ 2—2008 规范第 11.5.1 条规定。

第 11.5.1 条 墩台施工涉及的模板与支架、钢筋、混凝土、预应力混凝土、砌体质量检验应符合本规范第 5.4、6.5、7.13、8.5、9.6 节的规定。

预制安装混凝土柱施工，根据 5.4（模板、支架和拱架的制作及安装检验标准，模板、支架和拱架的拆除）、6.5（钢筋原材料、钢筋加工、钢筋连接、钢筋安装的检验标准）、7.13（混凝土原材料、混凝土配合比、混凝土施工的检验标准）、8.5（预应力材料及器材、预应力钢筋制作、预应力施工、预应力混凝土施工）节规定，分别编制成下列各节的检验批质量验收记录用表。

【预制安装混凝土柱（模板、钢筋、混凝土、预应力混凝土）】

【预制安装混凝土柱模板】

预制安装混凝土柱模板制作检验批质量验收记录 表 CJJ 2-3-3-1

本表按“通用表式”的表 CJJ 2-通-1-1 中有关质量标准执行。

预制安装混凝土柱模板安装检验批质量验收记录 表 CJJ 2-3-3-2

本表按“通用表式”的表 CJJ 2-通-1-2 中有关质量标准执行。

预制安装混凝土柱模板拆除检验批质量验收记录 表 CJJ 2-3-3-3

本表按“通用表式”的表 CJJ 2-通-1-3 中有关质量标准执行。

【预制安装混凝土柱钢筋】

预制安装混凝土柱钢筋原材料检验批质量验收记录 表 CJJ 2-3-3-4

本表按“通用表式”的表 CJJ 2-通-2-1 中有关质量标准执行。

预制安装混凝土柱钢筋加工检验批质量验收记录 表 CJJ 2-3-3-5

本表按“通用表式”的表 CJJ 2-通-2-2 中有关质量标准执行。

预制安装混凝土柱钢筋连接检验批质量验收记录 表 CJJ 2-3-3-6

本表按“通用表式”的表 CJJ 2-通-2-3 中有关质量标准执行。

预制安装混凝土柱钢筋安装检验批质量验收记录 表 CJJ 2-3-3-7

本表按“通用表式”的表 CJJ 2-通-2-4 中有关质量标准执行。

【预制安装混凝土柱混凝土】

预制安装混凝土柱混凝土原材料检验批质量验收记录 表 CJJ 2-3-3-8

本表按“通用表式”的表 CJJ 2-通-3-1 中有关质量标准执行。

预制安装混凝土柱混凝土配合比检验批质量验收记录 表 CJJ 2-3-3-9

本表按“通用表式”的表 CJJ 2-通-3-2 中有关质量标准执行。

预制安装混凝土柱混凝土施工检验批质量验收记录 表 CJJ 2-3-3-10

本表按"通用表式"的表 CJJ 2-通-3-3A 中有关质量标准执行。

【预制安装混凝土柱预应力混凝土】

预制安装混凝土柱预应力材料及器材检验批质量验收记录

表 CJJ 2-3-3-11

本表按"通用表式"的表 CJJ 2-通-4-1 中有关质量标准执行。

预制安装混凝土柱预应力钢筋制作检验批质量验收记录

表 CJJ 2-3-3-12

本表按"通用表式"的表 CJJ 2-通-4-2 中有关质量标准执行。

预制安装混凝土柱预应力先张法预应力施工检验批质量验收记录

表 CJJ 2-3-3-13A

本表按"通用表式"的表 CJJ 2-通-4-3A 中有关质量标准执行。

预制安装混凝土柱预应力后张法预应力施工检验批质量验收记录

表 CJJ 2-3-3-13B

本表按"通用表式"的表 CJJ 2-通-4-3B 中有关质量标准执行。

【预制安装混凝土柱预应力混凝土施工】

预制安装混凝土柱预应力混凝土原材料检验批质量验收记录

表 CJJ 2-3-3-14A

本表按"通用表式"的表 CJJ 2-通-4-4 中有关质量标准执行。

预制安装混凝土柱预应力混凝土配合比检验批质量验收记录

表 CJJ 2-3-3-14B

本表按"通用表式"的表 CJJ 2-通-4-5 中有关质量标准执行。

预制安装混凝土柱预应力混凝土施工检验批质量验收记录

表 CJJ 2-3-3-14C

本表按"通用表式"的表 CJJ 2-通-4-6 中有关质量标准执行。

2. 且应符合预制安装混凝土柱质量检验的规定（表 CJJ 2-3-3-15）。

注：预制安装混凝土柱质量检验系完成预制安装混凝土柱的各子项后进行的检查和验收。

【预制安装混凝土柱（制作与安装）质量检验】

【预制安装混凝土柱（制作与安装）质量检验检验批质量验收记录】

预制安装混凝土柱（制作与安装）质量检验检验批质量验收记录　　表 CJJ 2-3-3-15

<table>
<tr><td colspan="2">工程名称</td><td colspan="4"></td></tr>
<tr><td colspan="2">施工单位</td><td colspan="4"></td></tr>
<tr><td colspan="2">分项工程名称</td><td></td><td>施工班组长</td><td colspan="2"></td></tr>
<tr><td colspan="2">验收部位</td><td></td><td>专业工长</td><td colspan="2"></td></tr>
<tr><td colspan="2">施工执行标准名称及编号</td><td></td><td>项目经理</td><td colspan="2"></td></tr>
<tr><td>检控项目</td><td colspan="2">质量验收规范规定</td><td colspan="2">施工单位检查评定记录</td><td>监理（建设）单位验收记录</td></tr>
<tr><td>主控项目</td><td colspan="2">第 11.5.4 条　预制安装混凝土柱质量检验应符合下列规定：
1　柱与基础连接处必须接触严密、焊接牢固、混凝土灌注密实，混凝土强度要求</td><td colspan="2"></td><td></td></tr>
<tr><td rowspan="16">一般项目</td><td>项目（第 11.5.4 条 2 款之表 11.5.4-1，预制柱制作）</td><td>允许偏差（mm）</td><td colspan="2">量测值（mm）</td><td rowspan="16"></td></tr>
<tr><td>断面尺寸　长、宽（直径）</td><td>±5</td><td colspan="2"></td></tr>
<tr><td>高　度</td><td>±10</td><td colspan="2"></td></tr>
<tr><td>预应力筋孔道位置</td><td>10</td><td colspan="2"></td></tr>
<tr><td>侧向弯曲</td><td>$H/750$</td><td colspan="2"></td></tr>
<tr><td>平整度</td><td>3</td><td colspan="2"></td></tr>
<tr><td>项目（第 11.5.4 条 3 款之表 11.5.4-2，预制柱安装）</td><td>允许偏差（mm）</td><td colspan="2">量测值（mm）</td></tr>
<tr><td>平面位置</td><td>10</td><td colspan="2"></td></tr>
<tr><td>埋入基础深度</td><td>不小于设计要求</td><td colspan="2"></td></tr>
<tr><td>相邻间距</td><td>±10</td><td colspan="2"></td></tr>
<tr><td>垂直度</td><td>≤0.5%H，且不大于 20</td><td colspan="2"></td></tr>
<tr><td>墩、柱顶高程</td><td>±10</td><td colspan="2"></td></tr>
<tr><td>节段间错台</td><td>3</td><td colspan="2"></td></tr>
<tr><td colspan="2">第 11.5.4 条 4 款　混凝土柱表面应无孔洞、露筋、蜂窝、麻面和缺棱掉角现象</td><td colspan="2"></td></tr>
<tr><td colspan="2">施工单位检查评定结果</td><td colspan="4">项目专业质量检查员：　　年　月　日</td></tr>
<tr><td colspan="2">监理（建设）单位验收结论</td><td colspan="4">专业监理工程师：
（建设单位项目专业技术负责人）：　　年　月　日</td></tr>
</table>

注：1. H 为柱高（mm）。　2. 规范规定的施工过程控制要点见【检查验收时执行的规范条目】。

【检查验收时执行的规范条目】

11.5.4 预制安装混凝土柱质量检验应符合 CJJ 2—2008 规范第 11.5.1 条规定，且应符合下列规定：

注：第 11.5.1 条系指预制安装混凝土柱的模板、钢筋、混凝土质量要求。见表 CJJ 2-3-3-1～表 CJJ 2-3-3-10。

主控项目

1 柱与基础连接处必须接触严密、焊接牢固、混凝土灌注密实，混凝土强度符合设计要求。

检查数量：全数检查。

检验方法：观察、检查施工记录、用焊缝量规量测、检查试件试验报告。

一般项目

2 预制混凝土柱制作允许偏差应符合表 11.5.4-1 的规定。

预制混凝土柱制作允许偏差 **表 11.5.4-1**

项目		允许偏差（mm）	检验频率		检验方法
			范围	点数	
断面尺寸	长、宽（直径）	±5	每个柱	4	用钢尺量，厚、宽各 2 点（圆断面量直径）
高度		±10		2	用钢尺量
预应力筋孔道位置		10	每个孔道	1	
侧向弯曲		$H/750$	每个柱	1	沿构件全高拉线，用钢尺量
平整度		3		2	2m 直尺、塞尺量

注：H 为柱高（mm）。

3 预制柱安装允许偏差应符合表 11.5.4-2 规定。

预制柱安装允许偏差 **表 11.5.4-2**

项目	允许偏差（mm）	检验频率		检验方法
		范围	点数	
平面位置	10	每个柱	2	用经纬仪测量，纵、横向各 1 点
埋入基础深度	不小于设计要求		1	用钢尺量
相邻间距	±10		1	用钢尺量
垂直度	≤0.5%H，且不大于 20		2	用经纬仪测量或用垂线和钢尺量，纵横向各 1 点
墩、柱顶高程	±10		1	用水准仪测量
节段间错台	3		4	用钢板尺和塞尺量

注：H 为柱高（mm）。

4 混凝土柱表面应无孔洞、露筋、蜂窝、麻面和缺棱掉角现象。

检查数量：全数检查。 检验方法：观察。

【检验批验收应提供的核查资料】

预制安装混凝土柱（制作与安装）质量检验检验批质量验收应提供的核查资料

表 CJJ 2-3-3-15a

序号	核查资料名称	核查要点
1	施工记录（混凝土灌注、试件留置数量、养护记录、坍落度试验、焊接试验）	施工记录内容的完整性（资料名称项下括号内的内容）
2	混凝土试件强度试验报告（见证取样）	强度等级、代表数量、日期、性能，与设计、标准要求符合性
3	焊接试验报告	试验单位的资质、报告内容齐全程度、是否满足设计要求

注：表列凡有性能要求的均应符合设计和规范要求。

附：规范规定的施工过程控制要点

11.2.1 基础杯口的混凝土强度必须达到设计要求，方可进行预制柱安装。

11.2.2 预制柱安装应符合下列规定：

1 杯口在安装前应校核长、宽、高，确认合格。杯口与预制件接触面均应凿毛处理，埋件应除锈并应校核位置，合格后方可安装。

2 预制柱安装就位后应采用硬木楔或钢楔固定，并加斜撑保持柱体稳定，在确保稳定后方可摘去吊钩。

3 安装后应及时浇筑杯口混凝土，待混凝土硬化后拆除硬楔，浇筑二次混凝土，待杯口混凝土达到设计强度75%后方可拆除斜撑。

【墩台台背填土子分部工程】

墩台台背填土子分部工程的质量验收包括：台背填土。

1. 台背填土质量检验应符合国家现行标准《城镇道路工程施工与质量验收规范》CJJ1 有关规定。

2. 且应符合台背填土质量检验的规定（表 CJJ 2-3-4-1）。

【墩台台背填土质量检验】

【墩台台背填土质量检验检验批质量验收记录】

墩台台背填土质量检验检验批质量验收记录　　　　表 CJJ 2-3-4-1

<table>
<tr><td colspan="2">工程名称</td><td colspan="3"></td></tr>
<tr><td colspan="2">施工单位</td><td colspan="3"></td></tr>
<tr><td colspan="2">分项工程名称</td><td></td><td>施工班组长</td><td></td></tr>
<tr><td colspan="2">验收部位</td><td></td><td>专业工长</td><td></td></tr>
<tr><td colspan="2">施工执行标准名称及编号</td><td></td><td>项目经理</td><td></td></tr>
<tr><td>检控项目</td><td>质量验收规范规定</td><td>施工单位检查评定记录</td><td colspan="2">监理（建设）单位验收记录</td></tr>
<tr><td>主控项目</td><td>第 11.5.7 条　台背填土质量检验应符合国家现行标准《城镇道路工程施工与质量验收规范》CJJ1 有关规定，且应符合下列规定：
1　台身、挡墙混凝土强度达到设计强度的 75%以上时，方可回填土。
检查数量：全数检查。
检验方法：观察、检查同条件养护试件试验报告。
2　拱桥台背填土应在承受拱圈水平推力前完成。
检查数量：全数检查。
检验方法：观察。</td><td></td><td colspan="2"></td></tr>
<tr><td>一般项目</td><td>第 11.5.7 条 3 款　台背填土的长度，台身顶面处不应小于桥台高度加 2m，底面不应小于 2m；拱桥台背填土长度不应小于台高的 3～4 倍。
检查数量：全数检查。
检验方法：观察、用钢尺量、检查施工记录。</td><td></td><td colspan="2"></td></tr>
<tr><td colspan="2">施工单位检查评定结果</td><td colspan="3">项目专业质量检查员：　　　　年　月　日</td></tr>
<tr><td colspan="2">监理（建设）单位验收结论</td><td colspan="3">专业监理工程师：
（建设单位项目专业技术负责人）：　　　　年　月　日</td></tr>
</table>

注：墩台台背填土质量检验系完成墩台台背填土的各子项后进行的检查和验收。

【检验批验收应提供的核查资料】

墩台台背填土质量检验批质量验收应提供的核查资料　　　　表 CJJ 2-3-4-1a

序号	核 查 资 料 名 称	核 查 要 点
1	台背填土施工记录	施工记录内容的完整性（资料名称项下括号内的内容）
2	台身、挡墙同条件混凝土试件试验报告（见证取样）	强度等级、代表数量、日期、性能，与设计、标准要求符合性

注：表列凡有性能要求的均应符合设计和规范要求。

2.9.2.3 现浇混凝土盖梁分部（子分部）工程

现浇混凝土盖梁分部（子分部）工程的质量验收包括：盖梁模板与支架、钢筋、混凝土、预应力混凝土，人行天桥钢墩柱质量检验。

1. 现浇混凝土盖梁质量检验应符合 CJJ 2—2008 规范第 11.5.1 条规定。

第 11.5.1 条 墩台施工涉及的模板与支架、钢筋、混凝土、预应力混凝土、砌体质量检验应符合本规范第 5.4、6.5、7.13、8.5、9.6 节的规定。

现浇混凝土盖梁施工，根据 5.4（模板、支架和拱架的制作及安装检验标准，模板、支架和拱架的拆除）、6.5（钢筋原材料、钢筋加工、钢筋连接、钢筋安装的检验标准）、7.13（混凝土原材料、混凝土配合比、混凝土施工的检验标准）、8.5（预应力材料及器材、预应力钢筋制作、预应力施工、预应力混凝土施工）节规定，分别编制成下列各节的检验批质量验收记录用表。

【现浇混凝土盖梁模板与支架】

现浇混凝土盖梁模板与支架制作检验批质量验收记录 表 CJJ 2-4-1-1

本表按"通用表式"的表 CJJ 2-通-1-1 中有关质量标准执行。

现浇混凝土盖梁模板与支架安装检验批质量验收记录 表 CJJ 2-4-1-2

本表按"通用表式"的表 CJJ 2-通-1-2 中有关质量标准执行。

现浇混凝土盖梁模板与支架拆除检验批质量验收记录 表 CJJ 2-4-1-3

本表按"通用表式"的表 CJJ 2-通-1-3 中有关质量标准执行。

【现浇混凝土盖梁钢筋】

现浇混凝土盖梁钢筋原材料检验批质量验收记录 表 CJJ 2-4-1-4

本表按"通用表式"的表 CJJ 2-通-2-1 中有关质量标准执行。

现浇混凝土盖梁钢筋加工检验批质量验收记录 表 CJJ 2-4-1-5

本表按"通用表式"的表 CJJ 2-通-2-2 中有关质量标准执行。

现浇混凝土盖梁钢筋连接检验批质量验收记录 表 CJJ 2-4-1-6

本表按"通用表式"的表 CJJ 2-通-2-3 中有关质量标准执行。

现浇混凝土盖梁钢筋安装检验批质量验收记录 表 CJJ 2-4-1-7

本表按"通用表式"的表 CJJ 2-通-2-4 中有关质量标准执行。

【现浇混凝土盖梁混凝土】

现浇盖梁混凝土原材料检验批质量验收记录 表 CJJ 2-4-1-8

本表按"通用表式"的表 CJJ 2-通-3-1 中有关质量标准执行。

现浇盖梁混凝土配合比检验批质量验收记录 表 CJJ 2-4-1-9

本表按"通用表式"的表 CJJ 2-通-3-2 中有关质量标准执行。

现浇盖梁混凝土施工检验批质量验收记录

表 CJJ 2-4-1-10

本表按“通用表式”的表 CJJ 2-通-3-3A 中有关质量标准执行。

【预应力混凝土盖梁预应力混凝土】

预应力混凝土盖梁预应力材料及器材检验批质量验收记录

表 CJJ 2-4-1-11

本表按“通用表式”的表 CJJ 2-通-4-1 中有关质量标准执行。

预应力混凝土盖梁钢筋制作检验批质量验收记录

表 CJJ 2-4-1-12

本表按“通用表式”的表 CJJ 2-通-4-2 中有关质量标准执行。

预应力混凝土盖梁先张法预应力施工检验批质量验收记录

表 CJJ 2-4-1-13A

本表按“通用表式”的表 CJJ 2-通-4-3A 中有关质量标准执行。

预应力混凝土盖梁后张法预应力施工检验批质量验收记录

表 CJJ 2-4-1-13B

本表按“通用表式”的表 CJJ 2-通-4-3B 中有关质量标准执行。

【预应力混凝土盖梁预应力混凝土施工】

预应力混凝土盖梁预应力混凝土原材料检验批质量验收记录

表 CJJ 2-4-1-14A

本表按“通用表式”的表 CJJ 2-通-4-4 中有关质量标准执行。

预应力混凝土盖梁预应力混凝土配合比检验批质量验收记录

表 CJJ 2-4-1-14B

本表按“通用表式”的表 CJJ 2-通-4-5 中有关质量标准执行。

预应力混凝土盖梁预应力混凝土施工检验批质量验收记录

表 CJJ 2-4-1-14C

本表按“通用表式”的表 CJJ 2-通-4-6 中有关质量标准执行。

注：预应力混凝土盖梁质量检验按现浇混凝土盖梁标准执行。

2. 且应符合现浇混凝土盖梁质量检验的规定（表 CJJ 2-4-1-15）。

【现浇混凝土盖梁质量检验】

【现浇混凝土盖梁质量检验检验批质量验收记录】

现浇混凝土盖梁质量检验检验批质量验收记录　　表 CJJ 2-4-1-15

工程名称					
施工单位					
分项工程名称			施工班组长		
验收部位			专业工长		
施工执行标准名称及编号			项目经理		
检控项目	质量验收规范规定		施工单位检查评定记录		监理（建设）单位验收记录
主控项目	第 11.5.5 条　现浇混凝土盖梁质量检验应符合下列规定 1　现浇混凝土盖梁不得出现超过设计规定的受力裂缝				
一般项目	项目（第 11.5.5 条 2 款之表 11.5.5）		允许偏差（mm）	量测值（mm）	
	盖梁尺寸	长	+20 −10		
		宽	+10 0		
		高	±5		
	盖梁轴线偏位		8		
	盖梁顶面高程		0 −5		
	平整度		5		
	支座垫石预留位置		10		
	预埋件位置	高程	±2		
		轴线	5		
	第 11.5.5 条 3 款　盖梁表面应无孔洞、露筋、蜂窝、麻面				
施工单位检查评定结果	项目专业质量检查员：　　　　年　月　日				
监理（建设）单位验收结论	专业监理工程师： （建设单位项目专业技术负责人）：　　　　年　月　日				

注：1. 规范规定的施工过程控制要点见【检查验收时执行的规范条目】。

2. 现浇混凝土盖梁质量检验系完成现浇混凝土盖梁的各子项后进行的检查和验收。

【检查验收时执行的规范条目】

11.5.5 现浇混凝土盖梁质量检验应符合 CJJ 2—2008 规范第 11.5.1 条规定，且应符合下列规定：

注：第 11.5.1 条系指现浇混凝土盖梁的模板、钢筋、混凝土、预应力混凝土质量要求。见表 CJJ 2-通-1-1～表 CJJ 2-通-4-6。

主控项目

1 现浇混凝土盖梁不得出现超过设计规定的受力裂缝。

检查数量：全数检查。　　检验方法：观察。

一般项目

2 现浇混凝土盖梁允许偏差应符合表 11.5.5 的规定。

现浇混凝土盖梁允许偏差　　表 11.5.5

项目		允许偏差（mm）	检验频率		检验方法
			范围	点数	
盖梁尺寸	长	+20 −10	每个盖梁	2	用钢尺量，两侧各1点
	宽	+10 0		3	用钢尺量，两端及中间各1点
	高	±5		3	
盖梁轴线偏位		8		4	用经纬仪测量，纵横各2点
盖梁顶面高程		0 −5		3	用水准仪测量，两端及中间各1点
平整度		5		2	2m直尺、塞尺量
支座垫石预留位置		10	每个	4	用钢尺量，纵横各2点
预埋件位置	高程	±2	每件	1	用水准仪测量
	轴线	5		1	经纬仪放线，用钢尺量

3 盖梁表面应无孔洞、露筋、蜂窝、麻面。

检查数量：全数检查。　　检验方法：观察。

【检验批验收应提供的核查资料】

现浇混凝土盖梁检验批质量验收应提供的核查资料　　表 CJJ 2-4-1-15a

序号	核查资料名称	核查要点
1	混凝土施工记录（浇筑地点制作的试块情况、留置数量、施工缝处理、后浇带浇筑、养护记录、坍落度试验记录）	施工记录内容的完整性（资料名称项下括号内的内容）
2	混凝土试件强度试验报告（见证取样）	强度等级、代表数量、日期、性能，与设计、标准要求符合性
3	焊接试验报告	试验单位的资质、报告内容齐全程度、是否满足设计要求

注：表列凡有性能要求的均应符合设计和规范要求。

附：规范规定的施工过程控制要点

11.2.3 预制钢筋混凝土盖梁安装应符合下列规定：

1 预制盖梁安装前，应对接头混凝土面凿毛处理，预埋件应除锈。

2 在墩台柱上安装预制盖梁时，应对墩台柱进行固定和支撑，确保稳定。

3 盖梁就位时，应检查轴线和各部尺寸，确认合格后方可固定，并浇筑接头混凝土。接头混凝土达到设计强度后，方可卸除临时固定设施。

【人行天桥钢墩柱质量检验】

【人行天桥钢墩柱质量检验检验批质量验收记录】

人行天桥钢墩柱质量检验检验批质量验收记录　　表 CJJ 2-4-1-16

<table>
<tr><td colspan="2">工程名称</td><td colspan="4"></td></tr>
<tr><td colspan="2">施工单位</td><td colspan="4"></td></tr>
<tr><td colspan="2">分项工程名称</td><td colspan="2"></td><td>施工班组长</td><td></td></tr>
<tr><td colspan="2">验收部位</td><td colspan="2"></td><td>专业工长</td><td></td></tr>
<tr><td colspan="2">施工执行标准名称及编号</td><td colspan="2"></td><td>项目经理</td><td></td></tr>
<tr><td>检控项目</td><td colspan="3">质量验收规范规定</td><td>施工单位检查评定记录</td><td>监理（建设）单位验收记录</td></tr>
<tr><td>主控项目</td><td colspan="3">第 11.5.6 条　人行天桥钢墩柱质量检验应符合下列规定：
1　人行天桥钢墩柱的钢材和焊接质量检验应符合 CJJ 2—2008规范第 10.7.3 条第 2 款的规定。</td><td></td><td></td></tr>
<tr><td rowspan="14">一般项目</td><td colspan="2">项目（第 11.5.6 条 2 款之表 11.5.6-1，钢墩柱制作）</td><td>允许偏差（mm）</td><td>量测值（mm）</td><td rowspan="14"></td></tr>
<tr><td colspan="2">柱底面到柱顶支承面的距离</td><td>±5</td><td></td></tr>
<tr><td colspan="2">柱身截面</td><td>±3</td><td></td></tr>
<tr><td colspan="2">柱身轴线与柱顶支承面垂直度</td><td>±5</td><td></td></tr>
<tr><td colspan="2">柱顶支承面几何尺寸</td><td>±3</td><td></td></tr>
<tr><td colspan="2">柱身挠曲</td><td>≤H/1000，且不大于 10</td><td></td></tr>
<tr><td colspan="2">柱身接口错台</td><td>3</td><td></td></tr>
<tr><td colspan="2">项目（第 11.5.6 条 3 款之表 11.5.6-2，钢墩柱安装）</td><td>允许偏差（mm）</td><td>量测值（mm）</td></tr>
<tr><td colspan="2">钢柱轴线对行、列定位轴线的偏位</td><td>5</td><td></td></tr>
<tr><td colspan="2">柱基标高</td><td>+10
−5</td><td></td></tr>
<tr><td colspan="2">挠曲矢高</td><td>≤H/1000，且不大于 10</td><td></td></tr>
<tr><td rowspan="2">钢柱轴线的垂直度</td><td>H≤10m</td><td>10</td><td></td></tr>
<tr><td>H≤10m</td><td>≤H/100，且不大于 25</td><td></td></tr>
<tr><td colspan="4"></td></tr>
<tr><td colspan="2">施工单位检查评定结果</td><td colspan="4">项目专业质量检查员：　　年　月　日</td></tr>
<tr><td colspan="2">监理（建设）单位验收结论</td><td colspan="4">专业监理工程师：
（建设单位项目专业技术负责人）：　　年　月　日</td></tr>
</table>

注：1. H 为墩柱高度（mm）。　2. 规范规定的施工过程控制要点见【检查验收时执行的规范条目】。

【检查验收时执行的规范条目】

11.5.6　人行天桥钢墩柱质量检验应符合下列规定：

主控项目

1　人行天桥钢墩柱的钢材和焊接质量检验应符合 CJJ 2—2008 规范第 10.7.3 条第 2 款的规定。

第 10.7.3 条第 2 款系“沉入桩质量检验中的钢管桩制作质量检验要求”。见成品钢管桩质量检验检验批质量验收记录表 CJJ 2-2-2-15。

一般项目

2 人行天桥钢墩柱制作允许偏差应符合表 11.5.6-1 的规定。

人行天桥钢墩柱制作允许偏差 **表 11.5.6-1**

项目	允许偏差(mm)	检验频率		检验方法
		范围	点数	
柱底面到柱顶支承面的距离	±5	每件	2	用钢尺量
柱身截面	±3			用钢尺量
柱身轴线与柱顶支承面垂直度	±5			用直角尺和钢尺量
柱顶支承面几何尺寸	±3			用钢尺量
柱身挠曲	≤H/1000，且不大于 10			沿全高拉线，用钢尺量
柱身接口错台	3			用钢板尺和塞尺量

注：H 为墩柱高度（mm）。

3 人行天桥钢墩柱安装允许偏差应符合表 11.5.6-2 的规定。

人行天桥钢墩柱安装允许偏差 **表 11.5.6-2**

项目		允许偏差(mm)	检验频率		检验方法
			范围	点数	
钢柱轴线对行、列定位轴线的偏位		5	每件	2	用经纬仪测量
柱基标高		+10 −5			用水准仪测量
挠曲矢高		≤H/1000，且不大于 10			沿全长拉线，用钢尺量
钢柱轴线的垂直度	H≤10m	10			用经纬仪测量或垂线和钢尺量
	H≤10m	≤H/100，且不大于 25			

注：H 为墩柱高度（mm）。

【检验批验收应提供的核查资料】

人行天桥钢墩柱质量检验检验批质量验收应提供的核查资料

表 CJJ 2-4-1-16a

序号	核查资料名称	核查要点
1	钢墩柱用钢材出厂合格证	检查钢墩柱数量、生产厂家、日期、性能及质量等
2	钢墩柱用钢材试验报告	检查试验单位资质，品种、代表数量、试验编号及日期、性能参数等，应符合设计和规范要求
3	钢墩柱出厂合格证	检查钢墩柱的生产厂家资质、日期、性能及质量等
4	钢墩柱用钢材焊接质量报告（供货厂家提供）	检查试验单位资质、代表数量、试验编号及日期、性能参数等，应符合设计和规范要求
5	焊条、焊剂试验报告	检查试件的试验单位的资质、代表数量、日期、性能，与设计、标准要求符合性
6	焊缝探伤试验报告（成品钢墩柱供货单位提供）	核查供货单位提供钢墩柱焊缝探伤试验报告及其正确性
7	钢墩柱进场验收记录	检查钢墩柱进场数量、规格、日期，产品应符合设计要求

注：表列凡有性能要求的均应符合设计和规范要求。

2.9.2.4 支座分部（子分部）工程

支座分部（子分部）工程的质量验收包括：支座安装；垫石混凝土、挡块混凝土。

【支座安装】

【支座安装检验批质量验收记录】

支座安装检验批质量验收记录 表 CJJ 2-5-1-1

<table>
<tr><td colspan="2">工程名称</td><td colspan="6"></td></tr>
<tr><td colspan="2">施工单位</td><td colspan="6"></td></tr>
<tr><td colspan="2">分项工程名称</td><td colspan="2"></td><td colspan="2">施工班组长</td><td colspan="2"></td></tr>
<tr><td colspan="2">验收部位</td><td colspan="2"></td><td colspan="2">专业工长</td><td colspan="2"></td></tr>
<tr><td colspan="2">施工执行标准名称及编号</td><td colspan="2"></td><td colspan="2">项目经理</td><td colspan="2"></td></tr>
<tr><td>检控项目</td><td colspan="3">质量验收规范规定</td><td colspan="3">施工单位检查评定记录</td><td>监理（建设）单位验收记录</td></tr>
<tr><td rowspan="5">主控项目</td><td colspan="3">第 12.5.1 条　支座应进行进场检验</td><td colspan="3"></td><td rowspan="8"></td></tr>
<tr><td colspan="3">第 12.5.2 条　支座安装前的检查内容与要求</td><td colspan="3"></td></tr>
<tr><td colspan="3">第 12.5.3 条　支座与梁底及垫石之间的密贴与间隙，垫层材料和强度要求</td><td colspan="3"></td></tr>
<tr><td colspan="3">第 12.5.4 条　支座锚栓埋置与固结，锚栓与孔之间隙要求</td><td colspan="3"></td></tr>
<tr><td colspan="3">第 12.5.5 条　支座的粘结灌浆和润滑材料</td><td colspan="3"></td></tr>
<tr><td rowspan="3">一般项目</td><td colspan="2">项目（第 11.5.6 条之表 12.5.6）</td><td>允许偏差（mm）</td><td colspan="3">量测值（mm）</td></tr>
<tr><td colspan="2">支座高程</td><td>±5</td><td colspan="3"></td></tr>
<tr><td colspan="2">支座偏位</td><td>3</td><td colspan="3"></td></tr>
<tr><td colspan="2">施工单位检查评定结果</td><td colspan="6">项目专业质量检查员：　　　　年　月　日</td></tr>
<tr><td colspan="2">监理（建设）单位验收结论</td><td colspan="6">专业监理工程师：
（建设单位项目专业技术负责人）：　　　　年　月　日</td></tr>
</table>

注：1. 规范规定的施工过程控制要点见【检查验收时执行的规范条目】。
　　2. 球形支座应在安装前方可开箱。

【检查验收时执行的规范条目】

主控项目

12.5.1 支座应进行进场检验。

检查数量：全数检查。　　检验方法：检查合格证、出厂性能试验报告。

12.5.2 支座安装前，应检查跨距、支座栓孔位置和支座垫石顶面高程、平整度、坡度、坡向，确认符合设计要求。

检查数量：全数检查。　　检验方法：用经纬仪和水准仪与钢尺量测。

12.5.3 支座与梁底及垫石之间必须密贴，间隙不得大于0.3mm。垫层材料和强度应符合设计要求。

检查数量：全数检查。　　检验方法：观察或用塞尺检查、检查垫层材料产品合格证。

12.5.4 支座锚栓的埋置深度和外露长度应符合设计要求。支座锚栓应在其位置调整准确后固结，锚栓与孔之间隙必须填捣密实。

检查数量：全数检查。　　检验方法：观察。

12.5.5 支座的粘结灌浆和润滑材料应符合设计要求。

检查数量：全数检查。

检验方法：检查粘结灌浆材料的配合比通知单、检查润滑材料的产品合格证、进场验收记录。

一般项目

12.5.6 支座安装允许偏差应符合表12.5.6的规定。

支座安装允许偏差　　**表12.5.6**

项　目	允许偏差(mm)	检验频率		检验方法
		范围	点数	
支座高程	±5	每个支座	1	用水准仪测量
支座偏位	3		2	用经纬仪、钢尺量

【检验批验收应提供的核查资料】

支座安装检验批质量验收应提供的核查资料　　**表CJJ 2-5-1-1a**

序号	核查资料名称	核查要点
1	支座出厂合格证或出厂性能试验报告	检查支座的数量、生产厂家、日期、性能参数等
2	支座用粘结、润滑和垫层材料出厂合格证	检查支座用粘结、润滑和垫层材料生产日期、性能参数等
3	粘结灌浆材料配比通知单	检查试验单位资质，应符合设计和规范要求

注：表列凡有性能要求的均应符合设计和规范要求。

附：规范规定的施工过程控制要点

12.1 一般规定

12.1.1 当实际支座安装温度与设计要求不同时，应通过计算设置支座顺桥方向的预偏量。

12.1.2 支座安装平面位置和顶面高程必须正确，不得偏斜、脱空、不均匀受力。

12.1.3 支座滑动面上的聚四氟乙烯滑板和不锈钢板位置应正确，不得有划痕、碰伤。

12.2 板式橡胶支座

12.2.1 支座安装前应将垫石顶面清理干净，采用干硬性水泥砂浆抹平，顶面标高应符合设计要求。

12.2.2 梁板安放时应位置准确，且与支座密贴。如就位不准或与支座不密贴时，必须重新起吊。采取垫钢板等措施，并应使支座位置控制在允许偏差内。不得用撬棍移动梁、板。

12.3 盆式橡胶支座

12.3.1 当支座上、下座板与梁底和墩台顶采用螺栓连接时，螺栓预留孔尺寸应符合设计要求，安装前应清理干净，采用环氧砂浆灌注；当采用电焊连接时，预埋钢垫板应锚固可靠、位置准确。墩顶预埋钢板下的混凝土宜分2次浇筑，且一端灌入，另端排气，预埋钢板不得出现空鼓。焊接时应采取防止烧坏混凝土的措施。

12.3.2 现浇梁底部预埋钢板或滑板应根据浇筑时气温、预应力筋张拉、混凝土收缩和徐变对梁长的影响设置相对于设计支承中心的预偏值。

12.3.3 活动支座安装前应采用丙酮或酒精解体清洗其各相对滑移面，擦净后在聚四氟乙烯板顶面满注硅脂。重新组装时应保持精度。

12.3.4 支座安装后，支座与墩台顶钢垫板间应密贴。

12.4 球形支座

12.4.1 支座出厂时，应由生产厂家将支座调平，并拧紧连接螺栓，防止运输安装过程中发生转动和倾覆。支座可根据设计需要预设转角和位移，但需在厂内装配时调整好。

12.4.2 支座安装前应开箱检查配件清单、检验报告、支座产品合格证及支座安装养护细则。施工单位开箱后不得拆卸、转动连接螺栓。

12.4.3 当下支座板与墩台采用螺栓连接时，应先用钢楔块将下支座板四角调平，高程、位置应符合设计要求，用环氧砂浆灌注地脚螺栓孔及支座底面垫层。环氧砂浆硬化后，方可拆除四角钢楔，并用环氧砂浆填满楔块位置。

12.4.4 当下支座板与墩台采用焊接连接时，应采用对称、间断焊接方法将下支座板与墩台上预埋钢板焊接。焊接时应采取防止烧伤支座和混凝土的措施。

12.4.5 当梁体安装完毕，或现浇混凝土梁体达到设计强度后，在梁体预应力张拉之前，应拆除上、下支座板连接板。

【垫石混凝土、挡块混凝土】

【垫石混凝土、挡块混凝土检验批质量验收记录】

垫石混凝土、挡块混凝土检验批质量验收记录　　表 CJJ 2-5-1-2

工程名称			
施工单位			
分项工程名称		施工班组长	
验收部位		专业工长	
施工执行标准名称及编号		项目经理	
检控项目	质量验收规范规定	施工单位检查评定记录	监理（建设）单位验收记录
一般项目	第 12.1.4 条　墩台帽、盖梁上的支座垫石和挡块宜二次浇筑，确保其高程和位置的准确。垫石混凝土的强度必须符合设计要求。		
施工单位检查评定结果	项目专业质量检查员：　年　月　日		
监理（建设）单位验收结论	专业监理工程师： （建设单位项目专业技术负责人）：　年　月　日		

注：1. 垫石混凝土、挡块混凝土的所用水泥、砂、石、水、外掺剂及混合材料的质量和规格必须符合有关技术规范的要求，按规定的配合比施工。

2. 支座垫石不得出现露筋、空洞、蜂窝、麻面现象及任何裂缝。

3. 垫石混凝土、挡块混凝土可参照（GB 50204—2002）混凝土施工检验批质量验收记录的相关质量要求制作。

【检验批验收应提供的核查资料】

垫石混凝土、挡块混凝土检验批质量验收应提供的核查资料　表 CJJ 2-5-1-2a

序号	核查资料名称	核查要点
1	垫石、挡块用材料合格证	检查材料数量、生产厂家、日期、性能参数
2	垫石、挡块用材料试验报告	检查试验单位资质，品种、代表数量、试验编号及日期、性能参数等，应符合设计和规范要求
3	材料进场验收记录	检查进场材料的品种、数量、生产厂家、日期、性能参数
4	混凝土试件强度试验报告（见证取样）	强度等级、代表数量、日期、性能，与设计、标准要求符合性

注：表列凡有性能要求的均应符合设计和规范要求。

2.9.2.5 索塔分部（子分部）工程

索塔分部（子分部）工程的质量验收包括：现浇混凝土索塔（模板与支架、钢筋、混凝土）、预应力混凝土；钢构件安装。

1. 索塔施工质量应符合 CJJ 2—2008 规范第 17.5.1 条规定。

17.5.2 现浇混凝土索塔施工质量检验应符合 CJJ 2—2008 规范第 17.5.1 条规定。

注：斜拉桥、悬索桥施工的现浇混凝土索塔施工质量检验均按【索塔分部（子分部）工程】规定执行。

第 17.5.1 条 墩台施工涉及的模板与支架、钢筋、混凝土、预应力混凝土质量检验应符合本规范第 5.4、6.5、7.13、8.5 节的规定。

斜拉桥施工，根据 5.4（模板、支架和拱架的制作及安装检验标准，模板、支架和拱架的拆除）、6.5（钢筋原材料、钢筋加工、钢筋连接、钢筋安装的检验标准）、7.13（混凝土原材料、混凝土配合比、混凝土施工的检验标准）、8.5（预应力材料及器材、预应力钢筋制作、预应力施工、预应力混凝土施工）节规定，分别编制成下列各节的检验批质量验收记录用表。

【现浇混凝土索塔（模板与支架、钢筋、混凝土、预应力混凝土）】

【现浇混凝土索塔模板与支架】

现浇混凝土索塔模板与支架制作检验批质量验收记录 表 CJJ 2-6-1-1

本表按“通用表式”的表 CJJ 2-通-1-1 中有关质量标准执行。

现浇混凝土索塔模板与支架安装检验批质量验收记录 表 CJJ 2-6-1-2

本表按“通用表式”的表 CJJ 2-通-1-2 中有关质量标准执行。

现浇混凝土索塔模板与支架拆除检验批质量验收记录 表 CJJ 2-6-1-3

本表按“通用表式”的表 CJJ 2-通-1-3 中有关质量标准执行。

【现浇混凝土索塔钢筋】

现浇混凝土索塔钢筋原材料检验批质量验收记录 表 CJJ 2-6-1-4

本表按“通用表式”的表 CJJ 2-通-2-1 中有关质量标准执行。

现浇混凝土索塔钢筋加工检验批质量验收记录 表 CJJ 2-6-1-5

本表按“通用表式”的表 CJJ 2-通-2-2 中有关质量标准执行。

现浇混凝土索塔钢筋连接检验批质量验收记录 表 CJJ 2-6-1-6

本表按“通用表式”的表 CJJ 2-通-2-3 中有关质量标准执行。

现浇混凝土索塔钢筋安装检验批质量验收记录 表 CJJ 2-6-1-7

本表按“通用表式”的表 CJJ 2-通-2-4 中有关质量标准执行。

【现浇混凝土索塔混凝土】

现浇混凝土索塔混凝土原材料检验批质量验收记录 表 CJJ 2-6-1-8

本表按“通用表式”的表 CJJ 2-通-3-1 中有关质量标准执行。

现浇混凝土索塔混凝土配合比检验批质量验收记录 表 CJJ 2-6-1-9

本表按“通用表式”的表 CJJ 2-通-3-2 中有关质量标准执行。

现浇混凝土索塔混凝土施工检验批质量验收记录 表 CJJ 2-6-1-10

本表按“通用表式”的表 CJJ 2-通-3-3A 中有关质量标准执行。

【现浇混凝土索塔预应力混凝土】

现浇混凝土索塔预应力材料及器材检验批质量验收记录

表 CJJ 2-6-1-11

本表按“通用表式”的表 CJJ 2-通-4-1 中有关质量标准执行。

现浇混凝土索塔预应力钢筋制作检验批质量验收记录

表 CJJ 2-6-1-12

本表按“通用表式”的表 CJJ 2-通-4-2 中有关质量标准执行。

现浇混凝土索塔后张法预应力施工检验批质量验收记录

表 CJJ 2-6-1-13

本表按“通用表式”的表 CJJ 2-通-4-3A 中有关质量标准执行。

【现浇混凝土索塔预应力混凝土施工】

现浇混凝土索塔预应力混凝土原材料检验批质量验收记录

表 CJJ 2-6-1-14A

本表按“通用表式”的表 CJJ 2-通-4-4 中有关质量标准执行。

现浇混凝土索塔预应力混凝土配合比检验批质量验收记录

表 CJJ 2-6-1-14B

本表按“通用表式”的表 CJJ 2-通-4-5 中有关质量标准执行。

现浇混凝土索塔预应力混凝土施工检验批质量验收记录

表 CJJ 2-6-1-14C

本表按“通用表式”的表 CJJ 2-通-4-6 中有关质量标准执行。

2. 且应符合现浇混凝土索塔施工的规定（表 CJJ 2-6-1-15）。

注：现浇混凝土索塔施工质量检验系完成现浇混凝土索塔的各子项后进行的检查和验收。

【现浇混凝土索塔施工质量检验】

【现浇混凝土索塔施工质量检验检验批质量验收记录】

现浇混凝土索塔施工质量检验检验批质量验收记录　　表 CJJ 2-6-1-15

工程名称			
施工单位			
分项工程名称		施工班组长	
验收部位		专业工长	
施工执行标准名称及编号		项目经理	

检控项目	质量验收规范规定		施工单位检查评定记录	监理（建设）单位验收记录
主控项目	第 17.5.2 条　现浇混凝土索塔施工质量检验应符合 CJJ 2—2008 规范第 17.5.1 条规定，且应符合下列规定： 1　索塔及横梁表面不得出现孔洞、露筋和超过设计规定的受力裂缝。 2　避雷设施应符合设计要求。			
一般项目	第 17.5.2 条 3 款　现浇混凝土索塔允许偏差			
	项　目（表 17.5.2）	允许偏差（mm）	量测值（mm）	
	地面处轴线偏位	10		
	垂直度	≤H/3000，且不大于 30 或设计要求		
	断面尺寸	±20		
	塔柱壁厚	±5		
	拉索锚固点高程	±10		
	索管轴线偏位	10，且两端同向		
	横梁断面尺寸	±10		
	横梁顶面高程	±10		
	横梁轴线偏位	10		
	横梁壁厚	±5		
	预埋件位置	5		
	分段浇筑时，接缝错台	5		
	第 17.5.2 条 4 款　索塔表面应平整、直顺，无蜂窝、麻面和大于 0.15mm 的收缩裂缝。			

施工单位检查评定结果	项目专业质量检查员：　　　　年　月　日
监理（建设）单位验收结论	专业监理工程师： （建设单位项目专业技术负责人）：　　　　年　月　日

注：1. H 为塔高；　2. L 为横梁长度。　3. 斜拉桥、悬索桥均按索塔分部（子分部）工程项下应符合和且应符合部分相关质量检验规定执行。

【检查验收时执行的规范条目】

17.5.2 现浇混凝土索塔施工质量检验应符合 CJJ 2—2008 规范第 17.5.1 条规定，且应符合下列规定：

主控项目

1 索塔及横梁表面不得出现孔洞、露筋和超过设计规定的受力裂缝。

检查数量：全数检查。　　检验方法：观察、用读数放大镜观测。

2 避雷设施应符合设计要求。

检查数量：全数检查。　　检验方法：观察、检查施工记录、用电气仪表检测。

一般项目

3 现浇混凝土索塔允许偏差应符合表 1 7.5.2 的规定。

现浇混凝土索塔允许偏差　　**表 17.5.2**

项　目	允许偏差（mm）	检验频率		检验方法
		范围	点数	
地面处轴线偏位	10	每对索距	2	用经纬仪测量，纵、横各 1 点
垂直度	≤H/3000，且不大于 30 或设计要求		2	用经纬仪、钢尺量测，纵、横各 1 点
断面尺寸	±20		2	用钢尺量，纵、横各 1 点
塔柱壁厚	±5		1	用钢尺量，每段每侧面 1 处
拉索锚固点高程	±10	每索	1	用水准仪测量
索管轴线偏位	10，且两端同向		1	用经纬仪测量
横梁断面尺寸	±10	每根横梁	5	用钢尺量，端部、L/2 和 L/4 各 1 点
横梁顶面高程	±10		4	用水准仪测量
横梁轴线偏位	10		5	用经纬仪、钢尺量测
横梁壁厚	±5		1	用钢尺量，每侧面 1 处（检查 3～5个断面，取最大值）
预埋件位置	5		2	用钢尺量
分段浇筑时，接缝错台	5	每侧面，每接缝	1	用钢板尺和塞尺量

注：1　H 为塔高；　2　L 为横梁长度。

4 索塔表面应平整、直顺，无蜂窝、麻面和大于 0.15mm 的收缩裂缝。

检查数量：全数检查。　　检验方法：观察、用读数放大镜观测。

【检验批验收应提供的核查资料】

现浇混凝土索塔施工质量检验检验批质量验收应提供的核查资料　　**表 CJJ 2-6-1-15a**

序号	核查资料名称	核查要点
1	施工记录	施工记录内容的完整性（资料名称项下括号内的内容）
2	标养、同条件养护混凝土试件试验报告（见证取样）	强度等级、代表数量、日期、性能，与设计、标准要求符合性

注：表列凡有性能要求的均应符合设计和规范要求。

附：规范规定的施工过程控制要点

17.1.1 索塔施工应根据其结构特点与设计要求选择适宜的施工方法与施工设备。除应采用塔式起重机、施工升降机之外，还必须设置登高安全通道、安全网、临边护栏等安全防护装置。

17.1.2 索塔施工安全技术方案中应对高空坠物、雷击、强风、寒暑、暴雨、飞行器等制定具体的防范措施，实施中应加强检查。

17.1.3 索塔施工应选择天顶法或测距法等测量方法，测量方案编制、仪器选择和精度评价等应经过论证，索塔垂直度、索管位置与角度应符合设计所要求的精度。

17.1.4 倾斜式索塔施工时，必须对各个施工阶段索塔的强度与变形进行计算，并及时设置相应的对拉杆或钢管（型钢桁架）、主动撑等横向支撑结构。

17.1.5 索塔横梁模板与支撑结构设计时，除应考虑支撑高度、结构质量、结构的弹性与非弹性变形因素外，还应考虑环境温差、日照、风力等外界因素的影响，宜设置支座调节系统，并合理设置预拱度。

17.1.6 索塔施工中宜设置劲性钢骨架。索塔混凝土浇筑应根据混凝土合理浇筑高度、索管位置及吊装设备的能力分节段施工。劲性骨架的接头形式及质量标准应得到设计的确认。

17.1.7 索塔上的索管安装定位时，宜采用三维空间极坐标法，并事先在索管与索塔上设置定位控制点。

17.1.8 索塔施工的环境温度应以施工段高空实测温度为准。索塔冬期施工时，模板应采取保温措施。

17.1.9 当设计规定安装避雷设施时，电缆线宜敷设于预留孔道中，地下设施部分宜在基础等施工时配合完成。

悬索桥现浇混凝土索塔规范规定的施工过程控制要点

18.3.1 索塔施工应符合 CJJ 2—2008 规范第 17.1 节规定。

18.3.2 塔顶钢框架的安装必须在索塔上横系梁施工完毕，且达到设计强度后方能进行。

18.3.3 索塔完工后，必须测定裸塔倾斜度、跨距和塔顶标高，作为主缆线形计算调整的依据。

【索塔钢构件安装】

索塔钢构件安装检验批质量验收记录　　　表 CJJ 2-6-1-16

本表按 14.3 节中的第 14.3.2 条“钢梁现场安装检检验批质量验收记录”（表 CJJ 2-8-6-5）相关标准执行。

索塔分部（子分部）工程

2.9.2.6 锚碇分部（子分部）工程

锚碇分部（子分部）工程的质量验收包括：锚碇锚固系统制作；锚碇锚固系统安装；锚碇混凝土（模板与支架、钢筋、混凝土）；预应力锚索张拉与压浆。

1. 锚碇锚固系统制作质量检验应符合 CJJ 2—2008 规范第 14.3 节有关规定。

第 14.3 节　钢梁制作：钢板梁制作；钢桁梁节段制作；钢箱形梁制作。

钢梁制造基本要求：

（1）钢梁应由具有相应资质的企业制造，并应符合国家现行标准《铁路钢桥制造规范》TB 10212 的有关规定。

（2）钢梁出厂前必须进行试装，并应按设计和有关规范的要求验收。

（3）钢梁出厂前，安装企业应对钢梁质量和应交付的文件进行验收，确认合格。

（4）钢梁制造企业应向安装企业提供下列文件：

1）产品合格证；

2）钢材和其他材料质量证明书和检验报告；

3）施工图，拼装简图；

4）工厂高强度螺栓摩擦面抗滑移系数试验报告；

5）焊缝无损检验报告和焊缝重大修补记录；

6）产品试板的试验报告；

7）工厂试拼装记录；

8）杆件发运和包装清单。

【锚碇锚固系统制作】

锚碇锚固系统钢板梁制作检验批质量验收记录　　表 CJJ 2-7-1-1

本表按钢梁子分部钢板梁制作检验批质量验收记录　表 CJJ 2-8-6-2 中有关质量标准执行。

锚碇锚固系统钢桁梁节段制作检验批质量验收记录　表 CJJ 2-7-1-2

本表按钢梁子分部钢桁梁节段制作检验批质量验收记录　表 CJJ 2-8-6-3 中有关质量标准执行。

锚碇锚固系统钢箱形梁制作检验批质量验收记录　表 CJJ 2-7-1-3

本表按钢梁子分部钢箱形梁制作检验批质量验收记录　表 CJJ 2-8-6-4 中有关质量标准执行。

2. 且应符合锚碇锚固系统制作规定（表 CJJ 2-7-1-4）

【锚碇锚固系统制作（预应力锚固系统、刚架锚固系统）质量检验】

【锚碇锚固系统制作（预应力锚固系统、刚架锚固系统）质量检验检验批质量验收记录】

锚碇锚固系统制作（预应力锚固系统、刚架锚固系统）质量检验检验批质量验收记录　　表 CJJ 2-7-1-4

<table>
<tr><td colspan="2">工程名称</td><td colspan="4"></td></tr>
<tr><td colspan="2">施工单位</td><td colspan="4"></td></tr>
<tr><td colspan="2">分项工程名称</td><td colspan="2"></td><td>施工班组长</td><td></td></tr>
<tr><td colspan="2">验收部位</td><td colspan="2"></td><td>专业工长</td><td></td></tr>
<tr><td colspan="2">施工执行标准名称及编号</td><td colspan="2"></td><td>项目经理</td><td></td></tr>
<tr><td>检控项目</td><td colspan="3">质量验收规范规定</td><td>施工单位检查评定记录</td><td>监理（建设）单位验收记录</td></tr>
<tr><td rowspan="17">一般项目</td><td colspan="3">第 18.8.3 条　锚碇锚固系统制作质量检验规定：
1　预应力锚固系统制作允许偏差</td><td></td><td rowspan="17"></td></tr>
<tr><td colspan="2">项　目（表 18.8.3-1）</td><td>允许偏差（mm）</td><td>量测值（mm）</td></tr>
<tr><td rowspan="5">连接器</td><td>拉杆孔至锚固孔中心距</td><td>±0.5</td><td></td></tr>
<tr><td>主要孔径</td><td>+1.0
0</td><td></td></tr>
<tr><td>孔轴线与顶、底面垂直度（°）</td><td>0.3</td><td></td></tr>
<tr><td>底面平面度</td><td>0.08</td><td></td></tr>
<tr><td>拉杆孔顶、底面平行度</td><td>0.15</td><td></td></tr>
<tr><td colspan="2">拉杆同轴度</td><td>0.04</td><td></td></tr>
<tr><td colspan="3">第 18.8.3 条　锚碇锚固系统制作质量检验规定：
2　刚架锚固系统制作允许偏差</td><td></td></tr>
<tr><td colspan="2">项　目（表 18.8.3-2）</td><td>允许偏差（mm）</td><td>量测值（mm）</td></tr>
<tr><td colspan="2">刚架杆件长度</td><td>±2</td><td></td></tr>
<tr><td colspan="2">刚架杆件中心距</td><td>±2</td><td></td></tr>
<tr><td colspan="2">锚杆长度</td><td>±3</td><td></td></tr>
<tr><td colspan="2">锚梁长度</td><td>±3</td><td></td></tr>
<tr><td colspan="2">连　接</td><td>符合设计要求</td><td></td></tr>
<tr><td colspan="2">施工单位检查评定结果</td><td colspan="4">项目专业质量检查员：　　　　年　月　日</td></tr>
<tr><td colspan="2">监理（建设）单位验收结论</td><td colspan="4">专业监理工程师：
（建设单位项目专业技术负责人）：　　　　年　月　日</td></tr>
</table>

注：规范规定的施工过程控制要点见【检查验收时执行的规范条目】。

【检查验收时执行的规范条目】

18.8.3 锚碇锚固系统制作质量检验应符合 CJJ 2—2008 规范第 14.3 节有关规定，且应符合下列规定：

一般项目

1 预应力锚固系统制作允许偏差应符合表 18.8.3-1 的规定。

预应力锚固系统制作允许偏差 **表 18.8.3-1**

项目		允许偏差(mm)	检验频率		检验方法
			范围	点数	
连接器	拉杆孔至锚固孔中心距	±0.5	每件	1	游标卡尺
	主要孔径	+1.0 0		1	游标卡尺
	孔轴线与顶、底面垂直度(°)	0.3		2	量具
	底面平面度	0.08		1	量具
	拉杆孔顶、底面平行度	0.15		2	量具
拉杆同轴度		0.04		1	量具

2 刚架锚固系统制作允许偏差应符合表 18.8.3-2 的规定。

刚架锚固系统制作允许偏差 **表 18.8.3-2**

项目	允许偏差(mm)	检验频率		检验方法
		范围	点数	
刚架杆件长度	±2	每件	1	用钢尺量
刚架杆件中心距	±2		1	用钢尺量
锚杆长度	±3		1	用钢尺量
锚梁长度	±3		1	用钢尺量
连　接	符合设计要求		30%	超声波或测力扳手

【检验批验收应提供的核查资料】

锚碇锚固系统制作（预应力锚固系统、刚架锚固系统）质量检验检验批质量验收应提供的核查资料 **表 CJJ 2-7-1-4a**

序号	核查资料名称	核查要点
1	施工记录	施工记录内容的完整性（资料名称项下括号内的内容）
2	标养、同条件养护混凝土试件试验报告（见证取样）	强度等级、代表数量、日期、性能，与设计、标准要求符合性

注：表列凡有性能要求的均应符合设计和规范要求。

【锚碇锚固系统安装】

1. 锚碇锚固系统安装质量检验应符合 CJJ 2—2008 规范第 14.3 节有关规定。

锚碇锚固系统钢梁现场安装检验批质量验收记录 表 CJJ 2-7-1-5

本表按钢梁子分部钢梁现场安装检验批质量验收记录 表 CJJ 2-8-6-5 中有关质量标准执行。

2. 且应符合锚碇锚固系统安装的规定(表 CJJ 2-7-1-6)。

【锚碇锚固系统安装(预应力锚固系统、刚架锚固系统)质量检验】

【锚碇锚固系统安装(预应力锚固系统、刚架锚固系统)质量检验检验批质量验收记录】

锚碇锚固系统安装(预应力锚固系统、刚架锚固系统)质量检验检验批质量验收记录 **表 CJJ 2-7-1-6**

工程名称				
施工单位				
分项工程名称		施工班组长		
验收部位		专业工长		
施工执行标准名称及编号		项目经理		

检控项目	质量验收规范规定		施工单位检查评定记录	监理(建设)单位验收记录
一般项目	第 18.8.4 条 锚碇锚固系统安装质量检验规定 1 预应力锚固系统安装允许偏差			
	项 目	允许偏差(mm)	量测值(mm)	
	前锚面孔道中心坐标偏差	±10		
	前锚面孔道角度(°)	±0.2		
	拉杆轴线偏位	5		
	连接器轴线偏位	5		
	第 18.8.4 条 锚碇锚固系统安装质量检验规定 2 刚架锚固系统安装允许偏差			
	项 目	允许偏差(mm)	量测值(mm)	
	刚架中心线偏差	10		
	刚架安装锚杆之平联高差	+5 −2		
	锚杆偏位 纵	10		
	锚杆偏位 横	5		
	锚固点高程	±5		
	后锚梁偏位	5		
	后锚梁高程	±5		
施工单位检查评定结果	项目专业质量检查员: 年 月 日			
监理(建设)单位验收结论	专业监理工程师: (建设单位项目专业技术负责人): 年 月 日			

注:1. 规范规定的施工过程控制要点见【检查验收时执行的规范条目】。 2. 锚碇锚固系统安装(预应力锚固系统、刚架锚固系统)质量检验系完成锚碇锚固系统安装(预应力锚固系统、刚架锚固系统)的各子项后进行的检查和验收。

【检查验收时执行的规范条目】

18.8.4 锚碇锚固系统安装质量检验应符合 CJJ 2—2008 规范第 14.3 节有关规定，且应符合下列规定：

一般项目

1 预应力锚固系统安装允许偏差应符合表 18.8.4-1 的规定。

预应力锚固系统安装允许偏差　　表 18.8.4-1

项　目	允许偏差（mm）	检验频率		检　验　方　法
		范围	点数	
前锚面孔道中心坐标偏差	±10	每件	1	用全站仪测量
前锚面孔道角度（°）	±0.2		1	用经纬仪或全站仪测量
拉杆轴线偏位	5		2	用经纬仪或全站仪测量
连接器轴线偏位	5		2	用经纬仪或全站仪测量

2 刚架锚固系统安装允许偏差应符合表 18.8.4-2 的规定。

刚架锚固系统安装允许偏差　　表 18.8.4-2

项　目		允许偏差（mm）	检验频率		检　验　方　法
			范围	点数	
刚架中心线偏差		10	每件	2	用经纬仪测量
刚架安装锚杆之平联高差		+5 −2		1	用水准仪测量
锚杆偏位	纵	10		2	用经纬仪测量
	横	5			
锚固点高程		±5		1	用水准仪测量
后锚梁偏位		5		2	用经纬仪测量
后锚梁高程		±5		2	用水准仪测量

第 14.3 节（第 14.3.2 节）：钢梁现场安装检验应符合下列规定：

主控项目

1 高强螺栓连接质量检验应符合 CJJ 2—2008 规范第 14.3.1 条第 2、3 款规定，其扭矩偏差不得超过±10%。

检查数量：抽查 5%，且不少于 2 个。　　检查方法：用测力扳手。

2 焊缝探伤检验应符合 CJJ 2—2008 规范第 14.3.1 第 4 款规定。

一般项目

3 钢梁安装允许偏差应符合表 14.3.2 的规定。

钢梁安装允许偏差　　表 14.3.2

项　目		允许偏差（mm）	检验频率		检　验　方　法
			范围	点数	
轴线偏位	钢梁中线	10	每件或每个安装段	2	用经纬仪测量
	两孔相邻横梁中线相对偏差	5			
梁底标高	墩台处梁底	±10		4	用水准仪测量
	两孔相邻横梁相对高差	5			

4 焊缝外观质量检验应符合 CJJ 2—2008 规范第 14.3.1 条第 6 款的规定。

【检验批验收应提供的核查资料】

锚碇锚固系统安装（预应力锚固系统、刚架锚固系统）质量检验检验批质量验收应提供的核查资料 表 CJJ 2-7-1-6a

序号	核查资料名称	核查要点
1	焊条、焊剂、药芯、焊丝、熔嘴、瓷环等质量合格证	品种、规格、数量、生产厂家、日期，与试验报告对应
2	烘焙记录（瓷环提供焊接工艺评定和烘焙记录）	应提供时必须提供
3	焊工合格证（检查焊工操作认可范围、有效期）	按参与焊接的焊工人员逐一核实
4	超声波探伤报告、射线探伤报告、抗滑移系数试验报告、焊缝重大修补记录（见证取样）	应提供必须提供，核查无损探伤报告的正确性
5	施工记录和工艺试验报告	检查施工记录和工艺试验是否符合标准规定
6	当构件存在裂纹、焊瘤、气孔、夹渣、弧坑裂纹等提供渗透或磁粉探伤报告（见证取样）	应提供必须提供，核查渗透或磁粉探伤报告的正确性

注：1. 合理缺项除外；2. 表列凡有性能要求的均应符合设计和规范要求。

【锚碇混凝土(模板与支架、钢筋、混凝土)】

1. 锚碇混凝土施工质量检验应符合 CJJ 2—2008 规范第 18.8.1 条规定。

第 18.8.1 条　悬索桥施工中涉及的模板与支架、钢筋、混凝土、预应力混凝土质量检验应符合本规范第 5.4、6.5、7.13、8.5 节规定。

锚啶混凝土施工，根据 5.4（模板、支架和拱架的制作及安装检验标准，模板、支架和拱架的拆除）、6.5（钢筋原材料、钢筋加工、钢筋连接、钢筋安装的检验标准）、7.13（混凝土原材料、混凝土配合比、混凝土施工的检验标准）节规定，分别编制成下列各节的检验批质量验收记录用表。

【锚碇混凝土模板与支架】

锚碇混凝土模板与支架制作检验批质量验收记录　　表 CJJ 2-7-1-7

本表按"通用表式"的表 CJJ 2-通-1-1 中有关质量标准执行。

锚碇混凝土模板与支架安装检验批质量验收记录　　表 CJJ 2-7-1-8

本表按"通用表式"的表 CJJ 2-通-1-2 中有关质量标准执行。

锚碇混凝土模板与支架拆除检验批质量验收记录　　表 CJJ 2-7-1-9

本表按"通用表式"的表 CJJ 2-通-1-3 中有关质量标准执行。

【锚碇混凝土钢筋】

锚碇混凝土钢筋原材料检验批质量验收记录　　表 CJJ 2-7-1-10

本表按"通用表式"的表 CJJ 2-通-2-1 中有关质量标准执行。

锚碇混凝土钢筋加工检验批质量验收记录　　表 CJJ 2-7-1-11

本表按"通用表式"的表 CJJ 2-通-2-2 中有关质量标准执行。

锚碇混凝土钢筋连接检验批质量验收记录　　表 CJJ 2-7-1-12

本表按"通用表式"的表 CJJ 2-通-2-3 中有关质量标准执行。

锚碇混凝土钢筋安装检验批质量验收记录　　表 CJJ 2-7-1-13

本表按"通用表式"的表 CJJ 2-通-2-4 中有关质量标准执行。

【锚碇混凝土】

锚碇混凝土原材料检验批质量验收记录　　表 CJJ 2-7-1-14

本表按"通用表式"的表 CJJ 2-通-3-1 中有关质量标准执行。

锚碇混凝土配合比检验批质量验收记录　　表 CJJ 2-7-1-15

本表按"通用表式"的表 CJJ 2-通-3-2 中有关质量标准执行。

锚碇混凝土施工检验批质量验收记录　　表 CJJ 2-7-1-16

本表按"通用表式"的表 CJJ 2-通-3-3A 中有关质量标准执行。

2. 且应符合锚碇混凝土施工的规定（表 CJJ 2-7-1-17）。

【锚碇混凝土施工质量检验】

【锚碇混凝土施工质量检验检验批质量验收记录】

锚碇混凝土施工质量检验检验批质量验收记录　　表 CJJ 2-7-1-17

工程名称			
施工单位			
分项工程名称		施工班组长	
验收部位		专业工长	
施工执行标准名称及编号		项目经理	

检控项目	质量验收规范规定		允许偏差（mm）	施工单位检查评定记录 / 量测值（mm）	监理（建设）单位验收记录
主控项目	第 18.8.5 条　锚碇混凝土施工质量检验规定： 1　地基承载力必须符合设计要求 2　混凝土表面不得有孔洞、露筋和受力裂缝				
一般项目	项目（第 18.8.5 条 3 款　锚碇结构）		允许偏差（mm）	量测值（mm）	
	轴线偏位	基础	20		
		槽口	10		
	断面尺寸		±30		
	基础底面高程	土质	±50		
		石质	+50 −200		
	基础顶面高程		±20		
	大面积平整度		5		
	预埋件位置		符合设计规定		
	第 18.8.5 条 4 款　锚碇表面应无蜂窝、麻面和大于 0.15mm 的收缩裂缝				

施工单位检查评定结果	项目专业质量检查员：　　　　年　月　日
监理（建设）单位验收结论	专业监理工程师： （建设单位项目专业技术负责人）：　　　　年　月　日

注：1. 规范规定的施工过程控制要点见【检查验收时执行的规范条目】。

2. 锚碇混凝土施工系完成锚碇混凝土的各子项后进行的检查和验收。

【检查验收时执行的规范条目】

18.8.5 锚碇混凝土施工质量检验应符合 CJJ 2—2008 规范第 18.8.1 条规定，且应符合下列规定：

主控项目

1 地基承载力必须符合设计要求。

检查数量：全数检查。　　检验方法：检查地基承载力检测报告。

2 混凝土表面不得有孔洞、露筋和受力裂缝。

检查数量：全数检查。　　检验方法：观察。

一般项目

3 锚碇结构允许偏差应符合表 18.8.5 的规定。

锚碇结构允许偏差　　表 18.8.5

项目		允许偏差(mm)	检验频率		检验方法
			范围	点数	
轴线偏位	基础	20	每座	4	用经纬仪或全站仪测量
	槽口	10			
断面尺寸		±30		4	用钢尺量
基础底面高程	土质	±50		10	用水准仪测量
	石质	+50 −200			
基础顶面高程		±20			
大面积平整度		5		1	用 2m 直尺、塞尺量，每 $20m^2$ 测一处
预埋件位置		符合设计规定	每件	2	经纬仪放线，用钢尺量

4 锚碇表面应无蜂窝、麻面和大于 0.15mm 的收缩裂缝。

检查数量：全数检查。　　检验方法：观察。

【检验批验收应提供的核查资料】

锚碇混凝土施工与压浆检验批质量验收应提供的核查资料　　表 CJJ 2-7-1-17a

序号	核查资料名称	核查要点
1	施工记录	施工记录内容的完整性（资料名称项下括号内的内容）
2	标养、同条件养护混凝土试件试验报告（见证取样）	强度等级、代表数量、日期、性能，与设计、标准要求符合性
3	地基承载力检测报告	检查地基承载力检测报告的正确性，应符合设计要求

注：表列凡有性能要求的均应符合设计和规范要求。

【预应力锚索张拉与压浆】

【预应力锚索张拉与压浆检验批质量验收记录】

预应力锚索张拉与压浆检验批质量验收记录　　表 CJJ 2-7-1-18

<table>
<tr><td colspan="2">工程名称</td><td colspan="3"></td></tr>
<tr><td colspan="2">施工单位</td><td colspan="3"></td></tr>
<tr><td colspan="2">分项工程名称</td><td></td><td>施工班组长</td><td></td></tr>
<tr><td colspan="2">验收部位</td><td></td><td>专业工长</td><td></td></tr>
<tr><td colspan="2">施工执行标准名称及编号</td><td></td><td>项目经理</td><td></td></tr>
<tr><td>检控项目</td><td>质量验收规范规定</td><td colspan="2">施工单位检查评定记录</td><td>监理（建设）单位验收记录</td></tr>
<tr><td>一般项目</td><td>第 18.8.6 条　预应力锚索张拉的质量检验应符合下列规定：
1　混凝土达到设计强度，方可进行张拉
检查数量：全数检查
检验方法：检查同条件养护试件强度试验报告
2　张拉应符合设计和 CJJ 2—2008 规范第 8.5 节的有关规定
检查数量：全数检查
检验方法：检查张拉施工记录
3　压浆应符合设计和 CJJ 2—2008 规范第 8.5 节的有关规定
检查数量：全数检查
检验方法：检查压浆记录</td><td colspan="2"></td><td></td></tr>
<tr><td colspan="2">施工单位检查评定结果</td><td colspan="3">项目专业质量检查员：　　　　年　月　日</td></tr>
<tr><td colspan="2">监理（建设）单位验收结论</td><td colspan="3">专业监理工程师：
（建设单位项目专业技术负责人）：　　年　月　日</td></tr>
</table>

【检验批验收应提供的核查资料】

预应力锚索张拉与压浆检验批质量验收应提供的核查资料　表 CJJ 2-7-1-18a

序号	核查资料名称	核查要点
1	同条件养护混凝土试件强度试验报告（见证取样）	核查试验单位资质、代表数量、日期、性能等，应符合设计和规范要求
2	张拉施工记录	核查张拉记录的正确性、符合性
3	压浆记录	核查压浆记录与设计要求及标准的符合性

注：1. 合理缺项除外；2. 表列凡有性能要求的均应符合设计和规范要求。

2.9.2.7 桥跨承重结构分部工程

桥跨承重结构分部工程的质量验收包括：支架上浇筑混凝土梁（板）子分部工程；装配式钢筋混凝土梁（板）子分部工程；悬臂浇筑预应力混凝土梁子分部工程；悬臂拼装预应力混凝土梁子分部；顶推施工混凝土梁子分部工程；钢梁子分部工程；结合梁子分部工程；拱部与拱上结构子分部工程；斜拉桥的主梁与拉索子分部工程；悬索桥的加劲梁与缆索子分部工程。

【支架上浇筑混凝土梁（板）子分部工程】

支架上浇筑混凝土梁（板）子分部工程的质量验收包括：模板与支架、钢筋、混凝土、预应力钢筋。

1. 支架上浇筑梁（板）质量检验应符合 CJJ 2—2008 规范第 13.7.1 条规定。

第 13.7.1 条　混凝土梁（板）施工中涉及的模板与支架、钢筋、混凝土、预应力混凝土的质量检验应符合本规范第 5.4、6.5、7.13、8.5 节的有关规定。

支架上浇筑梁（板）施工，根据 5.4（模板、支架和拱架的制作及安装检验标准，模板、支架和拱架的拆除）、6.5（钢筋原材料、钢筋加工、钢筋连接、钢筋安装的检验标准）、7.13（混凝土原材料、混凝土配合比、混凝土施工的检验标准）、8.5（预应力材料及器材、预应力钢筋制作、预应力施工、预应力混凝土施工）节规定，分别编制成下列各节的检验批质量验收记录用表。

【支架上浇筑混凝土梁（板）模板与支架、钢筋、混凝土、预应力钢筋】

【支架上浇筑混凝土梁（板）模板与支架】

支架上浇筑混凝土梁（板）模板与支架制作检验批质量验收记录

表 CJJ 2-8-1-1

本表按“通用表式”的表 CJJ 2-通-1-1 中有关质量标准执行。

支架上浇筑混凝土梁（板）模板与支架安装检验批质量验收记录

表 CJJ 2-8-1-2

本表按“通用表式”的表 CJJ 2-通-1-2 中有关质量标准执行。

支架上浇筑混凝土梁（板）模板与支架拆除检验批质量验收记录

表 CJJ 2-8-1-3

本表按“通用表式”的表 CJJ 2-通-1-3 中有关质量标准执行。

【支架上浇筑混凝土梁（板）钢筋】

支架上浇筑混凝土梁（板）钢筋原材料检验批质量验收记录

表 CJJ 2-8-1-4

本表按“通用表式”的表 CJJ 2-通-2-1 中有关质量标准执行。

支架上浇筑混凝土梁（板）钢筋加工检验批质量验收记录

表 CJJ 2-8-1-5

本表按“通用表式”的表 CJJ 2-通-2-2 中有关质量标准执行。

支架上浇筑混凝土梁（板）钢筋连接检验批质量验收记录

表 CJJ 2-8-1-6

本表按“通用表式”的表 CJJ 2-通-2-3 中有关质量标准执行。

支架上浇筑混凝土梁（板）钢筋安装检验批质量验收记录

表 CJJ 2-8-1-7

本表按“通用表式”的表 CJJ 2-通-2-4 中有关质量标准执行。

【支架上浇筑混凝土梁（板）混凝土】

支架上浇筑混凝土梁（板）混凝土原材料检验批质量验收记录

表 CJJ 2-8-1-8

本表按“通用表式”的表 CJJ 2-通-3-1 中有关质量标准执行。

支架上浇筑混凝土梁（板）混凝土配合比检验批质量验收记录

表 CJJ 2-8-1-9

本表按“通用表式”的表 CJJ 2-通-3-2 中有关质量标准执行。

支架上浇筑混凝土梁（板）混凝土施工检验批质量验收记录

表 CJJ 2-8-1-10

本表按“通用表式”的表 CJJ 2-通-3-3A 中有关质量标准执行。

【支架上浇筑混凝土梁（板）预应力钢筋】

支架上浇筑混凝土梁（板）预应力材料及器材检验批质量验收记录

表 CJJ 2-8-1-11

本表按“通用表式”的表 CJJ 2-通-4-1 中有关质量标准执行。

支架上浇筑混凝土梁（板）预应力钢筋制作检验批质量验收记录

表 CJJ 2-8-1-12

本表按“通用表式”的表 CJJ 2-通-4-2 中有关质量标准执行。

支架上浇筑混凝土梁（板）后张法预应力施工检验批质量验收记录

表 CJJ 2-8-1-13

本表按“通用表式”的表 CJJ 2-通-4-3A 中有关质量标准执行。

2. 且应符合支架上浇筑梁（板）质量的规定（表 CJJ 2-8-1-14）。

注：支架上浇筑梁（板）质量检验系完成支架上浇筑梁（板）的各子项后进行的检查和验收。

【支架上浇筑梁（板）质量检验】

【支架上浇筑梁（板）质量检验批质量验收记录】

支架上浇筑梁（板）质量检验批质量验收记录　　　表 CJJ 2-8-1-14

<table>
<tr><td colspan="2">工程名称</td><td colspan="4"></td></tr>
<tr><td colspan="2">施工单位</td><td colspan="4"></td></tr>
<tr><td colspan="2">分项工程名称</td><td></td><td>施工班组长</td><td colspan="2"></td></tr>
<tr><td colspan="2">验收部位</td><td></td><td>专业工长</td><td colspan="2"></td></tr>
<tr><td colspan="2">施工执行标准名称及编号</td><td></td><td>项目经理</td><td colspan="2"></td></tr>
<tr><td>检控项目</td><td colspan="3">质量验收规范规定</td><td>施工单位检查评定记录</td><td>监理（建设）单位验收记录</td></tr>
<tr><td>主控项目</td><td colspan="3">第 13.7.2 条　支架上浇筑梁（板）质量检验应符合 CJJ 2—2008 规范第 13.7.1 条规定，且应符合下列规定：
1　结构表面不得出现超过设计规定的受力裂缝。</td><td></td><td></td></tr>
<tr><td rowspan="10">一般项目</td><td colspan="2">项　目（第 13.7.2 第 2 款表 13.7.2）</td><td>允许偏差（mm）</td><td>量测值（mm）</td><td rowspan="10"></td></tr>
<tr><td colspan="2">轴线偏位</td><td>10</td><td></td></tr>
<tr><td colspan="2">梁板顶面高程</td><td>±10</td><td></td></tr>
<tr><td rowspan="3">断面尺寸（mm）轴线偏位</td><td>高</td><td>+5
−10</td><td></td></tr>
<tr><td>宽</td><td>±30</td><td></td></tr>
<tr><td>顶、底、腹板厚</td><td>+10
0</td><td></td></tr>
<tr><td colspan="2">长度</td><td>+5
−10</td><td></td></tr>
<tr><td colspan="2">横坡（%）</td><td>±0.15</td><td></td></tr>
<tr><td colspan="2">平整度</td><td>8</td><td></td></tr>
<tr><td colspan="3">第 13.7.2 条 3 款　结构表面应无孔洞、露筋、蜂窝、麻面和宽度超过 0.15mm 的收缩裂缝</td><td></td></tr>
<tr><td colspan="2">施工单位检查评定结果</td><td colspan="4">项目专业质量检查员：　　　　年　月　日</td></tr>
<tr><td colspan="2">监理（建设）单位验收结论</td><td colspan="4">专业监理工程师：
（建设单位项目专业技术负责人）：　　　　年　月　日</td></tr>
</table>

注：规范规定的施工过程控制要点见【检查验收时执行的规范条目】。

桥跨承重结构分部工程

【检查验收时执行的规范条目】

13.7.2 支架上浇筑梁（板）质量检验应符合 CJJ 2—2008 规范第 13.7.1 条规定，且应符合下列规定：

主控项目

1 结构表面不得出现超过设计规定的受力裂缝。

检查数量：全数检查。　　检验方法：观察或用读数放大镜观测。

一般项目

2 整体浇筑钢筋混凝土梁、板允许偏差应符合表 13.7.2 的规定。

整体浇筑钢筋混凝土梁、板允许偏差　　表 13.7.2

检查项目		允许偏差（mm）	检验频率		检验方法
			范围	点数	
轴线偏位		10	每跨	3	用经纬仪测量
梁板顶面高程		±10		3～5	用水准仪测量
断面尺寸（mm）	高	+5 −10		1～3个断面	用钢尺量
	宽	±30			
	顶、底、腹板厚	+10 0			
长度		+5 −10		2	用钢尺量
横坡（%）		±0.15		1～3	用水准仪测量
平整度		8		顺桥向每侧面每10m测1点	用 2m 直尺、塞尺量

3 结构表面应无孔洞、露筋、蜂窝、麻面和宽度超过 0.15mm 的收缩裂缝。

检查数量：全数检查。　　检验方法：观察、用读数放大镜观测。

【检验批验收应提供的核查资料】

支架上浇筑梁（板）质量检验检验批质量验收应提供的核查资料　　表 CJJ 2-8-1-14a

序号	核查资料名称	核查要点
1	施工记录	施工记录内容的完整性（资料名称项下括号内的内容）
2	标养、同条件养护混凝土试件试验报告（见证取样）	强度等级、代表数量、日期、性能，与设计、标准要求符合性

注：表列凡有性能要求的均应符合设计和规范要求。

附：规范规定的施工过程控制要点

13.1.1 在固定支架上浇筑施工应符合下列规定：

1 支架的地基承载力应符合要求，必要时，应采取加强处理或其他措施。

2 应有简便可行的落架拆模措施。

3 各种支架和模板安装后，宜采取预压方法消除拼装间隙和地基沉降等非弹性变形。

4 安装支架时，应根据梁体和支架的弹性、非弹性变形，设置预拱度。

5 支架底部应有良好的排水措施，不得被水浸泡。

6 浇筑混凝土时应采取防止支架不均匀下沉的措施。

13.1.2 在移动模架上浇筑时，模架长度必须满足分段施工要求，分段浇筑的工作缝，应设在零弯矩点或其附近。

【装配式钢筋混凝土梁（板）子分部工程】

装配式钢筋混凝土梁（板）子分部工程的质量验收包括：预制安装梁（板）（模板、钢筋、混凝土、预应力混凝土）；安装梁（板）的制作、安装允许偏差。

1. 预制安装梁（板）质量检验应符合 CJJ 2—2008 规范第 13.7.1 条规定。

第 13.7.1 条　混凝土梁（板）施工中涉及的模板与支架、钢筋、混凝土、预应力混凝土的质量检验应符合本规范第 5.4、6.5、7.13、8.5 节的有关规定。

预制梁（板）施工，根据 5.4（模板、支架和拱架的制作及安装检验标准，模板、支架和拱架的拆除）、6.5（钢筋原材料、钢筋加工、钢筋连接、钢筋安装的检验标准）、7.13（混凝土原材料、混凝土配合比、混凝土施工的检验标准）、8.5（预应力材料及器材、预应力钢筋制作、预应力施工、预应力混凝土施工）节规定，分别编制成下列各节的检验批质量验收记录用表。

【预制安装梁（板）（模板与支架、钢筋、混凝土、预应力混凝土）】

【预制安装梁（板）模板与支架】

预制安装梁（板）模板与支架制作检验批质量验收记录　表 CJJ 2-8-2-1

本表按“通用表式”的表 CJJ 2-通-1-1 中有关质量标准执行。

预制安装梁（板）模板与支架安装检验批质量验收记录　表 CJJ 2-8-2-2

本表按“通用表式”的表 CJJ 2-通-1-2 中有关质量标准执行。

预制安装梁（板）模板与支架拆除检验批质量验收记录　表 CJJ 2-8-2-3

本表按“通用表式”的表 CJJ 2-通-1-3 中有关质量标准执行。

【预制安装梁（板）钢筋】

预制安装梁（板）钢筋原材料检验批质量验收记录　表 CJJ 2-8-2-4

本表按“通用表式”的表 CJJ 2-通-2-1 中有关质量标准执行。

预制安装梁（板）钢筋加工检验批质量验收记录　表 CJJ 2-8-2-5

本表按“通用表式”的表 CJJ 2-通-2-2 中有关质量标准执行。

预制安装梁（板）钢筋连接检验批质量验收记录　表 CJJ 2-8-2-6

本表按“通用表式”的表 CJJ 2-通-2-3 中有关质量标准执行。

预制安装梁（板）钢筋安装检验批质量验收记录　表 CJJ 2-8-2-7

本表按“通用表式”的表 CJJ 2-通-2-4 中有关质量标准执行。

【预制安装梁（板）混凝土】

预制安装梁（板）混凝土原材料检验批质量验收记录　表 CJJ 2-8-2-8

本表按“通用表式”的表 CJJ 2-通-3-1 中有关质量标准执行。

预制安装梁（板）混凝土配合比检验批质量验收记录

表 CJJ 2-8-2-9

本表按“通用表式”的表 CJJ 2-通-3-2 中有关质量标准执行。

预制安装梁（板）混凝土施工检验批质量验收记录

表 CJJ 2-8-2-10

本表按“通用表式”的表 CJJ 2-通-3-3A 中有关质量标准执行。

【预制安装梁（板）预应力混凝土】

预制安装梁（板）预应力材料及器材检验批质量验收记录

表 CJJ 2-8-2-11

本表按“通用表式”的表 CJJ 2-通-4-1 中有关质量标准执行。

预制安装梁（板）预应力钢筋制作检验批质量验收记录

表 CJJ 2-8-2-12

本表按“通用表式”的表 CJJ 2-通-4-2 中有关质量标准执行。

预制安装梁（板）先张法预应力施工检验批质量验收记录

表 CJJ 2-8-2-13A

本表按“通用表式”的表 CJJ 2-通-4-3A 中有关质量标准执行。

预制安装梁（板）后张法预应力施工检验批质量验收记录

表 CJJ 2-8-2-13B

本表按“通用表式”的表 CJJ 2-通-4-3A 中有关质量标准执行。

【预制安装梁（板）预应力混凝土施工】

预制安装梁（板）预应力混凝土原材料检验批质量验收记录

表 CJJ 2-8-2-14A

本表按“通用表式”的表 CJJ 2-通-4-4 中有关质量标准执行。

预制安装梁（板）预应力混凝土配合比检验批质量验收记录

表 CJJ 2-8-2-14B

本表按“通用表式”的表 CJJ 2-通-4-5 中有关质量标准执行。

预制安装梁（板）预应力混凝土施工检验批质量验收记录

表 CJJ 2-8-2-14C

本表按“通用表式”的表 CJJ 2-通-4-6 中有关质量标准执行。

2. 且应符合预制安装梁（板）的制作、安装允许偏差规定（表 CJJ 2-8-2-15A）。

注：预制安装梁（板）的制作、安装允许偏差系完成预制安装梁（板）的各子项后进行的检查和验收。

【预制安装梁（板）的制作、安装允许偏差】

【预制安装梁（板）的制作允许偏差检验批质量验收记录】

预制安装梁（板）的制作允许偏差检验批质量验收记录　　表 CJJ 2-8-2-15A

工程名称						
施工单位						
分项工程名称				施工班组长		
验收部位				专业工长		
施工执行标准名称及编号				项目经理		
检控项目	质量验收规范规定				施工单位检查评定记录	监理（建设）单位验收记录
主控项目	第 13.7.3 条　预制安装梁（板）质量检验应符合 CJJ 2—2008 规范第 13.7.1 条规定，且应符合下列规定： 1　结构表面不得出现超过设计规定的受力裂缝。					
一般项目	项目（第 13.7.3 条 3 款表 13.7.3-1）		允许偏差（mm）		量测值（mm）	
	断面尺寸	宽	0 −10	0 −10		
		高	±5	—		
		顶、底、腹板厚	±5	±5		
	长度		0 −10	0 −10		
	侧向弯曲		L/1000 且不大于 10	L/1000 且不大于 10		
	对角线长度差		15	15		
	平整度		8			
	第 13.7.3 条 5 款　混凝土表面应无孔洞、露筋、蜂窝、麻面和宽度超过 0.15mm 的收缩裂缝					
施工单位检查评定结果	项目专业质量检查员：　　　　年　月　日					
监理（建设）单位验收结论	专业监理工程师： （建设单位项目专业技术负责人）：　　　　年　月　日					

注：1. L 为构件长度（mm）。　2. 施工过程控制要点见【检查验收时执行的规范条目】。

【检查验收时执行的规范条目】

13.7.3　预制安装梁（板）质量检验应符合 CJJ 2—2008 规范第 13.7.1 条规定，且应符合下列规定：

主控项目

1　结构表面不得出现超过设计规定的受力裂缝。

检查数量：全数检查　　检验方法：观察或用读数放大镜观测。

一般项目

3 预制梁、板允许偏差应符合表 13.7.3-1 的规定。

预制梁、板允许偏差　　表 13.7.3-1

项目		检验频率		允许偏差（mm）		检验方法
		梁	板	范围	点数	
断面尺寸	宽	0 −10	0 −10	每个构件	5	用钢尺量，端部、$L/4$ 处和中间各 1 点
	高	±5	—		5	
	顶、底、腹板厚	±5	±5		5	
长度		0 −10	0 −10		4	用钢尺量，两侧上、下各 1 点
侧向弯曲		$L/1000$ 且不大于 10	$L/1000$ 且不大于 10		2	沿构件全长拉线，用钢尺量，左右各 1 点
对角线长度差		15	15		1	用钢尺量
平整度		8			2	用 2m 直尺、塞尺量

注：L 为构件长度（mm）。

5 混凝土表面应无孔洞、露筋、蜂窝、麻面和宽度超过 0.15mm 的收缩裂缝。

检查数量：全数检查。　　检验方法：观察、读数放大镜观测。

【检验批验收应提供的核查资料】

预制安装梁（板）的制作允许偏差检验批质量验收应提供的核查资料

表 CJJ 2-8-2-15A1

序号	核查资料名称	核查要点
1	施工记录	施工记录内容的完整性（资料名称项下括号内的内容）
2	混凝土试件强度试验报告（见证取样）	核查试验单位资质、代表数量、日期、性能，与设计、标准要求符合性

注：表列凡有性能要求的均应符合设计和规范要求。

附：规范规定的施工过程控制要点

13.3.1 构件预制应符合下列规定：

1 场地应平整、坚实，并采取必要的排水措施。

2 预制台座应坚固、无沉陷，台座表面应光滑平整，在 2m 长度上平整度的允许偏差为 2m。气温变化大时应设伸缩缝。

3 模板应根据施工图设置起拱。预应力混凝土梁、板设置起拱时，应考虑梁体施加预应力后的上拱度，预设起拱应折减或不设。必要时可设反拱。

4 采用平卧重叠法浇筑构件混凝土时，下层构件顶面应设隔离层。上层构件须待下层构件混凝土强度达到 5MPa 后方可浇筑。

13.3.2 构件吊点的位置应符合设计要求。设计无要求时，应经计算确定。构件的吊环应竖直。吊绳与起吊构件的交角小于 60°时应设置吊梁。

13.3.3 构件吊运时混凝土的强度不得低于设计强度的 75%，后张预应力构件孔道压浆强度应符合设计要求或不低于设计强度的 75%。

【预制安装梁（板）的安装允许偏差检验批质量验收记录】

预制安装梁（板）的安装允许偏差检验批质量验收记录　　表 CJJ 2-8-2-15B

工程名称			
施工单位			
分项工程名称		施工班组长	
验收部位		专业工长	
施工执行标准名称及编号		项目经理	

检控项目	质量验收规范规定			施工单位检查评定记录	监理（建设）单位验收记录
主控项目	第 13.7.3 条　预制安装梁（板）质量检验应符合 CJJ 2—2008规范第 13.7.1 条规定，且应符合下列规定： 1　结构表面不得出现超过设计规定的受力裂缝 2　安装时结构强度及预应力孔道砂浆强度必须符合设计要求，设计未要求时，必须达到设计强度的 75%				
一般项目	项目（第 13.7.3 条 4 款 表 13.7.3-2）		允许偏差（mm）	量测值（mm）	
	平面位置	顺桥纵轴线方向	10		
		垂直桥纵轴线方向	5		
	焊接横隔梁相对位置		10		
	湿接横隔梁相对位置		20		
	伸缩缝宽度		+10 −5		
	支座板	每块位置	5		
		每块边缘高差	1		
	焊缝长度		不小于设计要求		
	相邻两构件支点处顶面高差		10		
	块体拼装立缝宽度		+10 −5		
	垂直度		1.2%		
	第 13.7.3 条 5 款　混凝土表面应无孔洞、露筋、蜂窝、麻面和宽度超过 0.15mm 的收缩裂缝				
施工单位检查评定结果	项目专业质量检查员：　　　　年　月　日				
监理（建设）单位验收结论	专业监理工程师： （建设单位项目专业技术负责人）：　　　　年　月　日				

注：规范规定的施工过程控制要点见【检查验收时执行的规范条目】。

【检查验收时执行的规范条目】

13.7.3　预制安装梁（板）质量检验应符合 CJJ 2—2008 规范第 13.7.1 条规定，且应符合下列规定：

主控项目

1　结构表面不得出现超过设计规定的受力裂缝。

检查数量：全数检查　检验方法：观察或用读数放大镜观测。

2　安装时结构强度及预应力孔道砂浆强度必须符合设计要求，设计未要求时，必须达到设计强度的75%。

检查数量：全数检查。　　检验方法：检查试件强度试验报告。

一般项目

4　梁、板安装允许偏差应符合表13.7.3-2的规定。

梁、板安装允许偏差　　**表13.7.3-2**

项目		允许偏差（mm）	检验频率		检验方法
			范围	点数	
平面位置	顺桥纵轴线方向	10	每个构件	1	用经纬仪测量
	垂直桥纵轴线方向	5		1	
焊接横隔梁相对位置		10	每处	1	用钢尺量
湿接横隔梁相对位置		20		1	
伸缩缝宽度		+10 −5	每个构件	1	
支座板	每块位置	5		2	用钢尺量，纵、横各1点
	每块边缘高差	1		2	用钢尺量，纵、横各1点
焊缝长度		不小于设计要求	每处	1	抽查焊缝的10%
相邻两构件支点处顶面高差		10	每个构件	2	用钢尺量
块体拼装立缝宽度		+10 −5		1	
垂直度		1.2%	每孔2片梁	2	用垂线和钢尺量

5　混凝土表面应无孔洞、露筋、蜂窝、麻面和宽度超过0.15mm的收缩裂缝。

检查数量：全数检查。　　检验方法：观察、读数放大镜观测。

【检验批验收应提供的核查资料】

预制安装梁（板）的安装允许偏差检验批质量验收应提供的核查资料　　**表CJJ 2-8-2-15B1**

序号	核查资料名称	核查要点
1	施工记录	施工记录内容的完整性（资料名称项下括号内的内容）
2	标养、同条件养护混凝土试件强度试验报告（见证取样）	强度等级、代表数量、日期、性能，与设计、标准要求符合性
3	砂浆试件强度试验报告（见证取样）	强度等级、代表数量、日期、性能，与设计、标准要求符合性

注：表列凡有性能要求的均应符合设计和规范要求。

附：规范规定的施工过程控制要点

13.3.2　构件吊点的位置应符合设计要求。设计无要求时，应经计算确定。构件的吊环应竖直。吊绳与起吊构件的交角小于60°时应设置吊梁。

13.3.3　构件吊运时混凝土的强度不得低于设计强度的75%，后张预应力构件孔道压浆强度应符合设计要求或不低于设计强度的75%。

13.3.5　简支梁的架设应符合下列规定：

1　施工现场内运输通道应畅通，吊装场地应平整、坚实。在电力架空线路附近作业时，必须采取相应的安全技术措施。风力6级（含）以上时，不得进行吊装作业。

2　起重机架梁应符合下列要求：

1）起重机工作半径和高度的范围内不得有障碍物。

2）严禁起重机斜拉斜吊，严禁轮胎起重机吊重物行驶。

3）使用双机抬吊同一构件时，吊车臂杆应保持一定距离，必须设专人指挥。每一单机必须按降效25%作业。

3　门式吊梁车架梁应符合下列要求：

1）吊梁车吊重能力应大于1/2梁重，轮距应为主梁间距的2倍。

2）导梁长度不得小于桥梁跨径的2倍另加5～10m引梁，导梁高度宜小于主梁高度，在墩顶设垫块使导梁顶面与主梁顶面保持水平。

3）构件堆放场或预制场宜设在桥头引道上。桥头引道应填筑到主梁顶高，引道与主梁或导梁接头处应砌筑坚实平整。

4）吊梁车起吊或落梁时应保持前后吊点升降速度一致，吊梁车负载时应慢速行驶，保持平稳，在导梁上行驶速度不宜大于5m/min。

4　跨墩龙门吊架梁应符合下列要求：

1）跨墩龙门架应根据梁的质量、跨度、高度专门设计拼装。

2）门架应跨越桥墩及运梁便线（或预制梁堆场），应高出桥墩顶面4m以上。

3）跨墩龙门吊纵移时应空载，吊梁时门架应固定，安梁小车横移就位。

4）运梁便线应设在桥墩一侧，跨过桥墩及便线沿桥两侧铺设龙门吊轨道；轨道基础应坚实、平整，枕木中心距50cm，铺设重轨，轨道应直顺，两侧龙门轨道应等高。

5）龙门吊架梁时，应将两台龙门吊对准架梁位置，大梁运至门架下垂直起吊，小车横移至安装位置落梁就位。

6）两台龙门吊抬梁起落速度、高度及横向移梁速度应保持一致，不得出现梁体倾斜、偏转和斜拉、斜吊现象。

5　穿巷式架桥机架梁应符合下列要求：

1）架桥机宜在桥头引道上拼装导梁及龙门架，经检验、试运转、试吊后推移进入架梁桥孔。

2）架桥机悬臂推移时应平稳，后端加配重，其抗倾覆安全系数不得低于1.5。风荷载较大时应采取防止横向失稳的措施。

3）架桥机就位后，前、中、后支腿及左右两根导梁应校平、支垫牢固。

4）桥梁构件堆放场或预制场宜设在桥头引道上，沿引道运梁上桥，大梁运进两导梁间起重龙门下，两端同时吊起，两台龙门抬吊大梁沿导梁同步纵移到架梁桥孔，龙门固定，起重小车横移到架梁位置落梁就位。

5）龙门架吊梁在导梁上纵移时，起重小车应停在龙门架跨中。纵移大梁时前后龙门吊应同步。起重小车吊梁时应垂直起落，不得斜拉。前后龙门吊上的起重小车抬梁横移速度应一致，保持大梁平稳不得受扭。

【悬臂浇筑预应力混凝土梁子分部工程】

悬臂浇筑预应力混凝土梁子分部工程的质量验收包括：0#段（模板与支架、钢筋、混凝土、预应力混凝土）；悬浇段（挂篮、模板、钢筋、混凝土、预应力混凝土）。

1. 悬臂浇筑预应力混凝土梁质量检验应符合 CJJ 2—2008 规范第 13.7.1 条规定。

第 13.7.1 条　混凝土梁（板）施工中涉及的模板与支架、钢筋、混凝土、预应力混凝土的质量检验应符合本规范第 5.4、6.5、7.13、8.5 节的有关规定。

悬臂浇筑预应力混凝土梁施工，根据 5.4（模板、支架和拱架的制作及安装检验标准，模板、支架和拱架的拆除）、6.5（钢筋原材料、钢筋加工、钢筋连接、钢筋安装的检验标准）、7.13（混凝土原材料、混凝土配合比、混凝土施工的检验标准）、8.5（预应力材料及器材、预应力钢筋制作、预应力施工、预应力混凝土施工）节规定，分别编制成下列各节的检验批质量验收记录用表。

【悬臂浇筑预应力混凝土梁 0#段（模板与支架、钢筋、混凝土、预应力混凝土）】

【悬臂浇筑预应力混凝土梁 0#段模板与支架】

悬臂浇筑预应力混凝土梁 0#段模板与支架制作检验批质量验收记录

表 CJJ 2-8-3-1

本表按“通用表式”的表 CJJ 2-通-1-1 中有关质量标准执行。

悬臂浇筑预应力混凝土梁 0#段模板与支架安装检验批质量验收记录

表 CJJ 2-8-3-2

本表按“通用表式”的表 CJJ 2-通-1-2 中有关质量标准执行。

悬臂浇筑预应力混凝土梁 0#段模板与支架拆除检验批质量验收记录

表 CJJ 2-8-3-3

本表按“通用表式”的表 CJJ 2-通-1-3 中有关质量标准执行。

【悬臂浇筑预应力混凝土梁 0#段钢筋】

悬臂浇筑预应力混凝土梁 0#段钢筋原材料检验批质量验收记录

表 CJJ 2-8-3-4

本表按“通用表式”的表 CJJ 2-通-2-1 中有关质量标准执行。

悬臂浇筑预应力混凝土梁 0#段钢筋加工检验批质量验收记录

表 CJJ 2-8-3-5

本表按“通用表式”的表 CJJ 2-通-2-2 中有关质量标准执行。

悬臂浇筑预应力混凝土梁 0#段钢筋连接检验批质量验收记录

表 CJJ 2-8-3-6

本表按“通用表式”的表 CJJ 2-通-2-3 中有关质量标准执行。

悬臂浇筑预应力混凝土梁 0#段钢筋安装检验批质量验收记录

表 CJJ 2-8-3-7

本表按“通用表式”的表 CJJ 2-通-2-4 中有关质量标准执行。

【悬臂浇筑预应力混凝土梁 0# 段混凝土】

悬臂浇筑预应力混凝土梁 0# 段混凝土原材料检验批质量验收记录

表 CJJ 2-8-3-8

本表按“通用表式”的表 CJJ 2-通-3-1 中有关质量标准执行。

悬臂浇筑预应力混凝土梁 0# 段混凝土配合比检验批质量验收记录

表 CJJ 2-8-3-9

本表按“通用表式”的表 CJJ 2-通-3-2 中有关质量标准执行。

悬臂浇筑预应力混凝土梁 0# 段混凝土施工检验批质量验收记录

表 CJJ 2-8-3-10

本表按“通用表式”的表 CJJ 2-通-3-3A 中有关质量标准执行。

【悬臂浇筑预应力混凝土梁 0# 段预应力混凝土】

悬臂浇筑预应力混凝土梁 0# 段预应力材料及器材检验批质量验收记录

表 CJJ 2-8-3-11

本表按“通用表式”的表 CJJ 2-通-4-1 中有关质量标准执行。

悬臂浇筑预应力混凝土梁 0# 段预应力钢筋制作检验批质量验收记录

表 CJJ 2-8-3-12

本表按“通用表式”的表 CJJ 2-通-4-2 中有关质量标准执行。

悬臂浇筑预应力混凝土梁 0# 段后张法预应力施工检验批质量验收记录

表 CJJ 2-8-3-13

本表按“通用表式”的表 CJJ 2-通-4-3B 中有关质量标准执行。

【悬臂浇筑预应力混凝土梁 0# 段预应力混凝土施工】

悬臂浇筑预应力混凝土梁 0# 段预应力混凝土原材料检验批质量验收记录

表 CJJ 2-8-3-14A

本表按“通用表式”的表 CJJ 2-通-4-4 中有关质量标准执行。

悬臂浇筑预应力混凝土梁 0# 段预应力混凝土配合比检验批质量验收记录

表 CJJ 2-8-3-14B

本表按“通用表式”的表 CJJ 2-通-4-5 中有关质量标准执行。

悬臂浇筑预应力混凝土梁 0# 段预应力混凝土施工检验批质量验收记录

表 CJJ 2-8-3-14C

本表按“通用表式”的表 CJJ 2-通-4-6 中有关质量标准执行。

2. 且应符合悬臂浇筑预应力混凝土梁的规定（表 CJJ 2-8-3-15）。

注：悬臂浇筑预应力混凝土梁 0# 段质量检验系完成悬臂浇筑预应力混凝土梁 0# 段的各子项后进行的检查和验收。

【悬臂浇筑预应力混凝土梁0[#]段质量检验】

【悬臂浇筑预应力混凝土梁0[#]段质量检验检验批质量验收记录】

悬臂浇筑预应力混凝土梁0[#]段质量检验检验批质量验收记录　表CJJ 2-8-3-15

工程名称					
施工单位					
分项工程名称			施工班组长		
验收部位			专业工长		
施工执行标准名称及编号			项目经理		
检控项目	质量验收规范规定		施工单位检查评定记录		监理（建设）单位验收记录
主控项目	第13.7.4条　悬臂浇筑预应力混凝土梁质量检验应符合CJJ 2—2008规范第13.7.1条规定，且应符合下列规定： 1　悬臂浇筑必须对称进行，桥墩两侧平衡偏差不得大于设计规定，轴线挠度必须在设计规定范围内。 2　梁体表面不得出现超过设计规定的受力裂缝。 3　悬臂合龙时，两侧梁体的高差必须在设计允许范围内。				
一般项目	项目（第13.7.4条4款）		允许偏差（mm）	量测值（mm）	
	轴线偏位	L≤100m	10		
		L>100m	L/10000		
	顶面高程	L≤100m	±20		
		L>100m	±L/5000		
	相邻节段高差		10		
	断面尺寸	高	+5 −10		
		宽	±30		
		顶、底、腹板厚	+10 0		
	合龙后同跨对称点高程差	L≤100m	20		
		L>100m	L/5000		
	横坡（%）		±0.15		
	平整度		8		
	第13.7.4条5款　梁体线形平顺，相邻梁段接缝处无明显折弯和错台，梁体表面无孔洞、露筋、蜂窝、麻面和宽度超过0.15mm的收缩裂缝。				
施工单位检查评定结果	项目专业质量检查员：　　　　年　月　日				
监理（建设）单位验收结论	专业监理工程师： （建设单位项目专业技术负责人）：　　　　年　月　日				

注：1. L为桥梁跨度（mm）。　2. 施工过程控制要点见【检查验收时执行的规范条目】。

【检查验收时执行的规范条目】

13.7.4　悬臂浇筑预应力混凝土梁质量检验应符合CJJ 2—2008规范第13.7.1条规定，且应符合下列规定：

主控项目

1 悬臂浇筑必须对称进行，桥墩两侧平衡偏差不得大于设计规定，轴线挠度必须在设计规定范围内。

检查数量：全数检查。　　检验方法：检查监控量测记录。

2 梁体表面不得出现超过设计规定的受力裂缝。

检查数量：全数检查。　　检验方法：观察或用读数放大镜观测。

3 悬臂合龙时，两侧梁体的高差必须在设计允许范围内。

检查数量：全数检查。　　检验方法：用水准仪测量、检查测量记录。

一般项目

4 悬臂浇筑预应力混凝土梁允许偏差应符合表 13.7.4 的规定。

悬臂浇筑预应力混凝土梁允许偏差　　表 13.7.4

<table>
<tr><th colspan="2" rowspan="2">检查项目</th><th rowspan="2">允许偏差
(mm)</th><th colspan="2">检验频率</th><th rowspan="2">检验方法</th></tr>
<tr><th>范围</th><th>点数</th></tr>
<tr><td rowspan="2">轴线偏位</td><td>$L\leqslant100$m</td><td>10</td><td rowspan="2">节段</td><td rowspan="2">2</td><td rowspan="2">用全站仪/经纬仪测量</td></tr>
<tr><td>$L>100$m</td><td>$L/10000$</td></tr>
<tr><td rowspan="3">顶面高程</td><td>$L\leqslant100$m</td><td>±20</td><td rowspan="3">节段</td><td rowspan="2">2</td><td rowspan="2">用水准仪测量</td></tr>
<tr><td>$L>100$m</td><td>$\pm L/5000$</td></tr>
<tr><td>相邻节段高差</td><td>10</td><td>3～5</td><td>用钢尺量</td></tr>
<tr><td rowspan="3">断面尺寸</td><td>高</td><td>+5
−10</td><td rowspan="3">节段</td><td rowspan="3">1个
断面</td><td rowspan="3">用钢尺量</td></tr>
<tr><td>宽</td><td>±30</td></tr>
<tr><td>顶、底、腹板厚</td><td>+10
0</td></tr>
<tr><td rowspan="2">合龙后同跨
对称点高程差</td><td>$L\leqslant100$m</td><td>20</td><td rowspan="2">每跨</td><td rowspan="2">5～7</td><td rowspan="2">用水准仪测量</td></tr>
<tr><td>$L>100$m</td><td>$L/5000$</td></tr>
<tr><td colspan="2">横坡（%）</td><td>±0.15</td><td>节段</td><td>1～2</td><td>用水准仪测量</td></tr>
<tr><td colspan="2">平整度</td><td>8</td><td>检查竖直、水平两个方向，每侧面每 10m 梁长</td><td>1</td><td>用 2m 直尺、塞尺量</td></tr>
</table>

注：L 为桥梁跨度（mm）。

5 梁体线形平顺，相邻梁段接缝处无明显折弯和错台，梁体表面无孔洞、露筋、蜂窝、麻面和宽度超过 0.15mm 的收缩裂缝。

检查数量：全数检查。　　检验方法：观察、用读数放大镜观测。

【检验批验收应提供的核查资料】

悬臂浇筑预应力混凝土梁质量检验批质量

验收应提供的核查资料　　表 CJJ 2-8-3-15a

序号	核查资料名称	核查要点
1	施工记录	施工记录内容的完整性（资料名称项下括号内的内容）
2	混凝土试件强度试验报告（见证取样）	强度等级、代表数量、日期、性能，与设计、标准要求符合性
3	监控量测记录	检查轴线挠度，必须符合设计要求

注：表列凡有性能要求的均应符合设计和规范要求。

附：规范规定的施工过程控制要点

13.2.3 顶板底层横向钢筋宜采用通长筋。如挂篮下限位器、下锚带、斜拉杆等部位影响下一步操作需切断钢筋时，应待该工序完工后，将切断的钢筋连好再补孔。

13.2.4 当梁段与桥墩设计为非刚性连接时，浇筑悬臂段混凝土前，应先将墩顶梁段与桥墩临时固结。

13.2.5 墩顶梁段和附近梁段可采用托架或膺架为支架就地浇筑混凝土。托架、膺架应经过设计，计算其弹性及非弹性变形。

13.2.6 桥墩两侧梁段悬臂施工应对称、平衡。平衡偏差不得大于设计要求。

13.2.7 悬臂浇筑混凝土时，宜从悬臂前端开始，最后与前段混凝土连接。

【悬臂浇筑预应力混凝土梁悬浇段（挂篮、模板、钢筋、混凝土、预应力混凝土）】

【悬臂浇筑预应力混凝土梁悬浇段挂篮结构与组装】

悬臂浇筑预应力混凝土梁悬浇段挂篮结构
与组装检验批质量验收记录 　　　　**表 CJJ 2-8-3-16**

<table>
<tr><td colspan="2">工程名称</td><td colspan="4"></td></tr>
<tr><td colspan="2">施工单位</td><td colspan="4"></td></tr>
<tr><td colspan="2">分项工程名称</td><td></td><td colspan="2">施工班组长</td><td></td></tr>
<tr><td colspan="2">验收部位</td><td></td><td colspan="2">专业工长</td><td></td></tr>
<tr><td colspan="2">施工执行标准名称及编号</td><td></td><td colspan="2">项目经理</td><td></td></tr>
<tr><td>检控项目</td><td colspan="2">质量验收规范规定</td><td colspan="2">施工单位检查评定记录</td><td>监理（建设）单位验收记录</td></tr>
<tr><td rowspan="2">一般项目</td><td colspan="2">第 13.2.1 条　挂篮结构主要设计参数应符合下列规定：
1　挂篮质量与梁段混凝土的质量比值宜控制在 0.3～0.5，特殊情况下不得超过 0.7。
2　允许最大变形（包括吊带变形的总和）为 20mm。
3　施工、行走时的抗倾覆安全系数不得小于 2。
4　自锚固系统的安全系数不得小于 2。
5　斜拉水平限位系统和上水平限位安全系数不得小于 2。</td><td colspan="2"></td><td rowspan="2"></td></tr>
<tr><td colspan="2">第 13.2.2 条　挂篮组装后，应全面检查安装质量，并应按设计荷载做载重试验，以消除非弹性变形</td><td colspan="2"></td></tr>
<tr><td colspan="2">施工单位检查
评定结果</td><td colspan="4">项目专业质量检查员：　　　　　　年　　月　　日</td></tr>
<tr><td colspan="2">监理（建设）单位
验收结论</td><td colspan="4">专业监理工程师：
（建设单位项目专业技术负责人）：　年　　月　　日</td></tr>
</table>

注：悬臂浇筑预应力混凝土梁悬浇段挂篮检验批质量验收记录验收标准按 CJJ 2—2008 规范第 13 章第 13.2.1 条、第 13.2.2 条。

【检验批验收应提供的核查资料】

悬臂浇筑预应力混凝土梁悬浇段挂篮结构
与组装检验批质量验收应提供的核查资料 　　　　**表 CJJ 2-8-3-16a**

序号	核 查 资 料 名 称	核 查 要 点
1	施工记录	施工记录内容的完整性（资料名称项下括号内的内容）
2	挂篮设计文件	相关设计文件参数应符合规范要求

注：表列凡有性能要求的均应符合设计和规范要求。

桥跨承重结构分部工程

悬臂浇筑预应力混凝土梁的悬浇段施工中涉及模板与支架、钢筋、混凝土、预应力混凝土质量检验应符合 CJJ 2—2008 规范第 5.4（模板、支架和拱架制作、安装及拆除）、6.5（钢筋原材料、钢筋加工、钢筋连接、钢筋安装）、7.13（混凝土原材料、混凝土配合比、混凝土施工）、8.5（预应力材料及器材、预应力钢筋制作、预应力施工、预应力混凝土施工）节规定。

【悬臂浇筑预应力混凝土梁悬浇段模板】

悬臂浇筑预应力混凝土梁悬浇段模板制作检验批质量验收记录

表 CJJ 2-8-3-17

本表按"通用表式"的表 CJJ 2-通-1-1 中有关质量标准执行。

悬臂浇筑预应力混凝土梁悬浇段模板安装检验批质量验收记录

表 CJJ 2-8-3-18

本表按"通用表式"的表 CJJ 2-通-1-2 中有关质量标准执行。

悬臂浇筑预应力混凝土梁悬浇段模板拆除检验批质量验收记录

表 CJJ 2-8-3-19

本表按"通用表式"的表 CJJ 2-通-1-3 中有关质量标准执行。

【悬臂浇筑预应力混凝土梁悬浇段钢筋】

悬臂浇筑预应力混凝土梁悬浇段钢筋原材料检验批质量验收记录

表 CJJ 2-8-3-20

本表按"通用表式"的表 CJJ 2-通-2-1 中有关质量标准执行。

悬臂浇筑预应力混凝土梁悬浇段钢筋加工检验批质量验收记录

表 CJJ 2-8-3-21

本表按"通用表式"的表 CJJ 2-通-2-2 中有关质量标准执行。

悬臂浇筑预应力混凝土梁悬浇段钢筋连接检验批质量验收记录

表 CJJ 2-8-3-22

本表按"通用表式"的表 CJJ 2-通-2-3 中有关质量标准执行。

悬臂浇筑预应力混凝土梁悬浇段钢筋安装检验批质量验收记录

表 CJJ 2-8-3-23

本表按"通用表式"的表 CJJ 2-通-2-4 中有关质量标准执行。

【悬臂浇筑预应力混凝土梁悬浇段混凝土】

悬臂浇筑预应力混凝土梁悬浇段混凝土原材料检验批质量验收记录

表 CJJ 2-8-3-24

本表按"通用表式"的表 CJJ 2-通-3-1 中有关质量标准执行。

悬臂浇筑预应力混凝土梁悬浇段混凝土配合比检验批质量验收记录

表 CJJ 2-8-3-25

本表按"通用表式"的表 CJJ 2-通-3-2 中有关质量标准执行。

悬臂浇筑预应力混凝土梁悬浇段混凝土施工检验批质量验收记录

表 CJJ 2-8-3-26

本表按“通用表式”的表 CJJ 2-通-3-3A 中有关质量标准执行。

【悬臂浇筑预应力混凝土梁悬浇段预应力混凝土】

悬臂浇筑预应力混凝土梁悬浇段预应力材料及器材检验批质量验收记录

表 CJJ 2-8-3-27

本表按“通用表式”的表 CJJ 2-通-4-1 中有关质量标准执行。

悬臂浇筑预应力混凝土梁悬浇段预应力钢筋制作检验批质量验收记录

表 CJJ 2-8-3-28

本表按“通用表式”的表 CJJ 2-通-4-2 中有关质量标准执行。

悬臂浇筑预应力混凝土梁悬浇段后张法预应力施工检验批质量验收记录

表 CJJ 2-8-3-29

本表按“通用表式”的表 CJJ 2-通-4-3B 中有关质量标准执行。

【悬臂浇筑预应力混凝土梁悬浇段预应力混凝土施工】

悬臂浇筑预应力混凝土梁悬浇段预应力混凝土原材料检验批质量验收记录

表 CJJ 2-8-3-30A

本表按“通用表式”的表 CJJ 2-通-4-4 中有关质量标准执行。

悬臂浇筑预应力混凝土梁悬浇段预应力混凝土配合比检验批质量验收记录

表 CJJ 2-8-3-30B

本表按“通用表式”的表 CJJ 2-通-4-5 中有关质量标准执行。

悬臂浇筑预应力混凝土梁悬浇段预应力混凝土施工检验批质量验收记录

表 CJJ 2-8-3-30C

本表按“通用表式”的表 CJJ 2-通-4-6 中有关质量标准执行。

【悬臂浇筑预应力混凝土梁悬浇段质量检验检验批质量验收记录】

悬臂浇筑预应力混凝土梁悬浇段质量检验检验批质量验收记录

表 CJJ 2-8-3-31

本表按表 CJJ 2-8-3-15 有关标准执行。

【悬臂拼装预应力混凝土梁子分部工程】

悬臂拼装预应力混凝土梁子分部工程的质量验收包括：0#段（模板与支架、钢筋、混凝土、预应力混凝土）；梁段预制（模板与支架、钢筋、混凝土）；拼装梁段，施加预应力。

1. 悬臂拼装预应力混凝土梁质量检验应符合 CJJ 2—2008 规范第 13.7.1 条有关规定。

第 13.7.1 条　混凝土梁（板）施工中涉及的模板与支架、钢筋、混凝土、预应力混凝土的质量检验应符合本规范第 5.4、6.5、7.13、8.5 节的有关规定。

悬臂拼装预应力混凝土梁施工，根据 5.4（模板、支架和拱架的制作及安装检验标准，模板、支架和拱架的拆除）、6.5（钢筋原材料、钢筋加工、钢筋连接、钢筋安装的检验标准）、7.13（混凝土原材料、混凝土配合比、混凝土施工的检验标准）、8.5（预应力材料及器材、预应力钢筋制作、预应力施工、预应力混凝土施工）节规定，分别编制成下列各节的检验批质量验收记录用表。

【悬臂拼装预应力混凝土梁 0#段（模板与支架、钢筋、混凝土、预应力混凝土）】

【悬臂拼装预应力混凝土梁 0#段模板与支架】

悬臂拼装预应力混凝土梁 0#段模板与支架制作检验批质量验收记录

表 CJJ 2-8-4-1

本表按"通用表式"的表 CJJ 2-通-1-1 中有关质量标准执行。

悬臂拼装预应力混凝土梁 0#段模板与支架安装检验批质量验收记录

表 CJJ 2-8-4-2

本表按"通用表式"的表 CJJ 2-通-1-2 中有关质量标准执行。

悬臂拼装预应力混凝土梁 0#段模板与支架拆除检验批质量验收记录

表 CJJ 2-8-4-3

本表按"通用表式"的表 CJJ 2-通-1-3 中有关质量标准执行。

【悬臂拼装预应力混凝土梁 0#段钢筋】

悬臂拼装预应力混凝土梁 0#段钢筋原材料检验批质量验收记录

表 CJJ 2-8-4-4

本表按"通用表式"的表 CJJ 2-通-2-1 中有关质量标准执行。

悬臂拼装预应力混凝土梁 0#段钢筋加工检验批质量验收记录

表 CJJ 2-8-4-5

本表按"通用表式"的表 CJJ 2-通-2-2 中有关质量标准执行。

悬臂拼装预应力混凝土梁 0#段钢筋连接检验批质量验收记录

表 CJJ 2-8-4-6

本表按"通用表式"的表 CJJ 2-通-2-3 中有关质量标准执行。

悬臂拼装预应力混凝土梁 0#段钢筋安装检验批质量验收记录

表 CJJ 2-8-4-7

本表按"通用表式"的表 CJJ 2-通-2-4 中有关质量标准执行。

【悬臂拼装预应力混凝土梁 $0^{\#}$ 段混凝土】

悬臂拼装预应力混凝土梁 $0^{\#}$ 段混凝土原材料检验批质量验收记录

表 CJJ 2-8-4-8

本表按"通用表式"的表 CJJ 2-通-3-1 中有关质量标准执行。

悬臂拼装预应力混凝土梁 $0^{\#}$ 段混凝土配合比检验批质量验收记录

表 CJJ 2-8-4-9

本表按"通用表式"的表 CJJ 2-通-3-2 中有关质量标准执行。

悬臂拼装预应力混凝土梁 $0^{\#}$ 段混凝土施工检验批质量验收记录

表 CJJ 2-8-4-10

本表按"通用表式"的表 CJJ 2-通-3-3A 中有关质量标准执行。

【悬臂拼装预应力混凝土梁 $0^{\#}$ 段预应力混凝土】

悬臂拼装预应力混凝土梁 $0^{\#}$ 段预应力材料及器材检验批质量验收记录

表 CJJ 2-8-4-11

本表按"通用表式"的表 CJJ 2-通-4-1 中有关质量标准执行。

悬臂拼装预应力混凝土梁 $0^{\#}$ 段预应力钢筋制作检验批质量验收记录

表 CJJ 2-8-4-12

本表按"通用表式"的表 CJJ 2-通-4-2 中有关质量标准执行。

悬臂拼装预应力混凝土梁 $0^{\#}$ 段后张法预应力施工检验批质量验收记录

表 CJJ 2-8-4-13

本表按"通用表式"的表 CJJ 2-通-4-3B 中有关质量标准执行。

【悬臂拼装预应力混凝土梁 $0^{\#}$ 段预应力混凝土施工】

悬臂拼装预应力混凝土梁 $0^{\#}$ 段预应力混凝土原材料检验批质量验收记录

表 CJJ 2-8-4-14A

本表按"通用表式"的表 CJJ 2-通-4-4 中有关质量标准执行。

悬臂拼装预应力混凝土梁 $0^{\#}$ 段预应力混凝土配合比检验批质量验收记录

表 CJJ 2-8-4-14B

本表按"通用表式"的表 CJJ 2-通-4-5 中有关质量标准执行。

悬臂拼装预应力混凝土梁 $0^{\#}$ 段预应力混凝土施工检验批质量验收记录

表 CJJ 2-8-4-14C

本表按"通用表式"的表 CJJ 2-通-4-6 中有关质量标准执行。

2. 应符合 CJJ 2—2008 规范第 13.7.3 条有关规定。

预制安装梁（板）质量检验检验批质量验收记录表 CJJ 2-8-2-5-1A 和表 CJJ 2-8-2-5-1B 执行。

【悬臂拼装预应力混凝土梁梁段预制（模板与支架、钢筋、混凝土）】

【悬臂拼装预应力混凝土梁梁段预制模板与支架】

悬臂拼装预应力混凝土梁梁段预制模板与支架制作检验批质量验收记录

表 CJJ 2-8-4-15

本表按“通用表式”的表 CJJ 2-通-1-1 中有关质量标准执行。

悬臂拼装预应力混凝土梁梁段预制模板与支架安装检验批质量验收记录

表 CJJ 2-8-4-16

本表按“通用表式”的表 CJJ 2-通-1-2 中有关质量标准执行。

悬臂拼装预应力混凝土梁梁段预制模板与支架拆除检验批质量验收记录

表 CJJ 2-8-4-17

本表按“通用表式”的表 CJJ 2-通-1-3 中有关质量标准执行。

【悬臂拼装预应力混凝土梁梁段预制钢筋】

悬臂拼装预应力混凝土梁梁段预制钢筋原材料检验批质量验收记录

表 CJJ 2-8-4-18

本表按“通用表式”的表 CJJ 2-通-2-1 中有关质量标准执行。

悬臂拼装预应力混凝土梁梁段预制钢筋加工检验批质量验收记录

表 CJJ 2-8-4-19

本表按“通用表式”的表 CJJ 2-通-2-2 中有关质量标准执行。

悬臂拼装预应力混凝土梁梁段预制钢筋连接检验批质量验收记录

表 CJJ 2-8-4-20

本表按“通用表式”的表 CJJ 2-通-2-3 中有关质量标准执行。

悬臂拼装预应力混凝土梁梁段预制钢筋安装检验批质量验收记录

表 CJJ 2-8-4-21

本表按“通用表式”的表 CJJ 2-通-2-4 中有关质量标准执行。

【悬臂拼装预应力混凝土梁梁段预制混凝土】

悬臂拼装预应力混凝土梁梁段预制混凝土原材料检验批质量验收记录

表 CJJ 2-8-4-22

本表按“通用表式”的表 CJJ 2-通-3-1 中有关质量标准执行。

悬臂拼装预应力混凝土梁梁段预制混凝土配合比检验批质量验收记录

表 CJJ 2-8-4-23

本表按“通用表式”的表 CJJ 2-通-3-2 中有关质量标准执行。

悬臂拼装预应力混凝土梁梁段预制混凝土施工检验批质量验收记录

表 CJJ 2-8-4-24

本表按“通用表式”的表 CJJ 2-通-3-3A 中有关质量标准执行。

3. 且应符合悬臂拼装预应力混凝土梁质量检验的规定（表 CJJ 2-8-4-25）。

【悬臂拼装预应力混凝土梁质量检验】

【悬臂拼装预应力混凝土梁质量检验检验批质量验收记录】

悬臂拼装预应力混凝土梁质量检验检验批质量验收记录　　表 CJJ 2-8-4-25

<table>
<tr><td colspan="3">工程名称</td><td colspan="14"></td></tr>
<tr><td colspan="3">施工单位</td><td colspan="14"></td></tr>
<tr><td colspan="3">分项工程名称</td><td colspan="4"></td><td colspan="4">施工班组长</td><td colspan="6"></td></tr>
<tr><td colspan="3">验收部位</td><td colspan="4"></td><td colspan="4">专业工长</td><td colspan="6"></td></tr>
<tr><td colspan="3">施工执行标准名称及编号</td><td colspan="4"></td><td colspan="4">项目经理</td><td colspan="6"></td></tr>
<tr><td>检控项目</td><td colspan="5">质量验收规范规定</td><td colspan="10">施工单位检查评定记录</td><td>监理（建设）单位验收记录</td></tr>
<tr><td>主控项目</td><td colspan="5">第 13.7.5 条　悬臂拼装预应力混凝土梁质量检验应符合 CJJ 2—2008 规范第 13.7.1 条和第 13.7.3 条有关规定，且应符合下列规定：
1　悬臂拼装必须对称进行，桥墩两侧平衡偏差不得大于设计规定，轴线挠度必须在设计规定范围内。
2　悬臂合龙时，两侧梁体高差必须在设计规定允许范围内。</td><td colspan="10"></td><td></td></tr>
<tr><td rowspan="20">一般项目</td><td colspan="3">项目（第 13.7.5 条 3 款 表 13.7.5-1）</td><td>允许偏差（mm）</td><td colspan="11">量测值（mm）</td><td rowspan="20"></td></tr>
<tr><td rowspan="3">断面尺寸</td><td colspan="2">宽</td><td>0
−10</td><td></td><td></td><td></td><td></td><td></td><td></td><td></td><td></td><td></td><td></td><td></td></tr>
<tr><td colspan="2">高</td><td>±5</td><td></td><td></td><td></td><td></td><td></td><td></td><td></td><td></td><td></td><td></td><td></td></tr>
<tr><td colspan="2">顶底腹板厚</td><td>±5</td><td></td><td></td><td></td><td></td><td></td><td></td><td></td><td></td><td></td><td></td><td></td></tr>
<tr><td colspan="3">长度</td><td>±20</td><td></td><td></td><td></td><td></td><td></td><td></td><td></td><td></td><td></td><td></td><td></td></tr>
<tr><td colspan="3">横隔梁轴线</td><td>5</td><td></td><td></td><td></td><td></td><td></td><td></td><td></td><td></td><td></td><td></td><td></td></tr>
<tr><td colspan="3">侧向弯曲</td><td>≤L/1000，且不大于 10</td><td></td><td></td><td></td><td></td><td></td><td></td><td></td><td></td><td></td><td></td><td></td></tr>
<tr><td colspan="3">平整度</td><td>8</td><td></td><td></td><td></td><td></td><td></td><td></td><td></td><td></td><td></td><td></td><td></td></tr>
<tr><td colspan="3">项目（表 13.7.5-2）</td><td>允许偏差（mm）</td><td colspan="11">量测值（mm）</td></tr>
<tr><td rowspan="2">轴线偏位</td><td colspan="2">L≤100m</td><td>10</td><td></td><td></td><td></td><td></td><td></td><td></td><td></td><td></td><td></td><td></td><td></td></tr>
<tr><td colspan="2">L>100m</td><td>L/10000</td><td></td><td></td><td></td><td></td><td></td><td></td><td></td><td></td><td></td><td></td><td></td></tr>
<tr><td rowspan="3">顶面高程</td><td colspan="2">L≤100m</td><td>±20</td><td></td><td></td><td></td><td></td><td></td><td></td><td></td><td></td><td></td><td></td><td></td></tr>
<tr><td colspan="2">L>100m</td><td>±L/5000</td><td></td><td></td><td></td><td></td><td></td><td></td><td></td><td></td><td></td><td></td><td></td></tr>
<tr><td colspan="2">相邻节段高差</td><td>10</td><td></td><td></td><td></td><td></td><td></td><td></td><td></td><td></td><td></td><td></td><td></td></tr>
<tr><td rowspan="2">合龙后同跨对称点高程差</td><td colspan="2">L≤100m</td><td>20</td><td></td><td></td><td></td><td></td><td></td><td></td><td></td><td></td><td></td><td></td><td></td></tr>
<tr><td colspan="2">L>100m</td><td>L/5000</td><td></td><td></td><td></td><td></td><td></td><td></td><td></td><td></td><td></td><td></td><td></td></tr>
<tr><td colspan="4">第 13.7.5 条中的 5　梁体线形平顺，相邻梁段接缝处无明显折弯和错台，预制梁表面无孔洞、露筋、蜂窝、麻面和宽度超过 0.15mm 的收缩裂缝。</td><td colspan="11"></td></tr>
<tr><td colspan="3">施工单位检查评定结果</td><td colspan="14">项目专业质量检查员：　　　　年　月　日</td></tr>
<tr><td colspan="3">监理（建设）单位验收结论</td><td colspan="14">专业监理工程师：
（建设单位项目专业技术负责人）：　　　　年　月　日</td></tr>
</table>

注：1. L 为梁段长度（mm）。

2. 悬臂拼装预应力混凝土梁质量检验系完成悬臂拼装预应力混凝土梁的各子项后进行的检查和验收。

3. 悬臂拼装预应力混凝土梁 0# 段与梁段预制均应进行质量检验。

【检查验收时执行的规范条目】

13.7.5 悬臂拼装预应力混凝土梁质量检验应符合 CJJ 2—2008 规范第 13.7.1 条和第 13.7.3 条有关规定，且应符合下列规定：

主控项目

1 悬臂拼装必须对称进行，桥墩两侧平衡偏差不得大于设计规定，轴线挠度必须在设计规定范围内。

检查数量：全数检查。　　检验方法：检查监控量测记录。

2 悬臂合龙时，两侧梁体高差必须在设计规定允许范围内。

检查数量：全数检查。　　检验方法：用水准仪测量，检查测量记录。

一般项目

3 预制梁段允许偏差应符合表 13.7.5-1 的规定。

预制梁段允许偏差　　**表 13.7.5-1**

项目		允许偏差（mm）	检验频率		检验方法
			范围	点数	
断面尺寸	宽	0 −10	每段	5	用钢尺量，端部、1/4 处和中间各 1 点
	高	±5		5	
	顶底腹板厚	±5		5	
长度		±20		4	用钢尺量，两侧上、下各 1 点
横隔梁轴线		5		2	用经纬仪测量，两端各 1 点
侧向弯曲		≤L/1000，且不大于 10		2	沿梁段全长拉线，用钢尺量，左右各 1 点
平整度		8		2	用 2m 直尺、塞尺量

注：L 为梁段长度（mm）。

4 悬臂拼装预应力混凝土梁允许偏差应符合表 13.7.5-2 的规定。

悬臂拼装预应力混凝土梁允许偏差　　**表 13.7.5-2**

检查项目		允许偏差（mm）	检验频率		检验方法
			范围	点数	
轴线偏位	L≤100m	10	节段	2	用全站仪/经纬仪测量
	L＞100m	L/10000			
顶面高程	L≤100m	±20	节段	2	用水准仪测量
	L＞100m	±L/5000			
	相邻节段高差	10	节段	3～5	用钢尺量
合龙后同跨对称点高程差	L≤100m	20	每跨	5～7	用水准仪测量
	L＞100m	L/5000			

注：L 为桥梁跨度（mm）。

5 梁体线形平顺，相邻梁段接缝处无明显折弯和错台，预制梁表面无孔洞、露筋、蜂窝、麻面和宽度超过 0.15mm 的收缩裂缝。

检查数量：全数检查。　　检验方法：观察、用读数放大镜观测。

【检验批验收应提供的核查资料】

悬臂拼装预应力混凝土梁质量检验检验批质量验收应提供的核查资料　　表 CJJ 2-8-4-25a

序号	核查资料名称	核查要点
1	施工记录	施工记录内容的完整性（资料名称项下括号内的内容）
2	混凝土试件强度试验报告（见证取样）	强度等级、代表数量、日期、性能，与设计、标准要求符合性
3	监控量测记录	检查轴线挠度，必须符合设计要求

注：表列凡有性能要求的均应符合设计和规范要求。

附：规范规定的施工过程控制要点

13.4.1 梁段预制应符合下列规定：

1 梁段应在同一台座上连续或奇偶相间预制。预制台座应符合 CJJ 2—2008 规范第 13.3.1 条的有关规定。

2 预制台座使用前应采用 1.5 倍梁段质量预压。

3 梁段间的定位销孔及其他预埋件应位置准确。

4 预制梁段吊移前，应分别测量各段顶面四角的相对高差，并在各梁段上测设与梁轴线垂直的端横线。

13.4.2 梁段起吊、运输应符合 CJJ 2—2008 规范第 13.3.3 和 13.3.4 条有关规定。

13.4.3 梁段在存放场地应平稳牢固地置于垫木上。底面有坡度的梁段，应使用不同高度的垫木。垫木的位置应与吊点位置在同一竖直线上。

13.4.4 桥墩两侧应对称拼装，保持平衡。平衡偏差应满足设计要求。

13.4.5 悬臂拼装施工应符合下列规定：

1 悬拼吊架走行及悬拼施工时的抗倾覆稳定系数不得小于 1.5。

2 吊装前应对吊装设备进行全面检查，并按设计荷载的 130%进行试吊。

3 悬拼施工前应绘制主梁安装挠度变化曲线，以控制各梁段安装高程。

4 悬拼施工应按锚固设计要求将墩顶梁段与桥墩临时锚固，或在桥墩两侧设立临时支撑。

5 墩顶梁段与悬拼第 1 段之间应设 10～15cm 宽的湿接缝，并应符合下列要求：

1）湿接缝的端面应凿毛清洗。

2）波纹管伸入两梁段长度不得小于 5cm，并进行密封。

3）湿接缝混凝土强度宜高于梁段混凝土一个等级，待接缝混凝土达到设计强度后方可拆模、张拉预应力束。

6 梁段接缝采用胶拼时应符合下列要求：

1）胶拼前，应清除胶拼面上浮浆、杂质、隔离剂，并保持干燥。

2）胶拼前应先预拼，检测并调整其高程、中线，确认符合设计要求。涂胶应均匀，厚度宜为 1～1.5mm。涂胶时，混凝土表面温度不宜低于 15℃。

3）环氧树脂胶浆应根据环境温度、固化时间和强度要求选定配方。固化时间应根据操作需要确定，不宜少于 10h，在 36h 内达到梁体设计强度。

4）梁段正式定位后，应按设计要求张拉定位束，设计无规定时，应张拉部分预应力束，预压胶拼接缝，使接缝处保持 0.2MPa 以上压应力，并及时清理接触面周围及孔道中挤出的胶浆。待环氧树脂胶浆固化、强度符合设计要求后，再张拉其余预应力束。

5）在设计要求的预应力束张拉完毕后，起重机方可松钩。

13.4.6 连续梁（T 构）的合龙及体系转换除应符合 CJJ 2—2008 规范第 13.2.8 条有关规定外，在体系转换前，应按设计要求张拉部分梁段底部的预应力束，并在悬臂端设置向下的预留度。

【悬臂拼装预应力混凝土梁施加预应力】

悬臂拼装预应力混凝土梁施加预应力记录（自制表）

悬臂拼装预应力混凝土梁施加预应力质量验收记录可参照后张法预应力张拉与体外索张拉等的试验方法进行。施加预应力结果应符合设计和相关规范要求。

【顶推施工混凝土梁子分部工程】

顶推施工混凝土梁子分部工程的质量验收包括：台座系统；导梁；梁段预制（模板与支架、钢筋、混凝土、预应力混凝土）；顶推施工预应力混凝土梁；施加预应力。

【顶推施工混凝土梁的台座系统】

【顶推施工混凝土梁的台座系统检验批质量验收记录】

顶推施工混凝土梁的台座系统检验批质量验收记录　　表 CJJ 2-8-5-1

<table>
<tr><td colspan="2">工程名称</td><td colspan="4"></td></tr>
<tr><td colspan="2">施工单位</td><td colspan="4"></td></tr>
<tr><td colspan="2">分项工程名称</td><td></td><td colspan="2">施工班组长</td><td></td></tr>
<tr><td colspan="2">验收部位</td><td></td><td colspan="2">专业工长</td><td></td></tr>
<tr><td colspan="2">施工执行标准名称及编号</td><td></td><td colspan="2">项目经理</td><td></td></tr>
<tr><td>检控项目</td><td colspan="2">质量验收规范规定</td><td colspan="2">施工单位检查评定记录</td><td>监理（建设）单位验收记录</td></tr>
<tr><td>一般项目</td><td colspan="2">第 13.5.3 条　制梁台座应符合下列要求：
1　台座可设在引道上或临时墩上。直线桥必须设在正桥轴线上，弯桥或坡桥的临时墩必须在与正桥同曲率的平曲线、竖曲线或其延长线上。
2　临时墩墩顶设置的滑座、滑块应按支承梁段顶推过程的竖向和水平荷载设计。
3　临时支架可设在天然地基上或支承桩上，并应设卸架装置。
4　托架宜采用钢结构，并与底模连成一体。其强度、刚度和变形应满足梁段制作要求。
5　整体升降底模与托架间可采用硬木楔调整局部高程，底模的平整度应符合要求。箱梁滑道部位的底模宜采用整条厚钢板（$\delta>10$mm）铺设，其焊接接头处应刨光或打磨光滑。</td><td colspan="2"></td><td></td></tr>
<tr><td colspan="2">施工单位检查评定结果</td><td colspan="4">项目专业质量检查员：　　　　年　　月　　日</td></tr>
<tr><td colspan="2">监理（建设）单位验收结论</td><td colspan="4">专业监理工程师：
（建设单位项目专业技术负责人）：　　　　年　　月　　日</td></tr>
</table>

注：台座系统质量标准按 CJJ 2—2008 规范第 13 章第 13.5.3 条执行。

【检验批验收应提供的核查资料】

顶推施工混凝土梁的台座系统检验批质量验收应提供的核查资料　　表 CJJ 2-8-5-1a

序号	核查资料名称	核查要点
1	施工记录	施工记录内容的完整性（资料名称项下括号内的内容）
2	混凝土试块试验报告	检查试验单位资质，品种、代表数量、试验编号及日期、性能参数等，应符合设计和规范要求

注：表列凡有性能要求的均应符合设计和规范要求。

【顶推施工混凝土梁的导梁】

【顶推施工混凝土梁的导梁检验批质量验收记录】

顶推施工混凝土梁的导梁检验批质量验收记录　　表 CJJ 2-8-5-2

<table>
<tr><td colspan="2">工程名称</td><td colspan="4"></td></tr>
<tr><td colspan="2">施工单位</td><td colspan="4"></td></tr>
<tr><td colspan="2">分项工程名称</td><td></td><td colspan="2">施工班组长</td><td></td></tr>
<tr><td colspan="2">验收部位</td><td></td><td colspan="2">专业工长</td><td></td></tr>
<tr><td colspan="2">施工执行标准名称及编号</td><td></td><td colspan="2">项目经理</td><td></td></tr>
<tr><td>检控项目</td><td colspan="3">质量验收规范规定</td><td>施工单位检查评定记录</td><td>监理（建设）单位验收记录</td></tr>
<tr><td>一般项目</td><td colspan="3">第 13.5.2 条　主梁前端应设置导梁。导梁宜采用钢结构，其长度宜为 0.6～0.8 倍顶推跨径，其刚度（根部）宜取主梁刚度的 1/9～1/15。导梁与主梁连接可采用埋入法固结或铰接，连接必须牢固。导梁前端应设牛腿梁。</td><td></td><td></td></tr>
<tr><td colspan="2">施工单位检查评定结果</td><td colspan="4">项目专业质量检查员：　　年　月　日</td></tr>
<tr><td colspan="2">监理（建设）单位验收结论</td><td colspan="4">专业监理工程师：
（建设单位项目专业技术负责人）：　　年　月　日</td></tr>
</table>

注：导梁质量标准按 CJJ 2—2008 规范第 13 章第 13.5.2 条执行。

【检验批验收应提供的核查资料】

顶推施工混凝土梁的导梁检验批质量验收应提供的核查资料　　表 CJJ 2-8-5-2a

序号	核查资料名称	核查要点
1	施工记录	施工记录内容的完整性（资料名称项下括号内的内容）
2	混凝土试块试验报告	检查试验单位资质，品种、代表数量、试验编号及日期、性能参数等，应符合设计和规范要求

注：表列凡有性能要求的均应符合设计和规范要求。

【顶推施工混凝土梁的梁段预制（模板与支架、钢筋、混凝土、预应力混凝土）】

梁段预制质量检验执行“梁段预制（模板与支架、钢筋、混凝土、预应力混凝土）”相关规定。

顶推施工中的梁段预制施工涉及模板与支架、钢筋、混凝土、预应力混凝土质量检验应符合 CJJ 2—2008 规范第 5.4（模板、支架和拱架制作、安装及拆除）、6.5（钢筋原材料、钢筋加工、钢筋连接、钢筋安装）、7.13（混凝土原材料、混凝土配合比、混凝土施工）、8.5（预应力材料及器材、预应力钢筋制作、预应力施工、预应力混凝土施工）节规定。

【顶推施工混凝土梁的梁段预制模板与支架】

顶推施工混凝土梁的梁段预制模板与支架制作检验批质量验收记录

表 CJJ 2-8-5-3

本表按“通用表式”的表 CJJ 2-通-1-1 中有关质量标准执行。

顶推施工混凝土梁的梁段预制模板与支架安装检验批质量验收记录

表 CJJ 2-8-5-4

本表按“通用表式”的表 CJJ 2-通-1-2 中有关质量标准执行。

顶推施工混凝土梁的梁段预制模板与支架拆除检验批质量验收记录

表 CJJ 2-8-5-5

本表按“通用表式”的表 CJJ 2-通-1-3 中有关质量标准执行。

【顶推施工混凝土梁的梁段预制钢筋】

顶推施工混凝土梁的梁段预制钢筋原材料检验批质量验收记录

表 CJJ 2-8-5-6

本表按“通用表式”的表 CJJ 2-通-2-1 中有关质量标准执行。

顶推施工混凝土梁的梁段预制钢筋加工检验批质量验收记录

表 CJJ 2-8-5-7

本表按“通用表式”的表 CJJ 2-通-2-2 中有关质量标准执行。

顶推施工混凝土梁的梁段预制钢筋连接检验批质量验收记录

表 CJJ 2-8-5-8

本表按“通用表式”的表 CJJ 2-通-2-3 中有关质量标准执行。

顶推施工混凝土梁的梁段预制钢筋安装检验批质量验收记录

表 CJJ 2-8-5-9

本表按“通用表式”的表 CJJ 2-通-2-4 中有关质量标准执行。

【顶推施工混凝土梁的梁段预制混凝土】

顶推施工混凝土梁的梁段预制混凝土原材料检验批质量验收记录

表 CJJ 2-8-5-10

本表按“通用表式”的表 CJJ 2-通-3-1 中有关质量标准执行。

顶推施工混凝土梁的梁段预制混凝土配合比检验批质量验收记录

表 CJJ 2-8-5-11

本表按“通用表式”的表 CJJ 2-通-3-2 中有关质量标准执行。

顶推施工混凝土梁的梁段预制混凝土施工检验批质量验收记录

表 CJJ 2-8-5-12

本表按“通用表式”的表 CJJ 2-通-3-3A 中有关质量标准执行。

【顶推施工混凝土梁的梁段预制预应力混凝土】

顶推施工混凝土梁的梁段预制预应力材料及器材检验批质量验收记录

表 CJJ 2-8-5-13

本表按“通用表式”的表 CJJ 2-通-4-1 中有关质量标准执行。

顶推施工混凝土梁的梁段预制预应力钢筋制作检验批质量验收记录

表 CJJ 2-8-5-14

本表按“通用表式”的表 CJJ 2-通-4-2 中有关质量标准执行。

顶推施工混凝土梁的梁段预制后张法预应力施工检验批质量验收记录

表 CJJ 2-8-5-15

本表按“通用表式”的表 CJJ 2-通-4-3B 中有关质量标准执行。

【顶推施工混凝土梁的梁段预制预应力混凝土施工】

顶推施工混凝土梁的梁段预制预应力混凝土原材料检验批质量验收记录

表 CJJ 2-8-5-16A

本表按“通用表式”的表 CJJ 2-通-4-4 中有关质量标准执行。

顶推施工混凝土梁的梁段预制预应力混凝土配合比检验批质量验收记录

表 CJJ 2-8-5-16B

本表按“通用表式”的表 CJJ 2-通-4-5 中有关质量标准执行。

顶推施工混凝土梁的梁段预制预应力混凝土施工检验批质量验收记录

表 CJJ 2-8-5-16C

本表按“通用表式”的表 CJJ 2-通-4-6 中有关质量标准执行。

【顶推施工预应力混凝土梁质量检验】

顶推施工预应力混凝土梁质量检验检验批质量验收记录　　表 CJJ 2-8-5-17

工程名称			
施工单位			
分项工程名称		施工班组长	
验收部位		专业工长	
施工执行标准名称及编号		项目经理	

<table>
<tr><td>检控项目</td><td colspan="3">质量验收规范规定</td><td colspan="10">施工单位检查评定记录</td><td>监理（建设）单位验收记录</td></tr>
<tr><td rowspan="18">一般项目</td><td colspan="3">第 13.7.6 条　顶推施工预应力混凝土梁质量检验应符合 CJJ 2—2008 规范第 13.7.1 条和第 13.7.3 条有关规定，且应符合下列规定：
1　预制梁段允许偏差应符合 CJJ 2—2008 规范表 13.7.5-1 的规定。</td><td colspan="10"></td><td rowspan="18"></td></tr>
<tr><td colspan="2">项目（表 13.7.5-1）</td><td>允许偏差（mm）</td><td colspan="10">量测值（mm）</td></tr>
<tr><td rowspan="3">断面尺寸</td><td>宽</td><td>0
−10</td><td></td><td></td><td></td><td></td><td></td><td></td><td></td><td></td><td></td><td></td></tr>
<tr><td>高</td><td>±5</td><td></td><td></td><td></td><td></td><td></td><td></td><td></td><td></td><td></td><td></td></tr>
<tr><td>顶底腹板厚</td><td>±5</td><td></td><td></td><td></td><td></td><td></td><td></td><td></td><td></td><td></td><td></td></tr>
<tr><td colspan="2">长度</td><td>±20</td><td></td><td></td><td></td><td></td><td></td><td></td><td></td><td></td><td></td><td></td></tr>
<tr><td colspan="2">横隔梁轴线</td><td>5</td><td></td><td></td><td></td><td></td><td></td><td></td><td></td><td></td><td></td><td></td></tr>
<tr><td colspan="2">侧向弯曲</td><td>≤L/1000，
且不大于 10</td><td></td><td></td><td></td><td></td><td></td><td></td><td></td><td></td><td></td><td></td></tr>
<tr><td colspan="2">平整度</td><td>8</td><td></td><td></td><td></td><td></td><td></td><td></td><td></td><td></td><td></td><td></td></tr>
<tr><td colspan="3">第 13.7.6 条 2 款　顶推施工梁允许偏差应符合表 13.7.6 的规定。</td><td colspan="10"></td></tr>
<tr><td colspan="2">项　　目（表 13.7.6）</td><td>允许偏差（mm）</td><td colspan="10">量测值（mm）</td></tr>
<tr><td colspan="2">轴线偏位</td><td>10</td><td></td><td></td><td></td><td></td><td></td><td></td><td></td><td></td><td></td><td></td></tr>
<tr><td colspan="2">落梁反力</td><td>不大于 1.1
设计反力</td><td></td><td></td><td></td><td></td><td></td><td></td><td></td><td></td><td></td><td></td></tr>
<tr><td colspan="2">支座顶面高程</td><td>±5</td><td></td><td></td><td></td><td></td><td></td><td></td><td></td><td></td><td></td><td></td></tr>
<tr><td rowspan="2">支座高差</td><td>相邻纵向支点</td><td>5 或设计要求</td><td></td><td></td><td></td><td></td><td></td><td></td><td></td><td></td><td></td><td></td></tr>
<tr><td>同墩两侧支点</td><td>2 或设计要求</td><td></td><td></td><td></td><td></td><td></td><td></td><td></td><td></td><td></td><td></td></tr>
<tr><td colspan="3">第 13.7.6 条 3 款　梁体线形平顺，相邻梁段接缝处无明显折弯和错台，预制梁表面无孔洞、露筋、蜂窝、麻面和宽度超过 0.15mm 的收缩裂缝。</td><td colspan="10"></td></tr>
<tr><td colspan="3"></td><td colspan="10"></td></tr>
<tr><td>施工单位检查评定结果</td><td colspan="14">项目专业质量检查员：　　　　　年　　月　　日</td></tr>
<tr><td>监理（建设）单位验收结论</td><td colspan="14">专业监理工程师：
（建设单位项目专业技术负责人）：　　　　年　　月　　日</td></tr>
</table>

注：规范规定的施工过程控制要点见【检查验收时执行的规范条目】。

【检查验收时执行的规范条目】

13.7.6 顶推施工预应力混凝土梁质量检验应符合 CJJ 2—2008 规范第 13.7.1 条和第 13.7.3 条有关规定，且应符合下列规定：

一般项目

1 预制梁段允许偏差应符合 CJJ 2—2008 规范表 13.7.5-1 的规定。

预制梁段允许偏差 **表 13.7.5-1**

项目		允许偏差（mm）	检验频率		检验方法
			范围	点数	
断面尺寸	宽	0 −10	每段	5	用钢尺量，端部、1/4 处和中间各 1 点
	高	±5		5	
	顶底腹板厚	±5		5	
长度		±20		4	用钢尺量，两侧上、下各 1 点
横隔梁轴线		5		2	用经纬仪测量，两端各 1 点
侧向弯曲		$\leqslant L/1000$，且不大于 10		2	沿梁段全长拉线，用钢尺量，左右各 1 点
平整度		8		2	用 2m 直尺、塞尺量

注：L 为梁段长度（mm）。

2 顶推施工梁允许偏差应符合表 13.7.6 的规定。

顶推施工梁允许偏差 **表 13.7.6**

项目		允许偏差（mm）	检验频率		检验方法
			范围	点数	
轴线偏位		10	每段	2	用经纬仪测量
落梁反力		不大于 1.1 设计反力		次	用千斤顶油压计算
支座顶面高程		±5	每段	全数	用水准仪测量
支座高差	相邻纵向支点	5 或设计要求			
	同墩两侧支点	2 或设计要求			

3 梁体线形平顺，相邻梁段接缝处无明显折弯和错台，预制梁表面无孔洞、露筋、蜂窝、麻面和宽度超过 0.15mm 的收缩裂缝。

检查数量：全数检查。　　检验方法：观察、用读数放大镜观测。

【检验批验收应提供的核查资料】

顶推施工预应力混凝土质量检验检验批质量验收应提供的核查资料 **表 CJJ 2-8-5-17a**

序号	核查资料名称	核查要点
1	施工记录	施工记录内容的完整性（资料名称项下括号内的内容）
2	混凝土试块试验报告	检查试验单位资质，品种、代表数量、试验编号及日期、性能参数等，应符合设计和规范要求

注：表列凡有性能要求的均应符合设计和规范要求。

附：规范规定的施工过程控制要点

13.5.1 临时墩应有足够的强度、刚度及稳定性。临时墩应按顶推过程可能出现的最不利工况设计。设计时应同时计入土压力、水压力、风荷载及施工荷载，并应考虑施工阶段水流冲刷影响。

13.5.2 主梁前端应设置导梁。导梁宜采用钢结构，其长度宜为0.6～0.8倍顶推跨径，其刚度（根部）宜取主梁刚度的1/9～1/15。导梁与主梁连接可采用埋入法固结或铰接，连接必须牢固。导梁前端应设牛腿梁。

13.5.3 制梁台座应符合下列要求：

1 台座可设在引道上或临时墩上。直线桥必须设在正桥轴线上，弯桥或坡桥的临时墩必须在与正桥同曲率的平曲线、竖曲线或其延长线上。

2 临时墩墩顶设置的滑座、滑块应按支承梁段顶推过程的竖向和水平荷载设计。

3 临时支架可设在天然地基上或支承桩上，并应设卸架装置。

4 托架宜采用钢结构，并与底模连成一体。其强度、刚度和变形应满足梁段制作要求。

5 整体升降底模与托架间可采用硬木楔调整局部高程，底模的平整度应符合要求。箱梁滑道部位的底模宜采用整条厚钢板（$\delta>10$mm）铺设，其焊接接头处应刨光或打磨光滑。

13.5.4 顶推方式的选择应符合下列规定：

1 单点顶推：限用于直线桥、顶推梁段长度较短、桥墩可承受较大水平荷载、后座能提供足够的水平反力时。多数在箱梁两侧安设顶推千斤顶或拉杆牛腿。

2 多点顶推：可用于直桥、弯梁桥及设竖曲线的坡桥，梁段长度可达到500m或更长。桥墩承受水平荷载不大，可用于柔性墩顶推。顶推拉杆可设在箱梁两侧，亦可设在梁底桥梁轴线上。

13.5.5 顶推装置应符合下列规定：

1 千斤顶、油泵、拉杆应依据总推力值选定。千斤顶的总顶力不得小于计算推力的2倍。

2 拉锚器应按需要设置在箱梁底部或两侧，每一梁段宜设置一组，拉锚器宜采用插入钢牛腿形式，便于拆装。

3 滑道宜采用不锈钢或镀铬钢带包卷在铸钢底层上，铸钢采用螺栓固定在支座垫石上。滑道顺桥方向长度应大于千斤顶行程加滑块长度；其宽度应为滑块宽度的1.2～1.5倍。

4 滑块宜由埋入钢板的橡胶块粘附聚四氯乙烯板组成。

13.5.6 梁段预制除符合CJJ 2—2008规范第13.3.1条规定外，尚应符合下列规定：

1 梁段预制宜采用全断面一次浇筑。

2 预制梁段模板、托架、支架应经预压消除其永久变形。宜选用刚度较大的整体升降底模，升降及调整高程宜用螺旋（或齿轮）千斤顶装置。浇筑过程中的变形不得大于2mm。

3 梁段间端面接缝应凿毛、清洗、充分湿润。新浇梁段波纹管宜穿入已浇梁段10cm以上，与已浇梁段波纹管对严。

4 梁段浇筑前应将导梁安装就位，并校正位置后方可浇筑梁段混凝土。

13.5.7 梁段顶推应符合下列规定：

1 检查顶推千斤顶的安装位置，校核梁段的轴线及高程，检测桥墩（包括临时墩）、临时支墩上的滑座轴线及高程，确认符合要求，方可顶推。

2 顶推千斤顶用油泵必须配套同步控制系统，两侧顶推时，必须左右同步，多点顶推时各墩千斤顶纵横向均应同步运行。

3 顶推前进时，应及时由后面插入补充滑块，插入滑块应排列紧凑，滑块间最大间隙不得超过10～20cm。滑块的滑面（聚四氯乙烯板）上应涂硅酮脂。

4 顶推过程中导梁接近前面桥墩时，应及时顶升牛腿引梁，将导梁引上墩顶滑块，方可正常顶进。

5 顶推过程中应随时检测桥梁轴线和高程，做好导向、纠偏等工作。梁段中线偏移大于20mm时应采用千斤顶纠偏复位。滑块受力不均匀、变形过大或滑块插入困难时，应停止顶推，用竖向千斤顶将梁托起校正。竖向千斤顶顶升高度不得大于10mm。

6 顶推过程中应随时检测桥墩墩顶变位，其纵横向位移均不得超过设计要求。

7 顶推过程中如出现拉杆变形、拉锚松动、主梁预应力锚具松动、导梁变形等异常情况应立即停止顶推，妥善处理后方可继续顶推。

8 平曲线弯梁顶推时应在曲线外设置法线方向向心千斤顶锚固于桥墩上，纵向顶推的同时应启动横向千斤顶，使梁段沿圆弧曲线前进。

9 竖曲线上顶推时各点顶推力应计入升降坡形成的梁段自重水平分力，如在降坡段顶进纵坡大于3%时，宜采用摩擦系数较大的滑块。

13.5.8 当桥梁顶推完毕，拆除滑动装置时，顶梁或落梁应均匀对称，升降高差各墩台间不得大于10mm，同一墩台两侧不得大于1mm。

【顶推施工混凝土梁施加预应力】

顶推施工混凝土梁施加预应力实施方法

顶推施工混凝土梁施加预应力质量验收记录可参照后张法预应力张拉与体外索张拉等的试验方法进行。施加预应力结果应符合设计和相关规范要求。

【钢梁子分部工程】

《城市桥梁工程施工与质量验收规范》（CJJ 2—2008）第14章，钢梁子分部工程的质量验收包括：钢梁制作（钢梁通常包括钢板梁、钢桁梁、钢箱形梁）、钢梁现场安装。

【钢梁制作（钢板梁制作、钢桁梁节段制作、钢箱形梁制作）】

钢梁制作（钢板梁制作、钢桁梁节段制作、钢箱形梁制作）包括：钢梁制作用原材料、钢梁制作（钢板梁制作、钢桁梁节段制作、钢箱形梁制作）。

【钢梁制作原材料】

【钢梁制作原材料检验批质量验收记录】

钢梁制作原材料检验批质量验收记录　　表 CJJ 2-8-6-1

工程名称				
施工单位				
分项工程名称		施工班组长		
验收部位		专业工长		
施工执行标准名称及编号		项目经理		
检控项目	质量验收规范规定	施工单位检查评定记录		监理（建设）单位验收记录
主控项目	第14.3.1条　钢梁制作质量检验应符合下列规定： 1　钢材、焊接材料、涂装材料应符合国家现行标准规定和设计要求。 全数检查出厂合格证和厂方提供的材料性能试验报告，并按国家现行标准规定抽样复验。 2　高强度螺栓连接副等紧固件及其连接应符合国家现行标准规定和设计要求。 全数检查出厂合格证和厂方提供的性能试验报告，并按出厂批每批抽取8副做扭矩系数复验。 3　高强螺栓的栓接板面（摩擦面）除锈处理后的抗滑移系数应符合设计要求。 全数检查出厂检验报告，并对厂方每出厂批提供的3组试件进行复验。			
施工单位检查评定结果	项目专业质量检查员：　　年　月　日			
监理（建设）单位验收结论	专业监理工程师： （建设单位项目专业技术负责人）：　　年　月　日			

【检验批验收应提供的核查资料】

钢梁制作原材料检验批质量验收应提供的核查资料　　表 CJJ 2-8-6-1a

序号	核查资料名称	核查要点
1	钢材、焊接材料、涂装材料出厂合格证	检查材料品种、规格、数量及性能参数
2	钢材、焊接材料、涂装材料试验报告	试验单位资质，品种、代表数量、试验编号及日期、性能参数等，应符合设计和规范要求
3	高强度螺栓连接副等紧固件出厂合格证	检查材料品种、规格、数量及性能参数
4	高强度螺栓连接副等紧固件试验报告	试验单位资质，品种、代表数量、试验编号及日期、性能参数等，应符合设计和规范要求

注：表列凡有性能要求的均应符合设计和规范要求。

【钢板梁制作】

【钢板梁制作检验批质量验收记录】

钢板梁制作检验批质量验收记录　　　　表 CJJ 2-8-6-2

工程名称			
施工单位			
分项工程名称		施工班组长	
验收部位		专业工长	
施工执行标准名称及编号		项目经理	

检控项目	质量验收规范规定			施工单位检查评定记录	监理（建设）单位验收记录
主控项目	第 14.3.1 条　钢梁制作质量检验应符合下列规定： 3　高强螺栓的抗滑移系数要求 4　焊缝探伤检验规定 5　涂装检验规定				
一般项目	第 14.3.1 条 6 款　焊缝外观质量规定				
	第 14.3.1 条 7 款　钢梁板制作允许偏差				
	项　目（表 14.3.1-1）		允许偏差（mm）	量测值（mm）	
	梁高 h	主梁梁高 $h\leqslant2$m	±2		
		主梁梁高 $h>2$m	±4		
		横　梁	±1.5		
		纵　梁	±1.0		
	跨　度		±8		
	全　长		±15		
	纵梁长度		+0.5 −1.5		
	横梁长度		±1.5		
	纵、横梁旁弯		3		
	主梁拱度	不设拱度	+3 0		
		设拱度	+10 −3		
	两片主梁拱度差		4		
	主梁腹板平面度		$\leqslant h/350$， 且不大于 8		
	纵、横梁腹板平面度		$\leqslant h/500$， 且不大于 5		
	主梁、纵横梁盖板对腹板的垂直度	有孔部位	0.5		
		其余部位	1.5		
	第 14.3.1 条 8 款　焊钉焊接后应进行弯曲试验检查，其焊缝和热影响区不得有肉眼可见的裂纹。				
	第 14.3.1 条 9 款　焊钉根部应均匀，焊脚立面的局部未熔合或不足 360°的焊脚应进行修补。				

施工单位检查评定结果	项目专业质量检查员：　　　　年　　月　　日
监理（建设）单位验收结论	专业监理工程师： （建设单位项目专业技术负责人）：　　　　年　　月　　日

注：规范规定的施工过程控制要点见【检查验收时执行的规范条目】。

【检查验收时执行的规范条目】

14.3.1 钢板梁制作质量检验应符合下列规定：

主控项目

3 高强螺栓的栓接板面（摩擦面）除锈处理后的抗滑移系数应符合设计要求。

全数检查出厂检验报告，并对厂方每出厂批提供的3组试件进行复验。

4 焊缝探伤检验应符合设计要求和CJJ 2—2008规范第14.2.6、14.2.8和14.2.9条的有关规定。

检查数量：超声波：100%；射线：10%。检验方法：检查超声波和射线探伤记录或报告。

5 涂装检验应符合下列要求：

1）涂装前钢材表面不得有焊渣、灰尘、油污、水和毛刺等。钢材表面除锈等级和粗糙度应符合设计要求。

检查数量：全数检查。

检验方法：观察、用现行国家标准《涂装前钢材表面锈蚀等级和除锈等级》GB 8923规定的标准图片对照检查。

2）涂装遍数应符合设计要求，每一涂层的最小厚度不应小于设计要求厚度的90%，涂装干膜总厚度不得小于设计要求厚度。

检查数量：按设计规定数量检查，设计无规定时，每$10m^2$检测5处，每处的数值为3个相距50mm测点涂层干漆膜厚度的平均值。

检验方法：用干膜测厚仪检查。

3）热喷铝涂层应进行附着力检查。

检查数量：按出厂批每批构件抽查10%，且同类构件不少于3件，每个构件检测5处。

检验方法：在15mm×15mm涂层上用刀刻划平行线，两线距离为涂层厚度的10倍，两条线内的涂层不得从钢材表面翘起。

一般项目

6 焊缝外观质量应符合CJJ 2—2008规范第14.2.7条规定。

检查数量：同类部件抽查10%，且不少于3件；被抽查的部件中，每一类型焊缝按条数抽查5%，且不少于1条；每条检查1处，总抽查数应不少于5处。

检验方法：观察，用卡尺或焊缝量规检查。

7 钢板梁制作允许偏差应分别符合表14.3.1-1的规定。

8 焊钉焊接后应进行弯曲试验检查，其焊缝和热影响区不得有肉眼可见的裂纹。

检查数量：每批同类构件抽查10%，且不少于3件；被抽查构件中，每件检查焊钉数量的1%，但不得少于1个。

检查方法：观察、焊钉弯曲30°后用角尺量。

9 焊钉根部应均匀，焊脚立面的局部未熔合或不足360°的焊脚应进行修补。

检查数量：按总焊钉数量抽查1%，且不得少于10个。　　检查方法：观察。

钢板梁制作允许偏差　　　　表 14.3.1-1

项目		允许偏差（mm）	检验频率		检验方法
			范围	点数	
梁高 h	主梁梁高 $h \leqslant 2$m	±2	每件	4	用钢尺测量两端腹板处高度，每端2点
	主梁梁高 $h>2$m	±4			
	横梁	±1.5			
	纵梁	±1.0			
跨度		±8		2	测量两支座中心距
全长		±15			用全站仪或钢尺测量
纵梁长度		+0.5 −1.5			用钢尺量两端角铁背至背之间
横梁长度		±1.5			
纵、横梁旁弯		3	每件	1	梁立置时在腹板一侧主焊缝100mm处拉线测量
主梁拱度	不设拱度	+3 0			梁卧置时在下盖板外侧拉线测量
	设拱度	+10 −3			
两片主梁拱度差		4			用水准仪测量
主梁腹板平面度		$\leqslant h/350$，且不大于8		1	用钢板尺和塞尺量（h为梁高）
纵、横梁腹板平面度		$\leqslant h/500$，且不大于5			
主梁、纵横梁盖板对腹板的垂直度	有孔部位	0.5		5	用直角尺和钢尺量
	其余部位	1.5			

【检验批验收应提供的核查资料】

钢板梁制作检验批验收应提供的核查资料　　　　表 CJJ 2-8-6-2a

序号	核查资料名称	核查要点
1	焊条、焊剂、药芯、焊丝、熔嘴、瓷环等质量合格证	品种、规格、数量、生产厂家、日期，与试验报告对应
2	烘焙记录（瓷环提供焊接工艺评定和烘焙记录）	应提供时必须提供
3	焊工合格证（检查焊工操作认可范围、有效期）	按参与焊接的焊工人员逐一核实
4	超声波探伤报告、射线探伤报告、抗滑移系数试验报告、焊缝重大修补记录（见证取样）	应提供必须提供，核查无损探伤报告的正确性
5	施工记录和工艺试验报告	检查施工记录和工艺试验是否符合标准规定
6	当构件存在裂纹、焊瘤、气孔、夹渣、弧坑裂纹等提供渗透或磁粉探伤报告（见证取样）	应提供必须提供，核查渗透或磁粉探伤报告的正确性

注：1. 合理缺项除外；2. 表列凡有性能要求的均应符合设计和规范要求。

附：规范规定的施工过程控制要点

14.1.1 钢梁应由具有相应资质的企业制造，并应符合国家现行标准《铁路钢桥制造规范》TB 10212 的有关规定。

14.1.2 钢梁出厂前必须进行试装，并应按设计和有关规范的要求验收。

14.1.3 钢梁出厂前，安装企业应对钢梁质量和应交付的文件进行验收，确认合格。

14.1.4 钢梁制造企业应向安装企业提供下列文件：

1 产品合格证； 2 钢材和其他材料质量证明书和检验报告； 3 施工图，拼装简图； 4 工厂高强度螺栓摩擦面抗滑移系数试验报告； 5 焊缝无损检验报告和焊缝重大修补记录； 6 产品试板的试验报告； 7 工厂试拼装记录； 8 杆件发运和包装清单。

【钢桁梁节段制作检验批质量验收记录】

钢桁梁节段制作检验批质量验收记录 **表 CJJ 2-8-6-3**

<table>
<tr><td>工程名称</td><td colspan="4"></td></tr>
<tr><td>施工单位</td><td colspan="4"></td></tr>
<tr><td>分项工程名称</td><td colspan="2"></td><td>施工班组长</td><td></td></tr>
<tr><td>验收部位</td><td colspan="2"></td><td>专业工长</td><td></td></tr>
<tr><td>施工执行标准名称及编号</td><td colspan="2"></td><td>项目经理</td><td></td></tr>
</table>

<table>
<tr><td>检控项目</td><td colspan="2">质量验收规范规定</td><td>施工单位检查评定记录</td><td>监理（建设）单位验收记录</td></tr>
<tr><td>主控项目</td><td colspan="2">第 14.3.1 条　钢梁制作质量检验应符合下列规定：
3　高强螺栓的抗滑移系数要求
4　焊缝探伤检验规定
5　涂装检验规定</td><td></td><td></td></tr>
<tr><td rowspan="12">一般项目</td><td colspan="2">第 14.3.1 条 6 款　焊缝外观质量规定</td><td></td><td rowspan="12"></td></tr>
<tr><td colspan="2">第 14.3.1 条 7 款　钢桁梁节段制作允许偏差</td><td></td></tr>
<tr><td>项　目（表 14.3.1-2）</td><td>允许偏差（mm）</td><td>量测值（mm）</td></tr>
<tr><td>节段长度</td><td>±5</td><td></td></tr>
<tr><td>节段高度</td><td>±2</td><td></td></tr>
<tr><td>节段宽度</td><td>±3</td><td></td></tr>
<tr><td>节间长度</td><td>±2</td><td></td></tr>
<tr><td>对角线长度差</td><td>3</td><td></td></tr>
<tr><td>桁片平面度</td><td>3</td><td></td></tr>
<tr><td>挠度</td><td>±3</td><td></td></tr>
<tr><td colspan="2">第 14.3.1 条 8 款　焊钉焊接后应进行弯曲试验检查，其焊缝和热影响区不得有肉眼可见的裂纹。</td><td></td></tr>
<tr><td colspan="2">第 14.3.1 条 9 款　焊钉根部应均匀，焊脚立面的局部未熔合或不足 360°的焊脚应进行修补。</td><td></td></tr>
</table>

<table>
<tr><td>施工单位检查评定结果</td><td>项目专业质量检查员：　　　　年　　月　　日</td></tr>
<tr><td>监理（建设）单位验收结论</td><td>专业监理工程师：
（建设单位项目专业技术负责人）：　　　　年　　月　　日</td></tr>
</table>

注：规范规定的施工过程控制要点见【检查验收时执行的规范条目】。

【检查验收时执行的规范条目】

14.3.1 钢板梁制作质量检验应符合下列规定：

主控项目

3 高强螺栓的栓接板面（摩擦面）除锈处理后的抗滑移系数应符合设计要求。

全数检查出厂检验报告，并对厂方每出厂批提供的3组试件进行复验。

4 焊缝探伤检验应符合设计要求和CJJ 2—2008规范第14.2.6、14.2.8和14.2.9条的有关规定。

检查数量：超声波：100%；射线：10%。　　检验方法：检查超声波和射线探伤记录或报告。

5 涂装检验应符合下列要求：

1）涂装前钢材表面不得有焊渣、灰尘、油污、水和毛刺等。钢材表面除锈等级和粗糙度应符合设计要求。

检查数量：全数检查。

检验方法：观察、用现行国家标准《涂装前钢材表面锈蚀等级和除锈等级》GB 8923规定的标准图片对照检查。

2）涂装遍数应符合设计要求，每一涂层的最小厚度不应小于设计要求厚度的90%，涂装干膜总厚度不得小于设计要求厚度。

检查数量：按设计规定数量检查，设计无规定时，每10m² 检测5处，每处的数值为3个相距50mm测点涂层干漆膜厚度的平均值。

检验方法：用干膜测厚仪检查。

3）热喷铝涂层应进行附着力检查。

检查数量：按出厂批每批构件抽查10%，且同类构件不少于3件，每个构件检测5处。

检验方法：在15mm×15mm涂层上用刀刻划平行线，两线距离为涂层厚度的10倍，两条线内的涂层不得从钢材表面翘起。

一般项目

6 焊缝外观质量应符合CJJ 2—2008规范第14.2.7条规定。

检查数量：同类部件抽查10%，且不少于3件；被抽查的部件中，每一类型焊缝按条数抽查5%，且不少于1条；每条检查1处，总抽查数应不少于5处。

检验方法：观察，用卡尺或焊缝量规检查。

7 钢桁梁节段制作允许偏差应分别符合表14.3.1-2的规定。

钢桁梁节段制作允许偏差　　**表14.3.1-2**

<table>
<tr><th rowspan="2">项　目</th><th rowspan="2">允许偏差
（mm）</th><th colspan="2">检验频率</th><th rowspan="2">检　验　方　法</th></tr>
<tr><th>范围</th><th>点数</th></tr>
<tr><td>节段长度</td><td>±5</td><td rowspan="3">每节段</td><td>4～6</td><td rowspan="5">用钢尺量</td></tr>
<tr><td>节段高度</td><td>±2</td><td rowspan="2">4</td></tr>
<tr><td>节段宽度</td><td>±3</td></tr>
<tr><td>节间长度</td><td>±2</td><td rowspan="2">每节间</td><td rowspan="2">2</td></tr>
<tr><td>对角线长度差</td><td>3</td></tr>
<tr><td>桁片平面度</td><td>3</td><td rowspan="2">每节段</td><td rowspan="2">1</td><td rowspan="2">沿节段全长拉线，用钢尺量</td></tr>
<tr><td>挠度</td><td>±3</td></tr>
</table>

8 焊钉焊接后应进行弯曲试验检查，其焊缝和热影响区不得有肉眼可见的裂纹。

检查数量：每批同类构件抽查10%，且不少于3件；被抽查构件中，每件检查焊钉数量的1%，但不得少于1个。

检查方法：观察、焊钉弯曲30°后用角尺量。

9　焊钉根部应均匀，焊脚立面的局部未熔合或不足360°的焊脚应进行修补。

检查数量：按总焊钉数量抽查1%，且不得少于10个。　　检查方法：观察。

【检验批验收应提供的核查资料】

钢桁梁节段制作检验批验收应提供的核查资料　　表CJJ 2-8-6-3a

序号	核查资料名称	核查要点
1	焊条、焊剂、药芯、焊丝、熔嘴、瓷环等质量合格证	品种、规格、数量、生产厂家、日期，与试验报告对应
2	烘焙记录（瓷环提供焊接工艺评定和烘焙记录）	应提供时必须提供
3	焊工合格证（检查焊工操作认可范围、有效期）	按参与焊接的焊工人员逐一核实
4	超声波探伤报告、射线探伤报告、抗滑移系数试验报告、焊缝重大修补记录（见证取样）	应提供必须提供，核查无损探伤报告的正确性
5	施工记录和工艺试验报告	检查施工记录和工艺试验是否符合标准规定
6	当构件存在裂纹、焊瘤、气孔、夹渣、弧坑裂纹等提供渗透或磁粉探伤报告（见证取样）	应提供必须提供，核查渗透或磁粉探伤报告的正确性

注：1. 合理缺项除外；2. 表列凡有性能要求的均应符合设计和规范要求。

附：规范规定的施工过程控制要点

14.1.1　钢梁应由具有相应资质的企业制造，并应符合国家现行标准《铁路钢桥制造规范》TB 10212的有关规定。

14.1.2　钢梁出厂前必须进行试装，并应按设计和有关规范的要求验收。

14.1.3　钢梁出厂前，安装企业应对钢梁质量和应交付的文件进行验收，确认合格。

14.1.4　钢梁制造企业应向安装企业提供下列文件：

1　产品合格证；

2　钢材和其他材料质量证明书和检验报告；

3　施工图，拼装简图；

4　工厂高强度螺栓摩擦面抗滑移系数试验报告；

5　焊缝无损检验报告和焊缝重大修补记录；

6　产品试板的试验报告；

7　工厂试拼装记录；

8　杆件发运和包装清单。

【钢箱形梁制作检验批质量验收记录】

钢箱形梁制作检验批质量验收记录　　表 CJJ 2-8-6-4

工程名称					
施工单位					
分项工程名称			施工班组长		
验收部位			专业工长		
施工执行标准名称及编号			项目经理		
检控项目	质量验收规范规定			施工单位检查评定记录	监理（建设）单位验收记录
主控项目	第 14.3.1 条　钢梁制作质量检验应符合下列规定： 3　高强螺栓的抗滑移系数要求 4　焊缝探伤检验规定 5　涂装检验规定				
一般项目	第 14.3.1 条 6 款　焊缝外观质量规定				
	第 14.3.1 条 7 款　钢箱形梁制作允许偏差				
	项　目（表 14.3.1-3）		允许偏差（mm）	量测值（mm）	
	梁高 h	$h\leqslant 2$m	±2		
		$h>2$m	±4		
	跨度 L		±（5+0.15L）		
	全长		±15		
	腹板中心距		±3		
	盖板宽度 b		±4		
	横断面对角线长度差		4		
	旁弯		3+0.1L		
	拱度		+10 −5		
	支点高度差		5		
	腹板平面度		$\leqslant h'/250$， 且不大于 8		
	扭曲		每米≤1， 且每段≤10		
	第 14.3.1 条 8 款　焊钉焊接后应进行弯曲试验检查，其焊缝和热影响区不得有肉眼可见的裂纹。				
	第 14.3.1 条 9 款　焊钉根部应均匀，焊脚立面的局部未熔合或不足 360°的焊脚应进行修补。				
施工单位检查评定结果	项目专业质量检查员：　　　　年　月　日				
监理（建设）单位验收结论	专业监理工程师： （建设单位项目专业技术负责人）：　　　　年　月　日				

注：规范规定的施工过程控制要点见【检查验收时执行的规范条目】。

【检查验收时执行的规范条目】

14.3.1 钢梁制作质量检验应符合下列规定：

主控项目

3 高强螺栓的栓接板面（摩擦面）除锈处理后的抗滑移系数应符合设计要求。

全数检查出厂检验报告，并对厂方每出厂批提供的3组试件进行复验。

4 焊缝探伤检验应符合设计要求和CJJ 2—2008规范第14.2.6、14.2.8和14.2.9条的有关规定。

检查数量：超声波：100%；射线：10%。　　检验方法：检查超声波和射线探伤记录或报告。

5 涂装检验应符合下列要求：

1）涂装前钢材表面不得有焊渣、灰尘、油污、水和毛刺等。钢材表面除锈等级和粗糙度应符合设计要求。

检查数量：全数检查。

检验方法：观察、用现行国家标准《涂装前钢材表面锈蚀等级和除锈等级》GB 8923规定的标准图片对照检查。

2）涂装遍数应符合设计要求，每一涂层的最小厚度不应小于设计要求厚度的90%，涂装干膜总厚度不得小于设计要求厚度。

检查数量：按设计规定数量检查，设计无规定时，每10m² 检测5处，每处的数值为3个相距50mm测点涂层干漆膜厚度的平均值。

检验方法：用干膜测厚仪检查。

3）热喷铝涂层应进行附着力检查。

检查数量：按出厂批每批构件抽查10%，且同类构件不少于3件，每个构件检测5处。

检验方法：在15mm×15mm涂层上用刀刻划平行线，两线距离为涂层厚度的10倍，两条线内的涂层不得从钢材表面翘起。

一般项目

6 焊缝外观质量应符合CJJ 2—2008规范第14.2.7条规定。

检查数量：同类部件抽查10%，且不少于3件；被抽查的部件中，每一类型焊缝按条数抽查5%，且不少于1条；每条检查1处，总抽查数应不少于5处。

检验方法：观察，用卡尺或焊缝量规检查。

7 钢箱形梁制作允许偏差应分别符合表14.3.1-3的规定。

8 焊钉焊接后应进行弯曲试验检查，其焊缝和热影响区不得有肉眼可见的裂纹。

检查数量：每批同类构件抽查10%，且不少于3件；被抽查构件中，每件检查焊钉数量的1%，但不得少于1个。

检查方法：观察、焊钉弯曲30°后用角尺量。

9 焊钉根部应均匀，焊脚立面的局部未熔合或不足360°的焊脚应进行修补。

检查数量：按总焊钉数量抽查1%，且不得少于10个。　　检查方法：观察。

钢箱形梁制作允许偏差　　表 14.3.1-3

项目		允许偏差（mm）	检验频率		检验方法
			范围	点数	
梁高 h	$h \leqslant 2$m	±2	每件	2	用钢尺量两端腹板处高度
	$h > 2$m	±4			
跨度 L		±（5＋0.15L）			用钢尺量两支座中心距，L 按 m 计
全长		±15			用全站仪或钢尺量
腹板中心距		±3			用钢尺量
盖板宽度 b		±4			用钢尺量
横断面对角线长度差		4			
旁弯		3＋0.1L			沿全长拉线，用钢尺量，L 按 m 计
拱度		＋10 －5			用水平仪或拉线用钢尺量
支点高度差		5			用水平仪或拉线用钢尺量
腹板平面度		$\leqslant h'/250$， 且不大于 8			用钢板尺和塞尺量
扭曲		每米≤1， 且每段≤10			置于平台，四角中三角接触平台，用钢尺量另一角与平台间隙

注：1　分段分块制造的箱形梁拼接处，梁高及腹板中心距允许偏差按施工文件要求办理；
　　2　箱形梁其余各项检查方法可参照板梁检查方法；
　　3　h'为盖板与加筋肋或加筋肋与加筋肋之间的距离。

【检验批验收应提供的核查资料】

钢箱形梁制作检验批验收应提供的核查资料　　表 CJJ 2-8-6-4a

序号	核查资料名称	核查要点
1	焊条、焊剂、药芯、焊丝、熔嘴、瓷环等质量合格证	品种、规格、数量、生产厂家、日期，与试验报告对应
2	烘焙记录（瓷环提供焊接工艺评定和烘焙记录）	应提供时必须提供
3	焊工合格证（检查焊工操作认可范围、有效期）	按参与焊接的焊工人员逐一核实
4	超声波探伤报告、射线探伤报告、抗滑移系数试验报告、焊缝重大修补记录（见证取样）	应提供必须提供，核查无损探伤报告的正确性
5	施工记录和工艺试验报告	检查施工记录和工艺试验是否符合标准规定
6	当构件存在裂纹、焊瘤、气孔、夹渣、弧坑裂纹等提供渗透或磁粉探伤报告（见证取样）	应提供必须提供，核查渗透或磁粉探伤报告的正确性

注：1. 合理缺项除外；2. 表列凡有性能要求的均应符合设计和规范要求。

附：规范规定的施工过程控制要点

14.1.1　钢梁应由具有相应资质的企业制造，并应符合国家现行标准《铁路钢桥制造规范》TB 10212 的有关规定。

14.1.2　钢梁出厂前必须进行试装，并应按设计和有关规范的要求验收。

14.1.3　钢梁出厂前，安装企业应对钢梁质量和应交付的文件进行验收，确认合格。

14.1.4　钢梁制造企业应向安装企业提供下列文件：

1　产品合格证；　2　钢材和其他材料质量证明书和检验报告；　3　施工图，拼装简图；　4　工厂高强度螺栓摩擦面抗滑移系数试验报告；　5　焊缝无损检验报告和焊缝重大修补记录；　6　产品试板的试验报告；　7　工厂试拼装记录；　8　杆件发运和包装清单。

【钢梁现场安装】

【钢梁现场安装检验批质量验收记录】

钢梁现场安装检验批质量验收记录 **表 CJJ 2-8-6-5**

<table>
<tr><td colspan="2">工程名称</td><td colspan="14"></td></tr>
<tr><td colspan="2">施工单位</td><td colspan="14"></td></tr>
<tr><td colspan="2">分项工程名称</td><td colspan="3"></td><td colspan="3">施工班组长</td><td colspan="8"></td></tr>
<tr><td colspan="2">验收部位</td><td colspan="3"></td><td colspan="3">专业工长</td><td colspan="8"></td></tr>
<tr><td colspan="2">施工执行标准名称及编号</td><td colspan="3"></td><td colspan="3">项目经理</td><td colspan="8"></td></tr>
<tr><td>检控项目</td><td colspan="4">质量验收规范规定</td><td colspan="10">施工单位检查评定记录</td><td>监理（建设）单位验收记录</td></tr>
<tr><td>主控项目</td><td colspan="4">第 14.3.2 条　钢梁现场安装检验应符合下列规定：
1　高强螺栓连接质量检验应符合 CJJ 2—2008 规范第 14.3.1 条第 2、3 款规定，其扭矩偏差不得超过±10%。
2　焊缝探伤检验应符合 CJJ 2—2008 规范第 14.3.1 第 4 款规定。</td><td colspan="10"></td><td></td></tr>
<tr><td rowspan="7">一般项目</td><td colspan="4">第 14.3.2 条 3 款　钢梁安装允许偏差</td><td colspan="10"></td><td rowspan="7"></td></tr>
<tr><td colspan="2">项　目（表 14.3.2）</td><td>允许偏差（mm）</td><td colspan="11">量测值（mm）</td></tr>
<tr><td rowspan="2">轴线偏位</td><td>钢梁中线</td><td>10</td><td></td><td></td><td></td><td></td><td></td><td></td><td></td><td></td><td></td><td></td><td></td></tr>
<tr><td>两孔相邻横梁中线相对偏差</td><td>5</td><td></td><td></td><td></td><td></td><td></td><td></td><td></td><td></td><td></td><td></td><td></td></tr>
<tr><td rowspan="2">梁底标高</td><td>墩台处梁底</td><td>±10</td><td></td><td></td><td></td><td></td><td></td><td></td><td></td><td></td><td></td><td></td><td></td></tr>
<tr><td>两孔相邻横梁相对高差</td><td>5</td><td></td><td></td><td></td><td></td><td></td><td></td><td></td><td></td><td></td><td></td><td></td></tr>
<tr><td colspan="4">第 14.3.2 条 4 款　焊缝外观质量检验应符合 CJJ 2—2008 规范第 14.3.1 条第 6 款的规定。</td><td colspan="10"></td></tr>
<tr><td colspan="2">施工单位检查评定结果</td><td colspan="14">项目专业质量检查员：　　　　年　月　日</td></tr>
<tr><td colspan="2">监理（建设）单位验收结论</td><td colspan="14">专业监理工程师：
（建设单位项目专业技术负责人）：　　　　年　月　日</td></tr>
</table>

注：规范规定的施工过程控制要点见【检查验收时执行的规范条目】。

【检查验收时执行的规范条目】

14.3.2　钢梁现场安装检验应符合下列规定：

主控项目

1　高强螺栓连接质量检验应符合 CJJ 2—2008 规范第 14.3.1 条第 2、3 款规定，其扭矩偏差不得超过±10%。

检查数量：抽查5%，且不少于2个。　　检查方法：用测力扳手。

第14.3.1条第2、3款：

2 高强度螺栓连接副等紧固件及其连接应符合国家现行标准规定和设计要求。

全数检查出厂合格证和厂方提供的性能试验报告，并按出厂批每批抽取8副做扭矩系数复验。

3 高强螺栓的栓接板面（摩擦面）除锈处理后的抗滑移系数应符合设计要求。

全数检查出厂检验报告，并对厂方每出厂批提供的3组试件进行复验。

2 焊缝探伤检验应符合CJJ 2—2008规范第14.3.1第4款规定。

第14.3.1条第4款：

4 焊缝探伤检验应符合设计要求和CJJ 2—2008规范第14.2.6、14.2.8和14.2.9条的有关规定。

检查数量：超声波：100%；射线：10%。检验方法：检查超声波和射线探伤记录或报告。

一般项目

3 钢梁安装允许偏差应符合表14.3.2的规定。

钢梁安装允许偏差　　**表14.3.2**

项目		允许偏差(mm)	检验频率		检验方法
			范围	点数	
轴线偏位	钢梁中线	10	每件或每个安装段	2	用经纬仪测量
	两孔相邻横梁中线相对偏差	5			
梁底标高	墩台处梁底	±10		4	用水准仪测量
	两孔相邻横梁相对高差	5			

4 焊缝外观质量检验应符合CJJ 2—2008规范第14.3.1条第6款的规定。

【检验批验收应提供的核查资料】

钢梁现场安装检验批验收应提供的核查资料　　**表CJJ 2-8-6-5a**

序号	核查资料名称	核查要点
1	施工及焊接工艺方案	核查焊接工艺方案的全面性、可行性
2	施工记录（中心偏移、弯曲矢高、跨中高度和拱度、对角线长度、荷载试验、挠度值、杆件表面质量等）	施工记录内容的完整性（资料名称项下括号内的内容）
3	高强度螺栓连接试验报告	试验单位资质、试验日期、应符合设计、标准要求
4	超声波或射线探伤报告	试验单位资质、试验日期、应符合设计、标准要求

注：表列凡有性能要求的均应符合设计和规范要求。

附：规范规定的施工过程控制要点

14.2.1 钢梁现场安装应做充分的准备工作，并应符合下列规定：

1 安装前应对临时支架、支承、吊车等临时结构和钢梁结构本身在不同受力状态下的强度、刚度和稳定性进行验算。

2 安装前应按构件明细表核对进场的杆件和零件，查验产品出厂合格证、钢材质量证明书。

3 对杆件进行全面质量检查，对装运过程中产生缺陷和变形的杆件，应进行矫正。

4 安装前应对桥台、墩顶面高程、中线及各孔跨径进行复测，误差在允许偏差内方可安装。

5 安装前应根据跨径大小、河流情况、起吊能力选择安装方法。

14.2.2 钢梁安装应符合下列规定：

1 钢梁安装前应清除杆件上的附着物，摩擦面应保持干燥、清洁。安装中应采取措施防止杆件产生变形。

2 在满布支架上安装钢梁时，冲钉和粗制螺栓总数不得少于孔眼总数的1/3，其中冲钉不得多于2/3。孔眼较少的部位，冲钉和粗制螺栓不得少于6个或将全部孔眼插入冲钉和粗制螺栓。

3　用悬臂和半悬臂法安装钢梁时，连接处所需冲钉数量应按所承受荷载计算确定，且不得少于孔眼总数的1/2，其余孔眼布置精制螺栓。冲钉和精制螺栓应均匀安放。

4　高强度螺栓栓合梁安装时，冲钉数量应符合上述规定，其余孔眼布置高强度螺栓。

5　安装用的冲钉直径宜小于设计孔径0.3mm，冲钉圆柱部分的长度应大于板束厚度；安装用的精制螺栓直径宜小于设计孔径0.4mm安装用的粗制螺栓直径宜小于设计孔径1.0mm。冲钉和螺栓宜选用Q345碳素结构钢制造。

6　吊装杆件时，必须等杆件完全固定后方可摘除吊钩。

7　安装过程中，每完成一个节间应测量其位置、高程和预拱度，不符合要求应及时校正。

14.2.3　高强度螺栓连接应符合下列规定：

1　安装前应复验出厂所附摩擦面试件的抗滑移系数，合格后方可进行安装。

2　高强度螺栓连接副使用前应进行外观检查并应在同批内配套使用。

3　使用前，高强度螺栓连接副应按出厂批号复验扭矩系数，其平均值和标准偏差应符合设计要求。设计无要求时扭矩系数平均值应为0.11～0.15，其标准偏差应小于或等于0.01。

4　高强度螺栓应顺畅穿入孔内，不得强行敲人，穿入方向应全桥一致。被栓合的板束表面应垂直于螺栓轴线，否则应在螺栓垫圈下面加斜坡垫板。

5　施拧高强度螺栓时，不得采用冲击拧紧、间断拧紧方法。拧紧后的节点板与钢梁间不得有间隙。

6　当采用扭矩法施拧高强度螺栓时，初拧、复拧和终拧应在同一工作班内完成。初拧扭矩应由试验确定，可取终拧值的50%。扭矩法的终拧扭矩值应按下式计算：

$$T_c = K \cdot P_c \cdot d$$

式中　T_c——终拧扭矩（kN·mm）；

K——高强度螺栓连接副的扭矩系数平均值；

P_c——高强度螺栓的施工预拉力（kN）；

d——高强度螺栓公称直径（mm）。

7　当采用扭角法施拧高强螺栓时，可按国家现行标准《铁路钢桥高强度螺栓连接施工规定》TBJ 214的有关规定执行。

8　施拧高强度螺栓连接副采用的扭矩扳手，应定期进行标定，作业前应进行校正，其扭矩误差不得大于使用扭矩值的±5%。

14.2.4　高强度螺栓终拧完毕必须当班检查。每栓群应抽查总数的5%，且不得少于2套。抽查合格率不得小于80%，否则应继续抽查，直至合格率达到80%以上。对螺栓拧紧度不足者应补拧，对超拧者应更换、重新施拧并检查。

14.2.5　焊缝连接应符合下列规定：

1　首次焊接之前必须进行焊接工艺评定试验。

2　焊工和无损检测员必须经考试合格取得资格证书后，方可从事资格证书中认定范围内的工作，焊工停焊时间超过6个月，应重新考核。

3　焊接环境温度，低合金钢不得低于5℃，普通碳素结构钢不得低于0℃。焊接环境湿度不宜高于80%。

4　焊接前应进行焊缝除锈，并应在除锈后24h内进行焊接。

5　焊接前，对厚度25mm以上的低合金钢预热温度宜为80～120℃，预热范围宜为焊缝两侧50～80mm。

6　多层焊接宜连续施焊，并应控制层间温度。每一层焊缝焊完后应及时清除药皮、熔渣、溢流和其他缺陷后，再焊下一层。

7　钢梁杆件现场焊缝连接应按设计要求的顺序进行。设计无要求时，纵向应从跨中向两端进行，横向应从中线向两侧对称进行。

8　现场焊接应设防风设施，遮盖全部焊接处。雨天不得焊接，箱形梁内进行CO_2气体保护焊时，必须使用通风防护设施。

14.2.6　焊接完毕，所有焊缝必须进行外观检查。外观检查合格后，应在24h后按规定进行无损检验，确认合格。

14.2.7　焊缝外观质量应符合表14.2.7的规定。

焊缝外观质量标准　　**表14.2.7**

项目	焊缝种类	质量标准（mm）
气孔	横向对接焊缝	不允许
	纵向对接焊缝、主要角焊缝	直径小于1.0，每米不多于2个，间距不小于20
	其他焊缝	直径小于1.5，每米不多于3个，间距不小于20

桥跨承重结构分部工程

续表

项目	焊缝种类	质量标准（mm）
咬边	受拉杆件横向对接焊缝及竖加劲肋角焊缝（腹板侧受拉区）	不允许
	受压杆件横向对接焊缝及竖加劲肋角焊缝（腹板侧受压区）	≤0.3
	纵向对接焊缝及主要角焊缝	≤0.5
	其他焊缝	≤1.0
焊脚余高	主要角焊缝	+2.0 0
	其他角焊缝	+2.0 −1.0
焊波	角焊缝	≤2.0（任意25mm范围内高低差）
余高	对接焊缝	≤3.0（焊缝宽 b≤12时）
		≤4.0（12<b≤25时）
		≤4b/25（b>25时）
余高铲磨后表面	横向对接焊缝	不高于母材0.5
		不低于母材0.3
		粗糙度 R_a50

注：1　手工角焊缝全长10%区段内焊脚余高允许误差为$^{+3.0}_{-1.0}$。

2　焊脚余高指角焊缝斜面相对于设计理论值的误差。

14.2.8　采用超声波探伤检验时，其内部质量分级应符合表14.2.8-1的规定。焊缝超声波探伤范围和检验等级应符合表14.2.8-2规定。

焊缝超声波探伤内部质量等级　　表14.2.8-1

项目	质量等级	适　用　范　围
对接焊缝	Ⅰ	主要杆件受拉横向对接焊缝
	Ⅱ	主要杆件受压横向对接焊缝、纵向对接焊缝
角焊缝	Ⅱ	主要角焊缝

焊缝超声波探伤范围和检验等级　　表14.2.8-2

项目	探伤数量	探伤部位（mm）	板厚（mm）	检验等级
Ⅰ、Ⅱ级横向对接焊缝	全部焊缝	全长	10～45	B
			>46～56	B（双面双侧）
Ⅱ级纵向对接焊缝		两端各1000	10～45	B
			>46～56	B（双面双侧）
Ⅱ级角焊缝		两端螺栓孔部位并延长500，板梁主梁及纵、横梁跨中加探1000	10～45	B
			>46～56	B（双面双侧）

14.2.9　当采用射线探伤检验时，其数量不得少于焊缝总数的10%，且不得少于1条焊缝。探伤范围应为焊缝两端各250～300mm；当焊缝长度大于1200mm时，中部应加探250～300mm；焊缝的射线探伤应符合现行国家标准《金属熔化焊焊接接头射线照相》GB/T 3323的规定，射线照相质量等级应为B级；焊缝内部质量应为Ⅱ级。

14.2.10　现场涂装应符合下列规定：

1　防腐涂料应有良好的附着性、耐蚀性，其底漆应具有良好的封孔性能。钢梁表面处理的最低等级应为Sa2.5。

2　上翼缘板顶面和剪力连接器均不得涂装，在安装前应进行除锈、防腐蚀处理。

3　涂装前应先进行除锈处理。首层底漆于除锈后4h内开始，8h内完成。涂装时的环境温度和相对湿度应符合涂料说明书的规定，当产品说明书无规定时，环境温度宜在5～38℃，相对湿度不得大于85%；当相对湿度大于75%时应在4h内涂完。

4 涂料、涂装层数和涂层厚度应符合设计要求；涂层干漆膜总厚度应符合设计要求。当规定层数达不到最小于漆膜总厚度时，应增加涂层层数。

5 涂装应在天气晴朗、4级（不含）以下风力时进行，夏季应避免阳光直射。涂装时构件表面不应有结露，涂装后4h内应采取防护措施。

14.2.11 落梁就位应符合下列规定：

1 钢梁就位前应清理支座垫石，其标高及平面位置应符合设计要求。

2 固定支座与活动支座的精确位置应按设计图并考虑安装温度、施工误差等确定。

3 落梁前后应检查其建筑拱度和平面尺寸、校正支座位置。

4 连续梁落梁步骤应符合设计要求。

【结合梁子分部工程】

结合梁子分部工程可分为：钢—混凝土结合梁和混凝土结合梁两类。

结合梁子分部工程的质量验收包括：钢梁制作与安装；预应力钢筋混凝土梁预制（模板与支架、钢筋、混凝土、预应力混凝土）；预制梁安装；混凝土结构浇筑（模板与支架、钢筋、混凝土、预应力混凝土）。

【结合梁钢梁制作与安装】

【结合梁钢梁制作原材料】

结合梁钢梁原材料检验批质量验收记录　　表 CJJ 2-8-7-1

本表按钢梁原材料检验批质量验收记录　表 CJJ 2-8-6-1 中有关质量标准执行。

【结合梁钢梁制作】

结合梁钢板梁制作检验批质量验收记录　　表 CJJ 2-8-7-2

本表按钢板梁制作检验批质量验收记录　表 CJJ 2-8-6-2 中有关质量标准执行。

结合梁钢桁梁节段制作检验批质量验收记录　　表 CJJ 2-8-7-3

本表按钢桁梁节段制作检验批质量验收记录　表 CJJ 2-8-6-3 中有关质量标准执行。

结合梁钢箱形梁制作检验批质量验收记录　　表 CJJ 2-8-7-4

本表按钢箱形梁制作检验批质量验收记录　表 CJJ 2-8-6-4 中有关质量标准执行。

【结合梁钢梁安装】

结合梁钢梁安装检验批质量验收记录　　表 CJJ 2-8-7-5

本表按钢梁现场安装检验批质量验收记录　表 CJJ 2-8-6-5 的中有关质量标准执行。

【结合梁预应力钢筋混凝土梁预制（模板与支架、钢筋、混凝土、预应力混凝土）】

【结合梁预应力钢筋混凝土梁预制模板与支架】

结合梁预应力钢筋混凝土梁预制模板与支架制作检验批质量验收记录

表 CJJ 2-8-7-6

本表按“通用表式”的表 CJJ 2-通-1-1 中有关质量标准执行。

结合梁预应力钢筋混凝土梁预制模板与支架安装检验批质量验收记录

表 CJJ 2-8-7-7

本表按“通用表式”的表 CJJ 2-通-1-2 中有关质量标准执行。

结合梁预应力钢筋混凝土梁预制模板与支架拆除检验批质量验收记录

表 CJJ 2-8-7-8

本表按“通用表式”的表 CJJ 2-通-1-3 中有关质量标准执行。

【结合梁预应力钢筋混凝土梁预制钢筋】

结合梁预应力钢筋混凝土梁预制钢筋原材料检验批质量验收记录

表 CJJ 2-8-7-9

本表按“通用表式”的表 CJJ 2-通-2-1 中有关质量标准执行。

结合梁预应力钢筋混凝土梁预制钢筋加工检验批质量验收记录

表 CJJ 2-8-7-10

本表按“通用表式”的表 CJJ 2-通-2-2 中有关质量标准执行。

结合梁预应力钢筋混凝土梁预制钢筋连接检验批质量验收记录

表 CJJ 2-8-7-11

本表按“通用表式”的表 CJJ 2-通-2-3 中有关质量标准执行。

结合梁预应力钢筋混凝土梁预制钢筋安装检验批质量验收记录

表 CJJ 2-8-7-12

本表按“通用表式”的表 CJJ 2-通-2-4 中有关质量标准执行。

【结合梁预应力钢筋混凝土梁预制混凝土】

结合梁预应力钢筋混凝土梁预制混凝土原材料检验批质量验收记录

表 CJJ 2-8-7-13

本表按“通用表式”的表 CJJ 2-通-3-1 中有关质量标准执行。

结合梁预应力钢筋混凝土梁预制混凝土配合比检验批质量验收记录

表 CJJ 2-8-7-14

本表按“通用表式”的表 CJJ 2-通-3-2 中有关质量标准执行。

结合梁预应力钢筋混凝土梁预制混凝土施工检验批质量验收记录

表 CJJ 2-8-7-15

本表按“通用表式”的表 CJJ 2-通-3-3A 中有关质量标准执行。

【结合梁预应力钢筋混凝土梁预制预应力混凝土】

结合梁预应力钢筋混凝土梁预制预应力材料及器材检验批质量验收记录

表 CJJ 2-8-7-16

本表按“通用表式”的表 CJJ 2-通-4-1 中有关质量标准执行。

结合梁预应力钢筋混凝土梁预制预应力钢筋制作检验批质量验收记录

表 CJJ 2-8-7-17

本表按“通用表式”的表 CJJ 2-通-4-2 中有关质量标准执行。

结合梁预应力钢筋混凝土梁预制后张法预应力施工检验批质量验收记录

表 CJJ 2-8-7-18

本表按“通用表式”的表 CJJ 2-通-4-3B 中有关质量标准执行。

【结合梁预应力钢筋混凝土梁预制预应力混凝土施工】

结合梁预应力钢筋混凝土梁预制预应力混凝土原材料检验批质量验收记录

表 CJJ 2-8-7-19A

本表按“通用表式”的表 CJJ 2-通-4-4 中有关质量标准执行。

结合梁预应力钢筋混凝土梁预制预应力混凝土配合比检验批质量验收记录

表 CJJ 2-8-7-19B

本表按“通用表式”的表 CJJ 2-通-4-5 中有关质量标准执行。

结合梁预应力钢筋混凝土梁预制预应力混凝土施工检验批质量验收记录

表 CJJ 2-8-7-19C

本表按“通用表式”的表 CJJ 2-通-4-6 中有关质量标准执行。

【结合梁预制梁安装】

结合梁的预制梁安装检验批质量验收记录　　表 CJJ 2-8-7-20

本表按预制梁（板）质量检验批质量验收记录　表 CJJ 2-8-7-6 中有关质量标准执行。

【结合梁混凝土结构浇筑（模板与支架、钢筋、混凝土、预应力混凝土）】

1. 应符合《城市桥梁工程施工与质量验收规范》（CJJ 2—2008）规范第 5.4、6.5、7.13、8.5 节有关规定

15.4.3 现浇混凝土施工中涉及模板与支架，钢筋、混凝土、预应力混凝土质量检验除应符合《城市桥梁工程施工与质量验收规范》(CJJ 2—2008) 规范第 5.4、6.5、7.13、8.5 节有关规定外，结合梁现浇混凝土结构允许偏差尚应符合表 15.4.3 的规定。

（现浇混凝土施工中涉及模板与支架、钢筋、混凝土、预应力混凝土质量检验应符合 CJJ 2—2008 规范第 5.4（模板、支架和拱架制作、安装及拆除）、6.5（钢筋原材料、钢筋加工、钢筋连接、钢筋安装）、7.13（混凝土原材料、混凝土配合比、混凝土施工）、8.5（预应力材料及器材、预应力钢筋制作、预应力施工、预应力混凝土施工）节规定。）

【结合梁混凝土结构浇筑模板与支架】

结合梁混凝土结构浇筑模板与支架制作检验批质量验收记录

表 CJJ 2-8-7-21

本表按“通用表式”的表 CJJ 2-通-1-1 中有关质量标准执行。

结合梁混凝土结构浇筑模板与支架安装检验批质量验收记录

表 CJJ 2-8-7-22

本表按“通用表式”的表 CJJ 2-通-1-2 中有关质量标准执行。

结合梁混凝土结构浇筑模板与支架拆除检验批质量验收记录

表 CJJ 2-8-7-23

本表按“通用表式”的表 CJJ 2-通-1-3 中有关质量标准执行。

【结合梁混凝土结构浇筑钢筋】

结合梁混凝土结构浇筑钢筋原材料检验批质量验收记录

表 CJJ 2-8-7-24

本表按“通用表式”的表 CJJ 2-通-2-1 中有关质量标准执行。

结合梁混凝土结构浇筑钢筋加工检验批质量验收记录

表 CJJ 2-8-7-25

本表按“通用表式”的表 CJJ 2-通-2-2 中有关质量标准执行。

结合梁混凝土结构浇筑钢筋连接检验批质量验收记录

表 CJJ 2-8-7-26

本表按“通用表式”的表 CJJ 2-通-2-3 中有关质量标准执行。

结合梁混凝土结构浇筑钢筋安装检验批质量验收记录

表 CJJ 2-8-7-27

本表按“通用表式”的表 CJJ 2-通-2-4 中有关质量标准执行。

【结合梁混凝土结构浇筑混凝土】

结合梁混凝土结构浇筑混凝土原材料检验批质量验收记录

表 CJJ 2-8-7-28

本表按“通用表式”的表 CJJ 2-通-3-1 中有关质量标准执行。

结合梁混凝土结构浇筑混凝土配合比检验批质量验收记录

表 CJJ 2-8-7-29

本表按“通用表式”的表 CJJ 2-通-3-2 中有关质量标准执行。

结合梁混凝土结构浇筑混凝土施工检验批质量验收记录

表 CJJ 2-8-7-30

本表按“通用表式”的表 CJJ 2-通-3-3A 中有关质量标准执行。

【结合梁混凝土结构浇筑预应力混凝土】

结合梁混凝土结构浇筑预应力混凝土预应力材料及器材检验批质量验收记录

表 CJJ 2-8-7-31

本表按“通用表式”的表 CJJ 2-通-4-1 中有关质量标准执行。

结合梁混凝土结构浇筑预应力混凝土预应力钢筋制作检验批质量验收记录

表 CJJ 2-8-7-32

本表按“通用表式”的表 CJJ 2-通-4-2 中有关质量标准执行。

结合梁混凝土结构浇筑预应力混凝土后张法预应力施工检验批质量验收记录

表 CJJ 2-8-7-33

本表按“通用表式”的表 CJJ 2-通-4-3B 中有关质量标准执行。

【结合梁混凝土结构浇筑预应力混凝土施工】

结合梁混凝土结构浇筑预应力混凝土原材料检验批质量验收记录

表 CJJ 2-8-7-34A

本表按“通用表式”的表 CJJ 2-通-4-4 中有关质量标准执行。

结合梁混凝土结构浇筑预应力混凝土配合比检验批质量验收记录

表 CJJ 2-8-7-34B

本表按“通用表式”的表 CJJ 2-通-4-5 中有关质量标准执行。

结合梁混凝土结构浇筑预应力混凝土施工检验批质量验收记录

表 CJJ 2-8-7-34C

本表按“通用表式”的表 CJJ 2-通-4-6 中有关质量标准执行。

2. 结合梁现浇混凝土结构允许偏差尚应符合（表 CJJ 2-8-7-35）的规定。

【结合梁现浇混凝土结构允许偏差】

【结合梁现浇混凝土结构允许偏差检验批质量验收记录】

结合梁现浇混凝土结构允许偏差检验批质量验收记录　　表 CJJ 2-8-7-35

工程名称													
施工单位													
分项工程名称				施工班组长									
验收部位				专业工长									
施工执行标准名称及编号				项目经理									
检控项目	质量验收规范规定		施工单位检查评定记录										监理（建设）单位验收记录
一般项目	项　目（第 15.4.3 条表 15.4.3）	允许偏差（mm）	量测值（mm）										
	长度	±15											
	厚度	+10 0											
	高程	±20											
	横坡（%）	±0.15											
施工单位检查评定结果	项目专业质量检查员：　　　　年　　月　　日												
监理（建设）单位验收结论	专业监理工程师： （建设单位项目专业技术负责人）：　　　　年　　月　　日												

注：1. 规范规定的施工过程控制要点见【检查验收时执行的规范条目】。

2. 结合梁现浇混凝土结构允许偏差系完成结合梁现浇混凝土结构的各子项后进行的检查和验收。

结合梁现浇混凝土结构允许偏差　　表 15.4.3

项　目	允许偏差（mm）	检验频率		检　验　方　法
		范围	点数	
长度	±15	每段每跨	3	用钢尺量，两侧和轴线
厚度	+10 0		3	用钢尺量，两侧和中间
高程	±20		1	用水准仪测量，每跨测 3～5 处
横坡（%）	±0.15		1	用水准仪测量，每跨测 3～5 个断面

【拱部与拱上结构子分部工程】

拱部与拱上结构子分部工程的质量验收包括：砌筑拱圈；现浇混凝土拱圈；劲性骨架混凝土拱圈；装配式混凝土拱部结构；钢管混凝土拱（拱肋安装、混凝土压注）；中下承式拱吊杆和柔性系杆拱；转体施工拱；拱上结构。

1. 应符合《城市桥梁工程施工与质量验收规范》（CJJ 2—2008）规范第 16.10.1 条规定的 9.6 节。

16.10.1 拱部与拱上结构施工中涉及模板和拱架、钢筋、混凝土、预应力混凝土、砌体的质量检验应符合《城市桥梁工程施工与质量验收规范》（CJJ 2—2008）规范第 5.4、6.5、7.13、8.5、9.6 节的有关规定。

16.10.2 砌筑拱圈质量检验应符合《城市桥梁工程施工与质量验收规范》（CJJ 2—2008）规范第 16.10.1 条规定，且应符合下列规定：

【砌筑拱圈】

【石材砌体砌筑拱圈】

石材砌体砌筑拱圈检验批质量验收记录 表 CJJ 2-8-8-1

本表按石材砌体检验批质量验收记录 表 CJJ 2-通-5-1 中有关质量标准执行。

【混凝土砌块砌体砌筑拱圈】

混凝土砌块砌体砌筑拱圈检验批质量验收记录 表 CJJ 2-8-8-2

本表按混凝土砌块砌体检验批质量验收记录 表 CJJ 2-通-5-2 中有关质量标准执行。

2. 且应符合砌筑拱圈质量检验的规定（表 CJJ 2-8-8-3）。

【砌筑拱圈质量检验】

【砌筑拱圈质量检验检验批质量验收记录】

砌筑拱圈质量检验检验批质量验收记录 表 CJJ 2-8-8-3

<table>
<tr><td colspan="2">工程名称</td><td colspan="4"></td></tr>
<tr><td colspan="2">施工单位</td><td colspan="4"></td></tr>
<tr><td colspan="2">分项工程名称</td><td colspan="2"></td><td>施工班组长</td><td></td></tr>
<tr><td colspan="2">验收部位</td><td colspan="2"></td><td>专业工长</td><td></td></tr>
<tr><td colspan="2">施工执行标准名称及编号</td><td colspan="2"></td><td>项目经理</td><td></td></tr>
<tr><td>检控项目</td><td colspan="3">质量验收规范规定</td><td>施工单位检查评定记录</td><td>监理（建设）单位验收记录</td></tr>
<tr><td>主控项目</td><td colspan="3">第 16.10.2 条 砌筑拱圈质量检验应符合 CJJ 2—2008 规范第 16.10.1 条规定，且应符合下列规定：
1 砌筑程序、方法规定</td><td></td><td></td></tr>
<tr><td rowspan="10">一般项目</td><td>项 目（第 16.10.2 条 2 款表 16.10.2）</td><td colspan="2">允许偏差（mm）</td><td>量测值（mm）</td><td rowspan="10"></td></tr>
<tr><td rowspan="2">轴线与砌体外平面偏差</td><td>有镶面</td><td>+20
−10</td><td></td></tr>
<tr><td>无镶面</td><td>+30
−10</td><td></td></tr>
<tr><td>拱圈厚度</td><td colspan="2">+3%设计厚度
0</td><td></td></tr>
<tr><td rowspan="2">镶面石表面错台</td><td>粗料石、砌块</td><td>3</td><td></td></tr>
<tr><td>块石</td><td>5</td><td></td></tr>
<tr><td rowspan="2">内弧线偏离设计弧线（L 为跨径）</td><td>L≤30m</td><td>20</td><td></td></tr>
<tr><td>L>30m</td><td>L/1500</td><td></td></tr>
<tr><td colspan="3">第 16.10.2 条中的 3 拱圈轮廓线条清晰圆滑，表面整齐。</td><td></td></tr>
<tr><td colspan="2">施工单位检查评定结果</td><td colspan="4">项目专业质量检查员：　　　　年　月　日</td></tr>
<tr><td colspan="2">监理（建设）单位验收结论</td><td colspan="4">专业监理工程师：
（建设单位项目专业技术负责人）：　　　　年　月　日</td></tr>
</table>

注：1. 规范规定的施工过程控制要点见【检查验收时执行的规范条目】。
2. 砌筑拱圈质量系完成砌筑拱圈的各子项后进行的检查和验收。

【检查验收时执行的规范条目】

16.10.2 砌筑拱圈质量检验应符合 CJJ 2—2008 规范第 16.10.1 条规定，且应符合下列规定：

主控项目

1 砌筑程序、方法应符合设计要求和 CJJ 2—2008 规范第 16.2 节有关规定。

检查数量：全数检查。　　检验方法：观察、钢尺量、检查施工记录。

一般项目

2　砌筑拱圈允许偏差应符合表16.10.2的规定。

砌筑拱圈允许偏差　　**表16.10.2**

项　目	允许偏差（mm）		检验频率		检验方法
			范围	点数	
轴线与砌体外平面偏差	有镶面	+20 −10	每跨	5	用经纬仪测量，拱脚、拱顶、$L/4$处
	无镶面	+30 −10			
拱圈厚度	+3%设计厚度 0				用钢尺量，拱脚、拱顶、$L/4$处
镶面石表面错台	粗料石、砌块	3		10	用钢板尺和塞尺量
	块石	5			
内弧线偏离设计弧线	$L\leqslant30$m	20		5	用水准仪测量，拱脚、拱顶、$L/4$处
	$L>30$m	$L/1500$			

注：L为跨径。

3　拱圈轮廓线条清晰圆滑，表面整齐。

检查数量：全数检查。　　检验方法：观察。

【检验批验收应提供的核查资料】

砌筑拱圈质量检验检验批验收应提供的核查资料　　**表CJJ 2-8-8-3a**

序号	核查资料名称	核查要点
1	砌块、水泥、钢筋、砂、外加剂等出厂合格质量文件	检查材料品种、数量、生产厂家、日期，与试验报告对应
2	砌块、水泥、钢筋、砂、外加剂等进场验收记录	检查品种、数量、日期、性能，与合格证或质量证书对应
3	砂浆试配及通知单（见证取样）	核查提供时间、强度等级类别的齐全程度、正确性等
4	砂浆试件试验报告（见证取样）	核查提供时间、强度等级类别齐全程度及是否满足设计要求
5	施工记录（放线尺寸、砌筑工艺、组砌方法、脚手眼设置、水平灰缝及竖向灰缝宽度检查等）	施工记录内容的完整性（资料名称项下括号内的内容）
6	隐蔽工程验收记录	隐验记录核查资料名称项下括号内的内容
7	砌块、水泥、钢筋、砂、外加剂等质量试验报告（见证取样）	试验单位资质、代表数量、日期、性能，与合格证或质量证书对应

注：1. 合理缺项除外；2. 表列凡有性能要求的均应符合设计和规范要求。

附：规范规定的施工过程控制要点

16.1.3　拱圈（拱肋）放样时应按设计规定预加拱度，当设计无规定时，可根据跨度大小、恒载挠度、拱架刚度等因素计算预拱度，拱顶宜取计算跨度的1/500～1/1000。放样时，水平长度偏差及拱轴线偏差，当跨度大于20m时，不得大于计算跨度的1/5000；当跨度等于或小于20m时，不得大于4mm。

16.2　石料及混凝土预制块砌筑拱圈

16.2.1　拱石和混凝土预制块强度等级以及砌体所用水泥砂浆的强度等级，应符合设计要求。当设计对砌筑砂浆强度无规定时，拱圈跨度小于或等于30m，砌筑砂浆强度不得低于M10；拱圈跨度大于30m，砌筑砂浆强度不得低于M15。

16.2.2　拱石加工，应按砌缝和预留空缝的位置和宽度，统一规划，并应符合下列规定：

1 拱石应立纹破料，按样板加工，石面平整。

2 拱石砌筑面应成辐射状，除拱顶石和拱座附近的拱石外，每排拱石沿拱圈内弧宽度应一致。

3 拱座可采用五角石，拱座平面应与拱轴线垂直。

4 拱石两相邻排间的砌缝，必须错开10cm以上。同一排上下层拱石的砌缝可不错开。

5 当拱圈曲率较小、灰缝上下宽度之差在30%以内时，可采用矩形石砌筑拱圈；拱圈曲率较大时应将石料与拱轴平行面加工成上大、下小的梯形。

6 拱石的尺寸应符合下列要求：

1）宽度（拱轴方向），内弧边不得小于20cm；

2）高度（拱圈厚度方向）应为内弧宽度的1.5倍以上。

3）长度（拱圈宽度方向）应为内弧宽度的1.5倍以上。

16.2.3 混凝土预制块形状、尺寸应符合设计要求。预制块提前预制时间，应以控制其收缩量在拱圈封顶以前完成为原则，并应根据养护方法确定。

16.2.4 砌筑程序应符合下列规定：

1 跨径小于10m的拱圈，当采用满布式拱架砌筑时，可从两端拱脚起顺序向拱顶方向对称、均衡地砌筑，最后在拱顶合龙。当采用拱式拱架砌筑时，宜分段、对称先砌拱脚和拱顶段。

2 跨径10～25m的拱圈，必须分多段砌筑，先对称地砌拱脚和拱顶段，再砌1/4跨径段，最后砌封顶段。

3 跨径大于25m的拱圈，砌筑程序应符合设计要求。宜采用分段砌筑或分环分段相结合的方法砌筑。必要时可采用预压载，边砌边卸载的方法砌筑。分环砌筑时，应待下环封拱砂浆强度达到设计强度的70%以上后，再砌筑上环。

16.2.5 空缝的设置和填塞应符合下列规定：

1 砌筑拱圈时，应在拱脚和各分段点设置空缝。

2 空缝的宽度在拱圈外露面应与砌缝一致，空缝内腔可加宽至30～40mm。

3 空缝填塞应在砌筑砂浆强度达到设计强度的70%后进行，应采用M20以上半干硬水泥砂浆分层填塞。

4 空缝可由拱脚逐次向拱顶对称填塞，也可同时填塞。

16.2.6 拱圈封拱合龙时圬工强度应符合设计要求，当设计无要求时，填缝的砂浆强度应达到设计强度的50%及以上；当封拱合龙前用千斤顶施压调整应力时，拱圈砂浆必须达到设计强度。

【现浇混凝土拱圈】

16.10.1 拱部与拱上结构施工中涉及模板和拱架、钢筋、混凝土、预应力混凝土、砌体的质量检验应符合《城市桥梁工程施工与质量验收规范》（CJJ 2—2008）规范第 5.4、6.5、7.13、8.5、9.6 节的有关规定。

16.10.3 现浇混凝土拱圈质量检验应符合 CJJ 2—2008 规范第 16.10.1 条规定，且应符合下列规定：

1. 应符合 CJJ 2—2008 规范第 16.10.1 条规定。

第 16.10.1 条 拱部和拱上结构施工中涉及模板和拱架、钢筋、混凝土、预应力混凝土、砌体质量检验应符合本规范第 5.4、6.5、7.13、8.5、9.6 节的有关规定。

现浇混凝土拱圈施工，根据 5.4（模板、支架和拱架的制作及安装检验标准，模板、支架和拱架的拆除）、6.5（钢筋原材料、钢筋加工、钢筋连接、钢筋安装的检验标准）、7.13（混凝土原材料、混凝土配合比、混凝土施工的检验标准）节规定，分别编制成下列各节的检验批质量验收记录用表。

【现浇混凝土拱圈模板和拱架】

现浇混凝土拱圈模板和拱架制作检验批质量验收记录 表 CJJ 2-8-8-4

本表按"通用表式"的表 CJJ 2-通-1-1 中有关质量标准执行。

现浇混凝土拱圈模板和拱架安装检验批质量验收记录 表 CJJ 2-8-8-5

本表按"通用表式"的表 CJJ 2-通-1-2 中有关质量标准执行。

现浇混凝土拱圈模板和拱架拆除检验批质量验收记录 表 CJJ 2-8-8-6

本表按"通用表式"的表 CJJ 2-通-1-3 中有关质量标准执行。

【现浇混凝土拱圈钢筋】

现浇混凝土拱圈钢筋原材料检验批质量验收记录 表 CJJ 2-8-8-7

本表按"通用表式"的表 CJJ 2-通-2-1 中有关质量标准执行。

现浇混凝土拱圈钢筋加工检验批质量验收记录 表 CJJ 2-8-8-8

本表按"通用表式"的表 CJJ 2-通-2-2 中有关质量标准执行。

现浇混凝土拱圈钢筋连接检验批质量验收记录 表 CJJ 2-8-8-9

本表按"通用表式"的表 CJJ 2-通-2-3 中有关质量标准执行。

现浇混凝土拱圈钢筋安装检验批质量验收记录 表 CJJ 2-8-8-10

本表按"通用表式"的表 CJJ 2-通-2-4 中有关质量标准执行。

【现浇混凝土拱圈混凝土】

现浇混凝土拱圈混凝土原材料检验批质量验收记录 表 CJJ 2-8-8-11

本表按"通用表式"的表 CJJ 2-通-3-1 中有关质量标准执行。

现浇混凝土拱圈混凝土配合比检验批质量验收记录 表 CJJ 2-8-8-12

本表按"通用表式"的表 CJJ 2-通-3-2 中有关质量标准执行。

现浇混凝土拱圈混凝土施工检验批质量验收记录　表 CJJ 2-8-8-13

本表按“通用表式”的表 CJJ 2-通-3-3A 中有关质量标准执行。

2. 且应符合现浇混凝土拱圈质量检验的规定（表 CJJ 2-8-8-14）。

【现浇混凝土拱圈质量检验】

【现浇混凝土拱圈质量检验检验批质量验收记录】

现浇混凝土拱圈质量检验检验批质量验收记录　**表 CJJ 2-8-8-14**

<table>
<tr><td colspan="2">工程名称</td><td colspan="13"></td></tr>
<tr><td colspan="2">施工单位</td><td colspan="13"></td></tr>
<tr><td colspan="2">分项工程名称</td><td colspan="2"></td><td colspan="5">施工班组长</td><td colspan="6"></td></tr>
<tr><td colspan="2">验收部位</td><td colspan="2"></td><td colspan="5">专业工长</td><td colspan="6"></td></tr>
<tr><td colspan="2">施工执行标准名称及编号</td><td colspan="2"></td><td colspan="5">项目经理</td><td colspan="6"></td></tr>
<tr><td>检控项目</td><td colspan="3">质量验收规范规定</td><td colspan="10">施工单位检查评定记录</td><td>监理（建设）单位验收记录</td></tr>
<tr><td>主控项目</td><td colspan="3">第 16.10.3 条　现浇混凝土拱圈质量检验应符合 CJJ 2—2008 规范第 16.10.1 条规定，且应符合下列规定：
1　混凝土应按施工设计要求的顺序浇筑
2　拱圈不得出现超过设计规定的受力裂缝</td><td colspan="10"></td><td></td></tr>
<tr><td rowspan="11">一般项目</td><td colspan="2">项目（第 16.10.3 条 3 款表）</td><td>允许偏差（mm）</td><td colspan="10">量测值（mm）</td><td rowspan="11"></td></tr>
<tr><td rowspan="2">轴线偏位</td><td>板拱</td><td>10</td><td></td><td></td><td></td><td></td><td></td><td></td><td></td><td></td><td></td><td></td></tr>
<tr><td>肋拱</td><td>5</td><td></td><td></td><td></td><td></td><td></td><td></td><td></td><td></td><td></td><td></td></tr>
<tr><td rowspan="2">内弧线偏离设计弧线</td><td>跨径 $L \leqslant 30$m</td><td>20</td><td></td><td></td><td></td><td></td><td></td><td></td><td></td><td></td><td></td><td></td></tr>
<tr><td>跨径 $L > 30$m</td><td>$L/1500$</td><td></td><td></td><td></td><td></td><td></td><td></td><td></td><td></td><td></td><td></td></tr>
<tr><td rowspan="2">断面尺寸</td><td>高度</td><td>±5</td><td></td><td></td><td></td><td></td><td></td><td></td><td></td><td></td><td></td><td></td></tr>
<tr><td>顶、底、腹板厚</td><td>+10
0</td><td></td><td></td><td></td><td></td><td></td><td></td><td></td><td></td><td></td><td></td></tr>
<tr><td colspan="2">拱肋间距</td><td>±5</td><td></td><td></td><td></td><td></td><td></td><td></td><td></td><td></td><td></td><td></td></tr>
<tr><td rowspan="2">拱宽</td><td>板拱</td><td>±20</td><td></td><td></td><td></td><td></td><td></td><td></td><td></td><td></td><td></td><td></td></tr>
<tr><td>肋拱</td><td>±10</td><td></td><td></td><td></td><td></td><td></td><td></td><td></td><td></td><td></td><td></td></tr>
<tr><td colspan="3">第 16.10.3 条 4 款　拱圈外形轮廓应清晰、圆顺，表面平整，无孔洞、露筋、蜂窝、麻面和宽度大于 0.15mm 的收缩裂缝</td><td colspan="10"></td></tr>
<tr><td colspan="2">施工单位检查评定结果</td><td colspan="13">项目专业质量检查员：　　　　年　　月　　日</td></tr>
<tr><td colspan="2">监理（建设）单位验收结论</td><td colspan="13">专业监理工程师：
（建设单位项目专业技术负责人）：　　　　年　　月　　日</td></tr>
</table>

注：1. 规范规定的施工过程控制要点见【检查验收时执行的规范条目】。

2. 现浇混凝土拱圈质量检验系完成现浇混凝土拱圈的各子项后进行的检查和验收。

【检查验收时执行的规范条目】

16.10.3 现浇混凝土拱圈质量检验应符合 CJJ 2—2008 规范第 16.10.1 条规定，且应符合下列规定：

主控项目

1 混凝土应按施工设计要求的顺序浇筑。

检查数量：全数检查。 检验方法：观察、检查施工记录。

2 拱圈不得出现超过设计规定的受力裂缝。

检查数量：全数检查。 检验方法：观察或用读数放大镜观测。

一般项目

3 现浇混凝土拱圈允许偏差应符合表 16.10.3 的规定。

现浇混凝土拱圈允许偏差 **表 16.10.3**

项目		允许偏差（mm）	检验频率		检验方法
			范围	点数	
轴线偏位	板拱	10	每跨每肋	5	用经纬仪测量，拱脚、拱顶、$L/4$处
	肋拱	5			
内弧线偏离设计弧线	跨径 $L\leqslant30$m	20			用水准仪测量，拱脚、拱顶、$L/4$处
	跨径 $L>30$m	$L/1500$			
断面尺寸	高度	±5			用钢尺量，拱脚、拱顶、$L/4$处
	顶、底、腹板厚	+10 0			
拱肋间距		±5			用钢尺量
拱宽	板拱	±20			用钢尺量，拱脚、拱顶、$L/4$处
	肋拱	±10			

注：L 为跨径。

4 拱圈外形轮廓应清晰、圆顺，表面平整，无孔洞、露筋、蜂窝、麻面和宽度大于 0.15mm 的收缩裂缝。

检查数量：全数检查。 检验方法：观察、用读数放大镜观测。

【检验批验收应提供的核查资料】

现浇混凝土拱圈质量检验检验批质量验收应提供的核查资料 表 CJJ 2-8-8-14a

序号	核查资料名称	核查要点
1	混凝土施工记录（浇筑地点制作的试块情况、试件留置数量、施工缝处理、养护记录、坍落度试验记录）	施工记录内容的完整性（资料名称项下括号内的内容）
2	混凝土试件强度试验报告（见证取样）	试验单位资质、代表数量、日期、性能，与设计、标准要求符合性

注：表列凡有性能要求的均应符合设计和规范要求。

附：规范规定的施工过程控制要点

16.3.1 跨径小于 16m 的拱圈或拱肋混凝土，应按拱圈全宽从拱脚向拱顶对称、连续浇筑，并在混凝土初凝前完成。当预计不能在限定时间内完成时，则应在拱脚预留一个隔缝并最后浇筑隔缝混凝土。

16.3.2 跨径大于或等于 16m 的拱圈或拱肋，宜分段浇筑。分段位置，拱式拱架宜设置在拱架受力反弯点、拱架节点、拱顶及拱脚处；满布式拱架宜设置在拱顶、1/4 跨径、拱脚及拱架节点等处。各段的接缝面应与拱轴线垂直，各分段点应预留间隔槽，其宽度宜为0.5～1m。当预计拱架变形较小时，可减少或不设间隔槽，应采取分段间隔浇筑。

16.3.3 分段浇筑程序应对称于拱顶进行，且应符合设计要求。

16.3.4 各浇筑段的混凝土应一次连续浇筑完成，因故中断时，应将施工缝凿成垂直于拱轴线的平面或台阶式接合面。

16.3.5 间隔槽混凝土，应待拱圈分段浇筑完成，其强度达到75%设计强度，且结合面按施工缝处理后，由拱脚向拱顶对称浇筑。拱顶及两拱脚间隔槽混凝土应在最后封拱时浇筑。

16.3.6 分段浇筑钢筋混凝土拱圈（拱肋）时，纵向不得采用通长钢筋，钢筋接头应安设在后浇的几个间隔槽内，并应在浇筑间隔槽混凝土时焊接。

16.3.7 浇筑大跨径拱圈（拱肋）混凝土时，宜采用分环（层）分段方法浇筑，也可纵向分幅浇筑，中幅先行浇筑合龙，达到设计要求后，再横向对称浇筑合龙其他幅。

16.3.8 拱圈（拱肋）封拱合龙时混凝土强度应符合设计要求，设计无规定时，各段混凝土强度应达到设计强度的75%；当封拱合龙前用千斤顶施加压力的方法调整拱圈应力时，拱圈（包括已浇间隔槽）的混凝土强度应达到设计强度。

【劲性骨架混凝土拱圈】

1. 劲性骨架混凝土拱圈质量检验应符合 CJJ 2—2008 规范第 16.10.1 条规定

第 16.10.1 条　拱部和拱上结构施工中涉及模板和拱架、钢筋、混凝土、预应力混凝土、砌体质量检验应符合本规范第 5.4、6.5、7.13、8.5、9.6 节的有关规定。

劲性骨架混凝土拱圈施工，根据 5.4（模板、支架和拱架的制作及安装检验标准，模板、支架和拱架的拆除）、6.5（钢筋原材料、钢筋加工、钢筋连接、钢筋安装的检验标准）、7.13（混凝土原材料、混凝土配合比、混凝土施工的检验标准）节规定，分别编制成下列各节的检验批质量验收记录用表。

【劲性骨架混凝土拱圈模板和拱架】

劲性骨架混凝土拱圈模板和拱架制作检验批质量验收记录

表 CJJ 2-8-8-15

本表按“通用表式”的表 CJJ 2-通-1-1 中有关质量标准执行。

劲性骨架混凝土拱圈模板和拱架安装检验批质量验收记录

表 CJJ 2-8-8-16

本表按“通用表式”的表 CJJ 2-通-1-2 中有关质量标准执行。

劲性骨架混凝土拱圈模板和拱架拆除检验批质量验收记录

表 CJJ 2-8-8-17

本表按“通用表式”的表 CJJ 2-通-1-3 中有关质量标准执行。

【劲性骨架混凝土拱圈钢筋】

劲性骨架混凝土拱圈钢筋原材料检验批质量验收记录

表 CJJ 2-8-8-18

本表按“通用表式”的表 CJJ 2-通-2-1 中有关质量标准执行。

劲性骨架混凝土拱圈钢筋加工检验批质量验收记录

表 CJJ 2-8-8-19

本表按“通用表式”的表 CJJ 2-通-2-2 中有关质量标准执行。

劲性骨架混凝土拱圈钢筋连接检验批质量验收记录

表 CJJ 2-8-8-20

本表按“通用表式”的表 CJJ 2-通-2-3 中有关质量标准执行。

劲性骨架混凝土拱圈钢筋安装检验批质量验收记录

表 CJJ 2-8-8-21

本表按“通用表式”的表 CJJ 2-通-2-4 中有关质量标准执行。

【劲性骨架混凝土拱圈混凝土】

劲性骨架混凝土拱圈混凝土原材料检验批质量验收记录

表 CJJ 2-8-8-22

本表按“通用表式”的表 CJJ 2-通-3-1 中有关质量标准执行。

劲性骨架混凝土拱圈混凝土配合比检验批质量验收记录

表 CJJ 2-8-8-23

本表按“通用表式”的表 CJJ 2-通-3-2 中有关质量标准执行。

劲性骨架混凝土拱圈混凝土施工检验批质量验收记录 表 CJJ 2-8-8-24

本表按“通用表式”的表 CJJ 2-通-3-3A 中有关质量标准执行。

2. 且应符合劲性骨架混凝土拱圈质量检验的规定（表 CJJ 2-8-8-25）。

【劲性骨架混凝土拱圈质量检验】

【劲性骨架混凝土拱圈质量检验检验批质量验收记录】

劲性骨架混凝土拱圈质量检验检验批质量验收记录 **表 CJJ 2-8-8-25**

工程名称					
施工单位					
分项工程名称			施工班组长		
验收部位			专业工长		
施工执行标准名称及编号			项目经理		

检控项目	质量验收规范规定			施工单位检查评定记录	监理（建设）单位验收记录
主控项目	第 16.10.4 条　劲性骨架混凝土拱圈质量检验应符合 CJJ 2—2008 规范第 16.10.1 条规定，且应符合下列规定： 1　混凝土应按施工设计要求的顺序浇筑。				
一般项目	项　目（第 16.10.4 条 2 款表 16.10.4-1）		允许偏差（mm）	量测值（mm）	
	杆件截面尺寸		不小于设计要求		
	骨架高、宽		±10		
	内弧偏离设计弧线		10		
	每段的弧长		±10		
	项　目（表 16.10.4-2）		允许偏差（mm）	量测值（mm）	
	轴线偏位		$L/6000$		
	高程		$\pm L/3000$		
	对称点相对高差	允许	$L/3000$		
		极值	$L/1500$，且反向		
	项　目（第 16.10.4 条 3 款表 16.10.4-3）		允许偏差（mm）	量测值（mm）	
	轴线偏位	$L \leqslant 60$m	10		
		$L = 200$m	50		
		$L > 200$m	$L/4000$		
	高程		$\pm L/3000$		
	对称点相对高差	允许	$L/3000$		
		极值	$L/1500$，且反向		
	断面尺寸		±10		
	第 16.10.4 条 4 款　拱圈外形圆顺，表面平整，无孔洞、露筋、蜂窝、麻面和宽度大于 0.15mm 的收缩裂缝。				
施工单位检查评定结果	项目专业质量检查员：　　　　年　月　日				
监理（建设）单位验收结论	专业监理工程师： （建设单位项目专业技术负责人）：　　　　年　月　日				

注：1. L 为跨径。　2　L 在 60～200m 之间时，轴线偏位允许偏差内插。
3. 规范规定的施工过程控制要点见【检查验收时执行的规范条目】。
4. 劲性骨架混凝土拱圈质量检验系完成劲性骨架混凝土拱圈的各子项后进行的检查和验收。

【检查验收时执行的规范条目】

16.10.4 劲性骨架混凝土拱圈质量检验应符合 CJJ 2—2008 规范第 16.10.1 条规定，且应符合下列规定：

主控项目

1 混凝土应按施工设计要求的顺序浇筑。

检查数量：全数检查。　检验方法：观察、检查施工记录。

一般项目

2 劲性骨架制作及安装允许偏差应符合表 16.10.4-1 和表 16.10.4-2 的规定。

劲性骨架制作允许偏差　　**表 16.10.4-1**

项目	允许偏差（mm）	检验频率		检验方法
		范围	点数	
杆件截面尺寸	不小于设计要求	每段	2	用钢尺量两端
骨架高、宽	±10		5	用钢尺量两端、中间、L/4 处
内弧偏离设计弧线	10		3	用样板量两端、中间
每段的弧长	±10		2	用钢尺量两侧

劲性骨架安装允许偏差　　**表 16.10.4-2**

项目		允许偏差（mm）	检验频率		检验方法
			范围	点数	
轴线偏位		L/6000	每跨每肋	5	用经纬仪测量，每肋拱脚、拱顶、L/4 处
高程		±L/3000		3+各接头点	用水准仪测量，拱脚、拱顶及各接头点
对称点相对高差	允许	L/3000		各接头点	用水准仪测量
	极值	L/1500，且反向			

注：L 为跨径。

3 劲性骨架混凝土拱圈允许偏差应符合表 16.10.4-3 的规定。

劲性骨架混凝土拱圈允许偏差　　**表 16.10.4-3**

项目		允许偏差（mm）		检验频率		检验方法
				范围	点数	
轴线偏位		L≤60m	10	每跨每肋	5	用经纬仪测量，拱脚、拱顶、L/4 处
		L=200m	50			
		L>200m	L/4000			
高程		±L/3000				用水准仪测量，拱脚、拱顶、L/4 处
对称点相对高差	允许	L/3000				
	极值	L/1500，且反向				
断面尺寸		±10				用钢尺量拱脚、拱顶、L/4 处

注：1　L 为跨径；　2　L 在 60～200m 之间时，轴线偏位允许偏差内插。

4 拱圈外形圆顺，表面平整，无孔洞、露筋、蜂窝、麻面和宽度大于 0.15mm 的收缩裂缝。

检验数量：全数检查。　　检验方法：观察、用读数放大镜观测。

【检验批验收应提供的核查资料】

劲性骨架混凝土拱圈质量检验检验批验收应提供的核查资料　表 CJJ 2-8-8-25a

序号	核查资料名称	核查要点
1	混凝土施工记录（浇筑地点制作的试块情况、试件留置数量、施工缝处理、养护记录、坍落度试验记录）	施工记录内容的完整性（资料名称项下括号内的内容）
2	混凝土试件强度试验报告（见证取样）	试验单位资质、代表数量、日期、性能，与设计、标准要求符合性

注：1. 合理缺项除外；2. 表列凡有性能要求的均应符合设计和规范要求。

附：规范规定的施工过程控制要点

16.4.1 劲性骨架混凝土拱圈（拱肋）浇筑前应进行加载程序设计，计算出各施工阶段钢骨架以及钢骨架与混凝土组合结构的变形、应力，并在施工过程中进行监控。

16.4.2 分环多工作面浇筑劲性骨架混凝土拱圈（拱肋）时，各工作面的浇筑顺序和速度应对称、均衡，对应工作面应保持一致。

16.4.3 分环浇筑劲性骨架混凝土拱圈（拱肋）时，两个对称的工作段必须同步浇筑，且两段浇筑顺序应对称。

16.4.4 当采用水箱压载分环浇筑劲性骨架混凝土（拱肋）时，应严格控制拱圈（拱肋）的竖向和横向变形，防止骨架局部失稳。

16.4.5 当采用斜拉扣索法连续浇筑劲性骨架混凝土拱圈（拱肋）时，应设计扣索的张拉与放松程序，施工中应监控拱圈截面应力和变形，混凝土应从拱脚向拱顶对称连续浇筑。

【装配式混凝土拱部结构】

1. 装配式混凝土拱部结构质量检验应符合 CJJ 2—2008 规范第 16.10.1 条规定。

第 16.10.1 条　拱部和拱上结构施工中涉模板和拱架、钢筋、混凝土、预应力混凝土、砌体质量检验应符合本规范第 5.4、6.5、7.13、8.5、9.6 节的有关规定。

装配式混凝土拱部结构施工，根据 5.4（模板、支架和拱架的制作及安装检验标准，模板、支架和拱架的拆除）、6.5（钢筋原材料、钢筋加工、钢筋连接、钢筋安装的检验标准）、7.13（混凝土原材料、混凝土配合比、混凝土施工的检验标准）节规定，分别编制成下列各节的检验批质量验收记录用表。

【装配式混凝土拱部结构模板和拱架】

装配式混凝土拱部结构模板和拱架制作检验批质量验收记录　　表 CJJ 2-8-8-26

本表按"通用表式"的表 CJJ 2-通-1-1 中有关质量标准执行。

装配式混凝土拱部结构模板和拱架安装检验批质量验收记录

表 CJJ 2-8-8-27

本表按"通用表式"的表 CJJ 2-通-1-2 中有关质量标准执行。

装配式混凝土拱部结构模板和拱架拆除检验批质量验收记录

表 CJJ 2-8-8-28

本表按"通用表式"的表 CJJ 2-通-1-3 中有关质量标准执行。

【装配式混凝土拱部结构钢筋】

装配式混凝土拱部结构钢筋原材料检验批质量验收记录

表 CJJ 2-8-8-29

本表按"通用表式"的表 CJJ 2-通-2-1 中有关质量标准执行。

装配式混凝土拱部结构钢筋加工检验批质量验收记录

表 CJJ 2-8-8-30

本表按"通用表式"的表 CJJ 2-通-2-2 中有关质量标准执行。

装配式混凝土拱部结构钢筋连接检验批质量验收记录

表 CJJ 2-8-8-31

本表按"通用表式"的表 CJJ 2-通-2-3 中有关质量标准执行。

装配式混凝土拱部结构钢筋安装检验批质量验收记录

表 CJJ 2-8-8-32

本表按"通用表式"的表 CJJ 2-通-2-4 中有关质量标准执行。

【装配式混凝土拱部结构混凝土】

装配式混凝土拱部结构混凝土原材料检验批质量验收记录

表 CJJ 2-8-8-33

本表按"通用表式"的表 CJJ 2-通-3-1 中有关质量标准执行。

装配式混凝土拱部结构混凝土配合比检验批质量验收记录

表 CJJ 2-8-8-34

本表按“通用表式”的表 CJJ 2-通-3-2 中有关质量标准执行。

装配式混凝土拱部结构混凝土施工检验批质量验收记录

表 CJJ 2-8-8-35

本表按“通用表式”的表 CJJ 2-通-3-3A 中有关质量标准执行。

2. 且应符合装配式混凝土拱部结构质量检验的规定（表 CJJ 2-8-8-36）。

注：装配式混凝土拱部结构质量检验系完成装配式混凝土拱部结构的各子项后进行的检查和验收。

【装配式混凝土拱部结构质量检验】

【装配式混凝土拱部结构质量检验检验批质量验收记录】

装配式混凝土拱部结构质量检验检验批质量验收记录　　表 CJJ 2-8-8-36

工程名称															
施工单位															
分项工程名称				施工班组长											
验收部位				专业工长											
施工执行标准名称及编号				项目经理											
检控项目	质量验收规范规定			施工单位检查评定记录											监理（建设）单位验收记录
主控项目	第 16.10.5 条　装配式混凝土拱部结构质量检验应符合 CJJ 2—2008 规范第 16.10.1 条规定，且应符合下列规定： 1　拱段接头现浇混凝土强度必须达到设计要求或达到设计强度的 75%后，方可进行拱上结构施工。 2　结构表面不得出现超过设计规定的受力裂缝。 3　预制拱圈质量检验允许偏差														
	项　目（表 16.10.5-1）		允许偏差（mm）	量测值（mm）											
	混凝土抗压强度		符合设计要求												
	每段拱箱内弧长		0，－10												
	内弧偏离设计弧线		±5												
	断面尺寸	顶底腹板厚	＋10.0												
		宽度及高度	＋10，－5												
	轴线偏位	肋拱	5												
		箱拱	10												
	拱箱接头尺寸及倾角		±5												
	预埋件位置	肋拱	5												
		箱拱	10												
施工单位检查评定结果	项目专业质量检查员：　　　　年　月　日														
监理（建设）单位验收结论	专业监理工程师： （建设单位项目专业技术负责人）：　　　　年　月　日														

注：规范规定的施工过程控制要点见【检查验收时执行的规范条目】。

桥跨承重结构分部工程

装配式混凝土拱部结构质量检验检验批质量验收记录　　续表

工程名称				
施工单位				
分项工程名称		施工班组长		
验收部位		专业工长		
施工执行标准名称及编号		项目经理		

检控项目	质量验收规范规定				施工单位检查评定记录	监理（建设）单位验收记录
一般项目	项目（第 16.10.5 条 4 款 表 16.10.5-2）		允许偏差（mm）		量测值（mm）	
	轴线偏位		L≤60m	10		
			L>60m	L/6000		
	高程		L≤60m	±20		
			L>60m	±L/3000		
	对称点相对高差	允许	L≤60m	20		
			L>60m	L/3000		
		极值	允许偏差的 2 倍，且反向			
	各拱肋相对高差		L≤60m	20		
			L>60m	L/3000		
	拱肋间距		±10			
	项目（第 16.10.5 条 5 款 表 16.10.5-3）		允许偏差（mm）		量测值（mm）	
	轴线偏位		L≤60m	10		
			L>60m	L/6000		
	高程		L≤60m	±20		
			L>60m	±L/3000		
	相邻拱片高差		15			
	对称点相对高差	允许	L≤60m	20		
			L>60m	L/3000		
		极值	允许偏差的 2 倍，且反向			
	拱片竖向垂直度		≤1/300 高度，且不大于 20			
	项目（第 16.10.5 条 6 款 表 16.10.5-4）		允许偏差（mm）		量测值（mm）	
	轴线偏位		10			
	拱顶高程		±20			
	相邻块件高差		5			
	第 16.10.5 条 7 款　拱圈外形圆顺，表面平整，无孔洞、露筋、蜂窝、麻面和宽度大于 0.15mm 的收缩裂缝。					
施工单位检查评定结果	项目专业质量检查员：　　年　月　日					
监理（建设）单位验收结论	专业监理工程师： （建设单位项目专业技术负责人）：　　年　月　日					

注：1. L 为跨径。　2. 规范规定的施工过程控制要点见【检查验收时执行的规范条目】。

【检查验收时执行的规范条目】

16.10.5 装配式混凝土拱部结构质量检验应符合 CJJ 2—2008 规范第 16.10.1 条规定，且应符合下列规定：

主控项目

1 拱段接头现浇混凝土强度必须达到设计要求或达到设计强度的 75%后，方可进行拱上结构施工。

检查数量：全数检查（每接头至少留置 2 组试件）。检验方法：检查同条件养护试件强度试验报告。

2 结构表面不得出现超过设计规定的受力裂缝。

检查数量：全数检查。　　检验方法：观察或用读数放大镜观测。

3 预制拱圈质量检验允许偏差应符合表 16.10.5-1 的规定。

预制拱圈质量检验允许偏差　　　　**表 16.10.5-1**

项目		规定值或允许偏差（mm）	检验频率		检验方法
			范围	点数	
混凝土抗压强度		符合设计要求	每肋每片	按现行国家标准《混凝土强度检验评定标准》GBJ 107 的规定	
每段拱箱内弧长		0，－10		1	用钢尺量
内弧偏离设计弧线		±5		1	用样板检查
断面尺寸	顶底腹板厚	＋10.0		2	用钢尺量
	宽度及高度	＋10，-5		2	
轴线偏位	肋拱	5		3	用经纬仪测量
	箱拱	10		3	
拱箱接头尺寸及倾角		±5		1	用钢尺量
预埋件位置	肋拱	5		1	用钢尺量
	箱拱	10		1	

一般项目

4 拱圈安装允许偏差应符合表 16.10.5-2 的规定。

拱圈安装允许偏差　　　　**表 16.10.5-2**

项目		允许偏差（mm）		检验频率		检验方法
				范围	点数	
轴线偏位		$L \leqslant 60m$	10	每跨每肋	5	用经纬仪测量，拱脚、拱顶、$L/4$ 处
		$L > 60m$	$L/6000$			
高程		$L \leqslant 60m$	±20			用水准仪测量，拱脚、拱顶、$L/4$ 处
		$L > 60m$	$\pm L/3000$			
对称点相对高差	允许	$L \leqslant 60m$	20	每段、每个接头	1	用水准仪测量
		$L > 60m$	$L/3000$			
	极值	允许偏差的 2 倍，且反向				
各拱肋相对高差		$L \leqslant 60m$	20	各肋	5	用水准仪测量，拱脚、拱顶、$L/4$ 处
		$L > 60m$	$L/3000$			
拱肋间距		±10				用钢尺量，拱脚、拱顶、$L/4$ 处

注：L 为跨径。

5 悬臂拼装的桁架拱允许偏差应符合表 16.10.5-3 的规定。

悬臂拼装的桁架拱允许偏差 **表 16.10.5-3**

<table>
<tr><th colspan="2" rowspan="2">项　目</th><th colspan="2" rowspan="2">允许偏差
(mm)</th><th colspan="2">检验频率</th><th rowspan="2">检验方法</th></tr>
<tr><th>范围</th><th>点数</th></tr>
<tr><td colspan="2" rowspan="2">轴线偏位</td><td>$L\leqslant 60$m</td><td>10</td><td rowspan="10">每跨
每肋
每片</td><td rowspan="2">5</td><td rowspan="2">用经纬仪测量，拱脚、拱顶、$L/4$ 处</td></tr>
<tr><td>$L>60$m</td><td>$L/6000$</td></tr>
<tr><td colspan="2" rowspan="2">高程</td><td>$L\leqslant 60$m</td><td>±20</td><td rowspan="2">5</td><td rowspan="2">用水准仪测量，拱脚、拱顶、$L/4$ 处</td></tr>
<tr><td>$L>60$m</td><td>$\pm L/3000$</td></tr>
<tr><td colspan="2">相邻拱片高差</td><td colspan="2">15</td><td rowspan="4">5</td><td rowspan="4">用水准仪测量，拱脚、拱顶、$L/4$ 处</td></tr>
<tr><td rowspan="3">对称点相对高差</td><td rowspan="2">允许</td><td>$L\leqslant 60$m</td><td>20</td></tr>
<tr><td>$L>60$m</td><td>$L/3000$</td></tr>
<tr><td>极值</td><td colspan="2">允许偏差的 2 倍，且反向</td></tr>
<tr><td colspan="2">拱片竖向垂直度</td><td colspan="2">≤1/300 高度，且不大于 20</td><td>2</td><td>用经纬仪测量或垂线和钢尺量</td></tr>
</table>

注：L 为跨径。

6 腹拱安装允许偏差应符合表 16.10.5-4 的规定。

腹拱安装允许偏差 **表 16.10.5-4**

<table>
<tr><th rowspan="2">项　目</th><th rowspan="2">允许偏差
(mm)</th><th colspan="2">检验频率</th><th rowspan="2">检验方法</th></tr>
<tr><th>范围</th><th>点数</th></tr>
<tr><td>轴线偏位</td><td>10</td><td rowspan="3">每跨
每肋</td><td>2</td><td>用经纬仪测量拱脚</td></tr>
<tr><td>拱顶高程</td><td>±20</td><td>2</td><td>用水准仪测量</td></tr>
<tr><td>相邻块件高差</td><td>5</td><td>3</td><td>用钢尺量</td></tr>
</table>

7 拱圈外形圆顺，表面平整，无孔洞、露筋、蜂窝、麻面和宽度大于 0.15mm 的收缩裂缝。

检查数量：全数检查。　　检验方法：观察、用读数放大镜观测。

【检验批验收应提供的核查资料】

装配式混凝土拱部结构拱圈安装检验批验收应提供的核查资料 **表 CJJ 2-8-8-36a**

序号	核查资料名称	核查要点
1	构件出厂合格证	构件类别、数量、生产厂家、日期、质量，与设计符合性
2	施工记录（预制构件与结构连接、承受内力的接头与拼缝、吊装时间、捣实与养护记录）	施工记录内容的完整性（资料名称项下括号内的内容）
3	同条件混凝土试件强度试验报告（见证取样）	试验单位资质、代表数量、日期、性能，与设计、标准的符合性

注：表列凡有性能要求的均应符合设计和规范要求。

附：规范规定的施工过程控制要点

16.5.1 大、中跨径装配式箱形拱施工前，必须核对验算各构件吊运、堆放、安装、拱肋合龙和施工加载等各阶段强度和稳定性。

16.5.2 少支架安装拱圈（拱肋）时，应符合下列规定：

1 拱肋安装就位后应立即检测轴线位置和高程，符合设计要求后方可固定、松索。并及时安设支撑和横向连系，防止倾倒。

2 现浇拱肋接头和合龙缝宜采用补偿收缩混凝土。横系梁混凝土宜与接头混凝土一并浇筑。

3 支架卸落应符合下列要求：

1）当拱肋接头及横系梁混凝土达到设计强度的75%或满足设计规定后，方可卸落支架。

2）拱圈的混凝土质量、台后填土情况经检查，确认符合设计要求后方可卸架。

3）支架卸落宜分两次或多次进行，使拱圈逐渐受力成拱。

4）卸架时应观测拱圈挠度和墩台变位情况，发现异常应及时采取措施。

5）多跨拱桥卸架应在各跨拱肋合龙后进行，当需提前卸架时，必须经验算确认桥墩能够承受不平衡水平推力。

16.5.3 无支架安装拱圈（拱肋）时，应符合下列规定：

1 拱圈（拱肋）安装应结合桥梁规模、现场条件等选择适宜的吊装机具，并制定吊装方案。各项辅助结构均应按相关规范经过设计确定。缆索吊机在吊装前必须按规定进行试吊。

2 拱肋吊装时，除拱顶段以外，各段应设一组扣索悬挂。

3 扣架应固定在墩台顶上，并应进行强度和稳定性验算。架顶应设置风缆。

4 各扣索位置必须与所吊挂的拱肋在同一竖直面内。

5 各段拱肋由扣索悬挂在扣架上时，必须设置风缆，拱肋接头处应横向连接。风缆应待全孔合龙、横向连接构件混凝土强度满足设计要求后才可撤除。

6 对中、小跨拱，当整根拱肋吊装或每根拱肋分两段吊装时，当横向稳定系数不小于4，可采取单肋合龙，松索成拱。

7 当跨径大于80m或单肋横向稳定系数小于4时，应采用双基肋分别合龙并固定双肋间横向联系，再同时松索成拱。

8 当拱肋分数段吊装时，均应先从拱脚段开始，依次向拱顶分段吊装，最后由拱顶段合龙。

9 多孔拱桥吊装应按设计加载程序进行，宜由桥台或单向推力墩开始依次吊装。

【钢管混凝土拱（拱肋安装、混凝土压注）】

1. 钢管混凝土拱质量检验应符合 CJJ 2—2008 规范第 16.10.1 条规定。

第 16.10.1 条　拱部和拱上结构施工中涉模板和拱架、钢筋、混凝土、预应力混凝土、砌体质量检验应符合本规范第 5.4、6.5、7.13、8.5、9.6 节的有关规定。

钢管混凝土拱施工，根据 5.4（模板、支架和拱架的制作及安装检验标准，模板、支架和拱架的拆除）、6.5（钢筋原材料、钢筋加工、钢筋连接、钢筋安装的检验标准）、7.13（混凝土原材料、混凝土配合比、混凝土施工的检验标准）节规定，分别编制成下列各节的检验批质量验收记录用表。

【钢管混凝土拱模板和拱架】

钢管混凝土拱模板和拱架制作检验批质量验收记录　表 CJJ 2-8-8-37

本表按"通用表式"的表 CJJ 2-通-1-1 中有关质量标准执行。

钢管混凝土拱模板和拱架安装检验批质量验收记录　表 CJJ 2-8-8-38

本表按"通用表式"的表 CJJ 2-通-1-2 中有关质量标准执行。

钢管混凝土拱模板和拱架拆除检验批质量验收记录　表 CJJ 2-8-8-39

本表按"通用表式"的表 CJJ 2-通-1-3 中有关质量标准执行。

【钢管混凝土拱钢筋】

钢管混凝土拱钢筋原材料检验批质量验收记录　表 CJJ 2-8-8-40

本表按"通用表式"的表 CJJ 2-通-2-1 中有关质量标准执行。

钢管混凝土拱钢筋加工检验批质量验收记录　表 CJJ 2-8-8-41

本表按"通用表式"的表 CJJ 2-通-2-2 中有关质量标准执行。

钢管混凝土拱钢筋连接检验批质量验收记录　表 CJJ 2-8-8-42

本表按"通用表式"的表 CJJ 2-通-2-3 中有关质量标准执行。

钢管混凝土拱钢筋安装检验批质量验收记录　表 CJJ 2-8-8-43

本表按"通用表式"的表 CJJ 2-通-2-4 中有关质量标准执行。

【钢管混凝土拱混凝土】

钢管混凝土拱混凝土原材料检验批质量验收记录　表 CJJ 2-8-8-44

本表按"通用表式"的表 CJJ 2-通-3-1 中有关质量标准执行。

钢管混凝土拱混凝土配合比检验批质量验收记录　表 CJJ 2-8-8-45

本表按"通用表式"的表 CJJ 2-通-3-2 中有关质量标准执行。

钢管混凝土拱混凝土施工检验批质量验收记录　表 CJJ 2-8-8-46

本表按"通用表式"的表 CJJ 2-通-3-3A 中有关质量标准执行。

2. 且应符合钢管混凝土拱质量检验的规定（表 CJJ 2-8-8-47）。

【钢管混凝土拱质量检验】

【钢管混凝土拱质量检验检验批质量验收记录】

钢管混凝土拱质量检验检验批质量验收记录　　　　表 CJJ 2-8-8-47

工程名称			
施工单位			
分项工程名称		施工班组长	
验收部位		专业工长	
施工执行标准名称及编号		项目经理	

<table>
<tr><td>检控项目</td><td colspan="3">质量验收规范规定</td><td>施工单位检查评定记录</td><td>监理（建设）单位验收记录</td></tr>
<tr><td>主控项目</td><td colspan="3">第 16.10.6 条　钢管混凝土拱质量检验应符合 CJJ 2—2008 规范第 16.10.1 条规定，且应符合下列规定：
1　钢管内混凝土应饱满，管壁与混凝土紧密结合。
2　防护涂料规格和层数，应符合设计要求。</td><td></td><td></td></tr>
<tr><td rowspan="20">一般项目</td><td colspan="2">项目（第 16.10.6 条 3 款表 16.10.6-1）</td><td>允许偏差（mm）</td><td>量测值（mm）</td><td rowspan="20"></td></tr>
<tr><td colspan="2">钢管直径</td><td>±D/500，且±5</td><td></td></tr>
<tr><td colspan="2">钢管中距</td><td>±5</td><td></td></tr>
<tr><td colspan="2">内弧偏离设计弧线</td><td>8</td><td></td></tr>
<tr><td colspan="2">拱肋内弧长</td><td>0
−10</td><td></td></tr>
<tr><td colspan="2">节段端部平面度</td><td>3</td><td></td></tr>
<tr><td colspan="2">竖杆节间长度</td><td>±2</td><td></td></tr>
<tr><td colspan="2">轴线偏位</td><td>L/6000</td><td></td></tr>
<tr><td colspan="2">高　程</td><td>±L/3000</td><td></td></tr>
<tr><td rowspan="2">对称点相对高差</td><td>允许</td><td>L/3000</td><td></td></tr>
<tr><td>极值</td><td>L/1500，且反向</td><td></td></tr>
<tr><td colspan="2">拱肋接缝错边</td><td>≤0.2 壁厚，
且不大于 2</td><td></td></tr>
<tr><td colspan="2">项目（第 16.10.6 条 4 款表 16.10.6-2）</td><td>允许偏差（mm）</td><td>量测值（mm）</td></tr>
<tr><td rowspan="3">轴线偏位</td><td>L≤60m</td><td>10</td><td></td></tr>
<tr><td>L=200m</td><td>50</td><td></td></tr>
<tr><td>L>200m</td><td>L/4000</td><td></td></tr>
<tr><td colspan="2">高程</td><td>±L/3000</td><td></td></tr>
<tr><td rowspan="2">对称点相对高差</td><td>允许</td><td>L/3000</td><td></td></tr>
<tr><td>极值</td><td>L/1500，且反向</td><td></td></tr>
<tr><td colspan="3">第 16.10.6 条 5 款　钢管混凝土拱肋线形圆顺，无折弯</td><td></td></tr>
<tr><td>施工单位检查评定结果</td><td colspan="5">项目专业质量检查员：　　　　年　月　日</td></tr>
<tr><td>监理（建设）单位验收结论</td><td colspan="5">专业监理工程师：
（建设单位项目专业技术负责人）：　　　　年　月　日</td></tr>
</table>

注：1. D 为钢管直径（mm）；　2. L 为跨径。

3. 钢管混凝土拱质量检验系完成钢管混凝土拱的各子项后进行的检查和验收。

【检查验收时执行的规范条目】

16.10.6 钢管混凝土拱质量检验应符合 CJJ 2—2008 规范第 16.10.1 条规定，且应符合下列规定：

主控项目

1 钢管内混凝土应饱满，管壁与混凝土紧密结合。

检查数量：按检验方案确定。

检验方法：观察出浆孔混凝土溢出情况、检查超声波检测报告。

2 防护涂料规格和层数，应符合设计要求。

检查数量：涂装遍数全数检查；涂层厚度每批构件抽查 10%，且同类构件不少于 3 件。

检验方法：观察、用干膜测厚仪检查。

一般项目

3 钢管拱肋制作与安装允许偏差应符合表 16.10.6-1 的规定。

钢管拱肋制作与安装允许偏差　　表 16.10.6-1

项目		允许偏差（mm）	检验频率		检验方法
			范围	点数	
钢管直径		±D/500，且±5	每跨 每肋 每段	3	用钢尺量
钢管中距		±5		3	用钢尺量
内弧偏离设计弧线		8		3	用样板量
拱肋内弧长		0 −10		1	用钢尺分段量
节段端部平面度		3		1	拉线、用塞尺量
竖杆节间长度		±2		1	用钢尺量
轴线偏位		L/6000		5	用经纬仪测量，端、中、L/4 处
高程		±L/3000		5	用水准仪测量，端、中、L/4 处
对称点相对高差	允许	L/3000		1	用水准仪测量各接头点
	极值	L/1500，且反向			
拱肋接缝错边		≤0.2 壁厚， 且不大于 2	每个	2	用钢板尺和塞尺量

注：1　D 为钢管直径（mm）；　2　L 为跨径。

4 钢管混凝土拱肋允许偏差应符合表 16.10.6-2 的规定。

钢管混凝土拱肋允许偏差　　表 16.10.6-2

项目		允许偏差（mm）		检验频率		检验方法
				范围	点数	
轴线偏位		L≤60m	10	每跨 每肋	5	用经纬仪测量，拱脚、拱顶、L/4 处
		L=200m	50			
		L>200m	L/4000			
高程		±L/3000			5	用水准仪测量，拱脚、拱顶、L/4 处
对称点相对高差	允许	L/3000			1	用水准仪测量各接头点
	极值	L/1500，且反向				

注：L 为跨径。

5 钢管混凝土拱肋线形圆顺，无折弯。

检查数量：全数检查。　　检验方法：观察。

【检验批验收应提供的核查资料】

钢管混凝土拱拱肋安装检验批验收应提供的核查资料　　表 CJJ 2-8-8-47a

序号	核查资料名称	核查要点
1	超声波检测报告	核查试验单位资质、数量及相关参数，符合设计要求
2	施工记录（预制构件与结构连接、承受内力的接头与拼缝、吊装时间、捣实与养护记录）	施工记录内容的完整性（资料名称项下括号内的内容）
3	标养、同条件养护混凝土试件强度试验报告（见证取样）	试验单位资质、代表数量、日期、性能，与设计、标准的符合性
4	涂层厚度检测报告	试验单位资质、代表数量、日期、性能，与设计、标准的符合性

注：表列凡有性能要求的均应符合设计和规范要求。

附：规范规定的施工过程控制要点

16.6.1　钢管拱肋制作时，应符合下列规定：

1　拱肋钢管的种类、规格应符合设计要求，应在工厂加工，具有产品合格证。

2　钢管拱肋加工的分段长度应根据材料、工艺、运输、吊装等因素确定。在制作前，应根据温度和焊接变形的影响，确定合龙节段的尺寸，并绘制施工详图，精确放样。

3　弯管宜采用加热顶压方式，加热温度不得超过 800℃。

4　拱肋节段焊接强度不应低于母材强度。所有焊缝均应进行外观检查；对接焊缝应 100%进行超声波探伤，其质量应符合设计要求和国家现行标准规定。

5　在钢管拱肋上应设置混凝土压注孔、倒流截止阀、排气孔及扣点、吊点节点板。

6　钢管拱肋外露面应按设计要求做长效防护处理。

16.6.2　钢管拱肋安装应符合下列规定：

1　钢管拱肋成拱过程中，应同时安装横向连系，未安装连系的不得多于一个节段，否则应采取临时横向稳定措施。

2　节段间环焊缝的施焊应对称进行，并应采用定位板控制焊缝间隙，不得采用堆焊。

3　合龙口的焊接或栓接作业应选择在环境温度相对稳定的时段内快速完成。

4　采用斜拉扣索悬拼法施工时，扣索采用钢绞线或高强钢丝束时，安全系数应大于 2。

16.6.3　钢管混凝土浇筑施工应符合下列规定：

1　管内混凝土宜采用泵送顶升压注施工，由两拱脚至拱顶对称均衡地连续压注完成。

2　大跨径拱肋钢管混凝土应根据设计加载程序，宜分环、分段并隔仓由拱脚向拱顶对称均衡压注。压注过程中拱肋变位不得超过设计规定。

3　钢管混凝土应具有低泡、大流动性、收缩补偿、延缓初凝和早强的性能。

4　钢管混凝土压注前应清洗管内污物，润湿管壁，先泵入适量水泥浆再压注混凝土，直至钢管顶端排气孔排出合格的混凝土时停止。压注混凝土完成后应关闭倒流截止阀。

5　钢管混凝土的质量检测办法应以超声波检测为主，人工敲击为辅。

6　钢管混凝土的泵送顺序应按设计要求进行，宜先钢管后腹箱。

【中下承式拱吊杆和柔性系杆拱】

1. 中下承式拱吊杆和柔性系杆拱质量检验应符合 CJJ 2—2008 规范第 16.10.1 条规定。

第 16.10.1 条　拱部和拱上结构施工中涉模板和拱架、钢筋、混凝土、预应力混凝土、砌体质量检验应符合本规范第 5.4、6.5、7.13、8.5、9.6 节的有关规定。

中下承式拱吊杆和柔性系杆拱施工，根据 5.4（模板、支架和拱架的制作及安装检验标准，模板、支架和拱架的拆除）、6.5（钢筋原材料、钢筋加工、钢筋连接、钢筋安装的检验标准）、7.13（混凝土原材料、混凝土配合比、混凝土施工的检验标准）节规定，分别编制成下列各节的检验批质量验收记录用表。

【中下承式拱吊杆和柔性系杆拱模板和拱架】

中下承式拱吊杆和柔性系杆拱模板和拱架制作检验批质量验收记录

表 CJJ 2-8-8-48

本表按“通用表式”的表 CJJ 2-通-1-1 中有关质量标准执行。

中下承式拱吊杆和柔性系杆拱模板和拱架安装检验批质量验收记录

表 CJJ 2-8-8-49

本表按“通用表式”的表 CJJ 2-通-1-2 中有关质量标准执行。

中下承式拱吊杆和柔性系杆拱模板和拱架拆除检验批质量验收记录

表 CJJ 2-8-8-50

本表按“通用表式”的表 CJJ 2-通-1-3 中有关质量标准执行。

【中下承式拱吊杆和柔性系杆拱钢筋】

中下承式拱吊杆和柔性系杆拱钢筋原材料检验批质量验收记录

表 CJJ 2-8-8-51

本表按“通用表式”的表 CJJ 2-通-2-1 中有关质量标准执行。

中下承式拱吊杆和柔性系杆拱钢筋加工检验批质量验收记录

表 CJJ 2-8-8-52

本表按“通用表式”的表 CJJ 2-通-2-2 中有关质量标准执行。

中下承式拱吊杆和柔性系杆拱钢筋连接检验批质量验收记录

表 CJJ 2-8-8-53

本表按“通用表式”的表 CJJ 2-通-2-3 中有关质量标准执行。

中下承式拱吊杆和柔性系杆拱钢筋安装检验批质量验收记录

表 CJJ 2-8-8-54

本表按“通用表式”的表 CJJ 2-通-2-4 中有关质量标准执行。

【中下承式拱吊杆和柔性系杆拱混凝土】

中下承式拱吊杆和柔性系杆拱混凝土原材料检验批质量验收记录

表 CJJ 2-8-8-55

按“通用表式”的表 CJJ 2-通-3-1 中有关质量标准执行。

中下承式拱吊杆和柔性系杆拱混凝土配合比检验批质量验收记录 表 CJJ 2-8-8-56

本表按“通用表式”的表 CJJ 2-通-3-2 中有关质量标准执行。

中下承式拱吊杆和柔性系杆拱混凝土施工检验批质量验收记录 表 CJJ 2-8-8-57

本表按“通用表式”的表 CJJ 2-通-3-3A 中有关质量标准执行。

2. 且应符合中下承式拱吊杆和柔性系杆拱质量检验的规定（表 CJJ 2-8-8-58）。

【中下承式拱吊杆和柔性系杆拱质量检验】

【中下承式拱吊杆和柔性系杆拱质量检验检验批质量验收记录】

中下承式拱吊杆和柔性系杆拱质量检验检验批质量验收记录　表 CJJ 2-8-8-58

工程名称					
施工单位					
分项工程名称			施工班组长		
验收部位			专业工长		
施工执行标准名称及编号			项目经理		
检控项目	质量验收规范规定		施工单位检查评定记录		监理（建设）单位验收记录
主控项目	第 16.10.7 条　中下承式拱吊杆和柔性系杆拱质量检验应符合 CJJ 2—2008 规范第 16.10.1 条规定，且应符合下列规定： 1　吊杆、系杆及其锚具的材质、规格和技术性能规定 2　吊杆、系杆防护规定				
一般项目	项目（第 16.10.7 条 3 款 表 16.10.7-1）		允许偏差（mm）	量测值（mm）	
	吊杆长度		±l/1000，且±10		
	吊杆拉力	允许	应符合设计要求		
		极值	下承式拱吊杆拉力偏差 20%		
	吊点位置		10		
	吊点高程	高程	±10		
		两侧高差	20		
	项目（第 16.10.7 条 4 款 表 16.10.7-2）		允许偏差（mm）	量测值（mm）	
	张拉应力（MPa）		符合设计要求		
	张拉伸长率（%）		符合设计规定		
施工单位检查评定结果	项目专业质量检查员：　　　　年　月　日				
监理（建设）单位验收结论	专业监理工程师： （建设单位项目专业技术负责人）：　　　　年　月　日				

注：1. l 为吊杆长度。

2. 中下承式拱吊杆和柔性系杆拱质量检验系完成中下承式拱吊杆和柔性系杆拱的各子项后进行的检查和验收。

【检查验收时执行的规范条目】

16.10.7 中下承式拱吊杆和柔性系杆拱质量检验应符合 CJJ 2—2008 规范第 16.10.1 条规定，且应符合下列规定：

主控项目

1 吊杆、系杆及其锚具的材质、规格和技术性能应符合国家现行标准和设计规定。

检查数量：全数检查或按检验方案确定。

检验方法：检查产品合格证和出厂检验报告、检查进场验收记录和复验报告。

2 吊杆、系杆防护必须符合设计要求和 CJJ 2—2008 规范第 14.3.1 条有关规定。

检查数量：涂装遍数全数检查；涂层厚度每批构件抽查 10%，且同类构件不少于 3 件。

检验方法：观察、检查施工记录；用干膜测厚仪检查。

第 14.3.1 条 钢板梁制作质量检验应符合下列规定：

5 涂装检验应符合下列要求：

1）涂装前钢材表面不得有焊渣、灰尘、油污、水和毛刺等。钢材表面除锈等级和粗糙度应符合设计要求。

检查数量：全数检查。

检验方法：观察、用现行国家标准《涂装前钢材表面锈蚀等级和除锈等级》GB 8923 规定的标准图片对照检查。

2）涂装遍数应符合设计要求，每一涂层的最小厚度不应小于设计要求厚度的 90%，涂装干膜总厚度不得小于设计要求厚度。

检查数量：按设计规定数量检查，设计无规定时，每 $10m^2$ 检测 5 处，每处的数值为 3 个相距 50mm 测点涂层干漆膜厚度的平均值。

检验方法：用干膜测厚仪检查。

3）热喷铝涂层应进行附着力检查。

检查数量：按出厂批每批构件抽查 10%，且同类构件不少于 3 件，每个构件检测 5 处。

检验方法：在 15mm×15mm 涂层上用刀刻划平行线，两线距离为涂层厚度的 10 倍，两条线内的涂层不得从钢材表面翘起。

一般项目

3 吊杆的制作与安装允许偏差应符合表 16.10.7-1 的规定。

吊杆的制作与安装允许偏差 **表 16.10.7-1**

<table>
<tr><th colspan="2" rowspan="2">项目</th><th rowspan="2">允许偏差
(mm)</th><th colspan="2">检验频率</th><th rowspan="2">检验方法</th></tr>
<tr><th>范围</th><th>点数</th></tr>
<tr><td colspan="2">吊杆长度</td><td>±l/1000，且±10</td><td rowspan="6">每吊杆每吊点</td><td>1</td><td>用钢尺量</td></tr>
<tr><td rowspan="2">吊杆拉力</td><td>允许</td><td>应符合设计要求</td><td rowspan="2">1</td><td rowspan="2">用测力仪（器）检查每吊杆</td></tr>
<tr><td>极值</td><td>下承式拱吊杆拉力偏差 20%</td></tr>
<tr><td colspan="2">吊点位置</td><td>10</td><td>1</td><td>用经纬仪测量</td></tr>
<tr><td rowspan="2">吊点高程</td><td>高程</td><td>±10</td><td rowspan="2">1</td><td rowspan="2">用水准仪测量</td></tr>
<tr><td>两侧高差</td><td>20</td></tr>
</table>

注：l 为吊杆长度。

4 柔性系杆张拉应力和伸长率应符合表 16.10.7-2 的规定。

柔性系杆张拉应力和伸长率　　　　表 16.10.7-2

项　　目	允许偏差 (mm)	检验频率		检验方法
		范围	点数	
张拉应力（MPa）	符合设计要求	每根	1	查油压表读数
张拉伸长率（%）	符合设计规定		1	用钢尺量

【检验批验收应提供的核查资料】

中下承式拱吊杆和柔性系杆拱质量检验批验收应提供的核查资料　　　　表 CJJ 2-8-8-58a

序号	核查资料名称	核查要点
1	吊杆、系杆及锚具产品合格证	吊杆、系杆及锚具数量、生产厂家、产品符合标准规定
2	吊杆、系杆及锚具出厂检验报告	吊杆、系杆及锚具相关技术参数，应符合标准规定
3	施工记录（施工工艺、质量状况）	施工记录内容的完整性（资料名称项下括号内的内容）
4	涂层厚度检测报告	试验单位资质、代表数量、日期、性能，与设计、标准的符合性

注：1. 合理缺项除外；2. 表列凡有性能要求的均应符合设计和规范要求。

附：规范规定的施工过程控制要点

16.7.1 钢筋混凝土或钢管混凝土拱肋施工应符合 CJJ 2—2008 规范第 16.3～16.6 节有关规定。

16.7.2 钢吊杆、系杆及锚具的材料、规格和各项技术性能必须符合国家现行标准规定和设计要求。

16.7.3 锚垫板平面必须与孔道轴线垂直。

16.7.4 钢吊杆、系杆防护必须符合设计和国家现行标准的规定。

【转体施工拱】

1. 转体施工拱质量检验应符合 CJJ 2—2008 规范第 16.10.1 条规定。

第 16.10.1 条　拱部和拱上结构施工中涉模板和拱架、钢筋、混凝土、预应力混凝土、砌体质量检验应符合本规范第 5.4、6.5、7.13、8.5、9.6 节的有关规定。

转体施工拱施工，根据 5.4（模板、支架和拱架的制作及安装检验标准，模板、支架和拱架的拆除）、6.5（钢筋原材料、钢筋加工、钢筋连接、钢筋安装的检验标准）、7.13（混凝土原材料、混凝土配合比、混凝土施工的检验标准）、8.5（预应力材料及器材、预应力钢筋制作、预应力施工、预应力混凝土施工）节规定，分别编制成下列各节的检验批质量验收记录用表。

【转体施工拱模板和拱架】

转体施工拱模板和拱架制作检验批质量验收记录　表 CJJ 2-8-8-59

本表按"通用表式"的表 CJJ 2-通-1-1 中有关质量标准执行。

转体施工拱模板和拱架安装检验批质量验收记录　表 CJJ 2-8-8-60

本表按"通用表式"的表 CJJ 2-通-1-2 中有关质量标准执行。

转体施工拱模板和拱架拆除检验批质量验收记录　表 CJJ 2-8-8-61

本表按"通用表式"的表 CJJ 2-通-1-3 中有关质量标准执行。

【转体施工拱钢筋】

转体施工拱钢筋原材料检验批质量验收记录　表 CJJ 2-8-8-62

本表按"通用表式"的表 CJJ 2-通-2-1 中有关质量标准执行。

转体施工拱钢筋加工检验批质量验收记录　表 CJJ 2-8-8-63

本表按"通用表式"的表 CJJ 2-通-2-2 中有关质量标准执行。

转体施工拱钢筋连接检验批质量验收记录　表 CJJ 2-8-8-64

本表按"通用表式"的表 CJJ 2-通-2-3 中有关质量标准执行。

转体施工拱钢筋安装检验批质量验收记录　表 CJJ 2-8-8-65

本表按"通用表式"的表 CJJ 2-通-2-4 中有关质量标准执行。

【转体施工拱混凝土】

转体施工拱混凝土原材料检验批质量验收记录　表 CJJ 2-8-8-66

本表按"通用表式"的表 CJJ 2-通-3-1 中有关质量标准执行。

转体施工拱混凝土配合比检验批质量验收记录　表 CJJ 2-8-8-67

本表按"通用表式"的表 CJJ 2-通-3-2 中有关质量标准执行。

转体施工拱混凝土施工检验批质量验收记录　表 CJJ 2-8-8-68

本表按"通用表式"的表 CJJ 2-通-3-3A 中有关质量标准执行。

【转体施工拱预应力混凝土】

转体施工拱预应力混凝土预应力材料及器材检验批质量验收记录

表 CJJ 2-8-8-69

本表按“通用表式”的表 CJJ 2-通-4-1 中有关质量标准执行。

转体施工拱预应力混凝土预应力钢筋制作检验批质量验收记录

表 CJJ 2-8-8-70

本表按“通用表式”的表 CJJ 2-通-4-2 中有关质量标准执行。

转体施工拱预应力混凝土后张法预应力施工检验批质量验收记录

表 CJJ 2-8-8-71

本表按“通用表式”的表 CJJ 2-通-4-3B 中有关质量标准执行。

【转体施工拱预应力混凝土施工】

转体施工拱预应力混凝土原材料检验批质量验收记录

表 CJJ 2-8-8-72A

本表按“通用表式”的表 CJJ 2-通-4-4 中有关质量标准执行。

转体施工拱预应力混凝土配合比检验批质量验收记录

表 CJJ 2-8-8-72B

本表按“通用表式”的表 CJJ 2-通-4-5 中有关质量标准执行。

转体施工拱预应力混凝土施工检验批质量验收记录

表 CJJ 2-8-8-72C

本表按“通用表式”的表 CJJ 2-通-4-6 中有关质量标准执行。

2. 且应符合转体施工拱质量检验的规定（表 CJJ 2-8-8-73）。

注：转体施工拱质量检验系完成转体施工拱的各子项后进行的检查和验收。

【转体施工拱质量检验】

【转体施工拱质量检验检验批质量验收记录】

转体施工拱质量检验检验批质量验收记录　　　　表 CJJ 2-8-8-73

工程名称			
施工单位			
分项工程名称		施工班组长	
验收部位		专业工长	
施工执行标准名称及编号		项目经理	

检控项目	质量验收规范规定		施工单位检查评定记录										监理（建设）单位验收记录
主控项目	第 16.10.8 条　转体施工拱质量检验应符合 CJJ 2—2008 规范第 16.10.1 条规定，且应符合下列规定： 1　转动设施和锚固体系应安全可靠 2　双侧对称施工误差应控制在设计规定的范围内 3　合龙段两侧高差必须在设计规定的允许范围内 4　封闭转盘和合龙段混凝土强度应符合设计要求												
一般项目	第 16.10.8 条中的 5　转体施工拱允许偏差												
	项　　目	允许偏差（mm）	量测值（mm）										
	轴线偏位	$L/6000$											
	拱顶高程	±20											
	同一横截面两侧或相邻上部构件高差	10											
施工单位检查评定结果	项目专业质量检查员：　　　　年　月　日												
监理（建设）单位验收结论	专业监理工程师： （建设单位项目专业技术负责人）：　　　　年　月　日												

注：L 为跨径。

【检查验收时执行的规范条目】

16.10.8　转体施工拱质量检验应符合 CJJ 2—2008 规范第 16.10.1 条规定，且应符合下列规定：

主控项目

1　转动设施和锚固体系应安全可靠。

检查数量：全数检查。　　检验方法：观察、检查施工记录、用仪器检测或量测。

2　双侧对称施工误差应控制在设计规定的范围内。

检查数量：全数检查。　　检验方法：观察、检查施工记录。

3　合龙段两侧高差必须在设计规定的允许范围内。

检查数量：全数检查。　　检验方法：用水准仪测量、检查施工记录。

4　封闭转盘和合龙段混凝土强度应符合设计要求。

检查数量：每个合龙段、转盘全数检查（至少留置2组试件）。 检验方法：检查同条件养护试件强度试验报告。

一般项目

5 转体施工拱允许偏差应符合表16.10.8的规定。

转体施工拱允许偏差 **表16.10.8**

项目	允许偏差(mm)	检验频率		检验方法
		范围	点数	
轴线偏位	$L/6000$	每跨每肋	5	用经纬仪测量，拱脚、拱顶、$L/4$处
拱顶高程	±20		2～4	用水准仪测量
同一横截面两侧或相邻上部构件高差	10		5	用水准仪测量

注：L为跨径。

【检验批验收应提供的核查资料】

转体施工拱质量检验批验收应提供的核查资料 **表CJJ 2-8-8-73a**

序号	核查资料名称	核查要点
1	水泥、砂子、石子、外加剂、掺合料及其他材料出厂合格证	检查材料品种、数量、生产厂家、日期，与试验报告对应
2	水泥、外加剂、掺合料等材料出厂检验报告	检查品种、数量、日期、材料性能、质量，与合格证或质量证书对应
3	水泥、砂子、石子、外加剂、掺合料及其他材料进场验收记录	检查进场材料品种、代表数量、日期、质量，应与合格证或质量证书对应
4	水泥、砂子、石子、外加剂、掺合料及其他材料试验报告（见证取样）	核查相关试验报告必试项目、强度性能是否齐全和符合标准要求
5	氯化物、碱的总含量计算书（设计有要求时）	按设计要求核查其氯化物、碱的总含量
6	水质试验报告（见证取样，非饮用水或设计要求时提供）	核查水质，应符合混凝土生产用水标准
7	施工记录（施工工艺、浇筑与养护等）	施工记录内容的完整性（资料名称项下括号内的内容）
8	同条件混凝土试件强度试验报告（见证取样）	检查试验单位资质、代表数量、日期、性能，与设计、标准的符合性

注：1. 合理缺项除外；2. 表列凡有性能要求的均应符合设计和规范要求。

附：规范规定的施工过程控制要点

16.8.1 转体施工应充分利用地形，合理布置桥体预制场地，使支架稳固，易于施工。

16.8.2 施工中应控制结构的预制尺寸、质量和转盘体系的施工精度。

16.8.3 有平衡重平转施工应符合下列规定：

1 转体平衡重可利用桥台或另设临时配重。

2 箱形拱、肋拱宜采用外锚扣体系；桁架拱、刚架拱宜采用内锚扣（上弦预应力钢筋）体系。

3 当采用外锚扣体系时，扣索宜采用精轧螺纹钢筋、带镦头锚的高强钢丝、预应力钢绞线等高强材料，安全系数不得低于2。扣点应设在拱顶点附近。扣索锚点高程不得低于扣点。

4 当采用内锚扣体系时，扣索可利用结构钢筋或在其杆件内另穿入高强钢筋。完成桥体转体合龙，且浇筑接头混凝土达到设计强度时，应解除扣索张力。利用结构钢筋做锚索时应验算其强度。

5 张拉扣索时的桥体混凝土强度应达到设计要求，当设计无要求时，不应低于设计强度的80%，扣索应分批、分级张拉。扣索张拉至设计荷载后，应调整张拉力使桥体合龙高程符合要求。

6 转体合龙应符合下列要求：

1）应控制桥体高程和轴线，合龙接口相对偏差不得大于10mm。

2）合龙应选择当日最低温度进行。当合龙温度与设计要求偏差3℃或影响高程差±10mm时，应修正合龙高程。

3）合龙时，宜先采用钢楔临时固定，再施焊接头钢筋，浇筑接头混凝土，封固转盘。在混凝土达到设计强度的80%后，再分批、分级松扣，拆除扣、锚索。

7 转体牵引力应按下式计算：

$$T=\frac{2fGR}{3D}$$

式中 T——牵引力（kN）；

G——转体总重力（kN）；

R——铰柱半径（m）；

D——牵引力偶臂；

f——摩擦系数，无试验数据时，可取静摩擦系数为0.1～0.12，动摩擦系数为0.06～0.09。

8 牵引转动时应控制速度，角速度宜为0.01～0.02rad/min；桥体悬臂端线速度宜为1.5～2.0m/min。

16.8.4 无平衡重平转施工时，应符合下列规定：

1 应利用锚固体系代替平衡重。锚碇可设于引道或边坡岩层中。桥轴向可利用引桥的梁作为支撑，或采用预制、现浇的钢筋混凝土构件作支撑。非桥轴向（斜向）的支撑应采用预制或现浇的钢筋混凝土构件。

2 转动体系的下转轴宜设置在桩基上。扣索宜采用精轧螺纹钢筋，靠近锚块处宜接以柔性工作索。设于拱脚处的上转轴的轴心应按设计要求与下转轴的轴心设置偏心距。

3 尾索张拉宜在立柱顶部的锚梁（锚块）内进行，操作程序同于后张预应力施工。尾索张拉荷载达到设计要求后，应观测1～3d，如发现索间内力相差过大时，应再进行一次尾索张拉，以求均衡达到设计内力。

4 扣索张拉前应在支撑以及拱轴线上（拱顶、3/8、1/4、1/8跨径处）设立平面位置和高程观测点，在张拉前和张拉过程中应随时观测。每索应分级张拉至设计张拉力。

5 拱体旋转到距设计位置约5°时，应放慢转速，距设计位置相差1°时，可停止外力牵引转动，借助惯性就位。

6 当拱体采用双拱肋平转安装时，上下游拱体宜同步对称向桥轴线旋转。

7 当拱体采用两岸各预制半跨，平转安装就位，拱顶高程超差时，宜采用千斤顶张拉、松卸扣索的方法调整拱顶高差。

8 当台座和拱顶合龙口混凝土达到设计强度的80%后，方可对称、均衡地卸除扣索。

9 尾索张拉、扣索张拉、拱体平转、合龙卸扣等工序，必须进行施工观测。

16.8.5 竖转法施工时，应符合下列规定：

1 竖转法施工适用于混凝土肋拱、钢筋混凝土拱。

2 应根据提升能力确定转动单元，宜以横向连接为整体的双肋为一个转动单元。

3 转动速度宜控制在0.005～0.01rad/min。

4 合龙混凝土和转动铰封填混凝土达到设计强度后，方可拆除提升体系。

【拱上结构】

1. 拱上结构质量检验应符合 CJJ 2—2008 规范第 16.10.1 条规定。

第 16.10.1 条　拱部与拱上结构施工中涉及模板和拱架、钢筋、混凝土、预应力混凝土、砌体的质量检验应符合本规范第 5.4、6.5、7.13、8.5、9.6 节的有关规定。

拱上结构施工，根据 5.4（模板、支架和拱架的制作及安装检验标准，模板、支架和拱架的拆除）、6.5（钢筋原材料、钢筋加工、钢筋连接、钢筋安装的检验标准）、7.13（混凝土原材料、混凝土配合比、混凝土施工的检验标准）、8.5（预应力材料及器材、预应力钢筋制作、预应力施工、预应力混凝土施工）节规定，分别编制成下列各节的检验批质量验收记录用表。

【拱上结构模板和拱架】

拱上结构模板和拱架制作检验批质量验收记录　　表 CJJ 2-8-8-74

本表按“通用表式”的表 CJJ 2-通-1-1 中有关质量标准执行。

拱上结构模板和拱架安装检验批质量验收记录　　表 CJJ 2-8-8-75

本表按“通用表式”的表 CJJ 2-通-1-2 中有关质量标准执行。

拱上结构模板和拱架拆除检验批质量验收记录　　表 CJJ 2-8-8-76

本表按“通用表式”的表 CJJ 2-通-1-3 中有关质量标准执行。

【拱上结构钢筋】

拱上结构钢筋原材料检验批质量验收记录　　表 CJJ 2-8-8-77

本表按“通用表式”的表 CJJ 2-通-2-1 中有关质量标准执行。

拱上结构钢筋加工检验批质量验收记录　　表 CJJ 2-8-8-78

本表按“通用表式”的表 CJJ 2-通-2-2 中有关质量标准执行。

拱上结构钢筋连接检验批质量验收记录　　表 CJJ 2-8-8-79

本表按“通用表式”的表 CJJ 2-通-2-3 中有关质量标准执行。

拱上结构钢筋安装检验批质量验收记录　　表 CJJ 2-8-8-80

本表按“通用表式”的表 CJJ 2-通-2-4 中有关质量标准执行。

【拱上结构混凝土】

拱上结构混凝土原材料检验批质量验收记录　　表 CJJ 2-8-8-81

本表按“通用表式”的表 CJJ 2-通-3-1 中有关质量标准执行。

拱上结构混凝土配合比检验批质量验收记录　　表 CJJ 2-8-8-82

本表按“通用表式”的表 CJJ 2-通-3-2 中有关质量标准执行。

拱上结构混凝土施工检验批质量验收记录　　表 CJJ 2-8-8-83

本表按“通用表式”的表 CJJ 2-通-3-3A 中有关质量标准执行。

【拱上结构预应力混凝土】

拱上结构预应力混凝土预应力材料及器材检验批质量验收记录

表 CJJ 2-8-8-84

本表按“通用表式”的表 CJJ 2-通-4-1 中有关质量标准执行。

拱上结构预应力混凝土预应力钢筋制作检验批质量验收记录

表 CJJ 2-8-8-85

本表按“通用表式”的表 CJJ 2-通-4-2 中有关质量标准执行。

拱上结构预应力混凝土后张法预应力施工检验批质量验收记录

表 CJJ 2-8-8-86

本表按“通用表式”的表 CJJ 2-通-4-3B 中有关质量标准执行。

【拱上结构预应力混凝土施工】

拱上结构预应力混凝土原材料检验批质量验收记录

表 CJJ 2-8-8-87A

本表按“通用表式”的表 CJJ 2-通-4-4 中有关质量标准执行。

拱上结构预应力混凝土配合比检验批质量验收记录

表 CJJ 2-8-8-87B

本表按“通用表式”的表 CJJ 2-通-4-5 中有关质量标准执行。

拱上结构预应力混凝土施工检验批质量验收记录 表 CJJ 2-8-8-87C

本表按“通用表式”的表 CJJ 2-通-4-6 中有关质量标准执行。

2. 拱上结构质量检验的规定（表 CJJ 2-8-8-88）。

【拱上结构质量检验】

【拱上结构质量检验检验批质量验收记录】

拱上结构质量检验检验批质量验收记录　　　　表 CJJ 2-8-8-88

<table>
<tr><td>工程名称</td><td colspan="4"></td></tr>
<tr><td>施工单位</td><td colspan="4"></td></tr>
<tr><td>分项工程名称</td><td colspan="2"></td><td>施工班组长</td><td></td></tr>
<tr><td>验收部位</td><td colspan="2"></td><td>专业工长</td><td></td></tr>
<tr><td>施工执行标准名称及编号</td><td colspan="2"></td><td>项目经理</td><td></td></tr>
<tr><td>检控项目</td><td colspan="2">质量验收规范规定</td><td>施工单位检查评定记录</td><td>监理（建设）单位验收记录</td></tr>
<tr><td>主控项目</td><td colspan="2">第 16.10.9 条　拱上结构质量检验应符合 CJJ 2—2008 规范第 16.10.1 条规定。
拱上结构施工时间和顺序应符合设计和施工设计规定。
检查数量：全数检查。　检验方法：观察、检查试件强度试验报告。</td><td></td><td></td></tr>
<tr><td>施工单位检查评定结果</td><td colspan="4">项目专业质量检查员：　　　　年　月　日</td></tr>
<tr><td>监理（建设）单位验收结论</td><td colspan="4">专业监理工程师：
（建设单位项目专业技术负责人）：　　　　年　月　日</td></tr>
</table>

注：拱上结构质量检验系完成拱上结构的各子项后进行的检查和验收。

【检验批验收应提供的核查资料】

拱上结构质量检验批验收应提供的核查资料　　　　表 CJJ 2-8-8-88a

序号	核查资料名称	核查要点
1	施工记录（砌筑拱圈或混凝土拱圈施工工艺执行，拱上结构质量、砂浆或混凝土试块制作及强度）	施工记录内容的完整性（资料名称项下括号内的内容）
2	砂浆试块试验报告	砂浆强度等级、代表数量、日期、性能，与设计、标准符合性
3	混凝土试件强度试验报告（见证取样）	混凝土强度等级、代表数量、日期、性能，与设计、标准符合性

注：表列凡有性能要求的均应符合设计和规范要求。

附：规范规定的施工过程控制要点

16.9.1 拱桥的拱上结构，应按照设计规定程序施工。如设计无规定，可由拱脚至拱顶均衡、对称加载，使施工过程中的拱轴线与设计拱轴线尽量吻合。

16.9.2 在砌筑拱圈上砌筑拱上结构应符合下列规定：

1 当拱上结构在拱架卸架前砌筑时，合龙砂浆达到设计强度的30%即可进行。

2 当先卸架后砌拱上结构时，应待合龙砂浆达到设计强度的70%方可进行。

3 当采用分环砌筑拱圈时，应待上环合龙砂浆达到设计强度的70%方可砌筑拱上结构。

4 当采用预施压力调整拱圈应力时，应待合龙砂浆达到设计强度后方可砌筑拱上结构。

16.9.3 在支架上浇筑的混凝土拱圈，其拱上结构施工应符合下列规定：

1 拱上结构应在拱圈及间隔槽混凝土浇筑完成且混凝土强度达到设计强度以后进行施工。设计无规定时，可达到设计强度的30%以上；如封拱前需在拱顶施加预压力，应达到设计强度的75%以上。

2 立柱或横墙底座应与拱圈（拱肋）同时浇筑，立柱上端施工缝应设在横梁承托底面上。

3 相邻腹拱的施工进度应同步。

4 桥面系的梁与板宜同时浇筑。

5 两相邻伸缩缝间的桥面板应一次连续浇筑。

16.9.4 装配式拱桥的拱上结构施工，应待现浇接头和合龙缝混凝土强度达到设计强度的75%以上，且卸落支架后进行。

16.9.5 采用无支架施工的大、中跨径的拱桥，其拱上结构宜利用缆索吊装施工。

附：拱部与拱上结构子分部中的现浇混凝土拱圈、劲性骨架混凝土拱圈、装配式混凝土拱圈、钢管混凝土拱、中下承式拱等，当施工图设计采用预应力混凝土时，工程质量验收应按预应力混凝土项下表CJJ 2-通-4-1、表CJJ 2-通-4-2、表CJJ 2-通-4-3A、表CJJ 2-通-4-3B，以及预应力混凝土施工表CJJ 2-通-4-5、表CJJ 2-通-4-6有关质量标准执行。

【斜拉桥的主梁与拉索子分部工程】

斜拉桥的主梁与拉索子分部工程的质量验收包括：斜拉桥 0# 段混凝土浇筑；斜拉桥悬臂浇筑混凝土主梁；混凝土斜拉桥悬臂施工，墩顶梁段质量检验；支架上浇筑混凝土主梁；悬臂拼装混凝土主梁；悬臂钢箱梁；斜拉桥结合梁；斜拉桥拉索安装。

17.5.1 斜拉桥施工涉及模板与支架、钢筋、混凝土、预应力混凝土质量检验应符合 CJJ 2—2008 规范第 5.4、6.5、7.13、8.5 节的有关规定。

【斜拉桥 0# 段混凝土浇筑】

现浇混凝土索塔施工中涉及模板与支架、钢筋、混凝土、预应力混凝土质量检验应符合 CJJ 2—2008 规范第 5.4（模板、支架和拱架制作、安装及拆除）、6.5（钢筋原材料、钢筋加工、钢筋连接、钢筋安装）、7.13（混凝土原材料、混凝土配合比、混凝土施工）、8.5（预应力材料及器材、预应力钢筋制作、预应力施工、预应力混凝土施工）节规定。

【斜拉桥 0# 段混凝土浇筑模板与支架】

斜拉桥 0# 段混凝土浇筑模板与支架制作检验批质量验收记录

表 CJJ 2-8-9-1

本表按“通用表式”的表 CJJ 2-通-1-1 中有关质量标准执行。

斜拉桥 0# 段混凝土浇筑模板与支架安装检验批质量验收记录

表 CJJ 2-8-9-2

本表按“通用表式”的表 CJJ 2-通-1-2 中有关质量标准执行。

斜拉桥 0# 段混凝土浇筑模板与支架拆除检验批质量验收记录

表 CJJ 2-8-9-3

本表按“通用表式”的表 CJJ 2-通-1-3 中有关质量标准执行。

【斜拉桥 0# 段混凝土浇筑钢筋】

斜拉桥 0# 段混凝土浇筑钢筋原材料检验批质量验收记录

表 CJJ 2-8-9-4

本表按“通用表式”的表 CJJ 2-通-2-1 中有关质量标准执行。

斜拉桥 0# 段混凝土浇筑钢筋加工检验批质量验收记录

表 CJJ 2-8-9-5

本表按“通用表式”的表 CJJ 2-通-2-2 中有关质量标准执行。

斜拉桥 0# 段混凝土浇筑钢筋连接检验批质量验收记录

表 CJJ 2-8-9-6

本表按“通用表式”的表 CJJ 2-通-2-3 中有关质量标准执行。

斜拉桥 0# 段混凝土浇筑钢筋安装检验批质量验收记录

表 CJJ 2-8-9-7

本表按“通用表式”的表 CJJ 2-通-2-4 中有关质量标准执行。

【斜拉桥 0# 段混凝土浇筑混凝土】

斜拉桥 0# 段混凝土浇筑混凝土原材料检验批质量验收记录

表 CJJ 2-8-9-8

本表按“通用表式”的表 CJJ 2-通-3-1 中有关质量标准执行。

斜拉桥 0# 段混凝土浇筑混凝土配合比检验批质量验收记录

表 CJJ 2-8-9-9

本表按“通用表式”的表 CJJ 2-通-3-2 中有关质量标准执行。

斜拉桥 0# 段混凝土浇筑混凝土施工检验批质量验收记录

表 CJJ 2-8-9-10

本表按“通用表式”的表 CJJ 2-通-3-3A 中有关质量标准执行。

【斜拉桥 0# 段混凝土浇筑预应力混凝土】

斜拉桥 0# 段混凝土浇筑预应力混凝土预应力材料及器材检验批质量验收记录

表 CJJ 2-8-9-11

本表按“通用表式”的表 CJJ 2-通-4-1 中有关质量标准执行。

斜拉桥 0# 段混凝土浇筑预应力混凝土预应力钢筋制作检验批质量验收记录

表 CJJ 2-8-9-12

本表按“通用表式”的表 CJJ 2-通-4-2 中有关质量标准执行。

斜拉桥 0# 段混凝土浇筑预应力混凝土后张法预应力施工检验批质量验收记录

表 CJJ 2-8-9-13

本表按“通用表式”的表 CJJ 2-通-4-3B 中有关质量标准执行。

【斜拉桥 0# 段混凝土浇筑预应力混凝土施工】

斜拉桥 0# 段混凝土浇筑预应力混凝土原材料检验批质量验收记录

表 CJJ 2-8-9-14A

本表按“通用表式”的表 CJJ 2-通-4-4 中有关质量标准执行。

斜拉桥 0# 段混凝土浇筑预应力混凝土配合比检验批质量验收记录

表 CJJ 2-8-9-14B

本表按“通用表式”的表 CJJ 2-通-4-5 中有关质量标准执行。

斜拉桥 0# 段混凝土浇筑预应力混凝土施工检验批质量验收记录

表 CJJ 2-8-9-14C

本表按“通用表式”的表 CJJ 2-通-4-6 中有关质量标准执行。

【斜拉桥悬臂浇筑混凝土主梁】

1. 悬臂浇筑混凝土主梁质量检验应符合 CJJ 2—2008 规范第 17.5.1 条规定。

第 17.5.1 条　斜拉桥施工涉及模板与拱架、钢筋、混凝土、预应力混凝土、砌体质量检验应符合本规范第 5.4、6.5、7.13、8.5 节的有关规定。

悬臂浇筑混凝土主梁施工，根据 5.4（模板、支架和拱架的制作及安装检验标准，模板、支架和拱架的拆除）、6.5（钢筋原材料、钢筋加工、钢筋连接、钢筋安装的检验标准）、7.13（混凝土原材料、混凝土配合比、混凝土施工的检验标准）、8.5（预应力材料及器材、预应力钢筋制作、预应力施工、预应力混凝土施工）节规定，分别编制成下列各节的检验批质量验收记录用表。

【斜拉桥悬臂浇筑混凝土主梁模板与支架】

斜拉桥悬臂浇筑混凝土主梁模板与支架制作检验批质量验收记录

表 CJJ 2-8-9-15

本表按“通用表式”的表 CJJ 2-通-1-1 中有关质量标准执行。

斜拉桥悬臂浇筑混凝土主梁模板与支架安装检验批质量验收记录

表 CJJ 2-8-9-16

本表按“通用表式”的表 CJJ 2-通-1-2 中有关质量标准执行。

斜拉桥悬臂浇筑混凝土主梁模板与支架拆除检验批质量验收记录

表 CJJ 2-8-9-17

本表按“通用表式”的表 CJJ 2-通-1-3 中有关质量标准执行。

【斜拉桥悬臂浇筑混凝土主梁钢筋】

斜拉桥悬臂浇筑混凝土主梁钢筋原材料检验批质量验收记录

表 CJJ 2-8-9-18

本表按“通用表式”的表 CJJ 2-通-2-1 中有关质量标准执行。

斜拉桥悬臂浇筑混凝土主梁钢筋加工检验批质量验收记录

表 CJJ 2-8-9-19

本表按“通用表式”的表 CJJ 2-通-2-2 中有关质量标准执行。

斜拉桥悬臂浇筑混凝土主梁钢筋连接检验批质量验收记录

表 CJJ 2-8-9-20

本表按“通用表式”的表 CJJ 2-通-2-3 中有关质量标准执行。

斜拉桥悬臂浇筑混凝土主梁钢筋安装检验批质量验收记录

表 CJJ 2-8-9-21

本表按“通用表式”的表 CJJ 2-通-2-4 中有关质量标准执行。

【斜拉桥悬臂浇筑混凝土主梁混凝土】

斜拉桥悬臂浇筑混凝土主梁混凝土原材料检验批质量验收记录

表 CJJ 2-8-9-22

本表按“通用表式”的表 CJJ 2-通-3-1 中有关质量标准执行。

斜拉桥悬臂浇筑混凝土主梁混凝土配合比检验批质量验收记录

表 CJJ 2-8-9-23

本表按“通用表式”的表 CJJ 2-通-3-2 中有关质量标准执行。

斜拉桥悬臂浇筑混凝土主梁混凝土施工检验批质量验收记录

表 CJJ 2-8-9-24

本表按“通用表式”的表 CJJ 2-通-3-3A 中有关质量标准执行。

【斜拉桥悬臂浇筑混凝土主梁预应力混凝土】

斜拉桥悬臂浇筑混凝土主梁预应力混凝土预应力材料及器材检验批质量验收记录

表 CJJ 2-8-9-25

本表按“通用表式”的表 CJJ 2-通-4-1 中有关质量标准执行。

斜拉桥悬臂浇筑混凝土主梁预应力混凝土预应力钢筋制作检验批质量验收记录

表 CJJ 2-8-9-26

本表按“通用表式”的表 CJJ 2-通-4-2 中有关质量标准执行。

斜拉桥悬臂浇筑混凝土主梁预应力混凝土后张法预应力施工检验批质量验收记录

表 CJJ 2-8-9-27

本表按“通用表式”的表 CJJ 2-通-4-3B 中有关质量标准执行。

【斜拉桥悬臂浇筑混凝土主梁预应力混凝土施工】

斜拉桥悬臂浇筑混凝土主梁预应力混凝土原材料检验批质量验收记录

表 CJJ 2-8-9-28A

本表按“通用表式”的表 CJJ 2-通-4-4 中有关质量标准执行。

斜拉桥悬臂浇筑混凝土主梁预应力混凝土配合比检验批质量验收记录

表 CJJ 2-8-9-28B

本表按“通用表式”的表 CJJ 2-通-4-5 中有关质量标准执行。

斜拉桥悬臂浇筑混凝土主梁预应力混凝土施工检验批质量验收记录

表 CJJ 2-8-9-28C

本表按“通用表式”的表 CJJ 2-通-4-6 中有关质量标准执行。

2. 且应符合斜拉桥悬臂浇筑混凝土主梁质量检验的规定（表 CJJ 2-8-9-29）。

【斜拉桥悬臂浇筑混凝土主梁质量检验】

【斜拉桥悬臂浇筑混凝土主梁质量检验检验批质量验收记录】

斜拉桥悬臂浇筑混凝土主梁质量检验检验批质量验收记录　　表 CJJ 2-8-9-29

工程名称			
施工单位			
分项工程名称		施工班组长	
验收部位		专业工长	
施工执行标准名称及编号		项目经理	

检控项目	质量验收规范规定			施工单位检查评定记录										监理（建设）单位验收记录
主控项目	第 17.5.5 条　悬臂浇筑混凝土主梁质量检验应符合 CJJ 2—2008 规范第 17.5.1 条规定，且应符合下列规定： 1　悬臂浇筑必须对称进行 2　合龙段两侧的高差必须在设计允许范围内 3　混凝土表面不得出现露筋、孔洞和宽度超过设计规定的受力裂缝													
一般项目	项目（第 17.5.5 条 4 款表 17.5.5）	允许偏差（mm）		量测值（mm）										
	轴线偏位	$L \leqslant 200m$	10											
		$L > 200m$	$L/20000$											
	断面尺寸	宽度	+5 −8											
		高度	+5 −8											
		壁厚	+5 0											
	长度	±10												
	节段高差	5												
	预应力筋轴线偏位	10												
	拉索索力	符合设计和施工控制要求												
	索管轴线偏位	10												
	横坡（%）	±0.15												
	平整度	8												
	预埋件位置	5												
	第 17.5.5 条 5 款　梁体线形平顺、梁段接缝处无明显折弯和错台，表面无蜂窝、麻面和大于 0.15mm 的收缩裂缝。													

施工单位检查评定结果	项目专业质量检查员：　　　　年　　月　　日
监理（建设）单位验收结论	专业监理工程师： （建设单位项目专业技术负责人）：　　　　年　　月　　日

注：1. L 为节段长度。　2. 规范规定的施工过程控制要点见【检查验收时执行的规范条目】。

3. 悬臂浇筑混凝土主梁质量检验系完成悬臂浇筑混凝土主梁各子项后进行的检查和验收。

【检查验收时执行的规范条目】

17.5.5 悬臂浇筑混凝土主梁质量检验应符合 CJJ 2—2008 规范第 17.5.1 条规定，且应符合下列规定：

主控项目

1 悬臂浇筑必须对称进行。

检查数量：全数检查。　　检验方法：观察。

2 合龙段两侧的高差必须在设计允许范围内。

检查数量：全数检查。　　检验方法：检查测量记录。

3 混凝土表面不得出现露筋、孔洞和宽度超过设计规定的受力裂缝。

检查数量：全数检查。　　检验方法：观察、用读数放大镜观测。

一般项目

4 悬臂浇筑混凝土主梁允许偏差应符合表 17.5.5 的规定。

悬臂浇筑混凝土主梁允许偏差　　**表 17.5.5**

项目	允许偏差（mm）		检验频率		检验方法
			范围	点数	
轴线偏位	$L\leqslant200$m	10	每段	2	用经纬仪测量
	$L>200$m	$L/20000$			
断面尺寸	宽度	+5 −8		3	用钢尺量端部和 $L/2$ 处
	高度	+5 −8		3	用钢尺量端部和 $L/2$ 处
	壁厚	+5 0		8	用钢尺量前端
长度	±10			4	用钢尺量顶板和底板两侧
节段高差	5			3	用钢尺量底板两侧和中间
预应力筋轴线偏位	10		每个管道	1	用钢尺量
拉索索力	符合设计和施工控制要求		每索	1	用测力计
索管轴线偏位	10		每索	1	用经纬仪测量
横坡（%）	±0.15		每段	1	用水准仪测量
平整度	8		每段	1	用 2m 直尺、塞尺量，竖直、水平两个方向，每侧每 10m 梁长测 1 点
预埋件位置	5		每件	2	经纬仪放线，用钢尺量

注：L 为节段长度。

5 梁体线形平顺、梁段接缝处无明显折弯和错台，表面无蜂窝、麻面和大于 0.15mm 的收缩裂缝。

检查数量：全数检查。　　检验方法：观察、用读数放大镜观测。

【检验批验收应提供的核查资料】

斜拉桥悬臂浇筑混凝土主梁质量检验检验批验收应提供的核查资料

表 CJJ 2-8-9-29a

序号	核查资料名称	核查要点
1	水泥、砂子、石子、外加剂、掺合料及其他材料出厂合格证	检查材料品种、数量、生产厂家、日期，与试验报告对应
2	水泥、外加剂、掺合料等材料出厂检验报告	检查品种、数量、日期、材料性能、质量，与合格证或质量证书对应
3	水泥、砂子、石子、外加剂、掺合料及其他材料进场验收记录	检查进场材料品种、代表数量、日期、质量，应与合格证或质量证书对应
4	水泥、砂子、石子、外加剂、掺合料及其他材料试验报告（见证取样）	核查相关试验报告必试项目、强度性能是否齐全和符合标准要求
5	氯化物、碱的总含量计算书（设计有要求时）	按设计要求核查其氯化物、碱的总含量
6	水质试验报告（见证取样，非饮用水或设计要求时提供）	核查水质，应符合混凝土生产用水标准
7	施工记录（施工工艺、浇筑与养护等）	施工记录内容的完整性（资料名称项下括号内的内容）
8	同条件混凝土试件强度试验报告（见证取样）	检查试验单位资质、代表数量、日期、性能，与设计、标准的符合性

注：1. 合理缺项除外；2. 表列凡有性能要求的均应符合设计和规范要求。

附：规范规定的施工过程控制要点

17.2.1 施工前应根据梁体类型、地理环境条件、交通运输条件、结构特点等综合因素选择适宜的施工方案与施工设备。

17.2.2 当设计采用非塔、梁固结形式时，必须采取塔、梁临时固结措施，且解除临时固结的程序必须经设计确认。在解除过程中必须对拉索索力、主梁标高、索塔和主梁内力与索塔位移进行监控。

17.2.3 主梁施工时应缩短双悬臂持续时间，尽快使一侧固定，必要时应采取临时抗风措施。

17.2.4 主梁施工前，应先确定主梁上的施工机具设备的数量、质量、位置及其在施工过程中的位置变化情况，施工中不得随意增加设备或随意移动。

17.2.5 采用挂篮悬浇法或悬拼法施工之前，挂篮或悬拼设备应进行检验和试拼，确认合格后方可在现场整体组装；组装完成经检验合格后，必须根据设计荷载及技术要求进行预压，检验其刚度、稳定性、高程及其他技术性能，并消除非弹性变形。

17.2.6 混凝土主梁施工应符合下列规定：

1 支架法现浇施工应消除温差、支架变形等因素对结构变形与施工质量产生的不良影响。支架搭设完成后应进行检验，必要时可进行静载试验。

2 挂篮法悬浇施工应符合 CJJ 2—2008 规范第 13 章有关规定。

3 悬拼法施工主梁应符合下列要求：

1）应根据设计索距、吊装设备的能力等因素确定预制梁段的长度。

2）梁段预制宜采用长线台座、齿合密贴浇筑工艺。

3）梁段拼接宜采用环氧树脂拼接缝，拼前应清除拼接面的污垢、油渍与混凝土残渣，并保持干燥。严禁修补梁段的拼接面。

4）接缝材料的强度应大于混凝土结构设计强度，拼接时应避免粘结材料受挤压而进入预应力预留孔道。

5）梁段拼接后应及时进行梁体预应力与挂索张拉。

4 合龙段现浇混凝土施工应符合下列要求：

1）合龙段相毗邻的梁端部应预埋临时连接钢构件。

2）合龙段两端的梁段安装定位后，应及时将连接钢构件焊连一体，再进行混凝土合龙施工，并按设计要求适时解除临时连接。

3）合龙前应不间断地观测数日的昼夜环境温度场变化与合龙高程及合龙口长度变化的关系，同时应考虑风力对合龙精度的影响，综合诸因素确定适宜的合龙时间。

4）合龙段现浇混凝土宜选择补偿收缩且早强混凝土。

5）合龙前应按设计要求将合龙段两端的梁体分别向桥墩方向顶出一定距离。

【混凝土斜拉桥悬臂施工，墩顶梁段质量检验】

1. 混凝土斜拉桥悬臂施工，墩顶梁段质量检验应符合 CJJ 2—2008 规范第 17.5.1 条规定。

第 17.5.1 条　斜拉桥施工涉及模板与拱架、钢筋、混凝土、预应力混凝土、砌体质量检验应符合本规范第 5.4、6.5、7.13、8.5 节的有关规定。

混凝土斜拉桥悬臂施工、墩顶梁段施工，根据 5.4（模板、支架和拱架的制作及安装检验标准，模板、支架和拱架的拆除）、6.5（钢筋原材料、钢筋加工、钢筋连接、钢筋安装的检验标准）、7.13（混凝土原材料、混凝土配合比、混凝土施工的检验标准）、8.5（预应力材料及器材、预应力钢筋制作、预应力施工、预应力混凝土施工）节规定，分别编制成下列各节的检验批质量验收记录用表。

【混凝土斜拉桥悬臂施工，墩顶梁段模板与支架】

混凝土斜拉桥悬臂施工，墩顶梁段模板与支架制作检验批质量验收记录

表 CJJ 2-8-9-30

本表按“通用表式”的表 CJJ 2-通-1-1 中有关质量标准执行。

混凝土斜拉桥悬臂施工，墩顶梁段模板与支架安装检验批质量验收记录

表 CJJ 2-8-9-31

本表按“通用表式”的表 CJJ 2-通-1-2 中有关质量标准执行。

混凝土斜拉桥悬臂施工，墩顶梁段模板与支架拆除检验批质量验收记录

表 CJJ 2-8-9-32

本表按“通用表式”的表 CJJ 2-通-1-3 中有关质量标准执行。

【混凝土斜拉桥悬臂施工，墩顶梁段钢筋】

混凝土斜拉桥悬臂施工，墩顶梁段钢筋原材料检验批质量验收记录

表 CJJ 2-8-9-33

本表按“通用表式”的表 CJJ 2-通-2-1 中有关质量标准执行。

混凝土斜拉桥悬臂施工，墩顶梁段钢筋加工检验批质量验收记录

表 CJJ 2-8-9-34

本表按“通用表式”的表 CJJ 2-通-2-2 中有关质量标准执行。

混凝土斜拉桥悬臂施工，墩顶梁段钢筋连接检验批质量验收记录

表 CJJ 2-8-9-35

本表按“通用表式”的表 CJJ 2-通-2-3 中有关质量标准执行。

混凝土斜拉桥悬臂施工，墩顶梁段钢筋安装检验批质量验收记录

表 CJJ 2-8-9-36

本表按“通用表式”的表 CJJ 2-通-2-4 中有关质量标准执行。

【混凝土斜拉桥悬臂施工，墩顶梁段混凝土】

混凝土斜拉桥悬臂施工，墩顶梁段混凝土原材料检验批质量验收记录

表 CJJ 2-8-9-37

本表按“通用表式”的表CJJ 2-通-3-1中有关质量标准执行。

混凝土斜拉桥悬臂施工，墩顶梁段混凝土配合比检验批质量验收记录

表CJJ 2-8-9-38

本表按“通用表式”的表CJJ 2-通-3-2中有关质量标准执行。

混凝土斜拉桥悬臂施工，墩顶梁段混凝土施工检验批质量验收记录

表CJJ 2-8-9-39

本表按“通用表式”的表CJJ 2-通-3-3A中有关质量标准执行。

【混凝土斜拉桥悬臂施工，墩顶梁段预应力混凝土】

混凝土斜拉桥悬臂施工，墩顶梁段预应力混凝土
预应力材料及器材检验批质量验收记录

表CJJ 2-8-9-40

本表按“通用表式”的表CJJ 2-通-4-1中有关质量标准执行。

混凝土斜拉桥悬臂施工，墩顶梁段预应力混凝土
预应力钢筋制作检验批质量验收记录

表CJJ 2-8-9-41

本表按“通用表式”的表CJJ 2-通-4-2中有关质量标准执行。

混凝土斜拉桥悬臂施工，墩顶梁段预应力
混凝土后张法预应力施工检验批质量验收记录

表CJJ 2-8-9-42

本表按“通用表式”的表CJJ 2-通-4-3B中有关质量标准执行。

【混凝土斜拉桥悬臂施工，墩顶梁段预应力混凝土施工】

混凝土斜拉桥悬臂施工，墩顶梁段预应力混凝土原材料检验批质量验收记录

表CJJ 2-8-9-43A

本表按“通用表式”的表CJJ 2-通-4-4中有关质量标准执行。

混凝土斜拉桥悬臂施工，墩顶梁段预应力混凝土配合比检验批质量验收记录

表CJJ 2-8-9-43B

本表按“通用表式”的表CJJ 2-通-4-5中有关质量标准执行。

混凝土斜拉桥悬臂施工，墩顶梁段预应力混凝土施工检验批质量验收记录

表CJJ 2-8-9-43C

本表按“通用表式”的表CJJ 2-通-4-6中有关质量标准执行。

2. 且应符合混凝土斜拉桥悬臂施工，墩顶梁段质量检验的规定（表CJJ 2-8-9-44）。

【混凝土斜拉桥悬臂施工，墩顶梁段质量检验】

【混凝土斜拉桥悬臂施工，墩顶梁段质量检验检验批质量验收记录】

混凝土斜拉桥悬臂施工，墩顶梁段质量检验检验批质量验收记录　　表 CJJ 2-8-9-44

<table>
<tr><td colspan="3">工程名称</td><td colspan="13"></td></tr>
<tr><td colspan="3">施工单位</td><td colspan="13"></td></tr>
<tr><td colspan="3">分项工程名称</td><td colspan="3"></td><td colspan="3">施工班组长</td><td colspan="7"></td></tr>
<tr><td colspan="3">验收部位</td><td colspan="3"></td><td colspan="3">专业工长</td><td colspan="7"></td></tr>
<tr><td colspan="3">施工执行标准名称及编号</td><td colspan="3"></td><td colspan="3">项目经理</td><td colspan="7"></td></tr>
<tr><td>检控项目</td><td colspan="4">质量验收规范规定</td><td colspan="10">施工单位检查评定记录</td><td>监理（建设）单位验收记录</td></tr>
<tr><td>主控项目</td><td colspan="4">第 17.5.3 条　混凝土斜拉桥悬臂施工，墩顶梁段质量检验应符合 CJJ 2—2008 规范第 17.5.1 条规定，且应符合下列规定：
1　梁段表面不得出现孔洞、露筋和宽度超过设计规定的受力裂缝。</td><td colspan="10"></td><td></td></tr>
<tr><td rowspan="12">一般项目</td><td colspan="4">第 17.5.3 条 2 款　混凝土斜拉桥墩顶梁段允许偏差</td><td colspan="10"></td><td rowspan="12"></td></tr>
<tr><td colspan="3">项　目</td><td>允许偏差（mm）</td><td colspan="10">量测值（mm）</td></tr>
<tr><td colspan="3">轴线偏位</td><td>跨径/10000</td><td></td><td></td><td></td><td></td><td></td><td></td><td></td><td></td><td></td><td></td></tr>
<tr><td colspan="3">顶面高程</td><td>±10</td><td></td><td></td><td></td><td></td><td></td><td></td><td></td><td></td><td></td><td></td></tr>
<tr><td rowspan="4">断面尺寸</td><td colspan="2">高度</td><td>+5，-10</td><td></td><td></td><td></td><td></td><td></td><td></td><td></td><td></td><td></td><td></td></tr>
<tr><td colspan="2">顶宽</td><td>±30</td><td></td><td></td><td></td><td></td><td></td><td></td><td></td><td></td><td></td><td></td></tr>
<tr><td colspan="2">底宽或肋间宽</td><td>±20</td><td></td><td></td><td></td><td></td><td></td><td></td><td></td><td></td><td></td><td></td></tr>
<tr><td colspan="2">顶、底、腹板厚或肋宽</td><td>+10
0</td><td></td><td></td><td></td><td></td><td></td><td></td><td></td><td></td><td></td><td></td></tr>
<tr><td colspan="3">横坡（%）</td><td>±0.15</td><td></td><td></td><td></td><td></td><td></td><td></td><td></td><td></td><td></td><td></td></tr>
<tr><td colspan="3">平整度</td><td>8</td><td></td><td></td><td></td><td></td><td></td><td></td><td></td><td></td><td></td><td></td></tr>
<tr><td colspan="3">预埋件位置</td><td>5</td><td></td><td></td><td></td><td></td><td></td><td></td><td></td><td></td><td></td><td></td></tr>
<tr><td colspan="4">第 17.5.3 条 3 款　梁段表面应无蜂窝、麻面和大于 0.15mm 的收缩裂缝。</td><td colspan="10"></td></tr>
<tr><td colspan="3">施工单位检查评定结果</td><td colspan="13">项目专业质量检查员：　　　　年　　月　　日</td></tr>
<tr><td colspan="3">监理（建设）单位验收结论</td><td colspan="13">专业监理工程师：
（建设单位项目专业技术负责人）：　　　　年　　月　　日</td></tr>
</table>

注：1. 规范规定的施工过程控制要点见【检查验收时执行的规范条目】。

2. 混凝土斜拉桥悬臂施工，墩顶梁段质量检验系完成混凝土斜拉桥悬臂施工，墩顶梁段的各子项后进行的检查和验收。

【检查验收时执行的规范条目】

17.5.3 混凝土斜拉桥悬臂施工，墩顶梁段质量检验应符合 CJJ 2—2008 规范第 17.5.1 条规定，且应符合下列规定：

主控项目

1 梁段表面不得出现孔洞、露筋和宽度超过设计规定的受力裂缝。

检查数量：全数检查。　　检验方法：观察、用读数放大镜观测。

一般项目

2 混凝土斜拉桥墩顶梁段允许偏差应符合表 17.5.3 的规定。

混凝土斜拉桥墩顶梁段允许偏差　　**表 17.5.3**

<table>
<tr><th colspan="2" rowspan="2">项　目</th><th rowspan="2">允许偏差
(mm)</th><th colspan="2">检验频率</th><th rowspan="2">检验方法</th></tr>
<tr><th>范围</th><th>点数</th></tr>
<tr><td colspan="2">轴线偏位</td><td>跨径/10000</td><td rowspan="8">每段</td><td>2</td><td>用经纬仪或全站仪测量，纵桥向 2 点</td></tr>
<tr><td colspan="2">顶面高程</td><td>±10</td><td>1</td><td>用水准仪测量</td></tr>
<tr><td rowspan="4">断面尺寸</td><td>高度</td><td>+5，-10</td><td rowspan="4">2</td><td rowspan="4">用钢尺量，2 个断面</td></tr>
<tr><td>顶宽</td><td>±30</td></tr>
<tr><td>底宽或肋间宽</td><td>±20</td></tr>
<tr><td>顶、底、腹板厚或肋宽</td><td>+10
0</td></tr>
<tr><td colspan="2">横坡（%）</td><td>±0.15</td><td>3</td><td>用水准仪测量，3 个断面</td></tr>
<tr><td colspan="2">平整度</td><td>8</td><td></td><td>用 2m 直尺、塞尺量，检查竖直、水平两个方向，每侧面每 10m 梁长测 1 处</td></tr>
<tr><td colspan="2">预埋件位置</td><td>5</td><td>每件</td><td>2</td><td>经纬仪放线，用钢尺量</td></tr>
</table>

3 梁段表面应无蜂窝、麻面和大于 0.15mm 的收缩裂缝。

检查数量：全数检查。　　检验方法：观察、用读数放大镜观测。

【检验批验收应提供的核查资料】

混凝土斜拉桥悬臂施工，墩顶梁段质量检验批质量验收应提供的核查资料

表 CJJ 2-8-9-44a

序号	核查资料名称	核查要点
1	水泥、砂子、石子、外加剂、掺合料及其他材料出厂合格证	检查材料品种、数量、生产厂家、日期，与试验报告对应
2	水泥、外加剂、掺合料等材料出厂检验报告	检查品种、数量、日期、材料性能、质量，与合格证或质量证书对应
3	水泥、砂子、石子、外加剂、掺合料及其他材料进场验收记录	检查进场材料品种、代表数量、日期、质量，应与合格证或质量证书对应
4	水泥、砂子、石子、外加剂、掺合料及其他材料试验报告（见证取样）	核查相关试验报告必试项目、强度性能是否齐全和符合标准要求
5	氯化物、碱的总含量计算书（设计有要求时）	按设计要求核查其氯化物、碱的总含量
6	水质试验报告（见证取样，非饮用水或设计要求时提供）	核查水质，应符合混凝土生产用水标准
7	施工记录（施工工艺、浇筑与养护等）	施工记录内容的完整性（资料名称项下括号内的内容）
8	同条件混凝土试件强度试验报告（见证取样）	检查试验单位资质、代表数量、日期、性能，与设计、标准的符合性

注：1. 合理缺项除外；2. 表列凡有性能要求的均应符合设计和规范要求。

【支架上浇筑混凝土主梁】

17.5.4 支架上浇筑混凝土主梁质量检验应符合 CJJ 2—2008 规范第 17.5.1 条和第 13.7.2 条规定。

1. 应符合 CJJ 2—2008 规范第 17.5.1 条的规定。

第 17.5.1 条 斜拉桥施工涉及模板与拱架、钢筋、混凝土、预应力混凝土、砌体质量检验应符合本规范第 5.4、6.5、7.13、8.5 节的有关规定。

支架上浇筑混凝土主梁施工，根据 5.4（模板、支架和拱架的制作及安装检验标准，模板、支架和拱架的拆除）、6.5（钢筋原材料、钢筋加工、钢筋连接、钢筋安装的检验标准）、7.13（混凝土原材料、混凝土配合比、混凝土施工的检验标准）、8.5（预应力材料及器材、预应力钢筋制作、预应力施工、预应力混凝土施工）节规定，分别编制成下列各节的检验批质量验收记录用表。

【支架上浇筑混凝土主梁模板与支架】

支架上浇筑混凝土主梁模板与支架制作检验批质量验收记录

表 CJJ 2-8-9-45

本表按"通用表式"的表 CJJ 2-通-1-1 中有关质量标准执行。

支架上浇筑混凝土主梁模板与支架安装检验批质量验收记录

表 CJJ 2-8-9-46

本表按"通用表式"的表 CJJ 2-通-1-2 中有关质量标准执行。

支架上浇筑混凝土梁（板）模板与支架拆除检验批质量验收记录

表 CJJ 2-8-9-47

本表按"通用表式"的表 CJJ 2-通-1-3 中有关质量标准执行。

【支架上浇筑混凝土主梁钢筋】

支架上浇筑混凝土主梁钢筋原材料检验批质量验收记录

表 CJJ 2-8-9-48

本表按"通用表式"的表 CJJ 2-通-2-1 中有关质量标准执行。

支架上浇筑混凝土主梁钢筋加工检验批质量验收记录

表 CJJ 2-8-9-49

本表按"通用表式"的表 CJJ 2-通-2-2 中有关质量标准执行。

支架上浇筑混凝土主梁钢筋连接检验批质量验收记录

表 CJJ 2-8-9-50

本表按"通用表式"的表 CJJ 2-通-2-3 中有关质量标准执行。

支架上浇筑混凝土主梁钢筋安装检验批质量验收记录

表 CJJ 2-8-9-51

本表按"通用表式"的表 CJJ 2-通-2-4 中有关质量标准执行。

【支架上浇筑混凝土主梁混凝土】

支架上浇筑混凝土主梁混凝土原材料检验批质量验收记录

表 CJJ 2-8-9-52

本表按"通用表式"的表 CJJ 2-通-3-1 中有关质量标准执行。

支架上浇筑混凝土主梁混凝土配合比检验批质量验收记录

表 CJJ 2-8-9-53

本表按"通用表式"的表 CJJ 2-通-3-2 中有关质量标准执行。

支架上浇筑混凝土主梁混凝土施工检验批质量验收记录

表 CJJ 2-8-9-54

本表按"通用表式"的表 CJJ 2-通-3-3A 中有关质量标准执行。

【支架上浇筑混凝土主梁预应力混凝土】

支架上浇筑混凝土主梁预应力混凝土预应力材料及器材检验批质量验收记录

表 CJJ 2-8-9-55

本表按"通用表式"的表 CJJ 2-通-4-1 中有关质量标准执行。

支架上浇筑混凝土主梁预应力混凝土预应力钢筋制作检验批质量验收记录

表 CJJ 2-8-9-56

本表按"通用表式"的表 CJJ 2-通-4-2 中有关质量标准执行。

支架上浇筑混凝土主梁预应力混凝土后张法预应力施工检验批质量验收记录

表 CJJ 2-8-9-57

本表按"通用表式"的表 CJJ 2-通-4-3B 中有关质量标准执行。

【支架上浇筑混凝土主梁预应力混凝土施工】

支架上浇筑混凝土主梁预应力混凝土原材料检验批质量验收记录

表 CJJ 2-8-9-58A

本表按"通用表式"的表 CJJ 2-通-4-4 中有关质量标准执行。

支架上浇筑混凝土主梁预应力混凝土配合比检验批质量验收记录

表 CJJ 2-8-9-58B

本表按"通用表式"的表 CJJ 2-通-4-5 中有关质量标准执行。

支架上浇筑混凝土主梁预应力混凝土施工检验批质量验收记录

表 CJJ 2-8-9-58C

本表按"通用表式"的表 CJJ 2-通-4-6 中有关质量标准执行。

2. 应符合 CJJ 2—2008 规范第 13.7.2 条的规定。

第 13.7.2 条　支架上浇筑梁（板）质量检验应符合 CJJ 2—2008 规范第 13.7.1 条规定，且应符合下列规定：

第 13.7.1 条　混凝土梁（板）施工中涉及模板与支架、钢筋、混凝土、预应力混凝土、砌体质量检验应符合本规范第 5.4、6.5、7.13、8.5 节的有关规定。

支架上浇筑梁（板）施工，根据 5.4（模板、支架和拱架的制作及安装检验标准，模板、支架和拱架的拆除）、6.5（钢筋原材料、钢筋加工、钢筋连接、钢筋安装的检验标准）、7.13（混凝土原材料、混凝土配合比、混凝土施工的检验标准）、8.5（预应力材料及器材、预应力钢筋制作、预应力施工、预应力混凝土施工）节规定，分别编制成下列各节的检验批质量验收记录用表。

支架上浇筑梁（板）质量检验要求同上。按表 CJJ 2-8-9-45～表 CJJ 2-8-9-58C 和支架上浇筑梁（板）质量检验批质量验收记录表 CJJ 2-8-1-14 执行。

【支架上浇筑梁（板）质量检验】

支架上浇筑梁（板）质量检验检验批质量验收记录　表 CJJ 2-8-1-14（重复利用）

【悬臂拼装混凝土主梁】

第 17.5.6 条　悬臂拼装混凝土主梁质量检验应符合 CJJ 2—2008 规范第 17.5.1 条和第 13.7.3 条有关规定。

1. 应符合 CJJ 2—2008 规范第 17.5.1 条规定。

第 17.5.1 条　斜拉桥施工涉及模板与拱架、钢筋、混凝土、预应力混凝土、砌体质量检验应符合本规范第 5.4、6.5、7.13、8.5 节的有关规定。

悬臂拼装混凝土主梁施工，根据 5.4（模板、支架和拱架的制作及安装检验标准，模板、支架和拱架的拆除）、6.5（钢筋原材料、钢筋加工、钢筋连接、钢筋安装的检验标准）、7.13（混凝土原材料、混凝土配合比、混凝土施工的检验标准）、8.5（预应力材料及器材、预应力钢筋制作、预应力施工、预应力混凝土施工）节规定，分别编制成下列各节的检验批质量验收记录用表。

【悬臂拼装混凝土主梁模板与支架】

悬臂拼装混凝土主梁模板与支架制作检验批质量验收记录

表 CJJ 2-8-9-59

本表按“通用表式”的表 CJJ 2-通-1-1 中有关质量标准执行。

悬臂拼装混凝土主梁模板与支架安装检验批质量验收记录

表 CJJ 2-8-9-60

本表按“通用表式”的表 CJJ 2-通-1-2 中有关质量标准执行。

悬臂拼装混凝土主梁板与支架拆除检验批质量验收记录

表 CJJ 2-8-9-61

本表按“通用表式”的表 CJJ 2-通-1-3 中有关质量标准执行。

【悬臂拼装混凝土主梁钢筋】

悬臂拼装混凝土主梁钢筋原材料检验批质量验收记录

表 CJJ 2-8-9-62

本表按“通用表式”的表 CJJ 2-通-2-1 中有关质量标准执行。

悬臂拼装混凝土主梁钢筋加工检验批质量验收记录 表 CJJ 2-8-9-63

本表按“通用表式”的表 CJJ 2-通-2-2 中有关质量标准执行。

悬臂拼装混凝土主梁钢筋连接检验批质量验收记录 表 CJJ 2-8-9-64

本表按“通用表式”的表 CJJ 2-通-2-3 中有关质量标准执行。

悬臂拼装混凝土主梁钢筋安装检验批质量验收记录 表 CJJ 2-8-9-65

本表按“通用表式”的表 CJJ 2-通-2-4 中有关质量标准执行。

【悬臂拼装混凝土主梁混凝土】

悬臂拼装混凝土主梁混凝土原材料检验批质量验收记录

表 CJJ 2-8-9-66

本表按“通用表式”的表 CJJ 2-通-3-1 中有关质量标准执行。

悬臂拼装混凝土主梁混凝土配合比检验批质量验收记录

表 CJJ 2-8-9-67

本表按“通用表式”的表 CJJ 2-通-3-2 中有关质量标准执行。

悬臂拼装混凝土主梁混凝土施工检验批质量验收记录

表 CJJ 2-8-9-68

本表按“通用表式”的表 CJJ 2-通-3-3A 中有关质量标准执行。

【悬臂拼装混凝土主梁预应力混凝土】

悬臂拼装混凝土主梁预应力混凝土预应力材料及器材检验批质量验收记录

表 CJJ 2-8-9-69

本表按“通用表式”的表 CJJ 2-通-4-1 中有关质量标准执行。

悬臂拼装混凝土主梁预应力混凝土预应力钢筋制作检验批质量验收记录

表 CJJ 2-8-9-70

本表按“通用表式”的表 CJJ 2-通-4-2 中有关质量标准执行。

悬臂拼装混凝土主梁预应力混凝土后张法预应力施工检验批质量验收记录

表 CJJ 2-8-9-71

本表按“通用表式”的表 CJJ 2-通-4-3B 中有关质量标准执行。

【悬臂拼装混凝土主梁预应力混凝土施工】

悬臂拼装混凝土主梁预应力混凝土原材料检验批质量验收记录

表 CJJ 2-8-9-72A

本表按“通用表式”的表 CJJ 2-通-4-4 中有关质量标准执行。

悬臂拼装混凝土主梁预应力混凝土配合比检验批质量验收记录

表 CJJ 2-8-9-72B

本表按“通用表式”的表 CJJ 2-通-4-5 中有关质量标准执行。

悬臂拼装混凝土主梁预应力混凝土施工检验批质量验收记录

表 CJJ 2-8-9-72C

本表按“通用表式”的表 CJJ 2-通-4-6 中有关质量标准执行。

2. 应符合第 13.7.3 条有关规定。

悬臂拼装混凝土主梁应用第 13.7.3 条预制安装梁（板）质量检验有关规定时，施工中涉及模板与支架、钢筋、混凝土、预应力混凝土质量检验应符合 CJJ 2—2008 规范第 5.4（模板、支架和拱架制作、安装及拆除）、6.5（钢筋原材料、钢筋加工、钢筋连接、钢筋安装）、7.13（混凝土原材料、混凝土配合比、混凝土施工）、8.5（预应力材料及器材、预应力钢筋制作、预应力施工、预应力混凝土施工）节规定。

第 13.7.3 条有关规定按第 13.7.1 条的规定执行。

3. 且应符合下面的规定：

按悬臂拼装混凝土主梁质量检验批质量验收的规定（表 CJJ 2-8-9-73）。

【悬臂拼装混凝土主梁质量检验】

【悬臂拼装混凝土主梁质量检验检验批质量验收记录】

悬臂拼装混凝土主梁质量检验检验批质量验收记录　　表 CJJ 2-8-9-73

<table>
<tr><td colspan="3">工程名称</td><td colspan="5"></td></tr>
<tr><td colspan="3">施工单位</td><td colspan="5"></td></tr>
<tr><td colspan="3">分项工程名称</td><td colspan="2"></td><td>施工班组长</td><td colspan="2"></td></tr>
<tr><td colspan="3">验收部位</td><td colspan="2"></td><td>专业工长</td><td colspan="2"></td></tr>
<tr><td colspan="3">施工执行标准名称及编号</td><td colspan="2"></td><td>项目经理</td><td colspan="2"></td></tr>
<tr><td>检控项目</td><td colspan="3">质量验收规范规定</td><td colspan="3">施工单位检查评定记录</td><td>监理（建设）单位验收记录</td></tr>
<tr><td>主控项目</td><td colspan="3">第 17.5.6 条　悬臂拼装混凝土主梁质量检验应符合 CJJ 2—2008 规范第 17.5.1 条和第 13.7.3 条有关规定，且应符合下列规定：
1　悬臂拼装必须对称进行。
2　合龙段两侧的高差必须在设计允许范围内。</td><td colspan="3"></td><td></td></tr>
<tr><td rowspan="8">一般项目</td><td colspan="6">第 17.5.6 条中的 3　悬臂拼装混凝土主梁允许偏差</td><td rowspan="8"></td></tr>
<tr><td>项　目</td><td colspan="2">允许偏差（mm）</td><td colspan="3">量测值（mm）</td></tr>
<tr><td>轴线偏位</td><td colspan="2">10</td><td colspan="3"></td></tr>
<tr><td>节段高差</td><td colspan="2">5</td><td colspan="3"></td></tr>
<tr><td>预应力筋轴线偏位</td><td colspan="2">10</td><td colspan="3"></td></tr>
<tr><td>拉索索力</td><td colspan="2">符合设计和施工控制要求</td><td colspan="3"></td></tr>
<tr><td>索管轴线偏位</td><td colspan="2">10</td><td colspan="3"></td></tr>
<tr><td colspan="3">第 17.5.6 条 4 款　梁体线形应平顺，梁段接缝处应无明显折弯和错台</td><td colspan="3"></td></tr>
<tr><td colspan="3">施工单位检查评定结果</td><td colspan="5">项目专业质量检查员：　　　　年　月　日</td></tr>
<tr><td colspan="3">监理（建设）单位验收结论</td><td colspan="5">专业监理工程师：
（建设单位项目专业技术负责人）：　　　　年　月　日</td></tr>
</table>

注：1. 规范规定的施工过程控制要点见【检查验收时执行的规范条目】。

2. 悬臂拼装混凝土主梁质量检验系完成悬臂拼装混凝土主梁的各子项后进行的检查和验收。

桥跨承重结构分部工程

【检查验收时执行的规范条目】

17.5.6 悬臂拼装混凝土主梁质量检验应符合 CJJ 2—2008 规范第 17.5.1 条和第 13.7.3 条有关规定，且应符合下列规定：

主控项目

1 悬臂拼装必须对称进行。

检查数量：全数检查。 检验方法：观察。

2 合龙段两侧的高差必须在设计允许范围内。

检查数量：全数检查。 检验方法：检查测量记录。

一般项目

3 悬臂拼装混凝土主梁允许偏差应符合表 17.5.6 的规定。

悬臂拼装混凝土主梁允许偏差 **表 17.5.6**

项目	允许偏差（mm）	检验频率		检验方法
		范围	点数	
轴线偏位	10	每段	2	用经纬仪测量
节段高差	5		3	用钢尺量底板，两侧和中间
预应力筋轴线偏位	10	每个管道	1	用钢尺量
拉索索力	符合设计和施工控制要求	每索	1	用测力计
索管轴线偏位	10	每索	1	用经纬仪测量

4 梁体线形应平顺，梁段接缝处应无明显折弯和错台。

检查数量：全数检查。 检验方法：观察。

【检验批验收应提供的核查资料】

悬臂拼装混凝土主梁质量检验批质量验收应提供的核查资料 表 CJJ 2-8-9-73a

序号	核查资料名称	核查要点
1	施工记录	施工记录内容的完整性
2	混凝土试件强度试验报告（见证取样）	强度等级、代表数量、日期、性能，与设计、标准要求符合性

注：表列凡有性能要求的均应符合设计和规范要求。

【悬拼钢箱梁】

第 17.5.7 条　钢箱梁的拼装质量检验应符合 CJJ 2—2008 规范第 14.3 节有关规定。

1. 应符合 CJJ 2—2008 规范第 14.3 节有关规定。

【钢箱梁拼装的现场安装】

钢箱梁拼装的现场安装检验批质量验收记录　表 CJJ 2-8-9-74

本表按钢梁子分部钢梁现场安装检验批质量验收记录表 CJJ 2-8-6-5 中有关质量标准执行。

2. 且应符合钢箱梁段制作与拼装质量检验的规定（表 CJJ 2-8-9-75A、表 CJJ 2-8-9-75B）。

钢箱梁段制作与拼装、钢箱梁拼装在支架上安装的质量检验分别按表 CJJ 2-8-9-75A、表 CJJ 2-8-9-75B 执行。

注：钢箱梁段制作与拼装质量检验系完成钢箱梁段制作与拼装的各子项后进行的检查和验收。

【钢箱梁段制作与拼装质量检验】

【钢箱梁段制作与拼装质量检验检验批质量验收记录】

钢箱梁段制作与拼装质量检验检验批质量验收记录　　表 CJJ 2-8-9-75A

工程名称			
施工单位			
分项工程名称		施工班组长	
验收部位		专业工长	
施工执行标准名称及编号		项目经理	

检控项目	质量验收规范规定				施工单位检查评定记录	监理（建设）单位验收记录
主控项目	第 17.5.7 条　钢箱梁的拼装质量检验应符合 CJJ 2—2008 规范第 14.3 节有关规定，且应符合下列规定： 1　悬臂拼装必须对称进行。					
一般项目	项目（第 17.5.7 条 2 款 表 17.5.7-1）			允许偏差（mm）	量测值（mm）	
	梁段长			±2		
	梁段桥面板四角高差			4		
	风嘴直线度偏差			L/2000，且≤6		
	端口尺寸	宽度		±4		
		中心高		±2		
		边高		±3		
		横断面对角线长度差		≤4		
	锚箱	锚点坐标		±4		
		斜拉索轴线角度（°）		0.5		
	梁段匹配性	纵桥向中心线偏差		1		
		顶、底、腹板对接间隙		+3 −1		
		顶、底、腹板对接错台		2		
	项目（第 17.5.7 条 3 款 表 17.5.7-2）			允许偏差（mm）	量测值（mm）	
	轴线偏位		L≤200m	10		
			L>200m	L/20000		
	拉索索力			符合设计和施工控制要求		
	梁锚固点高程或梁顶高程	梁段		满足施工控制要求		
		合龙段	L≤200m	±20		
			L>200m	±L/10000		
	梁顶水平度			20		
	相邻节段匹配高差			2		
	第 17.5.7 条 5 款　梁体线形应平顺，梁段间应无明显折弯					

施工单位检查评定结果	项目专业质量检查员：　　　　年　月　日
监理（建设）单位验收结论	专业监理工程师： （建设单位项目专业技术负责人）：　　年　月　日

注：1. L 为梁段长度。　2. 施工过程控制要点见【检查验收时执行的规范条目】。

【检查验收时执行的规范条目】

17.5.7 钢箱梁的拼装质量检验应符合 CJJ 2—2008 规范第 14.3 节有关规定，且应符合下列规定：

主控项目

1 悬臂拼装必须对称进行。

检查数量：全数检查。　　检验方法：观察。

一般项目

2 钢箱梁段制作允许偏差应符合表 17.5.7-1 的规定。

钢箱梁段制作允许偏差　　　　**表 17.5.7-1**

项目		允许偏差（mm）	检验频率		检验方法
			范围	点数	
梁段长		±2	每段每索	3	用钢尺量，中心线及两侧
梁段桥面板四角高差		4		4	用水准仪测量
风嘴直线度偏差		$L/2000$，且≤6		2	拉线、用钢尺量检查各风嘴边缘
端口尺寸	宽度	±4		2	用钢尺量两端
	中心高	±2		2	用钢尺量两端
	边高	±3		4	用钢尺量两端
	横断面对角线长度差	≤4		2	用钢尺量两端
锚箱	锚点坐标	±4		6	用经纬仪、垂球量测
	斜拉索轴线角度（°）	0.5		2	用经纬仪、垂球量测
梁段匹配性	纵桥向中心线偏差	1		2	用钢尺量
	顶、底、腹板对接间隙	+3 −1		2	用钢尺量
	顶、底、腹板对接错台	2		2	用钢板尺和塞尺量

注：L 为梁段长度。

3 钢箱梁悬臂拼装允许偏差应符合表 17.5.7-2 的规定。

钢箱梁悬臂拼装允许偏差　　　　**表 17.5.7-2**

项目		允许偏差（mm）		检验频率		检验方法
				范围	点数	
轴线偏位		L≤200m	10	每段	2	用经纬仪测量
		L>200m	$L/20000$			
拉索索力		符合设计和施工控制要求		每索	1	用测力计
梁锚固点高程或梁顶高程	梁段	满足施工控制要求		每段	1	用水准仪测量每个锚固点或梁段两端中点
	合龙段	L≤200m	±20			
		L>200m	±$L/10000$			
梁顶水平度		20			4	用水准仪测量梁顶四角
相邻节段匹配高差		2			1	用钢尺量

注：L 为跨度。

5 梁体线形应平顺，梁段间应无明显折弯。

检查数量：全数检查。　　检验方法：观察。

【检验批验收应提供的核查资料】

钢箱梁段制作与拼装质量检验检验批验收应提供的核查资料　　　　表 CJJ 2-8-9-75A1

序号	核查资料名称	核查要点
1	施工及焊接工艺方案	核查施工及焊接工艺方案的全面性、可行性
2	施工记录（中心偏移、弯曲矢高、对角线长度、挠度值、承载力试验等）	施工记录内容的完整性（资料名称项下括号内的内容）
3	拼装测量记录	核查拼装高差及测试结果

注：1. 合理缺项除外；2. 表列凡有性能要求的均应符合设计和规范要求。

附：规范规定的施工过程控制要点

17.2.7　钢主梁（构件）施工应符合下列规定：

1　主梁为钢箱梁时现场宜采用栓焊结合、全栓接方式连接，采用全焊接方式连接时，应采取防止温度变形措施。

2　当结合梁采用整体梁段预制安装时，混凝土桥面板之间应采用湿接头连接，湿接头应现浇补偿收缩混凝土；当结合梁采用先安装钢梁，现浇混凝土桥面板时，也可采用补偿收缩混凝土。

3　合龙前应不间断地观测数日的昼夜环境温度场变化、梁体温度场变化与合龙高程及合龙口长度变化的关系，确定合龙段的精确长度与适宜的合龙时间及实施程序，并应满足钢梁安装就位时高强螺栓定位、拧紧以及合龙后拆除墩顶段的临时固结装置所需的时间。

4　实地丈量计算合龙段长度时，应预估斜拉索的水平分力对钢梁压缩量的影响。

【钢箱梁拼装在支架上安装的质量检验】

【钢箱梁拼装在支架上安装的质量检验检验批质量验收记录】

钢箱梁拼装在支架上安装的质量检验检验批质量验收记录　表 CJJ 2-8-9-75B

<table>
<tr><td colspan="3">工程名称</td><td colspan="13"></td></tr>
<tr><td colspan="3">施工单位</td><td colspan="13"></td></tr>
<tr><td colspan="3">分项工程名称</td><td colspan="3"></td><td colspan="3">施工班组长</td><td colspan="7"></td></tr>
<tr><td colspan="3">验收部位</td><td colspan="3"></td><td colspan="3">专业工长</td><td colspan="7"></td></tr>
<tr><td colspan="3">施工执行标准名称及编号</td><td colspan="3"></td><td colspan="3">项目经理</td><td colspan="7"></td></tr>
<tr><td>检控项目</td><td colspan="4">质量验收规范规定</td><td colspan="10">施工单位检查评定记录</td><td>监理（建设）单位验收记录</td></tr>
<tr><td>主控项目</td><td colspan="4">第 17.5.7 条　钢箱梁的拼装质量检验应符合 CJJ 2—2008 规范第 14.3 节有关规定，且应符合下列规定：
1　悬臂拼装必须对称进行。</td><td colspan="10"></td><td></td></tr>
<tr><td rowspan="9">一般项目</td><td colspan="4">第 17.5.7 条 4 款　钢箱梁在支架上安装允许偏差</td><td colspan="10"></td><td rowspan="9"></td></tr>
<tr><td colspan="2">项目（表 17.5.7-3）</td><td colspan="2">允许偏差（mm）</td><td colspan="10">量测值（mm）</td></tr>
<tr><td colspan="2">轴线偏位</td><td colspan="2">10</td><td></td><td></td><td></td><td></td><td></td><td></td><td></td><td></td><td></td><td></td></tr>
<tr><td colspan="2">梁段的纵向位置</td><td colspan="2">10</td><td></td><td></td><td></td><td></td><td></td><td></td><td></td><td></td><td></td><td></td></tr>
<tr><td colspan="2">梁顶高程</td><td colspan="2">±10</td><td></td><td></td><td></td><td></td><td></td><td></td><td></td><td></td><td></td><td></td></tr>
<tr><td colspan="2">梁顶水平度</td><td colspan="2">10</td><td></td><td></td><td></td><td></td><td></td><td></td><td></td><td></td><td></td><td></td></tr>
<tr><td colspan="2">相邻节段匹配高差</td><td colspan="2">2</td><td></td><td></td><td></td><td></td><td></td><td></td><td></td><td></td><td></td><td></td></tr>
<tr><td colspan="4">第 17.5.7 条 5 款　梁体线形应平顺，梁段间应无明显折弯</td><td colspan="10"></td></tr>
<tr><td colspan="3">施工单位检查评定结果</td><td colspan="13">项目专业质量检查员：　　　　年　月　日</td></tr>
<tr><td colspan="3">监理（建设）单位验收结论</td><td colspan="13">专业监理工程师：
（建设单位项目专业技术负责人）：　　　　年　月　日</td></tr>
</table>

注：施工过程控制要点见【检查验收时执行的规范条目】。

【检查验收时执行的规范条目】

17.5.7　钢箱梁的拼装质量检验应符合 CJJ 2—2008 规范第 14.3 节有关规定，且应符合下列规定：

主控项目

1　悬臂拼装必须对称进行。

检查数量：全数检查。　　检验方法：观察。

一般项目

4 钢箱梁在支架上安装允许偏差应符合表 17.5.7-3 的规定。

钢箱梁在支架上安装允许偏差 **表 17.5.7-3**

项　目	允许偏差（mm）	检验频率		检验方法
		范围	点数	
轴线偏位	10	每段	2	用经纬仪测量
梁段的纵向位置	10		1	用经纬仪测量
梁顶高程	±10		2	水准仪测量梁段两端中点
梁顶水平度	10		4	用水准仪测量梁顶四角
相邻节段匹配高差	2		1	用钢尺量

5 梁体线形应平顺，梁段间应无明显折弯。

检查数量：全数检查。　　检验方法：观察。

【检验批验收应提供的核查资料】

钢箱梁拼装在支架上安装的质量检验检验批验收应提供的核查资料

表 CJJ 2-8-9-75B1

序号	核查资料名称	核查要点
1	施工及焊接工艺方案	核查施工及焊接工艺方案的全面性、可行性
2	施工记录（中心偏移、弯曲矢高、对角线长度、挠度值、承载力试验等）	施工记录内容的完整性（资料名称项下括号内的内容）
3	拼装测量记录	核查拼装高差及测试结果

注：1. 合理缺项除外；2. 表列凡有性能要求的均应符合设计和规范要求。

附：规范规定的施工过程控制要点

17.2.7 钢主梁（构件）施工应符合下列规定：

1 主梁为钢箱梁时现场宜采用栓焊结合、全栓接方式连接，采用全焊接方式连接时，应采取防止温度变形措施。

2 当结合梁采用整体梁段预制安装时，混凝土桥面板之间应采用湿接头连接，湿接头应现浇补偿收缩混凝土；当结合梁采用先安装钢梁，现浇混凝土桥面板时，也可采用补偿收缩混凝土。

3 合龙前应不间断地观测数日的昼夜环境温度场变化、梁体温度场变化与合龙高程及合龙口长度变化的关系，确定合龙段的精确长度与适宜的合龙时间及实施程序，并应满足钢梁安装就位时高强螺栓定位、拧紧以及合龙后拆除墩顶段的临时固结装置所需的时间。

4 实地丈量计算合龙段长度时，应预估斜拉索的水平分力对钢梁压缩量的影响。

【斜拉桥结合梁】

1. 斜拉桥结合梁的工字钢梁段应符合 CJJ 2—2008 规范第 14.3 节有关规定。

【斜拉桥结合梁的工字钢梁段悬臂拼装（现场安装）】

斜拉桥结合梁的工字钢梁段悬臂拼装（现场安装）质量检验检验批质量验收记录

表 CJJ 2-8-9-76

本表按钢梁子分部钢梁现场安装检验批质量验收记录表 CJJ 2-8-6-5 中有关质量标准执行。

2. 且应符合的规定：

斜拉桥结合梁的工字钢梁段悬臂拼装质量检验，按斜拉桥结合梁的工字钢梁段悬臂拼装允许偏差检验批质量验收记录表 CJJ 2-8-9-77 执行。

【斜拉桥结合梁的工字钢梁段悬臂拼装允许偏差】

【斜拉桥结合梁的工字钢梁段悬臂拼装允许偏差检验批质量验收记录】

斜拉桥结合梁的工字钢梁段悬臂拼装允许偏差检验批质量验收记录

表 CJJ 2-8-9-77

工程名称			
施工单位			
分项工程名称		施工班组长	
验收部位		专业工长	
施工执行标准名称及编号		项目经理	

检控项目	质量验收规范规定			施工单位检查评定记录	监理（建设）单位验收记录
一般项目	第 17.5.8 条　结合梁的工字钢梁段悬臂拼装质量检验应符合 CJJ 2—2008 规范第 14.3 节有关规定，且应符合下列规定： 1　工字钢梁段制作允许偏差应符合表 17.5.8-1 的规定。				
	项　目（表 17.5.8-1）		允许偏差（mm）	量测值（mm）	
	梁高	主梁	±2		
		横梁	±1.5		
	梁长	主梁	±3		
		横梁	±1.5		
	梁宽	主梁	±1.5		
		横梁	±1.5		
	梁腹板平面度	主梁	$h/350$，且不大于 8		
		横梁	$h/500$，且不大于 5		
	锚箱	锚点坐标	4		
		斜拉索轴线角度（°）	0.5		
	梁段顶、底、腹板对接错台		2		
	项　目（表 17.5.8-2）		允许偏差（mm）	量测值（mm）	
	轴线偏位	$L\leqslant 200$m	10		
		$L>200$m	$L/20000$		
	拉索索力	符合设计要求			
	锚固点高程或梁顶高程	梁段	满足施工控制要求		
		两主梁高差	10		
	第 17.5.8 条 3 款　梁体线形应平顺，梁段间应无明显折弯				

施工单位检查评定结果	项目专业质量检查员：　　年　月　日
监理（建设）单位验收结论	专业监理工程师： （建设单位项目专业技术负责人）：　　年　月　日

注：1. h 为梁高。　2. 规范规定的施工过程控制要点见【检查验收时执行的规范条目】。

【检查验收时执行的规范条目】

17.5.8 结合梁的工字钢梁段悬臂拼装质量检验应符合 CJJ 2—2008 规范第 14.3 节有关规定，且应符合下列规定：

一般项目

1 工字钢梁段制作允许偏差应符合表 17.5.8-1 的规定。

工字钢梁段制作允许偏差　　表 17.5.8-1

项目		允许偏差（mm）	检验频率		检验方法
			范围	点数	
梁高	主梁	±2	每段每索	2	用钢尺量
	横梁	±1.5			
梁长	主梁	±3		3	用钢尺量，每节段两侧和中间
	横梁	±1.5		3	用钢尺量
梁宽	主梁	±1.5		2	用钢尺量
	横梁	±1.5			
梁腹板平面度	主梁	h/350，且不大于 8		3	用 2m 直尺、塞尺量
	横梁	h/500，且不大于 5		3	
锚箱	锚点坐标	4		6	用经纬仪、垂球量测
	斜拉索轴线角度（°）	0.5		2	用经纬仪、垂球量测
梁段顶、底、腹板对接错台		2		2	用钢板尺和塞尺量

注：h 为梁高。

2 工字梁悬臂拼装允许偏差应符合表 17.5.8-2 的规定。

工字梁悬臂拼装允许偏差　　表 17.5.8-2

项目		允许偏差（mm）	检验频率		检验方法
			范围	点数	
轴线偏位	$L\leqslant 200$m	10	每段每索	2	用经纬仪测量
	$L>200$m	L/20000			
拉索索力		符合设计要求		1	用测力计
锚固点高程或梁顶高程	梁段	满足施工控制要求		1	用水准仪测量每个锚固点或梁段两端中点
	两主梁高差	10			

注：L 为分段长度。

3 梁体线形应平顺，梁段间应无明显折弯。

检查数量：全数检查。　　检验方法：观察。

【检验批验收应提供的核查资料】

斜拉桥结合梁的工字钢梁段悬臂拼装允许偏差检验批验收应提供的核查资料

表 CJJ 2-8-9-77a

序号	核查资料名称	核查要点
1	施工及焊接工艺方案	核查施工及焊接工艺方案的全面性、可行性
2	施工记录（工字钢梁尺寸、高度、对角线长度，施工工艺及质量）	施工记录内容的完整性（资料名称项下括号内的内容）

注：表列凡有性能要求的均应符合设计和规范要求。

附：规范规定的施工过程控制要点

17.2.7 钢主梁（构件）施工应符合下列规定：

1 主梁为钢箱梁时现场宜采用栓焊结合、全栓接方式连接，采用全焊接方式连接时，应采取防止温度变形措施。

2 当结合梁采用整体梁段预制安装时，混凝土桥面板之间应采用湿接头连接，湿接头应现浇补偿收缩混凝土；当结合梁采用先安装钢梁，现浇混凝土桥面板时，也可采用补偿收缩混凝土。

3 合龙前应不间断地观测数日的昼夜环境温度场变化、梁体温度场变化与合龙高程及合龙口长度变化的关系，确定合龙段的精确长度与适宜的合龙时间及实施程序，并应满足钢梁安装就位时高强螺栓定位、拧紧以及合龙后拆除墩顶段的临时固结装置所需的时间。

4 实地丈量计算合龙段长度时，应预估斜拉索的水平分力对钢梁压缩量的影响。

【斜拉桥结合梁的混凝土板】

1. 结合梁的混凝土板质量检验应符合 CJJ 2—2008 规范第 17.5.1 条规定。

第 17.5.1 条　斜拉桥施工涉及模板与拱架、钢筋、混凝土、预应力混凝土、砌体质量检验应符合本规范第 5.4、6.5、7.13、8.5 节的有关规定。

结合梁混凝土板施工，根据 5.4（模板、支架和拱架的制作及安装检验标准，模板、支架和拱架的拆除）、6.5（钢筋原材料、钢筋加工、钢筋连接、钢筋安装的检验标准）、7.13（混凝土原材料、混凝土配合比、混凝土施工的检验标准）8.5（预应力材料及器材、预应力钢筋制作、预应力施工、预应力混凝土施工）节规定，分别编制成下列各节的检验批质量验收记录用表。

【斜拉桥结合梁混凝土板模板与支架】

斜拉桥结合梁混凝土板模板与支架制作检验批质量验收记录

表 CJJ 2-8-9-78

本表按“通用表式”的表 CJJ 2-通-1-1 中有关质量标准执行。

斜拉桥结合梁混凝土板模板与支架安装检验批质量验收记录

表 CJJ 2-8-9-79

本表按“通用表式”的表 CJJ 2-通-1-2 中有关质量标准执行。

斜拉桥结合梁混凝土板模板与支架拆除检验批质量验收记录

表 CJJ 2-8-9-80

本表按“通用表式”的表 CJJ 2-通-1-3 中有关质量标准执行。

【斜拉桥结合梁混凝土板钢筋】

斜拉桥结合梁混凝土板钢筋原材料检验批质量验收记录

表 CJJ 2-8-9-81

本表按“通用表式”的表 CJJ 2-通-2-1 中有关质量标准执行。

斜拉桥结合梁混凝土板钢筋加工检验批质量验收记录

表 CJJ 2-8-9-82

本表按“通用表式”的表 CJJ 2-通-2-2 中有关质量标准执行。

斜拉桥结合梁混凝土板钢筋连接检验批质量验收记录

表 CJJ 2-8-9-83

本表按“通用表式”的表 CJJ 2-通-2-3 中有关质量标准执行。

斜拉桥结合梁混凝土板钢筋安装检验批质量验收记录

表 CJJ 2-8-9-84

本表按“通用表式”的表 CJJ 2-通-2-4 中有关质量标准执行。

【斜拉桥结合梁混凝土板混凝土】

斜拉桥结合梁混凝土板混凝土原材料检验批质量验收记录

表 CJJ 2-8-9-85

本表按“通用表式”的表 CJJ 2-通-3-1 中有关质量标准执行。

斜拉桥结合梁混凝土板混凝土配合比检验批质量验收记录

表 CJJ 2-8-9-86

本表按“通用表式”的表 CJJ 2-通-3-2 中有关质量标准执行。

斜拉桥结合梁混凝土板混凝土施工检验批质量验收记录

表 CJJ 2-8-9-87

本表按“通用表式”的表 CJJ 2-通-3-3A 中有关质量标准执行。

2. 且应符合斜拉桥结合梁的混凝土板质量检验的规定（表 CJJ 2-8-9-88）。

【斜拉桥结合梁的混凝土板质量检验】

【斜拉桥结合梁的混凝土板质量检验检验批质量验收记录】

斜拉桥结合梁的混凝土板质量检验检验批质量验收记录　　表 CJJ 2-8-9-88

工程名称					
施工单位					
分项工程名称			施工班组长		
验收部位			专业工长		
施工执行标准名称及编号			项目经理		
检控项目	质量验收规范规定			施工单位检查评定记录	监理（建设）单位验收记录
主控项目	第 17.5.9 条　结合梁的混凝土板质量检验应符合 CJJ 2—2008 规范第 17.5.1 条规定，且应符合下列规定： 1　混凝土板的浇筑或安装必须对称进行 2　混凝土表面不得出现孔洞、露筋				
一般项目	第 17.5.9 条 3 款　结合梁混凝土板允许偏差				
	项　目（表 17.5.9）		允许偏差（mm）	量测值（mm）	
	混凝土板断面尺寸	宽度	±15		
		厚度	+10 0		
	拉索索力		符合设计和施工控制要求		
	高程	$L \leqslant 200$m	±20		
		$L > 200$m	$\pm L/10000$		
	横坡（%）		±0.15		
	第 17.5.9 条 4 款　混凝土表面应平整、边缘线形直顺，无蜂窝、麻面和大于 0.15mm 的收缩裂缝				
施工单位检查评定结果	项目专业质量检查员：　年　月　日				
监理（建设）单位验收结论	专业监理工程师： （建设单位项目专业技术负责人）：　年　月　日				

注：1. h 为梁高。　2. 规范规定的施工过程控制要点见【检查验收时执行的规范条目】。

3. 斜拉桥结合梁的混凝土板质量检验系完成斜拉桥结合梁的混凝土板的各子项后进行的检查和验收。

【检查验收时执行的规范条目】

17.5.9 结合梁的混凝土板质量检验应符合 CJJ 2—2008 规范第 17.5.1 条规定，且应符合下列规定：

主控项目

1 混凝土板的浇筑或安装必须对称进行。

检查数量：全数检查。　　检验方法：观察。

2 混凝土表面不得出现孔洞、露筋。

检查数量：全数检查。　　检验方法：观察。

一般项目

3 结合梁混凝土板允许偏差应符合表 17.5.9 的规定。

结合梁混凝土板允许偏差　　**表 17.5.9**

项目		允许偏差（mm）	检验频率		检验方法
			范围	点数	
混凝土板断面尺寸	宽度	±15	每段每索	3	用钢尺量端部和 $L/2$ 处
	厚度	+10 0		3	用钢尺量前端，两侧和中间
拉索索力		符合设计和施工控制要求		1	用测力计
高程	$L\leqslant200$m	±20		1	用水准仪测量，每跨测 5～15 处，取最大值
	$L>200$m	$\pm L/10000$			
横坡（%）		±0.15		1	用水准仪测量，每跨测 3～8 个断面，取最大值

注：L 为分段长度。

4 混凝土表面应平整、边缘线形直顺，无蜂窝、麻面和大于 0.15mm 的收缩裂缝。

检查数量：全数检查。　　检验方法：观察。

【检验批验收应提供的核查资料】

结合梁的混凝土板质量检验检验批验收应提供的核查资料　　表 CJJ 2-8-9-88a

序号	核查资料名称	核查要点
1	水泥、砂子、石子、外加剂、掺合料及其他材料出厂合格证	检查材料品种、数量、生产厂家、日期，与试验报告对应
2	水泥、外加剂、掺合料等材料出厂检验报告	检查品种、数量、日期、材料性能、质量，与合格证或质量证书对应
3	水泥、砂子、石子、外加剂、掺合料及其他材料进场验收记录	检查进场材料品种、代表数量、日期、质量，应与合格证或质量证书对应
4	水泥、砂子、石子、外加剂、掺合料及其他材料试验报告（见证取样）	核查相关试验报告必试项目、强度性能是否齐全和符合标准要求
5	氯化物、碱的总含量计算书（设计有要求时）	按设计要求核查其氯化物、碱的总含量
6	水质试验报告（见证取样，非饮用水或设计要求时提供）	核查水质，应符合混凝土生产用水标准
7	施工记录（施工工艺、浇筑与养护等）	施工记录内容的完整性（资料名称项下括号内的内容）
8	同条件混凝土试件强度试验报告（见证取样）	检查试验单位资质、代表数量、日期、性能，与设计、标准的符合性

注：1. 合理缺项除外；2. 表列凡有性能要求的均应符合设计和规范要求。

【斜拉索安装质量检验】

【斜拉索安装质量检验检验批质量验收记录】

斜拉索安装质量检验检验批质量验收记录 **表 CJJ 2-8-9-89**

<table>
<tr><td colspan="3">工程名称</td><td colspan="12"></td></tr>
<tr><td colspan="3">施工单位</td><td colspan="12"></td></tr>
<tr><td colspan="3">分项工程名称</td><td colspan="4"></td><td colspan="3">施工班组长</td><td colspan="5"></td></tr>
<tr><td colspan="3">验收部位</td><td colspan="4"></td><td colspan="3">专业工长</td><td colspan="5"></td></tr>
<tr><td colspan="3">施工执行标准名称及编号</td><td colspan="4"></td><td colspan="3">项目经理</td><td colspan="5"></td></tr>
<tr><td>检控项目</td><td colspan="3">质量验收规范规定</td><td colspan="10">施工单位检查评定记录</td><td>监理（建设）单位验收记录</td></tr>
<tr><td>主控项目</td><td colspan="3">第 17.5.10 条　斜拉索安装质量检验应符合下列规定：
1　拉索和锚头成品性能质量应符合设计要求和国家现行标准规定
2　拉索和锚头防护材料技术性能应符合设计要求
3　拉索拉力应符合设计要求</td><td colspan="10"></td><td></td></tr>
<tr><td rowspan="9">一般项目</td><td colspan="3">第 17.5.10 条中的 4　平行钢丝斜拉索制作与防护允许偏差</td><td colspan="10"></td><td rowspan="9"></td></tr>
<tr><td colspan="2">项　　目</td><td>允许偏差（mm）</td><td colspan="10">量测值（mm）</td></tr>
<tr><td rowspan="2">斜拉索长度</td><td>≤100m</td><td>±20</td><td></td><td></td><td></td><td></td><td></td><td></td><td></td><td></td><td></td><td></td></tr>
<tr><td>>100m</td><td>±1/5000 索长</td><td></td><td></td><td></td><td></td><td></td><td></td><td></td><td></td><td></td><td></td></tr>
<tr><td colspan="2">PE 防护厚度</td><td>+1.0，-0.5</td><td></td><td></td><td></td><td></td><td></td><td></td><td></td><td></td><td></td><td></td></tr>
<tr><td colspan="2">锚板孔眼直径 D</td><td>$d<D<1.1d$</td><td></td><td></td><td></td><td></td><td></td><td></td><td></td><td></td><td></td><td></td></tr>
<tr><td colspan="2">镦头尺寸</td><td>镦头直径≥1.4d，镦头高度≥d</td><td></td><td></td><td></td><td></td><td></td><td></td><td></td><td></td><td></td><td></td></tr>
<tr><td colspan="2">锚具附近密封处理</td><td>符合设计要求</td><td></td><td></td><td></td><td></td><td></td><td></td><td></td><td></td><td></td><td></td></tr>
<tr><td colspan="3">第 17.5.10 条 5 款　拉索表面应平整、密实、无损伤、无擦痕</td><td colspan="10"></td></tr>
<tr><td colspan="3">施工单位检查评定结果</td><td colspan="12">项目专业质量检查员：　　　　年　月　日</td></tr>
<tr><td colspan="3">监理（建设）单位验收结论</td><td colspan="12">专业监理工程师：
（建设单位项目专业技术负责人）：　　　　年　月　日</td></tr>
</table>

注：1. d 为钢丝直径。　2. 规范规定的施工过程控制要点见【检查验收时执行的规范条目】。

【检查验收时执行的规范条目】

17.5.10 斜拉索安装质量检验应符合下列规定：

主控项目

1 拉索和锚头成品性能质量应符合设计要求和国家现行标准规定。

检查数量：全数检查。

检验方法：检查原材料合格证和制造厂复验报告；检查成品合格证和技术性能报告。

2 拉索和锚头防护材料技术性能应符合设计要求。

检查数量：全数检查。　检验方法：检查原材料合格证和检测报告。

3 拉索拉力应符合设计要求。

检查数量：全数检查。　检验方法：检查施工记录。

一般项目

4 平行钢丝斜拉索制作与防护允许偏差应符合表 17.5.10 的规定。

平行钢丝斜拉索制作与防护允许偏差　表 17.5.10

项目		允许偏差（mm）	检验频率		检验方法
			范围	点数	
斜拉索长度	≤100m	±20	每根 每件 每孔	1	用钢尺量
	＞100m	±1/5000 索长			
PE 防护厚度		+1.0，−0.5		1	用钢尺量或测厚仪检测
锚板孔眼直径 D		$d<D<1.1d$		1	用量规检测
镦头尺寸		镦头直径≥1.4d，镦头高度≥d		10	用游标卡尺检测，每种规格检查 10 个
锚具附近密封处理		符合设计要求		1	观察

注：d 为钢丝直径。

5 拉索表面应平整、密实、无损伤、无擦痕。

检查数量：全数检查。　检验方法：观察。

【检验批验收应提供的核查资料】

斜拉索安装质量检验检验批验收应提供的核查资料　表 CJJ 2-8-9-89a

序号	核查资料名称	核查要点
1	拉索和锚头出厂合格证、制造厂复验报告	拉索和锚头材料品种、数量、生产厂家、日期，与试验报告对应
2	成品合格证和技术性能报告	拉索和锚头成品数量、日期、材料性能、质量，与合格证或质量证书对应
3	防护材料合格证和检测报告	防护材料品种、代表数量、日期、质量，应与合格证或质量证书对应
4	施工记录（施工工艺、拉索安装质量等）	施工记录内容的完整性（资料名称项下括号内的内容）

注：1. 合理缺项除外；2. 表列凡有性能要求的均应符合设计和规范要求。

附：规范规定的施工过程控制要点

17.3 拉索和锚具

17.3.1 拉索和锚具的制作和防护应符合下列规定：

1 拉索及其锚具应由具备相应资质的专业单位制作，应按现行国家及行业相关标准的要求进行生产，并应按标准或设计要求进行检查和验收。

2 对高强钢丝拉索，在工厂制作时应按 1.2～1.4 倍设计索力对拉索进行预张拉检验，合格后方可出厂。

3 锚杯、锚板、螺母和垫块等主要受力件的半成品在热处理后应进行超声波探伤，探伤合格后方可进入下一道工序。

4 拉索防护材料的质量应符合国家现行标准《建筑缆索用高密度聚乙烯塑料》CJ/T 3078 和产品技术要求。

5 拉索成品、锚具交货时应提供产品质量证书和出厂检验报告、产品批号、设计索号及型号、生产日期、数量等。

6 拉索成品和锚具出厂前，应采用柔性材料缠裹。拉索运输和堆放中应无破损、无变形、无腐蚀。

17.3.2 拉索的架设应符合下列规定：

1 拉索架设前应根据索塔高度、拉索类型、拉索长度、拉索自重、安装拉索时的牵引力以及施工现场状况等综合因素选择适宜的拉索安装方法和设备。

2 施工中不得损伤拉索保护层和锚头，不得对拉索施加集中力或过度弯曲。

3 安装由外包PE护套单根钢绞线组成的半成品拉索时，应控制每一根钢绞线安装后的拉力差在±5%内，并应设置临时减振器。

4 施工中，必须对索管与锚端部位采取临时防水、防腐和防污染措施。

17.3.3 拉索的张拉应符合下列规定：

1 张拉设备应按预应力施工的有关规定进行标定。

2 拉索张拉的顺序、批次和量值应符合设计要求。应以振动频率计测定的索力油压表量值为准，并应视拉索减振器以及拉索垂度状况对测定的索力予以修正，以延伸值作校核。

3 拉索应按设计要求同步张拉。对称同步张拉的斜拉索，张拉中不同步的相对差值不得大于10%。两侧不对称或设计索力不同的斜拉索，应按设计要求的索力分段同步张拉。

4 在下列工况下，应采用传感器或振动频率测力计检测各拉索索力值，并进行修正：

1）每组拉索张拉完成后；

2）悬臂施工跨中合龙前后；

3）全桥拉索全部张拉完成后；

4）主梁体内预应力钢筋全部张拉完成，且桥面及附属设施安装完成后。

5 拉索张拉完成后应检查每根拉索的防护情况，发现破损应及时修补。

17.4 施工控制与索力调整

17.4.1 施工过程中，必须对主梁各个施工阶段的拉索索力、主梁标高、塔梁内力以及索塔位移量等进行监测，并应及时将有关数据反馈给设计单位，分析确定下一施工阶段的拉索张拉量值和主梁线形、高程及索塔位移控制量值等，直至合龙。

17.4.2 施工控制，在主梁悬臂施工阶段应以标高控制为主；在主梁施工完成后，应以索力控制为主。

17.4.3 施工控制应包括下列内容：

1 主梁线形、索塔的水平位移；

2 高程、轴线偏差；

3 拉索索力、支座反力以及梁、塔应力。

17.4.4 在施工控制中应根据梁段自重、主梁材料的弹性模量及徐变系数、拉索弹性模量的理论值与实际值之间的差异，对索力进行调整。

17.4.5 施工控制宜采用卡尔曼滤波法、最小二乘误差控制法或无应力状态控制法与自适应控制法等计算方法。主梁施工初期可采用经验参数或设计参数，设置混凝土弹性模量、拉索弹性模量、混凝土徐变系数、梁段混凝土及施工荷载、挂篮刚度等控制参数，并通过施工初期若干梁段的施工结果对上述参数进行验证与修正。

17.4.6 拉索的拉力误差超过设计规定时，应进行调整，调整时可从超过设计索力最大或最小的拉索开始（放或拉）调整至设计索力。调索时应对拉索索力、拉索延伸量、索塔位移与梁体标高进行监测。

17.4.7 为避免日照与温差影响测量精度，宜选择在日出之前或日落之后进行测量工作，并在记录中注明当时当地的温度与天气状况。

17.4.8 施工中，宜采用光电跟踪测量技术与计算机跟踪索力检测技术。

【悬索桥的加劲梁与缆索子分部工程】

悬索桥的加劲梁与缆索子分部工程的质量验收包括：悬索桥索鞍安装、悬索桥主缆架设、悬索桥主缆防护、悬索桥索夹和吊索安装、悬索桥钢加劲梁段拼装。

【悬索桥索鞍安装】

【悬索桥主索鞍安装】

【悬索桥主索鞍安装检验批质量验收记录】

悬索桥主索鞍安装检验批质量验收记录　　表 CJJ 2-8-10-1A

工程名称				
施工单位				
分项工程名称			施工班组长	
验收部位			专业工长	
施工执行标准名称及编号			项目经理	
检控项目	质量验收规范规定		施工单位检查评定记录	监理（建设）单位验收记录
主控项目	第 18.8.7 条　索鞍安装质量检验应符合下列规定： 1　成品性能质量应符合设计要求和国家现行标准规定			
一般项目	第 18.8.7 条中的 2　主索鞍允许偏差			
	项　目（表 18.8.7-1）	允许偏差（mm）	量测值（mm）	
	主要平面的平面度	0.08/1000，且不大于 0.5/全平面		
	鞍座下平面对中心索槽竖直平面的垂直度偏差	2/全长		
	上、下承板平面的平行度	0.5/全平面		
	对合竖直平面与鞍体下平面的垂直度偏差	<3/全长		
	鞍座底面对中心索槽底的高度偏差	±2		
	鞍槽轮廓的圆弧半径偏差	±2/1000		
	各槽深度、宽度	+1/全长，及累计误差+2		
	各槽对中心索槽的对称度	±0.5		
	各槽曲线立面角度偏差（°）	0.2		
	防护层厚度（μm）	不小于设计规定		
	第 18.8.7 条中的 3　主索鞍安装允许偏差			
	项　目（表 18.8.7-3）	允许偏差（mm）	量测值（mm）	
	最终偏差　顺桥向	符合设计规定		
	最终偏差　横桥向	10		
	高　程	+20 0		
	四角高差	2		
	第 18.8.7 条 4 款　索鞍防护层应完好、无损			
施工单位检查评定结果	项目专业质量检查员：　　　　年　月　日			
监理（建设）单位验收结论	专业监理工程师： （建设单位项目专业技术负责人）：　　　　年　月　日			

注：规范规定的施工过程控制要点见【检查验收时执行的规范条目】。

【检查验收时执行的规范条目】

18.8.7 索鞍安装质量检验应符合下列规定：

主控项目

1 成品性能质量应符合设计要求和国家现行标准规定。

检查数量：全数检查。

检验方法：检查原材料合格证和制造厂的复验报告；检查成品合格证和技术性能检测报告。

一般项目

2 主索鞍允许偏差应符合表 18.8.7-1 的规定。

主索鞍允许偏差 **表 18.8.7-1**

项目	允许偏差（mm）	检验频率		检验方法
		范围	点数	
主要平面的平面度	0.08/1000，且不大于 0.5/全平面	每件	1	用量具检测
鞍座下平面对中心索槽竖直平面的垂直度偏差	2/全长		1	在检测平台或机床上用量具检测
上、下承板平面的平行度	0.5/全平面		2	在平台上用量具检测上、下承板
对合竖直平面与鞍体下平面的垂直度偏差	<3/全长		1	用百分表检查每对合竖直平面
鞍座底面对中心索槽底的高度偏差	±2		1	在检测平台或机床上用量具检测
鞍槽轮廓的圆弧半径偏差	±2/1000		1	用数控机床检查
各槽深度、宽度	+1/全长，及累计误差+2		2	用样板、游标卡尺、深度尺量测
各槽对中心索槽的对称度	±0.5		1	用数控机床检查
各槽曲线立面角度偏差（°）	0.2		10	
防护层厚度（μm）	不小于设计规定		10	用测厚仪，每检测面 10 点

3 主索鞍安装允许偏差应符合表 18.8.7-3 的规定。

主索鞍安装允许偏差 **表 18.8.7-3**

项目		允许偏差（mm）	检验频率		检验方法
			范围	点数	
最终偏差	顺桥向	符合设计规定	每件	2	用经纬仪或全站仪测量
	横桥向	10			
高程		+20 0		1	用全站仪测量
四角高差		2		4	用水准仪测量

4 索鞍防护层应完好、无损。

检查数量：全数检查。　　检验方法：观察。

【检验批验收应提供的核查资料】

悬索桥主索鞍安装检验批验收应提供的核查资料　　表 CJJ 2-8-10-1A1

序号	核查资料名称	核查要点
1	成品索鞍合格证和技术性能检测报告	检查索鞍、索夹与吊索数量、生产厂家、性能参数
2	施工记录（索鞍施工工艺及质量）	施工记录内容的完整性（资料名称项下括号内的内容）

注：表列凡有性能要求的均应符合设计和规范要求。

附：规范规定的施工过程控制要点

18.6　索鞍、索夹与吊索

18.6.1　索鞍安装应选择在白天连续完成。安装时应根据设计提供的预偏量就位，在加劲梁架设、桥面铺装过程中应按设计提供的数据逐渐顶推到永久位置。顶推前应确认滑动面的摩阻系数，控制顶推量，确保施工安全。

18.6.2　索夹安装应符合下列规定：

1　索夹安装前，必须测定主缆的空缆线形，经设计单位确认索夹位置后，方可对索夹进行放样、定位、编号。放样、定位应在环境温度稳定时进行。索夹位置处主缆表面的油污及灰尘应清除并涂防锈漆。

2　索夹在运输和安装过程中应采取保护措施，防止碰伤及损坏。

3　索夹安装位置纵向误差不得大于10mm。当索夹在主缆上精确定位后，应立即紧固索夹螺栓。

4　紧固同一索夹螺栓时，各螺栓受力应均匀，并应按三个荷载阶段（即索夹安装时、钢箱梁吊装后、桥面铺装后）对索夹螺栓进行紧固。

18.6.3　吊索运输、安装过程中不得受损坏。吊索安装应与加劲梁安装配合进行，并对号入座，安装时必须采取防止扭转措施。

【悬索桥散索鞍安装】

【悬索桥散索鞍安装检验批质量验收记录】

悬索桥散索鞍安装检验批质量验收记录　　　　表 CJJ 2-8-10-1B

工程名称			
施工单位			
分项工程名称		施工班组长	
验收部位		专业工长	
施工执行标准名称及编号		项目经理	

检控项目	质量验收规范规定		施工单位检查评定记录	监理（建设）单位验收记录
主控项目	第 18.8.7 条　索鞍安装质量检验应符合下列规定： 1　成品性能质量应符合设计要求和国家现行标准规定			
一般项目	第 18.8.7 条 2 款　散索鞍允许偏差			
	项　目（表 18.8.7-2）	允许偏差（mm）	量测值（mm）	
	平面度	0.08/1000，且不大于 0.5/全平面		
	支承板平行度	<0.5		
	摆轴中心线与索槽中心平面的垂直度偏差	<3		
	摆轴接合面与索槽底面的高度偏差	±2		
	鞍槽轮廓的圆弧半径偏差	±2/1000		
	各槽深度、宽度	+1/全长，及累计误差+2		
	各槽对中心索槽的对称度	±0.5		
	各槽曲线平面、立面角度偏差（°）	0.2		
	加工后鞍槽底部及侧壁厚度偏差	±10		
	防护层厚度（μm）	不小于设计规定		
	第 18.8.7 条 3 款　散索鞍安装允许偏差			
	项　目（表 18.8.7-4）	允许偏差（mm）	量测值（mm）	
	底板轴线纵横向偏位	5		
	底板中心高程	±5		
	底板扭转	2		
	安装基线扭转	1		
	散索鞍竖向倾斜角	符合设计规定		
	第 18.8.7 条 4 款　索鞍防护层应完好、无损			

施工单位检查评定结果	项目专业质量检查员：　　　　年　　月　　日
监理（建设）单位验收结论	专业监理工程师： （建设单位项目专业技术负责人）：　　　　年　　月　　日

注：规范规定的施工过程控制要点见【检查验收时执行的规范条目】。

【检查验收时执行的规范条目】

18.8.7 索鞍安装质量检验应符合下列规定：

主控项目

1 成品性能质量应符合设计要求和国家现行标准规定。

检查数量：全数检查。

检验方法：检查原材料合格证和制造厂的复验报告；检查成品合格证和技术性能检测报告。

一般项目

2 散索鞍允许偏差应符合表 18.8.7-2 的规定。

散索鞍允许偏差 **表 18.8.7-2**

项　目	允许偏差（mm）	检验频率		检验方法
		范围	点数	
平面度	0.08/1000，且不大于 0.5/全平面	每件	1	用量具检测，检查摆轴平面、底板下平面、中心索槽竖直平面
支承板平行度	<0.5		1	用量具检测
摆轴中心线与索槽中心平面的垂直度偏差	<3		2	在检测平台或机床上用量具检测
摆轴接合面与索槽底面的高度偏差	±2		1	用钢尺量
鞍槽轮廓的圆弧半径偏差	±2/1000		1	用数控机床检查
各槽深度、宽度	+1/全长，及累计误差+2		1	用样板、游标卡尺、深度尺量测
各槽对中心索槽的对称度	±0.5		1	用数控机床检查
各槽曲线平面、立面角度偏差（°）	0.2		1	用数控机床检查
加工后鞍槽底部及侧壁厚度偏差	±10		3	用钢尺量
防护层厚度（μm）	不小于设计规定		10	用测厚仪，每检测面 10 点

3 散索鞍安装允许偏差应符合表 18.8.7-4 的规定。

散索鞍安装允许偏差 **表 18.8.7-4**

项　目	允许偏差（mm）	检验频率		检验方法
		范围	点数	
底板轴线纵横向偏位	5	每件	2	用经纬仪或全站仪测量
底板中心高程	±5		1	用水准仪测量
底板扭转	2		1	用经纬仪或全站仪测量
安装基线扭转	1		1	用经纬仪或全站仪测量
散索鞍竖向倾斜角	符合设计规定		1	用经纬仪或全站仪测量

4 索鞍防护层应完好、无损。

检查数量：全数检查。　　检验方法：观察。

【检验批验收应提供的核查资料】

悬索桥散索鞍安装检验批验收应提供的核查资料　　表 CJJ 2-8-10-1B1

序号	核查资料名称	核查要点
1	成品索鞍合格证和技术性能检测报告	检查索鞍、索夹与吊索数量、生产厂家、性能参数
2	施工记录（索鞍施工工艺及质量）	施工记录内容的完整性（资料名称项下括号内的内容）

注：表列凡有性能要求的均应符合设计和规范要求。

附：规范规定的施工过程控制要点

18.6 索鞍、索夹与吊索

18.6.1 索鞍安装应选择在白天连续完成。安装时应根据设计提供的预偏量就位，在加劲梁架设、桥面铺装过程中应按设计提供的数据逐渐顶推到永久位置。顶推前应确认滑动面的摩阻系数，控制顶推量，确保施工安全。

18.6.2 索夹安装应符合下列规定：

1 索夹安装前，必须测定主缆的空缆线形，经设计单位确认索夹位置后，方可对索夹进行放样、定位、编号。放样、定位应在环境温度稳定时进行。索夹位置处主缆表面的油污及灰尘应清除并涂防锈漆。

2 索夹在运输和安装过程中应采取保护措施，防止碰伤及损坏。

3 索夹安装位置纵向误差不得大于10mm。当索夹在主缆上精确定位后，应立即紧固索夹螺栓。

4 紧固同一索夹螺栓时，各螺栓受力应均匀，并应按三个荷载阶段（即索夹安装时、钢箱梁吊装后、桥面铺装后）对索夹螺栓进行紧固。

18.6.3 吊索运输、安装过程中不得受损坏。吊索安装应与加劲梁安装配合进行，并对号入座，安装时必须采取防止扭转措施。

【悬索桥主缆架设】

【悬索桥主缆架设质量检验检验批质量验收记录】

悬索桥主缆架设质量检验检验批质量验收记录　　表 CJJ 2-8-10-2

<table>
<tr><td colspan="3">工程名称</td><td colspan="6"></td></tr>
<tr><td colspan="3">施工单位</td><td colspan="6"></td></tr>
<tr><td colspan="3">分项工程名称</td><td colspan="2"></td><td>施工班组长</td><td colspan="3"></td></tr>
<tr><td colspan="3">验收部位</td><td colspan="2"></td><td>专业工长</td><td colspan="3"></td></tr>
<tr><td colspan="3">施工执行标准名称及编号</td><td colspan="2"></td><td>项目经理</td><td colspan="3"></td></tr>
<tr><td>检控项目</td><td colspan="4">质量验收规范规定</td><td colspan="3">施工单位检查评定记录</td><td>监理（建设）单位验收记录</td></tr>
<tr><td>主控项目</td><td colspan="4">第 18.8.8 条　主缆架设质量检验应符合下列规定：
1　索股和锚头性能质量应符合设计要求和国家现行标准规定</td><td colspan="3"></td><td></td></tr>
<tr><td rowspan="17">一般项目</td><td colspan="7">第 18.8.8 条中的 2　索股和锚头允许偏差</td><td rowspan="17"></td></tr>
<tr><td colspan="3">项　目（表 18.8.8-1）</td><td>允许偏差（mm）</td><td colspan="3">量测值（mm）</td></tr>
<tr><td colspan="3">索股基准丝长度</td><td>±基准丝长/15000</td><td colspan="3"></td></tr>
<tr><td colspan="3">成品索股长度</td><td>±索股长/10000</td><td colspan="3"></td></tr>
<tr><td colspan="3">热铸锚合金灌铸率（%）</td><td>>92</td><td colspan="3"></td></tr>
<tr><td colspan="3">锚头顶压索股外移量
（按规定顶压力，持荷 5min）</td><td>符合设计要求</td><td colspan="3"></td></tr>
<tr><td colspan="3">索股轴线与锚头端面垂直度（°）</td><td>±5</td><td colspan="3"></td></tr>
<tr><td colspan="7">第 18.8.8 条中的 3　主缆架设允许偏差</td></tr>
<tr><td colspan="3">项　目（表 18.8.8-2）</td><td>允许偏差（mm）</td><td colspan="3">量测值（mm）</td></tr>
<tr><td rowspan="4">索股标高</td><td rowspan="3">基准</td><td>中跨跨中</td><td>$\pm L/20000$</td><td colspan="3"></td></tr>
<tr><td>边跨跨中</td><td>$\pm L/10000$</td><td colspan="3"></td></tr>
<tr><td>上下游基准</td><td>±10</td><td colspan="3"></td></tr>
<tr><td>一般</td><td>相对于基准索股</td><td>+5
0</td><td colspan="3"></td></tr>
<tr><td colspan="3">锚跨索股力与设计的偏差</td><td>符合设计规定</td><td colspan="3"></td></tr>
<tr><td colspan="3">主缆空隙率（%）</td><td>±2</td><td colspan="3"></td></tr>
<tr><td colspan="3">主缆直径不圆率</td><td>直径的 5%，
且不大于 2</td><td colspan="3"></td></tr>
<tr><td colspan="4">第 18.8.8 条 4 款　主缆架设后索股应直顺、无扭转；索股钢丝应直顺、无重叠和鼓丝、镀锌层完好</td><td colspan="3"></td></tr>
<tr><td colspan="3">施工单位检查评定结果</td><td colspan="6">项目专业质量检查员：　　　　年　月　日</td></tr>
<tr><td colspan="3">监理（建设）单位验收结论</td><td colspan="6">专业监理工程师：
（建设单位项目专业技术负责人）：　　　　年　月　日</td></tr>
</table>

注：1. 外移量允许偏差应在扣除初始外移量之后进行量测。　2. L 为跨度。

【检查验收时执行的规范条目】

18.8.8 主缆架设质量检验应符合下列规定：

主控项目

1 索股和锚头性能质量应符合设计要求和国家现行标准规定。

检查数量：全数检查。

检验方法：检查原材料合格证和制造厂的复验报告；检查成品合格证和技术性能检测报告。

一般项目

2 索股和锚头允许偏差应符合表 18.8.8-1 的规定。

索股和锚头允许偏差 **表 18.8.8-1**

项目	允许偏差（mm）	检验频率		检验方法
		范围	点数	
索股基准丝长度	±基准丝长/15000	每丝每索	1	用钢尺量
成品索股长度	±索股长/10000		1	用钢尺量
热铸锚合金灌铸率（%）	>92		1	量测计算
锚头顶压索股外移量（按规定顶压力，持荷 5min）	符合设计要求		1	用百分表量测
索股轴线与锚头端面垂直度（°）	±5		1	用仪器量测

注：外移量允许偏差应在扣除初始外移量之后进行量测。

3 主缆架设允许偏差应符合表 18.8.8-2 的规定。

主缆架设允许偏差 **表 18.8.8-2**

项目			允许偏差（mm）	检验频率		检验方法
				范围	点数	
索股标高	基准	中跨跨中	$\pm L/20000$	每索	1	用全站仪测量跨中
		边跨跨中	$\pm L/10000$		1	用全站仪测量跨中
		上下游基准	±10		1	用全站仪测量跨中
	一般	相对于基准索股	+5 0		1	用全站仪测量跨中
锚跨索股力与设计的偏差			符合设计规定			用测力计
主缆空隙率（%）			±2		1	量直径和周长后计算，测索夹处和两索夹间
主缆直径不圆率			直径的5%，且不大于2		1	紧缆后横竖直径之差，与设计直径相比，测两索夹间

注：L 为跨度。

4 主缆架设后索股应直顺、无扭转；索股钢丝应直顺、无重叠和鼓丝、镀锌层完好。

检查数量：全数检查。 检验方法：观察、检查施工记录。

【检验批验收应提供的核查资料】

悬索桥主缆架设质量检验检验批验收应提供的核查资料 **表 CJJ 2-8-10-2a**

序号	核查资料名称	核查要点
1	主缆合格证和技术性能检测报告	检查索股和锚头数量、生产厂家、性能参数
2	施工记录（主缆施工工艺及质量）	施工记录内容的完整性（资料名称项下括号内的内容）

注：表列凡有性能要求的均应符合设计和规范要求。

附：规范规定的施工过程控制要点

18.5 主缆架设与防护

18.5.1 索股牵引应符合下列规定：

1 牵引过程中应对索股施加反拉力。

2 牵引最初几根时，应低速牵引，检查牵引系统运转情况，对关键部位进行调整后方能转入正常架设工作。

3 牵引过程中发现绑扎带连续两处切断时，应停机进行修补。监视索股中的着色丝，一旦发生扭转，必须采取措施加以纠正。

4 牵引到对岸，在卸下锚头前必须把索股临时固定。

5 索股两端的锚头引入锚固系统前，必须将索股理顺，对鼓丝段进行梳理。

6 索股横移时，必须将索股从猫道滚筒上提起，确认全跨径的索股已离开猫道滚筒后，才能横向移到索鞍的正上方。横移时拽拉量不宜过大，索股下方不得有人。

18.5.2 在索鞍区段内的索股从六边形断面理成矩形，其钢丝在矩形断面内的排列应符合既能顺利入鞍槽又使空隙率最小的原则。整形过程应在索股处于无应力状态下使用专用的整形器进行。索股整形完毕方可放入鞍槽，并用木块楔紧。整形时应保持钢丝平顺，不得交叉、扭转、损伤。

18.5.3 索股锚头入锚后应进行临时锚固。索股应设一定的抬高量，抬高量宜为200～300mm，并做好编号标志。

18.5.4 索股线形调整应符合下列规定：

1 垂度调整应在夜间温度稳定时进行。温度稳定的条件为：长度方向索股的温差不大于2℃；横截面索股的温差不大于1℃。

2 绝对垂度调整，应测定基准索股下缘的标高及跨长、塔顶标高及变位、主索鞍预偏量、散索鞍预偏量。主缆垂度和标高的调整量，应在气温与索股温度等值后经计算确定。基准索股标高必须连续3d在夜间温度稳定时进行测量，3次测出结果误差在容许范围内时，应取3次的平均值作为该基准索股的标高。

3 相对垂度调整，应按与基准索股若即若离的原则进行。

4 垂度调整允许误差，基准索股中跨跨中为±1/20000跨径；边跨跨中为中跨跨中的2倍；上下游基准索股高差10mm；一般索股（相对于基准索股）：为－5mm、10mm。

5 调整合格的索股不得在鞍槽内滑移。

18.5.5 索力的调整应以设计提供的数据为依据，其调整量应根据调整装置中测力计的读数和锚头移动量双控确定。实际拉力与设计值之间的允许误差应为设计锚固力的3%。

18.5.6 紧缆工作应分两步进行，并应符合下列规定：

1 预紧缆应在温度稳定的夜间进行。预紧缆时宜把主缆全长分为若干区段分别进行。索股上的绑扎带采用边紧缆边拆除的方法，不宜一次全部拆除。预紧缆完成处必须用不锈钢带捆紧，不锈钢带的距离可为5～6m，预紧缆目标空隙率宜为25%～28%。

2 正式紧缆宜采用专用的紧缆机把主缆整成圆形。正式紧缆的方向宜向塔柱方向进行。当紧缆点空隙率达到设计要求时，在紧缆机附近设两道钢带，其间距可取100mm，带扣应放在主缆的侧下方。紧缆点间的距离宜为1m。

【悬索桥主缆防护】

【悬索桥主缆防护质量检验检验批质量验收记录】

悬索桥主缆防护质量检验检验批质量验收记录　　表 CJJ 2-8-10-3

<table>
<tr><td colspan="2">工程名称</td><td colspan="10"></td></tr>
<tr><td colspan="2">施工单位</td><td colspan="10"></td></tr>
<tr><td colspan="2">分项工程名称</td><td colspan="3"></td><td>施工班组长</td><td colspan="6"></td></tr>
<tr><td colspan="2">验收部位</td><td colspan="3"></td><td>专业工长</td><td colspan="6"></td></tr>
<tr><td colspan="2">施工执行标准名称及编号</td><td colspan="3"></td><td>项目经理</td><td colspan="6"></td></tr>
<tr><td>检控项目</td><td colspan="3">质量验收规范规定</td><td colspan="7">施工单位检查评定记录</td><td>监理（建设）单位验收记录</td></tr>
<tr><td>主控项目</td><td colspan="3">第 18.8.9 条　主缆防护质量检验应符合下列规定：
1　缠丝和防护涂料的材质必须符合设计要求</td><td colspan="7"></td><td></td></tr>
<tr><td rowspan="6">一般项目</td><td colspan="3">第 18.8.9 条 2 款　主缆防护允许偏差</td><td colspan="7"></td><td rowspan="6"></td></tr>
<tr><td colspan="2">项　　目</td><td>允许偏差（mm）</td><td colspan="7">量测值（mm）</td></tr>
<tr><td colspan="2">缠丝间距</td><td>1mm</td><td></td><td></td><td></td><td></td><td></td><td></td><td></td></tr>
<tr><td colspan="2">缠丝张力</td><td>±0.3kN</td><td></td><td></td><td></td><td></td><td></td><td></td><td></td></tr>
<tr><td colspan="2">防护涂层厚度</td><td>符合设计要求</td><td></td><td></td><td></td><td></td><td></td><td></td><td></td></tr>
<tr><td colspan="3">第 18.8.9 条 3 款　缠丝不重叠交叉。缠丝腻子应填满</td><td colspan="7"></td></tr>
<tr><td colspan="2">施工单位检查评定结果</td><td colspan="10">项目专业质量检查员：　　　　年　　月　　日</td></tr>
<tr><td colspan="2">监理（建设）单位验收结论</td><td colspan="10">专业监理工程师：
（建设单位项目专业技术负责人）：　　　　年　　月　　日</td></tr>
</table>

注：1. 外移量允许偏差应在扣除初始外移量之后进行量测。

【检查验收时执行的规范条目】

18.8.9　主缆防护质量检验应符合下列规定：

主控项目

1　缠丝和防护涂料的材质必须符合设计要求。

检查数量：全数检查。　　检验方法：检查产品合格证和技术性能检测报告。

一般项目

2　主缆防护允许偏差应符合表 18.8.9 的规定。

主缆防护允许偏差　　　　　　　　表 18.8.9

项　目	允许偏差 (mm)	检验频率		检验方法
		范围	点数	
缠丝间距	1mm	每索	1	用插板，每两索夹间随机量测 1m 长
缠丝张力	±0.3kN		1	标定检测，每盘抽查 1 处
防护涂层厚度	符合设计要求		1	用测厚仪，每 200m 检测 1 点

3 缠丝不重叠交叉。缠丝腻子应填满。

检查数量：全数检查。　　检验方法：观察。

【检验批验收应提供的核查资料】

悬索桥主缆防护质量检验检验批验收应提供的核查资料　　表 CJJ 2-8-10-3a

序号	核查资料名称	核查要点
1	缠丝、涂料产品合格证	检查缠丝、涂料数量、生产厂家、性能参数
2	缠丝、涂料技术性能检测报告	检查缠丝、涂料数量、生产厂家、性能参数

注：表列凡有性能要求的均应符合设计和规范要求。

附：规范规定的施工过程控制要点

18.5.7 主缆防护应符合下列规定：

1 主缆防护应在桥面铺装完成后进行。

2 防护前必须清除主缆表面灰尘、油污和水分等，并临时覆盖。待涂装及缠丝时再揭开临时覆盖。

3 主缆涂装应均匀，严禁遗漏。涂装材料应具有良好的防水密封性和防腐性，并应保持柔软状态，不硬化、不脆裂、不霉变。

4 缠丝作业宜在二期恒载作用于主缆之后进行，缠丝材料以选用软质镀锌钢丝为宜。缠丝作业应由电动缠丝机完成。

1) 缠丝总体方向宜由高处向低处进行，在两个索夹之间应从低到高。

2) 缠丝始端嵌入索夹内不应少于 3 圈（或按设计要求），并施以固结焊。

3) 节间内钢丝需要焊接时，宜采用闪光对接焊。

4) 缠丝终端嵌入索夹端部槽内不应少于 3 圈，并施以固结焊。

5) 一个节间内缠好的钢丝宜采用固结焊固结。对接钢丝除施加对接焊外尚需采用固结焊固结。

5 钢丝缠绕应紧密均匀，缠丝张力应符合设计要求。

【悬索桥索夹和吊索安装】

【悬索桥索夹和吊索安装质量检验检验批质量验收记录】

悬索桥索夹和吊索安装质量检验检验批质量验收记录　　表 CJJ 2-8-10-4

<table>
<tr><td colspan="2">工程名称</td><td colspan="3"></td></tr>
<tr><td colspan="2">施工单位</td><td colspan="3"></td></tr>
<tr><td colspan="2">分项工程名称</td><td>　</td><td>施工班组长</td><td></td></tr>
<tr><td colspan="2">验收部位</td><td>　</td><td>专业工长</td><td></td></tr>
<tr><td colspan="2">施工执行标准名称及编号</td><td>　</td><td>项目经理</td><td></td></tr>
</table>

<table>
<tr><td>检控项目</td><td colspan="3">质量验收规范规定</td><td colspan="10">施工单位检查评定记录</td><td>监理（建设）单位验收记录</td></tr>
<tr><td>主控项目</td><td colspan="3">第 18.8.10 条　索夹和吊索安装质量检验应符合下列规定：
1　索夹、吊索和锚头成品性能质量应符合设计要求和国家现行标准规定</td><td colspan="10"></td><td></td></tr>
<tr><td rowspan="26">一般项目</td><td colspan="3">第 18.8.10 条 2 款　索夹允许偏差</td><td colspan="10"></td><td rowspan="26"></td></tr>
<tr><td colspan="2">项　目（表 18.8.10-1）</td><td>允许偏差（mm）</td><td colspan="10">量测值（mm）</td></tr>
<tr><td colspan="2">索夹内径偏差</td><td>±2</td><td></td><td></td><td></td><td></td><td></td><td></td><td></td><td></td><td></td><td></td></tr>
<tr><td colspan="2">耳板销孔位置偏差</td><td>±1</td><td></td><td></td><td></td><td></td><td></td><td></td><td></td><td></td><td></td><td></td></tr>
<tr><td colspan="2">耳板销孔内径偏差</td><td>+1
0</td><td></td><td></td><td></td><td></td><td></td><td></td><td></td><td></td><td></td><td></td></tr>
<tr><td colspan="2">螺杆孔直线度（L 为螺杆孔长度）</td><td>L/500</td><td></td><td></td><td></td><td></td><td></td><td></td><td></td><td></td><td></td><td></td></tr>
<tr><td colspan="2">壁厚</td><td>符合设计要求</td><td></td><td></td><td></td><td></td><td></td><td></td><td></td><td></td><td></td><td></td></tr>
<tr><td colspan="2">索夹内壁喷锌厚度</td><td>不小于设计要求</td><td></td><td></td><td></td><td></td><td></td><td></td><td></td><td></td><td></td><td></td></tr>
<tr><td colspan="3">第 18.8.10 条 3 款　吊索和锚头允许偏差</td><td colspan="10"></td></tr>
<tr><td colspan="2">项　目（表 18.8.10-2）</td><td>允许偏差（mm）</td><td colspan="10">量测值（mm）</td></tr>
<tr><td rowspan="2">吊索调整后长度（销孔之间）L 为吊索长度</td><td>≤5m</td><td>±2</td><td></td><td></td><td></td><td></td><td></td><td></td><td></td><td></td><td></td><td></td></tr>
<tr><td>>5m</td><td>±L/500</td><td></td><td></td><td></td><td></td><td></td><td></td><td></td><td></td><td></td><td></td></tr>
<tr><td colspan="2">销轴直径偏差</td><td>0
−0.15</td><td></td><td></td><td></td><td></td><td></td><td></td><td></td><td></td><td></td><td></td></tr>
<tr><td colspan="2">叉形耳板销孔位置偏差</td><td>±5</td><td></td><td></td><td></td><td></td><td></td><td></td><td></td><td></td><td></td><td></td></tr>
<tr><td colspan="2">热铸锚合金灌铸率（%）</td><td>>92</td><td></td><td></td><td></td><td></td><td></td><td></td><td></td><td></td><td></td><td></td></tr>
<tr><td colspan="2">锚头顶压后吊索外移量（按规定顶压力，持荷 5min）</td><td>符合设计要求</td><td></td><td></td><td></td><td></td><td></td><td></td><td></td><td></td><td></td><td></td></tr>
<tr><td colspan="2">吊索轴线与锚头端面垂直度（°）</td><td>0.5</td><td></td><td></td><td></td><td></td><td></td><td></td><td></td><td></td><td></td><td></td></tr>
<tr><td colspan="2">锚头喷涂厚度</td><td>符合设计要求</td><td></td><td></td><td></td><td></td><td></td><td></td><td></td><td></td><td></td><td></td></tr>
<tr><td colspan="3">第 18.8.10 条 4 款　索夹和吊索安装允许偏差</td><td colspan="10"></td></tr>
<tr><td colspan="2">项　目（表 18.8.10-3）</td><td>允许偏差（mm）</td><td colspan="10">量测值（mm）</td></tr>
<tr><td rowspan="2">索夹偏位</td><td>纵向</td><td>10</td><td></td><td></td><td></td><td></td><td></td><td></td><td></td><td></td><td></td><td></td></tr>
<tr><td>横向</td><td>3</td><td></td><td></td><td></td><td></td><td></td><td></td><td></td><td></td><td></td><td></td></tr>
<tr><td colspan="2">上、下游吊点高差</td><td>20</td><td></td><td></td><td></td><td></td><td></td><td></td><td></td><td></td><td></td><td></td></tr>
<tr><td colspan="2">螺杆紧固力（kN）</td><td>符合设计要求</td><td></td><td></td><td></td><td></td><td></td><td></td><td></td><td></td><td></td><td></td></tr>
<tr><td colspan="2">施工单位检查评定结果</td><td colspan="13">项目专业质量检查员：　　　　年　　月　　日</td></tr>
<tr><td colspan="2">监理（建设）单位验收结论</td><td colspan="13">（建设单位项目专业技术负责人）：　　　　专业监理工程师：
年　　月　　日</td></tr>
</table>

注：吊索和锚头允许偏差项下的外移量允许偏差应在扣除初始外移量后进行量测。

【检查验收时执行的规范条目】

18.8.10 索夹和吊索安装质量检验应符合下列规定：

主控项目

1 索夹、吊索和锚头成品性能质量应符合设计要求和国家现行标准规定。

检查数量：全数检查。

检验方法：检查原材料合格证和制造厂的复验报告；检查成品合格证和技术性能检测报告。

一般项目

2 索夹允许偏差应符合表 18.8.10-1 的规定。

索夹允许偏差 **表 18.8.10-1**

项　目	允许偏差（mm）	检验频率		检验方法
		范围	点数	
索夹内径偏差	±2	每件	1	用量具检测
耳板销孔位置偏差	±1		1	用量具检测
耳板销孔内径偏差	+1 0		1	用量具检测
螺杆孔直线度	$L/500$		1	用量具检测
壁厚	符合设计要求		1	用量具检测
索夹内壁喷锌厚度	不小于设计要求		1	用测厚仪检测

注：L 为螺杆孔长度。

3 吊索和锚头允许偏差应符合表 18.8.10-2 的规定。

吊索和锚头允许偏差 **表 18.8.10-2**

项　目		允许偏差（mm）	检验频率		检验方法
			范围	点数	
吊索调整后长度（销孔之间）	≤5m	±2	每件	1	用钢尺量
	＞5m	$\pm L/500$			
销轴直径偏差		0 −0.15		1	用量具检测
叉形耳板销孔位置偏差		±5		1	用量具检测
热铸锚合金灌铸率（%）		＞92		1	量测计算
锚头顶压后吊索外移量（按规定顶压力，持荷 5min）		符合设计要求		1	用量具检测
吊索轴线与锚头端面垂直度（°）		0.5		1	用量具检测
锚头喷涂厚度		符合设计要求		1	用测厚仪检测

注：1　L 为吊索长度；　2　外移量允许偏差应在扣除初始外移量后进行量测。

4 索夹和吊索安装允许偏差应符合表 18.8.10-3 的规定。

索夹和吊索安装允许偏差　　表 18.8.10-3

项目		允许偏差(mm)	检验频率		检验方法
			范围	点数	
索夹偏位	纵向	10	每件	2	用全站仪和钢尺量
	横向	3			
上、下游吊点高差		20		1	用水准仪测量
螺杆紧固力（kN）		符合设计要求		1	用压力表检测

【检验批验收应提供的核查资料】

悬索桥索夹和吊索安装质量检验检验批验收应提供的核查资料　　表 CJJ 2-8-10-4a

序号	核查资料名称	核查要点
1	索夹和吊索合格证及技术性能检测报告	检查索夹和吊索数量、生产厂家、性能参数
2	索夹和吊索原材料合格和制造厂复验报告	检查索夹和吊索数量、生产厂家、性能参数
3	施工记录（索夹和吊索施工工艺及质量状况）	施工记录内容的完整性（资料名称项下括号内的内容）

注：表列凡有性能要求的均应符合设计和规范要求。

附：规范规定的施工过程控制要点

18.6　索鞍、索夹与吊索

18.6.1　索鞍安装应选择在白天连续完成。安装时应根据设计提供的预偏量就位，在加劲梁架设、桥面铺装过程中应按设计提供的数据逐渐顶推到永久位置。顶推前应确认滑动面的摩阻系数，控制顶推量，确保施工安全。

18.6.2　索夹安装应符合下列规定：

1　索夹安装前，必须测定主缆的空缆线形，经设计单位确认索夹位置后，方可对索夹进行放样、定位、编号。放样、定位应在环境温度稳定时进行。索夹位置处主缆表面的油污及灰尘应清除并涂防锈漆。

2　索夹在运输和安装过程中应采取保护措施，防止碰伤及损坏。

3　索夹安装位置纵向误差不得大于 10mm。当索夹在主缆上精确定位后，应立即紧固索夹螺栓。

4　紧固同一索夹螺栓时，各螺栓受力应均匀，并应按三个荷载阶段（即索夹安装时、钢箱梁吊装后、桥面铺装后）对索夹螺栓进行紧固。

18.6.3　吊索运输、安装过程中不得受损坏。吊索安装应与加劲梁安装配合进行，并对号入座，安装时必须采取防止扭转措施。

【悬索桥钢加劲梁段拼装】

第 18.8.11 条　钢加劲梁段拼装质量检验应符合 CJJ 2—2008 规范第 14.3 节有关规定，且应符合下列规定：

1. 应符合 CJJ 2—2008 规范第 14.3 节有关规定。

【悬索桥钢梁现场安装】

悬索桥钢加劲梁段拼装钢梁现场安装检验批质量验收记录

表 CJJ 2-8-10-5

本表按钢梁子分部钢梁现场安装检验批质量验收记录　表 CJJ 2-8-6-5 中有关质量标准执行。

2. 且应符合钢加劲梁段拼装质量检验的规定（表 CJJ 2-8-10-6）。

桥跨承重结构分部工程

【悬索桥钢加劲梁段拼装质量检验】

【悬索桥钢加劲梁段拼装质量检验检验批质量验收记录】

悬索桥钢加劲梁段拼装质量检验检验批质量验收记录　　表 CJJ 2-8-10-6

工程名称			
施工单位			
分项工程名称		施工班组长	
验收部位		专业工长	
施工执行标准名称及编号		项目经理	

检控项目	质量验收规范规定			施工单位检查评定记录	监理（建设）单位验收记录
一般项目	第 18.8.11 条　钢加劲梁段拼装质量检验应符合 CJJ 2—2008 规范第 14.3 节有关规定，且应符合下列规定： 1　悬索桥钢箱梁段制作允许偏差				
	项　目（表 18.8.11-1）		允许偏差（mm）	量测值（mm）	
	梁长		±2		
	梁段桥面板四角高差		4		
	风嘴直线度偏差		≤L/2000，且不大于 6		
	端口尺寸	宽度	±4		
		中心高	±2		
		边高	±3		
		横断面对角线长度差	4		
	吊点位置	吊点中心距桥中心线距离偏差	±1		
		同一梁段两侧吊点相对高差	5		
		相邻梁段吊点中心距偏差	2		
		同一梁段两侧吊点中心连接线与桥轴线垂直度误差（'）	2		
	梁段匹配性	纵桥向中心线偏差	1		
		顶、底、腹板对接间隙	+3 -1		
		顶、底、腹板对接错台	2		
	项　目（第 18.8.1 条 2 款表 18.8.11-2）		允许偏差（mm）	量测值（mm）	
	吊点偏位		20		
	同一梁段两侧对称吊点处梁顶高差		20		
	相邻节段匹配高差		2		
	第 18.8.11 条 3 款　安装线形应平顺，无明显折弯。焊缝应平整、顺齐、光滑。防护涂层应完好				

施工单位检查评定结果	项目专业质量检查员：　　　　年　　月　　日
监理（建设）单位验收结论	专业监理工程师： （建设单位项目专业技术负责人）：　　　　年　　月　　日

注：L 为量测长度。

【检查验收时执行的规范条目】

18.8.11 钢加劲梁段拼装质量检验应符合 CJJ 2—2008 规范第 14.3 节有关规定，且应符合下列规定：

一般项目

1 悬索桥钢箱梁段制作允许偏差应符合表 18.8.11-1 的规定。

悬索桥钢箱梁段制作允许偏差 **表 18.8.11-1**

项目		允许偏差 (mm)	检验频率		检验方法
			范围	点数	
梁长		±2	每件每段	3	用钢尺量，中心线及两侧
梁段桥面板四角高差		4		4	用水准仪测量
风嘴直线度偏差		≤L/2000，且不大于 6		2	拉线、用钢尺量风嘴边缘
端口尺寸	宽度	±4		2	用钢尺量两端
	中心高	±2		2	用钢尺量两端
	边高	±3		4	用钢尺量两侧、两端
	横断面对角线长度差	4		2	用钢尺量两端
吊点位置	吊点中心距桥中心线距离偏差	±1		2	用钢尺量
	同一梁段两侧吊点相对高差	5		1	用水准仪测量
	相邻梁段吊点中心距偏差	2		1	用钢尺量
	同一梁段两侧吊点中心连接线与桥轴线垂直度误差（'）	2		1	用经纬仪测量
梁段匹配性	纵桥向中心线偏差	1		2	用钢尺量
	顶、底、腹板对接间隙	+3 −1		2	用钢尺量
	顶、底、腹板对接错台	2		2	用钢板尺和塞尺量

注：L 为量测长度。

2 钢加劲梁段拼装允许偏差应符合表 18.8.11-2 的规定。

钢加劲梁段拼装允许偏差 **表 18.8.11-2**

项目	允许偏差 (mm)	检验频率		检验方法
		范围	点数	
吊点偏位	20	每件每段	1	用全站仪测量
同一梁段两侧对称吊点处梁顶高差	20		1	用水准仪测量
相邻节段匹配高差	2		2	用钢尺量

3 安装线形应平顺，无明显折弯。焊缝应平整、顺齐、光滑。防护涂层应完好。

检查数量：全数检查。 检验方法：观察。

【检验批验收应提供的核查资料】

悬索桥钢加劲梁段拼装质量检验检验批验收应提供的核查资料 表 CJJ 2-8-10-6a

序号	核查资料名称	核查要点
1	施工及焊接工艺方案	核查施工及焊接工艺方案的全面性、可行性
2	施工记录（钢加劲梁段拼装工艺、质量状况）	施工记录内容的完整性（资料名称项下括号内的内容）

注：表列凡有性能要求的均应符合设计和规范要求。

附：规范规定的施工过程控制要点

18.7 加劲梁

18.7.1 加劲钢箱梁应由具有相应资质的企业制造，并应符合国家现行标准《铁路钢桥制造规范》TB 10212的规定。

18.7.2 加劲钢箱梁安装应符合下列规定：

1 索夹、吊索安装完毕，并完成各项吊装设备安装及检查工作，加劲梁方可适时运输与吊装。

2 吊装前必须进行试吊。

3 加劲梁安装应符合下列要求：

1）吊装必须符合高空作业及水上作业的安全规定。

2）加劲梁安装宜从中跨跨中对称地向索塔方向进行。

3）吊装过程中应观察索塔变位情况，宜根据设计要求和实测塔顶位移量分阶段调整索鞍偏移量。

4）安装时，应避免相邻梁段发生碰撞。

5）安装合龙段前，必须根据实际的合龙长度，对合龙段长度进行修正。

4 现场焊接除符合 CJJ 2—2008 规范第 14.2.5 条有关规定外，且应符合下列要求：

1）安装时应有足够数量和强度的固定点。当焊缝形成并具有足够的刚度和强度时，方能解除安装固定点。

2）焊接接头应进行 100％的超声波探伤，并应抽取 30％进行射线检查，当有一片不合格时，应对该接头进行 100％的射线检查。

3）加劲肋的纵向对接接缝可只做超声波探伤。

18.7.3 现场涂装应符合 CJJ 2—2008 规范第 14.2.10 条规定。

2.9.2.8 顶进箱涵分部（子分部）工程

顶进箱涵分部（子分部）工程的质量验收包括：工作坑、滑板、箱涵预制（模板与支架、钢筋、混凝土）、箱涵顶进。

1. 滑板质量检验应符合 CJJ 2—2008 规范第 19.4.1 条规定。

第 19.4.1 条　箱涵施工涉及模板与拱架、钢筋、混凝土、预应力混凝土、砌体质量检验应符合本规范第 5.4、6.5、7.13 节的有关规定。

滑板施工，根据 5.4（模板、支架和拱架的制作及安装检验标准，模板、支架和拱架的拆除）、6.5（钢筋原材料、钢筋加工、钢筋连接、钢筋安装的检验标准）、7.13（混凝土原材料、混凝土配合比、混凝土施工的检验标准）节规定，分别编制成下列各节的检验批质量验收记录用表。

【顶进箱涵滑板】

【顶进箱涵滑板模板与支架】

顶进箱涵滑板模板与支架制作检验批质量验收记录　表 CJJ 2-9-1-1

本表按“通用表式”的表 CJJ 2-通-1-1 中有关质量标准执行。

顶进箱涵滑板模板与支架安装检验批质量验收记录　表 CJJ 2-9-1-2

本表按“通用表式”的表 CJJ 2-通-1-2 中有关质量标准执行。

顶进箱涵滑板模板与支架拆除检验批质量验收记录　表 CJJ 2-9-1-3

本表按“通用表式”的表 CJJ 2-通-1-3 中有关质量标准执行。

【顶进箱涵滑板钢筋】

顶进箱涵滑板钢筋原材料检验批质量验收记录　表 CJJ 2-9-1-4

本表按“通用表式”的表 CJJ 2-通-2-1 中有关质量标准执行。

顶进箱涵滑板钢筋加工检验批质量验收记录　表 CJJ 2-9-1-5

本表按“通用表式”的表 CJJ 2-通-2-2 中有关质量标准执行。

顶进箱涵滑板钢筋连接检验批质量验收记录　表 CJJ 2-9-1-6

本表按“通用表式”的表 CJJ 2-通-2-3 中有关质量标准执行。

顶进箱涵滑板钢筋安装检验批质量验收记录　表 CJJ 2-9-1-7

本表按“通用表式”的表 CJJ 2-通-2-4 中有关质量标准执行。

【顶进箱涵滑板混凝土】

顶进箱涵滑板混凝土原材料检验批质量验收记录　表 CJJ 2-9-1-8

本表按“通用表式”的表 CJJ 2-通-3-1 中有关质量标准执行。

顶进箱涵滑板混凝土配合比检验批质量验收记录　表 CJJ 2-9-1-9

本表按“通用表式”的表 CJJ 2-通-3-2 中有关质量标准执行。

顶进箱涵滑板混凝土施工检验批质量验收记录 表 CJJ 2-9-1-10

本表按"通用表式"的表 CJJ 2-通-3-3A 中有关质量标准执行。

2. 且应符合顶进箱涵滑板质量检验检的规定（表 CJJ 2-9-1-11）。

【顶进箱涵滑板质量检验】

【顶进箱涵滑板质量检验检验批质量验收记录】

顶进箱涵滑板质量检验检验批质量验收记录 **表 CJJ 2-9-1-11**

<table>
<tr><td colspan="2">工程名称</td><td colspan="4"></td></tr>
<tr><td colspan="2">施工单位</td><td colspan="4"></td></tr>
<tr><td colspan="2">分项工程名称</td><td colspan="2"></td><td>施工班组长</td><td></td></tr>
<tr><td colspan="2">验收部位</td><td colspan="2"></td><td>专业工长</td><td></td></tr>
<tr><td colspan="2">施工执行标准名称及编号</td><td colspan="2"></td><td>项目经理</td><td></td></tr>
<tr><td>检控项目</td><td colspan="2">质量验收规范规定</td><td colspan="2">施工单位检查评定记录</td><td>监理（建设）单位验收记录</td></tr>
<tr><td>一般项目</td><td colspan="2">第 19.2.6 条　修筑工作坑滑板，应满足预制箱涵主体结构所需强度，并应符合下列规定：
1　滑板中心线应与箱涵设计中心线一致。
2　滑板与地基接触面应有防滑措施，宜在滑板下设锚梁。
3　为减少箱涵顶进中扎头现象，宜将滑板顶面做成前高后低的仰坡，坡度宜为 3‰。
4　滑板两侧宜设方向墩。</td><td colspan="2"></td><td></td></tr>
<tr><td colspan="2">施工单位检查评定结果</td><td colspan="4">项目专业质量检查员：　　　　年　月　日</td></tr>
<tr><td colspan="2">监理（建设）单位验收结论</td><td colspan="4">专业监理工程师：
（建设单位项目专业技术负责人）：　　　　年　月　日</td></tr>
</table>

注：滑板质量检验系完成滑板的各子项后进行的检查和验收。

【检验批验收应提供的核查资料】

顶进箱涵滑板质量检验检验批验收应提供的核查资料　　表 CJJ 2-9-1-11a

序号	核查资料名称	核查要点
1	水泥、砂子、石子、外加剂、掺合料及其他材料出厂合格证	检查材料品种、数量、生产厂家、日期，与试验报告对应
2	水泥、外加剂、掺合料等材料出厂检验报告	检查品种、数量、日期、材料性能、质量，与合格证或质量证书对应
3	水泥、砂子、石子、外加剂、掺合料及其他材料进场验收记录	检查进场材料品种、代表数量、日期、质量，应与合格证或质量证书对应
4	水泥、砂子、石子、外加剂、掺合料及其他材料试验报告（见证取样）	核查相关试验报告必试项目、强度性能是否齐全和符合标准要求
5	氯化物、碱的总含量计算书（设计有要求时）	按设计要求核查其氯化物、碱的总含量
6	水质试验报告（见证取样，非饮用水或设计要求时提供）	核查水质，应符合混凝土生产用水标准
7	施工记录（施工工艺、浇筑与养护等）	施工记录内容的完整性（资料名称项下括号内的内容）
8	同条件混凝土试件强度试验报告（见证取样）	检查试验单位资质、代表数量、日期、性能，与设计、标准的符合性

注：1. 合理缺项除外；2. 表列凡有性能要求的均应符合设计和规范要求。

【顶进箱涵工作坑质量检验】

【顶进箱涵工作坑质量检验检验批质量验收记录】

顶进箱涵工作坑质量检验检验批质量验收记录　　表 CJJ 2-9-1-12

工程名称			
施工单位			
分项工程名称		施工班组长	
验收部位		专业工长	
施工执行标准名称及编号		项目经理	

检控项目	质量验收规范规定	施工单位检查评定记录	监理（建设）单位验收记录
一般项目	第 19.2.1 条　工作坑平面、现场地形及位置选择		
	第 19.2.2 条　工作坑边坡规定		
	第 19.2.3 条　工作坑的平面尺寸规定		
	第 19.2.4 条　开挖工作坑规定		
	第 19.2.5 条　工作坑开挖前的降水措施		
施工单位检查评定结果	项目专业质量检查员：　　　年　月　日		
监理（建设）单位验收结论	专业监理工程师： （建设单位项目专业技术负责人）：　　　年　月　日		

注：工作坑质量标准选自《城市桥梁工程施工与质量验收规范》（CJJ 2—2008）第 19.2.1 条～第 19.2.5 条。

【检验批验收应提供的核查资料】

一般项目

19.2 工作坑

19.2.1 工作坑应根据线路平面、现场地形，在保证通行的铁路、道路行车安全的前提下选择挖方数量少、顶进长度短的位置。

19.2.2 工作坑边坡应视土质情况而定，两侧边坡宜为1∶0.75～1∶1.5，靠铁路路基一侧的边坡宜缓于1∶1.5；工作坑距最外侧铁路中心线不得小于3.2m。

19.2.3 工作坑的平面尺寸应满足箱涵预制与顶进设备安装需要。前端顶板外缘至路基坡脚不宜小于1m；后端顶板外缘与后背间净距不宜小于1m；箱涵两侧距工作坑坡脚不宜小于1.5m。

19.2.4 开挖工作坑应与修筑后背统筹安排，当采用钢板桩作后背时，应先沉桩再开挖工作坑和填筑后背土。

19.2.5 土层中有水时，工作坑开挖前应采取降水措施，将地下水位降至基底0.5m以下，并疏干后方可开挖。工作坑开挖时不得扰动地基，不得超挖。工作坑底应密实平整，并有足够的承载力。基底允许承载力不宜小于0.15MPa。

【检验批验收应提供的核查资料】

顶进箱涵工作坑质量检验检验批验收应提供的核查资料　　表 CJJ 2-9-1-12a

序号	核查资料名称	核查要点
1	施工记录（工作坑平面尺寸、坡度、开挖工艺及质量状况）	施工记录内容的完整性（资料名称项下括号内的内容）

注：表列凡有性能要求的均应符合设计和规范要求。

【箱涵预制（模板与支架、钢筋、混凝土）】

1. 预制箱涵质量检验应符合 CJJ 2—2008 规范第 19.4.1 条的规定。

第 19.4.1 条　箱涵施工涉及模板及模板与拱架、钢筋、混凝土、预应力混凝土、砌体质量检验应符合本规范第 5.4、6.5、7.13 节的有关规定。

箱涵预制施工，根据 5.4（模板、支架和拱架的制作及安装检验标准，模板、支架和拱架的拆除）、6.5（钢筋原材料、钢筋加工、钢筋连接、钢筋安装的检验标准）、7.13（混凝土原材料、混凝土配合比、混凝土施工的检验标准）节规定，分别编制成下列各节的检验批质量验收记录用表。

【箱涵预制模板与支架】

箱涵预制模板与支架制作检验批质量验收记录　　表 CJJ 2-9-1-13

本表按“通用表式”的表 CJJ 2-通-1-1 中有关质量标准执行。

箱涵预制模板与支架安装检验批质量验收记录　　表 CJJ 2-9-1-14

本表按“通用表式”的表 CJJ 2-通-1-2 中有关质量标准执行。

箱涵预制模板与支架拆除检验批质量验收记录　　表 CJJ 2-9-1-15

本表按“通用表式”的表 CJJ 2-通-1-3 中有关质量标准执行。

【箱涵预制钢筋】

箱涵预制钢筋原材料检验批质量验收记录　　表 CJJ 2-9-1-16

本表按“通用表式”的表 CJJ 2-通-2-1 中有关质量标准执行。

箱涵预制钢筋加工检验批质量验收记录　　表 CJJ 2-9-1-17

本表按“通用表式”的表 CJJ 2-通-2-2 中有关质量标准执行。

箱涵预制钢筋连接检验批质量验收记录　　表 CJJ 2-9-1-18

本表按“通用表式”的表 CJJ 2-通-2-3 中有关质量标准执行。

箱涵预制钢筋安装检验批质量验收记录　　表 CJJ 2-9-1-19

本表按“通用表式”的表 CJJ 2-通-2-4 中有关质量标准执行。

【箱涵预制混凝土】

箱涵预制混凝土原材料检验批质量验收记录　　表 CJJ 2-9-1-20

本表按“通用表式”的表 CJJ 2-通-3-1 中有关质量标准执行。

箱涵预制混凝土配合比检验批质量验收记录　　表 CJJ 2-9-1-21

本表按“通用表式”的表 CJJ 2-通-3-2 中有关质量标准执行。

箱涵预制混凝土施工检验批质量验收记录　　表 CJJ 2-9-1-22

本表按“通用表式”的表 CJJ 2-通-3-3A 中有关质量标准执行。

2. 且应符合箱涵预制质量检验的规定（表 CJJ 2-9-1-23）。

【箱涵预制质量检验】

【箱涵预制质量检验检验批质量验收记录】

箱涵预制质量检验检验批质量验收记录　　　　表 CJJ 2-9-1-23

工程名称			
施工单位			
分项工程名称		施工班组长	
验收部位		专业工长	
施工执行标准名称及编号		项目经理	

检控项目	质量验收规范规定		允许偏差（mm）	施工单位检查评定记录 量测值（mm）										监理（建设）单位验收记录
一般项目	第 19.4.3 条　预制箱涵质量检验应符合 CJJ 2—2008 规范第 19.4.1 条的规定，且应符合下列规定： 1　箱涵预制允许偏差													
	项　目（表 19.4.3）		允许偏差（mm）	量测值（mm）										
	断面尺寸	净空宽	±30											
		净空高	±50											
	厚度		±10											
	长度		±50											
	侧向弯曲		$L/1000$											
	轴线偏位		10											
	垂直度		≤0.15%H，且不大于 10											
	两对角线长度差		75											
	平整度		5											
	箱体外形		符合 CJJ 2—2008 规范 19.3.1 条规定											
	第 19.4.3 条 2 款　混凝土结构表面应无孔洞、露筋、蜂窝、麻面和缺棱掉角等缺陷													
施工单位检查评定结果	项目专业质量检查员：　　　　年　　月　　日													
监理（建设）单位验收结论	专业监理工程师： （建设单位项目专业技术负责人）：　　　　年　　月　　日													

注：箱涵预制质量检验系完成箱涵预制的各子项后进行的检查和验收。

【检查验收时执行的规范条目】

19.4.3 预制箱涵质量检验应符合 CJJ 2—2008 规范第 19.4.1 条的规定，且应符合下列规定：

一般项目

1 箱涵预制允许偏差应符合表 19.4.3 的规定。

箱涵预制允许偏差 **表 19.4.3**

项目		允许偏差(mm)	检验频率		检验方法
			范围	点数	
断面尺寸	净空宽	±30	每座每节	6	用钢尺量，沿全长中间及两端的左、右各 1 点
	净空高	±50		6	用钢尺量，沿全长中间及两端的上、下各 1 点
厚度		±10		8	用钢尺量，每端顶板、底板及两侧壁各 1 点
长度		±50		4	用钢尺量，两侧上、下各 1 点
侧向弯曲		$L/1000$		2	沿构件全长拉线、用钢尺量，左、右各 1 点
轴线偏位		10		2	用经纬仪测量
垂直度		≤0.15%H，且不大于 10		4	用经纬仪测量或垂线和钢尺量，每侧 2 点
两对角线长度差		75		1	用钢尺量顶板
平整度		5		8	用 2m 直尺、塞尺量（两侧内墙各 4 点）
箱体外形		符合 CJJ 2—2008 规范 19.3.1 条规定		5	用钢尺量，两端上、下各 1 点，距前端 2m 处 1 点

2 混凝土结构表面应无孔洞、露筋、蜂窝、麻面和缺棱掉角等缺陷。

检查数量：全数检查。 检验方法：观察。

【检验批验收应提供的核查资料】

预制箱涵质量检验检验批验收应提供的核查资料 **表 CJJ 2-9-1-23a**

序号	核查资料名称	核查要点
1	水泥、砂子、石子、外加剂、掺合料及其他材料出厂合格证	检查材料品种、数量、生产厂家、日期，与试验报告对应
2	水泥、外加剂、掺合料等材料出厂检验报告	检查品种、数量、日期、材料性能、质量，与合格证或质量证书对应
3	水泥、砂子、石子、外加剂、掺合料及其他材料进场验收记录	检查进场材料品种、代表数量、日期、质量，应与合格证或质量证书对应
4	水泥、砂子、石子、外加剂、掺合料及其他材料试验报告（见证取样）	核查相关试验报告必试项目、强度性能是否齐全和符合标准要求
5	氯化物、碱的总含量计算书（设计有要求时）	按设计要求核查其氯化物、碱的总含量
6	水质试验报告（见证取样，非饮用水或设计要求时提供）	核查水质，应符合混凝土生产用水标准
7	施工记录（施工工艺、浇筑与养护等）	施工记录内容的完整性（资料名称项下括号内的内容）
8	同条件混凝土试件强度试验报告（见证取样）	检查试验单位资质、代表数量、日期、性能，与设计、标准的符合性

注：1. 合理缺项除外；2. 表列凡有性能要求的均应符合设计和规范要求。

附：规范规定的施工过程控制要点

19.3 箱涵预制与顶进

19.3.1 箱涵预制除应符合 CJJ 2—2008 规范第 5、6、7 章的有关规定外，尚应符合下列规定：

1 箱涵侧墙的外表面前端 2m 范围内应向两侧各加宽 1.5～2cm，其余部位不得出现正误差。

2 工作坑滑板与预制箱涵底板间应铺设润滑隔离层。

3 箱涵底板底面前端 2～4m 范围内宜设高 5～10cm 船头坡。

4 箱涵前端周边宜设钢刃脚。

5 箱涵混凝土达到设计强度后方可拆除顶板底模。

【箱涵顶进质量检验】

【箱涵顶进质量检验检验批质量验收记录】

箱涵顶进质量检验检验批质量验收记录　　　　表 CJJ 2-9-1-24

<table>
<tr><td colspan="3">工程名称</td><td colspan="12"></td></tr>
<tr><td colspan="3">施工单位</td><td colspan="12"></td></tr>
<tr><td colspan="3">分项工程名称</td><td colspan="4"></td><td colspan="3">施工班组长</td><td colspan="5"></td></tr>
<tr><td colspan="3">验收部位</td><td colspan="4"></td><td colspan="3">专业工长</td><td colspan="5"></td></tr>
<tr><td colspan="3">施工执行标准名称及编号</td><td colspan="4"></td><td colspan="3">项目经理</td><td colspan="5"></td></tr>
<tr><td>检控项目</td><td colspan="3">质量验收规范规定</td><td colspan="10">施工单位检查评定记录</td><td>监理（建设）单位验收记录</td></tr>
<tr><td rowspan="10">一般项目</td><td colspan="3">第 19.4.4 条　箱涵顶进质量检验应符合下列规定：
1　箱涵顶进允许偏差</td><td colspan="10"></td><td rowspan="10"></td></tr>
<tr><td colspan="2">项　　目</td><td>允许偏差（mm）</td><td colspan="10">量测值（mm）</td></tr>
<tr><td rowspan="3">轴线偏位</td><td>$L<15m$</td><td>100</td><td></td><td></td><td></td><td></td><td></td><td></td><td></td><td></td><td></td><td></td></tr>
<tr><td>$15m \leqslant L \leqslant 30m$</td><td>200</td><td></td><td></td><td></td><td></td><td></td><td></td><td></td><td></td><td></td><td></td></tr>
<tr><td>$L>30m$</td><td>300</td><td></td><td></td><td></td><td></td><td></td><td></td><td></td><td></td><td></td><td></td></tr>
<tr><td rowspan="3">高程</td><td>$L<15m$</td><td>+20
−100</td><td></td><td></td><td></td><td></td><td></td><td></td><td></td><td></td><td></td><td></td></tr>
<tr><td>$15m \leqslant L \leqslant 30m$</td><td>+20
−150</td><td></td><td></td><td></td><td></td><td></td><td></td><td></td><td></td><td></td><td></td></tr>
<tr><td>$L>30m$</td><td>+20
−200</td><td></td><td></td><td></td><td></td><td></td><td></td><td></td><td></td><td></td><td></td></tr>
<tr><td colspan="2">相邻两端高差</td><td>50</td><td></td><td></td><td></td><td></td><td></td><td></td><td></td><td></td><td></td><td></td></tr>
<tr><td colspan="3">第 14.4.4 条 2 款　分节顶进的箱涵就位后，接缝处应直顺、无渗漏</td><td colspan="10"></td></tr>
<tr><td colspan="2">施工单位检查评定结果</td><td colspan="13">项目专业质量检查员：　　　　年　　月　　日</td></tr>
<tr><td colspan="2">监理（建设）单位验收结论</td><td colspan="13">专业监理工程师：
（建设单位项目专业技术负责人）：　　　　年　　月　　日</td></tr>
</table>

【检查验收时执行的规范条目】

19.4.4 箱涵顶进质量检验应符合下列规定：

一般项目

1 箱涵顶进允许偏差应符合表 19.4.4 的规定。

箱涵顶进允许偏差 **表 19.4.4**

项目		允许偏差（mm）	检验频率		检验方法
			范围	点数	
轴线偏位	$L<15$m	100	每座每节	2	用经纬仪测量，两端各 1 点
	$15\text{m}\leqslant L\leqslant 30$m	200			
	$L>30$m	300			
高程	$L<15$m	+20 −100		2	用水准仪测量，两端各 1 点
	$15\text{m}\leqslant L\leqslant 30$m	+20 −150			
	$L>30$m	+20 −200			
相邻两端高差		50		1	用钢尺量

注：表中 L 为箱涵沿顶进轴线的长度（m）。

2 分节顶进的箱涵就位后，接缝处应直顺、无渗漏。

检查数量：全数检查。 检验方法：观察。

【检验批验收应提供的核查资料】

箱涵顶进质量检验检验批验收应提供的核查资料 **表 CJJ 2-9-1-24a**

序号	核查资料名称	核查要点
1	施工组织设计	核查施工组织设计正确性、可行性
2	施工记录（顶进设备及布置、后背强度、刚度和稳定性、挖运土方、顶进作业等）	施工记录内容的完整性（资料名称项下括号内的内容）

注：表列凡有性能要求的均应符合设计和规范要求。

附：规范规定的施工过程控制要点

19.3.2 箱涵防水层施工应符合 CJJ 2—2008 规范第 20.2 节有关规定。箱涵顶面防水层尚应施作水泥混凝土保护层。

19.3.3 顶进设备及其布置应符合下列规定：

1 应根据计算的最大顶力确定顶进设备。千斤顶的顶力可按额定顶力的 60%～70%计算。

2 高压油泵及其控制阀等工作压力应与千斤顶匹配。

3 液压系统的油管内径应按工作压力和计算流量选定，回油管路主油管的内径不得小于 10mm，分油管的内径不得小于 6mm。

4 油管应清洗干净，油路布置合理，密封良好，液压油脂应过滤。

5 顶进过程中，当液压系统发生故障时应立即停止运转，严禁在工作状态下检修。

19.3.4 顶进箱涵的后背，必须有足够的强度、刚度和稳定性。墙后填土，宜利用原状土，或用砂砾、灰土（水泥土）夯填密实。

19.3.5 安装顶柱（铁），应与顶力轴线一致，并与横梁垂直，应做到平、顺、直。当顶程长时，可在 4～8m 处加横梁一道。

19.3.6 顶进应具备以下条件：

1 主体结构混凝土必须达到设计强度，防水层及防护层应符合设计要求。

2　顶进后背和顶进设备安装完成，经试运转合格。

3　线路加固方案完成，并经主管部门验收确认。

4　线路监测、抢修人员及设备等应到位。

19.3.7　列车或车辆通过时严禁挖土，人员应撤离至土方可能坍塌范围以外。当挖土或顶进过程中发生塌方，影响行车安全时，必须停止顶进，迅速组织抢修加固。

19.3.8　顶进应与观测密切配合，随时根据箱涵顶进轴线和高程偏差，及时调整侧刃脚切土宽度和船头坡吃土高度。

19.3.9　挖运土方与顶进作业应循环交替进行，严禁同时进行。

19.3.10　箱涵的钢刃脚应切土顶进。如设有中平台时，上下两层不得挖通，平台上不得积存土方。

2.9.2.9 桥面系分部（子分部）工程

桥面系分部（子分部）工程的质量验收包括：排水设施；防水层；桥面铺装层（沥青混合料铺装、混凝土铺装—模板、钢筋、混凝土）；伸缩装置；地栿和缘石与挂板；防护设施；人行道。

【排水设施】

第 20.8.1 条 排水设施质量检验应符合的规定：

【排水设施质量检验检验批质量验收记录】

排水设施质量检验检验批质量验收记录 **表 CJJ 2-10-1-1**

<table>
<tr><td colspan="2">工程名称</td><td colspan="12"></td></tr>
<tr><td colspan="2">施工单位</td><td colspan="12"></td></tr>
<tr><td colspan="2">分项工程名称</td><td colspan="3"></td><td colspan="4">施工班组长</td><td colspan="5"></td></tr>
<tr><td colspan="2">验收部位</td><td colspan="3"></td><td colspan="4">专业工长</td><td colspan="5"></td></tr>
<tr><td colspan="2">施工执行标准名称及编号</td><td colspan="3"></td><td colspan="4">项目经理</td><td colspan="5"></td></tr>
<tr><td>检控项目</td><td colspan="2">质量验收规范规定</td><td colspan="10">施工单位检查评定记录</td><td>监理（建设）单位验收记录</td></tr>
<tr><td>主控项目</td><td colspan="2">第 20.8.1 条 排水设施质量检验应符合下列规定：
1 桥面排水设施的设置应符合设计要求，泄水管应畅通无阻</td><td colspan="10"></td><td></td></tr>
<tr><td rowspan="4">一般项目</td><td colspan="2">第 20.8.1 条 2 款 桥面泄水口应低于桥面铺装层 10～15mm。
3 泄水管安装应牢固可靠，与铺装层及防水层之间应结合密实，无渗漏现象；金属泄水管应进行防腐处理
4 桥面泄水口位置允许偏差</td><td colspan="10"></td><td rowspan="4"></td></tr>
<tr><td>项 目（表 20.8.1）</td><td>允许偏差（mm）</td><td colspan="10">量测值（mm）</td></tr>
<tr><td>高程</td><td>0
−10</td><td></td><td></td><td></td><td></td><td></td><td></td><td></td><td></td><td></td><td></td></tr>
<tr><td>间距</td><td>±100</td><td></td><td></td><td></td><td></td><td></td><td></td><td></td><td></td><td></td><td></td></tr>
<tr><td colspan="2">施工单位检查评定结果</td><td colspan="12">项目专业质量检查员： 年 月 日</td></tr>
<tr><td colspan="2">监理（建设）单位验收结论</td><td colspan="12">专业监理工程师：
（建设单位项目专业技术负责人）： 年 月 日</td></tr>
</table>

【检查验收时执行的规范条目】

20.8.1 排水设施质量检验应符合下列规定：

主控项目

1 桥面排水设施的设置应符合设计要求，泄水管应畅通无阻。

检查数量：全数检查。　　检验方法：观察。

一般项目

2 桥面泄水口应低于桥面铺装层10～15mm。

检查数量：全数检查。　　检验方法：观察。

3 泄水管安装应牢固可靠，与铺装层及防水层之间应结合密实，无渗漏现象；金属泄水管应进行防腐处理。

检查数量：全数检查。　　检验方法：观察。

4 桥面泄水口位置允许偏差应符合表20.8.1的规定。

桥面泄水口位置允许偏差　　**表 20.8.1**

项　目	允许偏差（mm）	检验频率		检验方法
		范围	点数	
高程	0 −10	每孔	1	用水准仪测量
间距	±100		1	用钢尺量

【检验批验收应提供的核查资料】

箱涵顶进质量检验检验批验收应提供的核查资料　　**表 CJJ 2-10-1-1a**

序号	核查资料名称	核查要点
1	施工记录（排水设施的施工工艺执行及质量状况）	施工记录内容的完整性及真实性（资料名称项下括号内的内容）

注：表列凡有性能要求的均应符合设计和规范要求。

附：规范规定的施工过程控制要点

20.1 排水设施

20.1.1 汇水槽、泄水口顶面高程应低于桥面铺装层10～15mm。

20.1.2 泄水管下端至少应伸出构筑物底面100～150mm。泄水管宜通过竖向管道直接引至地面或雨水管线，其竖向管道应采用抱箍、卡环、定位卡等预埋件固定在结构物上。

【桥面防水层质量检验检验批质量验收记录】

桥面防水层质量检验检验批质量验收记录　　表 CJJ 2-10-1-2

<table>
<tr><td colspan="2">工程名称</td><td colspan="4"></td></tr>
<tr><td colspan="2">施工单位</td><td colspan="4"></td></tr>
<tr><td colspan="2">分项工程名称</td><td colspan="2"></td><td>施工班组长</td><td></td></tr>
<tr><td colspan="2">验收部位</td><td colspan="2"></td><td>专业工长</td><td></td></tr>
<tr><td colspan="2">施工执行标准名称及编号</td><td colspan="2"></td><td>项目经理</td><td></td></tr>
<tr><td>检控项目</td><td colspan="2">质量验收规范规定</td><td colspan="2">施工单位检查评定记录</td><td>监理（建设）单位验收记录</td></tr>
<tr><td>主控项目</td><td colspan="2">第 20.8.2 条　桥面防水层质量检验应符合下列规定：
1　防水材料的品种、规格、性能、质量应符合设计要求和相关标准规定
2　防水层、粘结层与基层之间应密贴，结合牢固。</td><td colspan="2"></td><td></td></tr>
<tr><td rowspan="15">一般项目</td><td colspan="2">第 20.8.2 条 3 款　混凝土桥面防水层粘结质量和施工允许偏差</td><td colspan="2"></td><td rowspan="15"></td></tr>
<tr><td>项　目（表 20.8.2-1）</td><td>允许偏差（mm）</td><td colspan="2">量测值（mm）</td></tr>
<tr><td>卷材接槎搭接宽度</td><td>不小于规定</td><td colspan="2"></td></tr>
<tr><td>防水涂膜厚度</td><td>符合设计要求；设计未规定时±0.1</td><td colspan="2"></td></tr>
<tr><td>粘结强度（MPa）</td><td>不小于设计要求，且≥0.3（常温），≥0.2（气温≥35℃）</td><td colspan="2"></td></tr>
<tr><td>抗剪强度（MPa）</td><td>不小于设计要求，且≥0.4（常温），≥0.3（气温≥35℃）</td><td colspan="2"></td></tr>
<tr><td>剥离强度（N/mm）</td><td>不小于设计要求，且≥0.3（常温），≥0.2（气温≥35℃）</td><td colspan="2"></td></tr>
<tr><td colspan="2">第 20.8.2 条 4 款　钢桥面防水粘结层质量</td><td colspan="2"></td></tr>
<tr><td>项　目（表 20.8.2-2）</td><td>允许偏差（mm）</td><td colspan="2">量测值（mm）</td></tr>
<tr><td>钢桥面清洁度</td><td>符合设计要求</td><td colspan="2"></td></tr>
<tr><td>粘结层厚度</td><td>符合设计要求</td><td colspan="2"></td></tr>
<tr><td>粘结层与基层结合力（MPa）</td><td>不小于设计要求</td><td colspan="2"></td></tr>
<tr><td>防水层总厚度</td><td>不小于设计要求</td><td colspan="2"></td></tr>
<tr><td colspan="2">第 20.8.2 条 5 款　防水材料铺装或涂刷外观质量和细部做法</td><td colspan="2"></td></tr>
<tr><td colspan="4"></td></tr>
<tr><td colspan="2">施工单位检查评定结果</td><td colspan="4">项目专业质量检查员：　　　　年　　月　　日</td></tr>
<tr><td colspan="2">监理（建设）单位验收结论</td><td colspan="4">专业监理工程师：
（建设单位项目专业技术负责人）：　　　　年　　月　　日</td></tr>
</table>

【检查验收时执行的规范条目】

20.8.2 桥面防水层质量检验应符合下列规定：

主控项目

1 防水材料的品种、规格、性能、质量应符合设计要求和相关标准规定。

检查数量：全数检查。

检验方法：检查材料合格证、进场验收记录和质量检验报告。

2 防水层、粘结层与基层之间应密贴，结合牢固。

检查数量：全数检查。　　检验方法：观察、检查施工记录。

一般项目

3 混凝土桥面防水层粘结质量和施工允许偏差应符合表 20.8.2-1 的规定。

混凝土桥面防水层粘结质量和施工允许偏差　　**表 20.8.2-1**

项　目	允许偏差（mm）	检验频率		检验方法
		范围	点数	
卷材接槎搭接宽度	不小于规定	每 20 延米	1	用钢尺量
防水涂膜厚度	符合设计要求；设计未规定时±0.1	每 $200m^2$	4	用测厚仪检测
粘结强度（MPa）	不小于设计要求，且≥0.3（常温），≥0.2（气温≥35℃）	每 $200m^2$	4	拉拔仪（拉拔速度：10mm/min）
抗剪强度（MPa）	不小于设计要求，且≥0.4（常温），≥0.3（气温≥35℃）	1 组	3 个	剪切仪（剪切速度：10mm/min）
剥离强度（N/mm）	不小于设计要求，且≥0.3（常温），≥0.2（气温≥35℃）	1 组	3 个	90°剥离仪（剪切速度：100mm/min）

4 钢桥面防水粘结层质量应符合表 20.8.2-2 的规定。

钢桥面防水粘结层质量　　**表 20.8.2-2**

项　目	允许偏差（mm）	检验频率		检验方法
		范围	点数	
钢桥面清洁度	符合设计要求	全部		GB8923 规定标准图片对照检查
粘结层厚度	符合设计要求	每洒布段	6	用测厚仪检测
粘结层与基层结合力（MPa）	不小于设计要求	每洒布段	6	用拉拔仪检测
防水层总厚度	不小于设计要求	每洒布段	6	用测厚仪检测

5 防水材料铺装或涂刷外观质量和细部做法应符合下列要求：

1）卷材防水层表面平整，不得有空鼓、脱层、裂缝、翘边、油包、气泡和皱褶等现象；

2）涂料防水层的厚度应均匀一致，不得有漏涂处；

3）防水层与泄水口、汇水槽接合部位应密封，不得有漏封处。

检查数量：全数检查。　　检验方法：观察。

【检验批验收应提供的核查资料】

桥面防水层质量检验检验批验收应提供的核查资料　　　表 CJJ 2-10-1-2a

序号	核查资料名称	核查要点
1	卷材及配套材料出厂合格证	材料品种、数量、生产厂家、日期，与试验报告对应
2	卷材及配套材料进场检验记录	进场材料品种、数量、日期，应与合格证或质量证明书对应
3	防水材料试验报告单（见证取样）	代表数量、日期、性能、质量，与设计、规范要求的符合性
4	施工记录（应记录施工工艺、施工措施、质保体系、抽样检验及现场检查）	施工记录内容的完整性（资料名称项下括号内的内容）
5	隐蔽工程验收记录	隐蔽验收记录内容的完整性

注：表列凡有性能要求的均应符合设计和规范要求。

附：规范规定的施工过程控制要点

20.2.3　桥面防水层应直接铺设在混凝土表面上，不得在二者间加铺砂浆找平层。

20.2.4　防水基层面应坚实、平整、光滑、干燥，阴、阳角处应按规定半径做成圆弧。施工防水层前应将浮尘及松散物质清除干净，并应涂刷基层处理剂。基层处理剂应使用与卷材或涂料性质配套的材料。涂层应均匀、全面覆盖，待渗入基层且表面干燥后方可施作卷材或涂膜防水层。

20.2.5　防水卷材和防水涂膜均应具有高延伸率、高抗拉强度、良好的弹塑性、耐高温和低温与抗老化性能。防水卷材及防水涂料应符合国家现行标准和设计要求。

20.2.6　桥面采用热铺沥青混合料作磨耗层时，应使用可耐 140～160℃高温的高聚物改性沥青等防水卷材及防水涂料。

20.2.7　桥面防水层应采用满贴法；防水层总厚度和卷材或胎体层数应符合设计要求；缘石、地栿、变形缝、汇水槽和泄水口等部位应按设计和防水规范细部要求作局部加强处理。防水层与汇水槽、泄水口之间必须粘结牢固、封闭严密。

20.2.9　防水层严禁在雨天、雪天和5级（含）以上大风天气施工。气温低于－5℃时不宜施工。

20.2.10　涂膜防水层施工应符合下列规定：

1　基层处理剂干燥后，方可涂防水涂料，铺贴胎体增强材料。涂膜防水层应与基层粘结牢固。

2　涂膜防水层的胎体材料，应顺流水方向搭接，搭接宽度长边不得小于 50mm，短边不得小于 70mm，上下层胎体搭接缝应错开 1/3 幅宽。

3　下层干燥后，方可进行上层施工。每一涂层应厚度均匀、表面平整。

20.2.11　卷材防水层施工应符合下列规定：

1　胶粘剂应与卷材和基层处理剂相互匹配，进场后应取样检验合格后方可使用。

2　基层处理剂干燥后，方可涂胶粘剂，卷材应与基层粘结牢固，各层卷材之间也应相互粘结牢固。卷材铺贴应不皱不折。

3　卷材应顺桥方向铺贴，应自边缘最低处开始，顺流水方向搭接，长边搭接宽度宜为 70～80mm，短边搭接宽度宜为 100mm，上下层搭接缝错开距离不应小于 300mm。

20.2.12　防水粘结层施工应符合下列规定：

1　防水粘结材料的品种、规格、性能应符合设计要求和国家现行标准规定。

2　粘结层宜采用高黏度的改性沥青、环氧沥青防水涂料。

3　防水粘结层施工时的环境温度和相对湿度应符合防水粘结材料产品说明书的要求。

4　施工时严格控制防水粘结层材料的加热温度和洒布温度。

【桥面铺装层（沥青混合料铺装、水泥混凝土铺装—模板、钢筋、混凝土）】

桥面铺装层的质量验收包括：1. 沥青混合料铺装；2. 水泥混凝土铺装（模板、钢筋、混凝土）；3. 桥面铺装层质量检验。

注：桥面铺装层（沥青混合料铺装、水泥混凝土铺装—模板、钢筋、混凝土）的质量验收标准均执行《城镇道路工程施工与质量验收规范》（CJJ 1—2008）规范的相关标准。工程质量的验收表式也采用《城镇道路工程施工与质量验收规范》（CJJ 1—2008）规范制定的表式。

【桥面铺装层沥青混合料铺装】

热拌沥青混合料铺装包括：热拌沥青混合料面层原材料、混合料；热拌沥青混合料面层配合比；热拌沥青混合料面层拌制、运输和摊铺；热拌沥青混合料面层压实与养护。

【热拌沥青混合料面层原材料、混合料检验批质量验收记录】

热拌沥青混合料面层原材料、混合料检验批质量验收记录　　表 CJJ 2-10-1-3

工程名称					
施工单位					
单位工程名称			分部工程名称		
分项工程名称			验收部位		
工程数量		项目经理		技术负责人	
制表人		施工负责人		质量检验员	
交方班组		接方班组		检验日期	
主控项目（第 8.5.1 条中的 1 款）			**检查结果/实测点偏差值或实测值**		
1　热拌沥青混合料质量应符合下列要求：					
1）道路用沥青					
2）沥青混合料用粗、细集料，矿粉，纤维稳定剂等					
3）热拌沥青、热拌改性沥青混合料，SMA 混合料					
4）沥青混合料品质					
平均合格率（%）					
检验结论					
监理（建设）单位意见					

【检查验收时执行的规范条目】

8.5.1 热拌沥青混合料面层质量检验应符合下列规定：

主控项目

1 热拌沥青混合料质量应符合下列要求：

1）道路用沥青的品种、标号应符合国家现行有关标准和《城镇道路工程施工与质量验收规范》(CJJ 1—2008)第8.1节的有关规定。

检查数量：按同一生产厂家、同一品种、同一标号、同一批号连续进场的沥青（石油沥青每100t为1批，改性沥青每50t为1批）每批次抽检1次。

检验方法：查出厂合格证，检验报告并进场复验。

第8.1节：

8.1.2 沥青混合料面层不得在雨、雪天气及环境最高温度低于5℃时施工。

8.1.3 城镇道路不宜使用煤沥青。确需使用时，应制定保护施工人员防止吸入煤沥青蒸气或皮肤直接接触煤沥青的措施。

8.1.4 当采用旧沥青路面作为基层加铺沥青混合料面层时，应对原有路面进行处理、整平或补强，符合设计要求，并应符合下列规定：

1 符合设计强度、基本无损坏的旧沥青路面经整平后可作基层使用。

2 旧路面有明显损坏，但强度能达到设计要求的，应对损坏部分进行处理。

3 填补旧沥青路面，凹坑应按高程控制、分层铺筑，每层最大厚度不宜超过10cm。

8.1.5 旧路面整治处理中刨除与铣刨产生的废旧沥青混合料应集中回收，再生利用。

8.1.6 当旧水泥混凝土路面作为基层加铺沥青混合料面层时，应对原水泥混凝土路面进行处理，整平或补强，符合设计要求，并应符合下列规定：

1 对原混凝土路面应作弯沉试验，符合设计要求，经表面处理后，可作基层使用。

2 对原混凝土路面层与基层间的空隙，应填充处理。

3 对局部破损的原混凝土面层应剔除，并修补完好。

4 对混凝土面层的胀缝、缩缝、裂缝应清理干净，并应采取防反射裂缝措施。

8.1.7 原材料应符合下列规定：

1 沥青应符合下列要求：

1）宜优先采用A级沥青作为道路面层使用。B级沥青可作为次干路及其以下道路面层使用。当缺乏所需标号的沥青时，可采用不同标号沥青掺配，掺配比应经试验确定。道路石油沥青的主要技术要求应符合表8.1.7-1的规定（见附录1-3-1）。

2）乳化沥青的质量应符合表8.1.7-2的规定（见附录1-3-2）。在高温条件下宜采用黏度较大的乳化沥青，寒冷条件下宜使用黏度较小的乳化沥青。

3）用于透层、粘层、封层及拌制冷拌沥青混合料的液体石油沥青的技术要求应符合表8.1.7-3的规定（见附录1-3-3）。

4）当使用改性沥青时，改性沥青的基质沥青应与改性剂有良好的配伍性。聚合物改性沥青主要技术要求应符合表8.1.7-4的规定（见附录1-3-4）。

5）改性乳化沥青技术要求应符合表8.1.7-5的规定（见附录1-3-5）。

8.1.9 沥青混合料配合比设计应符合国家现行标准《公路沥青路面施工技术规范》JTG F40的要求，并应遵守下列规定：

1 各地区应根据气候条件、道路等级、路面结构等情况，通过试验，确定适宜的沥青混合料技术指标。

2 开工前，应对当地同类道路的沥青混合料配合比及其使用情况进行调研，借鉴成功经验。

3 各地区应结合当地自然条件，充分利用当地资源，选择合格的材料。

2）沥青混合料所选用的粗集料、细集料、矿粉、纤维稳定剂等的质量及规格应符合《城镇道路工程施工与质量验收规范》(CJJ 1—2008) 第8.1节的有关规定。

检查数量：按不同品种产品进场批次和产品抽样检验方案确定。　检验方法：观察、检查进场检验报告。

注：1. 粗集料：在沥青混合料中，粗集料是指粒径大于2.36mm的碎石、破碎砾石、筛选砾石和矿渣等；在水泥混凝土中，粗集料是指粒径大于4.75mm的碎石、砾石和破碎砾石。

2. 细集料：在沥青混合料中，细集料是指粒径小于2.36mm的天然砂、人工砂（包括机制砂）及石屑；在水泥混凝土中，细集料是指粒径小于4.75mm的天然砂、人工砂。

第8.1条：

8.1.7 原材料应符合下列规定：

2 粗集料应符合下列要求：

1) 粗集料应符合工程设计规定的级配范围。

2) 集料对沥青的粘附性，城市快速路、主干路应大于或等于4级；次干路及以下道路应大于或等于3级。集料具有一定的破碎面颗粒含量，具有1个破碎面宜大于90%，2个及以上的宜大于80%。

3) 粗集料的质量技术要求应符合表8.1.7-6的规定（见附录1-3-6）。

4) 粗集料的粒径规格应按表8.1.7-7的规定生产和使用（见附录1-3-7）。

3 细集料应符合下列要求：

1) 细集料应洁净、干燥、无风化、无杂质。

2) 热拌密级配沥青混合料中天然砂的用量不宜超过集料总量的20%，SMA和OGFC不宜使用天然砂。

3) 细集料的质量要求应符合表8.1.7-8的规定（见附录1-3-8）。

4) 沥青混合料用天然砂规格应符合表8.1.7-9的要求（见附录1-3-9）。

5) 沥青混合料用机制砂或石屑规格应符合表8.1.7-10的要求（见附录1-3-10）。

4 矿粉应用石灰岩等憎水性石料磨制。城市快速路与主干路的沥青面层不宜采用粉煤灰做填料。当次干路及以下道路用粉煤灰作填料时，其用量不应超过填料总量50%，粉煤灰的烧失量应小于12%。沥青混合料用矿粉质量要求应符合表8.1.7-11的规定（见附录1-3-11）。

5 纤维稳定剂应在250℃条件下不变质。不宜使用石棉纤维。木质素纤维技术要求应符合表8.1.7-12的规定（见附录1-3-12）。

3) 热拌沥青混合料、热拌改性沥青混合料、SMA混合料，查出厂合格证、检验报告并进场复验，拌合温度、出厂温度应符合《城镇道路工程施工与质量验收规范》(CJJ 1—2008) 第8.2.5条的有关规定。

检查数量：全数检查。　检验方法：查测温记录，现场检测温度。

第8.2.5条：

8.2.5 沥青混合料搅拌及施工温度应根据沥青标号及黏度、气候条件、铺装层的厚度、下卧层温度确定。

1 普通沥青混合料搅拌及压实温度宜通过在135～175℃条件下测定的黏度—温度曲线，按表8.2.5-1确定。当缺乏黏温曲线数据时，可按表8.2.5-2的规定，结合实际情况确定混合料的搅拌及施工温度。

沥青混合料搅拌及压实时适宜温度相应的黏度　　**表8.2.5-1**

黏度	适宜于搅拌的沥青混合料黏度	适宜于压实的沥青混合料黏度	测定方法
表观黏度	(0.17±0.02) Pa·s	(0.28±0.03) Pa·s	T0625
运动黏度	(170±20) mm^2/s	(280±30) mm^2/s	T0619
赛波特黏度	(85±10) s	(140±15) s	T0623

热拌沥青混合料的搅拌及施工温度（℃）　　表 8.2.5-2

施工工序		石油沥青的标号			
		50 号	70 号	90 号	110 号
沥青加热温度		160～170	155～165	150～160	145～155
矿料加热温度	间隙式搅拌机	集料加热温度比沥青温度高 10～30			
	连续式搅拌机	矿料加热温度比沥青温度高 5～10			
沥青混合料出料温度①		150～170	145～165	140～160	135～155
混合料贮料仓贮存温度		贮料过程中温度降低不超过 10			
混合料废弃温度，高于		200	195	190	185
运输到现场温度，不低于①		145～165	140～155	135～145	130～140
混合料摊铺温度，不低于①		140～160	135～150	130～140	125～135
开始碾压的混合料内部温度，不低于①		135～150	130～145	125～135	120～130
碾压终了的表面温度，不低于②		80～85	70～80	65～75	60～70
		75	70	60	55
开放交通的路表面温度，不高于		50	50	50	45

注：1　沥青混合料的施工温度采用具有金属探测针的插入式数显温度计测量。表面温度可采用表面接触式温度计测定。当用红外线温度计测量表面温度时，应进行标定。

2　表中未列入的 130 号、160 号及 30 号沥青的施工温度由试验确定。

3　①常温下宜用低值，低温下宜用高值。

4　②视压路机类型而定。轮胎压路机取高值，振动压路机取低值。

2　聚合物改性沥青混合料搅拌及施工温度应根据实践经验经试验确定。通常宜较普通沥青混合料温度提高 10～20℃。

3　SMA 混合料的施工温度应经试验确定。

4）沥青混合料品质应符合马歇尔试验配合比技术要求。

检查数量：每日、每品种检查 1 次。

检验方法：现场取样试验。

【检验批验收应提供的核查资料】

热拌沥青混合料面层原材料的检验批验收应提供的核查资料　表 CJJ 2-10-1-3a

序号	核查资料名称	核查要点
1	面层用材料（沥青、粗集料、细集料、矿粉、纤维稳定剂等）质量证明书	检查材料品种、数量、生产厂家、日期、性能参数
2	面层用材料（沥青、粗集料、细集料、矿粉、纤维稳定剂等）试验报告（见证取样）	检查材料试验单位资质，材料品种、代表数量、试验编号及日期、性能参数等

注：1. 表列凡有性能要求的均应符合设计和规范要求。

2. 厂家提供资料应包括：材料出场合格证、检验报告，拌合温度、出厂温度。进场混合料应进行复验并提供复验报告。

【热拌沥青混合料面层配合比检验批质量验收记录】

热拌沥青混合料面层配合比检验批质量验收记录　　表 CJJ 2-10-1-4

工程名称					
施工单位					
单位工程名称			分部工程名称		
分项工程名称			验收部位		
工程数量		项目经理		技术负责人	
制表人		施工负责人		质量检验员	
交方班组		接方班组		检验日期	
主控项目（第 8.5.1 条中的 1 款）			**检查结果/实测点偏差值或实测值**		
1　热拌沥青混合料质量应符合下列要求： 4）沥青混合料品质应符合马歇尔试验配合比技术要求。 检查数量：每日、每品种检查 1 次。 检验方法：现场取样试验。					
平均合格率（%）					
检验结论					
监理（建设）单位意见					

【检验批验收应提供的核查资料】

热拌沥青混合料面层配合比的检验批验收应提供的核查资料　表 CJJ 2-10-1-4a

序号	核查资料名称	核查要点
1	沥青混合料配合比设计	核查沥青混合料配合比设计正确性与施工图设计的符合性

注：表列凡有性能要求的均应符合设计和规范要求。

配合比设计注意事项

8.1.9　沥青混合料配合比设计应符合国家现行标准《公路沥青路面施工技术规范》JTG F40 的要求，并应遵守下列规定：

1　各地区应根据气候条件、道路等级、路面结构等情况，通过试验，确定适宜的沥青混合料技术指标。

2　开工前，应对当地同类道路的沥青混合料配合比及其使用情况进行调研，借鉴成功经验。

3　各地区应结合当地自然条件，充分利用当地资源，选择合格的材料。

【热拌沥青混合料面层拌制、运输与摊铺检验批质量验收记录】

热拌沥青混合料面层拌制、运输与摊铺检验批质量验收记录　　表 CJJ 2-10-1-5

工程名称														
施工单位														
单位工程名称			分部工程名称											
分项工程名称			验收部位											
工程数量		项目经理					技术负责人							
制表人		施工负责人					质量检验员							
交方班组		接方班组					检验日期							
主控项目（第 8.5.1 条 2 款）		**检查结果/实测点偏差值或实测值**												
项　　目	允许偏差	1	2	3	4	5	6	7	8	9	10	应测点数	合格点数	合格率（%）
2）面层厚度	＋10～－5mm													
平均合格率（%）														
检验结论														
监理（建设）单位意见														

注：面层摊铺必须保证其面层厚度压实后符合设计要求，故要求在摊铺中检查测量其摊铺厚度。

【检查验收时执行的规范条目】

8.5.1 热拌沥青混合料面层质量检验应符合下列规定：

主控项目

2 热拌沥青混合料面层质量检验应符合下列规定：

2）面层厚度应符合设计规定，允许偏差为＋10～－5mm。

检查数量：每 $1000m^2$ 测 1 点。　检验方法：钻孔或刨挖，用钢尺量。

【检验批验收应提供的核查资料】

热拌沥青混合料面层拌制、运输与摊铺的检验批验收应提供的核查资料

表 CJJ 2-10-1-5a

序号	核 查 资 料 名 称	核 查 要 点
1	面层用材料（沥青、粗集料、细集料、矿粉、纤维稳定剂等）质量证明书	检查材料品种、数量、生产厂家、日期、性能参数
2	面层用材料（沥青、粗集料、细集料、矿粉、纤维稳定剂等）试验报告（见证取样）	检查材料试验单位资质，材料品种、代表数量、试验编号及日期、性能参数等
3	沥青混合料出厂质量证明书	检查混合料数及相关参数
4	混合料施工温度测试记录	检查按规定测温应记录的完整与正确性

注：1. 表列凡有性能要求的均应符合设计和规范要求。

2. 厂家提供资料应包括：材料出场合格证、检验报告，拌合温度、出厂温度。进场混合料应进行复验并提供复验报告。

附：规范规定的施工过程控制要点

CJJ 1—2008 规范

8.2.2 沥青混合料面层集料的最大粒径应与分层压实层厚度相匹配。密级配沥青混合料，每层的压实厚度不宜小于集料公称最大粒径的2.5～3倍；对SMA和OGFC等嵌挤型混合料不宜小于公称最大粒径的2～2.5倍。

8.2.3 各层沥青混合料应满足所在层位的功能性要求，便于施工，不得离析。各层应连续施工并连结成一体。

8.2.4 热拌沥青混合料铺筑前，应复查基层和附属构筑物质量，确认符合要求，并对施工机具设备进行检查，确认处于良好状态。

8.2.5 沥青混合料搅拌及施工温度应根据沥青标号及黏度、气候条件、铺装层的厚度、下卧层温度确定。

1 普通沥青混合料搅拌及压实温度宜通过在135～175℃条件下测定的黏度—温度曲线，按表8.2.5-1确定。当缺乏黏温曲线数据时，可按表8.2.5-2的规定，结合实际情况确定混合料的搅拌及施工温度。

沥青混合料搅拌及压实时适宜温度相应的黏度　　表8.2.5-1

黏度	适宜于搅拌的沥青混合料黏度	适宜于压实的沥青混合料黏度	测定方法
表观黏度	(0.17±0.02) Pa·s	(0.28±0.03) Pa·s	T0625
运动黏度	(170±20) mm^2/s	(280±30) mm^2/s	T0619
赛波特黏度	(85±10) s	(140±15) s	T0623

热拌沥青混合料的搅拌及施工温度（℃）　　表8.2.5-2

施工工序		石油沥青的标号			
		50号	70号	90号	110号
沥青加热温度		160～170	155～165	150～160	145～155
矿料加热温度	间隙式搅拌机	集料加热温度比沥青温度高10～30			
	连续式搅拌机	矿料加热温度比沥青温度高5～10			
沥青混合料出料温度①		150～170	145～165	140～160	135～155
混合料贮料仓贮存温度		贮料过程中温度降低不超过10			
混合料废弃温度，高于		200	195	190	185
运输到现场温度，不低于①		145～165	140～155	135～145	130～140
混合料摊铺温度，不低于①		140～160	135～150	130～140	125～135
开始碾压的混合料内部温度，不低于①		135～150	130～145	125～135	120～130
碾压终了的表面温度，不低于②		80～85	70～80	65～75	60～70
		75	70	60	55
开放交通的路表面温度，不高于		50	50	50	45

注：1　沥青混合料的施工温度采用具有金属探测针的插入式数显温度计测量。表面温度可采用表面接触式温度计测定。当用红外线温度计测量表面温度时，应进行标定。

2　表中未列入的130号、160号及30号沥青的施工温度由试验确定。

3　①常温下宜用低值，低温下宜用高值。

4　②视压路机类型而定。轮胎压路机取高值，振动压路机取低值。

2 聚合物改性沥青混合料搅拌及施工温度应根据实践经验经试验确定。通常宜较普通沥青混合料温度提高10～20℃。

3 SMA混合料的施工温度应经试验确定。

8.2.6 热拌沥青混合料宜由有资质的沥青混合料集中搅拌站供应。

8.2.7 自行设置集中搅拌站应符合下列规定：

1 搅拌站的设置必须符合国家有关环境保护、消防、安全等规定。

2 搅拌站与工地现场距离应满足混合料运抵现场时，施工对温度的要求，且混合料不离析。

3 搅拌站贮料场及场内道路应做硬化处理，具有完备的排水设施。

4 各种集料（含外掺剂、混合料成品）必须分仓贮存，并有防雨设施。

5 搅拌机必须设二级除尘装置。矿粉料仓应配置振动卸料装置。

6 采用连续式搅拌机搅拌时，使用的集料料源应稳定不变。

7 采用间歇式搅拌机搅拌时，搅拌能力应满足施工进度要求。冷料仓的数量应满足配合比需要，通常不宜少于5～6个。

8 沥青混合料搅拌设备的各种传感器必须按规定周期检定。

9 集料与沥青混合料取样应符合现行试验规程的要求。

8.2.8 搅拌机应配备计算机控制系统。生产过程中应逐盘采集材料用量和沥青混合料搅拌量、搅拌温度等各种参数指导生产。

8.2.9 沥青混合料搅拌时间应经试拌确定，以沥青均匀裹覆集料为度。间歇式搅拌机每盘的搅拌周期不宜少于45s，其中干拌时间不宜少于5～10s。改性沥青和SMA混合料的搅拌时间应适当延长。

8.2.10 用成品仓贮存沥青混合料，贮存期混合料降温不得大于10℃。贮存时间普通沥青混合料不得超过72h；改性沥青混合料不得超过24h；SMA混合料应当日使用；OGFC应随拌随用。

8.2.11 生产添加纤维的沥青混合料时，搅拌机应配备同步添加投料装置，搅拌时间宜延长5s以上。

8.2.12 沥青混合料出厂时，应逐车检测沥青混合料的质量和温度，并附带载有出厂时间的运料单。不合格品不得出厂。

8.2.13 热拌沥青混合料的运输应符合下列规定：

1 热拌沥青混合料宜采用与摊铺机匹配的自卸汽车运输。

2 运料车装料时，应防止粗细集料离析。

3 运料车应具有保温、防雨、防混合料遗撒与沥青滴漏等功能。

4 沥青混合料运输车辆的总运力应比搅拌能力或摊铺能力有所富余。

5 沥青混合料运至摊铺地点，应对搅拌质量与温度进行检查，合格后方可使用。

8.2.14 热拌沥青混合料的摊铺应符合下列规定：

1 热拌沥青混合料应采用机械摊铺。摊铺温度应符合《城镇道路工程施工与质量验收规范》（CJJ 1—2008）表8.2.5-2的规定。城市快速路、主干路宜采用两台以上摊铺机联合摊铺。每台机器的堆铺宽度宜小于6m。表面层宜采用多机全幅摊铺，减少施工接缝。

2 摊铺机应具有自动或半自动方式调节摊铺厚度及找平的装置、可加热的振动熨平板或初步振动压实装置、摊铺宽度可调整等功能，且受料斗斗容应能保证更换运料车时连续摊铺。

3 采用自动调平摊铺机摊铺最下层沥青混合料时，应使用钢丝或路缘石、平石控制高程与摊铺厚度，以上各层可用导梁引导高程控制，或采用声纳平衡梁控制方式。经摊铺机初步压实的摊铺层应符合平整度、横坡的要求。

4 沥青混合料的最低摊铺温度应根据气温、下卧层表面温度、摊铺层厚度与沥青混合料种类经试验确定。城市快速路、主干路不宜在气温低于10℃条件下施工。

5 沥青混合料的松铺系数应根据混合料类型、施工机械和施工工艺等应通过试验段确定，试验段长不宜小于100m。松铺系数可按照表8.2.14进行初选。

沥青混合料的松铺系数　　表8.2.14

种　类	机　械　摊　铺	人　工　摊　铺
沥青混凝土混合料	1.15～1.35	1.25～1.50
沥青碎石混合料	1.15～1.30	1.20～1.45

6 摊铺沥青混合料应均匀、连续不间断，不得随意变换摊铺速度或中途停顿。摊铺速度宜为2～6m/min。摊铺时螺旋送料器应不停顿地转动，两侧应保持有不少于送料器高度2/3的混合料，并保证在摊铺机全宽度断面上不发生离析。熨平板按所需厚度固定后不得随意调整。

7 摊铺层发生缺陷应找补，并停机检查，排除故障。

8 路面狭窄部分、平曲线半径过小的匝道小规模工程可采用人工摊铺。

【热拌沥青混合料面层压实与养护检验批质量验收记录】

热拌沥青混合料面层压实与养护检验批质量验收记录　　表 CJJ 2-10-1-6

<table>
<tr><td>工程名称</td><td colspan="5"></td></tr>
<tr><td>施工单位</td><td colspan="5"></td></tr>
<tr><td>单位工程名称</td><td colspan="2"></td><td>分部工程名称</td><td colspan="2"></td></tr>
<tr><td>分项工程名称</td><td colspan="2"></td><td>验收部位</td><td colspan="2"></td></tr>
<tr><td>工程数量</td><td></td><td>项目经理</td><td></td><td>技术负责人</td><td></td></tr>
<tr><td>制表人</td><td></td><td>施工负责人</td><td></td><td>质量检验员</td><td></td></tr>
<tr><td>交方班组</td><td></td><td>接方班组</td><td></td><td>检验日期</td><td></td></tr>
</table>

<table>
<tr><td>主控项目（第 8.5.1 条 2 款和第 8.2.20 条）</td><td>检查结果/实测点偏差值或实测值</td></tr>
<tr><td>2　热拌沥青混合料面层质量</td><td></td></tr>
<tr><td>1）沥青混合料面层压实度</td><td></td></tr>
<tr><td>2）沥青混合料所选用的粗集料、细集料、矿粉、纤维稳定剂等</td><td></td></tr>
<tr><td>3）弯沉值：不应大于设计规定</td><td></td></tr>
<tr><td>第 8.2.20 条　热拌沥青混合料路面应待摊铺层自然降温至表面温度低于 50℃后，方可开放交通。</td><td></td></tr>
<tr><td>一般项目（第 8.5.1 条 3、4 款）</td><td>检查结果/实测点偏差值或实测值</td></tr>
<tr><td>3　表面质量</td><td></td></tr>
</table>

<table>
<tr><td colspan="4">项　　目</td><td>允许偏差</td><td>1</td><td>2</td><td>3</td><td>4</td><td>5</td><td>6</td><td>7</td><td>8</td><td>9</td><td>10</td><td>应测点数</td><td>合格点数</td><td>合格率（%）</td></tr>
<tr><td rowspan="10">4 允许偏差</td><td colspan="3">纵断高程（mm）</td><td>±15</td><td></td><td></td><td></td><td></td><td></td><td></td><td></td><td></td><td></td><td></td><td></td><td></td><td></td></tr>
<tr><td colspan="3">中线偏位（mm）</td><td>≤20</td><td></td><td></td><td></td><td></td><td></td><td></td><td></td><td></td><td></td><td></td><td></td><td></td><td></td></tr>
<tr><td rowspan="3">平整度（mm）</td><td rowspan="2">标准差σ值</td><td>快速路、主干路</td><td>≤1.5</td><td></td><td></td><td></td><td></td><td></td><td></td><td></td><td></td><td></td><td></td><td></td><td></td><td></td></tr>
<tr><td>次干路、支路</td><td>≤2.4</td><td></td><td></td><td></td><td></td><td></td><td></td><td></td><td></td><td></td><td></td><td></td><td></td><td></td></tr>
<tr><td>最大间隙</td><td>次干路、支路</td><td>≤5</td><td></td><td></td><td></td><td></td><td></td><td></td><td></td><td></td><td></td><td></td><td></td><td></td><td></td></tr>
<tr><td colspan="3">宽度（mm）</td><td>不小于设计值</td><td></td><td></td><td></td><td></td><td></td><td></td><td></td><td></td><td></td><td></td><td></td><td></td><td></td></tr>
<tr><td colspan="3">横坡</td><td>±0.3%且不反坡</td><td></td><td></td><td></td><td></td><td></td><td></td><td></td><td></td><td></td><td></td><td></td><td></td><td></td></tr>
<tr><td colspan="3">井框与路面高差（mm）</td><td>≤5</td><td></td><td></td><td></td><td></td><td></td><td></td><td></td><td></td><td></td><td></td><td></td><td></td><td></td></tr>
<tr><td rowspan="2">抗滑</td><td colspan="2">摩擦系数</td><td>符合设计要求</td><td></td><td></td><td></td><td></td><td></td><td></td><td></td><td></td><td></td><td></td><td></td><td></td><td></td></tr>
<tr><td colspan="2">构造深度</td><td>符合设计要求</td><td></td><td></td><td></td><td></td><td></td><td></td><td></td><td></td><td></td><td></td><td></td><td></td><td></td></tr>
<tr><td colspan="4">平均合格率（%）</td><td colspan="14"></td></tr>
<tr><td colspan="4">检验结论</td><td colspan="14"></td></tr>
<tr><td colspan="4">监理（建设）单位意见</td><td colspan="14"></td></tr>
</table>

【检查验收时执行的规范条目】

8.5.1 热拌沥青混合料面层质量检验应符合下列规定：

主控项目

2 热拌沥青混合料面层质量检验应符合下列规定：

1）沥青混合料面层压实度，对城市快速路、主干路不应小于96%；对次干路及以下道路不应小于95%。

检查数量：每1000m² 测1点。检验方法：查试验记录（马歇尔击实试件密度，试验室标准密度）。

2）沥青混合料所选用的粗集料、细集料、矿粉、纤维稳定剂等的质量及规格应符合（CJJ 1—2008）第8.1节的有关规定。

检查数量：按不同品种产品进场批次和产品抽样检验方案确定。

检验方法：观察、检查进场检验报告。

3）弯沉值，不应大于设计规定。

检查数量：每车道、每20m，测1点。　　检验方法：弯沉仪检测。

8.2.20 热拌沥青混合料路面应待摊铺层自然降温至表面温度低于50℃后，方可开放交通。

一般项目

3 表面应平整、坚实，接缝紧密，无枯焦；不应有明显轮迹、推挤裂缝、脱落、烂边、油斑、掉渣等现象，不得污染其他构筑物。面层与路缘石、平石及其他构筑物应接顺，不得有积水现象。

检查数量：全数检查。　　检验方法：观察。

4 热拌沥青混合料面层允许偏差应符合表CJJ 2-10-1-6的规定。热拌沥青混合料面层的检验频率和检验方法见表CJJ 2-10-1-6a。

热拌沥青混合料面层的检验频率和检验方法　　表CJJ 2-10-1-6a

<table>
<tr><th colspan="2" rowspan="2">项目</th><th colspan="4">检验频率</th><th rowspan="2">检验方法</th></tr>
<tr><th>范围（m）</th><th colspan="3">点数</th></tr>
<tr><td colspan="2">纵断高程（mm）</td><td>20m</td><td colspan="3">1</td><td>用经纬仪测量</td></tr>
<tr><td colspan="2">中线偏位（mm）</td><td>100m</td><td colspan="3">1</td><td>用经纬仪测量</td></tr>
<tr><td rowspan="6">平整度（mm）</td><td rowspan="3">标准差σ值</td><td rowspan="3">100m</td><td rowspan="3">路宽（m）</td><td><9</td><td>1</td><td rowspan="6">用3m直尺和塞尺连续量两尺，取较大值</td></tr>
<tr><td>9～15</td><td>2</td></tr>
<tr><td>>15</td><td>3</td></tr>
<tr><td rowspan="3">最大间隙</td><td rowspan="3">20m</td><td rowspan="3">路宽（m）</td><td><9</td><td>1</td></tr>
<tr><td>9～15</td><td>2</td></tr>
<tr><td>>15</td><td>3</td></tr>
<tr><td colspan="2">宽度（mm）</td><td>40m</td><td colspan="3">1</td><td>用钢尺量</td></tr>
<tr><td colspan="2" rowspan="3">横坡</td><td rowspan="3">20m</td><td rowspan="3">路宽（m）</td><td><9</td><td>2</td><td rowspan="3">用水准仪测量</td></tr>
<tr><td>9～15</td><td>4</td></tr>
<tr><td>>15</td><td>6</td></tr>
<tr><td colspan="2">井框与路面高差（mm）</td><td>每座</td><td colspan="3">1</td><td>十字法，用直尺，塞尺量取最大值≤</td></tr>
<tr><td rowspan="4">抗滑</td><td rowspan="2">摩擦系数</td><td rowspan="2">200m</td><td colspan="3">1</td><td>摆式仪</td></tr>
<tr><td colspan="3">全线连续</td><td>横向力系数车</td></tr>
<tr><td rowspan="2">构造深度</td><td rowspan="2">200m</td><td colspan="3" rowspan="2">1</td><td>砂铺法</td></tr>
<tr><td>激光构造深度仪</td></tr>
</table>

注：1　测平仪为全线每车道连续检测每100m计算标准差σ；无测平仪时可采用3m直尺检测；表中检验频率点数为测线数；

2　平整度、抗滑性能也可采用自动检测设备进行检测；

3　底基层表面、下面层应按设计规定用量洒泼透层油、粘层油；

4　中面层、底面层仅进行中线偏位、平整度、宽度、横坡的检测；

5　改性（再生）沥青混凝土路面可采用此表进行检验；

6　十字法检查井框与路面高差，每座检查井均应检查。十字法检查中，以平行于道路中线，过检查井盖中心的直线做基线，另一条线与基线垂直，构成检查用十字线。

【检验批验收应提供的核查资料】

热拌沥青混合料面层压实的检验批验收应提供的核查资料　表 CJJ 2-10-1-6b

序号	核查资料名称	核查要点
1	热拌沥青混合料面层压实度试验报告	核查试验报告单与设计的符合性
2	弯沉试验报告	核查弯沉试验报告与设计规定的符合性

注：表列凡有性能要求的均应符合设计和规范要求。

附：规范规定的施工过程控制要点

8.2.15 热拌沥青混合料的压实应符合下列规定：

1 应选择合理的压路机组合方式及碾压步骤，以达到最佳碾压结果。沥青混合料压实宜采用钢筒式静态压路机与轮胎压路机或振动压路机组合的方式压实。

2 压实应按初压、复压、终压（包括成形）三个阶段进行。压路机应以慢而均匀的速度碾压，压路机的碾压速度宜符合表 8.2.15 的规定。

压路机碾压速度（km/h）　表 8.2.15

压路机类型	初压		复压		终压	
	适宜	最大	适宜	最大	适宜	最大
钢筒式压路机	1.5～2	3	2.5～3.5	5	2.5～3.5	5
轮胎压路机	—	—	3.5～4.5	6	4～6	8
振动压路机	1.5～2（静压）	5（静压）	1.5～2（振动）	1.5～2（振动）	2～3（静压）	5（静压）

3 初压应符合下列要求：

1）初压温度应符合《城镇道路工程施工与质量验收规范》（CJJ 1—2008）表 8.2.5-2 的有关规定，以能稳定混合料，且不产生推移、发裂为度。

2）碾压应从外侧向中心碾压，碾速稳定均匀。

3）初压应采用轻型钢筒式压路机碾压 1～2 遍。初压后应检查平整度、路拱，必要时应修整。

4 复压应紧跟初压连续进行，并应符合下列要求：

1）复压应连续进行。碾压段长度宜为 60～80m。当采用不同型号的压路机组合碾压时，每一台压路机均应做全幅碾压。

2）密级配沥青混凝土宜优先采用重型的轮胎压路机进行碾压，碾压到要求的压实度为止。

3）对大粒径沥青稳定碎石类的基层，宜优先采用振动压路机复压。厚度小于 30mm 的沥青层不宜采用振动压路机碾压。相邻碾压带重叠宽度宜为 10～20cm。振动压路机折返时应先停止振动。

4）采用三轮钢筒式压路机时，总质量不宜小于 12t。

5）大型压路机难于碾压的部位，宜采用小型压实工具进行压实。

5 终压温度应符合表 8.2.5-2 的有关规定。终压宜选用双轮钢筒式压路机，碾压至无明显轮迹为止。

8.2.16 SMA 和 OGFC 混合料的压实应符合下列规定：

1 SMA 混合料宜采用振动压路机或钢筒式压路机碾压。

2 SMA 混合料不宜采用轮胎压路机碾压。

3 OGFC 混合料宜用 12t 以上的钢筒式压路机碾压。

8.2.17 碾压过程中碾压轮应保持清洁，可对钢轮涂刷隔离剂或防粘剂，严禁刷柴油。当采用向碾压轮喷水（可添加少量表面活性剂）方式时，必须严格控制喷水量应成雾状，不得漫流。

8.2.18 压路机不得在未碾压成形路段上转向、调头、加水或停留。在当天成形的路面上，不得停放各种机械设备或车辆，不得散落矿料、油料等杂物。

8.2.19 接缝应符合下列规定：

1 沥青混合料面层的施工接缝应紧密、平顺。

2 上、下层的纵向热接缝应错开15cm；冷接缝应错开30～40cm。相邻两幅及上、下层的横向接缝均应错开1m以上。

3 表面层接缝应采用直槎，以下各层可采用斜接槎，层较厚时也可做阶梯形接槎。

4 对冷接槎施作前，应在槎面涂少量沥青并预热。

8.2.21 沥青混合料面层完成后应加强保护，控制交通，不得在面层上堆土或拌制砂浆。

【桥面铺装层水泥混凝土铺装（模板、钢筋、混凝土）】

水泥混凝土铺装（模板、钢筋、混凝土）的质量验收包括：水泥混凝土铺装原材料；水泥混凝土铺装混凝土配合比设计核查；水泥混凝土铺装模板制作、安装与拆模；水泥混凝土铺装钢筋的加工与安装；水泥混凝土铺装混凝土施工；水泥混凝土铺装质量检验；水泥混凝土铺装施工准备核查。

【水泥混凝土铺装原材料检验批质量验收记录】

水泥混凝土铺装原材料检验批质量验收记录 表 CJJ 2-10-1-7

工程名称					
施工单位					
单位工程名称			分部工程名称		
分项工程名称			验收部位		
工程数量		项目经理		技术负责人	
制表人		施工负责人		质量检验员	
交方班组		接方班组		检验日期	
主控项目［第 10.8.1 条 1 中的 1）～6）款］			**检查结果/实测点偏差值或实测值**		
第 10.8.1 条 1　原材料质量应符合下列要求：					
1）水泥品种、级别、质量、包装、贮存					
2）混凝土中掺加外加剂的质量					
3）钢筋品种、规格、数量、下料尺寸及质量					
4）钢纤维的规格质量					
5）粗集料、细集料					
6）水					
平均合格率（%）					
检验结论					
监理（建设）单位意见					

注：规范规定的施工过程控制要点见附文。

【检查验收时执行的规范条目】

10.8.1 水泥混凝土面层质量检验应符合下列规定：

主控项目

1 原材料质量应符合下列要求：

1）水泥品种、级别、质量、包装、贮存，应符合国家现行有关标准的规定。

检查数量：按同一生产厂家、同一等级、同一品种、同一批号且连续进场的水泥，袋装水泥不超过200t为一批，散装水泥不超过500t为一批，每批抽样1次。水泥出厂超过三个月（快硬硅酸盐水泥超过一个月）时，应进行复验，复验合格后方可使用。

检验方法：检查产品合格证、出厂检验报告，进场复验。

2）混凝土中掺加外加剂的质量应符合现行国家标准《混凝土外加剂》GB 8076和《混凝土外加剂应用技术规范》GB 50119的规定。

检查数量：按进场批次和产品抽样检验方法确定。每批不少于1次。

检验方法：检查产品合格证、出厂检验报告和进场复验报告。

3）钢筋品种、规格、数量、下料尺寸及质量应符合设计要求及国家现行有关标准的规定。

检查数量：全数检查。检验方法：观察，用钢尺量，检查出厂检验报告和进场复验报告。

4）钢纤维的规格质量应符合设计要求及《城镇道路工程施工与质量验收规范》（CJJ 1—2008）第10.1.7条的有关规定。

检查数量：按进场批次，每批抽检1次。　　检验方法：现场取样、试验。

第10.1.7条

10.1.7 用于混凝土路面的钢纤维应符合下列规定：

1 单丝钢纤维抗拉强度不宜小于600MPa。

2 钢纤维长度应与混凝土粗集料最大公称粒径相匹配，最短长度宜大于粗集料最大公称粒径的1/3；最大长度不宜大于粗集料最大公称粒径的2倍，钢纤维长度与标称值的允许偏差为±10%。

3 宜使用经防蚀处理的钢纤维，严禁使用带尖刺的钢纤维。

4 应符合国家现行标准《混凝土用钢纤维》YB/T151的有关要求。

5）粗集料、细集料应符合《城镇道路工程施工与质量验收规范》（CJJ 1—2008）第10.1.2、10.1.3条的有关规定。

检查数量：同产地、同品种、同规格且连续进场的集料，每400m^3为一批，不足400m^3按一批计，每批抽检1次。

检验方法：检查出厂合格证和抽检报告。

第10.1.2、10.1.3条

10.1.2 粗集料应符合下列规定：

1 粗集料应采用质地坚硬、耐久、洁净的碎石、砾石、破碎砾石，并应符合表10.1.2-1的规定（见附录1-4　水泥混凝土面层用粗集料、细集料）。城市快速路、主干路、次干路及有抗（盐）冻要求的次干路、支路混凝土路面使用的粗集料级别不应低于Ⅰ级。Ⅰ级集料吸水率不应大于1.0%，Ⅱ级集料吸水率不应大于2.0%。

2 粗集料宜采用人工级配。其级配范围宜符合表10.1.2-2的规定（见附录1-4　水泥混凝土面层用粗集料、细集料）。

3 粗集料的最大公称粒径，碎砾石不应大于26.5mm，碎石不应大于31.5mm，砾石不宜大于19.0mm；钢纤维混凝土粗集料最大粒径不宜大于19.0mm。

10.1.3 细集料应符合下列规定：

1 宜采用质地坚硬、细度模数在2.5以上、符合级配规定的洁净粗砂、中砂。

注：细度模数是表征天然砂粒径的粗细程度及类别的指标。

2 砂的技术要求应符合表10.1.3的规定（见附录1-4　水泥混凝土面层用粗集料、细集料）。

3 使用机制砂时，除应满足表 10.1.3 的规定外，还应检验砂磨光值，其值宜大于 35，不宜使用抗磨性较差的水成岩类机制砂。

4 城市快速路、主干路宜采用一级砂和二级砂。

5 海砂不得直接用于混凝土面层。淡化海砂不应用于城市快速路、主干路、次干路，可用于支路。

6）水应符合《城镇道路工程施工与质量验收规范》（CJJ 1—2008）第 7.2.1 条第 3 款的规定。

检查数量：同水源检查 1 次。　　检验方法：检查水质分析报告。

第 7.2.1 条第 3 款：

3 水应符合国家现行标准《混凝土用水标准》JGJ 63 的规定。宜使用饮用水及不含油类等杂质的清洁中性水，pH 值宜为 6～8。

【检验批验收应提供的核查资料】

水泥混凝土铺装原材料的检验批验收应提供的核查资料　　表 CJJ 2-10-1-7a

序号	核查资料名称	核查要点
1	水泥混凝土面层用材料质量证明书	检查材料品种、数量、生产厂家、日期、性能参数
2	水泥混凝土面层用材料试验报告（见证取样）	检查材料试验单位资质，材料品种、代表数量、试验编号及日期、性能参数等
3	水泥混凝土面层用材料进场验收记录	进场材料品种、数量、日期，应与合格证或质量证明书对应

注：表列凡有性能要求的均应符合设计和规范要求。

附：规范规定的施工过程控制要点

10.1.1 水泥应符合下列规定：

1 重交通以上等级道路、城市快速路、主干路应采用 42.5 级以上的道路硅酸盐水泥或硅酸盐水泥、普通硅酸盐水泥；中、轻交通等级的道路可采用矿渣水泥，其强度等级不宜低于 32.5 级。水泥应有出厂合格证（含化学成分、物理指标），并经复验合格，方可使用。

2 不同等级、厂牌、品种、出厂日期的水泥不得混存、混用。出厂期超过三个月或受潮的水泥，必须经过试验，合格后方可使用。

3 用于不同交通等级道路面层水泥的弯拉强度、抗压强度最小值应符合表 10.1.1-1 的规定。

道路面层水泥的弯拉强度、抗压强度最小值　　表 10.1.1-1

道路等级	特重交通		重交通		中、轻交通	
龄期（d）	3	28	3	28	3	28
抗压强度（MPa）	25.5	57.5	22.0	52.5	16.0	42.5
弯拉强度（MPa）	4.5	7.5	4.0	7.0	3.5	6.5

4 水泥的化学成分、物理指标应符合表 10.1.1-2 的规定。

10.1.4 水应符合国家现行标准《混凝土用水标准》JGJ 63 的规定。宜使用饮用水及不含油类等杂质的清洁中性水，pH 值为 6～8。

10.1.5 外加剂应符合下列规定：

1 外加剂宜使用无氯盐类的防冻剂、引气剂、减水剂等。

2 外加剂应符合现行国家标准《混凝土外加剂》GB 8076 的有关规定，并应有合格证。

3 使用外加剂应经掺配试验，并应符合现行国家标准《混凝土外加剂应用技术规范》GB 50119 的有关规定。

各交通等级路面用水泥的化学成分和物理指标　　表 10.1.1-2

水泥性能 \ 交通等级	特重、重交通	中、轻交通
铝酸三钙	不宜大于 7.0%	不宜大于 9.0%
铁铝酸四钙	不宜小于 15.0%	不宜小于 12.0%
游离氧化钙	不得大于 1.0%	不得大于 1.5%
氧化镁	不得大于 5.0%	不得大于 6.0%
三氧化硫	不得大于 3.5%	不得大于 4.0%
碱含量（Na_2O+0.658K_2O）	≤0.6%	怀疑有碱活性集料时，≤0.6%；无碱活性集料时，≤1.0%
混合材种类	不得掺窑灰、煤矸石、火山灰和黏土，有抗盐冻要求时不得掺石灰、石粉	
出磨时安定性	雷氏夹或蒸煮法检验必须合格	蒸煮法检验必须合格
标准稠度需水量	不宜大于 28%	不宜大于 30%
烧失量	不得大于 3.0%	不得大于 5.0%
比表面积	宜在 300～450m^2/kg	
细度（80μm）	筛余量≤10%	
初凝时间	≥1.5h	
终凝时间	≤10h	
28d 干缩率*	不得大于 0.09%	不得大于 0.10%
耐磨性*	≤3.6kg/m^2	

注：* 28d 干缩率和耐磨性试验方法采用现行国家标准《道路硅酸盐水泥》GB 13693。

10.1.6 钢筋应符合下列规定：

1 钢筋的品种、规格、成分，应符合国家现行标准和设计规定，应具有生产厂的牌号、炉号，检验报告和合格证，并经复试（含见证取样）合格。

2 钢筋不得有锈蚀、裂纹、断伤和刻痕等缺陷。

3 钢筋应按类型、直径、钢号、批号等分别堆放，并应避免油污、锈蚀。

10.1.8 传力杆（拉杆）、滑动套材质、规格应符合规定。可采用镀锌铁皮管、硬塑料管等制作滑动套。

注：传力杆插入装置是滑模摊铺机配备的一种可自动插入缩缝传力杆的装置。

10.1.9 胀缝板宜采用厚 20mm、水稳定性好、具有一定柔性的板材制作，且应经防腐处理。

10.1.10 填缝材料宜采用树脂类、橡胶类、聚氯乙烯胶泥类、改性沥青类填缝材料，并宜加入耐老化剂。

【水泥混凝土铺装混凝土配合比设计核查质量验收记录】

水泥混凝土铺装混凝土配合比设计核查质量验收记录　　表 CJJ 2-10-1-8

<table>
<tr><td>工程名称</td><td colspan="5"></td></tr>
<tr><td>施工单位</td><td colspan="5"></td></tr>
<tr><td>单位工程名称</td><td colspan="2"></td><td>分部工程名称</td><td colspan="2"></td></tr>
<tr><td>分项工程名称</td><td colspan="2"></td><td>验收部位</td><td colspan="2"></td></tr>
<tr><td>工程数量</td><td></td><td>项目经理</td><td></td><td>技术负责人</td><td></td></tr>
<tr><td>制表人</td><td></td><td>施工负责人</td><td></td><td>质量检验员</td><td></td></tr>
<tr><td>交方班组</td><td></td><td>接方班组</td><td></td><td>检验日期</td><td></td></tr>
<tr><td colspan="3">配合比设计核查
（第 10.2.1 条～第 10.2.4 条）</td><td colspan="3">检查结果/实测点偏差值或实测值</td></tr>
<tr><td colspan="3">第 10.2.1 条　混凝土面层的配合比</td><td colspan="3"></td></tr>
<tr><td colspan="3">第 10.2.2 条　混凝土配合比设计</td><td colspan="3"></td></tr>
<tr><td colspan="3">第 10.2.3 条　钢纤维混凝土的配合比设计</td><td colspan="3"></td></tr>
<tr><td colspan="3">第 10.2.4 条　混凝土配合比确定与调整</td><td colspan="3"></td></tr>
<tr><td>平均合格率（%）</td><td colspan="5"></td></tr>
<tr><td>检验结论</td><td colspan="5"></td></tr>
<tr><td>监理（建设）
单位意见</td><td colspan="5"></td></tr>
</table>

注：填记本工程混凝土面层配合比设计、确定与调整实况。

【检验批验收应提供的核查资料】

水泥混凝土铺装配合比设计的检验批验收应提供的核查资料　表 CJJ 2-10-1-8a

序号	核查资料名称	核　查　要　点
1	水泥混凝土面层配合比设计	检查提供配合比试验单位资质，配合比应符合设计要求

注：表列凡有性能要求的均应符合设计和规范要求。

配合比设计核查

混凝土面层的配合比设计执行第 10.2.1 条～第 10.2.4 条见附录 2。

【水泥混凝土铺装模板制作、安装与拆模检验批质量验收记录】

水泥混凝土铺装模板制作、安装与拆模检验批质量验收记录　　表 CJJ 2-10-1-9

工程名称					
施工单位					
单位工程名称		分部工程名称			
分项工程名称		验收部位			
工程数量		项目经理		技术负责人	
制表人		施工负责人		质量检验员	
交方班组		接方班组		检验日期	

检验项目（第 10.4.1 条、第 10.4.2 条、第 10.4.4 条）	检查结果/实测点偏差值或实测值
1　摊铺机械匹配与模板高度	
2　钢模板支撑装置	
3　木模板直线、弯道部分板厚	
4　模板制作允许偏差	

检测项目 ＼ 施工方式	三辊轴机组	轨道摊铺机	小型机具	1	2	3	4	5	6	7	8	9	10	应测点数	合格点数	合格率（%）
高度（mm）	±1	±1	±2													
局部变形（mm）	±2	±2	±3													
两垂直边夹角（°）	90±2	90±1	90±3													
顶面平整度（mm）	±1	±1	±2													
侧面平整度（mm）	±2	±2	±3													
纵向直顺度（mm）	±2	±1	±3													

第 10.4.2 条　模板安装	
1　支模前应核对路面标高、面板分块、胀缝和构造物位置	
2　模板应安装稳固、顺直、平整，无扭曲，相邻模板连接应紧密平顺，不应错位	
3　严禁在基层上挖槽嵌入模板	
4　使用轨道摊铺机应采用专用钢制轨模	
5　模板安装允许偏差	

检测项目 ＼ 施工方式	允许偏差			检测频率		1	2	3	4	5	6	7	8	9	10	应测点数	合格点数	合格率（%）
	三辊轴机组	轨道摊铺机	小型机具	范围	点数													
中线偏位（mm）	≤10	≤5	≤15	100m	2													
宽度（mm）	≤10	≤5	≤15	20m	1													
顶面高程（mm）	±5	±5	±10	20m	1													
横坡（%）	±0.10	±0.10	±0.20	20m	1													
相邻板高差（mm）	≤1	≤1	≤2	每缝	1													
模板接缝宽度（mm）	≤3	≤2	≤3	每缝	1													
侧面垂直度（mm）	≤3	≤2	≤4	20m	1													
纵向顺直度（mm）	≤3	≤2	≤4	40m	1													
顶面平整度（mm）	≤1.5	≤1	≤2	每两缝间	1													

第 10.4.4 条　模板拆除规定	
平均合格率（%）	
检验结论	
监理（建设）单位意见	

注：水泥混凝土面层模板表 18.0.1 中列为分项工程。编制依据为 CJJ 1—2008 规范第 10 章第 10.4 节模板与钢筋。按表列“检验项目”进行检查。

【检查验收时执行的规范条目】

检验项目

10.4.1 模板应符合下列规定：

1 模板应与混凝土的摊铺机械相匹配。模板高度应为混凝土板设计厚度。

2 钢模板应直顺、平整，每 1m 设置 1 处支撑装置。

3 木模板直线部分板厚不宜小于 5cm，每 0.8～1m 设 1 处支撑装置；弯道部分板厚宜为 1.5～3cm，每 0.5～0.8m 设 1 处支撑装置，模板与混凝土接触面及模板顶面应刨光。

4 模板制作允许偏差应符合表 10.4.1 的规定。

模板制作允许偏差 **表 10.4.1**

检测项目＼施工方式	三辊轴机组	轨道摊铺机	小型机具孽
高度（mm）	±1	±1	±2
局部变形（mm）	±2	±2	±3
两垂直边夹角（°）	90±2	90±1	90±3
顶面平整度（mm）	±1	±1	±2
侧面平整度（mm）	±2	±2	±3
纵向直顺度（mm）	±2	±1	±3

10.4.2 模板安装应符合下列规定：

1 支模前应核对路面标高、面板分块、胀缝和构造物位置。

2 模板应安装稳固、顺直、平整，无扭曲，相邻模板连接应紧密平顺，不应错位。

3 严禁在基层上挖槽嵌入模板。

4 使用轨道摊铺机应采用专用钢制轨模。

5 模板安装完毕，应进行检验，合格后方可使用。其安装质量应符合表 10.4.2 的规定。

模板安装允许偏差 **表 10.4.2**

检测项目＼施工方式	允许偏差			检测频率		检验方法
	三辊轴机组	轨道摊铺机	小型机具	范围	点数	
中线偏位（mm）	≤10	≤5	≤15	100m	2	用经纬仪、钢尺量
宽度（mm）	≤10	≤5	≤15	20m	1	用钢尺量
顶面高程（mm）	±5	±5	±10	20m	1	用水准仪测量
横坡（%）	±0.10	±0.10	±0.20	20m	1	用钢尺量
相邻板高差（mm）	≤1	≤1	≤2	每缝	1	用水平尺、塞尺量
模板接缝宽度（mm）	≤3	≤2	≤3	每缝	1	用钢尺量
侧面垂直度（mm）	≤3	≤2	≤4	20m	1	用水平尺、卡尺量
纵向顺直度（mm）	≤3	≤2	≤4	40m	1	用 20m 线和钢尺量
顶面平整度（mm）	≤1.5	≤1	≤2	每两缝间	1	用 3m 直尺、塞尺量

10.4.4 混凝土抗压强度达 8.0MPa 及以上方可拆模。当缺乏强度实测数据时，侧模允许最早拆模时间宜符合表 10.4.4 的规定：

混凝土侧模的允许最早拆模时间（h） **表 10.4.4**

昼夜平均气温	−5℃	0℃	5℃	10℃	15℃	20℃	25℃	≥30℃
硅酸盐水泥、R 型水泥	240	120	60	36	34	28	24	18
道路、普通硅酸盐水泥	360	168	72	48	36	30	24	18
矿渣硅酸盐水泥	—	—	120	60	50	45	36	24

注：允许最早拆侧模时间从混凝土面板经整成形后开始计算。

桥面系分部（子分部）工程

【水泥混凝土铺装钢筋的加工与安装检验批质量验收记录】

水泥混凝土铺装钢筋的加工与安装检验批质量验收记录　　表 CJJ 2-10-1-10

工程名称					
施工单位					
单位工程名称			分部工程名称		
分项工程名称			验收部位		
工程数量		项目经理		技术负责人	
制表人		施工负责人		质量检验员	
交方班组		接方班组		检验日期	

检验项目（第 10.4.3 条中的 1～5 款）	**检查结果/实测点偏差值或实测值**
1　钢筋安装前应检查其原材料品种、规格与加工质量，确认符合设计规定。	
2　钢筋网、角隅钢筋等安装应牢固、位置准确。钢筋安装后应进行检查，合格后方可使用。	
3　传力杆安装应牢固、位置准确。胀缝传力杆应与胀缝板、提缝板一起安装。	

项　目		焊接钢筋网及骨架允许偏差（mm）	绑扎钢筋网及骨架允许偏差（mm）	1	2	3	4	5	6	7	8	9	10	应测点数	合格点数	合格率（%）
4 钢筋加工偏差	钢筋网的长度与宽度	±10	±10													
	钢筋网眼尺寸	±10	±20													
	钢筋骨架宽度及高度	±5	±5													
	钢筋骨架的长度	±10	±10													

项　目			允许偏差（mm）	1	2	3	4	5	6	7	8	9	10	应测点数	合格点数	合格率（%）
5 钢筋安装允许偏差	受力钢筋	排　距	±5													
		间　距	±10													
	钢筋弯起点位置		20													
	箍筋、横向钢筋间距	绑扎钢筋网及钢筋骨架	±20													
		焊接钢筋网及钢筋骨架	±10													
	钢筋预埋位置	中心线位置	±5													
		水平高差	±3													
	钢筋保护层	距表面	±3													
		距底面	±5													

平均合格率（%）	
检验结论	
监理（建设）单位意见	

注：水泥混凝土面层钢筋，表 18.0.1 中列为分项工程。编制依据为 CJJ 1—2008 规范第 10 章第 10.4 节模板与钢筋。按表列“检验项目”进行检查。

【检查验收时执行的规范条目】

一般项目

10.4.3 钢筋安装应符合下列规定：

1 钢筋安装前应检查其原材料品种、规格与加工质量，确认符合设计规定。

2 钢筋网、角隅钢筋等安装应牢固、位置准确。钢筋安装后应进行检查，合格后方可使用。

3 传力杆安装应牢固、位置准确。胀缝传力杆应与胀缝板、提缝板一起安装。

4 钢筋加工允许偏差应符合表 10.4.3-1 的规定。

钢筋加工允许偏差 **表 10.4.3-1**

项目	焊接钢筋网及骨架允许偏差（mm）	绑扎钢筋网及骨架允许偏差（mm）	检验频率		检验方法
			范围	点数	
钢筋网的长度与宽度	±10	±10	每检验批	抽查10%	用钢尺量
钢筋网眼尺寸	±10	±20			用钢尺量
钢筋骨架宽度及高度	±5	±5			用钢尺量
钢筋骨架的长度	±10	±10			用钢尺量

5 钢筋安装允许偏差应符合表 10.4.3-2 的规定。

钢筋安装允许偏差 **表 10.4.3-2**

项目		允许偏差（mm）	检验频率		检验方法
			范围	点数	
受力钢筋	排距	±5	每检验批	抽查10%	用钢尺量
	间距	±10			
钢筋弯起点位置		20			用钢尺量
箍筋、横向钢筋间距	绑扎钢筋网及钢筋骨架	±20			用钢尺量
	焊接钢筋网及钢筋骨架	±10			
钢筋预埋位置	中心线位置	±5			用钢尺量
	水平高差	±3			
钢筋保护层	距表面	±3			用钢尺量
	距底面	±5			

【检验批验收应提供的核查资料】

水泥混凝土铺装钢筋的加工与安装的检验批验收应提供的核查资料

表 CJJ 2-10-1-10a

序号	核查资料名称	核查要点
1	水泥混凝土面层钢筋质量证明书	检查材料品种、数量、生产厂家、日期、性能参数
2	水泥混凝土面层钢筋试验报告（见证取样）	检查材料试验单位资质，材料品种、代表数量、试验编号及日期、性能参数等
3	水泥混凝土面层钢筋进场验收记录	进场材料品种、数量、日期，应与合格证或质量证明书对应
4	钢筋连接试验报告	核查试验报告单，应符合设计要求

注：表列凡有性能要求的均应符合设计和规范要求。

【水泥混凝土铺装混凝土施工检验批质量验收记录】

水泥混凝土铺装混凝土施工检验批质量验收记录　　　　表 CJJ 2-10-1-11

<table>
<tr><td>工程名称</td><td colspan="5"></td></tr>
<tr><td>施工单位</td><td colspan="5"></td></tr>
<tr><td>单位工程名称</td><td colspan="2"></td><td>分部工程名称</td><td colspan="2"></td></tr>
<tr><td>分项工程名称</td><td colspan="2"></td><td>验收部位</td><td colspan="2"></td></tr>
<tr><td>工程数量</td><td></td><td>项目经理</td><td></td><td>技术负责人</td><td></td></tr>
<tr><td>制表人</td><td></td><td>施工负责人</td><td></td><td>质量检验员</td><td></td></tr>
<tr><td>交方班组</td><td></td><td>接方班组</td><td></td><td>检验日期</td><td></td></tr>
<tr><td colspan="3">一般项目（第 10.5.1 条～第 10.7.6 条）</td><td colspan="3">检查结果/实测点偏差值或实测值</td></tr>
<tr><td colspan="3">第 10.5.1 条　面层用混凝土供应规定</td><td colspan="3"></td></tr>
<tr><td colspan="3">第 10.5.2 条　现场自行设立搅拌站规定</td><td colspan="3"></td></tr>
<tr><td colspan="3">第 10.5.3 条　混凝土搅拌规定</td><td colspan="3"></td></tr>
<tr><td colspan="3">第 10.5.4 条　施工确定运输车辆的数量与配置</td><td colspan="3"></td></tr>
<tr><td colspan="3">第 10.5.5 条　出料到运输、铺筑完毕的允许最长时间</td><td colspan="3"></td></tr>
<tr><td colspan="3">第 10.6.1 条　混凝土铺筑前检查项目</td><td colspan="3"></td></tr>
<tr><td colspan="3">第 10.6.2 条　三辊轴机组铺筑规定</td><td colspan="3"></td></tr>
<tr><td colspan="3">第 10.6.3 条　轨道摊铺机铺筑的最小摊铺宽度及规定</td><td colspan="3"></td></tr>
<tr><td colspan="3">第 10.6.4 条　应用人工小型机具施工的规定</td><td colspan="3"></td></tr>
<tr><td colspan="3">第 10.6.5 条　混凝土面层应拉毛、压痕或刻痕</td><td colspan="3"></td></tr>
<tr><td colspan="3">第 10.6.6 条　横缝施工规定</td><td colspan="3"></td></tr>
<tr><td colspan="3">第 10.6.7 条　高温施工措施</td><td colspan="3"></td></tr>
<tr><td colspan="3">第 10.6.8 条　人工抹面遇 5 级及以上风时应停止施工</td><td colspan="3"></td></tr>
<tr><td colspan="3">第 10.7.1 条　面层成活后的养护</td><td colspan="3"></td></tr>
<tr><td colspan="3">第 10.7.2 条　昼夜温差大地区采取保温、保湿养护措施</td><td colspan="3"></td></tr>
<tr><td colspan="3">第 10.7.3 条　养护期间封闭交通及其措施</td><td colspan="3"></td></tr>
<tr><td colspan="3">第 10.7.4 条　混凝土板允许行人通行规定</td><td colspan="3"></td></tr>
<tr><td colspan="3">第 10.7.5 条　填缝规定</td><td colspan="3"></td></tr>
<tr><td colspan="3">第 10.7.6 条　水泥混凝土面层开放交通规定</td><td colspan="3"></td></tr>
<tr><td>平均合格率（%）</td><td colspan="5"></td></tr>
<tr><td>检验结论</td><td colspan="5"></td></tr>
<tr><td>监理（建设）
单位意见</td><td colspan="5"></td></tr>
</table>

注：水泥混凝土面层混凝土表 18.0.1 中列为分项工程。编制依据为 CJJ 1—2008 规范第 10 章第 10.4 节、第 10.5 节、第 10.6 节、第 10.7 节。按表列“检验项目”进行检查。

【检查验收时执行的规范条目】

一般项目

10.5.1 面层用混凝土宜选择具备资质、混凝土质量稳定的搅拌站供应。

10.5.2 现场自行设立搅拌站应符合下列规定：

1 搅拌站应具备供水、供电、排水、运输道路和分仓堆放砂石料及搭建水泥仓的条件。

2 搅拌站管理、生产和运输能力，应满足浇筑作业需要。

3 搅拌站宜设有计算机控制数据信息采集系统。搅拌设备配料计量偏差应符合表10.5.2的规定。

搅拌设备配料的计量允许偏差（%） 表10.5.2

材料名称	水泥	掺合料	钢纤维	砂	粗集料	水	外加剂
城市快速路、主干路每盘	±1	±1	±2	±2	±2	±1	±1
城市快速路、主干路累计每车	±1	±1	±1	±2	±2	±1	±1
其他等级道路	±2	±2	±2	±3	±3	±2	±2

10.5.3 混凝土搅拌应符合下列规定：

1 混凝土的搅拌时间应按配合比要求与施工对其工作性要求经试拌确定最佳搅拌时间。每盘最长总搅拌时间宜为80～120s。

2 外加剂宜稀释成溶液，均匀加入进行搅拌。

3 混凝土应搅拌均匀，出仓温度应符合施工要求。

4 搅拌钢纤维混凝土，除应满足上述要求外，尚应符合下列要求：

1）当钢纤维体积率较高，搅拌物较干时，搅拌设备一次搅拌量不宜大于其额定搅拌量的80%。

2）钢纤维混凝土的投料次序、方法和搅拌时间，应以搅拌过程中钢纤维不产生结团和满足使用要求为前提，通过试拌确定。

3）钢纤维混凝土严禁用人工搅拌。

10.5.4 施工中应根据运距、混凝土搅拌能力、摊铺能力确定运输车辆的数量与配置。

10.5.5 不同摊铺工艺的混凝土搅拌物从搅拌机出料到运输、铺筑完毕的允许最长时间应符合表10.5.5的规定。

混凝土拌合物出料到运输、铺筑完毕允许最长时间（h） 表10.5.5

施工气温*（℃）	到运输完毕允许最长时间		到铺筑完毕允许最长时间	
	滑模、轨道	三辊轴、小机具	滑模、轨道	三辊轴、小机具
5～9	2.0	1.5	2.5	2.0
10～19	1.5	1.0	2.0	1.5
20～29	1.0	0.75	1.5	1.25
30～35	0.75	0.50	1.25	1.0

注：表中*指施工时间的日间平均气温，使用缓凝剂延长凝结时间后，本表数值可增加0.25～0.5h。

10.6 混凝土铺筑

10.6.1 混凝土铺筑前应检查下列项目：

1 基层或砂垫层表面、模板位置、高程等符合设计要求。模板支撑接缝严密、模内洁净、隔离剂涂刷均匀。

2 钢筋、预埋胀缝板的位置正确，传力杆等安装符合要求。

3 混凝土搅拌、运输与摊铺设备，状况良好。

10.6.2 三辊轴机组铺筑应符合下列规定：

1 三辊轴机组铺筑混凝土面层时，辊轴直径应与摊铺层厚度匹配，且必须同时配备一台安装插入式振捣器组的排式振捣机，振捣器的直径宜为50～100mm，间距不应大于其有效作用半径的1.5倍，且不得大于50cm。

2 当面层铺装厚度小于15cm时，可采用振捣梁。其振捣频率宜为50～100Hz，振捣加速度宜为4～5g（g为重力加速度）。

3 当一次摊铺双车道面层时，应配备纵缝拉杆插入机，并配有插入深度控制和拉杆间距调整装置。

4 铺筑作业应符合下列要求：

1）卸料应均匀，布料应与摊铺速度相适应。

2）设有接缝拉杆的混凝土面层，应在面层施工中及时安设拉杆。

3）三辊轴整平机分段整平的作业单元长度宜为20～30m，振捣机振实与三辊轴整平工序之间的时间间隔不宜超过15min。

4）在一个作业单元长度内，应采用前进振动、后退静滚方式作业，最佳滚压遍数应经过试铺确定。

10.6.3 采用轨道摊铺机铺筑时，最小摊铺宽度不宜小于3.75m，并应符合下列规定：

1 应根据设计车道数按表10.6.3-1的技术参数选择摊铺机。

轨道摊铺机的基本技术参数 **表10.6.3-1**

项　目	发动机功率（kW）	最大摊铺宽度（m）	摊铺厚度（mm）	摊铺速度（m/min）	整机质量（t）
三车道轨道摊铺机	33～45	11.75～18.3	250～600	1～3	13～38
双车道轨道摊铺机	15～33	7.5～9.0	250～600	1～3	7～13
单车道轨道摊铺机	8～22	3.5～4.5	250～450	1～4	≤7

2 坍落度宜控制在20～40mm。不同坍落度时的松铺系数K可参考表10.6.3-2确定，并按此计算出松铺高度。

松铺系数K与坍落度S_L的关系 **表10.6.3-2**

坍落度S_L（mm）	5	10	20	30	40	50	60
松铺系数K	1.30	1.25	1.22	1.19	1.17	1.15	1.12

3 当施工钢筋混凝土面层时，宜选用两台箱型轨道摊铺机分两层两次布料。下层混凝土的布料长度应根据钢筋网片长度和混凝土凝结时间确定，且不宜超过20m。

4 振实作业应符合下列要求：

1）轨道摊铺机应配备振捣器组，当面板厚度超过150mm、坍落度小于30mm时，必须插入振捣。

2）轨道摊铺机应配备振动梁或振动板对混凝土表面进行振捣和修整。使用振动板振动提浆饰面时，提浆厚度宜控制在（4±1）mm。

5 面层表面整平时，应及时清除余料，用抹平板完成表面整修。

10.6.4 人工小型机具施工水泥混凝土路面层，应符合下列规定：

1 混凝土松铺系数宜控制在1.10～1.25。

2 摊铺厚度达到混凝土板厚的2/3时，应拔出模内钢钎，并填实钎洞。

3 混凝土面层分两次摊铺时，上层混凝土的摊铺应在下层混凝土初凝前完成，且下层厚度宜为总厚的3/5。

4 混凝土摊铺应与钢筋网、传力杆及边缘角隅钢筋的安放相配合。

5 一块混凝土板应一次连续浇筑完毕。

6 混凝土使用插入式振捣器振捣时，不应过振，且振动时间不宜少于30s，移动间距不宜大于50cm。使用平板振捣器振捣时应重叠10～20cm，振捣器行进速度应均匀一致。

7 真空脱水作业应符合下列要求：

1）真空脱水应在面层混凝土振捣后、抹面前进行。

2）开机后应逐渐升高真空度，当达到要求的真空度，开始正常出水后，真空度应保持稳定，最大真空度不宜超过0.085MPa，待达到规定脱水时间和脱水量时，应逐渐减小真空度。

3）真空系统安装与吸水垫放置位置，应便于混凝土摊铺与面层脱水，不得出现未经吸水的脱空部位。

4）混凝土试件，应与吸水作业同条件制作、同条件养护。

5）真空吸水作业后，应重新压实整平，并拉毛、压痕或刻痕。

8 成活应符合下列要求：

1）现场应采取防风、防晒等措施；抹面拉毛等应在跳板上进行，抹面时严禁在板面上洒水、撒水泥粉。

2）采用机械抹面时，真空吸水完成后即可进行。先用带有浮动圆盘的重型抹面机粗抹，再用带有振动圆盘的轻型抹面机或人工细抹一遍。

3）混凝土抹面不宜少于4次，先找平抹平，待混凝土表面无泌水时再抹面，并依据水泥品种与气温控制抹面间隔时间。

10.6.5 混凝土面层应拉毛、压痕或刻痕，其平均纹理深度应为1～2mm。

10.6.6 横缝施工应符合下列规定：

1 胀缝间距应符合设计规定，缝宽宜为20mm。在与结构物衔接处、道路交叉和填挖土方变化处，应设胀缝。

2 胀缝上部的预留填缝空隙，宜用提缝板留置。提缝板应直顺，与胀缝板密合、垂直于面层。

3 缩缝应垂直板面，宽度宜为4～6mm。切缝深度：设传力杆时，不应小于面层厚的1/3，且不得小于70mm；不设传力杆时不应小于面层厚的1/4，且不应小于60mm。

4 机切缝时，宜在水泥混凝土强度达到设计强度25%～30%时进行。

10.6.7 当施工现场的气温高于30℃、搅拌物温度在30～35℃、空气相对湿度小于80%时，混凝土中宜掺缓凝剂、保塑剂或缓凝减水剂等。切缝应视混凝土强度的增长情况，比常温施工适度提前。铺筑现场宜设遮阳棚。

10.6.8 当混凝土面层施工采取人工抹面、遇有5级及以上风时，应停止施工。

10.7 面层养护与填缝

10.7.1 水泥混凝土面层成活后，应及时养护。可选用保湿法和塑料薄膜覆盖等方法养护。气温较高时，养护不宜少于14d；低温时，养护期不宜少于21d。

10.7.2 昼夜温差大的地区，应采取保温、保湿的养护措施。

10.7.3 养护期间应封闭交通，不应堆放重物；养护终结，应及时清除面层养护材料。

10.7.4 混凝土板在达到设计强度的40%以后，方可允许行人通行。

10.7.5 填缝应符合下列规定：

1 混凝土板养护期满后应及时填缝，缝内遗留的砂石、灰浆等杂物，应剔除干净。

2 应按设计要求选择填缝料，并根据填料品种制定工艺技术措施。

3 浇注填缝料必须在缝槽干燥状态下进行，填缝料应与混凝土缝壁粘附紧密，不渗水。

4 填缝料的充满度应根据施工季节而定，常温施工应与路面平，冬期施工，宜略低于板面。

10.7.6 在面层混凝土弯拉强度达到设计强度。且填缝完成前，不得开放交通。

【检验批验收应提供的核查资料】

水泥混凝土铺装混凝土施工检验批验收应提供的核查资料　表CJJ 2-10-1-11a

序号	核查资料名称	核查要点
1	面层混凝土施工记录	检查混凝土搅拌、运输、铺筑、养护与填缝记录真实性、正确性
2	面层养护施工记录	检查温度记录、养护措施与设计及规范的符合性

注：表列凡有性能要求的均应符合设计和规范要求。

【水泥混凝土铺装质量检验检验批质量验收记录】

水泥混凝土铺装质量检验检验批质量验收记录　　表 CJJ 2-10-1-12

工程名称					
施工单位					
单位工程名称			分部工程名称		
分项工程名称			验收部位		
工程数量		项目经理		技术负责人	
制表人		施工负责人		质量检验员	
交方班组		接方班组		检验日期	

主控项目（第 10.8.1 条 2 中的 1）、2）、3）款	检查结果/实测点偏差值或实测值
2　水泥混凝土面层质量	
1）混凝土弯拉强度规定	
2）混凝土面层厚度规定	
3）抗滑构造深度要求	

一般项目（第 10.8.1 条 2 款的 4）、5）、6）项		检查结果/实测点偏差值或实测值												
项　目	允许偏差	1	2	3	4	5	6	7	8	9	10	应测点数	合格点数	合格率（%）
4）水泥混凝土面层质量要求														
5）伸缩缝质量与构造做法要求														
6）混凝土路面　纵断高程（mm）	±15													
6）混凝土路面　中线偏位（mm）	≤20													
6）混凝土路面　平整度（mm）　标准差σ值	≤1.2　≤2													
6）混凝土路面　平整度（mm）　最大间隙（mm）	≤3　≤5													
6）混凝土路面　宽度（mm）	0　−20													
6）混凝土路面　横坡（%）	±0.3%且不反坡													
6）混凝土路面　井框与路面高差（mm）	≤3													
6）混凝土路面　相邻板高差（mm）	≤3													
6）混凝土路面　纵缝直顺度（mm）	≤10													
6）混凝土路面　横缝直顺度（mm）	≤10													
6）混凝土路面　蜂窝麻面面积①（%）	≤2													
平均合格率（%）														
检验结论														
监理（建设）单位意见														

【检查验收时执行的规范条目】

10.8.1　水泥混凝土面层质量检验应符合下列规定：

主控项目

2　混凝土面层质量应符合设计要求。

1）混凝土弯拉强度应符合设计规定。

检查数量：每 100m^3 的同配合比的混凝土，取样1次；不足 100m^3 时按1次计。每次取样应至少留置1组标准养护试件。同条件养护试件的留置组数应根据实际需要确定，最少1组。

检验方法：检查试件强度试验报告。

2）混凝土面层厚度应符合设计规定，允许误差为±5mm。

检查数量；每 1000m^2 抽测1点。　　检验方法：查试验报告、复测。

3）抗滑构造深度应符合设计要求。

检查数量：每 1000m^2 抽测1点。　　检验方法：铺砂法。

一般项目

4）水泥混凝土面层应板面平整、密实，边角应整齐、无裂缝，并不应有石子外露和浮浆、脱皮、踏痕：积水等现象，蜂窝麻面面积不得大于总面积的0.5%。

检查数量：全数检查。　　检验方法：观察、量测。

5）伸缩缝应垂直、直顺，缝内不应有杂物。伸缩缝在规定的深度和宽度范围内应全部贯通，传力杆应与缝面垂直。

检查数量：全数检查。　　检验方法：观察。

6）混凝土路面允许偏差应符合表 CJJ 2-10-1-12 的规定。混凝土路面的检验频率和检验方法见表 CJJ 2-10-1-12a。

混凝土路面的检验频率和检验方法　　　　表 CJJ 2-10-1-12a

项目		检验频率		检验方法
		范围（m）	点数	
纵断高程（mm）		20m	1	用水准仪测量
中线偏位（mm）		100m	1	用经纬仪测量
平整度（mm）	标准差σ	100m	1	用测平仪检测
	最大间隙	20m	1	用3m直尺和塞尺连续量两尺，取较大值
宽度（mm）		40m	1	用钢尺量
横坡		20m	1	用水准仪测量
井框与路面高差（mm）		每座	1	十字法，用直尺和塞尺量，取最大值
相邻板高差（mm）		20m	1	用钢板尺和塞尺量
纵缝直顺度（mm）		100m	1	用20m线和钢尺量
横缝直顺度（mm）		100m	1	用20m线和钢尺量
蜂窝麻面面积①（%）		20m	1	观察和用钢板尺量

注：①每20m查1块板的侧面。

【检验批验收应提供的核查资料】

水泥混凝土铺装质量检验批验收应提供的核查资料　　表 CJJ 2-10-1-12b

序号	核查资料名称	核查要点
1	材料出厂合格证或质量证明书	检查材料品种、数量、生产厂家、日期、性能参数
2	材料试验报告	检查试验单位资质，品种、代表数量、试验编号及日期、性能参数等，应符合设计和规范要求
3	施工记录（施工工艺及质量状况）	检查施工记录的正确性
4	混凝土强度试验报告	检查混凝土强度试件的试验结果，应符合设计和规范要求
5	材料进场验收记录	检查材料品种、数量、生产厂家、日期、性能参数，应与合格证对应

注：1. 合理缺项除外；2. 表列凡有性能要求的均应符合设计和规范要求。

【水泥混凝土铺装施工准备核查记录】

水泥混凝土铺装施工准备核查记录

<table>
<tr><td>工程名称</td><td colspan="5"></td></tr>
<tr><td>施工单位</td><td colspan="5"></td></tr>
<tr><td>单位工程名称</td><td colspan="2"></td><td>分部工程名称</td><td colspan="2"></td></tr>
<tr><td>分项工程名称</td><td colspan="2"></td><td>验收部位</td><td colspan="2"></td></tr>
<tr><td>工程数量</td><td></td><td>项目经理</td><td></td><td>技术负责人</td><td></td></tr>
<tr><td>制表人</td><td></td><td>施工负责人</td><td></td><td>质量检验员</td><td></td></tr>
<tr><td>交方班组</td><td></td><td>接方班组</td><td></td><td>检验日期</td><td></td></tr>
<tr><td colspan="3">核查内容（第 10.3.1 条、第 10.3.2 条）</td><td colspan="3">检查结果/实测点偏差值或实测值</td></tr>
<tr><td colspan="3">第 10.3.1 条　施工前，应按设计规定划分混凝土板块，板块划分应从路口开始，必须避免出现锐角。曲线段分块，应使横向分块线与该点法线方向一致。直线段分块线应与面层胀、缩缝结合，分块距离宜均匀。分块线距检查井盖的边缘，宜大于 1m。</td><td colspan="3"></td></tr>
<tr><td colspan="3">第 10.3.2 条　混凝土摊铺前，应完成下列准备工作：
1　混凝土施工配合比已获监理工程师批准，搅拌站经试运转，确认合格。
2　模板支设完毕，检验合格。
3　混凝土摊铺、养护、成形等机具试运行合格。专用器材已准备就绪。
4　运输与现场浇筑通道已修筑，且符合要求。</td><td colspan="3"></td></tr>
<tr><td>平均合格率（%）</td><td colspan="5"></td></tr>
<tr><td>检验结论</td><td colspan="5"></td></tr>
<tr><td>监理（建设）
单位意见</td><td colspan="5"></td></tr>
</table>

注：本表不作为汇整资料，仅作施工管理之用，故不编号。

【检验批验收应提供的核查资料】

水泥混凝土铺装施工准备核查的检验批验收应提供的核查资料

序号	核查资料名称	核查要点
1	水泥混凝土面层施工准备	检查施工准备的规定执行

注：施工准备的内容通常应包括：施工机械选择，施工组织（技术交底、施工组织设计、上岗培训、校核平面与高程控制桩、现场实验的人员与设备、保证运输与碾压的措施等），搅拌场设置，摊铺前材料与设备检查，路基、基层和封层的检测与修整等。

【桥面铺装层质量检验】

【桥面铺装层质量检验检验批质量验收记录】

桥面铺装层质量检验检验批质量验收记录　　表 CJJ 2-10-1-13

<table>
<tr><td colspan="2">工程名称</td><td colspan="4"></td></tr>
<tr><td colspan="2">施工单位</td><td colspan="4"></td></tr>
<tr><td colspan="2">分项工程名称</td><td colspan="2"></td><td>施工班组长</td><td></td></tr>
<tr><td colspan="2">验收部位</td><td colspan="2"></td><td>专业工长</td><td></td></tr>
<tr><td colspan="2">施工执行标准名称及编号</td><td colspan="2"></td><td>项目经理</td><td></td></tr>
<tr><td>检控项目</td><td colspan="2">质量验收规范规定</td><td colspan="2">施工单位检查评定记录</td><td>监理（建设）单位验收记录</td></tr>
<tr><td rowspan="8">主控项目</td><td colspan="4">第 20.8.3 条　桥面铺装层质量检验应符合下列规定：
1　桥面铺装层材料的品种、规格、性能、质量应符合设计要求和相关标准规定。
2　水泥混凝土桥面铺装层的强度和沥青混凝土桥面铺装层的压实度应符合设计要求。
3　塑胶面层铺装的物理机械性能规定</td><td rowspan="8"></td></tr>
<tr><td>项　目（表 20.8.3-1）</td><td>允许偏差（mm）</td><td colspan="2">量测值（mm）</td></tr>
<tr><td>硬度（邵 A，度）</td><td>45～60</td><td colspan="2"></td></tr>
<tr><td>拉伸强度（MPa）</td><td>≥0.7</td><td colspan="2"></td></tr>
<tr><td>扯断伸长率</td><td>≥90%</td><td colspan="2"></td></tr>
<tr><td>回弹值</td><td>≥20%</td><td colspan="2"></td></tr>
<tr><td>压缩复原率</td><td>≥95%</td><td colspan="2"></td></tr>
<tr><td>阻燃性</td><td>1 级</td><td colspan="2"></td></tr>
<tr><td rowspan="17">一般项目</td><td colspan="4">第 20.8.3 条 4 款　桥面铺装面层允许偏差</td><td rowspan="17"></td></tr>
<tr><td>项　目（表 20.8.3-2）</td><td>允许偏差（mm）</td><td colspan="2">量测值（mm）</td></tr>
<tr><td>厚度</td><td>±5mm</td><td colspan="2"></td></tr>
<tr><td>横坡</td><td>±0.15%</td><td colspan="2"></td></tr>
<tr><td>平整度</td><td>符合城市道路面层标准</td><td colspan="2"></td></tr>
<tr><td>抗滑构造深度</td><td>符合设计要求</td><td colspan="2"></td></tr>
<tr><td>项　目（表 20.8.3-3）</td><td>允许偏差（mm）</td><td colspan="2">量测值（mm）</td></tr>
<tr><td>厚度</td><td>±5mm</td><td colspan="2"></td></tr>
<tr><td>横坡</td><td>±0.3%</td><td colspan="2"></td></tr>
<tr><td>平整度</td><td>符合城市道路面层标准</td><td colspan="2"></td></tr>
<tr><td>抗滑构造深度</td><td>符合设计要求</td><td colspan="2"></td></tr>
<tr><td>项　目（表 20.8.3-4）</td><td>允许偏差（mm）</td><td colspan="2">量测值（mm）</td></tr>
<tr><td>厚度</td><td>不小于设计要求</td><td colspan="2"></td></tr>
<tr><td>平整度</td><td>±3mm</td><td colspan="2"></td></tr>
<tr><td>坡度</td><td>符合设计要求</td><td colspan="2"></td></tr>
<tr><td colspan="4">第 20.8.3 条 5 款　外观检查</td></tr>
<tr><td colspan="4"></td></tr>
<tr><td colspan="2">施工单位检查评定结果</td><td colspan="4">项目专业质量检查员：　　　　年　月　日</td></tr>
<tr><td colspan="2">监理（建设）单位验收结论</td><td colspan="4">专业监理工程师：
（建设单位项目专业技术负责人）：　　　　年　月　日</td></tr>
</table>

注：规范规定的施工过程控制要点见【检查验收时执行的规范条目】。

【检查验收时执行的规范条目】

第 20.8.3 条 桥面铺装层质量检验应符合下列规定：

主控项目

1 桥面铺装层材料的品种、规格、性能、质量应符合设计要求和相关标准规定。

检查数量：全数检查。

检验方法：检查材料合格证、进场验收记录和质量检验报告。

2 水泥混凝土桥面铺装层的强度和沥青混凝土桥面铺装层的压实度应符合设计要求。

检查数量和检验方法应符合国家现行标准《城镇道路工程施工与质量验收规范》CJJ 1 的有关规定。

3 塑胶面层铺装的物理机械性能应符合表 20.8.3-1 的规定。

塑胶面层铺装的物理机械性能 **表 20.8.3-1**

项　目	允许偏差（mm）	检验频率		检验方法
		范围	点数	
硬度（邵 A，度）	45～60	按（GB/T 14833）5.5“硬度的测定”		
拉伸强度（MPa）	≥0.7	按（GB/T 14833）5.6“拉伸强度、扯断伸长率的测定”		
扯断伸长率	≥90%	按（GB/T 14833）5.6“拉伸强度、扯断伸长率的测定”		
回弹值	≥20%	按（GB/T 14833）5.7“回弹值的测定”		
压缩复原率	≥95%	按（GB/T 14833）5.8“压缩复原率的测定”		
阻燃性	1 级	按（GB/T 14833）5.9“阻燃性的测定”		

注：1 本表参照《塑胶跑道》GB/T 14833—93 的规定制定；

2 “阻燃性的测定”由业主、设计商定。

一般项目

4 桥面铺装面层允许偏差应符合表 20.8.3-2～表 20.8.3-4 的规定。

水泥混凝土桥面铺装面层允许偏差 **表 20.8.3-2**

项　目	允许偏差（mm）	检验频率		检验方法
		范围	点数	
厚度	±5mm	每 20 延米	3	用水准仪对比浇筑前后标高
横坡	±0.15%		1	用水准仪测量 1 个断面
平整度	符合城市道路面层标准	按城市道路工程检测规定执行		
抗滑构造深度	符合设计要求	每 200m	3	铺砂法

注：跨度小于 20m 时，检验频率按 20m 计算。

沥青混凝土桥面铺装面层允许偏差 **表 20.8.3-3**

项　目	允许偏差（mm）	检验频率		检验方法
		范围	点数	
厚度	±5mm	每 20 延米	3	用水准仪对比浇筑前后标高
横坡	±0.3%		1	用水准仪测量 1 个断面
平整度	符合城市道路面层标准	按城市道路工程检测规定执行		
抗滑构造深度	符合设计要求	每 200m	3	铺砂法

注：跨度小于 20m 时，检验频率按 20m 计算。

人行天桥塑胶桥面铺装面层允许偏差 表 20.8.3-4

项　目	允许偏差(mm)	检验频率		检验方法
		范围	点数	
厚度	不小于设计要求	每铺装段、每次拌合料量	1	取样法：按 GB/T14833 附录 B
平整度	±3mm	每 20m²	1	用 3m 直尺、塞尺检查
坡度	符合设计要求	每铺装段	3	用水准仪测量主梁纵轴高程

注："阻燃性的测定"由业主、设计商定。

5 外观检查应符合下列要求：

1）水泥混凝土桥面铺装面层表面应坚实、平整，无裂缝，并应有足够的粗糙度；面层伸缩缝应直顺，灌缝应密实；

2）沥青混凝土桥面铺装层表面应坚实、平整，无裂纹、松散、油包、麻面；

3）桥面铺装层与桥头路接茬应紧密、平顺。

检查数量：全数检查。　检验方法：观察。

【检验批验收应提供的核查资料】

桥面铺装层质量检验批验收应提供的核查资料 表 CJJ 2-10-1-13a

序号	核查资料名称	核查要点
1	材料出厂合格证或质量证明书	检查材料品种、数量、生产厂家、日期、性能参数
2	材料试验报告	检查试验单位资质，品种、代表数量、试验编号及日期、性能参数等，应符合设计和规范要求
3	施工记录（施工工艺及质量状况）	检查施工记录的正确性
4	混凝土强度试验报告	检查混凝土强度试件的试验结果，应符合设计和规范要求
5	材料进场验收记录	检查材料品种、数量、生产厂家、日期、性能参数，应与合格证对应

注：1. 合理缺项除外；2. 表列凡有性能要求的均应符合设计和规范要求。

附：规范规定的施工过程控制要点

20.3 桥面铺装层

20.3.1 桥面防水层经验收合格后应及时进行桥面铺装层施工。雨天和雨后桥面未干燥时，不得进行桥面铺装层施工。

20.3.2 铺装层应在纵向 100cm、横向 40cm 范围内，逐渐降坡，与汇水槽、泄水口平顺相接。

20.3.3 沥青混合料桥面铺装层施工应符合下列规定：

1 在水泥混凝土桥面上铺筑沥青铺装层应符合下列要求：

1）铺筑前应在桥面防水层上撒布一层沥青石屑保护层，或在防水粘结层上撒布一层石屑保护层，并用轻碾慢压。

2）沥青铺装宜采用双层式，底层宜采用高温稳定性较好的中粒式密级配热拌沥青混合料，表层应采用防滑面层。

3）铺装宜采用轮胎或钢筒式压路机碾压。

2 在钢桥面上铺筑沥青铺装层应符合下列要求：

1）铺装材料应防水性能良好；具有高温抗流动变形和低温抗裂性能；具有较好的抗疲劳性能和表面抗滑性能；与钢板粘结良好，具有较好的抗水平剪切、重复荷载和蠕变变形能力。

2）桥面铺装宜采用改性沥青，其压实设备和工艺应通过试验确定。

3）桥面铺装宜在无雨、少雾季节、干燥状态下施工。施工气温不得低于 15℃。

4）桥面铺筑沥青铺装层前应涂刷防水粘结层。涂防水粘结层前应磨平焊缝、除锈、除污，涂防锈层。

5）采用浇注式沥青混凝土铺筑桥面时，可不设防水粘结层。

20.3.4 水泥混凝土桥面铺装层施工应符合下列规定：

1 铺装层的厚度、配筋、混凝土强度等应符合设计要求。结构厚度误差不得超过－20mm。

2 铺装层的基面（裸梁或防水层保护层）应粗糙、干净，并于铺装前湿润。

3 桥面钢筋网应位置准确、连续。

4 铺装层表面应作防滑处理。

5 水泥混凝土施工工艺及钢纤维混凝土铺装的技术要求应符合国家现行标准《城镇道路工程施工与质量验收规范》CJJ 1 的有关规定。

20.3.5 人行天桥塑胶混合料面层铺装应符合下列规定：

1 人行天桥塑胶混合料的品种、规格、性能应符合设计要求和国家现行标准的规定。

2 施工时的环境温度和相对湿度应符合材料产品说明书的要求，风力超过5级（含）、雨天和雨后桥面未干燥时，严禁铺装施工。

3 塑胶混合料均应计量准确，严格控制拌合时间。拌合均匀的胶液应及时运到现场铺装。

4 塑胶混合料必须采用机械搅拌，应严格控制材料的加热温度和洒布温度。

5 人行天桥塑胶铺装宜在桥面全宽度内、两条伸缩缝之间，一次连续完成。

6 塑胶混合料面层终凝之前严禁行人通行。

【桥面系伸缩装置质量检验】

【桥面系伸缩装置质量检验检验批质量验收记录】

桥面系伸缩装置质量检验检验批质量验收记录　　表 CJJ 2-10-1-14

<table>
<tr><td colspan="2">工程名称</td><td colspan="4"></td></tr>
<tr><td colspan="2">施工单位</td><td colspan="4"></td></tr>
<tr><td colspan="2">分项工程名称</td><td colspan="2"></td><td>施工班组长</td><td></td></tr>
<tr><td colspan="2">验收部位</td><td colspan="2"></td><td>专业工长</td><td></td></tr>
<tr><td colspan="2">施工执行标准名称及编号</td><td colspan="2"></td><td>项目经理</td><td></td></tr>
<tr><td>检控项目</td><td colspan="2">质量验收规范规定</td><td colspan="2">施工单位检查评定记录</td><td>监理（建设）单位验收记录</td></tr>
<tr><td>主控项目</td><td colspan="2">第 20.8.4 条　伸缩装置质量检验应符合下列规定：
1　伸缩装置的形式和规格必须符合设计要求，缝宽应根据设计规定和安装时的气温进行调整
2　伸缩装置安装时焊接质量和焊缝长度应符合设计要求和规范规定，焊缝必须牢固，严禁用点焊连接。大型伸缩装置与钢梁连接处的焊缝应做超声波检测
3　伸缩装置锚固部位的混凝土强度应符合设计要求，表面应平整，与路面衔接应平顺</td><td colspan="2"></td><td></td></tr>
<tr><td rowspan="8">一般项目</td><td colspan="4">第 20.8.4 条 4 款　伸缩装置安装允许偏差</td><td rowspan="8"></td></tr>
<tr><td>项　目（表 20.8.4）</td><td>允许偏差（mm）</td><td colspan="2">量测值（mm）</td></tr>
<tr><td>顺桥平整度</td><td>符合道路标准</td><td colspan="2"></td></tr>
<tr><td>相邻板差</td><td>2</td><td colspan="2"></td></tr>
<tr><td>缝宽</td><td>符合设计要求</td><td colspan="2"></td></tr>
<tr><td>与桥面高差</td><td>2</td><td colspan="2"></td></tr>
<tr><td>长度</td><td>符合设计要求</td><td colspan="2"></td></tr>
<tr><td colspan="2">第 20.8.4 条 5 款　伸缩装置应无渗漏、无变形，伸缩缝应无阻塞</td><td colspan="2"></td></tr>
<tr><td colspan="2">施工单位检查评定结果</td><td colspan="4">项目专业质量检查员：　　　　年　月　日</td></tr>
<tr><td colspan="2">监理（建设）单位验收结论</td><td colspan="4">专业监理工程师：
（建设单位项目专业技术负责人）：　　　　年　月　日</td></tr>
</table>

注：规范规定的施工过程控制要点见【检查验收时执行的规范条目】。

【检查验收时执行的规范条目】

第 20.8.4 条　伸缩装置质量检验应符合下列规定：

主控项目

1　伸缩装置的形式和规格必须符合设计要求，缝宽应根据设计规定和安装时的气温进行调整。

检查数量：全数检查。　　检验方法：观察、钢尺量测。

2　伸缩装置安装时焊接质量和焊缝长度应符合设计要求和规范规定，焊缝必须牢固，严禁用点焊连接。大型伸缩装置与钢梁连接处的焊缝应做超声波检测。

检查数量：全数检查。　　检验方法：观察、检查焊缝检测报告。

3　伸缩装置锚固部位的混凝土强度应符合设计要求，表面应平整，与路面衔接应平顺。

检查数量：全数检查。　　检验方法：观察、检查同条件养护试件强度试验报告。

一般项目

4　伸缩装置安装允许偏差应符合表 20.8.4 的规定。

伸缩装置安装允许偏差　　表 20.8.4

项　目	允许偏差（mm）	检验频率		检验方法
		范围	点数	
顺桥平整度	符合道路标准	每条缝	按道路检验标准检测	
相邻板差	2		每车道1点	用钢板尺和塞尺量
缝宽	符合设计要求			用钢尺量，任意选点
与桥面高差	2			用钢板尺和塞尺量
长度	符合设计要求		2	用钢尺量

5　伸缩装置应无渗漏、无变形，伸缩缝应无阻塞。

检查数量：全数检查。　　检验方法：观察。

【检验批验收应提供的核查资料】

桥面系伸缩装置质量检验检验批验收应提供的核查资料　　表 CJJ 2-10-1-14a

序号	核查资料名称	核查要点
1	施工记录（施工工艺及质量状况）	检查施工记录的完整性
2	混凝土强度试验报告	检查试件的数量、强度应符合设计和规范要求
3	焊缝检测报告	检查试验单位资质、日期、参数，应符合设计和规范要求
4	超声波检测报告	检查试验单位资质、日期、参数，应符合设计和规范要求

注：1. 合理缺项除外；2. 表列凡有性能要求的均应符合设计和规范要求。

附：规范规定的施工过程控制要点

20.4　桥梁伸缩装置

20.4.1　选择伸缩装置应符合下列规定：

1　伸缩装置与设计伸缩量应相匹配；

2　具有足够强度，能承受与设计标准相一致的荷载；

3　城市桥梁伸缩装置应具有良好的防水、防噪声性能；

4　安装、维护、保养、更换简便。

20.4.2　伸缩装置安装前应检查修正梁端预留缝的间隙，缝宽应符合设计要求，上下必须贯通，不得堵塞。伸缩装置应锚固可靠，浇筑锚固段（过渡段）混凝土时应采取措施防止堵塞梁端伸缩缝隙。

20.4.3　伸缩装置安装前应对照设计要求、产品说明，对成品进行验收，合格后方可使用。安装伸缩装置时应按安装时气温确定安装定位值，保证设计伸缩量。

20.4.4　伸缩装置宜采用后嵌法安装，即先铺桥面层，再切割出预留槽安装伸缩装置。

20.4.5　填充式伸缩装置施工应符合下列规定：

1　预留槽宜为 50cm 宽、5cm 深，安装前预留槽基面和侧面应进行清洗和烘干。

2　梁端伸缩缝处应粘固止水密封条。

3　填料填充前应在预留槽基面上涂刷底胶，热拌混合料应分层摊铺在槽内并捣实。

4　填料顶面应略高于桥面，并撒布一层黑色碎石，用压路机碾压成型。

20.4.6　橡胶伸缩装置安装应符合下列规定：

1　安装橡胶伸缩装置应尽量避免预压工艺。橡胶伸缩装置在 5℃以下气温不宜安装。

2 安装前应对伸缩装置预留槽进行修整，使其尺寸、高程符合设计要求。

3 锚固螺栓位置应准确，焊接必须牢固。

4 伸缩装置安装合格后应及时浇筑两侧过渡段混凝土，并与桥面铺装接顺。每侧混凝土宽度不宜小于0.5m。

20.4.7 齿形钢板伸缩装置施工应符合下列规定：

1 底层支撑角钢应与梁端锚固筋焊接。

2 支撑角钢与底层钢板焊接时，应采取防止钢板局部变形措施。

3 齿形钢板宜采用整块钢板仿形切割成型，经加工后对号入座。

4 安装顶部齿形钢板，应按安装时气温经计算确定定位值。齿形钢板与底层钢板端部焊缝应采用间隔跳焊，中部塞孔焊应间隔分层满焊。焊接后齿形钢板与底层钢板应密贴。

5 齿形钢板伸缩装置宜在梁端伸缩缝处采用U形铝板或橡胶板止水带防水。

20.4.8 模数式伸缩装置施工应符合下列规定：

1 模数式伸缩装置在工厂组装成型后运至工地，应按国家现行标准《公路桥梁橡胶伸缩装置》JT/T 327对成品进行验收，合格后方可安装。

2 伸缩装置安装时其间隙量定位值应由厂家根据施工时气温在工厂完成，用定位卡固定。如需在现场调整间隙量应在厂家专业人员指导下进行，调整定位并固定后应及时安装。

3 伸缩装置应使用专用车辆运输，按厂家标明的吊点进行吊装，防止变形。现场堆放场地应平整，并避免雨淋曝晒和防尘。

4 安装前应按设计和产品说明书要求检查锚固筋规格和间距、预留槽尺寸，确认符合设计要求，并清理预留槽。

5 分段安装的长伸缩装置需现场焊接时，宜由厂家专业人员施焊。

6 伸缩装置中心线与梁段间隙中心线应对正重合。伸缩装置顶面各点高程应与桥面横断面高程对应一致。

7 伸缩装置的边梁和支承箱应焊接锚固，并应在作业中采取防止变形措施。

8 过渡段混凝土与伸缩装置相接处应粘固密封条。

9 混凝土达到设计强度后，方可拆除定位卡。

【桥面系地栿、缘石与挂板质量检验】

【桥面系地栿、缘石与挂板质量检验检验批质量验收记录】

桥面系地栿、缘石与挂板质量检验检验批质量验收记录　　表 CJJ 2-10-1-15

<table>
<tr><td colspan="3">工程名称</td><td colspan="12"></td></tr>
<tr><td colspan="3">施工单位</td><td colspan="12"></td></tr>
<tr><td colspan="3">分项工程名称</td><td colspan="2"></td><td colspan="4">施工班组长</td><td colspan="6"></td></tr>
<tr><td colspan="3">验收部位</td><td colspan="2"></td><td colspan="4">专业工长</td><td colspan="6"></td></tr>
<tr><td colspan="3">施工执行标准名称及编号</td><td colspan="2"></td><td colspan="4">项目经理</td><td colspan="6"></td></tr>
<tr><td>检控项目</td><td colspan="3">质量验收规范规定</td><td colspan="10">施工单位检查评定记录</td><td>监理（建设）单位验收记录</td></tr>
<tr><td>主控项目</td><td colspan="3">第 20.8.5 条　地栿、缘石、挂板质量检验应符合下列规定：
1　地栿、缘石、挂板混凝土强度必须符合设计要求。
2　预制地栿、缘石、挂板安装必须牢固，焊接连接应符合设计要求；现浇地栿钢筋锚固长度应符合设计要求。</td><td colspan="10"></td><td></td></tr>
<tr><td rowspan="12">一般项目</td><td colspan="3">第 20.8.5 条 3 款　预制地栿、缘石、挂板允许偏差</td><td colspan="10"></td><td rowspan="12"></td></tr>
<tr><td colspan="2">项　目（表 20.8.5-1）</td><td>允许偏差（mm）</td><td colspan="10">量测值（mm）</td></tr>
<tr><td rowspan="2">断面尺寸</td><td>宽</td><td rowspan="2">±3</td><td></td><td></td><td></td><td></td><td></td><td></td><td></td><td></td><td></td><td></td></tr>
<tr><td>高</td><td></td><td></td><td></td><td></td><td></td><td></td><td></td><td></td><td></td><td></td></tr>
<tr><td colspan="2">长度</td><td>0
−10</td><td></td><td></td><td></td><td></td><td></td><td></td><td></td><td></td><td></td><td></td></tr>
<tr><td colspan="2">侧向弯曲</td><td>L/750</td><td></td><td></td><td></td><td></td><td></td><td></td><td></td><td></td><td></td><td></td></tr>
<tr><td colspan="3">第 20.8.5 条 3 款　预制地栿、缘石、挂板安装允许偏差。</td><td colspan="10"></td></tr>
<tr><td colspan="2">项　目（表 20.8.5-2）</td><td>允许偏差（mm）</td><td colspan="10">量测值（mm）</td></tr>
<tr><td colspan="2">直顺度</td><td>5</td><td></td><td></td><td></td><td></td><td></td><td></td><td></td><td></td><td></td><td></td></tr>
<tr><td colspan="2">相邻板块高差</td><td>3</td><td></td><td></td><td></td><td></td><td></td><td></td><td></td><td></td><td></td><td></td></tr>
<tr><td colspan="3">第 20.8.5 条 4 款　伸缩缝必须全部贯通，并与主梁伸缩缝相对应。</td><td colspan="10"></td></tr>
<tr><td colspan="3">第 20.8.5 条 5 款　地栿、缘石、挂板等水泥混凝土构件不得有孔洞、露筋、蜂窝、麻面、缺棱、掉角等缺陷；安装的线形应流畅平顺。</td><td colspan="10"></td></tr>
<tr><td colspan="3">施工单位检查评定结果</td><td colspan="12">项目专业质量检查员：　　　　年　月　日</td></tr>
<tr><td colspan="3">监理（建设）单位验收结论</td><td colspan="12">专业监理工程师：
（建设单位项目专业技术负责人）：　　　　年　月　日</td></tr>
</table>

注：规范规定的施工过程控制要点见【检查验收时执行的规范条目】。

【检查验收时执行的规范条目】

20.8.5　地栿、缘石、挂板质量检验应符合下列规定：

主控项目

1　地栿、缘石、挂板混凝土的强度必须符合设计要求。

检查数量和检验方法，均应符合本规范第 7.13 节有关规定。对于构件厂生产的定型产品进场时，应检验出厂合格证和试件强度试验报告。

2 预制地栿、缘石、挂板安装必须牢固，焊接连接应符合设计要求；现浇地栿钢筋的锚固长度应符合设计要求。

检查数量：全数检查。　　检验方法：观察。

一般项目

3 预制地栿、缘石、挂板允许偏差应符合表 20.8.5-1 的规定；安装允许偏差应符合表 20.8.5-2 的规定。

预制地栿、缘石、挂板允许偏差　　表 20.8.5-1

<table>
<tr><th colspan="2" rowspan="2">项　　目</th><th rowspan="2">允许偏差
(mm)</th><th colspan="2">检验频率</th><th rowspan="2">检验方法</th></tr>
<tr><th>范围</th><th>点数</th></tr>
<tr><td rowspan="2">断面尺寸</td><td>宽</td><td rowspan="2">±3</td><td rowspan="4">每件（抽查10%，且不少于5件）</td><td>1</td><td rowspan="2">用钢尺量</td></tr>
<tr><td>高</td><td>1</td></tr>
<tr><td colspan="2">长度</td><td>0
−10</td><td>1</td><td>用钢尺量</td></tr>
<tr><td colspan="2">侧向弯曲</td><td>L/750</td><td>1</td><td>沿构件全长拉线用钢尺量（L 为构件长度）</td></tr>
</table>

地栿、缘石、挂板安装允许偏差　　表 20.8.5-2

<table>
<tr><th rowspan="2">项　　目</th><th rowspan="2">允许偏差
(mm)</th><th colspan="2">检验频率</th><th rowspan="2">检验方法</th></tr>
<tr><th>范围</th><th>点数</th></tr>
<tr><td>直顺度</td><td>5</td><td>每跨侧</td><td>1</td><td>用 10m 线和钢尺量</td></tr>
<tr><td>相邻板块高差</td><td>3</td><td>每接缝（抽查 10%）</td><td>1</td><td>用钢板尺和塞尺量</td></tr>
</table>

注：两个伸缩缝之间的为一个验收批。

4 伸缩缝必须全部贯通，并与主梁伸缩缝相对应。

检查数量：全数检查。　检验方法：观察。

5 地栿、缘石、挂板等水泥混凝土构件不得有孔洞、露筋、蜂窝、麻面、缺棱、掉角等缺陷；安装的线形应流畅平顺。

检查数量：全数检查。　　检验方法：观察。

【检验批验收应提供的核查资料】

桥面系地栿、缘石、挂板质量检验检验批验收应提供的核查资料

表 CJJ 2-10-1-15a

序号	核查资料名称	核查要点
1	地栿、缘石、挂板合格证或质量证明书	检查其品种、数量、生产厂家、日期、性能参数
2	地栿、缘石、挂板试验报告	检查试验单位资质、代表数量、试验编号及日期、性能参数等，应符合设计和规范要求
3	钢筋出厂合格证	检查其品种、数量、生产厂家、日期、性能参数
4	焊接试验报告	检查试验单位资质、代表数量、试验编号及日期、性能参数等，应符合设计和规范要求
5	混凝土试件试验报告	检查试验单位资质、代表数量、试验编号及日期、性能参数等，应符合设计和规范要求
6	地栿、缘石、挂板进场验收记录	检查其数量、生产厂家、性能参数

注：1. 合理缺项除外；2. 表列凡有性能要求的均应符合设计和规范要求。

附：规范规定的施工过程控制要点

20.5 地栿、缘石、挂板

20.5.1 地栿、缘石、挂板应在桥梁上部结构混凝土浇筑支架卸落后施工，其外侧线形应平顺，伸缩缝必须全部贯通，并与主梁伸缩缝相对应。

20.5.2 安装预制或石材地栿、缘石、挂板应与梁体连接牢固。

20.5.3 尺寸超差和表面质量有缺陷的挂板不得使用。挂板安装时，直线段宜每 20m 设一个控制点，曲线段宜每 3～5m 设一个控制点，并应采用统一模板控制接缝宽度，确保外形流畅、美观。

【桥面系防护设施质量检验】

【桥面系防护设施混凝土及金属栏杆质量检验】

桥面系防护设施混凝土及金属栏杆质量检验检验批质量验收记录

表 CJJ 2-10-1-16

工程名称			
施工单位			
分项工程名称		施工班组长	
验收部位		专业工长	
施工执行标准名称及编号		项目经理	

检控项目	质量验收规范规定			施工单位检查评定记录	监理（建设）单位验收记录
主控项目	第 20.8.6 条 防护设施质量检验应符合下列规定： 1 混凝土栏杆、防撞护栏、防撞墩、隔离墩的强度应符合设计要求，安装必须牢固、稳定 2 金属栏杆、防护网的品种、规格应符合设计要求，安装必须牢固				
一般项目	第 20.8.6 条 3 款 预制混凝土栏杆允许偏差				
	项 目（表 20.8.6-1）		允许偏差（mm）	量测值（mm）	
	断面尺寸	宽	±4		
		高			
	长度		0 −10		
	侧向弯曲		$L/750$		
	第 20.8.6 条 3 款 栏杆安装允许偏差				
	项 目（表 20.8.6-2）		允许偏差（mm）	量测值（mm）	
	直顺度	扶手	4		
	垂直度	栏杆柱	3		
	栏杆间距		±3		
	相邻栏杆扶手高差	有柱	4		
		无柱	2		
	栏杆平面偏位		4		
	第 20.8.6 条 4 款 金属栏杆、防护网设计要求				
	第 20.8.6 条 7 款 防护网安装质量				
	第 20.8.6 条 8 款 混凝土结构表面质量				
	第 20.8.6 条 9 款 防护设施伸缩缝质量				

施工单位检查评定结果	项目专业质量检查员：　　　　年　月　日
监理（建设）单位验收结论	专业监理工程师： （建设单位项目专业技术负责人）：　　　　年　月　日

注：现场浇筑的栏杆、扶手和钢结构栏杆、扶手的允许偏差可按本款执行。

【检查验收时执行的规范条目】

20.8.6 防护设施质量检验应符合下列规定：

主控项目

1 混凝土栏杆、防撞护栏、防撞墩、隔离墩的强度应符合设计要求，安装必须牢固、稳定。

检查数量：全数检查。　　检查方法：观察、检查混凝土试件强度试验报告。

2 金属栏杆、防护网的品种、规格应符合设计要求，安装必须牢固。

检查数量：全数检查。

检查方法：观察、用钢尺量、检查产品合格证、检查进场检验记录、用焊缝量规检查。

一般项目

3 预制混凝土栏杆允许偏差应符合表 20.8.6-1 的规定。栏杆安装允许偏差应符合表 20.8.6-2 的规定。

预制混凝土栏杆允许偏差　　**表 20.8.6-1**

项目		允许偏差（mm）	检验频率		检验方法
			范围	点数	
断面尺寸	宽	±4	每件（抽查10%，且不少于5件）	1	用钢尺量
	高			1	
长度		0 −10		1	用钢尺量
侧向弯曲		$L/750$		1	沿构件全长拉线，用钢尺量（L 为构件长度）

栏杆安装允许偏差　　**表 20.8.6-2**

项目		允许偏差（mm）	检验频率		检验方法
			范围	点数	
直顺度	扶手	4	每跨侧	1	用 10m 线和钢尺量
垂直度	栏杆柱	3	每柱（抽查 10%）	2	用垂线和钢尺量，顺、横桥轴方向各 1 点
栏杆间距		±3	每柱（抽查 10%）	1	用钢尺量
相邻栏杆扶手高差	有柱	4	每处（抽查 10%）		
	无柱	2			
栏杆平面偏位		4	每 30m	1	用经纬仪和钢尺量

注：现场浇筑的栏杆、扶手和钢结构栏杆、扶手的允许偏差可按本款执行。

4 金属栏杆、防护网必须按设计要求作防护处理，不得漏涂、剥落。

检查数量：抽查 5%。　　检验方法：观察、用涂层测厚检查。

7 防护网安装后，网面应平整，无明显翘曲、凹凸现象。

检查数量：全数检查。　　检验方法：观察。

8 混凝土结构表面不得有孔洞、露筋、蜂窝、麻面、缺棱、掉角等缺陷，线形应流畅平顺。

检查数量：全数检查。　　检验方法：观察。

9 防护设施伸缩缝必须全部贯通，并与主梁伸缩缝相对应。

检查数量：全数检查。　　检验方法：观察。

【检验批验收应提供的核查资料】

桥面系防护设施混凝土及金属栏杆质量检验检验批验收应提供的核查资料

表 CJJ 2-10-1-16a

序号	核查资料名称	核查要点
1	防护设施用材料合格证或质量证明书	检查材料品种、数量、生产厂家、日期、性能参数
2	防护设施用材料试验报告	检查试验单位资质，品种、代表数量、试验编号及日期、性能参数等，应符合设计和规范要求
3	施工记录（施工工艺及质量状况）	检查施工记录的正确性
4	混凝土试件试验报告	检查试验单位资质，品种、代表数量、试验编号及日期、性能参数等，应符合设计和规范要求
5	焊缝检测记录	检查记录的正确性和完整性
6	涂层测厚检查记录	检查记录的正确性和完整性
7	材料进场验收记录	检查材料品种、数量、生产厂家、日期、性能参数，应与合格证对应

注：1. 合理缺项除外；2. 表列凡有性能要求的均应符合设计和规范要求。

附：规范规定的施工过程控制要点

20.6 防护设施

20.6.1 栏杆和防撞、隔离设施应在桥梁上部结构混凝土的浇筑支架卸落后施工，其线形应流畅、平顺，伸缩缝必须全部贯通，并与主梁伸缩缝相对应。

20.6.2 防护设施采用混凝土预制构件安装时，砂浆强度应符合设计要求，当设计无规定时，宜采用 M20 水泥砂浆。

20.6.3 预制混凝土栏杆采用榫槽连接时，安装就位后应用硬塞块固定，灌浆固结。塞块拆除时，灌浆材料强度不得低于设计强度的 75%。采用金属栏杆时，焊接必须牢固，毛刺应打磨平整，并及时除锈防腐。

20.6.4 防撞墩必须与桥面混凝土预埋件、预埋筋连接牢固，并应在施作桥面防水层前完成。

20.6.5 护栏、防护网宜在桥面、人行道铺装完成后安装。

【桥面系防护设施防撞护栏、防撞墩、隔离墩及防护网质量检验】

桥面系防护设施防撞护栏、防撞墩、隔离墩及防护网质量检验检验批质量验收记录

表 CJJ 2-10-1-17

工程名称			
施工单位			
分项工程名称		施工班组长	
验收部位		专业工长	
施工执行标准名称及编号		项目经理	

检控项目	质量验收规范规定		施工单位检查评定记录	监理（建设）单位验收记录
主控项目	第 20.8.6 条　防护设施质量检验应符合下列规定： 1　混凝土栏杆、防撞护栏、防撞墩、隔离墩的强度应符合设计要求，安装必须牢固、稳定 2　金属栏杆、防护网的品种、规格应符合设计要求，安装必须牢固			
一般项目	项目（第 20.8.6 条 5 款表 20.8.6-3）	允许偏差（mm）	量测值（mm）	
	直顺度	5		
	平面偏位	4		
	预埋件位置	5		
	断面尺寸	±5		
	相邻高差	3		
	顶面高程	±10		
	项目（表 20.8.6 条 6 款表 20.8.6-4）	允许偏差（mm）	量测值（mm）	
	防护网直顺度	5		
	立柱垂直度	5		
	立柱中距	±10		
	高度	±5		
	第 20.8.6 条 7 款　防护网安装质量			
	第 20.8.6 条 8 款　混凝土结构表面质量			
	第 20.8.6 条 9 款　防护设施伸缩缝质量			

施工单位检查评定结果	项目专业质量检查员：　　　　年　　月　　日
监理（建设）单位验收结论	专业监理工程师： （建设单位项目专业技术负责人）：　　　　年　　月　　日

注：现场浇筑的栏杆、扶手和钢结构栏杆、扶手的允许偏差可按本款执行。

【检查验收时执行的规范条目】

20.8.6 防护设施质量检验应符合下列规定：

主控项目

1 混凝土栏杆、防撞护栏、防撞墩、隔离墩的强度应符合设计要求，安装必须牢固、稳定。

检查数量：全数检查。　　检查方法：观察、检查混凝土试件强度试验报告。

2 金属栏杆、防护网的品种、规格应符合设计要求，安装必须牢固。

检查数量：全数检查。

检查方法：观察、用钢尺量、检查产品合格证、检查进场检验记录、用焊缝量规检查。

一般项目

5 防撞护栏、防撞墩、隔离墩允许偏差应符合表 20.8.6-3 的规定。

防撞护栏、防撞墩、隔离墩允许偏差　　表 20.8.6-3

项　目	允许偏差（mm）	检验频率		检验方法
		范围	点数	
直顺度	5	每 20m	1	用 20m 线和钢尺量
平面偏位	4	每 20m	1	经纬仪放线，用钢尺量
预埋件位置	5	每件	2	经纬仪放线，用钢尺量
断面尺寸	±5	每 20m	1	用钢尺量
相邻高差	3	抽查 20%	1	用钢板尺和钢尺量
顶面高程	±10	每 20m	1	用水准仪测量

6 防护网安装允许偏差应符合表 20.8.6-4 的规定。

防护网安装允许偏差　　表 20.8.6-4

项　目	允许偏差（mm）	检验频率		检验方法
		范围	点数	
防护网直顺度	5	每 10m	1	用 10m 线和钢尺量
立柱垂直度	5	每柱（抽查 20%）	2	用垂线和钢尺量，顺、横桥轴方向各 1 点
立柱中距	±10	每处（抽查 20%）	1	用钢尺量
高度	±5			

7 防护网安装后，网面应平整，无明显翘曲、凹凸现象。

检查数量：全数检查。　　检验方法：观察。

8 混凝土结构表面不得有孔洞、露筋、蜂窝、麻面、缺棱、掉角等缺陷，线形应流畅平顺。

检查数量：全数检查。　　检验方法：观察。

9 防护设施伸缩缝必须全部贯通，并与主梁伸缩缝相对应。

检查数量：全数检查。　　检查方法：观察。

【检验批验收应提供的核查资料】

桥面系的防护设施防撞护栏、防撞墩、隔离墩及防护网检验批验收应提供的核查资料

表 CJJ 2-10-1-17a

序号	核查资料名称	核查要点
1	防护设施用材料合格证或质量证明书	检查材料品种、数量、生产厂家、日期、性能参数
2	防护设施用材料试验报告	检查试验单位资质，品种、代表数量、试验编号及日期、性能参数等，应符合设计和规范要求
3	施工记录（施工工艺及质量状况）	检查施工记录的正确性
4	混凝土试件试验报告	检查试验单位资质，品种、代表数量、试验编号及日期、性能参数等，应符合设计和规范要求
5	焊缝检测记录	检查记录的正确性和完整性
6	涂层测厚检查记录	检查记录的正确性和完整性
7	材料进场验收记录	检查材料品种、数量、生产厂家、日期、性能参数，应与合格证对应

注：1. 合理缺项除外；2. 表列凡有性能要求的均应符合设计和规范要求。

附：规范规定的施工过程控制要点

20.6 防护设施

20.6.1 栏杆和防撞、隔离设施应在桥梁上部结构混凝土的浇筑支架卸落后施工，其线形应流畅、平顺，伸缩缝必须全部贯通，并与主梁伸缩缝相对应。

20.6.2 防护设施采用混凝土预制构件安装时，砂浆强度应符合设计要求，当设计无规定时，宜采用M20水泥砂浆。

20.6.3 预制混凝土栏杆采用榫槽连接时，安装就位后应用硬塞块固定，灌浆固结。塞块拆除时，灌浆材料强度不得低于设计强度的75%。采用金属栏杆时，焊接必须牢固，毛刺应打磨平整，并及时除锈防腐。

20.6.4 防撞墩必须与桥面混凝土预埋件、预埋筋连接牢固，并应在施作桥面防水层前完成。

20.6.5 护栏、防护网宜在桥面、人行道铺装完成后安装。

【桥面系人行道质量检验】

【桥面系人行道质量检验检验批质量验收记录】

桥面系人行道质量检验检验批质量验收记录　　　　表 CJJ 2-10-1-18

<table>
<tr><td colspan="2">工程名称</td><td colspan="4"></td></tr>
<tr><td colspan="2">施工单位</td><td colspan="4"></td></tr>
<tr><td colspan="2">分项工程名称</td><td></td><td>施工班组长</td><td colspan="2"></td></tr>
<tr><td colspan="2">验收部位</td><td></td><td>专业工长</td><td colspan="2"></td></tr>
<tr><td colspan="2">施工执行标准名称及编号</td><td></td><td>项目经理</td><td colspan="2"></td></tr>
<tr><td>检控项目</td><td colspan="2">质量验收规范规定</td><td colspan="2">施工单位检查评定记录</td><td>监理（建设）单位验收记录</td></tr>
<tr><td>主控项目</td><td colspan="2">第 20.8.7 条　人行道质量检验应符合下列规定：
1　人行道结构材质和强度应符合设计要求</td><td colspan="2"></td><td></td></tr>
<tr><td rowspan="7">一般项目</td><td colspan="4">第 20.8.7 条 2 款　人行道铺装允许偏差</td><td rowspan="7"></td></tr>
<tr><td>项　目（表 20.8.7）</td><td>允许偏差（mm）</td><td colspan="2">量测值（mm）</td></tr>
<tr><td>人行道边缘平面偏位</td><td>5</td><td colspan="2"></td></tr>
<tr><td>纵向高程</td><td>+10
0</td><td colspan="2"></td></tr>
<tr><td>接缝两侧高差</td><td>2</td><td colspan="2"></td></tr>
<tr><td>横坡</td><td>±0.3%</td><td colspan="2"></td></tr>
<tr><td>平整度</td><td>5</td><td colspan="2"></td></tr>
<tr><td colspan="2">施工单位检查评定结果</td><td colspan="4">项目专业质量检查员：　　　　年　月　日</td></tr>
<tr><td colspan="2">监理（建设）单位验收结论</td><td colspan="4">专业监理工程师：
（建设单位项目专业技术负责人）：　　　　年　月　日</td></tr>
</table>

注：现场浇筑的栏杆、扶手和钢结构栏杆、扶手的允许偏差可按本款执行。

【检查验收时执行的规范条目】

20.8.7　人行道质量检验应符合下列规定：

主控项目

1　人行道结构材质和强度应符合设计要求。

检查数量：全数检查。　　检查方法：检查产品合格证和试件强度试验报告。

一般项目

2 人行道铺装允许偏差应符合表20.8.7的规定。

人行道铺装允许偏差　　表20.8.7

项　目	允许偏差(mm)	检验频率		检验方法
		范围	点数	
人行道边缘平面偏位	5	每20m一个断面	2	用20m线和钢尺量
纵向高程	+10 0		2	用水准仪测量
接缝两侧高差	2		2	
横坡	±0.3%		3	
平整度	5		3	用3m直尺、塞尺量

【检验批验收应提供的核查资料】

桥面系人行道质量检验检验批验收应提供的核查资料　　表CJJ 2-10-1-18a

序号	核查资料名称	核查要点
1	人行道用材料合格证或质量证明书	检查材料品种、数量、生产厂家、日期、性能参数
2	人行道用材料试验报告	检查试验单位资质，品种、代表数量、试验编号及日期、性能参数等，应符合设计和规范要求
3	施工记录（施工工艺及质量状况）	检查施工记录的完整性、正确性
4	人行道用混凝土强度试验报告	检查混凝土强度试件的试验结果，应符合设计和规范要求
5	材料进场验收记录	检查材料品种、数量、生产厂家、日期、性能参数，应与合格证对应

注：1. 合理缺项除外；2. 表列凡有性能要求的均应符合设计和规范要求。

附：规范规定的施工过程控制要点

20.7 人行道

20.7.1 人行道结构应在栏杆、地袱完成后施工，且在桥面铺装层施工前完成。

20.7.2 人行道下铺设其他设施时，应在其他设施验收合格后，方可进行人行道铺装。

20.7.3 悬臂式人行道构件必须在主梁横向连接或拱上建筑完成后方可安装。人行道板必须在人行道梁锚固后方可铺设。

20.7.4 人行道施工应符合国家现行标准《城镇道路工程施工与质量验收规范》CJJ 1的有关规定。

2.9.2.10 附属结构分部（子分部）工程

附属结构分部（子分部）工程的质量验收包括：隔声与防眩装置；梯道（砌体；混凝土—模板与支架、钢筋、混凝土；钢结构）；桥头搭板（模板、钢筋、混凝土）；防冲刷结构；照明；挡土墙。

【隔声与防眩装置】

【隔声与防眩装置质量检验批质量验收记录】

隔声与防眩装置质量检验批质量验收记录　　　　表 CJJ 2-11-1-1

<table>
<tr><td colspan="2">工程名称</td><td colspan="4"></td></tr>
<tr><td colspan="2">施工单位</td><td colspan="4"></td></tr>
<tr><td colspan="2">分项工程名称</td><td colspan="2"></td><td>施工班组长</td><td></td></tr>
<tr><td colspan="2">验收部位</td><td colspan="2"></td><td>专业工长</td><td></td></tr>
<tr><td colspan="2">施工执行标准名称及编号</td><td colspan="2"></td><td>项目经理</td><td></td></tr>
<tr><td>检控项目</td><td colspan="2">质量验收规范规定</td><td colspan="2">施工单位检查评定记录</td><td>监理（建设）单位验收记录</td></tr>
<tr><td>主控项目</td><td colspan="2">第 21.6.2 条　隔声与防眩装置质量检验应符合下列规定：
1　声屏障的降噪效果应符合设计要求
2　隔声与防眩装置安装应符合设计要求，安装必须牢固、可靠</td><td colspan="2"></td><td></td></tr>
<tr><td rowspan="15">一般项目</td><td colspan="2">第 21.6.2 条
3　隔声与防眩装置防护涂层厚度应符合设计要求，不得漏涂、剥落，表面不得有气泡、起皱、裂纹、毛刺和翘曲等缺陷
4　防眩板安装应与桥梁线形一致，板间距、遮光角应符合设计要求
5　声屏障安装允许偏差</td><td colspan="2"></td><td rowspan="15"></td></tr>
<tr><td>项目（第 21.6.2 条 5 款表 21.6.2-1）</td><td>允许偏差（mm）</td><td colspan="2">量测值（mm）</td></tr>
<tr><td>中线偏位</td><td>10</td><td colspan="2"></td></tr>
<tr><td>顶面高程</td><td>±20</td><td colspan="2"></td></tr>
<tr><td>金属立柱中距</td><td>±10</td><td colspan="2"></td></tr>
<tr><td>金属立柱垂直度</td><td>3</td><td colspan="2"></td></tr>
<tr><td>屏体厚度</td><td>±2</td><td colspan="2"></td></tr>
<tr><td>屏体宽度、高度</td><td>±10</td><td colspan="2"></td></tr>
<tr><td>项目（第 21.6.2 条 6 款表 21.6.2-2）</td><td>允许偏差（mm）</td><td colspan="2">量测值（mm）</td></tr>
<tr><td>防眩板直顺度</td><td>8</td><td colspan="2"></td></tr>
<tr><td>垂直度</td><td>5</td><td colspan="2"></td></tr>
<tr><td>立柱中距</td><td>+10</td><td colspan="2"></td></tr>
<tr><td>高度</td><td>+10</td><td colspan="2"></td></tr>
<tr><td colspan="2">施工单位检查评定结果</td><td colspan="4">项目专业质量检查员：　　　　年　月　日</td></tr>
<tr><td colspan="2">监理（建设）单位验收结论</td><td colspan="4">专业监理工程师：
（建设单位项目专业技术负责人）：　　　　年　月　日</td></tr>
</table>

注：规范规定的施工过程控制要点见【检查验收时执行的规范条目】。

【检查验收时执行的规范条目】

21.6.2 条 隔声与防眩装置质量检验应符合下列规定：

主控项目

1 声屏障的降噪效果应符合设计要求。

检查数量和检查方法：按环保或设计要求方法检测。

2 隔声与防眩装置安装应符合设计要求，安装必须牢固、可靠。

检查数量：全数检查。 检查方法：观察、用钢尺量、用焊缝量规检查、手扳检查、检查施工记录。

一般项目

3 隔声与防眩装置防护涂层厚度应符合设计要求，不得漏涂、剥落，表面不得有气泡、起皱、裂纹、毛刺和翘曲等缺陷。

检查数量：抽查 20%，且同类构件不少于 3 件。 检验方法：观察、涂层测厚仪检查。

4 防眩板安装应与桥梁线形一致，板间距、遮光角应符合设计要求。

检查数量：全数检查。 检验方法：观察、用角度尺检查。

5 声屏障安装允许偏差应符合表 21.6.2-1 的规定。

声屏障安装允许偏差 **表 21.6.2-1**

项目	允许偏差（mm）	检验频率		检验方法
		范围	点数	
中线偏位	10	每柱（抽查 30%）	1	用经纬仪和钢尺量
顶面高程	±20	每柱（抽查 30%）	1	用水准仪测量
金属立柱中距	±10	每处（抽查 30%）		用钢尺量
金属立柱垂直度	3	每柱（抽查 30%）	2	用垂线和钢尺量，顺、横桥各 1 点
屏体厚度	±2	每处（抽查 15%）	1	用游标卡尺量
屏体宽度、高度	±10	每处（抽查 15%）	1	用钢尺量

6 防眩板安装允许偏差应符合表 21.6.2-2 的规定。

防眩板安装允许偏差 **表 21.6.2-2**

项目	允许偏差（mm）	检验频率		检验方法
		范围	点数	
防眩板直顺度	8	每跨侧	1	用 10m 线和钢尺量
垂直度	5	每柱（抽查 10%）	2	用垂线和钢尺量，顺、横桥各 1 点
立柱中距	+10	每处（抽查 10%）	1	用钢尺量
高度				

【检验批验收应提供的核查资料】

隔声与防眩装置质量检验批验收应提供的核查资料　　　表 CJJ 2-11-1-1a

序号	核查资料名称	核查要点
1	噪声检测报告	核查噪声检测报告，应符合设计要求
2	涂层厚度测试报告	核查涂层厚度，应符合设计要求
3	施工记录（施工工艺及质量状况）	检查施工记录的真实性、正确性

注：表列凡有性能要求的均应符合设计和规范要求。

附：规范规定的施工过程控制要点

21.1　隔声和防眩装置

21.1.1　隔声和防眩装置应在基础混凝土达到设计强度后，方可安装。施工中应加强产品保护，不得损伤隔声和防眩板面及其防护涂层。

21.1.2　防眩板安装应与桥梁线形一致，防眩板的荧光标识面应迎向行车方向，板间距、遮光角应符合设计要求。

21.1.3　声屏障加工与安装应符合下列规定：

1　声屏障的加工模数宜由桥梁两伸缩缝之间长度而定。

2　声屏障必须与钢筋混凝土预埋件牢固连接。

3　声屏障应连续安装，不得留有间隙，在桥梁伸缩缝部位应按设计要求处理。

4　安装时应选择桥梁伸缩缝一侧的端部为控制点，依序安装。

5　5级（含）以上大风时不得进行声屏障安装。

【梯道（砌体；混凝土—模板与支架、钢筋、混凝土；钢结构）】

1. 梯道质量检验应符合 CJJ 2—2008 规范第 21.6.1 条规定。

第 21.6.1 条 附属结构施工中涉及模板与支架、钢筋、混凝土、预应力混凝土、砌体和钢结构质量检验应符合本规范第 5.4、6.5、7.13、9.6、14.3 节有关规定。

梯道施工，根据 5.4（模板、支架和拱架的制作及安装检验标准，模板、支架和拱架的拆除）、6.5（钢筋原材料、钢筋加工、钢筋连接、钢筋安装的检验标准）、7.13（混凝土原材料、混凝土配合比、混凝土施工的检验标准）、9.6（石材砌体、混凝土砌块砌体）节规定，分别编制成下列各节的检验批质量验收记录用表。

【梯道砌体】

【梯道石砌体】

梯道石砌体检验批质量验收记录 表 CJJ 2-11-2-1

本表按石材砌体检验批质量验收记录表 CJJ 2-通-5-1 中有关质量标准执行。

【混凝土砌块砌体】

梯道混凝土砌块砌体检验批质量验收记录 表 CJJ 2-11-2-2

本表按混凝土砌块砌体检验批质量验收记录表 CJJ 2-通-5-2 中有关质量标准执行。

【梯道混凝土—模板与支架、钢筋、混凝土】

【梯道混凝土—模板与支架】

梯道混凝土模板与支架制作检验批质量验收记录 表 CJJ 2-11-2-3

本表按“通用表式”的表 CJJ 2-通-1-1 中有关质量标准执行。

梯道混凝土模板与支架安装检验批质量验收记录 表 CJJ 2-11-2-4

本表按“通用表式”的表 CJJ 2-通-1-2 中有关质量标准执行。

梯道混凝土模板与支架拆除检验批质量验收记录 表 CJJ 2-11-2-5

本表按“通用表式”的表 CJJ 2-通-1-3 中有关质量标准执行。

【梯道混凝土—钢筋】

梯道混凝土钢筋原材料检验批质量验收记录 表 CJJ 2-11-2-6

本表按“通用表式”的表 CJJ 2-通-2-1 中有关质量标准执行。

梯道混凝土钢筋加工检验批质量验收记录 表 CJJ 2-11-2-7

本表按“通用表式”的表 CJJ 2-通-2-2 中有关质量标准执行。

梯道混凝土钢筋连接检验批质量验收记录 表 CJJ 2-11-2-8

本表按“通用表式”的表 CJJ 2-通-2-3 中有关质量标准执行。

梯道混凝土钢筋安装检验批质量验收记录 表 CJJ 2-11-2-9

本表按“通用表式”的表 CJJ 2-通-2-4 中有关质量标准执行。

【梯道混凝土—混凝土施工】

梯道混凝土原材料检验批质量验收记录 表 CJJ 2-11-2-10

本表按“通用表式”的表 CJJ 2-通-3-1 中有关质量标准执行。

梯道混凝土配合比检验批质量验收记录 表 CJJ 2-11-2-11

本表按“通用表式”的表 CJJ 2-通-3-2 中有关质量标准执行。

梯道混凝土施工检验批质量验收记录 表 CJJ 2-11-2-12

本表按“通用表式”的表 CJJ 2-通-3-3A 中有关质量标准执行。

【梯道钢结构】

梯道钢梁制作检验批质量验收记录 表 CJJ 2-11-2-13

本表按钢梁子分部工程钢梁制作项下的钢板梁、钢桁梁或钢箱梁（设计选用构件）检验批质量验收记录表 CJJ 2-8-6-2～表 CJJ 2-8-6-4 的有关质量标准执行。

梯道钢梁安装检验批质量验收记录 表 CJJ 2-11-2-14

本表按钢梁子分部工程钢板梁现场安装检验批质量验收记录表 CJJ 2-8-6-5 的有关质量标准执行。

2. 且应符合梯道质量检验的规定（表 CJJ 2-11-2-15）。

【梯道质量检验】

【梯道质量检验检验比质量验收记录】

梯道质量检验检验批质量验收记录　　　　表 CJJ 2-11-2-15

<table>
<tr><td>工程名称</td><td colspan="14"></td></tr>
<tr><td>施工单位</td><td colspan="14"></td></tr>
<tr><td>分项工程名称</td><td colspan="3"></td><td colspan="4">施工班组长</td><td colspan="7"></td></tr>
<tr><td>验收部位</td><td colspan="3"></td><td colspan="4">专业工长</td><td colspan="7"></td></tr>
<tr><td>施工执行标准名称及编号</td><td colspan="3"></td><td colspan="4">项目经理</td><td colspan="7"></td></tr>
<tr><td>检控项目</td><td colspan="2">质量验收规范规定</td><td colspan="10">施工单位检查评定记录</td><td colspan="2">监理（建设）单位验收记录</td></tr>
<tr><td rowspan="9">一般项目</td><td colspan="2">第 21.6.3 条　梯道质量检验应符合 CJJ 2—2008 规范第 21.6.1 条规定，且应符合下列规定：
1　混凝土梯道抗磨、防滑设施应符合设计要求。抹面、贴面面层与底层应粘结牢固。
2　混凝土梯道允许偏差</td><td colspan="10"></td><td colspan="2" rowspan="9"></td></tr>
<tr><td>项目（第 21.6.3 条 5 款表 21.6.3-1）</td><td>允许偏差（mm）</td><td colspan="10">量测值（mm）</td></tr>
<tr><td>踏步高度</td><td>+5</td><td></td><td></td><td></td><td></td><td></td><td></td><td></td><td></td><td></td><td></td></tr>
<tr><td>踏面宽度</td><td>±5</td><td></td><td></td><td></td><td></td><td></td><td></td><td></td><td></td><td></td><td></td></tr>
<tr><td>防滑条位置</td><td>5</td><td></td><td></td><td></td><td></td><td></td><td></td><td></td><td></td><td></td><td></td></tr>
<tr><td>防滑条高度</td><td>±3</td><td></td><td></td><td></td><td></td><td></td><td></td><td></td><td></td><td></td><td></td></tr>
<tr><td>台阶平台尺寸</td><td>±5</td><td></td><td></td><td></td><td></td><td></td><td></td><td></td><td></td><td></td><td></td></tr>
<tr><td>坡道坡度</td><td>±2%</td><td></td><td></td><td></td><td></td><td></td><td></td><td></td><td></td><td></td><td></td></tr>
<tr><td colspan="12"></td></tr>
<tr><td>施工单位检查评定结果</td><td colspan="14">项目专业质量检查员：　　　　年　　月　　日</td></tr>
<tr><td>监理（建设）单位验收结论</td><td colspan="14">专业监理工程师：
（建设单位项目专业技术负责人）：　　　　年　　月　　日</td></tr>
</table>

注：规范规定的施工过程控制要点见【检查验收时执行的规范条目】。

【检查验收时执行的规范条目】

21.6.3　梯道质量检验应符合 CJJ 2—2008 规范第 21.6.1 条规定，且应符合下列规定：

一般项目

1　混凝土梯道抗磨、防滑设施应符合设计要求。抹面、贴面面层与底层应粘结牢固。

检查数量：检查梯道数量的 20%。　　检验方法：观察、小锤敲击。

2　混凝土梯道允许偏差应符合表 21.6.3-1 的规定。

混凝土梯道允许偏差 **表 21.6.3-1**

项　　目	允许偏差（mm）	检验频率		检验方法
		范围	点数	
踏步高度	+5	每跑台阶抽查10%	2	用钢尺量
踏面宽度	±5		2	用钢尺量
防滑条位置	5		2	用钢尺量
防滑条高度	±3		2	用钢尺量
台阶平台尺寸	±5	每个	2	用钢尺量
坡道坡度	±2%	每跑	2	用坡度尺量

注：应保证平台不积水，雨水可由上向下自流出。

【检验批验收应提供的核查资料】

梯道质量检验批验收应提供的核查资料 **表 CJJ 2-11-2-15a**

序号	核查资料名称	核查要点
1	混凝土用材料合格证或质量证明书	检查材料品种、数量、生产厂家、日期、性能参数
2	混凝土用材料试验报告	检查试验单位资质，品种、代表数量、试验编号及日期、性能参数等，应符合设计和规范要求
3	施工记录（施工工艺及质量状况）	检查施工记录的正确性
4	混凝土强度试验报告	检查混凝土强度试件的试验结果，应符合设计和规范要求
5	混凝土用材料进场验收记录	检查材料品种、数量、生产厂家、日期、性能参数，应与合格证对应

注：1. 合理缺项除外；2. 表列凡有性能要求的均应符合设计和规范要求。

附：规范规定的施工过程控制要点

21.2 梯道

21.2.1 梯道平台和阶梯顶面应平整，不得反坡造成积水。

21.2.2 钢结构梯道制造与安装，应符合 CJJ 2—2008 规范第 14 章有关规定。

【钢梯道制作安装允许偏差质量检验】

【钢梯道制作安装允许偏差质量检验检验批质量验收记录】

钢梯道制作安装允许偏差质量检验检验批质量验收记录　　表 CJJ 2-11-2-16

<table>
<tr><td>工程名称</td><td colspan="3"></td></tr>
<tr><td>施工单位</td><td colspan="3"></td></tr>
<tr><td>分项工程名称</td><td></td><td>施工班组长</td><td></td></tr>
<tr><td>验收部位</td><td></td><td>专业工长</td><td></td></tr>
<tr><td>施工执行标准名称及编号</td><td></td><td>项目经理</td><td></td></tr>
</table>

<table>
<tr><td>检控项目</td><td colspan="2">质量验收规范规定</td><td colspan="10">施工单位检查评定记录</td><td>监理（建设）单位验收记录</td></tr>
<tr><td rowspan="20">一般项目</td><td colspan="2">第 21.6.3 条　梯道质量检验应符合 CJJ 2—2008 规范第 21.6.1 条规定，且应符合下列规定：
3　钢梯道梁制作允许偏差</td><td colspan="10"></td><td rowspan="20"></td></tr>
<tr><td>项　目（表 21.6.3-2）</td><td>允许偏差（mm）</td><td colspan="10">量测值（mm）</td></tr>
<tr><td>梁高</td><td>±2</td><td></td><td></td><td></td><td></td><td></td><td></td><td></td><td></td><td></td><td></td></tr>
<tr><td>梁宽</td><td>±3</td><td></td><td></td><td></td><td></td><td></td><td></td><td></td><td></td><td></td><td></td></tr>
<tr><td>梁长</td><td>±5</td><td></td><td></td><td></td><td></td><td></td><td></td><td></td><td></td><td></td><td></td></tr>
<tr><td>梯道梁安装孔位置</td><td>±3</td><td></td><td></td><td></td><td></td><td></td><td></td><td></td><td></td><td></td><td></td></tr>
<tr><td>对角线长度差</td><td>4</td><td></td><td></td><td></td><td></td><td></td><td></td><td></td><td></td><td></td><td></td></tr>
<tr><td>梯道梁踏步间距</td><td>±5</td><td></td><td></td><td></td><td></td><td></td><td></td><td></td><td></td><td></td><td></td></tr>
<tr><td>梯道梁纵向挠曲</td><td>≤L/1000，且不大于 10</td><td></td><td></td><td></td><td></td><td></td><td></td><td></td><td></td><td></td><td></td></tr>
<tr><td>踏步板不平直度</td><td>1/100</td><td></td><td></td><td></td><td></td><td></td><td></td><td></td><td></td><td></td><td></td></tr>
<tr><td colspan="2">第 21.6.3 条中的 4　钢梯道安装允许偏差</td><td colspan="10"></td></tr>
<tr><td>项　目（表 21.6.3-2）</td><td>允许偏差（mm）</td><td colspan="10">量测值（mm）</td></tr>
<tr><td>梯道平台高程</td><td>±15</td><td></td><td></td><td></td><td></td><td></td><td></td><td></td><td></td><td></td><td></td></tr>
<tr><td>梯道平台水平度</td><td>15</td><td></td><td></td><td></td><td></td><td></td><td></td><td></td><td></td><td></td><td></td></tr>
<tr><td>梯道侧向弯曲</td><td>10</td><td></td><td></td><td></td><td></td><td></td><td></td><td></td><td></td><td></td><td></td></tr>
<tr><td>梯道轴线对定位轴线的偏位</td><td>5</td><td></td><td></td><td></td><td></td><td></td><td></td><td></td><td></td><td></td><td></td></tr>
<tr><td>梯道栏杆高度和立杆间距</td><td>±3</td><td></td><td></td><td></td><td></td><td></td><td></td><td></td><td></td><td></td><td></td></tr>
<tr><td>无障碍 C 型坡道和螺旋梯道高程</td><td>±15</td><td></td><td></td><td></td><td></td><td></td><td></td><td></td><td></td><td></td><td></td></tr>
</table>

<table>
<tr><td>施工单位检查评定结果</td><td>项目专业质量检查员：　　　　年　月　日</td></tr>
<tr><td>监理（建设）单位验收结论</td><td>专业监理工程师：
（建设单位项目专业技术负责人）：　　　　年　月　日</td></tr>
</table>

注：规范规定的施工过程控制要点见【检查验收时执行的规范条目】。

【检查验收时执行的规范条目】

21.6.3 梯道质量检验应符合 CJJ 2—2008 规范第 21.6.1 条规定，且应符合下列规定：

一般项目

1 混凝土梯道抗磨、防滑设施应符合设计要求。抹面、贴面面层与底层应粘结牢固。

检查数量：检查梯道数量的 20%。　　检验方法：观察、小锤敲击。

3 钢梯道梁制作允许偏差应符合表 21.6.3-2 的规定。

钢梯道梁制作允许偏差　　表 21.6.3-2

项目	允许偏差（mm）	检验频率		检验方法
		范围	点数	
梁高	±2	每件	2	用钢尺量
梁宽	±3		2	
梁长	±5		2	
梯道梁安装孔位置	±3		2	
对角线长度差	4		2	
梯道梁踏步间距	±5		2	
梯道梁纵向挠曲	≤L/1000，且不大于 10		2	沿全长拉线，用钢尺量
踏步板不平直度	1/100		2	

注：L 为梁长（nm）。

4 钢梯道安装允许偏差应符合表 21.6.3-3 的规定。

钢梯道安装允许偏差　　表 21.6.3-3

项目	允许偏差（mm）	检验频率		检验方法
		范围	点数	
梯道平台高程	±15	每件	2	用水准仪测量
梯道平台水平度	15			
梯道侧向弯曲	10			沿全长拉线，用钢尺量
梯道轴线对定位轴线的偏位	5			用经纬仪测量
梯道栏杆高度和立杆间距	±3	每道		用钢尺量
无障碍 C 型坡道和螺旋梯道高程	±15			用水准仪测量

注：梯道平台水平度应保证梯道平台不积水，雨水可由上向下流出梯道。

【检验批验收应提供的核查资料】

钢梯道质量检验批验收应提供的核查资料　　表 CJJ 2-11-2-16a

序号	核查资料名称	核查要点
1	钢梯道用材料合格证或质量证明书	检查材料品种、数量、生产厂家、日期、性能参数
2	钢梯道用材料试验报告	检查试验单位资质，品种、代表数量、试验编号及日期、性能参数等，应符合设计和规范要求
3	施工记录（施工工艺及质量状况）	检查施工记录的正确性
4	焊缝探伤报告（射线或超声波）	检查焊缝探伤检验（射线或超声波）结果，应符合设计和规范要求
5	高强度螺栓紧固件与连接试验报告	检查高强度螺栓紧固件与连接试验结果，应符合设计和规范要求
6	钢梯道用材料进场验收记录	检查材料品种、数量、生产厂家、日期、性能参数，应与合格证对应

注：1. 合理缺项除外；2. 表列凡有性能要求的均应符合设计和规范要求。

附：规范规定的施工过程控制要点

21.2 梯道

21.2.1 梯道平台和阶梯顶面应平整，不得反坡造成积水。

21.2.2 钢结构梯道制造与安装，应符合CJJ 2—2008规范第14章有关规定。

14.1.1 钢梁应由具有相应资质的企业制造，并应符合国家现行标准《铁路钢桥制造规范》TB 10212的有关规定。

14.1.2 钢梁出厂前必须进行试装，并应按设计和有关规范的要求验收。

14.1.3 钢梁出厂前，安装企业应对钢梁质量和应交付的文件进行验收，确认合格。

14.1.4 钢梁制造企业应向安装企业提供下列文件：

1 产品合格证；

2 钢材和其他材料质量证明书和检验报告；

3 施工图，拼装简图；

4 工厂高强度螺栓摩擦面抗滑移系数试验报告；

5 焊缝无损检验报告和焊缝重大修补记录；

6 产品试板的试验报告；

7 工厂试拼装记录；

8 杆件发运和包装清单。

14.2.1 钢梁现场安装应做充分的准备工作，并应符合下列规定：

1 安装前应对临时支架、支承、吊车等临时结构和钢梁结构本身在不同受力状态下的强度、刚度和稳定性进行验算。

2 安装前应按构件明细表核对进场的杆件和零件，查验产品出厂合格证、钢材质量证明书。

3 对杆件进行全面质量检查，对装运过程中产生缺陷和变形的杆件，应进行矫正。

4 安装前应对桥台、墩顶面高程、中线及各孔跨径进行复测，误差在允许偏差内方可安装。

5 安装前应根据跨径大小、河流情况、起吊能力选择安装方法。

14.2.2 钢梁安装应符合下列规定：

1 钢梁安装前应清除杆件上的附着物，摩擦面应保持干燥、清洁。安装中应采取措施防止杆件产生变形。

2 在满布支架上安装钢梁时，冲钉和粗制螺栓总数不得少于孔眼总数的1/3，其中冲钉不得多于2/3。孔眼较少的部位，冲钉和粗制螺栓不得少于6个或将全部孔眼插入冲钉和粗制螺栓。

3 用悬臂和半悬臂法安装钢梁时，连接处所需冲钉数量应按所承受荷载计算确定，且不得少于孔眼总数的1/2，其余孔眼布置精制螺栓。冲钉和精制螺栓应均匀安放。

4 高强度螺栓栓合梁安装时，冲钉数量应符合上述规定，其余孔眼布置高强度螺栓。

5 安装用的冲钉直径宜小于设计孔径0.3mm，冲钉圆柱部分的长度应大于板束厚度；安装用的精制螺栓直径宜小于设计孔径0.4mm安装用的粗制螺栓直径宜小于设计孔径1.0mm。冲钉和螺栓宜选用Q345碳素结构钢制造。

6 吊装杆件时，必须等杆件完全固定后方可摘除吊钩。

7 安装过程中，每完成一个节间应测量其位置、高程和预拱度，不符合要求应及时校正。

14.2.3 高强度螺栓连接应符合下列规定：

1 安装前应复验出厂所附摩擦面试件的抗滑移系数，合格后方可进行安装。

2 高强度螺栓连接副使用前应进行外观检查并应在同批内配套使用。

3 使用前，高强度螺栓连接副应按出厂批号复验扭矩系数，其平均值和标准偏差应符合设计要求。设计无要求时扭矩系数平均值应为0.11～0.15，其标准偏差应小于或等于0.01。

4 高强度螺栓应顺畅穿入孔内，不得强行敲人，穿入方向应全桥一致。被栓合的板束表面应垂直于螺栓轴线，否则应在螺栓垫圈下面加斜坡垫板。

5 施拧高强度螺栓时，不得采用冲击拧紧、间断拧紧方法。拧紧后的节点板与钢梁间不得有间隙。

6 当采用扭矩法施拧高强度螺栓时，初拧、复拧和终拧应在同一工作班内完成。初拧扭矩应由试验确定，可取终拧值的50%。扭矩法的终拧扭矩值应按下式计算：

$$T_c = K \cdot P_c \cdot d$$

式中 T_c——终拧扭矩（kN·mm）；

K——高强度螺栓连接副的扭矩系数平均值；

P_c——高强度螺栓的施工预拉力（kN）；

d——高强度螺栓公称直径（mm）。

7　当采用扭角法施拧高强螺栓时，可按国家现行标准《铁路钢桥高强度螺栓连接施工规定》TBJ 214 的有关规定执行。

8　施拧高强度螺栓连接副采用的扭矩扳手，应定期进行标定，作业前应进行校正，其扭矩误差不得大于使用扭矩值的±5%。

14.2.4　高强度螺栓终拧完毕必须当班检查。每栓群应抽查总数的5%，且不得少于2套。抽查合格率不得小于80%，否则应继续抽查，直至合格率达到80%以上。对螺栓拧紧度不足者应补拧，对超拧者应更换、重新施拧并检查。

14.2.5　焊缝连接应符合下列规定：

1　首次焊接之前必须进行焊接工艺评定试验。

2　焊工和无损检测员必须经考试合格取得资格证书后，方可从事资格证书中认定范围内的工作，焊工停焊时间超过6个月，应重新考核。

3　焊接环境温度，低合金钢不得低于5℃，普通碳素结构钢不得低于0℃。焊接环境湿度不宜高于80%。

4　焊接前应进行焊缝除锈，并应在除锈后24h内进行焊接。

5　焊接前，对厚度25mm以上的低合金钢预热温度宜为80～120℃，预热范围宜为焊缝两侧50～80mm。

6　多层焊接宜连续施焊，并应控制层间温度。每一层焊缝焊完后应及时清除药皮、熔渣、溢流和其他缺陷后，再焊下一层。

7　钢梁杆件现场焊缝连接应按设计要求的顺序进行。设计无要求时，纵向应从跨中向两端进行，横向应从中线向两侧对称进行。

8　现场焊接应设防风设施，遮盖全部焊接处。雨天不得焊接，箱形梁内进行 CO_2 气体保护焊时，必须使用通风防护设施。

14.2.6　焊接完毕，所有焊缝必须进行外观检查。外观检查合格后，应在24h后按规定进行无损检验，确认合格。

14.2.7　焊缝外观质量应符合表14.2.7的规定。

焊缝外观质量标准　　　　**表 14.2.7**

项目	焊缝种类	质量标准（mm）
气孔	横向对接焊缝	不允许
	纵向对接焊缝、主要角焊缝	直径小于1.0，每米不多于2个，间距不小于20
	其他焊缝	直径小于1.5，每米不多于3个，间距不小于20
咬边	受拉杆件横向对接焊缝及竖加劲肋角焊缝（腹板侧受拉区）	不允许
	受压杆件横向对接焊缝及竖加劲肋角焊缝（腹板侧受压区）	≤0.3
	纵向对接焊缝及主要角焊缝	≤0.5
	其他焊缝	≤1.0
焊脚余高	主要角焊缝	$^{+2.0}_{0}$
	其他角焊缝	$^{+2.0}_{-1.0}$
焊波	角焊缝	≤2.0（任意25mm范围内高低差）
余高	对接焊缝	≤3.0（焊缝宽 b≤12时）
		≤4.0（12<b≤25时）
		≤4b/25（b>25时）
余高铲磨后表面	横向对接焊缝	不高于母材0.5
		不低于母材0.3
		粗糙度 R_a50

注：1　手工角焊缝全长10%区段内焊脚余高允许误差为 $^{+3.0}_{-1.0}$。

2　焊脚余高指角焊缝斜面相对于设计理论值的误差。

14.2.8　采用超声波探伤检验时，其内部质量分级应符合表14.2.8-1的规定。焊缝超声波探伤范围和检验等级应符合

表 14.2.8-2 规定。

焊缝超声波探伤内部质量等级 **表 14.2.8-1**

项目	质量等级	适 用 范 围
对接焊缝	Ⅰ	主要杆件受拉横向对接焊缝
	Ⅱ	主要杆件受压横向对接焊缝、纵向对接焊缝
角焊缝	Ⅱ	主要角焊缝

焊缝超声波探伤范围和检验等级 **表 14.2.8-2**

项目	探伤数量	探伤部位（mm）	板厚（mm）	检验等级
Ⅰ、Ⅱ级横向对接焊缝	全部焊缝	全长	10～45	B
			>46～56	B（双面双侧）
Ⅱ级纵向对接焊缝		两端各 1000	10～45	B
			>46～56	B（双面双侧）
Ⅱ级角焊缝		两端螺栓孔部位并延长 500，板梁主梁及纵、横梁跨中加探 1000	10～45	B
			>46～56	B（双面双侧）

14.2.9 当采用射线探伤检验时，其数量不得少于焊缝总数的 10%，且不得少于 1 条焊缝。探伤范围应为焊缝两端各 250～300mm；当焊缝长度大于 1200mm 时，中部应加探 250～300mm；焊缝的射线探伤应符合现行国家标准《金属熔化焊焊接接头射线照相》GB/T 3323 的规定，射线照相质量等级应为 B 级；焊缝内部质量应为Ⅱ级。

14.2.10 现场涂装应符合下列规定：

1 防腐涂料应有良好的附着性、耐蚀性，其底漆应具有良好的封孔性能。钢梁表面处理的最低等级应为 Sa2.5。

2 上翼缘板顶面和剪力连接器均不得涂装，在安装前应进行除锈、防腐蚀处理。

3 涂装前应先进行除锈处理。首层底漆于除锈后 4h 内开始，8h 内完成。涂装时的环境温度和相对湿度应符合涂料说明书的规定，当产品说明书无规定时，环境温度宜在 5～38℃，相对湿度不得大于 85%；当相对湿度大于 75%时应在 4h 内涂完。

4 涂料、涂装层数和涂层厚度应符合设计要求；涂层干漆膜总厚度应符合设计要求。当规定层数达不到最小于漆膜总厚度时，应增加涂层层数。

5 涂装应在天气晴朗、4 级（不含）以下风力时进行，夏季应避免阳光直射。涂装时构件表面不应有结露，涂装后 4h 内应采取防护措施。

14.2.11 落梁就位应符合下列规定：

1 钢梁就位前应清理支座垫石，其标高及平面位置应符合设计要求。

2 固定支座与活动支座的精确位置应按设计图并考虑安装温度、施工误差等确定。

3 落梁前后应检查其建筑拱度和平面尺寸、校正支座位置。

4 连续梁落梁步骤应符合设计要求。

【桥头搭板（模板、钢筋、混凝土）】

1. 桥头搭板质量检验应符合 CJJ 2—2008 规范第 21.6.1 条规定。

第 21.6.1 条 附属结构施工中涉及模板与支架、钢筋、混凝土、预应力混凝土、砌体和钢结构质量检验应符合本规范第 5.4、6.5、7.13、9.6、14.3 节有关规定。

桥头搭班施工，根据 5.4（模板、支架和拱架的制作及安装检验标准，模板、支架和拱架的拆除）、6.5（钢筋原材料、钢筋加工、钢筋连接、钢筋安装的检验标准）、7.13（混凝土原材料、混凝土配合比、混凝土施工的检验标准）节规定，分别编制成下列各节的检验批质量验收记录用表。

【桥头搭板模板】

桥头搭板模板制作检验批质量验收记录 表 CJJ 2-11-3-1

本表按“通用表式”的表 CJJ 2-通-1-1 中有关质量标准执行。

桥头搭板模板安装检验批质量验收记录 表 CJJ 2-11-3-2

本表按“通用表式”的表 CJJ 2-通-1-2 中有关质量标准执行。

桥头搭板模板拆除检验批质量验收记录 表 CJJ 2-11-3-3

本表按“通用表式”的表 CJJ 2-通-1-3 中有关质量标准执行。

【桥头搭板钢筋】

桥头搭板钢筋原材料检验批质量验收记录 表 CJJ 2-11-3-4

本表按“通用表式”的表 CJJ 2-通-2-1 中有关质量标准执行。

桥头搭板钢筋加工检验批质量验收记录 表 CJJ 2-11-3-5

本表按“通用表式”的表 CJJ 2-通-2-2 中有关质量标准执行。

桥头搭板钢筋连接检验批质量验收记录 表 CJJ 2-11-3-6

本表按“通用表式”的表 CJJ 2-通-2-3 中有关质量标准执行。

桥头搭板钢筋安装检验批质量验收记录 表 CJJ 2-11-3-7

本表按“通用表式”的表 CJJ 2-通-2-4 中有关质量标准执行。

【桥头搭板混凝土】

桥头搭板混凝土原材料检验批质量验收记录 表 CJJ 2-11-3-8

本表按“通用表式”的表 CJJ 2-通-3-1 中有关质量标准执行。

桥头搭板混凝土配合比检验批质量验收记录 表 CJJ 2-11-3-9

本表按“通用表式”的表 CJJ 2-通-3-2 中有关质量标准执行。

桥头搭板混凝土施工检验批质量验收记录 表 CJJ 2-11-3-10

本表按“通用表式”的表 CJJ 2-通-3-3A 中有关质量标准执行。

2. 且应符合桥头搭板质量检验的规定（表 CJJ 2-11-3-11）。

【桥头搭板质量检验】

【桥头搭板质量检验检验批质量验收记录】

桥头搭板质量检验检验批质量验收记录 **表 CJJ 2-11-3-11**

<table>
<tr><td colspan="2">工程名称</td><td colspan="13"></td></tr>
<tr><td colspan="2">施工单位</td><td colspan="13"></td></tr>
<tr><td colspan="2">分项工程名称</td><td colspan="2"></td><td>施工班组长</td><td colspan="10"></td></tr>
<tr><td colspan="2">验收部位</td><td colspan="2"></td><td>专业工长</td><td colspan="10"></td></tr>
<tr><td colspan="2">施工执行标准名称及编号</td><td colspan="2"></td><td>项目经理</td><td colspan="10"></td></tr>
<tr><td>检控项目</td><td colspan="2">质量验收规范规定</td><td colspan="11">施工单位检查评定记录</td><td>监理（建设）单位验收记录</td></tr>
<tr><td rowspan="10">一般项目</td><td colspan="13">第 21.6.4 条 桥头搭板质量检验应符合 CJJ 2—2008 规范第 21.6.1 条规定，且应符合下列规定：
1 桥头搭板允许偏差</td><td rowspan="10"></td></tr>
<tr><td>项 目</td><td>允许偏差（mm）</td><td colspan="11">量测值（mm）</td></tr>
<tr><td>宽度</td><td>±10</td><td></td><td></td><td></td><td></td><td></td><td></td><td></td><td></td><td></td><td></td><td></td></tr>
<tr><td>厚度</td><td>±5</td><td></td><td></td><td></td><td></td><td></td><td></td><td></td><td></td><td></td><td></td><td></td></tr>
<tr><td>长度</td><td>±10</td><td></td><td></td><td></td><td></td><td></td><td></td><td></td><td></td><td></td><td></td><td></td></tr>
<tr><td>顶面高程</td><td>±2</td><td></td><td></td><td></td><td></td><td></td><td></td><td></td><td></td><td></td><td></td><td></td></tr>
<tr><td>轴线偏位</td><td>10</td><td></td><td></td><td></td><td></td><td></td><td></td><td></td><td></td><td></td><td></td><td></td></tr>
<tr><td>板顶纵坡</td><td>±0.3%</td><td></td><td></td><td></td><td></td><td></td><td></td><td></td><td></td><td></td><td></td><td></td></tr>
<tr><td colspan="2">第 21.6.4 条中的 2 混凝土搭板、枕梁不得有蜂窝、露筋，板的表面应平整，板边缘应直顺</td><td colspan="11"></td></tr>
<tr><td colspan="2">第 21.6.4 条中的 3 搭板、枕梁支承处接触严密、稳固，相邻板之间的缝隙应嵌填密实</td><td colspan="11"></td></tr>
<tr><td colspan="2">施工单位检查评定结果</td><td colspan="13">项目专业质量检查员： 年 月 日</td></tr>
<tr><td colspan="2">监理（建设）单位验收结论</td><td colspan="13">专业监理工程师：
（建设单位项目专业技术负责人）： 年 月 日</td></tr>
</table>

注：规范规定的施工过程控制要点见【检查验收时执行的规范条目】。

【检查验收时执行的规范条目】

21.6.4 桥头搭板质量检验应符合 CJJ 2—2008 规范第 21.6.1 条规定，且应符合下列规定：

一般项目

1 桥头搭板允许偏差应符合表 21.6.4 的规定。

混凝土桥头搭板（预制或现浇）允许偏差 **表 21.6.4**

项目	允许偏差（mm）	检验频率		检验方法
		范围	点数	
宽度	±10	每块	2	用钢尺量
厚度	±5		2	
长度	±10		2	
顶面高程	±2		3	用水准仪测量，每端 3 点
轴线偏位	10		2	用经纬仪测量
板顶纵坡	±0.3%		3	用水准仪测量，每端 3 点

2 混凝土搭板、枕梁不得有蜂窝、露筋，板的表面应平整，板边缘应直顺。

检查数量：全数检查。 检验方法：观察。

3 搭板、枕梁支承处接触严密、稳固，相邻板之间的缝隙应嵌填密实。

检查数量：全数检查。 检验方法：观察。

【检验批验收应提供的核查资料】

桥头搭板质量检验批验收应提供的核查资料 **表 CJJ 2-11-3-11a**

序号	核查资料名称	核查要点
1	桥头搭板用材料合格证或质量证明书	检查材料品种、数量、生产厂家、日期、性能参数
2	桥头搭板用材料试验报告	检查试验单位资质，品种、代表数量、试验编号及日期、性能参数等，应符合设计和规范要求
3	施工记录（施工工艺及质量状况）	检查施工记录的正确性
4	混凝土强度试验报告	检查混凝土强度试件的试验结果，应符合设计和规范要求
5	桥头搭板用材料进场验收记录	检查材料品种、数量、生产厂家、日期、性能参数，应与合格证对应

注：1. 合理缺项除外；2. 表列凡有性能要求的均应符合设计和规范要求。

附：规范规定的施工过程控制要点

21.3 桥头搭板

21.3.1 现浇和预制桥头搭板，应保证桥梁伸缩缝贯通、不堵塞，且与地梁、桥台锚固牢固。

21.3.2 现浇桥头搭板基底应平整、密实，在砂土上浇筑应铺 3～5cm 厚水泥砂浆垫层。

21.3.3 预制桥头搭板安装时应在与地梁、桥台接触面铺 2～3cm 厚水泥砂浆，搭板应安装稳固不翘曲。预制板纵向留灌浆槽。灌浆应饱满，砂浆达到设计强度后方可铺筑路面。

【防冲刷结构】

1. 防冲刷结构质量检验应符合 CJJ 2—2008 规范第 21.6.1 条规定。

第 21.6.1 条　附属结构施工中涉及模板与支架、钢筋、混凝土、预应力混凝土、砌体和钢结构质量检验应符合本规范第 5.4、6.5、7.13、9.6、14.3 节有关规定。

防冲刷结构施工，根据 5.4（模板、支架和拱架的制作及安装检验标准，模板、支架和拱架的拆除）、6.5（钢筋原材料、钢筋加工、钢筋连接、钢筋安装的检验标准）、7.13（混凝土原材料、混凝土配合比、混凝土施工的检验标准）节规定，分别编制成下列各节的检验批质量验收记录用表。

【防冲刷结构模板与支架】

防冲刷结构模板与支架制作检验批质量验收记录　表 CJJ 2-11-4-1

本表按"通用表式"的表 CJJ 2-通-1-1 中有关质量标准执行。

防冲刷结构模板与支架安装检验批质量验收记录　表 CJJ 2-11-4-2

本表按"通用表式"的表 CJJ 2-通-1-2 中有关质量标准执行。

防冲刷结构模板与支架拆除检验批质量验收记录　表 CJJ 2-11-4-3

本表按"通用表式"的表 CJJ 2-通-1-3 中有关质量标准执行。

【防冲刷结构钢筋】

防冲刷结构钢筋原材料检验批质量验收记录　表 CJJ 2-11-4-4

本表按"通用表式"的表 CJJ 2-通-2-1 中有关质量标准执行。

防冲刷结构钢筋加工检验批质量验收记录　表 CJJ 2-11-4-5

本表按"通用表式"的表 CJJ2-通-2-2 中有关质量标准执行。

防冲刷结构钢筋连接检验批质量验收记录　表 CJJ 2-11-4-6

本表按"通用表式"的表 CJJ2-通-2-3 中有关质量标准执行。

防冲刷结构钢筋安装检验批质量验收记录　表 CJJ 2-11-4-7

本表按"通用表式"的表 CJJ2-通-2-4 中有关质量标准执行。

【防冲刷结构混凝土】

防冲刷结构混凝土原材料检验批质量验收记录　表 CJJ 2-11-4-8

本表按"通用表式"的表 CJJ 2-通-3-1 中有关质量标准执行。

防冲刷结构混凝土配合比检验批质量验收记录　表 CJJ 2-11-4-9

本表按"通用表式"的表 CJJ 2-通-3-2 中有关质量标准执行。

防冲刷结构混凝土施工检验批质量验收记录　表 CJJ 2-11-4-10

本表按"通用表式"的表 CJJ 2-通-3-3A 中有关质量标准执行。

【防冲刷结构质量检验】

防冲刷结构质量检验检验批质量验收记录 表 CJJ 2-11-4-11

本表按石材砌体检验批质量验收记录表 CJJ 2-通-5-1A 中有关质量标准执行。

2. 且应符合防冲刷结构（锥坡、护坡、护岸）质量检验的规定（表 CJJ 2-11-4-12）。

【防冲刷结构（锥坡、护坡、护岸）质量检验】

【防冲刷结构（锥坡、护坡、护岸）质量检验检验批质量验收记录】

防冲刷结构（锥坡、护坡、护岸）质量检验检验批质量验收记录

表 CJJ 2-11-4-12

工程名称			
施工单位			
分项工程名称		施工班组长	
验收部位		专业工长	
施工执行标准名称及编号		项目经理	

检控项目	质量验收规范规定				施工单位检查评定记录											监理（建设）单位验收记录
一般项目	第 21.6.5 条 防冲刷结构质量检验应符合 CJJ 2—2008 规范第 21.6.1 条规定，且应符合下列规定： 1 锥坡、护坡、护岸允许偏差															
	项 目（表 21.6.5-1）			允许偏差（mm）	量测值（mm）											
	顶面高程			±50												
	表面平整度			30												
	坡度			不陡于设计												
	厚度			不小于设计												
	项目（第 21.6.5 条 2 款表 21.6.5-2）			允许偏差（mm）	量测值（mm）											
	平面位置			30												
	长度			0 −100												
	断面尺寸			不小于设计												
	高程	基底		不高于设计												
		顶面		±30												
施工单位检查评定结果	项目专业质量检查员： 年 月 日															
监理（建设）单位验收结论	专业监理工程师： （建设单位项目专业技术负责人）： 年 月 日															

注：1. 不足 50m 部分，取 1～2 点； 2. 海墁结构允许偏差可按本表 1、2、4 项执行。
3. 规范规定的施工过程控制要点见【检查验收时执行的规范条目】。

【检查验收时执行的规范条目】

21.6.5 防冲刷结构质量检验应符合 CJJ 2—2008 规范第 21.6.1 条规定，且应符合下列规定：

一般项目

1 锥坡、护坡、护岸允许偏差应符合表 21.6.5-1 的规定。

锥坡、护坡、护岸允许偏差 **表 21.6.5-1**

项　目	允许偏差（mm）	检验频率		检验方法
		范围	点数	
顶面高程	±50	每个，50m	3	用水准仪测量
表面平整度	30	每个，50m	3	用 2m 直尺、钢尺量
坡度	不陡于设计	每个，50m	3	用钢尺量
厚度	不小于设计	每个，50m	3	用钢尺量

注：1 不足 50m 部分，取 1～2 点；　2 海墁结构允许偏差可按本表 1、2、4 项执行。

2 导流结构允许偏差应符合表 21.6.5-2 的规定。

导流结构允许偏差 **表 21.6.5-2**

项　目		允许偏差（mm）	检验频率		检验方法
			范围	点数	
平面位置		30	每个	2	用经纬仪测量
长度		0 −100		1	用钢尺量
断面尺寸		不小于设计		5	用钢尺量
高程	基底	不高于设计		5	用水准仪测量
	顶面	±30			

【检验批验收应提供的核查资料】

防冲刷结构（锥坡、护坡、护岸）质量检验检验批验收应提供的核查资料

表 CJJ 2-11-4-12a

序号	核 查 资 料 名 称	核　查　要　点
1	防冲刷结构用材料合格证或质量证明书	检查材料品种、数量、生产厂家、日期、性能参数
2	防冲刷结构用材料试验报告	检查试验单位资质，品种、代表数量、试验编号及日期、性能参数等，应符合设计和规范要求
3	施工记录（施工工艺及质量状况）	检查施工记录的正确性
4	砂浆试件试验报告	检查砂浆试件的试验结果，应符合设计和规范要求
5	混凝土试件试验报告	检查混凝土试件的试验结果，应符合设计和规范要求
6	防冲刷结构用材料进场验收记录	检查材料品种、数量、生产厂家、日期、性能参数，应与合格证对应

注：1. 合理缺项除外；2. 表列凡有性能要求的均应符合设计和规范要求。

附：规范规定的施工过程控制要点

21.4 防冲刷结构（锥坡、护坡、护岸、海墁、导流坝）

21.4.1 防冲刷结构的基础埋置深度及地基承载力应符合设计要求。锥、护坡、护岸、海墁结构厚度应满足设计要求。

21.4.2 干砌护坡时，护坡土基应夯实达到设计要求的压实度。砌筑时应纵横挂线，按线砌筑。需铺设砂砾垫层时，砂粒料的粒径不宜大于 5cm，含砂量不宜超过 40%。施工中应随填随砌，边口处应用较大石块，砌成整齐坚固的封边。

21.4.3 栽砌卵石护坡应选择长径扁形石料，长度宜为 25～35cm。卵石应垂直于斜坡面，长径立砌，石缝错开。基脚石应浆砌。

21.4.4 栽砌卵石海墁，宜采用横砌方法，卵石应相互咬紧，略向下游倾斜。

【照　　明】

1. 照明系统质量检验应符合 CJJ 2—2008 规范第 21.6.1 条规定。

凡照明系统施工与（CJJ 2—2008）规范第 21.6.1 条有关时，可核查已施工完成的上述内容中的有关子项的标准执行结果，符合标准要求即视为照明系统质量检验符合规定。

2. 且应符合照明质量检验的规定（表 CJJ 2-11-5-1）。

【照明质量检验】

照明质量检验检验批质量验收记录　　　　表 CJJ 2-11-5-1

<table>
<tr><td colspan="3">工程名称</td><td colspan="4"></td></tr>
<tr><td colspan="3">施工单位</td><td colspan="4"></td></tr>
<tr><td colspan="3">分项工程名称</td><td></td><td>施工班组长</td><td colspan="2"></td></tr>
<tr><td colspan="3">验收部位</td><td></td><td>专业工长</td><td colspan="2"></td></tr>
<tr><td colspan="3">施工执行标准名称及编号</td><td></td><td>项目经理</td><td colspan="2"></td></tr>
<tr><td>检控项目</td><td colspan="3">质量验收规范规定</td><td colspan="2">施工单位检查评定记录</td><td>监理（建设）单位验收记录</td></tr>
<tr><td>主控项目</td><td colspan="3">第 21.6.6 条　照明系统质量检验应符合 CJJ 2—2008 规范第 21.6.1 条规定，且应符合下列规定：
1　电缆、灯具等的型号、规格、材质和性能等应符合设计要求
2　电缆接线应正确，接头应作绝缘保护处理，严禁漏电。接地电阻必须符合设计要求</td><td colspan="2"></td><td></td></tr>
<tr><td rowspan="9">一般项目</td><td colspan="3">第 21.6.6 条 3 款　电缆铺设位置正确，并应符合国家现行标准的规定</td><td colspan="2"></td><td rowspan="9"></td></tr>
<tr><td colspan="3">第 21.6.6 条 4 款　灯杆（柱）金属构件必须作防腐处理，涂层厚度应符合设计要求。</td><td colspan="2"></td></tr>
<tr><td colspan="3">第 21.6.6 条 5 款　灯杆、灯具安装位置应准确、牢固。</td><td colspan="2"></td></tr>
<tr><td colspan="3">第 21.6.6 条 6 款　照明设施安装允许偏差</td><td colspan="2"></td></tr>
<tr><td colspan="2">项　　目</td><td>允许偏差（mm）</td><td colspan="2">量测值（mm）</td></tr>
<tr><td colspan="2">灯杆地面以上高度</td><td>±40</td><td colspan="2"></td></tr>
<tr><td colspan="2">灯杆（柱）竖直度</td><td>$H/500$</td><td colspan="2"></td></tr>
<tr><td rowspan="2">平面位置</td><td>纵向</td><td>20</td><td colspan="2"></td></tr>
<tr><td>横向</td><td>10</td><td colspan="2"></td></tr>
<tr><td colspan="3">施工单位检查评定结果</td><td colspan="4">项目专业质量检查员：　　　　年　月　日</td></tr>
<tr><td colspan="3">监理（建设）单位验收结论</td><td colspan="4">专业监理工程师：
（建设单位项目专业技术负责人）：　　　年　月　日</td></tr>
</table>

注：1. 表中 H 为灯杆高度。　2. 规范规定的施工过程控制要点见【检查验收时执行的规范条目】。

【检查验收时执行的规范条目】

21.6.6 照明系统质量检验应符合 CJJ 2—2008 规范第 21.6.1 条规定，且应符合下列规定：

主控项目

1 电缆、灯具等的型号、规格、材质和性能等应符合设计要求。

检查数量：全数检查。　　检查方法：检查产品出厂合格证和进场验收记录。

2 电缆接线应正确，接头应作绝缘保护处理，严禁漏电。接地电阻必须符合设计要求。

检查数量：全数检查。　　检查方法：观察、用电气仪表检测。

一般项目

3 电缆铺设位置正确，并应符合国家现行标准的规定。

检查数量：全数检查。　　检查方法：观察、检查施工记录。

4 灯杆（柱）金属构件必须作防腐处理，涂层厚度应符合设计要求。

检查数量：抽查 10%，且同类构件不少于 3 件。　　检查方法：观察、用干膜测厚仪检查。

5 灯杆、灯具安装位置应准确、牢固。

检查数量：全数检查。　　检查方法：观察、螺栓用扳手检查、焊缝用量规量测。

6 照明设施安装允许偏差应符合表 21.6.6 的规定。

照明设施安装允许偏差　　**表 21.6.6**

项目		允许偏差 (mm)	检验频率		检验方法
			范围	点数	
灯杆地面以上高度		±40	每杆（柱）	1	用钢尺量
灯杆（柱）竖直度		H/500			用经纬仪测量
平面位置	纵向	20			经纬仪放线，用钢尺量
	横向	10			

注：表中 H 为灯杆高度。

【检验批验收应提供的核查资料】

照明系统质量检验批验收应提供的核查资料　　**表 CJJ 2-11-5-1a**

序号	核查资料名称	核查要点
1	照明系统用产品和材料合格证或质量证明书	检查材料品种、数量、生产厂家、日期、性能参数
2	照明系统用产品和材料试验报告	检查试验单位资质，品种、代表数量、试验编号及日期、性能参数等，应符合设计和规范要求
3	施工记录（施工工艺执行及质量状况）	检查施工记录的正确性
4	绝缘电阻测试记录	检查绝缘电阻测试应符合设计和规范要求
5	照明系统用产品和材料进场验收记录	检查材料品种、数量、生产厂家、日期、性能参数，应与合格证对应

注：1. 合理缺项除外；2. 表列凡有性能要求的均应符合设计和规范要求。

附：规范规定的施工过程控制要点

21.5 照明

21.5.1 钢管灯柱结构制造应符合 CJJ 2—2008 规范第 14 章有关规定。

21.5.2 桥上灯柱必须与桥面系混凝土预埋件连接牢固，桥外灯杆基础必须坚实，其承载力应符合设计要求。

21.5.3 灯柱、灯杆的电气装置及其接地装置必须符合设计要求，并符合相关的国家现行标准。

【挡土墙】

挡土墙的质量验收包括：现浇钢筋混凝土挡土墙、装配式钢筋混凝土挡土墙、砌体挡土墙、加筋土挡土墙。

挡土墙质量检验规定

附属结构中的挡土墙质量检验全部按《城镇道路工程施工与质量验收规范》(CJJ 1—2008）中的有关挡土墙检验批质量验收标准执行。

2.9.2.11 装饰与装修分部（子分部）工程

装饰与装修分部（子分部）工程的质量验收包括：水泥砂浆抹面（普通抹面、装饰抹面）、饰面板、饰面砖和涂装。

【水泥砂浆抹面（普通抹面、装饰抹面）】

【水泥砂浆抹面（普通抹面）】

【水泥砂浆抹面（普通抹面）检验批质量验收记录】

水泥砂浆抹面（普通抹面）检验批质量验收记录　　表 CJJ 2-12-1-1

<table>
<tr><td colspan="2">工程名称</td><td colspan="4"></td></tr>
<tr><td colspan="2">施工单位</td><td colspan="4"></td></tr>
<tr><td colspan="2">分项工程名称</td><td colspan="2"></td><td>施工班组长</td><td></td></tr>
<tr><td colspan="2">验收部位</td><td colspan="2"></td><td>专业工长</td><td></td></tr>
<tr><td colspan="2">施工执行标准名称及编号</td><td colspan="2"></td><td>项目经理</td><td></td></tr>
<tr><td>检控项目</td><td colspan="2">质量验收规范规定</td><td colspan="2">施工单位检查评定记录</td><td>监理（建设）单位验收记录</td></tr>
<tr><td>主控项目</td><td colspan="2">第 22.4.1 条　水泥砂浆抹面质量检验应符合下列规定：
1　砂浆的强度应符合设计要求
2　水泥砂浆面层不得有裂缝，各抹面层之间及其与基层之间应粘结牢固，不得有脱层、空鼓等现象</td><td colspan="2"></td><td></td></tr>
<tr><td rowspan="5">一般项目</td><td colspan="2">第 22.4.1 条 3 款　普通抹面表面应光滑、洁净、色泽均匀、无抹纹，抹面分隔条的宽度和深度应均匀一致，无错缝、缺棱掉角</td><td colspan="2"></td><td rowspan="5"></td></tr>
<tr><td>项目（第 22.4.1 条 4 款表 22.4.1-1）</td><td>允许偏差（mm）</td><td colspan="2">量测值（mm）</td></tr>
<tr><td>平整度</td><td>4</td><td colspan="2"></td></tr>
<tr><td>阴阳角方正</td><td>4</td><td colspan="2"></td></tr>
<tr><td>墙面垂直度</td><td>5</td><td colspan="2"></td></tr>
<tr><td colspan="2">施工单位检查评定结果</td><td colspan="4">项目专业质量检查员：　　　　年　月　日</td></tr>
<tr><td colspan="2">监理（建设）单位验收结论</td><td colspan="4">专业监理工程师：
（建设单位项目专业技术负责人）：　　　　年　月　日</td></tr>
</table>

注：规范规定的施工过程控制要点见【检查验收时执行的规范条目】。

【检查验收时执行的规范条目】

22.4.1 水泥砂浆抹面质量检验应符合下列规定：

主控项目

1 砂浆的强度应符合设计要求。

检查数量：全数检查。　　检验方法：检查试件强度试验报告。

2 水泥砂浆面层不得有裂缝，各抹面层之间及其与基层之间应粘结牢固，不得有脱层、空鼓等现象。

检查数量：全数检查。　　检验方法：观察、用小锤轻击。

一般项目

3 普通抹面表面应光滑、洁净、色泽均匀、无抹纹，抹面分隔条的宽度和深度应均匀一致，无错缝、缺棱掉角。

检查数量：按每 $500m^2$ 为一个检验批，不足 $500m^2$ 的也为一个检验批，每个检验批每 $100m^2$ 至少检验一处，每处不小于 $10m^2$。

检查方法：观察、用钢尺量。

4 普通抹面允许偏差应符合表 22.4.1-1 的规定。

普通抹面允许偏差　　表 22.4.1-1

项　目	允许偏差(mm)	检验频率		检验方法
		范围	点数	
平整度	4	每跨、侧	4	用 2m 直尺和塞尺量
阴阳角方正	4		3	用 200mm 直角尺量
墙面垂直度	5		2	用 2m 靠尺量

【检验批验收应提供的核查资料】

普通抹面检验批质量验收应提供的核查资料　　表 CJJ 2-12-1-1a

序号	核查资料名称	核查要点
1	普通抹面用材料合格证或质量证明书	检查材料品种、数量、生产厂家、日期、性能参数
2	普通抹面用材料试验报告	检查试验单位资质，品种、代表数量、试验编号及日期、性能参数等，应符合设计和规范要求
3	施工记录（涂饰施工工艺及质量状况）	检查施工记录的正确性
4	砂浆试件试验报告	检查试件强度试验报告的数量，应符合设计和规范要求
5	普通抹面用材料进场验收记录	检查材料品种、数量、生产厂家、日期、性能参数，应与合格证对应

注：1. 合理缺项除外；2. 表列凡有性能要求的均应符合设计和规范要求。

附：规范规定的施工过程控制要点

22.1 一般规定

22.1.1 饰面与涂装材料的性能与环保要求应符合国家现行标准的规定，其品种、规格、强度和镶贴、涂饰方法以及图案等均应符合设计要求。

22.1.2 饰面与涂装应在主体或基层质量检验合格后方可施工。饰面与涂装施工前，应将基体表面的灰尘、污垢、油渍等清除干净。

22.1.3 饰面与涂装施工时的环境温度和湿度应符合下列规定：

1 抹灰、镶贴板块饰面不宜低于 5℃；

2 涂装不宜低于 8℃；

3 胶粘剂饰面不宜低于 10℃；

4 施工环境相对湿度不宜大于 80%。

22.2 饰面

22.2.3 水泥砂浆抹面应符合下列规定：

1 配合比、稠度以及外加剂的加入量均应通过试验确定。

2 抹面前，应先洒水湿润基体表面或涂刮水泥浆，并用与抹面层相同砂浆设置控制标志。

3 抹面应分层涂抹、分层赶平、修整、表面压光，涂抹水泥砂浆每遍的厚度宜为 5～7mm。

4 抹面层完成后应在湿润的条件下养护。

【水泥砂浆抹面（装饰抹面）】

【水泥砂浆抹面（装饰抹面）检验批质量验收记录】

水泥砂浆抹面（装饰抹面）检验批质量验收记录　　　　表 CJJ 2-12-1-2

<table>
<tr><td colspan="2">工程名称</td><td colspan="5"></td></tr>
<tr><td colspan="2">施工单位</td><td colspan="5"></td></tr>
<tr><td colspan="2">分项工程名称</td><td colspan="3"></td><td>施工班组长</td><td></td></tr>
<tr><td colspan="2">验收部位</td><td colspan="3"></td><td>专业工长</td><td></td></tr>
<tr><td colspan="2">施工执行标准名称及编号</td><td colspan="3"></td><td>项目经理</td><td></td></tr>
<tr><td>检控项目</td><td colspan="4">质量验收规范规定</td><td>施工单位检查评定记录</td><td>监理（建设）单位验收记录</td></tr>
<tr><td>主控项目</td><td colspan="4">第 22.4.1 条　水泥砂浆抹面质量检验应符合下列规定：
1　砂浆的强度应符合设计要求。
2　水泥砂浆面层不得有裂缝，各抹面层之间及其与基层之间应粘结牢固，不得有脱层、空鼓等现象。</td><td></td><td></td></tr>
<tr><td rowspan="7">一般项目</td><td colspan="4">第 22.4.1 条 5 款　装饰抹面应符合下列规定：
1）水刷石应石粒清晰，均匀分布，紧密平整，应无掉粒和接槎痕迹。
2）水磨石应表面平整、光滑，石子显露密实均匀，应无砂眼、磨纹和漏磨处。分格条位置应准确、直顺。
3）剁斧石应剁纹均匀、深浅一致、无漏剁处，不剁的边条宽窄应一致，棱角无损坏。</td><td></td><td rowspan="7"></td></tr>
<tr><td rowspan="2">项目（第 22.4.1 条 6 款表 22.4.1-2）</td><td colspan="3">允许偏差（mm）</td><td rowspan="2">量测值（mm）</td></tr>
<tr><td>水磨石</td><td>水刷石</td><td>剁斧石</td></tr>
<tr><td>平整度</td><td>2</td><td>3</td><td>3</td><td></td></tr>
<tr><td>阴阳角方正</td><td>2</td><td>3</td><td>3</td><td></td></tr>
<tr><td>墙面垂直度</td><td>3</td><td>5</td><td>4</td><td></td></tr>
<tr><td>分格条平直</td><td>2</td><td>3</td><td>3</td><td></td></tr>
<tr><td colspan="2">施工单位检查评定结果</td><td colspan="5">项目专业质量检查员：　　　　　　年　月　日</td></tr>
<tr><td colspan="2">监理（建设）单位验收结论</td><td colspan="5">专业监理工程师：
（建设单位项目专业技术负责人）：　　　　年　月　日</td></tr>
</table>

注：规范规定的施工过程控制要点见【检查验收时执行的规范条目】。

【检查验收时执行的规范条目】

22.4.1　水泥砂浆抹面质量检验应符合下列规定：

主控项目

1　砂浆的强度应符合设计要求。

检查数量：全数检查。　　检验方法：检查试件强度试验报告。

2　水泥砂浆面层不得有裂缝，各抹面层之间及其与基层之间应粘结牢固，不得有脱层、空鼓等现象。

检查数量：全数检查。　　检验方法：观察、用小锤轻击。

一般项目

5　装饰抹面应符合下列规定：

1）水刷石应石粒清晰，均匀分布，紧密平整，应无掉粒和接槎痕迹。

2）水磨石应表面平整、光滑，石子显露密实均匀，应无砂眼、磨纹和漏磨处。分格条位置应准确、直顺。

3）剁斧石应剁纹均匀、深浅一致、无漏剁处，不剁的边条宽窄应一致，棱角无损坏。

检查数量：按每 $500m^2$ 为一个检验批，不足 $500m^2$ 的也为一个检验批，每个检验批每 $100m^2$ 至少检验一处，每处不小于 $10m^2$。　　检查方法：观察、钢尺量。

6 装饰抹面允许偏差应符合表 22.4.1-2 的规定。

装饰抹面允许偏差　　**表 22.4.1-2**

项　目	允许偏差（mm）			检验频率		检验方法
	水磨石	水刷石	剁斧石	范围	点数	
平整度	2	3	3	每跨、侧	4	用 2m 直尺和塞尺量
阴阳角方正	2	3	3		2	用 200mm 直角尺量
墙面垂直度	3	5	4		2	用 2m 靠尺量
分格条平直	2	3	3		2	拉 2m 线（不足 2m 拉通线），用钢尺量

【检验批验收应提供的核查资料】

装饰抹面检验批质量验收应提供的核查资料　　**表 CJJ 2-12-1-2a**

序号	核查资料名称	核查要点
1	装饰抹面用材料合格证或质量证明书	检查材料品种、数量、生产厂家、日期、性能参数
2	装饰抹面用材料试验报告	检查试验单位资质，品种、代表数量、试验编号及日期、性能参数等，应符合设计和规范要求
3	施工记录（涂饰施工工艺及质量状况）	检查施工记录的正确性
4	试件强度试验报告	检查试件强度试验报告的数量，应符合设计和规范要求
5	装饰抹面用材料进场验收记录	检查材料品种、数量、生产厂家、日期、性能参数，应与合格证对应

注：1. 合理缺项除外；2. 表列凡有性能要求的均应符合设计和规范要求。

附：规范规定的施工过程控制要点

22.1 一般规定

22.1.1 饰面与涂装材料的性能与环保要求应符合国家现行标准的规定，其品种、规格、强度和镶贴、涂饰方法以及图案等均应符合设计要求。

22.1.2 饰面与涂装应在主体或基层质量检验合格后方可施工。饰面与涂装施工前，应将基体表面的灰尘、污垢、油渍等清除干净。

22.1.3 饰面与涂装施工时的环境温度和湿度应符合下列规定：

1 抹灰、镶贴板块饰面不宜低于 5℃；

2 涂装不宜低于 8℃；

3 胶粘剂饰面不宜低于 10℃；

4 施工环境相对湿度不宜大于 80%。

22.2 饰面

22.2.3 水泥砂浆抹面应符合下列规定：

1 配合比、稠度以及外加剂的加入量均应通过试验确定。

2 抹面前，应先洒水湿润基体表面或涂刮水泥浆，并用与抹面层相同砂浆设置控制标志。

3 抹面应分层涂抹、分层赶平、修整、表面压光，涂抹水泥砂浆每遍的厚度宜为 5～7mm。

4 抹面层完成后应在湿润的条件下养护。

【饰面板、饰面砖】

【镶饰面板和贴饰面砖检验批质量验收记录】

镶饰面板和贴饰面砖检验批质量验收记录 **表 CJJ 2-12-2-1**

工程名称			
施工单位			
分项工程名称		施工班组长	
验收部位		专业工长	
施工执行标准名称及编号		项目经理	

检控项目	质量验收规范规定	施工单位检查评定记录	监理（建设）单位验收记录
主控项目	第 22.4.2 条　镶饰面板和贴饰面砖质量检验应符合下列规定： 1　饰面所用的材料（饰面板、砖，找平、粘结、勾缝等材料），其品种、规格和技术性能应符合设计要求及国家现行标准规定 2　饰面板镶安必须牢固。镶安饰面板的预埋件（或后置预埋件）、连接件的数量、规格、位置、连接方法和防腐处理应符合设计要求。后置预埋件的现场拉拔强度应符合设计要求 3　饰面砖粘贴必须牢固		
一般项目	第 22.4.2 条 4 款　镶饰面板的墙（柱）的质量要求		
	第 22.4.2 条 5 款　贴饰面砖的墙（柱）的质量要求		

检控项目	项目 第 22.4.2 条 6 款 （表 22.4.2）	允许偏差（mm）						量测值（mm）										监理（建设）单位验收记录
		天　然　石			人　造　石		饰面砖											
		镜面、光面	粗纹石麻面条纹石	天然石	水磨石	水刷石												
一般项目	平整度	1	3		2	4	2											
	垂直度	2	3		2	4	2											
	接缝平直	2	4	5	3	4	3											
	相邻板高差	0.3	3		0.5	3	1											
	接缝宽度	0.5	1	2	0.5	2												
	阳角方正	2	4		2		2											

施工单位检查评定结果	项目专业质量检查员：　　　　年　　月　　日
监理（建设）单位验收结论	专业监理工程师： （建设单位项目专业技术负责人）：　　　　年　　月　　日

注：规范规定的施工过程控制要点见【检查验收时执行的规范条目】。

【检查验收时执行的规范条目】

22.4.2 镶饰面板和贴饰面砖质量检验应符合下列规定：

主控项目

1 饰面所用的材料（饰面板、砖，找平、粘结、勾缝等材料），其品种、规格和技术性能应符合设计要求及国家现行标准规定。

检查数量：按进场的批次和产品的抽样检验方案确定。

检验方法：观察、用钢尺或卡尺量、检查产品合格证、进场验收记录、性能检测报告和复验报告。

2 饰面板镶安必须牢固。镶安饰面板的预埋件（或后置预埋件）、连接件的数量、规格、位置、连接方法和防腐处理应符合设计要求。后置预埋件的现场拉拔强度应符合设计要求。

检查数量：每 $100m^2$ 至少抽查一处，每处不小于 $10m^2$。 检验方法：手扳、检查进场验收记录和现场拉拔强度检测报告、检查施工记录。

3 饰面砖粘贴必须牢固。

检查数量：每 $300m^2$（不足 $300m^2$ 按 $300m^2$ 计）同类墙体为1组，每组取3个试样。

检验方法：检查样件粘结强度检测报告和施工记录。

一般项目

4 镶饰面板的墙（柱）应表面平整、洁净、色泽协调，石材表面不得有起碱、污痕，无显著的光泽受损处，无裂痕和缺损；饰面板嵌缝应平直、密实，宽度和深度应符合设计要求，嵌填材料应色泽一致。

检查数量：全数检查。 检验方法：观察、钢尺量。

5 贴饰面砖的墙（柱）应表面平整、洁净、色泽一致，镶贴无歪斜、翘曲、空鼓、掉角和裂纹等现象。嵌缝应平直、连续、密实，宽度和深度一致。

检查数量：全数检查。 检验方法：观察、用小锤轻击。

6 饰面允许偏差应符合表22.4.2的规定。

饰面允许偏差 **表22.4.2**

项目	允许偏差（mm）						检验频率		检验方法
	天然石			人造石		饰面	范围	点数	
	镜面、光面	粗纹石麻面条纹石	天然石	水磨石	水刷石				
平整度	1	3		2	4	2	每跨、侧，每饰面	4	用2m直尺和塞尺量
垂直度	2	3		2	4	2		2	用2m靠尺量
接缝平直	2	4	5	3	4	3		2	拉5m线，用钢尺量，横竖各1点
相邻板高差	0.3	3		0.5	3	1		2	用钢板尺和塞尺量
接缝宽度	0.5	1	2	0.5	2			2	用钢尺量
阳角方正	2	4		2		2		2	用200mm直角尺量

【检验批验收应提供的核查资料】

镶饰面板和贴饰面砖检验批质量验收应提供的核查资料　　表 CJJ 2-12-2-1a

序号	核查资料名称	核查要点
1	镶贴饰面用材料合格证或质量证明书	检查材料品种、数量、生产厂家、日期、性能参数
2	镶贴饰面用材料试验报告	检查试验单位资质，品种、代表数量、试验编号及日期、性能参数等，应符合设计和规范要求
3	施工记录（施工工艺执行及质量状况）	检查施工记录的正确性
4	样件粘结强度检测报告	检查样件粘结强度检测报告的数量，应符合设计和规范要求
5	现场拉拔强度检测报告	检查现场拉拔强度检测报告的数量，应符合设计和规范要求
6	镶贴饰面用材料进场验收记录	检查材料品种、数量、生产厂家、日期、性能参数，应与合格证对应

注：1. 合理缺项除外；2. 表列凡有性能要求的均应符合设计和规范要求。

附：规范规定的施工过程控制要点

22.1　一般规定

22.1.1　饰面与涂装材料的性能与环保要求应符合国家现行标准的规定，其品种、规格、强度和镶贴、涂饰方法以及图案等均应符合设计要求。

22.1.2　饰面与涂装应在主体或基层质量检验合格后方可施工。饰面与涂装施工前，应将基体表面的灰尘、污垢、油渍等清除干净。

22.1.3　饰面与涂装施工时的环境温度和湿度应符合下列规定：

1　抹灰、镶贴板块饰面不宜低于5℃；

2　涂装不宜低于8℃；

3　胶粘剂饰面不宜低于10℃；

4　施工环境相对湿度不宜大于80%。

22.2　饰面

22.2.1　镶贴、安装饰面宜选用水泥基粘结材料。

22.2.2　镶贴、安装饰面的基体应有足够的强度、刚度和稳定性，其表面应平整、粗糙。光滑的基面在镶贴前应进行处理。

22.2.4　饰面砖镶贴应符合下列规定：

1　基层表面应凿毛、刷界面剂、抹1∶3水泥砂浆底层。

2　镶贴前，应选砖预排、挂控制线；面砖应浸泡2h以上，表面晾干后待用。

3　面砖应自下而上、逐层依序镶贴，贴砖砂浆应饱满，镶贴面砖表面应平整，接缝横平竖直，宽度、深度一致。

22.2.5　饰面板安装应符合下列规定：

1　墙面和柱面安装饰面板，应先找平，分块弹线，并按弹线尺寸及花纹图案预拼。

2　系固饰面板用的钢筋网，应与锚固件连接牢固，锚固件宜在结构施工时预埋。

3　饰面板安装前，应按品种、规格和颜色进行分类选配，并将其侧面和背面清扫干净，净边打孔，并用防锈金属丝穿入孔内留作系固之用。

4　饰面板安装就位后，应采取临时固定措施。接缝宽度可用木楔调整。

5　灌注砂浆前，应将接合面洒水湿润，接缝处应采取防漏浆措施。

【涂　饰】

【涂饰检验批质量验收记录】

涂饰检验批质量验收记录　　　　表 CJJ 2-12-3-1

<table>
<tr><td colspan="2">工程名称</td><td colspan="3"></td></tr>
<tr><td colspan="2">施工单位</td><td colspan="3"></td></tr>
<tr><td colspan="2">分项工程名称</td><td></td><td>施工班组长</td><td></td></tr>
<tr><td colspan="2">验收部位</td><td></td><td>专业工长</td><td></td></tr>
<tr><td colspan="2">施工执行标准名称及编号</td><td></td><td>项目经理</td><td></td></tr>
<tr><td>检控项目</td><td>质量验收规范规定</td><td colspan="2">施工单位检查评定记录</td><td>监理（建设）单位验收记录</td></tr>
<tr><td>主控项目</td><td>第 22.4.3 条　涂饰质量检验应符合下列规定：
1　涂饰材料的材质应符合设计要求。
检查数量：全数检查。检验方法：检查产品合格证。
2　涂料涂刷遍数、涂层厚度均应符合设计要求。
检查数量：按每 500m² 为一检验批，不足 500m² 的也为一个检验批，每个检验批每 100 m² 至少检验一处。
检验方法：观察、用干膜测厚仪检查。</td><td colspan="2"></td><td></td></tr>
<tr><td>一般项目</td><td>第 22.4.3 条 3 款　表面应平整光洁，色泽一致。不得有脱皮、漏刷、返锈、透底、流坠、皱纹等现象。
检查数量：全数检查。　检验方法：观察。</td><td colspan="2"></td><td></td></tr>
<tr><td colspan="2">施工单位检查评定结果</td><td colspan="3">项目专业质量检查员：　　　　年　月　日</td></tr>
<tr><td colspan="2">监理（建设）单位验收结论</td><td colspan="3">专业监理工程师：
（建设单位项目专业技术负责人）：　　年　月　日</td></tr>
</table>

注：规范规定的施工过程控制要点见附文。

【检验批验收应提供的核查资料】

涂饰检验批质量验收应提供的核查资料　　　　表 CJJ 2-12-3-1a

序号	核查资料名称	核查要点
1	材料出厂合格证或质量证明书	检查材料品种、数量、生产厂家、日期、性能参数
2	材料试验报告	检查试验单位资质，品种、代表数量、试验编号及日期、性能参数等，应符合设计和规范要求
3	施工记录（涂饰施工工艺及质量状况）	检查施工记录的正确性
4	涂层厚度检查记录	检查涂层厚度检查测试数量，应符合设计和规范要求

注：1. 合理缺项除外；2. 表列凡有性能要求的均应符合设计和规范要求。

附：规范规定的施工过程控制要点

22.3 涂装

22.3.1 涂装前应将基面的麻面、缝隙用腻子刮平。腻子干燥后应坚实牢固，不得起粉、起皮和裂纹。施涂前应将腻子打磨平整光滑，并清理干净。

22.3.2 涂料的工作黏度或稠度，应以在施涂时不流坠、无刷纹为准，施涂过程中不得任意稀释涂料。

22.3.3 涂料在施涂前和施涂过程中，均应充分搅拌，并在规定的时间用完。

22.3.4 施涂溶剂型涂料时，后一遍涂料必须在前一遍涂料干燥后进行；施涂水性或乳液涂料时，后一遍涂料必须在前一遍涂料表干后进行。

22.3.5 采用机械喷涂时，应将不喷涂的部位遮盖，不得沾污。

22.3.6 同一墙面应用同一批号的涂料，每遍涂料不宜施涂过厚，涂层应均匀、色泽一致，层间结合牢固。

2.9.2.12　引道分部（子分部）工程

【引道分部（子分部）工程检验批质量验收记录检验规定】

城市桥梁引道分部（子分部）工程中的检验批质量验收记录按《城镇道路工程施工与质量验收规范》(CJJ 1—2008)中的有关质量标准执行。

3 市政基础设施城市桥梁工程质量验收文件报送组排目录

市政基础设施城市桥梁工程质量验收文件报送组排目录

序号	资料名称	序列与编号	说明
	城市桥梁工程质量验收文件		
	封页		
	目录		
1	单位（子单位）工程质量竣工验收记录	表 2.1.1	
2	分部（子分部）工程质量验收记录	表 2.2.1	
3	单位（子单位）工程观感质量检查记录	表 2.3.1	
4	单位（子单位）工程质量控制资料核查记录	表 2.4.1	
5	单位（子单位）工程安全和功能检验资料核查及主要功能抽查记录	表 2.5.1	
6	分项工程质量验收记录	表 2.6.1	
7	检验批质量验收记录	表 2.7.1	
1	【地基与基础分部工程】		
(1)	【扩大基础子分部】		
	【基坑开挖】		
1)	基坑开挖检验批质量验收记录	表 CJJ 2-2-1-1	
	【地　　基】		
2)	地基检验检验批质量验收记录	表 CJJ 2-2-1-2	
	【回填土方】		
3)	回填土方检验批质量验收记录	表 CJJ 2-2-1-3	
	【现浇混凝土基础（模板与支架、钢筋、混凝土）】		
	【现浇混凝土基础模板与支架】		
4)	现浇混凝土基础模板与支架制作检验批质量验收记录	表 CJJ 2-2-1-4	
5)	现浇混凝土基础模板与支架安装检验批质量验收记录	表 CJJ 2-2-1-5	
6)	现浇混凝土基础模板与支架拆除检验批质量验收记录	表 CJJ 2-2-1-6	
	【现浇混凝土基础钢筋】		
7)	现浇混凝土基础钢筋原材料检验批质量验收记录	表 CJJ 2-2-1-7	
8)	现浇混凝土基础钢筋加工检验批质量验收记录	表 CJJ 2-2-1-8	

续表

序号	资料名称	序列与编号	说明
9)	现浇混凝土基础钢筋连接检验批质量验收记录	表 CJJ 2-2-1-9	
10)	现浇混凝土基础钢筋安装检验批质量验收记录	表 CJJ 2-2-1-10	
	【现浇混凝土基础混凝土】		
11)	现浇混凝土基础混凝土原材料检验批质量验收记录	表 CJJ 2-2-1-11	
12)	现浇混凝土基础混凝土配合比检验批质量验收记录	表 CJJ 2-2-1-12	
13)	现浇混凝土基础混凝土施工检验批质量验收记录	表 CJJ 2-2-1-13	
	【现浇混凝土基础允许偏差】		
14)	现浇混凝土基础允许偏差检验批质量验收记录	表 CJJ 2-2-1-14	
	【扩大基础砌体】		
	【石材基础砌体】		
15)	石材基础砌体检验批质量验收记录	表 CJJ 2-2-1-15	
	【混凝土砌块基础砌体】		
16)	混凝土砌块基础砌体检验批质量验收记录	表 CJJ 2-2-1-16	
	【砌体基础允许偏差】		
17)	砌体基础允许偏差检验批质量验收记录	表 CJJ 2-2-1-17	
(2)	【沉入桩子分部工程】		
	【预制桩（模板、钢筋、混凝土、预应力混凝土）】		
	【预制桩模板与支架】		
1)	预制桩模板与支架制作检验批质量验收记录	表 CJJ 2-2-2-1	
2)	预制桩模板与支架安装检验批质量验收记录	表 CJJ 2-2-2-2	
3)	预制桩模板与支架拆除检验批质量验收记录	表 CJJ 2-2-2-3	
	【预制桩钢筋】		
4)	预制桩钢筋原材料检验批质量验收记录	表 CJJ 2-2-2-4	
5)	预制桩钢筋加工检验批质量验收记录	表 CJJ 2-2-2-5	
6)	预制桩钢筋连接检验批质量验收记录	表 CJJ 2-2-2-6	
7)	预制桩钢筋安装检验批质量验收记录	表 CJJ 2-2-2-7	
	【预制桩混凝土】		
8)	预制桩混凝土原材料检验批质量验收记录	表 CJJ 2-2-2-8	
9)	预制桩混凝土配合比检验批质量验收记录	表 CJJ 2-2-2-9	
10)	预制桩混凝土施工检验批质量验收记录	表 CJJ 2-2-2-10	
	【预应力混凝土桩】		
11)	预应力混凝土桩材料及器材检验批质量验收记录	表 CJJ 2-2-2-11	
12)	预应力混凝土桩钢筋制作检验批质量验收记录	表 CJJ 2-2-2-12	

续表

序号	资料名称	序列与编号	说明
13)	预应力混凝土桩先张法预应力施工检验批质量验收记录	表 CJJ 2-2-2-13A	
14)	预应力混凝土桩后张法预应力施工检验批质量验收记录	表 CJJ 2-2-2-13B	
	【预应力混凝土桩预应力混凝土施工】		
15)	预应力混凝土桩预应力混凝土原材料检验批质量验收记录	表 CJJ 2-2-2-14A	
16)	预应力混凝土桩预应力混凝土配合比检验批质量验收记录	表 CJJ 2-2-2-14B	
17)	预应力混凝土桩预应力混凝土施工检验批质量验收记录	表 CJJ 2-2-2-14C	
	【沉入预制钢筋混凝土和预应力混凝土桩质量检验】		
18)	沉入预制钢筋混凝土和预应力混凝土桩质量检验检验批质量验收记录	表 CJJ 2-2-2-15	
	【钢管桩制作质量检验】		
19)	钢管桩制作质量检验检验批质量验收记录	表 CJJ 2-2-2-16	
	【沉桩质量检验】		
	沉桩质量检验检验批质量验收记录	表 CJJ 2-2-2-17	
(3)	【混凝土灌注桩子分部工程】		
	【混凝土灌注桩机械成孔】		
1)	混凝土灌注桩机械成孔检验批质量验收记录	表 CJJ 2-2-3-1	
	【混凝土灌注桩人工挖孔】		
2)	混凝土灌注桩人工挖孔检验批质量验收记录	表 CJJ 2-2-3-2	
	【混凝土灌注桩钢筋笼制作与安装】		
3)	混凝土灌注桩钢筋笼钢筋原材料检验批质量验收记录	表 CJJ 2-2-3-3	
4)	混凝土灌注桩钢筋笼钢筋加工检验批质量验收记录	表 CJJ 2-2-3-4	
5)	混凝土灌注桩钢筋笼钢筋连接检验批质量验收记录	表 CJJ 2-2-3-5	
6)	混凝土灌注桩钢筋笼钢筋安装检验批质量验收记录	表 CJJ 2-2-3-6	
	【混凝土灌注桩混凝土灌注】		
7)	混凝土灌注桩混凝土原材料检验批质量验收记录	表 CJJ 2-2-3-7	
8)	混凝土灌注桩混凝土配合比检验批质量验收记录	表 CJJ 2-2-3-8	
9)	混凝土灌注桩混凝土施工（灌注）检验批质量验收记录	表 CJJ 2-2-3-9	
	【混凝土灌注桩质量检验】		
10)	混凝土灌注桩质量检验检验批质量验收记录	表 CJJ 2-2-3-10	
(4)	【沉井子分部工程】		
	【沉井制作（模板与支架、钢筋、混凝土、钢壳】		
	【沉井制作模板与支架】		
1)	沉井制作模板与支架制作检验批质量验收记录	表 CJJ 2-2-4-1	

续表

序号	资 料 名 称	序列与编号	说 明
2)	沉井制作模板与支架安装检验批质量验收记录	表 CJJ 2-2-4-2	
3)	沉井制作模板与支架拆除检验批质量验收记录	表 CJJ 2-2-4-3	
	【沉井制作钢筋】		
4)	沉井制作钢筋原材料检验批质量验收记录	表 CJJ 2-2-4-4	
5)	沉井制作钢筋加工检验批质量验收记录	表 CJJ 2-2-4-5	
6)	沉井制作钢筋连接检验批质量验收记录	表 CJJ 2-2-4-6	
7)	沉井制作钢筋安装检验批质量验收记录	表 CJJ 2-2-4-7	
	【沉井制作混凝土】		
8)	沉井制作混凝土原材料检验批质量验收记录	表 CJJ 2-2-4-8	
9)	沉井制作混凝土配合比检验批质量验收记录	表 CJJ 2-2-4-9	
10)	沉井制作混凝土施工检验批质量验收记录	表 CJJ 2-2-4-10	
	【沉井制作（钢壳沉井或混凝土沉井）质量检验】		
11)	沉井制作（钢壳沉井或混凝土沉井）质量检验检验批质量验收记录	表 CJJ 2-2-4-11	
	【沉井浮运】		
12)	沉井浮运检验批质量验收记录	表 CJJ 2-2-4-12	
	【沉井下沉就位】		
13)	沉井下沉就位检验批质量验收记录	表 CJJ 2-2-4-13	
	【清基与封底填充】		
	【封底填充模板与支架】		
14)	封底填充模板与支架制作检验批质量验收记录	表 CJJ 2-2-4-14	
15)	封底填充模板与支架安装检验批质量验收记录	表 CJJ 2-2-4-15	
16)	封底填充模板与支架拆除检验批质量验收记录	表 CJJ 2-2-4-16	
	【封底填充钢筋】		
17)	封底填充钢筋原材料检验批质量验收记录	表 CJJ 2-2-4-17	
18)	封底填充钢筋加工检验批质量验收记录	表 CJJ 2-2-4-18	
19)	封底填充钢筋连接检验批质量验收记录	表 CJJ 2-2-4-19	
20)	封底填充钢筋安装检验批质量验收记录	表 CJJ 2-2-4-20	
	【封底填充混凝土】		
21)	封底填充混凝土原材料检验批质量验收记录	表 CJJ 2-2-4-21	
22)	封底填充混凝土配合比检验批质量验收记录	表 CJJ 2-2-4-22	
23)	封底填充混凝土施工检验批质量验收记录	表 CJJ 2-2-4-23	
	【清基与封底填充混凝土】		

续表

序号	资料名称	序列与编号	说明
24)	清基与封底填充混凝土检验批质量验收记录	表 CJJ 2-2-4-24	
(5)	【地下连续墙子分部工程】		
	【地下连续墙成槽】		
1)	地下连续墙成槽检验批质量验收记录	表 CJJ 2-2-5-1	
	【地下连续墙钢筋与骨架】		
2)	地下连续墙钢筋与骨架钢筋原材料检验批质量验收记录	表 CJJ 2-2-5-2	
3)	地下连续墙钢筋与骨架钢筋加工检验批质量验收记录	表 CJJ 2-2-5-3	
4)	地下连续墙钢筋与骨架钢筋连接检验批质量验收记录	表 CJJ 2-2-5-4	
5)	地下连续墙钢筋与骨架检验批质量验收记录	表 CJJ 2-2-5-5	
	【地下连续墙水下混凝土】		
6)	地下连续墙水下混凝土原材料检验批质量验收记录	表 CJJ 2-2-5-6	
7)	地下连续墙水下混凝土配合比检验批质量验收记录	表 CJJ 2-2-5-7	
8)	地下连续墙水下混凝土施工检验批质量验收记录	表 CJJ 2-2-5-8	
	【地下连续墙质量检验】		
	地下连续墙质量检验检验批质量验收记录	表 CJJ 2-2-5-9	
(6)	【现浇混凝土承台子分部工程】		
	【现浇混凝土承台模板与支架】		
1)	现浇混凝土承台模板与支架制作检验批质量验收记录	表 CJJ 2-2-6-1	
2)	现浇混凝土承台模板与支架安装检验批质量验收记录	表 CJJ 2-2-6-2	
3)	现浇混凝土承台模板与支架拆除检验批质量验收记录	表 CJJ 2-2-6-3	
	【现浇混凝土承台钢筋】		
4)	现浇混凝土承台钢筋原材料检验批质量验收记录	表 CJJ 2-2-6-4	
5)	现浇混凝土承台钢筋加工检验批质量验收记录	表 CJJ 2-2-6-5	
6)	现浇混凝土承台钢筋连接检验批质量验收记录	表 CJJ 2-2-6-6	
7)	现浇混凝土承台钢筋安装检验批质量验收记录	表 CJJ 2-2-6-7	
	【现浇混凝土承台混凝土】		
8)	现浇混凝土承台混凝土原材料检验批质量验收记录	表 CJJ 2-2-6-8	
9)	现浇混凝土承台混凝土配合比检验批质量验收记录	表 CJJ 2-2-6-9	
10)	现浇混凝土承台混凝土施工检验批质量验收记录	表 CJJ 2-2-6-10	
	【现浇混凝土承台混凝土质量检验】		
11)	现浇混凝土承台混凝土质量检验检验批质量验收记录	表 CJJ 2-2-6-11	
2	【墩台分部工程】		
(1)	【砌体墩台子分部工程】		

续表

序号	资　料　名　称	序列与编号	说 明
	【石砌体砌筑墩台】		
1)	石砌体砌筑墩台检验批质量验收记录	表 CJJ 2-3-1-1	
	【砌块砌体砌筑墩台】		
2)	砌块砌体砌筑墩台检验批质量验收记录	表 CJJ 2-3-1-2	
	【砌筑墩台砌体允许偏差】		
	砌筑墩台砌体允许偏差检验批质量验收记录	表 CJJ 2-3-1-3	
(2)	【现浇混凝土墩台子分部工程】		
	【现浇混凝土墩台模板与支架】		
1)	现浇混凝土墩台模板与支架制作检验批质量验收记录	表 CJJ 2-3-2-1	
2)	现浇混凝土墩台模板与支架安装检验批质量验收记录	表 CJJ 2-3-2-2	
3)	现浇混凝土墩台模板与支架拆除检验批质量验收记录	表 CJJ 2-3-2-3	
	【现浇混凝土墩台钢筋】		
4)	现浇混凝土墩台钢筋原材料检验批质量验收记录	表 CJJ 2-3-2-4	
5)	现浇混凝土墩台钢筋加工检验批质量验收记录	表 CJJ 2-3-2-5	
6)	现浇混凝土墩台钢筋连接检验批质量验收记录	表 CJJ 2-3-2-6	
7)	现浇混凝土墩台钢筋安装检验批质量验收记录	表 CJJ 2-3-2-7	
	【现浇混凝土墩台混凝土】		
8)	现浇混凝土墩台混凝土原材料检验批质量验收记录	表 CJJ 2-3-2-8	
9)	现浇混凝土墩台混凝土配合比检验批质量验收记录	表 CJJ 2-3-2-9	
10)	现浇混凝土墩台混凝土施工检验批质量验收记录	表 CJJ 2-3-2-10	
	【现浇混凝土墩台预应力混凝土】		
11)	现浇混凝土墩台预应力材料及器材检验批质量验收记录	表 CJJ 2-3-2-11	
12)	现浇混凝土墩台预应力钢筋制作检验批质量验收记录	表 CJJ 2-3-2-12	
13)	现浇混凝土墩台预应力后张法预应力施工检验批质量验收记录	表 CJJ 2-3-2-13	
	【现浇混凝土墩台预应力混凝土施工】		
14)	现浇混凝土墩台预应力混凝土原材料检验批质量验收记录	表 CJJ 2-3-2-14A	
15)	现浇混凝土墩台预应力混凝土配合比检验批质量验收记录	表 CJJ 2-3-2-14B	
16)	现浇混凝土墩台预应力混凝土施工检验批质量验收记录	表 CJJ 2-3-2-14C	
	【现浇混凝土墩台质量检验】		
17)	现浇混凝土墩台质量检验检验批质量验收记录	表 CJJ 2-3-2-15	

续表

序号	资料名称	序列与编号	说明
(3)	【预制安装混凝土柱子分部工程】		
	【预制安装混凝土柱（模板、钢筋、混凝土、预应力混凝土】		
	【预制安装混凝土柱模板】		
1)	预制安装混凝土柱模板制作检验批质量验收记录	表 CJJ 2-3-3-1	
2)	预制安装混凝土柱模板安装检验批质量验收记录	表 CJJ 2-3-3-2	
3)	预制安装混凝土柱模板拆除检验批质量验收记录	表 CJJ 2-3-3-3	
	【预制安装混凝土柱钢筋】		
4)	预制安装混凝土柱钢筋原材料检验批质量验收记录	表 CJJ 2-3-3-4	
5)	预制安装混凝土柱钢筋加工检验批质量验收记录	表 CJJ 2-3-3-5	
6)	预制安装混凝土柱钢筋连接检验批质量验收记录	表 CJJ 2-3-3-6	
7)	预制安装混凝土柱钢筋安装检验批质量验收记录	表 CJJ 2-3-3-7	
	【预制安装混凝土柱混凝土】		
8)	预制安装混凝土柱混凝土原材料检验批质量验收记录	表 CJJ 2-3-3-8	
9)	预制安装混凝土柱混凝土配合比检验批质量验收记录	表 CJJ 2-3-3-9	
10)	预制安装混凝土柱混凝土施工检验批质量验收记录	表 CJJ 2-3-3-10	
	【预制安装混凝土柱预应力混凝土】		
11)	预制安装混凝土柱预应力材料及器材检验批质量验收记录	表 CJJ 2-3-3-11	
12)	预制安装混凝土柱预应力钢筋制作检验批质量验收记录	表 CJJ 2-3-3-12	
13)	预制安装混凝土柱预应力先张法预应力施工检验批质量验收记录	表 CJJ 2-3-3-13A	
14)	预制安装混凝土柱预应力后张法预应力施工检验批质量验收记录	表 CJJ 2-3-3-13B	
	【预制安装混凝土柱预应力混凝土施工】		
15)	预制安装混凝土柱预应力混凝土原材料检验批质量验收记录	表 CJJ 2-3-3-14A	
16)	预制安装混凝土柱预应力混凝土配合比检验批质量验收记录	表 CJJ 2-3-3-14B	
17)	预制安装混凝土柱预应力混凝土施工检验批质量验收记录	表 CJJ 2-3-3-14C	
	【预制安装混凝土柱（制作与安装）质量检验】		
18)	预制安装混凝土柱（制作与安装）质量检验检验批质量验收记录	表 CJJ 2-3-3-15	
(4)	【墩台台背填土子分部工程】		
	【墩台台背填土质量检验】		
1)	墩台台背填土质量检验检验批质量验收记录	表 CJJ 2-3-4-1	
3	【现浇混凝土盖梁分部（子分部）工程】		

续表

序号	资料名称	序列与编号	说明
	【现浇混凝土盖梁模板与支架】		
1)	现浇混凝土盖梁模板与支架制作检验批质量验收记录	表 CJJ 2-4-1-1	
2)	现浇混凝土盖梁模板与支架安装检验批质量验收记录	表 CJJ 2-4-1-2	
3)	现浇混凝土盖梁模板与支架拆除检验批质量验收记录	表 CJJ 2-4-1-3	
	【现浇混凝土盖梁钢筋】		
4)	现浇混凝土盖梁钢筋原材料检验批质量验收记录	表 CJJ 2-4-1-4	
5)	现浇混凝土盖梁钢筋加工检验批质量验收记录	表 CJJ 2-4-1-5	
6)	现浇混凝土盖梁钢筋连接检验批质量验收记录	表 CJJ 2-4-1-6	
7)	现浇混凝土盖梁钢筋安装检验批质量验收记录	表 CJJ 2-4-1-7	
	【现浇混凝土盖梁混凝土】		
8)	现浇盖梁混凝土原材料检验批质量验收记录	表 CJJ 2-4-1-8	
9)	现浇盖梁混凝土配合比检验批质量验收记录	表 CJJ 2-4-1-9	
10)	现浇盖梁混凝土施工检验批质量验收记录	表 CJJ 2-4-1-10	
	【预应力混凝土盖梁预应力混凝土】		
11)	预应力混凝土盖梁预应力材料及器材检验批质量验收记录	表 CJJ 2-4-1-11	
12)	预应力混凝土盖梁钢筋制作检验批质量验收记录	表 CJJ 2-4-1-12	
13)	预应力混凝土盖梁先张法预应力施工检验批质量验收记录	表 CJJ 2-4-1-13A	
14)	预应力混凝土盖梁后张法预应力施工检验批质量验收记录	表 CJJ 2-4-1-13B	
	【预应力混凝土盖梁预应力混凝土施工】		
15)	预应力混凝土盖梁预应力混凝土原材料检验批质量验收记录	表 CJJ 2-4-1-14A	
16)	预应力混凝土盖梁预应力混凝土配合比检验批质量验收记录	表 CJJ 2-4-1-14B	
17)	预应力混凝土盖梁预应力混凝土施工检验批质量验收记录	表 CJJ 2-4-1-14C	
	【现浇混凝土盖梁质量检验】		
18)	现浇混凝土盖梁质量检验检验批质量验收记录	表 CJJ 2-4-1-15	
	【人行天桥钢墩柱质量检验】		
19)	人行天桥钢墩柱质量检验检验批质量验收记录	表 CJJ 2-4-1-16	
4	【支座分部（子分部）工程】		
	【支座安装】		
1)	支座安装检验批质量验收记录	表 CJJ 2-5-1-1	
	【垫石混凝土、挡块混凝土】		
2)	垫石混凝土、挡块混凝土检验批质量验收记录	表 CJJ 2-5-1-2	
5	【索塔分部（子分部）工程】		
	【现浇混凝土索塔（模板与支架、钢筋、混凝土、预应力混凝土）】		

续表

序号	资料名称	序列与编号	说明
	【现浇混凝土索塔模板与支架】		
1)	现浇混凝土索塔模板与支架制作检验批质量验收记录	表 CJJ 2-6-1-1	
2)	现浇混凝土索塔模板与支架安装检验批质量验收记录	表 CJJ 2-6-1-2	
3)	现浇混凝土索塔模板与支架拆除检验批质量验收记录	表 CJJ 2-6-1-3	
	【现浇混凝土索塔钢筋】		
4)	现浇混凝土索塔钢筋原材料检验批质量验收记录	表 CJJ 2-6-1-4	
5)	现浇混凝土索塔钢筋加工检验批质量验收记录	表 CJJ 2-6-1-5	
6)	现浇混凝土索塔钢筋连接检验批质量验收记录	表 CJJ 2-6-1-6	
7)	现浇混凝土索塔钢筋安装检验批质量验收记录	表 CJJ 2-6-1-7	
	【现浇混凝土索塔混凝土】		
8)	现浇混凝土索塔混凝土原材料检验批质量验收记录	表 CJJ 2-6-1-8	
9)	现浇混凝土索塔混凝土配合比检验批质量验收记录	表 CJJ 2-6-1-9	
10)	现浇混凝土索塔混凝土施工检验批质量验收记录	表 CJJ 2-6-1-10	
	【现浇混凝土索塔预应力混凝土】		
11)	现浇混凝土索塔预应力材料及器材检验批质量验收记录	表 CJJ 2-6-1-11	
12)	现浇混凝土索塔预应力钢筋制作检验批质量验收记录	表 CJJ 2-6-1-12	
13)	现浇混凝土索塔后张法预应力施工检验批质量验收记录	表 CJJ 2-6-1-13	
	【现浇混凝土索塔预应力混凝土施工】		
14)	现浇混凝土索塔预应力混凝土原材料检验批质量验收记录	表 CJJ 2-6-1-14A	
15)	现浇混凝土索塔预应力混凝土配合比检验批质量验收记录	表 CJJ 2-6-1-14B	
16)	现浇混凝土索塔预应力混凝土施工检验批质量验收记录	表 CJJ 2-6-1-14C	
	【现浇混凝土索塔施工质量检验】		
17)	现浇混凝土索塔施工质量检验检验批质量验收记录	表 CJJ 2-6-1-15	
	【索塔钢构件安装】		
18)	索塔钢构件安装检验批质量验收记录	表 CJJ 2-6-1-16	
6	**【锚锭分部（子分部）工程】**		
	【锚锭锚固系统制作】		
1)	锚碇锚固系统钢板梁制作检验批质量验收记录	表 CJJ 2-7-1-1	
2)	锚碇锚固系统钢桁梁节段制作检验批质量验收记录	表 CJJ 2-7-1-2	
3)	锚碇锚固系统钢箱形梁制作检验批质量验收记录	表 CJJ 2-7-1-3	
	【锚碇锚固系统制作（预应力锚固系统、刚架锚固系统）质量检验】		

续表

序号	资　料　名　称	序列与编号	说　明
4)	锚碇锚固系统制作（预应力锚固系统、刚架锚固系统）质量检验检验批质量验收记录	表 CJJ 2-7-1-4	
	【锚碇锚固系统安装】		
5)	锚碇锚固系统钢梁现场安装检验批质量验收记录	表 CJJ 2-7-1-5	
	【锚碇锚固系统安装（预应力锚固系统、刚架锚固系统）质量检验】		
6)	锚碇锚固系统安装（预应力锚固系统、刚架锚固系统）质量检验检验批质量验收记录	表 CJJ 2-7-1-6	
	【锚碇混凝土（模板与支架、钢筋、混凝土）】		
	【锚碇混凝土模板与支架】		
7)	锚碇混凝土模板与支架制作检验批质量验收记录	表 CJJ 2-7-1-7	
8)	锚碇混凝土模板与支架安装检验批质量验收记录	表 CJJ 2-7-1-8	
9)	锚碇混凝土模板与支架拆除检验批质量验收记录	表 CJJ 2-7-1-9	
	【锚碇混凝土钢筋】		
10)	锚碇混凝土钢筋原材料检验批质量验收记录	表 CJJ 2-7-1-10	
11)	锚碇混凝土钢筋加工检验批质量验收记录	表 CJJ 2-7-1-11	
12)	锚碇混凝土钢筋连接检验批质量验收记录	表 CJJ 2-7-1-12	
13)	锚碇混凝土钢筋安装检验批质量验收记录	表 CJJ 2-7-1-13	
	【锚碇混凝土】		
14)	锚碇混凝土原材料检验批质量验收记录	表 CJJ 2-7-1-14	
15)	锚碇混凝土配合比检验批质量验收记录	表 CJJ 2-7-1-15	
16)	锚碇混凝土施工检验批质量验收记录	表 CJJ 2-7-1-16	
	【锚碇混凝土施工质量检验】		
17)	锚碇混凝土施工质量检验检验批质量验收记录	表 CJJ 2-7-1-17	
	【预应力锚索张拉与压浆】		
18)	预应力锚索张拉与压浆检验批质量验收记录	表 CJJ 2-7-1-18	
7	【桥跨承重结构分部工程】		
(1)	【支架上浇筑混凝土梁（板）子分部工程】		
	【支架上浇筑混凝土梁（板）模板与支架、钢筋、混凝土、预应力钢筋】		
	【支架上浇筑混凝土梁（板）模板与支架】		
1)	支架上浇筑混凝土梁（板）模板与支架制作检验批质量验收记录	表 CJJ 2-8-1-1	

续表

序号	资　料　名　称	序列与编号	说　明
2)	支架上浇筑混凝土梁（板）模板与支架安装检验批质量验收记录	表 CJJ 2-8-1-2	
3)	支架上浇筑混凝土梁（板）模板与支架拆除检验批质量验收记录	表 CJJ 2-8-1-3	
	【支架上浇筑混凝土梁（板）钢筋】		
4)	支架上浇筑混凝土梁（板）钢筋原材料检验批质量验收记录	表 CJJ 2-8-1-4	
5)	支架上浇筑混凝土梁（板）钢筋加工检验批质量验收记录	表 CJJ 2-8-1-5	
6)	支架上浇筑混凝土梁（板）钢筋连接检验批质量验收记录	表 CJJ 2-8-1-6	
7)	支架上浇筑混凝土梁（板）钢筋安装检验批质量验收记录	表 CJJ 2-8-1-7	
	【支架上浇筑混凝土梁（板）混凝土】		
8)	支架上浇筑混凝土梁（板）混凝土原材料检验批质量验收记录	表 CJJ 2-8-1-8	
9)	支架上浇筑混凝土梁（板）混凝土配合比检验批质量验收记录	表 CJJ 2-8-1-9	
10)	支架上浇筑混凝土梁（板）混凝土施工检验批质量验收记录	表 CJJ 2-8-1-10	
	【支架上浇筑混凝土梁（板）预应力钢筋】		
11)	支架上浇筑混凝土梁（板）预应力材料及器材检验批质量验收记录	表 CJJ 2-8-1-11	
12)	支架上浇筑混凝土梁（板）预应力钢筋制作检验批质量验收记录	表 CJJ 2-8-1-12	
13)	支架上浇筑混凝土梁（板）后张法预应力施工检验批质量验收记录	表 CJJ 2-8-1-13	
	【支架上浇筑梁（板）质量检验】		
14)	支架上浇筑梁（板）质量检验批质量验收记录	表 CJJ 2-8-1-14	
(2)	【装配式钢筋混凝土梁（板）子分部工程】		
	【预制安装梁（板）（模板、钢筋、混凝土、预应力混凝土）】		
	【预制安装梁（板）模板与支架】		
1)	预制安装梁（板）模板与支架制作检验批质量验收记录	表 CJJ 2-8-2-1	
2)	预制安装梁（板）模板与支架安装检验批质量验收记录	表 CJJ 2-8-2-2	
3)	预制安装梁（板）模板与支架拆除检验批质量验收记录	表 CJJ 2-8-2-3	
	【预制安装梁（板）钢筋】		
4)	预制安装梁（板）钢筋原材料检验批质量验收记录	表 CJJ 2-8-2-4	
5)	预制安装梁（板）钢筋加工检验批质量验收记录	表 CJJ 2-8-2-5	
6)	预制安装梁（板）钢筋连接检验批质量验收记录	表 CJJ 2-8-2-6	

续表

序号	资料名称	序列与编号	说明
7)	预制安装梁（板）钢筋安装检验批质量验收记录	表 CJJ 2-8-2-7	
	【预制安装梁（板）混凝土】		
8)	预制安装梁（板）混凝土原材料检验批质量验收记录	表 CJJ 2-8-2-8	
9)	预制安装梁（板）混凝土配合比检验批质量验收记录	表 CJJ 2-8-2-9	
10)	预制安装梁（板）混凝土施工检验批质量验收记录	表 CJJ 2-8-2-10	
	【预制安装梁（板）预应力混凝土】		
11)	预制安装梁（板）预应力材料及器材检验批质量验收记录	表 CJJ 2-8-2-11	
12)	预制安装梁（板）预应力钢筋制作检验批质量验收记录	表 CJJ 2-8-2-12	
13)	预制安装梁（板）先张法预应力施工检验批质量验收记录	表 CJJ 2-8-2-13A	
14)	预制安装梁（板）后张法预应力施工检验批质量验收记录	表 CJJ 2-8-2-13B	
	【预制安装梁（板）预应力混凝土施工】		
15)	预制安装梁（板）预应力混凝土原材料检验批质量验收记录	表 CJJ 2-8-2-14A	
16)	预制安装梁（板）预应力混凝土配合比检验批质量验收记录	表 CJJ 2-8-2-14B	
17)	预制安装梁（板）预应力混凝土施工检验批质量验收记录	表 CJJ 2-8-2-14C	
	【预制安装梁（板）的制作、安装允许偏差】		
18)	预制安装梁（板）的制作允许偏差检验批质量验收记录	表 CJJ 2-8-2-15A	
19)	预制安装梁（板）的安装允许偏差检验批质量验收记录	表 CJJ 2-8-2-15B	
(3)	【悬臂浇筑预应力混凝土梁子分部工程】		
	【悬臂浇筑预应力混凝土梁 0# 段（模板与支架、钢筋、混凝土、预应力混凝土）】		
	【悬臂浇筑预应力混凝土梁 0# 段模板与支架】		
1)	悬臂浇筑预应力混凝土梁 0# 段模板与支架制作检验批质量验收记录	表 CJJ 2-8-3-1	
2)	悬臂浇筑预应力混凝土梁 0# 段模板与支架安装检验批质量验收记录	表 CJJ 2-8-3-2	
3)	悬臂浇筑预应力混凝土梁 0# 段模板与支架拆除检验批质量验收记录	表 CJJ 2-8-3-3	
	【悬臂浇筑预应力混凝土梁 0# 段钢筋】		
4)	悬臂浇筑预应力混凝土梁 0# 段钢筋原材料检验批质量验收记录	表 CJJ 2-8-3-4	
5)	悬臂浇筑预应力混凝土梁 0# 段钢筋加工检验批质量验收记录	表 CJJ 2-8-3-5	
6)	悬臂浇筑预应力混凝土梁 0# 段钢筋连接检验批质量验收记录	表 CJJ 2-8-3-6	

续表

序号	资料名称	序列与编号	说明
7)	悬臂浇筑预应力混凝土梁 0# 段钢筋安装检验批质量验收记录	表 CJJ 2-8-3-7	
	【悬臂浇筑预应力混凝土梁 0# 段混凝土】		
8)	悬臂浇筑预应力混凝土梁 0# 段混凝土原材料检验批质量验收记录	表 CJJ 2-8-3-8	
9)	悬臂浇筑预应力混凝土梁 0# 段混凝土配合比检验批质量验收记录	表 CJJ 2-8-3-9	
10)	悬臂浇筑预应力混凝土梁 0# 段混凝土施工检验批质量验收记录	表 CJJ 2-8-3-10	
	【悬臂浇筑预应力混凝土梁 0# 段预应力混凝土】		
11)	悬臂浇筑预应力混凝土梁 0# 段预应力材料及器材检验批质量验收记录	表 CJJ 2-8-3-11	
12)	悬臂浇筑预应力混凝土梁 0# 段预应力钢筋制作检验批质量验收记录	表 CJJ 2-8-3-12	
13)	悬臂浇筑预应力混凝土梁 0# 段后张法预应力施工检验批质量验收记录	表 CJJ 2-8-3-13	
	【悬臂浇筑预应力混凝土梁 0# 段预应力混凝土施工】		
14)	悬臂浇筑预应力混凝土梁 0# 段预应力混凝土原材料检验批质量验收记录	表 CJJ 2-8-3-14A	
15)	悬臂浇筑预应力混凝土梁 0# 段预应力混凝土配合比检验批质量验收记录	表 CJJ 2-8-3-14B	
16)	悬臂浇筑预应力混凝土梁 0# 段预应力混凝土施工检验批质量验收记录	表 CJJ 2-8-3-14C	
	【悬臂浇筑预应力混凝土梁 0# 段质量检验】		
17)	悬臂浇筑预应力混凝土梁 0# 段质量检验检验批质量验收记录	表 CJJ 2-8-3-15	
	【悬臂浇筑预应力混凝土梁悬浇段（挂篮、模板、钢筋、混凝土、预应力混凝土）】		
	【悬臂浇筑预应力混凝土梁悬浇段挂篮结构与组装】		
18)	悬臂浇筑预应力混凝土梁悬浇段挂篮结构与组装检验批质量验收记录	表 CJJ 2-8-3-16	
	【悬臂浇筑预应力混凝土梁悬浇段模板】		
19)	悬臂浇筑预应力混凝土梁悬浇段模板制作检验批质量验收记录	表 CJJ 2-8-3-17	
20)	悬臂浇筑预应力混凝土梁悬浇段模板安装检验批质量验收记录	表 CJJ 2-8-3-18	
21)	悬臂浇筑预应力混凝土梁悬浇段模板拆除检验批质量验收记录	表 CJJ 2-8-3-19	
	【悬臂浇筑预应力混凝土梁悬浇段钢筋】		

续表

序号	资料名称	序列与编号	说明
22)	悬臂浇筑预应力混凝土梁悬浇段钢筋原材料检验批质量验收记录	表 CJJ 2-8-3-20	
23)	悬臂浇筑预应力混凝土梁悬浇段钢筋加工检验批质量验收记录	表 CJJ 2-8-3-21	
24)	悬臂浇筑预应力混凝土梁悬浇段钢筋连接检验批质量验收记录	表 CJJ 2-8-3-22	
25)	悬臂浇筑预应力混凝土梁悬浇段钢筋安装检验批质量验收记录	表 CJJ 2-8-3-23	
	【悬臂浇筑预应力混凝土梁悬浇段混凝土】		
26)	悬臂浇筑预应力混凝土梁悬浇段混凝土原材料检验批质量验收记录	表 CJJ 2-8-3-24	
27)	悬臂浇筑预应力混凝土梁悬浇段混凝土配合比检验批质量验收记录	表 CJJ 2-8-3-25	
28)	悬臂浇筑预应力混凝土梁悬浇段混凝土施工检验批质量验收记录	表 CJJ 2-8-3-26	
	【悬臂浇筑预应力混凝土梁悬浇段预应力混凝土】		
29)	悬臂浇筑预应力混凝土梁悬浇段预应力材料及器材检验批质量验收记录	表 CJJ 2-8-3-27	
30)	悬臂浇筑预应力混凝土梁悬浇段预应力钢筋制作检验批质量验收记录	表 CJJ 2-8-3-28	
31)	悬臂浇筑预应力混凝土梁悬浇段后张法预应力施工检验批质量验收记录	表 CJJ 2-8-3-29	
	【悬臂浇筑预应力混凝土梁悬浇段预应力混凝土施工】		
32)	悬臂浇筑预应力混凝土梁悬浇段预应力混凝土原材料检验批质量验收记录	表 CJJ 2-8-3-30A	
33)	悬臂浇筑预应力混凝土梁悬浇段预应力混凝土配合比检验批质量验收记录	表 CJJ 2-8-3-30B	
34)	悬臂浇筑预应力混凝土梁悬浇段预应力混凝土施工检验批质量验收记录	表 CJJ 2-8-3-30C	
	【悬臂浇筑预应力混凝土梁悬浇段质量检验】		
35)	悬臂浇筑预应力混凝土梁悬浇段质量检验检验批质量验收记录	表 CJJ 2-8-3-31	
(4)	【悬臂拼装预应力混凝土梁子分部工程】		
	【悬臂拼装预应力混凝土梁 0# 段（模板与支架、钢筋、混凝土、预应力混凝土）】		
	【悬臂拼装预应力混凝土梁 0# 段模板与支架】		
1)	悬臂拼装预应力混凝土梁 0# 段模板与支架制作检验批质量验收记录	表 CJJ 2-8-4-1	

续表

序号	资料名称	序列与编号	说明
2)	悬臂拼装预应力混凝土梁 0# 段模板与支架安装检验批质量验收记录	表 CJJ 2-8-4-2	
3)	悬臂拼装预应力混凝土梁 0# 段模板与支架拆除检验批质量验收记录	表 CJJ 2-8-4-3	
	【悬臂拼装预应力混凝土梁 0# 段钢筋】		
4)	悬臂拼装预应力混凝土梁 0# 段钢筋原材料检验批质量验收记录	表 CJJ 2-8-4-4	
5)	悬臂拼装预应力混凝土梁 0# 段钢筋加工检验批质量验收记录	表 CJJ 2-8-4-5	
6)	悬臂拼装预应力混凝土梁 0# 段钢筋连接检验批质量验收记录	表 CJJ 2-8-4-6	
7)	悬臂拼装预应力混凝土梁 0# 段钢筋安装检验批质量验收记录	表 CJJ 2-8-4-7	
	【悬臂拼装预应力混凝土梁 0# 段混凝土】		
8)	悬臂拼装预应力混凝土梁 0# 段混凝土原材料检验批质量验收记录	表 CJJ 2-8-4-8	
9)	悬臂拼装预应力混凝土梁 0# 段混凝土配合比检验批质量验收记录	表 CJJ 2-8-4-9	
10)	悬臂拼装预应力混凝土梁 0# 段混凝土施工检验批质量验收记录	表 CJJ 2-8-4-10	
	【悬臂拼装预应力混凝土梁 0# 段预应力混凝土】		
11)	悬臂拼装预应力混凝土梁 0# 段预应力材料及器材检验批质量验收记录	表 CJJ 2-8-4-11	
12)	悬臂拼装预应力混凝土梁 0# 段预应力钢筋制作检验批质量验收记录	表 CJJ 2-8-4-12	
13)	悬臂拼装预应力混凝土梁 0# 段后张法预应力施工检验批质量验收记录	表 CJJ 2-8-4-13	
	【悬臂拼装预应力混凝土梁 0# 段预应力混凝土施工】		
14)	悬臂拼装预应力混凝土梁 0# 段预应力混凝土原材料检验批质量验收记录	表 CJJ 2-8-4-14A	
15)	悬臂拼装预应力混凝土梁 0# 段预应力混凝土配合比检验批质量验收记录	表 CJJ 2-8-4-14B	
16)	悬臂拼装预应力混凝土梁 0# 段预应力混凝土施工检验批质量验收记录	表 CJJ 2-8-4-14C	
	【悬臂拼装预应力混凝土梁梁段预制（模板与支架、钢筋、混凝土）】		
	【悬臂拼装预应力混凝土梁梁段预制模板与支架】		

续表

序号	资料名称	序列与编号	说明
17)	悬臂拼装预应力混凝土梁梁段预制模板与支架制作检验批质量验收记录	表 CJJ 2-8-4-15	
18)	悬臂拼装预应力混凝土梁梁段预制模板与支架安装检验批质量验收记录	表 CJJ 2-8-4-16	
19)	悬臂拼装预应力混凝土梁梁段预制模板与支架拆除检验批质量验收记录	表 CJJ 2-8-4-17	
	【悬臂拼装预应力混凝土梁梁段预制钢筋】		
20)	悬臂拼装预应力混凝土梁梁段预制钢筋原材料检验批质量验收记录	表 CJJ 2-8-4-18	
21)	悬臂拼装预应力混凝土梁梁段预制钢筋加工检验批质量验收记录	表 CJJ 2-8-4-19	
22)	悬臂拼装预应力混凝土梁梁段预制钢筋连接检验批质量验收记录	表 CJJ 2-8-4-20	
23)	悬臂拼装预应力混凝土梁梁段预制钢筋安装检验批质量验收记录	表 CJJ 2-8-4-21	
	【悬臂拼装预应力混凝土梁梁段预制混凝土】		
24)	悬臂拼装预应力混凝土梁梁段预制混凝土原材料检验批质量验收记录	表 CJJ 2-8-4-22	
25)	悬臂拼装预应力混凝土梁梁段预制混凝土配合比检验批质量验收记录	表 CJJ 2-8-4-23	
26)	悬臂拼装预应力混凝土梁梁段预制混凝土施工检验批质量验收记录	表 CJJ 2-8-4-24	
	【悬臂拼装预应力混凝土梁质量检验】		
27)	悬臂拼装预应力混凝土梁质量检验检验批质量验收记录	表 CJJ 2-8-4-25	
	【悬臂拼装预应力混凝土梁施加预应力】		
28)	悬臂拼装预应力混凝土梁施加预应力记录		(自制表)
(5)	【顶推施工混凝土梁子分部工程】		
	【顶推施工混凝土的梁台座系统】		
1)	顶推施工混凝土梁的台座系统检验批质量验收记录	表 CJJ 2-8-5-1	
	【顶推施工混凝土梁的导梁】		
2)	顶推施工混凝土梁的导梁检验批质量验收记录	表 CJJ 2-8-5-2	
	【顶推施工混凝土梁的梁段预制（模板与支架、钢筋、混凝土、预应力混凝土)】		
	【顶推施工混凝土梁的梁段预制模板与支架】		
3)	顶推施工混凝土梁的梁段预制模板与支架制作检验批质量验收记录	表 CJJ 2-8-5-3	

续表

序号	资　料　名　称	序列与编号	说　明
4)	顶推施工混凝土梁的梁段预制模板与支架安装检验批质量验收记录	表 CJJ 2-8-5-4	
5)	顶推施工混凝土梁的梁段预制模板与支架拆除检验批质量验收记录	表 CJJ 2-8-5-5	
	【顶推施工混凝土梁的梁段预制钢筋】		
6)	顶推施工混凝土梁的梁段预制钢筋原材料检验批质量验收记录	表 CJJ 2-8-5-6	
7)	顶推施工混凝土梁的梁段预制钢筋加工检验批质量验收记录	表 CJJ 2-8-5-7	
8)	顶推施工混凝土梁的梁段预制钢筋连接检验批质量验收记录	表 CJJ 2-8-5-8	
9)	顶推施工混凝土梁的梁段预制钢筋安装检验批质量验收记录	表 CJJ 2-8-5-9	
	【顶推施工混凝土梁的梁段预制混凝土】		
10)	顶推施工混凝土梁的梁段预制混凝土原材料检验批质量验收记录	表 CJJ 2-8-5-10	
11)	顶推施工混凝土梁的梁段预制混凝土配合比检验批质量验收记录	表 CJJ 2-8-5-11	
12)	顶推施工混凝土梁的梁段预制混凝土施工检验批质量验收记录	表 CJJ 2-8-5-12	
	【顶推施工混凝土梁的梁段预制预应力混凝土】		
13)	顶推施工混凝土梁的梁段预制预应力材料及器材检验批质量验收记录	表 CJJ 2-8-5-13	
14)	顶推施工混凝土梁的梁段预制预应力钢筋制作检验批质量验收记录	表 CJJ 2-8-5-14	
15)	顶推施工混凝土梁的梁段预制后张法预应力施工检验批质量验收记录	表 CJJ 2-8-5-15	
	【顶推施工混凝土梁的梁段预制预应力混凝土施工】		
16)	顶推施工混凝土梁的梁段预制预应力混凝土原材料检验批质量验收记录	表 CJJ 2-8-5-16A	
17)	顶推施工混凝土梁的梁段预制预应力混凝土配合比检验批质量验收记录	表 CJJ 2-8-5-16B	
18)	顶推施工混凝土梁的梁段预制预应力混凝土施工检验批质量验收记录	表 CJJ 2-8-5-16C	
	【顶推施工预应力混凝土梁质量检验】		
19)	顶推施工预应力混凝土梁质量检验检验批质量验收记录	表 CJJ 2-8-5-17	
	【顶推施工混凝土梁施加预应力】		

续表

序号	资料名称	序列与编号	说明
20）	顶推施工混凝土梁施加预应力记录		（自制表）
(6)	【钢梁子分部工程】		
	【钢梁制作（钢板梁制作、钢桁梁节段制作、钢箱形梁制作）】		
	【钢梁制作原材料】		
1）	钢梁制作原材料检验批质量验收记录	表 CJJ 2-8-6-1	
	【钢板梁制作】		
2）	钢板梁制作检验批质量验收记录	表 CJJ 2-8-6-2	
3）	钢桁梁节段制作检验批质量验收记录	表 CJJ 2-8-6-3	
4）	钢箱形梁制作检验批质量验收记录	表 CJJ 2-8-6-4	
	【钢梁现场安装】		
5）	钢梁现场安装检验批质量验收记录	表 CJJ 2-8-6-5	
(7)	【结合梁子分部工程】		
	【结合梁钢梁制作与安装】 【结合梁钢梁制作用原材料】		
1）	结合梁钢梁原材料检验批质量验收记录	表 CJJ 2-8-7-1	
	【结合梁钢梁制作】		
2）	结合梁钢板梁制作检验批质量验收记录	表 CJJ 2-8-7-2	
3）	结合梁钢桁梁节段制作检验批质量验收记录	表 CJJ 2-8-7-3	
4）	结合梁钢箱形梁制作检验批质量验收记录	表 CJJ 2-8-7-4	
	【结合梁钢梁安装】		
5）	结合梁钢梁安装检验批质量验收记录	表 CJJ 2-8-7-5	
	【结合梁预应力钢筋混凝土梁预制 （模板与支架、钢筋、混凝土、预应力混凝土）】 【结合梁预应力钢筋混凝土梁预制模板与支架】		
6）	结合梁预应力钢筋混凝土梁预制模板与支架制作检验批质量验收记录	表 CJJ 2-8-7-6	
7）	结合梁预应力钢筋混凝土梁预制模板与支架安装检验批质量验收记录	表 CJJ 2-8-7-7	
8）	结合梁预应力钢筋混凝土梁预制模板与支架拆除检验批质量验收记录	表 CJJ 2-8-7-8	
	【结合梁预应力钢筋混凝土梁预制钢筋】		
9）	结合梁预应力钢筋混凝土梁预制钢筋原材料检验批质量验收记录	表 CJJ 2-8-7-9	
10）	结合梁预应力钢筋混凝土梁预制钢筋加工检验批质量验收记录	表 CJJ 2-8-7-10	

续表

序号	资料名称	序列与编号	说明
11)	结合梁预应力钢筋混凝土梁预制钢筋连接检验批质量验收记录	表 CJJ 2-8-7-11	
12)	结合梁预应力钢筋混凝土梁预制钢筋安装检验批质量验收记录	表 CJJ 2-8-7-12	
	【结合梁预应力钢筋混凝土梁预制混凝土】		
13)	结合梁预应力钢筋混凝土梁预制混凝土原材料检验批质量验收记录	表 CJJ 2-8-7-13	
14)	结合梁预应力钢筋混凝土梁预制混凝土配合比检验批质量验收记录	表 CJJ 2-8-7-14	
15)	结合梁预应力钢筋混凝土梁预制混凝土施工检验批质量验收记录	表 CJJ 2-8-7-15	
	【结合梁预应力钢筋混凝土梁预制预应力混凝土】		
16)	结合梁预应力钢筋混凝土梁预制预应力材料及器材检验批质量验收记录	表 CJJ 2-8-7-16	
17)	结合梁预应力钢筋混凝土梁预制预应力钢筋制作检验批质量验收记录	表 CJJ 2-8-7-17	
18)	结合梁预应力钢筋混凝土梁预制后张法预应力施工检验批质量验收记录	表 CJJ 2-8-7-18	
	【结合梁预应力钢筋混凝土梁预制预应力混凝土施工】		
19)	结合梁预应力钢筋混凝土梁预制预应力混凝土原材料检验批质量验收记录	表 CJJ 2-8-7-19A	
20)	结合梁预应力钢筋混凝土梁预制预应力混凝土配合比检验批质量验收记录	表 CJJ 2-8-7-19B	
21)	结合梁预应力钢筋混凝土梁预制预应力混凝土施工检验批质量验收记录	表 CJJ 2-8-7-19C	
	【结合梁预制梁安装】		
22)	结合梁预制梁安装检验批质量验收记录	表 CJJ 2-8-7-20	
	【结合梁混凝土结构浇筑（模板与支架、钢筋、混凝土、预应力混凝土）】		
	【结合梁混凝土结构浇筑模板与支架】		
23)	结合梁混凝土结构浇筑模板与支架制作检验批质量验收记录	表 CJJ 2-8-7-21	
24)	结合梁混凝土结构浇筑模板与支架安装检验批质量验收记录	表 CJJ 2-8-7-22	
25)	结合梁混凝土结构浇筑模板与支架拆除检验批质量验收记录	表 CJJ 2-8-7-23	
	【结合梁混凝土结构浇筑钢筋】		
26)	结合梁混凝土结构浇筑钢筋原材料检验批质量验收记录	表 CJJ 2-8-7-24	
27)	结合梁混凝土结构浇筑钢筋加工检验批质量验收记录	表 CJJ 2-8-7-25	
28)	结合梁混凝土结构浇筑钢筋连接检验批质量验收记录	表 CJJ 2-8-7-26	

续表

序号	资　料　名　称	序列与编号	说　明
29)	结合梁混凝土结构浇筑钢筋安装检验批质量验收记录	表 CJJ 2-8-7-27	
	【结合梁混凝土结构浇筑混凝土】		
30)	结合梁混凝土结构浇筑混凝土原材料检验批质量验收记录	表 CJJ 2-8-7-28	
31)	结合梁混凝土结构浇筑混凝土配合比检验批质量验收记录	表 CJJ 2-8-7-29	
32)	结合梁混凝土结构浇筑混凝土施工检验批质量验收记录	表 CJJ 2-8-7-30	
	【结合梁混凝土结构浇筑预应力混凝土】		
33)	结合梁混凝土结构浇筑预应力混凝土预应力材料及器材检验批质量验收记录	表 CJJ 2-8-7-31	
34)	结合梁混凝土结构浇筑预应力混凝土预应力钢筋制作检验批质量验收记录	表 CJJ 2-8-7-32	
35)	结合梁混凝土结构浇筑预应力混凝土后张法预应力施工检验批质量验收记录	表 CJJ 2-8-7-33	
	【结合梁混凝土结构浇筑预应力混凝土施工】		
36)	结合梁混凝土结构浇筑预应力混凝土原材料检验批质量验收记录	表 CJJ 2-8-7-34A	
37)	结合梁混凝土结构浇筑预应力混凝土配合比检验批质量验收记录	表 CJJ 2-8-7-34B	
38)	结合梁混凝土结构浇筑预应力混凝土施工检验批质量验收记录	表 CJJ 2-8-7-34C	
	【结合梁现浇混凝土结构允许偏差】		
39)	结合梁现浇混凝土结构允许偏差检验批质量验收记录	表 CJJ 2-8-7-35	
(8)	【拱部与拱上结构子分部工程】		
	【砌筑拱圈】		
	【石材砌体砌筑拱圈】		
1)	石材砌体砌筑拱圈检验批质量验收记录	表 CJJ 2-8-8-1	
	【混凝土砌块砌体砌筑拱圈】		
2)	混凝土砌块砌体砌筑拱圈检验批质量验收记录	表 CJJ 2-8-8-2	
	【砌筑拱圈质量检验】		
3)	砌筑拱圈质量检验检验批质量验收记录	表 CJJ 2-8-8-3	
	【现浇混凝土拱圈】		
	【现浇混凝土拱圈模板和拱架】		
4)	现浇混凝土拱圈模板和拱架制作检验批质量验收记录	表 CJJ 2-8-8-4	
5)	现浇混凝土拱圈模板和拱架安装检验批质量验收记录	表 CJJ 2-8-8-5	
6)	现浇混凝土拱圈模板和拱架拆除检验批质量验收记录	表 CJJ 2-8-8-6	
	【现浇混凝土拱圈钢筋】		

续表

序号	资料名称	序列与编号	说明
7）	现浇混凝土拱圈钢筋原材料检验批质量验收记录	表 CJJ 2-8-8-7	
8）	现浇混凝土拱圈钢筋加工检验批质量验收记录	表 CJJ 2-8-8-8	
9）	现浇混凝土拱圈钢筋连接检验批质量验收记录	表 CJJ 2-8-8-9	
10）	现浇混凝土拱圈钢筋安装检验批质量验收记录	表 CJJ 2-8-8-10	
	【现浇混凝土拱圈混凝土】		
11）	现浇混凝土拱圈混凝土原材料检验批质量验收记录	表 CJJ 2-8-8-11	
12）	现浇混凝土拱圈混凝土配合比检验批质量验收记录	表 CJJ 2-8-8-12	
13）	现浇混凝土拱圈混凝土施工检验批质量验收记录	表 CJJ 2-8-8-13	
	【现浇混凝土拱圈质量检验】		
14）	现浇混凝土拱圈质量检验检验批质量验收记录	表 CJJ 2-8-8-14	
	【劲性骨架混凝土拱圈】		
	【劲性骨架混凝土拱圈模板和拱架】		
15）	劲性骨架混凝土拱圈模板和拱架制作检验批质量验收记录	表 CJJ 2-8-8-15	
16）	劲性骨架混凝土拱圈模板和拱架安装检验批质量验收记录	表 CJJ 2-8-8-16	
17）	劲性骨架混凝土拱圈模板和拱架拆除检验批质量验收记录	表 CJJ 2-8-8-17	
	【劲性骨架混凝土拱圈钢筋】		
18）	劲性骨架混凝土拱圈钢筋原材料检验批质量验收记录	表 CJJ 2-8-8-18	
19）	劲性骨架混凝土拱圈钢筋加工检验批质量验收记录	表 CJJ 2-8-8-19	
20）	劲性骨架混凝土拱圈钢筋连接检验批质量验收记录	表 CJJ 2-8-8-20	
21）	劲性骨架混凝土拱圈钢筋安装检验批质量验收记录	表 CJJ 2-8-8-21	
	【劲性骨架混凝土拱圈混凝土】		
22）	劲性骨架混凝土拱圈混凝土原材料检验批质量验收记录	表 CJJ 2-8-8-22	
23）	劲性骨架混凝土拱圈混凝土配合比检验批质量验收记录	表 CJJ 2-8-8-23	
24）	劲性骨架混凝土拱圈混凝土施工检验批质量验收记录	表 CJJ 2-8-8-24	
	【劲性骨架混凝土拱圈质量检验】		
25）	劲性骨架混凝土拱圈质量检验检验批质量验收记录	表 CJJ 2-8-8-25	
	【装配式混凝土拱部结构】		
	【装配式混凝土拱部结构模板和拱架】		
26）	装配式混凝土拱部结构模板和拱架制作检验批质量验收记录	表 CJJ 2-8-8-26	
27）	装配式混凝土拱部结构模板和拱架安装检验批质量验收记录	表 CJJ 2-8-8-27	
28）	装配式混凝土拱部结构模板和拱架拆除检验批质量验收记录	表 CJJ 2-8-8-28	
	【装配式混凝土拱部结构钢筋】		
29）	装配式混凝土拱部结构钢筋原材料检验批质量验收记录	表 CJJ 2-8-8-29	

续表

序号	资料名称	序列与编号	说明
30)	装配式混凝土拱部结构钢筋加工检验批质量验收记录	表 CJJ 2-8-8-30	
31)	装配式混凝土拱部结构钢筋连接检验批质量验收记录	表 CJJ 2-8-8-31	
32)	装配式混凝土拱部结构钢筋安装检验批质量验收记录	表 CJJ 2-8-8-32	
	【装配式混凝土拱部结构混凝土】		
33)	装配式混凝土拱部结构混凝土原材料检验批质量验收记录	表 CJJ 2-8-8-33	
34)	装配式混凝土拱部结构混凝土配合比检验批质量验收记录	表 CJJ 2-8-8-34	
35)	装配式混凝土拱部结构混凝土施工检验批质量验收记录	表 CJJ 2-8-8-35	
	【装配式混凝土拱部结构质量检验】		
36)	装配式混凝土拱部结构质量检验检验批质量验收记录	表 CJJ 2-8-8-36	
	【钢管混凝土拱（拱肋安装、混凝土压注）】		
	【钢管混凝土拱模板和拱架】		
37)	钢管混凝土拱模板和拱架制作检验批质量验收记录	表 CJJ 2-8-8-37	
38)	钢管混凝土拱模板和拱架安装检验批质量验收记录	表 CJJ 2-8-8-38	
39)	钢管混凝土拱模板和拱架拆除检验批质量验收记录	表 CJJ 2-8-8-39	
	【钢管混凝土拱钢筋】		
40)	钢管混凝土拱钢筋原材料检验批质量验收记录	表 CJJ 2-8-8-40	
41)	钢管混凝土拱钢筋加工检验批质量验收记录	表 CJJ 2-8-8-41	
42)	钢管混凝土拱钢筋连接检验批质量验收记录	表 CJJ 2-8-8-42	
43)	钢管混凝土拱钢筋安装检验批质量验收记录	表 CJJ 2-8-8-43	
	【钢管混凝土拱混凝土】		
44)	钢管混凝土拱混凝土原材料检验批质量验收记录	表 CJJ 2-8-8-44	
45)	钢管混凝土拱混凝土配合比检验批质量验收记录	表 CJJ 2-8-8-45	
46)	钢管混凝土拱混凝土施工检验批质量验收记录	表 CJJ 2-8-8-46	
	【钢管混凝土拱质量检验】		
47)	钢管混凝土拱质量检验检验批质量验收记录	表 CJJ 2-8-8-47	
	【中下承式拱吊杆和柔性系杆拱】		
	【中下承式拱吊杆和柔性系杆拱模板和拱架】		
48)	中下承式拱吊杆和柔性系杆拱模板和拱架制作检验批质量验收记录	表 CJJ 2-8-8-48	
49)	中下承式拱吊杆和柔性系杆拱模板和拱架安装检验批质量验收记录	表 CJJ 2-8-8-49	
50)	中下承式拱吊杆和柔性系杆拱模板和拱架拆除检验批质量验收记录	表 CJJ 2-8-8-50	
	【中下承式拱吊杆和柔性系杆拱钢筋】		

续表

序号	资料名称	序列与编号	说明
51)	中下承式拱吊杆和柔性系杆拱钢筋原材料检验批质量验收记录	表 CJJ 2-8-8-51	
52)	中下承式拱吊杆和柔性系杆拱钢筋加工检验批质量验收记录	表 CJJ 2-8-8-52	
53)	中下承式拱吊杆和柔性系杆拱钢筋连接检验批质量验收记录	表 CJJ 2-8-8-53	
54)	中下承式拱吊杆和柔性系杆拱钢筋安装检验批质量验收记录	表 CJJ 2-8-8-54	
	【中下承式拱吊杆和柔性系杆拱混凝土】		
55)	中下承式拱吊杆和柔性系杆拱混凝土原材料检验批质量验收记录	表 CJJ 2-8-8-55	
56)	中下承式拱吊杆和柔性系杆拱混凝土配合比检验批质量验收记录	表 CJJ 2-8-8-56	
57)	中下承式拱吊杆和柔性系杆拱混凝土施工检验批质量验收记录	表 CJJ 2-8-8-57	
	【中下承式拱吊杆和柔性系杆拱质量检验】		
58)	中下承式拱吊杆和柔性系杆拱质量检验检验批质量验收记录	表 CJJ 2-8-8-58	
	【转体施工拱】		
	【转体施工拱模板和拱架】		
59)	转体施工拱模板和拱架制作检验批质量验收记录	表 CJJ 2-8-8-59	
60)	转体施工拱模板和拱架安装检验批质量验收记录	表 CJJ 2-8-8-60	
61)	转体施工拱模板和拱架拆除检验批质量验收记录	表 CJJ 2-8-8-61	
	【转体施工拱钢筋】		
62)	转体施工拱钢筋原材料检验批质量验收记录	表 CJJ 2-8-8-62	
63)	转体施工拱钢筋加工检验批质量验收记录	表 CJJ 2-8-8-63	
64)	转体施工拱钢筋连接检验批质量验收记录	表 CJJ 2-8-8-64	
65)	转体施工拱钢筋安装检验批质量验收记录	表 CJJ 2-8-8-65	
	【转体施工拱混凝土】		
66)	转体施工拱混凝土原材料检验批质量验收记录	表 CJJ 2-8-8-66	
67)	转体施工拱混凝土配合比检验批质量验收记录	表 CJJ 2-8-8-67	
68)	转体施工拱混凝土施工检验批质量验收记录	表 CJJ 2-8-8-68	
	【转体施工拱预应力混凝土】		
69)	转体施工拱预应力混凝土预应力材料及器材检验批质量验收记录	表 CJJ 2-8-8-69	
70)	转体施工拱预应力混凝土预应力钢筋制作检验批质量验收记录	表 CJJ 2-8-8-70	

续表

序号	资料名称	序列与编号	说明
71)	转体施工拱预应力混凝土后张法预应力施工检验批质量验收记录	表 CJJ 2-8-8-71	
	【转体施工拱预应力混凝土施工】		
72)	转体施工拱预应力混凝土原材料检验批质量验收记录	表 CJJ 2-8-8-72A	
73)	转体施工拱预应力混凝土配合比检验批质量验收记录	表 CJJ 2-8-8-72B	
74)	转体施工拱预应力混凝土施工检验批质量验收记录	表 CJJ 2-8-8-72C	
	【转体施工拱质量检验】		
75)	转体施工拱质量检验检验批质量验收记录	表 CJJ 2-8-8-73	
	【拱上结构】		
	【拱上结构模板和拱架】		
76)	拱上结构模板和拱架制作检验批质量验收记录	表 CJJ 2-8-8-74	
77)	拱上结构模板和拱架安装检验批质量验收记录	表 CJJ 2-8-8-75	
78)	拱上结构模板和拱架拆除检验批质量验收记录	表 CJJ 2-8-8-76	
	【拱上结构钢筋】		
79)	拱上结构钢筋原材料检验批质量验收记录	表 CJJ 2-8-8-77	
80)	拱上结构钢筋加工检验批质量验收记录	表 CJJ 2-8-8-78	
81)	拱上结构钢筋连接检验批质量验收记录	表 CJJ 2-8-8-79	
82)	拱上结构钢筋安装检验批质量验收记录	表 CJJ 2-8-8-80	
	【拱上结构混凝土】		
83)	拱上结构混凝土原材料检验批质量验收记录	表 CJJ 2-8-8-81	
84)	拱上结构混凝土配合比检验批质量验收记录	表 CJJ 2-8-8-82	
85)	拱上结构混凝土施工检验批质量验收记录	表 CJJ 2-8-8-83	
	【拱上结构预应力混凝土】		
86)	拱上结构预应力混凝土预应力材料及器材检验批质量验收记录	表 CJJ 2-8-8-84	
87)	拱上结构预应力混凝土预应力钢筋制作检验批质量验收记录	表 CJJ 2-8-8-85	
88)	拱上结构预应力混凝土后张法预应力施工检验批质量验收记录	表 CJJ 2-8-8-86	
	【拱上结构预应力混凝土施工】		
89)	拱上结构预应力混凝土原材料检验批质量验收记录	表 CJJ 2-8-8-87A	
90)	拱上结构预应力混凝土配合比检验批质量验收记录	表 CJJ 2-8-8-87B	
91)	拱上结构预应力混凝土施工检验批质量验收记录	表 CJJ 2-8-8-87C	
	【拱上结构质量检验】		
92)	拱上结构质量检验检验批质量验收记录	表 CJJ 2-8-8-88	

续表

序号	资料名称	序列与编号	说明
(9)	【斜拉桥的主梁与拉索子分部工程】		
	【斜拉桥0#段混凝土浇筑】		
	【斜拉桥0#段混凝土浇筑模板与支架】		
1)	斜拉桥0#段混凝土浇筑模板与支架制作检验批质量验收记录	表 CJJ 2-8-9-1	
2)	斜拉桥0#段混凝土浇筑模板与支架安装检验批质量验收记录	表 CJJ 2-8-9-2	
3)	斜拉桥0#段混凝土浇筑模板与支架拆除检验批质量验收记录	表 CJJ 2-8-9-3	
	【斜拉桥0#段混凝土浇筑钢筋】		
4)	斜拉桥0#段混凝土浇筑钢筋原材料检验批质量验收记录	表 CJJ 2-8-9-4	
5)	斜拉桥0#段混凝土浇筑钢筋加工检验批质量验收记录	表 CJJ 2-8-9-5	
6)	斜拉桥0#段混凝土浇筑钢筋连接检验批质量验收记录	表 CJJ 2-8-9-6	
7)	斜拉桥0#段混凝土浇筑钢筋安装检验批质量验收记录	表 CJJ 2-8-9-7	
	【斜拉桥0#段混凝土浇筑混凝土】		
8)	斜拉桥0#段混凝土浇筑混凝土原材料检验批质量验收记录	表 CJJ 2-8-9-8	
9)	斜拉桥0#段混凝土浇筑混凝土配合比检验批质量验收记录	表 CJJ 2-8-9-9	
10)	斜拉桥0#段混凝土浇筑混凝土施工检验批质量验收记录	表 CJJ 2-8-9-10	
	【斜拉桥0#段混凝土浇筑预应力混凝土】		
11)	斜拉桥0#段混凝土浇筑预应力混凝土预应力材料及器材检验批质量验收记录	表 CJJ 2-8-9-11	
12)	斜拉桥0#段混凝土浇筑预应力混凝土预应力钢筋制作检验批质量验收记录	表 CJJ 2-8-9-12	
13)	斜拉桥0#段混凝土浇筑预应力混凝土后张法预应力施工检验批质量验收记录	表 CJJ 2-8-9-13	
	【斜拉桥0#＃段混凝土浇筑预应力混凝土施工】		
14)	斜拉桥0#段混凝土浇筑预应力混凝土原材料检验批质量验收记录	表 CJJ 2-8-9-14A	
15)	斜拉桥0#段混凝土浇筑预应力混凝土配合比检验批质量验收记录	表 CJJ 2-8-9-14B	
16)	斜拉桥0#段混凝土浇筑预应力混凝土施工检验批质量验收记录	表 CJJ 2-8-9-14C	
	【斜拉桥悬臂浇筑混凝土主梁】		
	【斜拉桥悬臂浇筑混凝土主梁模板与支架】		
17)	斜拉桥悬臂浇筑混凝土主梁模板与支架制作检验批质量验收记录	表 CJJ 2-8-9-15	

续表

序号	资料名称	序列与编号	说明
18）	斜拉桥悬臂浇筑混凝土主梁模板与支架安装检验批质量验收记录	表 CJJ 2-8-9-16	
19）	斜拉桥悬臂浇筑混凝土主梁模板与支架拆除检验批质量验收记录	表 CJJ 2-8-9-17	
	【斜拉桥悬臂浇筑混凝土主梁钢筋】		
20）	斜拉桥悬臂浇筑混凝土主梁钢筋原材料检验批质量验收记录	表 CJJ 2-8-9-18	
21）	斜拉桥悬臂浇筑混凝土主梁钢筋加工检验批质量验收记录	表 CJJ 2-8-9-19	
22）	斜拉桥悬臂浇筑混凝土主梁钢筋连接检验批质量验收记录	表 CJJ 2-8-9-20	
23）	斜拉桥悬臂浇筑混凝土主梁钢筋安装检验批质量验收记录	表 CJJ 2-8-9-21	
	【斜拉桥悬臂浇筑混凝土主梁混凝土】		
24）	斜拉桥悬臂浇筑混凝土主梁混凝土原材料检验批质量验收记录	表 CJJ 2-8-9-22	
25）	斜拉桥悬臂浇筑混凝土主梁混凝土配合比检验批质量验收记录	表 CJJ 2-8-9-23	
26）	斜拉桥悬臂浇筑混凝土主梁混凝土施工检验批质量验收记录	表 CJJ 2-8-9-24	
	【斜拉桥悬臂浇筑混凝土主梁质量检验】		
27）	斜拉桥悬臂浇筑混凝土主梁预应力混凝土预应力材料及器材检验批质量验收记录	表 CJJ 2-8-9-25	
28）	斜拉桥悬臂浇筑混凝土主梁预应力混凝土预应力钢筋制作检验批质量验收记录	表 CJJ 2-8-9-26	
29）	斜拉桥悬臂浇筑混凝土主梁预应力混凝土后张法预应力施工检验批质量验收记录	表 CJJ 2-8-9-27	
30）	斜拉桥悬臂浇筑混凝土主梁预应力混凝土原材料检验批质量验收记录	表 CJJ 2-8-9-28A	
31）	斜拉桥悬臂浇筑混凝土主梁预应力混凝土配合比检验批质量验收记录	表 CJJ 2-8-9-28B	
32）	斜拉桥悬臂浇筑混凝土主梁预应力混凝土施工检验批质量验收记录	表 CJJ 2-8-9-28C	
33）	斜拉桥悬臂浇筑混凝土主梁质量检验检验批质量验收记录	表 CJJ 2-8-9-29	
	【混凝土斜拉桥悬臂施工，墩顶梁段质量检验】		
	【混凝土斜拉桥悬臂施工，墩顶梁段模板与支架】		
34）	混凝土斜拉桥悬臂施工，墩顶梁段模板与支架制作检验批质量验收记录	表 CJJ 2-8-9-30	
35）	混凝土斜拉桥悬臂施工，墩顶梁段模板与支架安装检验批质量验收记录	表 CJJ 2-8-9-31	
36）	混凝土斜拉桥悬臂施工，墩顶梁段模板与支架拆除检验批质量验收记录	表 CJJ 2-8-9-32	
	【混凝土斜拉桥悬臂施工，墩顶梁段钢筋】		

续表

序号	资料名称	序列与编号	说明
37）	混凝土斜拉桥悬臂施工，墩顶梁段钢筋原材料检验批质量验收记录	表 CJJ 2-8-9-33	
38）	混凝土斜拉桥悬臂施工，墩顶梁段钢筋加工检验批质量验收记录	表 CJJ 2-8-9-34	
39）	混凝土斜拉桥悬臂施工，墩顶梁段钢筋连接检验批质量验收记录	表 CJJ 2-8-9-35	
40）	混凝土斜拉桥悬臂施工，墩顶梁段钢筋安装检验批质量验收记录	表 CJJ 2-8-9-36	
	【混凝土斜拉桥悬臂施工，墩顶梁段混凝土】		
41）	混凝土斜拉桥悬臂施工，墩顶梁段混凝土原材料检验批质量验收记录	表 CJJ 2-8-9-37	
42）	混凝土斜拉桥悬臂施工，墩顶梁段混凝土配合比检验批质量验收记录	表 CJJ 2-8-9-38	
43）	混凝土斜拉桥悬臂施工，墩顶梁段混凝土施工检验批质量验收记录	表 CJJ 2-8-9-39	
	【混凝土斜拉桥悬臂施工，墩顶梁段预应力混凝土】		
44）	混凝土斜拉桥悬臂施工，墩顶梁段预应力混凝土预应力材料及器材检验批质量验收记录	表 CJJ 2-8-9-40	
45）	混凝土斜拉桥悬臂施工，墩顶梁段预应力混凝土预应力钢筋制作检验批质量验收记录	表 CJJ 2-8-9-41	
46）	混凝土斜拉桥悬臂施工，墩顶梁段预应力混凝土后张法预应力施工检验批质量验收记录	表 CJJ 2-8-9-42	
	【混凝土斜拉桥悬臂施工，墩顶梁段预应力混凝土施工】		
47）	混凝土斜拉桥悬臂施工，墩顶梁段预应力混凝土原材料检验批质量验收记录	表 CJJ 2-8-9-43A	
48）	混凝土斜拉桥悬臂施工，墩顶梁段预应力混凝土配合比检验批质量验收记录	表 CJJ 2-8-9-43B	
49）	混凝土斜拉桥悬臂施工，墩顶梁段预应力混凝土施工检验批质量验收记录	表 CJJ 2-8-9-43C	
	【混凝土斜拉桥悬臂施工，墩顶梁段质量检验】		
50）	混凝土斜拉桥悬臂施工，墩顶梁段质量检验检验批质量验收记录	表 CJJ 2-8-9-44	
	【支架上浇筑混凝土主梁】		
	【支架上浇筑混凝土主梁模板与支架】		
51）	支架上浇筑混凝土主梁模板与支架制作检验批质量验收记录	表 CJJ 2-8-9-45	
52）	支架上浇筑混凝土主梁模板与支架安装检验批质量验收记录	表 CJJ 2-8-9-46	
53）	支架上浇筑混凝土梁（板）模板与支架拆除检验批质量验收记录	表 CJJ 2-8-9-47	

续表

序号	资料名称	序列与编号	说明
	【支架上浇筑混凝土主梁钢筋】		
54)	支架上浇筑混凝土主梁钢筋原材料检验批质量验收记录	表 CJJ 2-8-9-48	
55)	支架上浇筑混凝土主梁钢筋加工检验批质量验收记录	表 CJJ 2-8-9-49	
56)	支架上浇筑混凝土主梁钢筋连接检验批质量验收记录	表 CJJ 2-8-9-50	
57)	支架上浇筑混凝土主梁钢筋安装检验批质量验收记录	表 CJJ 2-8-9-51	
	【支架上浇筑混凝土主梁混凝土】		
58)	支架上浇筑混凝土主梁混凝土原材料检验批质量验收记录	表 CJJ 2-8-9-52	
59)	支架上浇筑混凝土主梁混凝土配合比检验批质量验收记录	表 CJJ 2-8-9-53	
60)	支架上浇筑混凝土主梁混凝土施工检验批质量验收记录	表 CJJ 2-8-9-54	
	【支架上浇筑混凝土主梁预应力混凝土】		
61)	支架上浇筑混凝土主梁预应力混凝土预应力材料及器材检验批质量验收记录	表 CJJ 2-8-9-55	
62)	支架上浇筑混凝土主梁预应力混凝土预应力钢筋制作检验批质量验收记录	表 CJJ 2-8-9-56	
63)	支架上浇筑混凝土主梁预应力混凝土后张法预应力施工检验批质量验收记录	表 CJJ 2-8-9-57	
	【支架上浇筑混凝土主梁预应力混凝土施工】		
64)	支架上浇筑混凝土主梁预应力混凝土原材料检验批质量验收记录	表 CJJ 2-8-9-58A	
65)	支架上浇筑混凝土主梁预应力混凝土配合比检验批质量验收记录	表 CJJ 2-8-9-58B	
66)	支架上浇筑混凝土主梁预应力混凝土施工检验批质量验收记录	表 CJJ 2-8-9-58C	
	【支架上浇筑梁（板）质量检验】		
	支架上浇筑梁（板）质量检验检验批质量验收记录	表 CJJ 2-8-1-14	重复利用
	【悬臂拼装混凝土主梁】		
	【悬臂拼装混凝土主梁模板与支架】		
67)	悬臂拼装混凝土主梁模板与支架制作检验批质量验收记录	表 CJJ 2-8-9-59	
68)	悬臂拼装混凝土主梁模板与支架安装检验批质量验收记录	表 CJJ 2-8-9-60	
69)	悬臂拼装混凝土主梁板与支架拆除检验批质量验收记录	表 CJJ 2-8-9-61	
	【悬臂拼装混凝土主梁钢筋】		
70)	悬臂拼装混凝土主梁钢筋原材料检验批质量验收记录	表 CJJ 2-8-9-62	
71)	悬臂拼装混凝土主梁钢筋加工检验批质量验收记录	表 CJJ 2-8-9-63	
72)	悬臂拼装混凝土主梁钢筋连接检验批质量验收记录	表 CJJ 2-8-9-64	
73)	悬臂拼装混凝土主梁钢筋安装检验批质量验收记录	表 CJJ 2-8-9-65	

续表

序号	资料名称	序列与编号	说明
	【悬臂拼装混凝土主梁混凝土】		
74)	悬臂拼装混凝土主梁混凝土原材料检验批质量验收记录	表 CJJ 2-8-9-66	
75)	悬臂拼装混凝土主梁混凝土配合比检验批质量验收记录	表 CJJ 2-8-9-67	
76)	悬臂拼装混凝土主梁混凝土施工检验批质量验收记录	表 CJJ 2-8-9-68	
	【悬臂拼装混凝土主梁预应力混凝土】		
77)	悬臂拼装混凝土主梁预应力混凝土预应力材料及器材检验批质量验收记录	表 CJJ 2-8-9-69	
78)	悬臂拼装混凝土主梁预应力混凝土预应力钢筋制作检验批质量验收记录	表 CJJ 2-8-9-70	
79)	悬臂拼装混凝土主梁预应力混凝土后张法预应力施工检验批质量验收记录	表 CJJ 2-8-9-71	
	【悬臂拼装混凝土主梁预应力混凝土施工】		
80)	悬臂拼装混凝土主梁预应力混凝土原材料检验批质量验收记录	表 CJJ 2-8-9-72A	
81)	悬臂拼装混凝土主梁预应力混凝土配合比检验批质量验收记录	表 CJJ 2-8-9-72B	
82)	悬臂拼装混凝土主梁预应力混凝土施工检验批质量验收记录	表 CJJ 2-8-9-72C	
	【悬臂拼装混凝土主梁质量检验】		
83)	悬臂拼装混凝土主梁质量检验检验批质量验收记录	表 CJJ 2-8-9-73	
	【悬拼钢箱梁】		
	【钢箱梁拼装的现场安装】		
84)	钢箱梁拼装的现场安装检验批质量验收记录	表 CJJ 2-8-9-74	
	【钢箱梁段制作与拼装质量检验】		
85)	钢箱梁段制作与拼装质量检验检验批质量验收记录	表 CJJ 2-8-9-75A	
	【钢箱梁拼装在支架上安装的质量检验】		
86)	钢箱梁拼装在支架上安装的质量检验检验批质量验收记录	表 CJJ 2-8-9-75B	
	【斜拉桥结合梁】		
	【斜拉桥结合梁的工字钢梁段悬臂拼装（现场安装）】		
87)	斜拉桥结合梁的工字钢梁段悬臂拼装（现场安装）质量检验检验批质量验收记录	表 CJJ 2-8-9-76	
	【斜拉桥结合梁的工字钢梁段悬臂拼装允许偏差】		
88)	斜拉桥结合梁的工字钢梁段悬臂拼装允许偏差检验批质量验收记录	表 CJJ 2-8-9-77	
	【斜拉桥结合梁的混凝土板】		
	【斜拉桥结合梁混凝土板模板与支架】		

续表

序号	资 料 名 称	序列与编号	说 明
89)	斜拉桥结合梁混凝土板模板与支架制作检验批质量验收记录	表 CJJ 2-8-9-78	
90)	斜拉桥结合梁混凝土板模板与支架安装检验批质量验收记录	表 CJJ 2-8-9-79	
91)	斜拉桥结合梁混凝土板模板与支架拆除检验批质量验收记录	表 CJJ 2-8-9-80	
	【斜拉桥结合梁混凝土板钢筋】		
92)	斜拉桥结合梁混凝土板钢筋原材料检验批质量验收记录	表 CJJ 2-8-9-81	
93)	斜拉桥结合梁混凝土板钢筋加工检验批质量验收记录	表 CJJ 2-8-9-82	
94)	斜拉桥结合梁混凝土板钢筋连接检验批质量验收记录	表 CJJ 2-8-9-83	
95)	斜拉桥结合梁混凝土板钢筋安装检验批质量验收记录	表 CJJ 2-8-9-84	
	【斜拉桥结合梁混凝土板的混凝土】		
94)	斜拉桥结合梁混凝土板混凝土原材料检验批质量验收记录	表 CJJ 2-8-9-85	
95)	斜拉桥结合梁混凝土板混凝土配合比检验批质量验收记录	表 CJJ 2-8-9-86	
96)	斜拉桥结合梁混凝土板混凝土施工检验批质量验收记录	表 CJJ 2-8-9-87	
	【斜拉桥结合梁的混凝土板质量检验】		
97)	斜拉桥结合梁的混凝土板质量检验检验批质量验收记录	表 CJJ 2-8-9-88	
	【斜拉索安装质量检验】		
98)	斜拉索安装质量检验检验批质量验收记录	表 CJJ 2-8-9-89	
(10)	【悬索桥的加劲梁与缆索子分部工程】		
	【悬索桥索鞍安装】		
	【悬索桥主索鞍安装】		
1)	悬索桥主索鞍安装检验批质量验收记录	表 CJJ 2-8-10-1A	
	【悬索桥散索鞍安装】		
2)	悬索桥散索鞍安装检验批质量验收记录	表 CJJ 2-8-10-1B	
	【悬索桥主缆架设】		
3)	悬索桥主缆架设质量检验检验批质量验收记录	表 CJJ 2-8-10-2	
	【悬索桥主缆防护】		
4)	悬索桥主缆防护质量检验检验批质量验收记录	表 CJJ 2-8-10-3	
	【悬索桥索夹和吊索安装】		
5)	悬索桥索夹和吊索安装质量检验检验批质量验收记录	表 CJJ 2-8-10-4	
	【悬索桥钢加劲梁段拼装】		
	【悬索桥钢梁现场安装】		
6)	悬索桥钢加劲梁段拼装钢梁现场安装检验批质量验收记录	表 CJJ 2-8-10-5	
	【悬索桥钢加劲梁段拼装质量检验】		
7)	悬索桥钢加劲梁段拼装质量检验检验批质量验收记录	表 CJJ 2-8-10-6	

续表

序号	资　料　名　称	序列与编号	说　明
8	【顶进箱涵分部（子分部）工程】		
	【顶进箱涵滑板】		
	【顶进箱涵滑板模板与支架】		
1)	顶进箱涵滑板模板与支架制作检验批质量验收记录	表 CJJ 2-9-1-1	
2)	顶进箱涵滑板模板与支架安装检验批质量验收记录	表 CJJ 2-9-1-2	
3)	顶进箱涵滑板模板与支架拆除检验批质量验收记录	表 CJJ 2-9-1-3	
	【顶进箱涵滑板钢筋】		
4)	顶进箱涵滑板钢筋原材料检验批质量验收记录	表 CJJ 2-9-1-4	
5)	顶进箱涵滑板钢筋加工检验批质量验收记录	表 CJJ 2-9-1-5	
6)	顶进箱涵滑板钢筋连接检验批质量验收记录	表 CJJ 2-9-1-6	
7)	顶进箱涵滑板钢筋安装检验批质量验收记录	表 CJJ 2-9-1-7	
	【顶进箱涵滑板混凝土】		
8)	顶进箱涵滑板混凝土原材料检验批质量验收记录	表 CJJ 2-9-1-8	
9)	顶进箱涵滑板混凝土配合比检验批质量验收记录	表 CJJ 2-9-1-9	
10)	顶进箱涵滑板混凝土施工检验批质量验收记录	表 CJJ 2-9-1-10	
	【顶进箱涵滑板质量检验】		
11)	顶进箱涵滑板质量检验检验批质量验收记录	表 CJJ 2-9-1-11	
	【顶进箱涵工作坑质量检验】		
12)	顶进箱涵工作坑质量检验检验批质量验收记录	表 CJJ 2-9-1-12	
	【箱涵预制（模板与支架、钢筋、混凝土）】		
	【箱涵预制模板与支架】		
13)	箱涵预制模板与支架制作检验批质量验收记录	表 CJJ 2-9-1-13	
14)	箱涵预制模板与支架安装检验批质量验收记录	表 CJJ 2-9-1-14	
15)	箱涵预制模板与支架拆除检验批质量验收记录	表 CJJ 2-9-1-15	
	【箱涵预制钢筋】		
16)	箱涵预制钢筋原材料检验批质量验收记录	表 CJJ 2-9-1-16	
17)	箱涵预制钢筋加工检验批质量验收记录	表 CJJ 2-9-1-17	
18)	箱涵预制钢筋连接检验批质量验收记录	表 CJJ 2-9-1-18	
19)	箱涵预制钢筋安装检验批质量验收记录	表 CJJ 2-9-1-19	
	【箱涵预制混凝土】		
20)	箱涵预制混凝土原材料检验批质量验收记录	表 CJJ 2-9-1-20	
21)	箱涵预制混凝土配合比检验批质量验收记录	表 CJJ 2-9-1-21	
22)	箱涵预制混凝土施工检验批质量验收记录	表 CJJ 2-9-1-22	

续表

序号	资料名称	序列与编号	说明
	【箱涵预制质量检验】		
23)	箱涵预制质量检验检验批质量验收记录	表 CJJ 2-9-1-23	
	【箱涵顶进质量检验】		
24)	箱涵顶进质量检验检验批质量验收记录	表 CJJ 2-9-1-24	
9	**【桥面系分部（子分部）工程】**		
	【排水设施】		
1)	排水设施质量检验检验批质量验收记录	表 CJJ 2-10-1-1	
	【桥面防水层】		
2)	桥面防水层质量检验检验批质量验收记录	表 CJJ 2-10-1-2	
	【桥面铺装层（沥青混合料铺装、水泥混凝土铺装—模板、钢筋、混凝土）】		
	【桥面铺装层沥青混合料铺装】		
3)	热拌沥青混合料面层原材料、混合料检验批质量验收记录	表 CJJ 2-10-1-3	
4)	热拌沥青混合料面层配合比检验批质量验收记录	表 CJJ 2-10-1-4	
5)	热拌沥青混合料面层拌制、运输与摊铺检验批质量验收记录	表 CJJ 2-10-1-5	
6)	热拌沥青混合料面层压实与养护检验批质量验收记录	表 CJJ 2-10-1-6	
	【桥面铺装层水泥混凝土铺装（模板、钢筋、混凝土）】		
7)	水泥混凝土铺装原材料检验批质量验收记录	表 CJJ 2-10-1-7	
8)	水泥混凝土铺装混凝土配合比设计核查质量验收记录	表 CJJ 2-10-1-8	
9)	水泥混凝土铺装模板制作、安装与拆模检验批质量验收记录	表 CJJ 2-10-1-9	
10)	水泥混凝土铺装钢筋的加工与安装检验批质量验收记录	表 CJJ 2-10-1-10	
11)	水泥混凝土铺装混凝土施工检验批质量验收记录	表 CJJ 2-10-1-11	
12)	水泥混凝土铺装质量检验检验批质量验收记录	表 CJJ 2-10-1-12	
13)	水泥混凝土铺装施工准备核查记录		
	【桥面铺装层质量检验】		
14)	桥面铺装层质量检验检验批质量验收记录	表 CJJ 2-10-1-13	
	【桥面系伸缩装置质量检验】		
15)	桥面系伸缩装置质量检验检验批质量验收记录	表 CJJ 2-10-1-14	
	【桥面系地栿、缘石与挂板质量检验】		
16)	桥面系地栿、缘石与挂板质量检验检验批质量验收记录	表 CJJ 2-10-1-15	
	【桥面系防护设施质量检验】		
	【桥面系防护设施混凝土及金属栏杆质量检验】		

续表

序号	资　料　名　称	序列与编号	说　明
17）	桥面系防护设施混凝土及金属栏杆质量检验检验批质量验收记录	表 CJJ 2-10-1-16	
	【桥面系防护设施防撞护栏、防撞墩、隔离墩及防护网质量检验】		
18）	桥面系防护设施防撞护栏、防撞墩、隔离墩及防护网质量检验检验批质量验收记录	表 CJJ 2-10-1-17	
	【桥面系人行道质量检验】		
19）	桥面系人行道质量检验检验批质量验收记录	表 CJJ 2-10-1-18	
10	【附属结构分部（子分部）工程】		
	【隔声与防眩装置】		
1）	隔声与防眩装置质量检验批质量验收记录	表 CJJ 2-11-1-1	
	【梯道（砌体；混凝土—模板与支架、钢筋、混凝土；钢结构）】		
	【梯道砌体】		
	【梯道石砌体】		
2）	梯道石砌体检验批质量验收记录	表 CJJ 2-11-2-1	
	【混凝土砌块砌体】		
3）	梯道混凝土砌块砌体检验批质量验收记录	表 CJJ 2-11-2-2	
	【梯道混凝土—模板与支架、钢筋、混凝土】		
	【梯道混凝土—模板与支架】		
4）	梯道混凝土模板与支架制作检验批质量验收记录	表 CJJ 2-11-2-3	
5）	梯道混凝土模板与支架安装检验批质量验收记录	表 CJJ 2-11-2-4	
6）	梯道混凝土模板与支架拆除检验批质量验收记录	表 CJJ 2-11-2-5	
	【梯道混凝土—钢筋】		
7）	梯道混凝土钢筋原材料检验批质量验收记录	表 CJJ 2-11-2-6	
8）	梯道混凝土钢筋加工检验批质量验收记录	表 CJJ 2-11-2-7	
9）	梯道混凝土钢筋连接检验批质量验收记录	表 CJJ 2-11-2-8	
10）	梯道混凝土钢筋安装检验批质量验收记录	表 CJJ 2-11-2-9	
	【梯道混凝土—混凝土施工】		
11）	梯道混凝土原材料检验批质量验收记录	表 CJJ 2-11-2-10	
12）	梯道混凝土配合比检验批质量验收记录	表 CJJ 2-11-2-11	
13）	梯道混凝土施工检验批质量验收记录	表 CJJ 2-11-2-12	
	【梯道钢结构】		
14）	梯道钢梁制作检验批质量验收记录	表 CJJ 2-11-2-13	

续表

序号	资 料 名 称	序列与编号	说 明
15）	梯道钢梁安装检验批质量验收记录	表 CJJ 2-11-2-14	
	【梯道质量检验】		
16）	梯道质量检验检验批质量验收记录	表 CJJ 2-11-2-15	
	【钢梯道制作安装允许偏差质量检验】		
17）	钢梯道制作安装允许偏差质量检验检验批质量验收记录	表 CJJ 2-11-2-16	
	【桥头搭板（模板、钢筋、混凝土）】		
	【桥头搭板模板】		
18）	桥头搭板模板制作检验批质量验收记录	表 CJJ 2-11-3-1	
19）	桥头搭板模板安装检验批质量验收记录	表 CJJ 2-11-3-2	
20）	桥头搭板模板拆除检验批质量验收记录	表 CJJ 2-11-3-3	
	【桥头搭板钢筋】		
21）	桥头搭板钢筋原材料检验批质量验收记录	表 CJJ 2-11-3-4	
22）	桥头搭板钢筋加工检验批质量验收记录	表 CJJ 2-11-3-5	
23）	桥头搭板钢筋连接检验批质量验收记录	表 CJJ 2-11-3-6	
24）	桥头搭板钢筋安装检验批质量验收记录	表 CJJ 2-11-3-7	
	【桥头搭板混凝土】		
25）	桥头搭板混凝土原材料检验批质量验收记录	表 CJJ 2-11-3-8	
26）	桥头搭板混凝土配合比检验批质量验收记录	表 CJJ 2-11-3-9	
27）	桥头搭板混凝土施工检验批质量验收记录	表 CJJ 2-11-3-10	
	【桥头搭板质量检验】		
28）	桥头搭板质量检验检验批质量验收记录	表 CJJ 2-11-3-11	
	【防冲刷结构】		
	【防冲刷结构模板与支架】		
29）	防冲刷结构模板与支架制作检验批质量验收记录	表 CJJ 2-11-4-1	
30）	防冲刷结构模板与支架安装检验批质量验收记录	表 CJJ 2-11-4-2	
31）	防冲刷结构模板与支架拆除检验批质量验收记录	表 CJJ 2-11-4-3	
	【防冲刷结构钢筋】		
32）	防冲刷结构钢筋原材料检验批质量验收记录	表 CJJ 2-11-4-4	
33）	防冲刷结构钢筋加工检验批质量验收记录	表 CJJ 2-11-4-5	
34）	防冲刷结构钢筋连接检验批质量验收记录	表 CJJ 2-11-4-6	
35）	防冲刷结构钢筋安装检验批质量验收记录	表 CJJ 2-11-4-7	
	【防冲刷结构混凝土】		
36）	防冲刷结构混凝土原材料检验批质量验收记录	表 CJJ 2-11-4-8	

续表

序号	资 料 名 称	序列与编号	说 明
37)	防冲刷结构混凝土配合比检验批质量验收记录	表 CJJ 2-11-4-9	
38)	防冲刷结构混凝土施工检验批质量验收记录	表 CJJ 2-11-4-10	
	【防冲刷结构质量检验】		
39)	防冲刷结构质量检验检验批质量验收记录	表 CJJ 2-11-4-11	
	【防冲刷结构（锥坡、护坡、护岸）质量检验】		
40)	防冲刷结构（锥坡、护坡、护岸）质量检验检验批质量验收记录	表 CJJ 2-11-4-12	
	【照 明】		
41)	照明质量检验检验批质量验收记录	表 CJJ 2-11-5-1	
	【挡土墙】		
42)	挡土墙检验批质量验收记录		均按（CJJ1—2008）执行
11	【装饰与装修分部（子分部）工程】		
	【水泥砂浆抹面（普通抹面、装饰抹面）】		
	【水泥砂浆抹面（普通抹面）】		
1)	水泥砂浆抹面（普通抹面）检验批质量验收记录	表 CJJ 2-12-1-1	
	【水泥砂浆抹面（装饰抹面）】		
2)	水泥砂浆抹面（装饰抹面）检验批质量验收记录	表 CJJ 2-12-1-2	
	【饰面板、饰面砖】		
3)	镶饰面板和贴饰面砖检验批质量验收记录	表 CJJ 2-12-2-1	
	【涂 饰】		
4)	涂饰检验批质量验收记录	表 CJJ 2-12-3-1	
12	【引道分部（子分部）工程】		
	引道分部（子分部）工程检验批质量验收记录		均按（CJJ1—2008）执行

附 录

附录1 水泥技术指标

附录 1-1 《通用硅酸盐水泥》(GB 175—2007)(摘选)

通用硅酸盐水泥是以硅酸盐水泥熟料和适量的石膏，及规定的混合材料制成的水硬性胶凝材料。

(1) 强度等级

1) 硅酸盐水泥的强度等级分为 42.5、42.5R、52.5、52.5R、62.5、62.5R 六个等级。

2) 普通硅酸盐水泥的强度等级分为 42.5、42.5R、52.5、52.5R 四个等级。

3) 矿渣硅酸盐水泥、火山灰质硅酸盐水泥、粉煤灰硅酸盐水泥、复合硅酸盐水泥的强度等级分为 32.5、32.5R、42.5、42.5R、52.5、52.5R 六个等级。

(2) 技术要求

1) 通用硅酸盐水泥化学指标应符合表 1-1-1A 的规定。

% 表 1-1-1A

品 种	代号	不溶物（质量分数）	烧失量（质量分数）	三氧化硫（质量分数）	氧化镁（质量分数）	氯离子（质量分数）
硅酸盐水泥	P·Ⅰ	≤0.75	≤3.0	≤3.5	≤5.0[a]	≤6.0[c]
	P·Ⅱ	≤1.50	≤3.5			
普通硅酸盐水泥	P·O	—	≤5.0[a]			
矿渣硅酸盐水泥	P·S·A	—	—	≤4.0	≤6.0[b]	
	P·S·B	—	—	≤3.5	—	
火山灰质硅酸盐水泥	P·P	—	—		≤6.0[b]	
粉煤灰硅酸盐水泥	P·F	—	—			
复合硅酸盐水泥	P·C	—	—			

a 如果水泥压蒸试验合格，则水泥中氧化镁的含量（质量分数）允许放宽至 6.0%。

b 如果水泥中氧化镁的含量（质量分数）大于 6.0%时，需进行水泥压蒸安定性试验并合格。

c 当有更低要求时，该指标由买卖双方确定。

2) 碱含量（选择性指标）：水泥中碱含量按 $Na_2O+0.658K_2O$ 计算值表示。若使用活性骨料，用户要求提供低碱水泥时，水泥中的碱含量应不大于 0.60%或由买卖双方协商确定。

3) 物理指标

①凝结时间：硅酸盐水泥初凝时间不小于 45min，终凝时间不大于 390min；普通硅酸盐水泥、矿渣硅酸盐水泥、火山灰质硅酸盐水泥、粉煤灰硅酸盐水泥和复合硅酸盐水泥初

凝不小于 45min，终凝不大于 600min。

②安定性：沸煮法合格。

③强度：不同品种不同强度等级的通用硅酸盐水泥，其不同龄期的强度应符合表 1-1-1B的规定。

单位：MPa　**表 1-1-1B**

品　种	强度等级	抗压强度		抗折强度	
		3d	28d	3d	28d
硅酸盐水泥	42.5	≥17.0	≥42.5	≥3.5	≥6.5
	42.5R	≥22.0		≥4.0	
	52.5	≥23.0	≥52.5	≥4.0	≥7.0
	52.5R	≥27.0		≥5.0	
	62.5	≥28.0	≥62.5	≥5.0	≥8.0
	62.5R	≥32.0		≥5.5	
普通硅酸盐水泥	42.5	≥17.0	≥42.5	≥3.5	≥6.5
	42.5R	≥22.0		≥4.0	
	52.5	≥23.0	≥52.5	≥4.0	≥7.0
	52.5R	≥27.0		≥5.0	
矿渣硅酸盐水泥 火山灰硅酸盐水泥 粉煤灰硅酸盐水泥 复合硅酸盐水泥	32.5	≥10.0	≥32.5	≥2.5	≥5.5
	32.5R	≥15.0		≥3.5	
	42.5	≥15.0	≥42.5	≥3.5	≥6.5
	42.5R	≥19.0		≥4.0	
	52.5	≥21.0	≥52.5	≥4.0	≥7.0
	52.5R	≥23.0		≥4.5	

④细度（选择性指标）：硅酸盐水泥和普通硅酸盐水泥的细度以比表面积表示，其比表面积不小于 $300m^2/kg$；矿渣硅酸盐水泥、火山灰质硅酸盐水泥、粉煤灰硅酸盐水泥和复合硅酸盐水泥的细度以筛余表示，其 80μm 方孔筛筛余不大于 10%或 45μm 方孔筛筛余不大于 30%。

（3）试验方法

强度：按 GB/T 17671 进行试验。火山灰质硅酸盐水泥、粉煤灰硅酸盐水泥、复合硅酸盐水泥和掺火山灰质混合材料的普通硅酸盐水泥在进行胶砂强度检验时，其用水量按 0.50 水灰比和胶砂流动度不小于 180mm 来确定。当流动度小于 180mm 时，应以 0.01 的整倍数递增的方法将水灰比调整至胶砂流动度不小于 180mm。

胶砂流动度试验按 GB/T 2419 进行，其中胶砂制备按 GB/T 17671 规定进行。

比表面积：按 GB/T 8074 进行试验。

80μm 和 45μm 筛余：按 GB/T 1345 进行试验。

（4）检验规则

1）编号及取样：水泥出厂前按同品种、同强度等级编号和取样。袋装水泥和散装水泥应分别进行编号和取样。每一编号为一取样单位。水泥出厂编号按年生产能力规定为：

200×10^4t 以上，不超过 4000t 为一编号；

$120\times10^4t\sim200\times10^4t$，不超过 2400t 为一编号；

$60\times10^4t\sim120\times10^4t$，不超过 1000t 为一编号；

$30\times10^4t\sim60\times10^4t$，不超过 600t 为一编号；

$10\times10^4t\sim10\times10^4t$，不超过 400t 为一编号；

10×10^4t 以下，不超过 200t 为一编号。

取样方法按 GB 12573 进行。可连续取，亦可从 20 个以上不同部位取等量样品，总量至少 12kg。当散装水泥运输工具的容量超过该厂规定出厂编号吨数时，允许该编号的数量超过取样规定吨数。

2）出厂检验：出厂检验项目为化学指标、凝结时间、安定性和强度。

3）判定规则

①检验结果符合化学指标、凝结时间、安定性和强度的规定为合格品。

②检验结果不符合化学指标、凝结时间、安定性和强度中的任何一项技术要求为不合格品。

4）检验报告：检验报告内容应包括出厂检验项目、细度、混合材料品种和掺加量、石膏和助磨剂的品种及掺加量、属旋窑或立窑生产及合同约定的其他技术要求。当用户需要时，生产者应在水泥发出之日起 7d 内寄发除 28d 强度以外的各项检验结果，32d 内补报 28d 强度的检验结果。

5）交货与验收

①交货时水泥的质量验收可抽取实物试样以其检验结果为依据，也可以生产者同编号水泥的检验报告为依据。采取何种方法验收由买卖双方商定，并在合同或协议中注明。卖方有告知买方验收方法的责任。当无书面合同或协议，或未在合同、协议中注明验收方法的，卖方应在发货票上注明“以本厂同编号水泥的检验报告为验收依据”字样。

②以抽取实物试样的检验结果为验收依据时，买卖双方应在发货前或交货地共同取样和签封。取样方法按 GB 12573 进行，取样数量为 20kg，缩分为二等份。一份由卖方保存 40d，一份由买方按本标准规定的项目和方法进行检验。

在 40d 以内，买方检验认为产品质量不符合本标准要求，而卖方又有异议时，则双方应将卖方保存的另一份试样送省级或省级以上国家认可的水泥质量监督检验机构进行仲裁检验。水泥安定性仲裁检验时，应在取样之日起 10 d 以内完成。

③以生产者同编号水泥的检验报告为验收依据时，在发货前或交货时买方在同编号水泥中取样，双方共同签封后由卖方保存 90 d，或认可卖方自行取样、签封并保存 90 d 的同编号水泥的封存样。

在 90d 内，买方对水泥质量有疑问时，则买卖双方应将共同认可的试样送省级或省级以上国家认可的水泥质量监督检验机构进行仲裁检验。

附录 2　钢筋混凝土用钢筋、预应力混凝土用钢丝、钢绞线技术标准

附录 2-1　钢筋混凝土用钢

第 1 部分　热轧光圆钢筋（GB 1499.1—2008）

（1）热轧光圆钢筋的屈服强度特征值分为 235、300 级。牌号为 HPB235、HPB300。

（2）热轧光圆钢筋的公称横截面面积与理论重量见表 2-1-1A。

表 2-1-1A

公称直径/mm	公称横截面面积/mm^2	理论重量/（kg/m）
6（6.5）	28.27（33.18）	0.222（0.260）
8	50.27	0.395
10	78.54	0.617
12	113.1	0.888
14	153.9	1.21
16	201.1	1.58
18	254.5	2.00
20	314.2	2.47
22	380.1	2.98
注：表中理论重量按密度为 7.85 g/cm^3 计算。公称直径 6.5mm 的产品为过渡性产品。		

（3）光圆钢筋的尺寸及理论重量允许偏差：光圆钢筋的长度允许偏差范围为 0～＋50mm；理论重量允许偏差：公称直径为 6～12mm，实际重量与理论重量的偏差为±7%；公称直径为 14～22mm，实际重量与理论重量的偏差为±5%。

（4）技术要求

1）钢筋牌号及化学成分（熔炼分析）应符合表 2-1-1B 的规定。

表 2-1-1B

牌　　号	化学成分（质量分数）/%　不大于				
	C	Si	Mn	P	S
HPB235	0.22	0.30	0.65	0.045	0.050
HPB300	0.25	0.55	1.50		

注：1. 钢中残余元素铬、镍、铜含量应各不大于 0.30%，供方如能保证可不作分析。

2. 钢筋的成品化学成分允许偏差应符合 GB/T 222 的规定。

2）力学性能、工艺性能

①钢筋的屈服强度 R_{eL}、抗拉强度 R_m、断后伸长率 A、最大力总伸长率 A_{gt}。等力学性能特征值应符合表 2-1-1C 的规定。

表 2-1-1C

牌　号	R_{eL} MPa	R_m MPa	A/ %	A_{gt}/ %	冷弯试验 180° d—弯芯直径 a—钢筋公称直径
	不小于				
HPB235	235	370	25.0	10.0	$d=a$
HPB300	300	420			

②根据供需双方协议，伸长率类型可从 A 或 A_{gt} 中选定。如伸长率类型未经协议确定，则伸长率采用 A，仲裁检验时采用 A_{gt}。

③弯曲性能：按表 2-1-1C 规定的弯芯直径弯曲 180°后，钢筋受弯曲部位表面不得产生裂纹。

3）表面质量

①钢筋应无有害的表面缺陷，按盘卷交货的钢筋应将头尾有害缺陷部分切除。

②试样可使用钢丝刷清理，清理后的重量、尺寸、横截面积和拉伸性能满足本部分的要求，锈皮、表面不平整或氧化铁皮不作为拒收的理由。

③当带有表面质量中②款规定的缺陷以外的表面缺陷的试样不符合拉伸性能或弯曲性能要求时，则认为这些缺陷是有害的。

4）每批钢筋的检验项目，取样方法和试验方法应符合表 2-1-1D 的规定。

表 2-1-1D

序　号	检验项目	取样数量	取样方法	试验方法
1	化学成分（熔炼分析）	1	GB/T 20066	GB/T 223 GB/T 4336
2	拉伸	2	任选两根钢筋切取	GB/T 228、本部分 8.2
3	弯曲	2	任选两根钢筋切取	GB/T 232、本部分 8.2
4	尺寸	逐支（盘）		本部分 8.3
5	表面	逐支（盘）		目视
6	重量偏差	本部分 8.4		本部分 8.4

注：对化学分析和拉伸试验结果有争议时，仲裁试验分别按 GB/T 223、GB/T 228 进行。

①力学性能、工艺性能试验

A. 拉伸、弯曲试验试样不允许进行车削加工。

B. 计算钢筋强度用截面面积采用表 2-1-1A 所列公称横截面面积。

C. 最大力总伸长率 A_{gt} 的检验，除按表 2-1-1D 规定采用 GB/T 228 的有关试验方法外，也可采用《钢筋混凝土用钢第 1 部分：热轧光圆钢筋》（GB 1499.1—2008）附录 A 的方法。

②尺寸测量：钢筋直径的测量应精确到 0.1mm。

③重量偏差的测量

A. 测量钢筋重量偏差时，试样应从不同根钢筋上截取，数量不少于 5 支，每支试样长度不小于 500mm。长度应逐支测量，应精确到 1mm。测量试样总重量时，应精确到不大于总重量的 1%。

B. 钢筋实际重量与理论重量的偏差（%）按下式计算：

$$重量偏差=\frac{试样实际总重量-（试样总长度\times理论重量）}{试样总长度\times理论重量}\times 100$$

（5）检验规则

1）组批规则

①钢筋应按批进行检查和验收，每批由同一牌号、同一炉罐号、同一尺寸的钢筋组成。每批重量通常不大于 60t。超过 60t 的部分，每增加 40t（或不足 40t 的余数），增加一个拉伸试验试样和一个弯曲试验试样。

②允许由同一牌号、同一冶炼方法、同一浇注方法的不同炉罐号组成混合批。各炉罐号含碳量之差不大于 0.02%，含锰量之差不大于 0.15%。混合批的重量不大于 60t。

2）钢筋检验项目和取样数量：应符合表 2-1-1D 及组批规则①的规定。

3）各检验项目的检验结果应符合 GB 1499.1—2008 标准的有关规定。

附录 2-2 钢筋混凝土用钢

第 2 部分 热轧带肋钢筋（GB 1499.2—2007）

（1）钢筋的公称横截面面积与理论重量列于表 2-2-1A。

表 2-2-1A

公称直径/mm	公称横截面面积/mm^2	理论重量/（kg/m）
6	28.27	0.222
8	50.27	0.395
10	78.54	0.617
12	113.1	0.888
14	153.9	1.21
16	201.1	1.58
18	254.5	2.00
20	314.2	2.47
22	380.1	2.98
25	490.9	3.85
28	615.8	4.83
32	804.2	6.31
36	1018	7.99
40	1257	9.87
50	1964	15.42
注：表 2-2-1A 中理论重量按密度为 7.85 g/cm^3 计算。		

（2）技术要求

1）牌号和化学成分

①钢筋牌号及化学成分和碳当量（熔炼分析）应符合表 2-2-1B 的规定。根据需要，钢中还可加入、V、Nb、Ti 等元素。

②碳当量 C_{eq}（百分比）值可按下式计算

$$C_{eq}=C+Mn/6+(Cr-V+Mo)/5+(Cu+Ni)/15$$

③钢的氮含量应不大于 0.012%。供方如能保证可不作分析。钢中如有足够数量的氮结合元素，含氮量的限制可适当放宽。④钢筋的成品化学成分允许偏差应符合 GB/T 222 的规定，碳当量 C_{eq}的允许偏差为+0.03%。

钢筋牌号及化学成分和碳当量（熔炼分析）　　表 2-2-1B

牌　　号	化学成分（质量分数）%，不大于					
	C	Si	Mn	P	S	Ceq
HRB335 HRBF335	0.25	0.80	1.60	0.045	0.045	0.52
HRB400 HRBF400	0.25	0.80	1.60	0.045	0.045	0.54
HRB500 HRBF500	0.25	0.80	1.60	0.045	0.045	0.55

2）力学性能

①钢筋的屈服强度 R_{eL}、抗拉强度 R_m、断后伸长率 A、最大力总伸长率 A_{gt} 等力学性能特征值应符合表 2-2-1C 的规定。表 2-2-1C 所列各力学性能特征值，可作为交货检验的最小保证值。

热轧带肋钢筋的力学性能　　表 2-2-1C

编　　号	A_{gt}/%	R_{eL}/MPa	R_m/MPa	A/%
		不　小　于		
HRB335 HRBF335	7.5	335	455	17
HRB400 HRBF400	7.5	400	540	16
HRB500 HRBF500	7.5	500	630	15

②直径 28～40mm 各牌号钢筋的断后伸长率 A 可降低 1%；直径大于 40mm 各牌号钢筋的断后伸长率 A 可降低 2%。

③有较高要求的抗震结构适用牌号为：在《钢筋混凝土用钢第 2 部分：热轧带肋钢筋》（GB 1499.2—2007）表 1 中已有牌号后加 E（例如：HRB400E、HRBF400E）的钢筋。该类钢筋除应满足以下 a）、b）、c）的要求外，其他要求与相对应的已有牌号钢筋相同。

a）钢筋实测抗拉强度与实测屈服强度之比 R_m^0/R_{eL}^0 不小于 1.25。

b）钢筋实测屈服强度与表 C2-3-6-7 规定的屈服强度特征值之比 R_{eL}^0/R_{eL} 不大于 1.30。

c）钢筋的最大力总伸长率 A_{gt} 不小于 9%。

注：R_m^0 为钢筋实测抗拉强度；R_{eL}^0 为钢筋实测屈服强度。

④对于没有明显屈服强度的钢，屈服强度特征值 R_{eL} 应采用规定非比例延伸强度 $R_{p0.2}$。

⑤根据供需双方协议，伸长率类型可从 A 或 A_{gt} 中选定。如伸长率类型未经协议确定，

则伸长率采用 A，仲裁检验时采用 A_{gt}。

3）工艺性能

①弯曲性能：按表 2-2-1D 规定的弯芯直径弯曲 180°后，钢筋受弯曲部位表面不得产生裂纹。

热轧带肋钢筋的弯曲性能 **表 2-2-1D**

牌　　号	公称直径 a mm	弯曲试验 弯心直径
HRB335 HRBF335	6～25	3a
	28～50	4a
	＞40～50	5a
HRB400 HRBF400	6～25	4a
	28～50	5a
	＞40～50	6a
HRB500 HRBF500	6～25	6a
	28～50	7a
	＞40～50	8a

②反向弯曲性能：

A. 根据需方要求，钢筋可进行反向弯曲性能试验。

B. 反向弯曲试验的弯芯直径比弯曲试验相应增加一个钢筋公称直径。

C. 反向弯曲试验：先正向弯曲 90°后再反向弯曲 20°。两个弯曲角度均应在去载之前测量。经反向弯曲试验后。钢筋受弯曲部位表面不得产生裂纹。

4）疲劳性能：如需方要求，经供需双方协议，可进行疲劳性能试验。疲劳试验的技术要求和试验方法由供需双方协商确定。

5）焊接性能

①钢筋的焊接工艺及接头的质量检验与验收应符合相关行业标准的规定。

②普通热轧钢筋在生产工艺、设备有重大变化及新产品生产时进行型式检验。

③细晶粒热轧钢筋的焊接工艺应经试验确定。

6）晶粒度：细晶粒热轧钢筋应做晶粒度检验，其晶粒度不粗于 9 级，如供方能保证可不做晶粒度检验。

7）表面质量

①钢筋应无有害的表面缺陷。

②只要经钢丝刷刷过的试样的重量、尺寸、横截面积和拉伸性能不低于本部分的要求，锈皮、表面不平整或氧化铁皮不作为拒收的理由。

③当带有"表面质量中②款"规定的缺陷以外的表面缺陷的试样不符合拉伸性能或弯曲性能要求时，则认为这些缺陷是有害的。

8）每批钢筋的检验项目，取样方法和试验方法应符合表 2-2-1E 的规定。

表 2-2-1E

序号	检验项目	取样数量	取样方法	试验方法
1	化学成分（熔炼分析）	1	GB/T 20066	GB/T 223、GB/T 4336
2	拉伸	2	任选两根钢筋切取	GB/T 228、本部分 8.2
3	弯曲	2	任选两根钢筋切取	GB/T 232、本部分 8.2
4	反向弯曲	1		YB/T 5126、本部分 8.2
5	疲劳试验	供需双方协议		
6	尺寸	逐支		本部分 8.3
7	表面	逐支		目视
8	重量偏差	本部分 8.4		本部分 8.4
9	晶粒度	2	任选两根钢筋切取	GB/T 6394
注：对化学分析和拉伸试验结果有争议时，仲裁试验分别按 GB/T223、GB/T228 进行。				

9）拉伸、弯曲、反向弯曲试验

①拉伸、弯曲、反向弯曲试验试样不允许进行车削加工。

②计算钢筋强度用截面面积采用表 2-2-1A 所列公称横截面面积。

③最大力总伸长率 A_{gt} 的检验，除按表 2-2-1E 规定采用 GB/T 228 的有关试验方法外，也可采用《钢筋混凝土用钢第 2 部分：热轧带钢筋》GB1499. 2—2007 附录 A 的方法。

④反向弯曲试验时，经正向弯曲后的试样，应在 100℃温度下保温不少于 30min，经自然冷却后再反向弯曲。当供方能保证钢筋经人工时效后的反向弯曲性能时，正向弯曲后的试样亦可在室温下直接进行反向弯曲。

10）交货检验

①组批规则

A. 钢筋应按批进行检查和验收，每批由同一牌号、同一炉罐号、同一规格的钢筋组成。每批重量通常不大于 60t。超过 60t 的部分，每增加 40t（或不足 40t 的余数），增加一个拉伸试验试样和一个弯曲试验试样。

B. 允许由同一牌号、同一冶炼方法、同一浇注方法的不同炉罐号组成混合批，但各炉罐号含碳量之差不大于 0.02%，含锰量之差不大于 0.15%。混合批的重量不大于 60t。

②检验结果：各检验项目的检验结果应符合（GB 1499. 2—2007）标准中尺寸、外形、重量及允许偏差和技术要求的规定。见表 2-2-1B、表 2-2-1C、表 2-2-1D、表 2-2-1E。

附录 2-3　预应力混凝土用钢丝（GB/T 5223—2002）

(1) 尺寸、外形、质量及允许偏差

1）光圆钢丝的尺寸及允许偏差应符合表 2-3-1 的规定。每米质量参见表 2-3-1，计算钢丝每米参考质量时钢的密度为 7.85g/cm³。

2）螺旋肋钢丝的尺寸及允许偏差应符合表 2-3-2 的规定，钢丝的公称横截面积、每米参考质量与光圆钢丝相同。

光圆钢丝尺寸及允许偏差、每米参考质量　　　　表 2-3-1

公称直径 d_n/mm	直径允许偏差/mm	公称横截面积 S_n/mm²	每米参考质量（g/m）
3.00	±0.04	7.07	55.5
4.00		12.57	98.6
5.00	±0.05	19.63	154
6.00		28.27	222
6.25		30.68	241
7.00		38.48	302
8.00	±0.06	50.26	394
9.00		63.62	499
10.00		78.54	616
12.00		113.1	888

螺旋肋钢丝的尺寸及允许偏差　　　　表 2-3-2

公称直径 d_n/mm	螺旋肋数量/条	基圆尺寸		外轮廓尺寸		单肋尺寸	螺旋肋导程 C/mm
		基圆直径 D_1/mm	允许偏差 /mm	外轮廓直径 D/mm	允许偏差 /mm	宽度 a/mm	
4.00	4	3.85	±0.05	4.25	±0.05	0.90～1.30	24～30
4.80	4	4.60		5.10		1.30～1.70	28～36
5.00	4	4.80		5.30			
6.00	4	5.80		6.30		1.60～2.00	30～38
6.25	4	6.00		6.70			30～40
7.00	4	6.73		7.46	±0.10	1.80～2.20	35～45
8.00	4	7.75		8.45		2.00～2.40	40～50
9.00	4	8.75		9.45		2.10～2.70	42～52
10.00	4	9.75		10.45		2.50～3.00	45～58

3）三面刻痕钢丝的尺寸及允许偏差应符合表 2-3-3 的规定。钢丝的横截面积、每米参考质量与光圆钢丝相同。三条痕中的其中一条倾斜方向与其他两条相反。

三面刻痕钢丝尺寸及允许偏差　　　　表 2-3-3

公称直径 d_n/mm	刻痕深度		刻痕长度		节　距	
	公称深度 a/mm	允许偏差/mm	公称长度 b/mm	允许偏差/mm	公称节距 L/mm	允许偏差/mm
≤5.00	0.12	±0.05	3.5	±0.05	5.5	±0.05
＞5.00	0.15		5.5		8.0	

注：公称直径指横截面积等同于光圆钢丝横截面积时所对应的直径。

4）根据需方要求可生产表 2-3-1、表 2-3-2、表 2-3-3 以外规格的钢丝。

5）光圆及螺旋肋钢丝的不圆度不得超出其直径公差的 1/2。

6）盘重　每盘钢丝由一根组成，其盘重不小于 500kg，允许有 10％的盘数小于500kg 但不小于 100kg。

7）盘内径：

①冷拉钢丝的盘内径应不小于钢丝公称直径的 100 倍。

②消除应力钢丝的盘内径不小于 1700mm。

（2）技术要求

1）牌号及化学成分

制造钢丝用钢的牌号和化学成分应符合 YB/T 146 或 YB/T 170 的规定，也可采用其他牌号制造。

2）力学性能

①冷拉钢丝的力学性能应符合表 2-3-4 的规定。规定非比例伸长应力 $\sigma_{p0.2}$值不小于公称抗拉强度的 75%。除抗拉强度、规定非比例伸长应力外，对压力管道用钢丝还需进行断面收缩率、扭转次数、松弛率的检验；对其他用途钢丝还需进行断后伸长率、弯曲次数的检验。

②消除应力的光圆及螺旋肋钢丝的力学性能应符合表 2-3-5 的规定。规定非比例伸长应力 $\sigma_{p0.2}$值对低松弛钢丝应不小于公称抗拉强度的 88%，对普通松弛钢丝应不小于公称抗拉强度的 85%。

③消除应力的刻痕钢丝的力学性能应符合表 2-3-6 规定。规定非比例伸长应力 $\sigma_{p0.2}$值对低松弛钢丝应不小于公称抗拉强度的 88%，对普通松弛钢丝应不小于公称抗拉强度的 85%。

④为便于日常检验，表 2-3-4 中最大力下的总伸长率可采用 L_0＝200mm 的断后伸长率代替，但其数值应不少于 1.5%；表 2-3-5 和表 2-3-6 中最大力下的总伸长率可采用 L_0＝200mm 的断后伸长率代替，但其数值应不少于 3.0%。仲裁试验以最大力下总伸长率为准。

冷拉钢丝的力学性能 **表 2-3-4**

公称直径 d_n/mm	抗拉强度 σ_b/MPa 不小于	规定非比例伸长应力 $\sigma_{p0.2}$/MPa 不小于	最大力下总伸长率 (L_0＝200mm) δ_{gt}/% 不小于	弯曲次数/(次/180°) 不小于	弯曲半径 R/mm	断面收缩率 ψ/% 不小于	每 210mm 扭矩的扭转次数 n 不小于	初始应力相当于 70%公称抗拉强度时，1000h 后应力松弛率 r/%不大于
3.00	1470 1570 1670 1770	1100 1180 1250 1330	1.5	4	7.5	—	—	8
4.00				4	10	35	8	
5.00				4	15		8	
6.00	1470 1570 1670 1770	1100 1180 1250 1330		5	15	30	7	
7.00				5	20		6	
8.00				5	20		5	

消除应力光圆及螺旋肋钢丝的力学性能 **表 2-3-5**

公称直径 d_n/mm	抗拉强度 σ_b/MPa 不小于	规定非比例伸长应力 $\sigma_{p0.2}$/MPa 不小于		最大力下总伸长率 (L_0=200mm) δ_{gt}/% 不小于	弯曲次数/(次/180°) 不小于	弯曲半径 R/mm	应力松弛性能 初始应力相当于公称抗拉强度的百分数/%	1000h 后应力松弛率 r/% 不大于	
		WLR	WNR				对所有规格	WLR	WNR
4.00	1470	1290	1250		3	10			
	1570	1380	1330						
4.80	1670	1470	1410		4	15	60	1.0	4.5
5.00	1770	1560	1500						
	1860	1640	1580						
6.00	1470	1290	1250		4	15			
6.25	1570	1380	1330	3.5	4	20	70	2.0	8
	1670	1470	1410						
7.00	1770	1560	1500		4	20			
8.00	1470	1290	1250		4	20	80	4.5	12
9.00	1560	1380	1330		4	25			
10.00	1470	1290	1250		4	25			
12.00					4	30			

⑤每一交货批钢丝的实际强度不应高于其公称强度级 200MPa。

消除应力的刻痕钢丝的力学性能 **表 2-3-6**

公称直径 d_n/mm	抗拉强度 σ_b/MPa 不小于	规定非比例伸长应力 $\sigma_{p0.2}$/MPa 不小于		最大力下总伸长率 (L_0=200mm) δ_{gt}/%不小于	弯曲次数/(次/180°) 不小于	弯曲半径 R/mm	应力松弛性能 初始应力相当于公称抗拉强度的/%	1000h 后应力松弛率 r/% 不大于	
		WLR	WNR				对所有规格	WLR	WNR
≤5.0	1470	1290	1250						
	1570	1380	1330						
	1670	1470	1410			15	60	1.0	4.5
	1770	1560	1500				70	2.0	8
	1860	1640	1580	3.5	3				
>5.0	1470	1290	1250				80	4.5	12
	1570	1380	1330			20			
	1670	1470	1410						
	1770	1560	1500						

（3）检验规则

钢丝的检验规则按 GB/T 2103 及 GB/T 17505 的规定。

1）检查和验收：钢丝的工厂检查由供方技术监督部门按表 2-3-7 进行，需方可按《预应力混凝土用钢丝》GB/T 5223—2002 标准进行检查验收。

2）组批规则：钢丝应成批检查和验收，每批钢丝由同一牌号、同一规格、同一加工状态的钢丝组成，每批质量不大于60t。

3）检验项目及取样数量

①不同品种钢丝的检验项目应按照表2-3-4、表2-3-5、表2-3-6相应的规定进行，取样数量应符合表2-3-7的规定。

②1000h应力松弛试验和疲劳性能试验只进行型式检验，即当原料、生产工艺、设备有较大变化，新产品投产及停产后重新生产时应进行检验。

供方出厂常规检验项目及取样数量 **表2-3-7**

序号	检验项目	取样数量	取样部位	检验方法
1	表面	逐盘		目视
2	外形尺寸	逐盘	在每（任一）盘中任意一端截取	按本标准8.2规定执行
3	消除应力钢丝伸直性	1根/盘		用分度值为1mm的量具测量
4	抗拉强度	1根/盘		按本标准8.4.1规定执行
5	规定非比例伸长应力	3根/每批		按本标准8.4.2规定执行
6	最大力下总伸长率	3根/每批		按本标准8.4.3规定执行
7	断后伸长率	1根/盘		按本标准8.4.4规定执行
8	弯曲	1根/盘		按本标准8.5规定执行
9	扭转	1根/盘		按本标准8.6规定执行
10	断面收缩率	1根/盘		按本标准8.4.5规定执行
11	镦头强度	3根/每批		按本标准8.8规定执行
12*	应力松弛性能	不少于1根/每合同批		按本标准8.7规定执行
注：*合同批为一个订货合同的总量。在特殊情况下，松弛试验可以由工厂连续检验提供同一种原料、同一生产工艺的数据所代替。				

注：表中本标准系指《预应力混凝土用钢丝》GB/T 5223—2002。

附录2-4 预应力混凝土用钢绞线（GB/T 5224—2003）

（1）尺寸、外形、质量及允许偏差

1）1×2结构钢绞线的尺寸及允许偏差、每米参考质量应符合表2-4-1的规定，外形见图2-4-1。

2）1×3结构钢绞线尺寸及允许偏差、每米参考质量应符合表2-4-2的规定，外形见图2-4-2。

3）1×7结构钢绞线尺寸及允许偏差、每米参考质量应符合表2-4-3的规定，外形见图2-4-3。

4）经供需双方协商，可提供表2-4-1～表2-4-3以外规格的钢绞线。

5）盘重；每盘卷钢绞线质量不小于1000kg，允许有10%的盘卷质量小于1000kg，但不能小于300kg。

6）盘径：钢绞线盘卷内径不小于750mm，卷宽为750mm±50mm，或600mm±50mm。供方应在质量证明书中注明盘卷尺寸。

图 2-4-1　1×2 结构钢绞线外形示意图

1×2 结构钢绞线尺寸及允许偏差、每米参考质量　　　　表 2-4-1

钢绞线结构	公称直径		钢绞线直径允许偏差/mm	钢绞线参考截面积 S_n/mm^2	每米钢绞线参考质量/（g/m）
	钢绞线直径 D_n/mm	钢丝直径 d/mm			
1×2	5.00	2.50	+0.15 −0.05	9.82	77.1
	5.80	2.90		13.2	104
	8.00	4.00	+0.20 −0.10	25.1	197
	10.00	5.00		39.3	309
	12.00	6.00		56.5	444

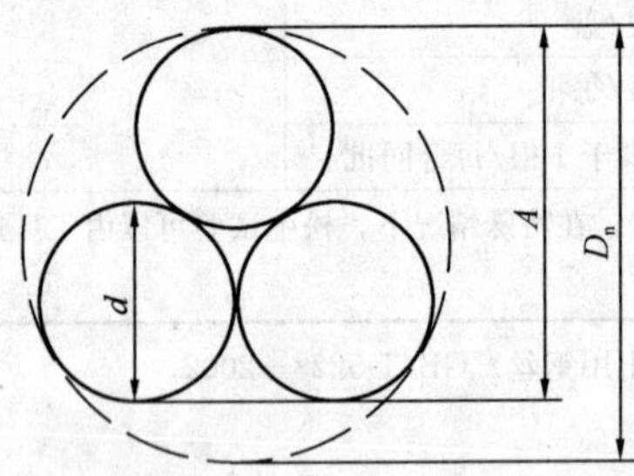

图 2-4-2　1×3 结构钢绞线外形示意图

1×3 结构钢绞线尺寸及允许偏差、每米参考质量　　　　表 2-4-2

钢绞线结构	公称直径		钢绞线测量尺寸 A/mm	测量尺寸 A 允许偏差/mm	钢绞线参考截面积 S_n/mm^2	每米钢绞线参考质量/（g/m）
	钢绞线直径 D_n/mm	钢丝直径 d/mm				
1×3	6.20	2.90	5.41	+0.15 −0.05	19.8	155
	6.50	3.00	5.60		21.2	166
	9.60	4.00	7.46	+0.20 −0.10	37.7	296
	8.74	4.05	7.56		38.6	303
	10.80	5.00	9.33		58.9	462
	12.90	6.00	11.2		84.8	666
1×3 I	8.74	4.05	7.56		38.6	303

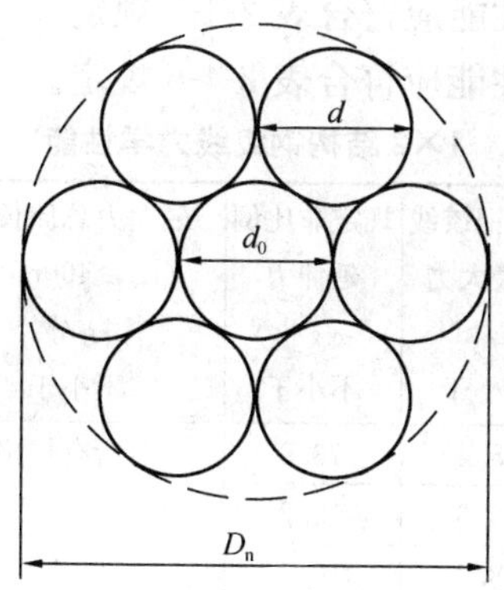

图 2-4-3 1×7 结构钢绞线外形示意图

1×7 结构钢绞线的尺寸及允许偏差、每米参考质量 **表 2-4-3**

钢绞线结构	公称直径 D_n/mm	直径允许偏差/mm	钢绞线参考截面积 S_n/mm^2	每米钢绞线参考质量/（g/m）	中心钢丝直径 D_0 加大范围/% 不小于
1×7	9.50	+0.30 −0.15	54.8	430	2.5
	11.10		74.2	582	
	12.70	+0.40 −0.20	98.7	775	
	15.20		140	1101	
	15.70		150	1178	
	17.80		191	1500	
（1×7）C	12.70	+0.40 −0.20	112	890	
	15.20		165	1295	
	18.00		223	1750	

（2）技术要求

1）牌号及化学成分：制造钢绞线用钢由供方根据产品规格和力学性能确定。牌号和化学成分应符合 YB/T 146 或 YB/T 170 的规定，也可采用其他的牌号制造。成分不作为交货条件。

2）制造

①制造钢绞线用盘条应为索氏体化盘条，经冷拉后捻制成钢绞线。捻制刻痕钢绞线的钢丝应符合 GB/T 5223 中相应条款的规定。

②钢绞线的捻距为钢绞线公称直径的 12～16 倍。模拔钢绞线其捻距应为钢绞线公称直径的 14～18 倍。钢绞线内不应有折断、横裂和相互交叉的钢丝。

③钢绞线的捻向一般为左（S）捻，右（Z）捻需在合同中注明。

④捻制后，钢绞线应进行连续的稳定化处理。

⑤成品钢绞线应用砂轮锯切割，切断后应不松散，如离开原来位置，可以用手复原到原位。

⑥成品钢绞线只允许保留拉拔前的焊接点。

3）力学性能

①1×2 结构钢绞线的力学性能应符合表 2-4-4 规定。

②1×3 结构钢绞线的力学性能应符合表 2-4-5 规定。

③1×7 结构钢绞线的力学性能应符合表 2-4-6 规定。

1×2 结构钢绞线力学性能 **表 2-4-4**

钢绞线结构	钢绞线公称直径 D_n/mm	抗拉强度 R_m/MPa 不小于	整根钢绞线的最大力 F_m/kN 不小于	规定非比例延伸力 $F_{p0.2}$/kN 不小于	最大力总伸长率 ($L_0 \geqslant 400$mm) A_{gt}/% 不小于	应力松弛性能 初始负荷相当于公称最大力的百分数/%	应力松弛性能 1000h 后应力松弛率 r/%不大于
1×2	5.00	1570	15.4	13.9	对所有规格	对所有规格	对所有规格
		1720	16.9	15.2			
		1860	18.3	16.5			
		1960	19.2	17.3			
	5.80	1570	20.7	18.6		60	1.0
		1720	22.7	20.4			
		1860	24.6	22.1			
		1960	25.9	23.3	3.5	70	2.5
	8.00	1470	36.9	33.2			
		1570	39.4	35.5			
		1720	43.2	38.9		80	4.5
		1860	46.7	42.0			
		1960	49.2	44.3			
	10.00	1470	57.8	52.0			
		1570	61.7	55.5			
		1720	67.6	60.8			
		1860	73.1	65.8			
		1960	77.0	69.3			
	12.00	1470	83.1	74.8			
		1570	88.7	79.8			
		1720	97.2	87.5			
		1860	105	94.5			

注：规定非比例延伸力 $F_{p0.2}$值不小于整根钢绞线公称最大力 F_m 的 90%。

1×3 结构钢绞线力学性能 **表 2-4-5**

钢绞线结构	钢绞线公称直径 D_n/mm	抗拉强度 R_m/MPa 不小于	整根钢绞线的最大力 F_m/kN 不小于	规定非比例延伸力 $F_{p0.2}$/kN 不小于	最大力总伸长率 ($L_0\geqslant400$mm) A_{gt}/% 不小于	应力松弛性能	
						初始负荷相当于公称最大力的百分数/%	1000h 后应力松弛率 r/%不大于
1×3	6.20	1570	31.1	28.0	对所有规格	对所有规格	对所有规格
		1720	34.1	30.7			
		1860	36.8	33.1			
		1960	38.8	34.9			
	6.50	1570	33.3	30.0			
		1720	36.5	32.9		60	1.0
		1860	39.4	35.5			
		1960	41.6	37.4			
	8.60	1470	55.4	49.9			
		1570	59.2	53.3			
		1720	64.8	58.3	3.5	70	2.5
		1860	70.1	63.1			
		1960	73.9	66.5			
	8.74	1570	60.6	54.5			
		1670	64.5	58.1			
		1860	71.8	64.6			
	10.80	1470	86.6	77.9			
		1570	92.5	83.3		80	4.5
		1720	101	90.9			
		1860	110	99.0			
		1960	115	104			
	12.90	1470	125	113			
		1570	133	120			
		1720	146	131			
		1860	158	142			
		1960	166	149			
1×3Ⅰ	8.74	1570	60.6	54.5			
		1670	64.5	58.1			
		1860	71.8	64			

注：规定非比例延伸力 $F_{p0.2}$值不小于整根钢绞线公称最大力 F_m 的 90%。

1×7 结构钢绞线力学性能 表 2-4-6

钢绞线结构	钢绞线公称直径 D_n/mm	抗拉强度 R_m/MPa 不小于	整根钢绞线的最大力 F_m/kN 不小于	规定非比例延伸力 $F_{p0.2}$/kN 不小于	最大力总伸长率 ($L_0 \geqslant 400$mm) A_{gt}/% 不小于	应力松弛性能 初始负荷相当于公称最大力的百分数/%	应力松弛性能 1000h 后应力松弛率 r/% 不大于
1×7	9.5	1720	94.3	84.9	对所有规格	对所有规格	对所有规格
		1860	102	91.8			
		1960	107	96.3			
	11.10	1720	128	115		60	1.0
		1860	138	124			
		1960	145	131			
	12.70	1720	170	153			
		1860	184	166	3.5	70	2.5
		1960	193	174			
	15.20	1470	206	185			
		1570	220	198			
		1670	234	211		80	4.5
		1720	241	217			
		1860	260	234			
		1960	274	247			
	15.70	1770	266	239			
		1860	279	251			
	17.80	1720	327	294			
		1860	353	318			
(1×7) C	12.70	1860	208	187			
	15.20	1820	300	270			
	18.00	1720	384	346			
注：规定非比例延伸力 $F_{p0.2}$ 值不小于整根钢绞线公称最大力 F_m 的 90%。							

④供方每一交货批钢绞线的实际强度不能高于其抗拉强度级别 200MPa。

⑤钢绞线弹性模量为（195±10）GPa，但不作为交货条件。

⑥允许使用推算法确定 1000h 松弛率（允许用至少 1000h 的测试数据推算 1000h 的松弛率值）。

（3）检验规则

钢绞线的检验规则应按《钢及钢产品交货一般技术要求》（GB/T 17505）的规定。

1）检查和验收：产品的检查由供方技术监督部门按表 2-4-7 的规定进行，需方可按本标准进行检查验收。

2）组批规则：钢绞线应成批验收，每批钢绞线由同一牌号、同一规格、同一生产工艺捻制的钢绞线组成。每批质量不大于 60t。

3）检验项目及取样数量

①钢绞线的力学性能要求按表 2-4-4、表 2-4-5、表 2-4-6 的相应规定进行检验。检验项目及取样数量应符合表 2-4-7 的规定。

供方出厂常规检验项目及取样数量 **表 2-4-7**

序号	检验项目	取样数量	取样部位	检验方法
1	表面	逐盘卷		目视
2	外形尺寸	逐盘卷		按本标准 8.2 规定执行
3	钢绞线伸直性	3 根/每批	在每（任）盘卷中任意一端截取	用分度值为 1mm 的量具测量
4	整根钢绞线最大力	3 根/每批		按本标准 8.4.1 规定执行
5	规定非比例延伸长率	3 根/每批		按本标准 8.4.2 规定执行
6	最大力总伸长率	3 根/每批		按本标准 8.4.3 规定执行
7	应力松弛性能	不少于 1 根/每合同批〔注〕		按本标准 8.5 规定执行
注：合同批为一个订货合同的总量。在特殊情况下，松弛试验可以由工厂连续检验提供同一原料、同一生产工艺的数据所代替。				

②1000h 的应力松弛性能试验、疲劳性能试验、偏斜拉伸试验只进行型式检验，仅在原料、生产工艺、设备有重大变化及新产品生产、停产后复产时进行检验。

4）复验与判定规则

当钢绞线的力学性能要求按表 2-4-4～表 2-4-6 的相应规定进行检验时的规定的某一项检验结果不符合本标准规定时，则该盘卷不得交货。并从同一批未经试验的钢绞线盘卷中取双倍数量的试样进行该不合格项目的复验，复验结果即使有一个试样不合格，则整批钢绞线不得交货，或进行逐盘检验合格后交货。供方有权对复验不合同产品进行重新组批提交验收。

附录3　普通混凝土用砂、石技术标准

附录3-1　普通混凝土用砂、石质量及检验方法标准（JGJ 52—2006）

1. 普通混凝土用砂质量及检验方法标准

（1）砂的质量要求《普通混凝土用砂、石质量及检验方法标准》（JGJ 52—2006）

1）砂的粗细程度按细度模数 μ_f 分为粗、中、细、特细四级，其范围应符合下列规定：

粗砂：$\mu_f=3.7\sim3.1$　　中　砂：$\mu_f=3.0\sim2.3$

细砂：$\mu_f=2.2\sim1.6$　　特细砂：$\mu_f=1.5\sim0.7$

2）砂筛应采用方孔筛。砂的公称粒径、砂筛筛孔的公称直径和方孔筛筛孔边长应符合表3-1-1的规定。

砂的公称粒径、砂筛筛孔的公称直径和方孔筛筛孔边长尺寸　　表3-1-1

砂的公称粒径	砂筛筛孔的公称直径	方孔筛筛孔边长
5.00mm	5.00mm	4.75mm
2.50mm	2.50mm	2.36mm
1.25mm	1.25mm	1.18mm
630μm	630μm	600μm
315μm	315μm	300μm
160μm	160μm	150μm
80μm	80μm	75μm

除特细砂外，砂的颗粒级配可按公称直径630μm筛孔的累计筛余量（以质量百分率计，下同），分成三个级配区（见表3-1-2），且砂的颗粒级配应处于表3-1-2中的某一区内。

砂的实际颗粒级配与表3-1-2中的累计筛余相比，除公称粒径为5.00mm和630μm的累计筛余外，其余公称粒径的累计筛余可稍有超出分界线，但总超出量不应大于5%。

当天然砂的实际颗粒级配不符合要求时，宜采取相应的技术措施，并经试验证明能确保混凝土质量后，方允许使用。

砂的颗粒级配区　　表3-1-2

累计筛余（%）　级配区 公称粒径	Ⅰ区	Ⅱ区	Ⅲ区
5.00mm	10～0	10～0	10～0
2.50mm	35～5	25～0	15～0
1.25mm	65～35	50～10	25～0
630μm	85～71	70～41	40～16
315μm	95～80	92～70	85～55
160μm	100～90	100～90	100～90

配制混凝土时宜优先选用Ⅱ区砂。当采用Ⅰ区砂时，应提高砂率，并保持足够的水泥用量，满足混凝土的和易性；当采用Ⅲ区砂时，宜适当降低砂率；当采用特细砂时，应符合相应的规定。

配制泵送混凝土，宜选用中砂。

3）天然砂中含泥量应符合表 3-1-3 的规定。

天然砂中含泥量 **表 3-1-3**

混凝土强度等级	≥C60	C35～C30	≤C25
含泥量（按质量计，%）	≤2.0	≤3.0	≤5.0

对于有抗冻、抗渗或其他特殊要求的小于或等于 C25 混凝土用砂，其含泥量不应大于 3.0%。

4）砂中泥块含量应符合表 3-1-4 的规定。

砂中的泥块含量 **表 3-1-4**

混凝土强度等级	≥C60	C35～C30	≤C25
含泥量（按质量计，%）	≤0.5	≤1.0	≤2.0

对于有抗冻、抗渗或其他特殊要求的小于或等于 C25 混凝土用砂，其泥块含量不应大于 1.0%。

5）人工砂或混合砂中石粉含量应符合表 3-1-5 的规定。

人工砂或混合砂中石粉含量 **表 3-1-5**

混凝土强度等级		≥C60	C35～C30	≤C25
石粉含量（%）	MB<1.4（合格）	≤5.0	≤7.0	≤10.0
	MB≥1.4（不合格）	≤2.0	≤3.0	≤5.0

6）砂的坚固性应采用硫酸钠溶液检验，试样经 5 次循环后，其质量损失应符合表 3-1-6 的规定。

砂的坚固性指标 **表 3-1-6**

混凝土所处的环境条件及其性能要求	5 次循环后的质量损失（%）
在严寒及寒冷地区室外使用并经常处于潮湿或干湿交替状态下的混凝土 对于有抗疲劳、耐磨、抗冲击要求的混凝土 有腐蚀介质作用或经常处于水位变化区的地下结构混凝土	≤8
其他条件下使用的混凝土	≤10

7）人工砂的总压碎值指标应小于 30%。

8）当砂中含有云母、轻物质、有机物、硫化物及硫酸盐等有害物质时，其含量应符合表 3-1-7 的规定。

砂中的有害物质含量 **表 3-1-7**

项　　目	质 量 指 标
云母含量（按质量计,%）	≤2.0
轻物质含量（按质量计,%）	≤1.0
硫化物及硫酸盐含量（折算成 SO_3 按质量计,%）	≤1.0
有机物含量（用比色法试验）	颜色不应深于标准色，当颜色深于标准色时，应按水泥胶砂强度试验方法进行强度对比试验，抗压强度比不应低于 0.95

对于有抗冻、抗渗要求的混凝土用砂，其云母含量不应大于 1.0%。

当砂中含有颗粒状的硫酸盐或硫化物杂质时，应进行专门检验，确认能满足混凝土耐久性要求后，方可采用。

9）对于长期处于潮湿环境的重要混凝土结构用砂，应采用砂浆棒（快速法）或砂浆长度法进行骨料的碱活性检验。经上述检验判断为有潜在危害时，应控制混凝土中的碱含量不超过 $3kg/m^3$，或采用能抑制碱—骨料反应的有效措施。

10）砂中氯离子含量应符合下列规定：

①对于钢筋混凝土用砂，其氯离子含量不得大于 0.06%（以干砂的质量百分率计）；

②对于预应力混凝土用砂，其氯离子含量不得大于 0.02%（以干砂的质量百分率计）。

11）海砂中贝壳含量应符合表 3-1-8 的规定。

海砂中贝壳含量 **表 3-1-8**

混凝土强度等级	≥C40	C35～C30	C25～C15
贝壳含量（按质量计,%）	≤3	≤5	≤8

对于有抗冻、抗渗或其他特殊要求的小于或等于 C25 混凝土用砂，其贝壳含量不应大于 5%。

12）砂的取样规定

①每验收批取样方法应按下列规定执行：

A. 从料堆上取样时，取样部位应均匀分布。取样前应先将取样部位表层铲除，然后由各部位抽取大致相等的砂 8 份，石子为 16 份，组成各自一组样品。

B. 从皮带运输机上取样时，应在皮带运输机机尾的出料处用接料器定时抽取砂 4 份、石 8 份组成各自一组样品。

C. 从火车、汽车、货船上取样时，应从不同部位和深度抽取大致相等的砂 8 份，石 16 份组成各自一组样品。

②除筛分析外，当其余检验项目存在不合格项时，应加倍取样进行复验。当复验仍有一项不满足标准要求时，应按不合格品处理。

注：如经观察，认为各节车皮间（汽车、货船间）所载的砂、石质量相差甚为悬殊时，应对质量有怀疑的每节列车（汽车、货船）分别取样和验收。

③对于每一单项检验项目，砂、石的每组样品取样数量应分别满足表 3-1-9 的规定。当需要做多项检验时，可在确保样品经一项试验后不致影响其他试验结果的前提下，用同组样品进行多项不同的试验。

每一单项检验项目所需砂最少取样质量　　表 3-1-9

试　验　项　目	最少取样质量（g）
筛分析	4400
表观密度	2600
吸水率	4000
紧密密度和堆积密度	5000
含　水　率	1000
含　泥　量	4400
泥块含量	20000
石粉含量	1600
人工砂压碎值指标	分成公称粒级 5.00～2.50mm；2.50～1.25mm；1.25mm～630μm；630～315μm；315～160μm 每个粒级各需 1000g
有机物含量	2000
云母含量	600
轻物质含量	3200
坚固性	分成公称粒级 5.00～2.50mm；2.50～1.25mm；1.25mm～630μm；630～315μm；315～160μm 每个粒级各需 100g
硫化物及硫酸盐含量	50
氯离子含量	2000
贝壳含量	10000
碱活性	20000

（2）细骨料使用注意事项

1）砂粒的粗细，对混凝土拌合物有着重要的影响，相同条件下，砂子越细，总表面积越大，在混凝土中砂的表面都需要水泥浆包裹，较细的砂水泥用量相对多一些，反之水泥就用得少一些，水泥用量太少混凝土拌合物的和易性不良。一般情况下 C20 以上混凝土应选用中砂偏粗为宜。

2）严格执行海砂的使用规定。因海砂中含有比较多的氯盐、对钢筋有严重腐蚀作用，应建立和健全使用海砂配制混凝土的管理规定，定期检查和取样试验。

3）使用特细砂配制混凝土，应认真执行《特细砂混凝土配制应用规程》。细度模数小于 0.7，且通过 0.16mm 筛的量大于 30％的特细砂，在无实践依据和相应技术措施的情况下，一般不得用来配制混凝土。

4）严格细骨料的复试。严格按《普通混凝土用砂质量标准及检验方法》（JGJ 52—92）执行。试验项目按标准要求，必试项目为颗粒级配、含泥量、泥块含量、有害物质含量，必要时对坚固性等进行试验。

5）骨料混凝土被污染，这会使混凝土配合比失去准确性和降低水泥的粘结力，影响混凝土质量。

6）对重要工程混凝土使用的砂，应采用化学法和砂浆长度法进行集料的碱活性检验。经上述检验判断为有潜在危害时，应采取下列措施：

①使用含碱量小于0.60%的水泥或采用能抑制碱-集料反应的掺合料；

②当使用含锂、钠离子的外加剂时，必须进行专门试验。

7）采用海砂配制混凝土时，其氯离子含量应符合下列规定：

①对素混凝土，海砂中氯离子含量不予限制；

②对钢筋混凝土，海砂中氯离子含量不应大于0.06%（以干砂重的百分率计，下同）；

③对预应力混凝土不宜用海砂。若必须使用海砂时，则应经淡水冲洗，其氯离子含量不得大于0.02%。

2. 普通混凝土用石质量及检验方法标准

（1）石的质量要求《普通混凝土用砂、石质量及检验方法标准》（JGJ 52—2006）

1）石筛应采用方孔筛。石的公称粒径、石筛筛孔的公称直径与方孔筛筛孔边长应符合表3-1-10的规定。

石筛筛孔的公称直径与方孔筛尺寸（mm）　　表3-1-10

石的公称粒径	石筛筛孔的公称直径	方孔筛筛孔边长
2.50	2.50	2.36
5.00	5.00	4.75
10.0	10.0	9.5
16.0	16.0	16.0
20.0	20.0	19.0
25.0	25.0	26.5
31.5	31.5	31.5
40.0	40.0	37.5
50.0	50.0	53.0
63.0	63.0	63.0
80.0	80.0	75.0
100.0	100.0	90.0

碎石或卵石的颗粒级配，应符合表3-1-11的要求。混凝土用石应采用连续粒级。

单粒级宜用于组合成满足要求的连续粒级；也可与连续粒级混合使用，以改善其级配或配成较大粒度的连续粒级。

当卵石的颗粒级配不符合（JCJ 52—2006）标准表3-1-11要求时，应采取措施并经试验证实能确保工程质量后，方允许使用。

碎石或卵石的颗粒级配范围 **表 3-1-11**

级配情况	公称粒级（mm）	累计筛余，按质量（%）方孔筛筛孔边长尺寸（mm）											
		2.36	4.75	9.5	16.0	19.0	26.5	31.5	37.5	53	63	75	90
连续粒级	5～10	95～100	80～100	0～15	0	—	—	—	—	—	—	—	—
	5～16	95～100	85～100	30～60	0～10	0	—	—	—	—	—	—	—
	5～20	95～100	90～100	40～80	—	0～10	0	—	—	—	—	—	—
	5～25	95～100	90～100	—	30～70	—	0～5	0	—	—	—	—	—
	5～31.5	95～100	95～100	70～90	—	15～45	—	0～5	0	—	—	—	—
	5～40	—	95～100	70～90	—	30～65	—	—	0～5	0	—	—	—
单粒级	10～20	—	95～100	85～100	—	0～15	0	—	—	—	—	—	—
	16～31.5	—	95～100	—	85～100	—	—	0～10	0	—	—	—	—
	20～40	—	—	95～100	—	80～100	—	—	0～10	0	—	—	—
	31.5～63	—	—	—	95～100	—	—	75～100	45～75	—	0～10	0	—
	40～80	—	—	—	—	95～100	—	—	70～100	—	30～60	0～10	0

注：公称粒级的上限为该粒级的最大粒径。

2）碎石或卵石中针、片状颗粒含量应符合表 3-1-12 的规定。

针、片状颗粒含量 **表 3-1-12**

混凝土强度等级	≥C60	C55～C30	≤C25
针、片状颗粒含量（按质量计，%）	≤8	≤15	≤25

3）碎石或卵石中含泥量应符合表 3-1-13 的规定。

碎石或卵石中的含泥量 **表 3-1-13**

混凝土强度等级	≥C60	C55～C30	≤C25
含泥量（按质量计，%）	≤0.5	≤1.0	≤2.0

对于有抗冻、抗渗或其他特殊要求的混凝土，其所用碎石或卵石中含泥量不应大于1.0%。当碎石或卵石的含泥是非黏土质的石粉时，其含泥量可由表 3.2.3 的 0.5%、1.0%、2.0%，分别提高到 1.0%、1.5%、3.0%。

4）碎石或卵石中泥块含量应符合表 3-1-14 的规定。

碎石或卵石中的泥块含量 **表 3-1-14**

混凝土强度等级	≥C60	C55～C30	≤C25
泥块含量（按质量计，%）	≤0.2	≤0.5	≤0.7

对于有抗冻、抗渗或其他特殊要求的强度等级小于 C30 的混凝土，其所用碎石或卵石中泥块含量不应大于 0.5%。

5）碎石的强度可用岩石的抗压强度和压碎值指标表示。岩石的抗压强度应比所配制的混凝土强度至少高 20%。当混凝土强度等级大于或等于 C60 时，应进行岩石抗压强度检验。岩石强度首先应由生产单位提供，工程中可采用压碎值指标进行质量控制。碎石的压碎值指标宜符合表 3-1-15 的规定。

碎石的压碎值指标 **表 3-1-15**

岩石品种	混凝土强度等级	碎石压碎指标值（%）
沉积岩	C60～C40	≤10
	≤C35	≤16
变质岩或深成的火成岩	C60～C40	≤12
	≤C35	≤20
喷出的火成岩	C60～C40	≤13
	≤C35	≤30

注：沉积岩包括石灰岩、砂岩等。变质岩包括片麻岩、石英岩等。深成的火成岩包括花岗岩、正长岩、闪长岩和橄榄岩等。喷出的火成岩包括玄武岩和辉绿岩等。

卵石的强度可用压碎值指标表示。其压碎值指标宜符合表 3-1-16 的规定。

卵石的压碎值指标 **表 3-1-16**

混凝土强度等级	C60～C40	≤C35
压碎值指标（%）	≤12	≤16

6）碎石或卵石的坚固性应用硫酸钠溶液法检验，试样经 5 次循环后，其质量损失应符合表 3-1-17 的规定。

碎石或卵石的坚固性指标 **表 3-1-17**

混凝土所处的环境条件及其性能要求	5 次循环后的质量损失（%）
在严寒及寒冷地区室外使用并经常处于潮湿或干湿交替状态下的混凝土；有腐蚀介质作用或经常处于水位变化区的地下结构或有抗疲劳、耐磨、抗冲击要求的混凝土	≤8
其他条件下使用的混凝土	≤12

7）碎石或卵石中的硫化物和硫酸盐含量以及卵石中有机物等有害物质含量，应符合表 3-1-18 的规定。

碎石或卵石中的有害物质含量 **表 3-1-18**

项　目	质量要求
硫化物及硫酸盐含量（折算成 SO_3 按质量计）（%）	≤1.0
卵石中有机质含量（用比色法试验）	颜色应不深于标准色。颜色深于标准色时，应配制成混凝土进行强度对比试验，其抗压强度比应不低于 0.95。

当碎石或卵石中含有颗粒状硫酸盐或硫化物杂质时，应进行专门检验，确认能满足混凝土耐久性要求后，方可采用。

8）对于长期处于潮湿环境的重要结构混凝土，其所使用的碎石或卵石应进行碱活性检验。

进行碱活性检验时，首先应采用岩相法检验碱活性骨料的品种、类型和数量。当检验出骨料中含有活性二氧化硅时，应采用快速砂浆棒法和砂浆长度法进行碱活性检验；当检验出骨料中含有活性碳酸盐时，应采用岩石柱法进行碱活性检验。

经上述检验，当判定骨料存在潜在碱-碳酸盐反应危害时，不宜用作混凝土骨料；否则，应通过专门的混凝土试验，做最后评定。

当判定骨料存在潜在碱-硅反应危害时，应控制混凝土中的碱含量不超过 3kg/m³，或采用能抑制碱-骨料反应的有效措施。

9）石的取样规定

①每验收批取样方法应按下列规定执行：

A. 从料堆上取样时，取样部位应均匀分布。取样前应先将取样部位表层铲除，然后由各部位抽取大致相等的砂 8 份，石子为 16 份，组成各自一组样品。

B. 从皮带运输机上取样时，应在皮带运输机机尾的出料处用接料器定时抽取砂 4 份、石 8 份组成各自一组样品。

C. 从火车、汽车、货船上取样时，应从不同部位和深度抽取大致相等的砂 8 份，石 16 份组成各自一组样品。

②除筛分析外，当其余检验项目存在不合格项时，应加倍取样进行复验。当复验仍有一项不满足标准要求时，应按不合格品处理。

注：如经观察，认为各节车皮间（汽车、货船间）所载的砂、石质量相差甚为悬殊时，应对质量有怀疑的每节列车（汽车、货船）分别取样和验收。

③对于每一单项检验项目，砂、石的每组样品取样数量应分别满足表 3-1-18 的规定。当需要做多项检验时，可在确保样品经一项试验后不致影响其他试验结果的前提下，用同组样品进行多项不同的试验。

④每一单项检验项目所需碎石或卵石的最小取样质量见表 3-1-19。

每一单项检验项目所需碎石或卵石的最小取样质量（kg）　　表 3-1-19

试验项目	最大粒径（mm）							
	10	16	20	25	31.5	40	63	80
筛分析	10	15	16	20	25	32	50	64
表观密度	8	8	8	8	12	16	24	24
含水率	2	2	2	2	3	3	4	6
吸水率	8	8	16	16	16	24	24	32
堆积密度、紧密密度	40	40	40	40	80	80	120	120
含泥量	8	8	24	24	40	40	80	80
泥块含量	8	8	24	24	40	40	80	80
针、片状含量	1.2	4	8	12	20	40	—	—
硫化物、硫酸盐	1.0							

注：有机物含量、坚固性、压碎值指标及碱-骨料反应检验，应按试验要求的粒级及质量取样。

附录4 混凝土外加剂

附录4-1 混凝土外加剂的执行标准与规定

(1) 各类外加剂

1) 依据标准：减水剂、早强剂、缓凝剂、引气剂、防水剂、泵送剂、防冻剂、膨胀剂的评定标准及检验标准见表4-1-1。

外加剂执行标准 表4-1-1

序号	名称	评定标准	检验标准
1	减水剂	GB 8076—1997	GB/T 14684—5—93
2	早强剂		GB/T 14684—5—93
3	缓凝剂		GB/T 50080—2002 GB/T 50081—2002
4	引气剂		JGJ/T 55—2000 JGJ 63—99
5	防水剂	JC 474—1999	GB 751—81 GB 1346—2991 GB 8076—1997 GBJ 82—85 GB/T 2419—94
6	泵送剂	JC 473—2001	GB 8076—1997 GB/T 50080—2002 JGJ/T 55—2000
7	防冻剂	JC 475—92 (96)	GB 8076—1997 GB/T 50080—2002
8	膨胀剂	JC 476—2001	GB/T 1761—1999 GB 8076—1997 GB 1346—2001

2) 检验项目：减水剂、早强剂、缓凝剂、引气剂、防水剂、泵送剂、防冻剂、膨胀剂的检验项目如表4-1-2。

各种外加剂检验项目 表4-1-2

序 号	名 称	检 验 项 目
1	减水剂	减水率、抗压强度比、钢筋锈蚀、氯离子含量
2	早强剂	凝结时间差、抗压强度比、钢筋锈蚀、氯离子含量
3	缓凝剂	同早强剂
4	引气剂	含气量、抗压强度比、钢筋锈蚀、氯离子含量
5	泵送剂	稠度增加值、稠度保留值、抗压强度比、钢筋锈蚀、氯离子含量、压力泌水率比
6	防冻剂	冻融强度失率比，其他项同减水剂（负温抗压强度比）
7	防水剂	抗压强度比、渗透高度比、钢筋锈蚀、氯离子含量
8	膨胀剂	细度、限制膨胀率、抗压、抗折强度

3) 取样规定

①每批外加剂的取样数量一般按其最大掺量不少于0.5t水泥所需外加剂量，但膨胀剂的取样数量不应少于10kg。

②每批外加剂的取样应从10个以上的不同部位取等量样品，混合均匀分成两等份并密封保存。一份对其检验项目按相应标准进行试验，另一份封存半年以备有疑问时交国家指定的检验机构进行复验或仲裁。

4）代表批量

常用外加剂的代表批量如表4-1-3所示，不足此数量的也按一批计。

外加剂取样代表批量 **表4-1-3**

序　号	名　称	代表批量
1	减水剂、早强剂、缓凝剂、引气剂	50t
2	泵　送　剂	50t
3	防　冻　剂	50t
4	防　水　剂	50t
5	膨　胀　剂	60t

5）各类外加剂指标

①混凝土外加剂：根据《混凝土外加剂》（GB 8076—97），掺外加剂混凝土性能指标应符合表4-1-4的要求。

②混凝土泵送剂：根据《混凝土泵送剂》（JC 473—2001），掺泵送剂混凝土性能指标应符合表4-1-5的要求。

掺外加剂混凝土性能指标 表 4-1-4

试验项目		外加剂品种																	
		普通减水剂		高效减水剂		早强减水剂		缓凝高效减水剂		缓凝减水剂		引气减水剂		早强剂		缓凝剂		引气剂	
		一等品	合格品	一等品	合格品	一等品	合格品	一等品	合格品	一等品	合格品	一等品	合格品	一等品	合格品	一等品	合格品	一等品	合格品
减水率(%)不小于		8	5	12	10	8	5	12	10	8	5	10	10	—	—	—	—	6	6
泌水率比(%)不大于		95	100	90	95	95	100	100	100	100		70	80	100		100	110	70	80
含气量(%)		≤3.0	≤4.0	≤3.0	≤4.0	≤3.0	≤4.0	<4.5		<5.5		>3.0		—		—		>3.0	
凝结时间之差(min)	初凝	−90～+120		−90～+120		−90～+120		>+90		>+90		−90～+120		−90～+90		>+90		−90～+120	
	终凝							—		—						—			
抗压强度比(%)不小于	1d	—	—	140	130	140	130	—		—		—		135	125	—		—	
	3d	115	110	130	120	130	120	125	120	100	100	115	110	130	120	100	90	95	80
	7d	115	110	125	115	115	110	125	115	110	110	110	110	110	105	100	90	96	80
	28d	110	105	120	110	105	100	120	110	110	105	100	100	100	95	100	90	90	80
收缩率比(%)不大于	28d	135	135	135	135	135	135	135	135	135	135	135		135		135		135	
相对耐久性指标(%)200次,不小于		—		—		—		—		—		80	60	—		—		80	60
对钢筋锈蚀作用		应说明对钢筋有无锈蚀作用																	

注:1. 除含气量外,表中所列数据为掺外加剂混凝土与基准混凝土的差值或比值。

2. 凝结时间指标,"—"号表示提前,"+"号表示延缓。

3. 相对耐久性指标一栏中,"200次≥80和60"表示将28d龄期的掺外加剂混凝土试件冻融循环200次后,动弹性模量保留值≥80%;或≥60%。

4. 对于可以用高频振捣排除的,由外加剂所引入的气泡的产品,允许用高频振捣,达到某类型性能指标要求的外加剂,可按本表进行命名分类,但须在产品说明书和包装上注明"用于高频振捣的××剂。"

掺泵送剂混凝土性能指标 **表 4-1-5**

项目	性能指标	一等品	合格品
坍落度增加值（mm）≥		100	80
常压泌水率比（%）≤		90	100
压力泌水率比（%）≤		90	95
含气量（%）≤		4.5	5.5
坍落度保留值（mm）≥	30min	150	120
	60mm	120	100
抗压强度比（%）≥	3d	90	85
	7d	90	85
	28d	90	85
收缩率比（%）≤	28d	135	135
对钢筋锈蚀作用		应说明对钢筋有无锈蚀作用	

注：本表选自泵送剂（JC 473—2001）。

③混凝土防冻剂：根据《混凝土防冻剂》（JC 475—92），掺防冻剂混凝土性能应符合表 4-1-6 要求。

掺防冻剂混凝土性能指标 **表 4-1-6**

试验项目		性能			指标		
		一等品			合格品		
减水率（%）不小于		8			—		
泌水率（%）不大于		100			100		
含气量（%）不小于		2.5			2.0		
凝结时间差（min）	初凝	−120～+120			−150～+150		
	终凝						
	规定温度（℃）	−5	−10	−15	−5	−10	−15
	R_{28}	95		90	90		85
	R_{-7+28}	95	90	85	90	85	80
	R_{-7+56}	100			100		
90d 收缩率比（%）不大于		120					
抗渗压力（或高度）比（%）		不小于 100（或不大于 100）					
50 次冻融强度损失率比（5）不大于		100					
对钢筋锈蚀作用		应说明对钢筋有无锈蚀作用					

注：本表选自《混凝土防冻剂》（JC 475—92）。

④混凝土防水剂：根据《砂浆、混凝土防水剂》（JC 474—1999），掺防水剂混凝土性能应符合表 4-1-7 的要求。

掺防水剂混凝土性能指标 　　　　表 4-1-7

试验项目		性能指标	
		一等品	合格品
净浆安定性		合格	合格
凝结时间差（min）	初凝	－90	－90
	终凝	—	—
泌水率比（%）不大于		50	70
抗压强度比（%）不小于	3d	100	90
	7d	110	100
	28d	100	90
渗透高度比（%）不大于		30	40
48h 吸水量（%）不大于		65	75
28d 收缩率比（%）不大于		125	135
对钢筋的锈蚀作用		应说明对钢筋有无锈蚀作用	

注：本表选自《砂浆、混凝土防水剂》(JC 474—1999)。

⑤检验结论：

A. 减水剂、早强剂、缓凝剂、引气剂、泵送剂、防冻剂、防水剂、膨胀剂经检验各项指标应全部符合相应混凝土（砂浆）技术性能标准要求，否则作为不合格品。

B. 各类外加剂原则上应不含氯离子，或含微量氯离子，否则判为不合格。

C. 检验结论中，应有外加剂的名称规格、等级、掺量，防冻剂还应说明使用温度及掺量。

(2) 外加剂使用注意事项

1) 混凝土工程掺用外加剂，应根据不同的工程工艺和环境等特点及外加剂生产厂家出厂说明书中规定的性能、主要技术指标、应用范围、使用要点等予以应用。

2) 计量和搅拌：减水剂的掺量很小，对减水剂溶液的掺量和混凝土的用水量必须严加控制。尤其减水剂的掺量，应严格遵守厂家的规定，通过试验确定最佳掺量。

减水剂为干粉末时，可按每盘水泥掺入量称量，随拌合水将干粉直接加入搅拌机拌合物内，并适当延长搅拌时间。

粉末受潮结块，则应筛除颗粒。干粉末减水剂也可预先装入小桶内，用定量水稀释后掺入。

减水剂为液状或结晶状使用时，宜先溶解稀释成为一定浓度的溶液，掺入混凝土拌合物内，并根据溶液的浓度，计算出每盘混凝土用水量。

3) 混凝土从出机到入模，其间隔时间应尽量缩短，一般不应超过以下规定：

当混凝土温度为 20－30℃时，不超过 1h；

当混凝土温度为 10－19℃时，不超过 1.5h；

当混凝土温度为5－9℃时，不超过2h；用特殊水泥拌制的混凝土，其间隔时间应通过试验确定。

混凝土装入运输车料斗内，不应装得过满，否则车辆颠簸，混凝土沿途流淌严重。此外，高强混凝土单位重量比一般混凝土重0.1～0.2t，模板制作安装时应考虑这一因素。

高强泵送混凝土的捣固应采用高频振动器。混凝土流动性和黏性大，振动时间长，难免产生分离现象，对大流动性混凝土，不宜强烈振动，以免造成泌水和分层离析。

4）掺有减水剂的混凝土养护，要注重早期浇水。构件拆模后应立即捆上草包或麻袋，喷水养护，养护时间应按规范要求执行，一般不少于7昼夜。蒸养构件则应通过试验确定蒸养制度。

5）两种或两种以上外加剂复合使用，在配制溶液时，如产生絮凝或沉淀现象，应分别配制溶液并分别加入搅拌机内。

6）在用硬石膏或工业废料石膏作调凝剂的水泥中，掺用木质磺酸盐类减水剂或糖蜜类缓凝剂时，使用前需先做水泥适应性试验，合格后方可使用。

7）外加剂因受潮结块时，粉状外加剂应再粉碎并通过0.63mm筛子方能使用，液体外加剂存放过久，应重新测定外加剂的固体含量。

（3）混凝土外加剂使用说明

1）混凝土外加剂主要包括减水剂、早强剂、缓凝剂、泵送剂、防水剂、防冻剂、膨胀剂、引气剂和速凝剂等。

2）外加剂必须有质量证明书或合格证、应有相应资质等级检测部门出具的试配报告、产品性能和使用说明书等。承重结构混凝土使用的外加剂应实行有见证取样和送检。

3）《混凝土结构工程施工质量验收规范》GB 50204—2002第7.2.2条规定：混凝土中掺用外加剂的质量及应用技术应符合现行国家标准《混凝土外加剂》GB 8076、《混凝土外加剂应用技术规范》GB 50119等和有关环境保护的规定。

预应力混凝土结构中，严禁使用含氯化物的外加剂。钢筋混凝土结构中，当使用含氯化物的外加剂时，混凝土中氯化物的总含量应符合现行国家标准《混凝土质量控制标准》GB 50164的规定。

4）抗冻融性要求高的混凝土，必须掺用引气剂或引气减水剂，其掺量应根据混凝土的含气量要求，通过试验确定。

5）含有六价铬盐、亚硝酸盐等有毒防冻剂，严禁用于饮水工程及与食品接触的部位。

6）混凝土中氯化物和碱的总含量应符合现行国家标准《混凝土结构设计规范》GB 50010和设计的要求。

7）试配外加剂应注意外加剂的相容性，对试配结果有怀疑时应进行复试或提请上一级试验单位进行复试。

8）混凝土外加剂中释放氨的量应≤0.1%（质量分数）。

9）外加剂掺法

①把外加剂直接掺入水泥中：根据外加剂的最佳掺量，把外加剂掺入水泥中。混凝土、砂浆拌和时就可以得到预定的目的，如塑化水泥、加气水泥等，但这种方法在国内不是经常使用。

②水溶液法：把外加剂先用水配制一定比重的水溶液，搅拌混凝土时按掺量量取一定

体积，加入搅拌机中进行拌和，这种方法目前在国内应用广泛，采用这种方法的优点是拌和物较均匀，但准确度较低，往往由于水溶液中有大量的外加剂沉淀，因此混凝土、砂浆等拌和物的外加剂掺量偏低，配合比不准，容易造成工程质量事故。

③干掺法：干掺法是外加剂为基料，以粉煤灰、石粉为载体，经过烘干、配料、研磨、计量、装袋等主要工序生产而成。用干掺法可以得到良好的效果，混凝土、砂浆等拌和物质量较好、强度均匀，和易性与湿掺法相同。用塑料小口袋包袋，搅拌混凝土时倒入，用这种方法操作简单，深受广大建筑工人的欢迎。

用干掺法必须注意所用的外加剂要有足够的细度，粉粒太粗效果就不好。

为了简化混凝土外加剂操作程序，保证掺量准确，目前国内很多单位在研制混凝土复合外加剂，以解决混凝土搅拌时现场配制减水剂、抗冻剂、早强剂、阻锈剂等多功能外加剂时的繁琐工序，克服掺量不准的缺陷。

注：在预应力混凝土中不得掺入加气剂，引气剂等外加剂。掺入加气、引气外加剂后，混凝土的弹性模量有减小，预应力损失大，有的会引起超过规范的损失值。